Heidrun Wagner

WOULD YOU TRUST ME?

MAXIMUM

WEM VERTRAUST DU, WENN DIE WELT UM DICH HERUM ZERBRICHT?

»Ich schaffe es nicht. Heißt das, ich hänge hier fest? Wie konnte ich nur so dumm sein? Solange mich niemand bemerkt hat, hat mich auch keiner gehasst.«

Die 15-jährige Alia ist stinksauer. Nach der Trennung ihrer Eltern muss sie mit ihrer Mutter zu deren neuen Lover ziehen – Hunderte Kilometer weg von ihren Freunden und ihrem Leben. Zu allem Überfluss setzt ihr Stiefbruder Colin alles daran, sie möglichst schnell wieder loszuwerden. Ist er wirklich so dumm zu glauben, sie hätte eine Wahl gehabt?

Zumindest in der Schule scheint es anfangs ganz gut zu laufen und das introvertierte Mädchen findet über den sympathischen Valentin schnell Anschluss an eine Clique. Auch Rieke, seine beste Freundin seit Kindertagen, empfängt sie mit offenen Armen. Nur ihre Freundin Lorena reagiert eifersüchtig auf Alia.

Aber dann tauchen Drohzettel mit einer klaren Botschaft auf: „Niemand will dich hier!“ Stecken Colin oder Lorena hinter dieser Aktion? Sind die zerstochenen Fahrradreifen und die blutrote Botschaft an der Mensawand erst der Anfang? Alia ist unsicher, ob sie ihre neuen Freunde um Hilfe bitten soll. Treibt vielleicht einer von ihnen ein falsches Spiel? Wem kann sie wirklich vertrauen?

Der zweite Band der spannenden „Little Secrets“-Reihe.

Heidrun Wagner

WOULD YOU TRUST ME?

LITTLE SECRETS-REIHE

MAXIMUM

Hauptstraße 33
27299 Langwedel
www.maximum-verlag.de

1. Auflage 2023

Lektorat: Diana Schaumlöffel
Korrektorat:Angelika Wiedmaier
Layout: Alin Mattfeldt
Umschlaggestaltung: Alin Mattfeldt
Umschlagmotiv: © STILLFX / Shutterstock, PUSCAU DANIEL / Shutterstock,
Jacob Lund / Shutterstock, Paradise studio / Shutterstock
E-Book: Mirjam Hecht

Druck: Booksfactory
Made in Germany

ISBN 978-3-948346-79-9

Für alle,
die manchmal schweigen,
auch wenn sie etwas zu sagen hätten.

3

ICH HABE MEINE SUPERKRAFT VERLOREN

Der Knall der zufallenden Tür hallt durch den Raum. Ich horche auf die immer leiser werdenden Schritte. Draußen auf dem Gang.

Das Beste wäre, wenn du tot wärst!

Es ist nicht eine Stimme, es sind Tausende, zu einem Chor vereint. Sie schreien wieder und wieder nur diesen einen Satz, hören einfach nicht mehr auf.

Ich beiße mir auf die Lippe, versuche, in der Dunkelheit Konturen auszumachen und die Tränen wegzublinzeln.

Wenn ich tot wäre.

Früher hat es gereicht, unsichtbar zu sein. Ich hätte nie damit aufhören dürfen.

Da drüben ist Alia. Lass dich von ihr nicht stören, sie gehört zur Dekoration.

Mir ist nicht zum Lachen. Trotzdem pruste ich los und werde sofort wieder still. Meine Stimme klingt falsch. Sie hört sich wie ein Krächzen an. Ich will schreien, aber wage es nicht, noch ein Geräusch zu machen.

Dekoration.

Wenn ich mich damit zufriedengegeben hätte, läge ich jetzt nicht allein und verlassen auf diesem eiskalten Steinboden.

Verflucht, ich will nicht sterben!

Ich versuche mich zu drehen, höre aber sofort wieder auf. Schon die kleinste Bewegung jagt Schockwellen durch meinen Körper.

Es gibt keine einzige Stelle, die nicht wehtut. Beinahe so, als wäre ich irgendwo abgestürzt und hätte tausend blaue Flecken und Prellungen.

Warte. Wurde ich die Treppe hinuntergeschleift?

Ich muss hier raus. So schnell wie möglich.

Mit aller Wucht beuge ich mich nach vorne, zerre an den Fesseln. Ein gleißender Schmerz jagt durch meinen Bauch, so als stäche jemand mit einem Messer auf mich ein. Ich wimmere, presse die Lippen zusammen, höre auf, mich zu bewegen und warte darauf, dass der Schmerz wieder nachlässt. Mehrere Atemzüge lang verharre ich reglos auf der Stelle. Ich kann es vergessen, meine Hände aus dem Seil zu befreien.

Was für ein Mist! Am schlimmsten von allem ist das Hämmern in meinem Kopf, das einfach nicht aufhört. Egal wie lange ich versuche still zu liegen. Trotz der Dunkelheit tanzen weiße Punkte vor meinen Augen. Mir wird schlecht.

Das Beste wäre, wenn du tot wärst!

Wenn ich mich weiter bewege, muss ich mich übergeben. Wenn ich mich nicht mehr bewege, bekomme ich die Hände niemals frei.

Heißt das, ich hänge hier fest?

Für immer?

Ein Laut kommt aus meiner Kehle, und ich weiß selbst nicht, ob es ein Lachen oder ein Husten ist. Die Schmerzen sind zu stark, ich kann mich nicht konzentrieren. Lachen, ich muss lachen, sonst ersticke ich an der Dunkelheit!

Nein, ich hänge nicht für immer hier fest. Allerhöchstens bis ich verdurstet bin.

Wie konnte ich meine Superkraft verlieren? Solange mich niemand bemerkt hat, hat mich auch keiner gehasst.

Was ich am besten kann

So we're lost in the upside down
Tell me what you hear in the silence now
All I wanna do is dance
Here in Wonderland

(Axel Johansson, Wonderland)

Mamas Lover holt uns am Bahnhof ab. In echt sieht er noch geleckter aus als auf dem Profilbild, das sie mir in ihrem Messenger gezeigt hat. Ich entdecke ihn vor Mama und schaue sofort wieder weg. Eher würde ich mir die Hand abhacken, statt zu ihm zu deuten, damit sie ihn bemerkt. Vielleicht fahren wir wieder nach Hause, wenn sie sich im Gedränge verpassen? Das ist Quatsch, ich weiß das. Trotzdem rede ich es mir ein. Auch wenn die Illusion in weniger als drei Minuten geplatzt sein wird.

Nach Hause.

Ich habe kein Zuhause mehr oder wie Mama es so schön ausgedrückt hat:

Das wird jetzt dein neues Zuhause! Du wirst sehen, du wirst es lieben.

Werde ich nicht.

»Da ist er!«, kreischt Mama und hebt die Hand. »Marco!«

Obwohl er bestimmt fünfzehn Meter entfernt ist, dreht ihr Lover den Kopf in unsere Richtung, und von einer Sekunde zur nächsten liegt ein Strahlen auf seinem sonnengebräunten Gesicht. Trotz der breiten Schultern schafft er es, sich gegen den Strom der anderen

Passagiere zu uns durchzuschlängeln. Na ja, nicht zu uns. Zu Mama. Er lässt sie nicht eine Sekunde aus den Augen.

»Natalie«, haucht er und schließt sie in die Arme.

Bei dem ultraweichen Klang seiner Stimme stellen sich mir die Nackenhaare auf. Ich will nicht sehen, wie Mama sich an ihn heranwirft, schaffe es aber nicht, schnell genug wegzuschauen, und das Bild brennt sich in mein Gedächtnis.

Natalie. Ich kenne niemanden, der Mama mit ihrem vollen Namen anspricht. Für alle ihre Freunde ist sie einfach *Lile*. Ob ihr Lover sie immer noch *Natalie* rufen würde, wenn er wüsste, dass Papa sie genauso nennt, seit die Streitereien angefangen haben? Nur mit mehr Schärfe im Tonfall und der Betonung auf *Na* statt *lie*.

»Hier.« Ihr Lover lehnt sich ein Stück zurück und hält ihr eine Rose hin.

Wo hat er die auf einmal her?

»Ach, Marco!« Mama kichert, streicht sich durch ihre kurzen, braunen Haare, und wird im Gesicht so rot wie die Rose, die sie von ihm entgegennimmt. »Das wäre doch nicht nötig gewesen!«

Oh. Mein. Gott. Muss sie sich aufführen wie ein dreizehnjähriges Fangirl? Ich presse eine Hand gegen die Stirn und tue so, als müsste ich mich am Kopf kratzen. In Wahrheit kann ich mir diese Szene keine Sekunde länger ansehen, ohne laut aufzustöhnen. Das käme bei Mama garantiert nicht gut an. Dummerweise lenke ich mit der Bewegung die Aufmerksamkeit ihres Lovers auf mich.

»Hallo! Du musst Alia sein«, spricht er mich an. Er lässt Mama los und dreht sich zu mir. Eine Strähne seines perfekt nach hinten gegelten dunklen Haars fällt ihm ins Gesicht. »Ich habe dich gar nicht bemerkt.«

Ja, mach dir nichts draus, *Marco*, da bist du nicht der Einzige. Ich bin Meisterin im *Nicht-Gesehen-Werden*. Vielleicht sollte ich doch auf Hannah hören und mich beim Bundesnachrichtendienst bewerben?

Ich wäre die perfekte Spionin. Nach den Schulpartys kann sich auch nie jemand erinnern, ob ich dabei war oder nicht.

»Ich bin Marco«, stellt er sich überflüssigerweise vor.

Ihm muss doch klar sein, dass ich seinen Namen schon tausendmal gehört habe.

»Schön, dass wir uns endlich kennenlernen. Deine Mutter hat mir viel von dir erzählt.« Immer noch das strahlende Lächeln im Gesicht, streckt er mir seine große Hand hin.

Hat sie? Das bezweifle ich.

Ich mache das, was ich am besten kann.

Schweigen.

Um ihm nicht die Hand geben zu müssen, tue ich so, als würde mein Koffer zu schwer werden und halte ihn mit beiden Händen.

»Alia!« Mama stößt mich von der Seite an und lacht. Ihr Lachen klingt gekünstelt. »Sie ist etwas schüchtern, das habe ich ja schon erwähnt«, sagt sie an ihn gerichtet, und es hört sich an, als würde sie über einen Hund reden.

Er meint das nicht so, er will nur spielen!

Doch. Ich meine es genau so. Ich will mit diesem Typen nichts zu tun haben, und sie weiß das!

»Kein Problem, wir haben ja noch eine Menge Zeit, um uns besser kennenzulernen. Stimmt's?«, sagt er und zwinkert mir zu.

Statt darauf zu reagieren, starre ich auf einen Punkt zwischen seinen Augen, wo sich ganz langsam eine kleine Falte bildet. Sein Lächeln verblasst. Schnell beiße ich mir auf die Innenseite der Wange. Sonst muss ich grinsen.

Die erste Runde geht an mich. Mal sehen, wie lange du dich noch auf unsere gemeinsame Zeit freust, *Marco!*

»Also, dann zeige ich euch mal euer neues Zuhause. Gebt mir eure Koffer.« Er nimmt mir meinen Koffer aus den Händen.

Wenn ich das gewusst hätte, hätte ich Backsteine hineingepackt.

Oder den Verstärker für meine Geige. Nein, der wäre zu leicht gewesen.

Er streckt die Hand noch nach meinem spacig-dreieckig geformten mintgrünen Geigenkasten aus, den ich mir mit einem Band um die Schulter gehängt habe. Im letzten Moment weiche ich einen Schritt zurück und schüttle den Kopf. Meine Geige vertraue ich ihm niemals an. Eher sterbe ich!

»War die Umzugsfirma schon da?«, fragt Mama, während sie neben ihm über den inzwischen fast menschenleeren Bahnsteig geht.

Das Weiß seines Hemds leuchtet grell im Sonnenlicht und passt kein bisschen zu ihrem langärmligen gelben Kleid.

»Heute Morgen, wie verabredet. Eure Sachen sind alle gut angekommen«, antwortet er.

Ein Windstoß plustert die Hosenbeine meiner dunklen Stoffhose auf, die ich an den Beinen unten zusammengeschnürt habe. Ich lasse mich einen Schritt zurückfallen, trotte hinter ihnen her und konzentriere mich darauf, unsichtbar zu sein. Wenn ich Glück habe, vergessen sie mich.

*

»Hier wären wir!« Mamas Lover bremst vor einer vierstöckigen Altbauvilla und fährt im Schritttempo auf das sich langsam öffnende Garagentor zu. »Wir wohnen im dritten Stock.«

Hat sie sich deshalb mit ihm eingelassen? Weil sie in einer Wohnung mit hohen Decken und großen Fenstern mehr Luft bekommt als in dem engen Vorstadtreihenmittelhaus, in dem unser Nachbar jedes Mal an die Zwischenwand klopft, sobald Finley oder ich auf der Treppe rennen? Das ist nicht der Grund, ich weiß das. Es wäre viel zu einfach, wenn es für alles eine naheliegende Erklärung gäbe.

»Steigt ihr schon mal aus?« Mamas Lover wirft mir einen Blick über die Schulter zu. Ich tue so, als hätte ich ihn nicht gehört und schaue weiter an ihm vorbei zu dem Haus.

»Alia!« Mama dreht sich um und fasst nach meinem Knie. »Entschuldige, Schatz, sie ist manchmal total verträumt«, sagt sie zu ihm.

Das Lächeln auf ihrem Gesicht ist kein echtes Lächeln. Es ist mehr ein Mundverziehen aus Verlegenheit. Das macht sie immer, wenn ihr etwas peinlich ist. Meistens hat es mit mir zu tun. Okay, sie macht es immer, wenn ich ihr peinlich bin. Finley gibt ihr nie einen Anlass, sich zu schämen. Wenn es nach ihr gegangen wäre, hätte sie ihn mitgenommen, nicht mich. Darauf würde ich sogar meine Geige verwetten.

Nachdem ich immer noch nicht reagiere, dreht sie sich zum Türgriff. Sobald sie sich von mir abgewandt hat, schaue ich zu ihrem Lover. Für den Bruchteil einer Sekunde sehen wir uns in die Augen. Seine sind hellbraun, und obwohl er lächelt, wirkt er verkrampft.

Wusste ich es doch. Er ist alles andere als begeistert. Wenn es nach ihm gegangen wäre, hätte Mama wahrscheinlich alleine zu ihm ziehen sollen.

Ich starre ihn weiter an, ohne irgendeine Regung zu zeigen. Mama drückt die Tür auf und steigt aus.

»Ist alles ein bisschen viel. Hm?«, fragt er, sobald sie die Autotür hinter sich zugeschlagen hat.

Das Lächeln auf seinen Lippen wirkt einen Tick weniger gezwungen als eben. Ich sage nichts, sehe ihm weiter in die Augen, und diesmal schweige ich nicht nur, weil ich ihn auflaufen lassen will. Ich schweige, weil mir die Worte fehlen, um den Orkan zu beschreiben, der in mir tobt, seit Mama und Papa beschlossen haben, dass ich nach den Pfingstferien mit ihr zu ihrem Lover ziehe. Zweihundertvierundachtzig Kilometer weit weg von zu Hause.

Einem Zuhause, das es nicht mehr gibt.

Ich habe keine Ahnung, wie ich den Orkan stoppen kann. Ist es nicht sowieso zu spät? Er hat doch schon alles niedergerissen, und jetzt kann ich sehen, wie ich in den Trümmern zurechtkomme.

Mama reißt meine Tür auf und greift nach meinem Arm. »Komm, Alia. Marco will in die Garage fahren.«

Ich lasse mich von ihr aus dem Auto ziehen und halte den Blickkontakt mit ihrem Lover so lange, bis ich mich durch die Tür ducken muss.

Er hätte mich sowieso nicht verstanden. Selbst dann nicht, wenn ich gewusst hätte, was ich ihm antworten soll.

SCHWARZ – WIE DER HIMMEL

»Kommt rein. Du willst wahrscheinlich als Erstes dein Zimmer sehen, oder Alia?« Mamas Lover stellt unsere Koffer vor einem Schuhschrank in einem breiten Flur ab, der sich nach rechts zu einem Wohn- und Essbereich öffnet.

Mein Zimmer? Ich weiß, wie mein Zimmer aussieht, vielen Dank auch. Wenn ich könnte, würde ich mich in meinem Bett verkriechen und erst wieder aufstehen, wenn dieser Wahnsinn vorbei ist. Aber mein Bett ist Hunderte von Kilometern entfernt und Beamen wurde noch nicht erfunden.

Insofern, nein *Marco*, selbst wenn ich mein Zimmer sehen wollte, könntest du mir nicht helfen.

»Hier!«, sagt er, mit einem Lachen im Gesicht und geht zu einer Tür schräg gegenüber des Eingangs.

Bevor er sie öffnet, sehe ich das rote Poster mit schwarzblauer Schrift und einem Totenkopf.

SPERRGEBIET

BETRETEN AUF
EIGENE GEFAHR!

Er bemerkt meinen Blick. »Ich habe das Poster erst mal hängen lassen. Wusste nicht, was du mitbringst und was dir gefällt. Aber du kannst es entfernen, wenn du es nicht magst.«

Mama legt eine Hand auf meine Schulter und schiebt mich in das Zimmer.

Sperrgebiet ...

Das Poster kann bleiben. Könnte mir keinen besseren Namen für dieses Zimmer vorstellen, in dem ich nicht sein will. An der linken Wand ist ein Fenster und gegenüber eine Glastür, die auf einen Balkon führt. Ein Zimmer mit Balkon? Bin ich falsch abgebogen und in einem Hotel gelandet? Moment. Weht da draußen an der Seite ein Vorhang? Super. Der Balkon hat noch einen zweiten Zugang. Wenigstens kann man das Bett rechts im Eck von draußen aus nur sehen, wenn man direkt vor der Balkontür steht. Das Bett. Wie schmal ist das bitte?

Die Wand hinter dem Kopfende des Bettes ist komplett schwarz gestrichen, mit weißen Punkten, die ein unregelmäßiges Muster ergeben.

»Das haben Colin und ich vor ein paar Jahren zusammen gemacht«, erklärt Mamas Lover. Er lacht und fasst sich in den Nacken. »Das war in seiner Weltraumphase. Die Punkte ergeben unsere Sternzeichen.«

»Was für eine süße Idee«, murmelt Mama, und sie lächeln sich an.

»Wir können das übermalen, ich wollte nur vorher mit dir besprechen, ob du die Wände einfach weiß haben möchtest oder lieber in einer anderen Farbe«, wendet er sich wieder an mich.

Übermalen. Viel Spaß dabei, *Marco.* Niemals bekommst du die schwarze Wand wieder weiß. Finleys Wand hat immer noch einen Rosastich und das, obwohl er das Rot ungefähr acht Mal überstrichen hat.

Ich zucke mit den Schultern und drehe mich weg. Es ist mir egal, ob die Wand schwarz oder weiß ist. Ich habe nicht vor, lange zu bleiben.

Links neben der Tür steht ein leeres Regal, direkt vor dem Fenster sind ein Schreibtisch und ein schwarzer Drehstuhl mit orangen Streifen. Neben der Balkontür ist noch ein alter Holzschrank, und das ist alles. Im Vergleich zu meinem Zimmer ist das hier total leer, obwohl es ein ganzes Stück größer ist. Keine Sitzecke zwischen Schrank und Schreibtisch gequetscht. Keine halb verdorrte Yuccapalme. Und trotzdem fühlt es sich zu voll an. In jedem Quadratzentimeter kann ich die Energie dieses Colins spüren, der sein Zimmer für mich räumen musste.

Ich kann hier drin nicht atmen!

»Natalie meinte, dass du deine Möbel nicht mitbringen wolltest.«

Bitte? Wenn ich sie mitgenommen hätte, könnte ich ja nie wieder zurückgehen. Ich starre Mamas Lover an.

»Bernd und ich sind übereingekommen, dass es sinnvoller ist, wenn Alia bei ihm noch ein Zimmer hat, falls sie über die Sommerferien für zwei oder drei Wochen zu ihm fährt«, mischt Mama sich ein.

»Ja, so war es bei Colin auch.« Mamas Lover geht zur Balkontür und macht sie auf. »Aber jetzt ist er achtzehn, und er und seine Mutter wohnen sowieso nicht weit weg. Ich glaube, er hat das Zimmer hier im letzten halben Jahr schon nicht mehr zum Übernachten genutzt. Wenn ihr wollt, können wir neue Möbel kaufen. Wie hört sich das an?«

Grandios.

Scherz. Ich erwidere seinen Blick und schüttle den Kopf. Nein, danke.

»Alia!«, fährt Mama mich an. »Das ist total nett von Marco, dass du dir das Zimmer hier so einrichten kannst, wie du es möchtest. Und von Colin auch! Wann lernen wir ihn eigentlich kennen?«, wendet sie sich an ihren Lover.

»Er kommt später zum Abendessen vorbei. Und morgen holt er dich ab, Alia. Er geht auf die gleiche Schule wie du, ist jetzt im letzten Jahr. Ihr könnt zusammen mit den Rädern fahren. Colin hat noch ein Ersatzrad. Das kannst du nehmen. Und er kann dich in der Schule herumführen, damit du gleich alles findest.«

Großartig. Will er mich vielleicht noch an der Hand nehmen und bei meiner Klassenlehrerin abgeben? Ich unterdrücke ein Schnauben. Nichts anmerken lassen, nicht zucken. Pokerface.

Ein Babysitter, der von Mamas Lover angeheuert wurde. Extra für mich. Kann Colin morgen bitte einen Platten haben? Oder spontan über Nacht Fieber bekommen?

»Du kannst dir alles in Ruhe durch den Kopf gehen lassen«, sagt Mamas Lover, ehe er das Zimmer über den Balkon verlässt. »Das Angebot für neue Möbel steht auch noch in ein paar Monaten.«

Die Worte nehmen mir kurz die Luft. In ein paar Monaten? Heißt das, ich soll nach den Sommerferien wieder hierher zurückkommen?

*

Mama lässt mich auch allein. Damit ich in Ruhe auspacken kann. Dabei habe ich fast nichts mitgenommen. Nur den Koffer, voll mit Sommerklamotten, einen Karton mit Waschzeug, vier Paar Schuhen, der orangen Regenjacke und meinen PC. Das Wichtigste von allem sind die Geige und der Verstärker, der von der Umzugsfirma hierhergebracht wurde. Der Rest ist zu Hause in meinem wirklichen Zimmer. Egal was Mamas Lover sagt, ich werde nach dem Sommer wieder dort wohnen. Sie können mich nicht zwingen, hierzubleiben!

Ich mache mir etwas vor. Wenn sie es nicht könnten, wäre ich nie mitgekommen. Langsam rutsche ich an der schwarzen Wand nach unten, bleibe neben dem Bett sitzen und ziehe das Handy aus der Tasche.

Hannah hat ihr Profilbild geändert. Es sind nicht mehr unsere Fußspuren im Schnee mit den beiden Herzen, sondern sie und Tilde. Arm in Arm, jede einen Basketball trippelnd. Klar, im Juni passt ein Schneebild nicht mehr. Aber warum ändert sie es ausgerechnet an dem Tag, an dem ich wegziehe?

Bin angekommen ...

Ich schreibe es in den Gruppenchat. Nicht nur, weil ich keine Lust habe, Hannah direkt zu kontaktieren und so zu tun, als ob alles in Ordnung wäre. Profilbild hin oder her. Ich schreibe es in den Gruppenchat, weil Bastian dort mitliest und ich ihn schlecht persönlich antexten kann, das wäre total schräg. Ich glaube, ich habe noch keine drei Worte mit ihm geredet, seit er bei uns an der Schule ist. Dabei hätte ich eineinhalb Jahre Zeit gehabt. Hannah würde mir jetzt in den Hintern treten.

Woher soll er bitte wissen, dass du auf ihn stehst, wenn du ihn laufend ignorierst? Das hat sie mich oft gefragt.

Ja, ich stelle es mir genau so vor: Bastian hat sich bei unserer ersten Begegnung sofort in mich verknallt, als ich beim Verlassen des Klassenzimmers versehentlich in ihn hineingerannt bin. Und genau wie ich weiß er seit fünfhundertsiebenundvierzig Tagen nicht, wie er mich ansprechen soll.

Unwahrscheinlich.

Soweit ich das beurteilen kann, hat er keine Probleme, mit irgendwem zu reden.

Aber nicht unmöglich!, erklärt mir Hannah immer wieder.

Wieso hat sie noch nicht geantwortet?

Ich stehe auf, mache ein Foto von der schwarzen Wand und schicke es an Finley und Papa.

Ein Zimmer zum Wohlfühlen, oder?

Finley antwortet sofort, allerdings nicht in dem Chat, den ich eben für ihn und Papa eröffnet habe. Er schreibt mich direkt an.

Seid ihr angekommen? Was ist das?

Die Wand in dem Zimmer, in dem ich ab jetzt schlafen und wohnen soll.

Ernsthaft???

Nein, du Idiot, ich verarsche dich. Wenn er noch mehr blöde Fragen stellt, blockiere ich seine Nummer. Ich bin kurz davor, das Handy gegen die Wand zu knallen. Es ist so unfair! Ich muss mit Mama zu ihrem Lover ziehen, und mein dreizehnjähriger Bruder darf zu Hause bleiben. Nicht, dass es bei Papa gerade besser wäre, so wütend wie der ist. Aber Finley ist nicht gezwungen, irgendwo am Ende der Welt neu anzufangen. Er hat immerhin noch seine Freunde um sich und musste nicht die Liebe seines Lebens verlassen, bevor er die Chance hatte, ihr das zu sagen! Und nein, ich hatte nicht genügend Zeit, um Bastian gegenüber den Mund aufzumachen.

Hier ist es gerade auch nicht viel besser ...

Finley schickt ein Foto von der Wand in unserem Wohnzimmer, an der Mama seit Jahren die besten Schnappschüsse der Familie aufhängt. Nur hängen da keine Bilder mehr. Kleine Quadrate und Rechtecke markieren die Stellen, an denen sie waren. Sie sind nur zu erkennen, weil sie einen winzigen Tick heller sind als der Rest der vergilbten Wand. Bevor ich reagieren kann, kommt das nächste Foto. Es zeigt das Innere unserer Mülltonne, in dem sich die Bilderrahmen auf Mülltüten stapeln. Dazwischen funkeln ein paar Glassplitter.

IHR HABT DIE FOTOS WEGGEWORFEN???

Papa. Keine Sorge, die Fotos habe ich gerettet. Er sieht sowieso nie in meinen Schrank.

Sorry ...

Wofür?

Dafür, dass ich sauer auf dich bin, weil du zu Hause bist, während ich hier am Ende der Welt sitze. Dabei ist es ganz sicher kein Spaß, allein mit Papa zu sein. Jetzt, nachdem Mama Ernst gemacht hat.

Nur so.

Mehr schreibe ich nicht. Mehr wäre gelogen. Finley hat es trotzdem tausendmal besser, wenn ihm alles zu viel wird, kann er zu seinen Freunden. Jederzeit.

Hey, Süße! Und? Wie ist es so in der neuen Stadt?

Es ist eine Nachricht von Hannah im Gruppenchat. Endlich.

Einsam.

Hoffentlich liest Bastian das und versteht, was das heißt. Melde dich! Ich brauche deine Unterstützung. Verstanden?

Schaffst du es übernächstes Wochenende zu unserer Feier?

Es ist wieder Hannah, die mir antwortet und nicht Bastian.

Ich hoffe ...

Die Feier. Ich habe es Mama und Papa gesagt, und wie immer waren sie sich einig, sobald es um mich ging.

Ich denke, es wäre besser, wenn du nicht gleich wieder zurückfährst. Du brauchst Zeit, um dich einzuleben, hat Mama gemeint.

Als ob ich mich hier einleben wollte.

Ich halte das für keine gute Idee, war alles, was Papa dazu zu sagen hatte.

Ich hätte nicht einmal das Geld für die Fahrt. Außer ich packe meine Tasche und versuche mein Glück mit Trampen. Wenn ich das mache, rasten sie beide aus. Insofern, nein, wahrscheinlich schaffe ich es nicht zu der Feier.

Die Erkenntnis erdrückt mich, und wieder fühle ich mich hilflos und ohnmächtig, weil ich angewiesen bin auf das, was Mama und Papa für mich entscheiden, ohne irgendetwas dagegen tun zu können. Verschwommen sehe ich den mintgrünen Geigenkasten neben dem Bett liegen, greife danach, lasse ihn aufschnappen und nehme die Geige heraus. Es bleibt keine Zeit, um jetzt zu spielen. Mama kann jeden Moment reinkommen und mich zum Essen holen, aber allein das Gewicht der Geige in meinen Händen beruhigt mich und vertreibt den Knoten in meinem Hals. Ganz leise summe ich die Melodie von *Master of Tides*, denke an Lindsey Stirling, wie sie in dem Musikvideo als mutige Kapitänin ihre Mannschaft mit ihrem Geigenspiel vor den Seemenschen beschützt und muss lächeln. Ich drücke die Geige an die Brust, schließe die Augen und kann endlich wieder durchatmen.

Es melden sich noch ein paar andere Leute im Chat und wünschen mir viel Glück. Bastian ist nicht dabei. Er ist einfach zu schüchtern. Das würde ich gern glauben. Aber wie gesagt, Schüchternheit zählt nicht zu seinen Kernkompetenzen.

VERGISS, DASS ICH EXISTIERE

Colin kommt nicht. Wie es aussieht, wird er mich auch morgen früh nicht abholen, um den Babysitter zu spielen. Angeblich ist er krank. Seine Mutter hat angerufen, und so wie Mamas Lover reagiert, glaubt er die Story genauso wenig wie ich.

»Soll ich dich hinbringen?«, fragt er beim Abendessen.

Er hat thailändisches Essen für uns bestellt, und ich habe keine Lust, es zu probieren.

Mich hinbringen? Spinnt er? Für wie alt hält er mich? Acht?

Hallo, *Marco*, zu deiner Info: Ich bin fünfzehn und kein kleines Kind mehr!

Warum gibt er mir nicht einfach die Adresse, und ich schaue auf dem Handy nach, wie ich dorthin komme? Ich sage kein einziges Wort, sehe ihn nur an und schüttle den Kopf. Hat er das überhaupt bemerkt?

»Alia.« Mama stupst mich an.

Sie sitzt neben mir und ihm gegenüber. Zum Glück ist Colin nicht gekommen. Sie hätten ihn bestimmt mir gegenüber platziert, und er hätte mich die ganze Zeit angestarrt. Darauf kann ich gut verzichten.

»Gib bitte Marco eine Antwort«, fordert Mama mich auf.

Ich kann nicht. Ich bringe genauso wenig ein Wort heraus, wie ich einen Bissen hinunterbringe. Das versteht sie nicht, das hat sie noch nie verstanden.

»Oder willst du das Rad nehmen? Wir können die Route

ausdrucken, die Schule ist nicht so weit weg.« Mamas Lover zieht seine dunklen Augenbrauen hoch und lächelt mich an. »Fühlt sich wahrscheinlich besser an, als von einem alten Knacker wie mir gebracht zu werden.«

»Marco!« Mama lacht auf. »Du spinnst. Als ob du so alt wärst!«

Sie lachen beide, und ich versuche nicht laut aufzustöhnen. Müssen sie vor meinen Augen so heftig flirten? Wenigstens hat sich das Thema *Zur Schule bringen* erledigt. Nach dem Essen druckt Mamas Lover mir den Routenplan aus. Und nein, ich bin ihm nicht dankbar.

Kein Stück.

*

Bevor ich ins Bett gehe, wühle ich in allen Umzugskartons, bis ich meinen Schlafsack und eine Isomatte finde. Ich lege beides neben dem Bett auf den Boden. In hundert Jahren werde ich nicht in diesem Bett schlafen, das einem fremden Typen gehört. Colin schiebt wahrscheinlich einen Hass auf mich, weil sein toller Vater mir sein Zimmer gegeben hat. Ich hätte einen Hass, ganz egal wie lange ich schon nicht mehr hier übernachten würde.

An Schlafen brauche ich sowieso nicht zu denken mit den tausend Gedanken, die mir durch den Kopf schwirren.

Warum hat Hannah das Profilbild getauscht? Wollte Papa wirklich alle unsere Bilder wegwerfen? Kann er so auch unsere Vergangenheit auslöschen? Wieso hat Bastian mir nicht wenigstens im Gruppenchat viel Glück gewünscht, wenn er sonst schon nicht reagiert? Bin ich ihm egal? Warum muss ich morgen zwischen lauter fremden Menschen sitzen, mit denen ich genauso wenig zu tun haben will wie sie mit mir?

Was wäre, wenn ich einfach in den nächsten Zug steige und nach

Hause fahre? Wirst du wegen Schwarzfahrens belangt, wenn du dich in einer Notsituation befindest? Würde die Polizei mich zu Papa bringen, wenn der Schaffner mich aus dem Zug wirft? Bestimmt, wenn ich ihnen nur seine Adresse gebe. Was soll das bringen? Er würde mich sofort wieder hierherschicken. Selbst wenn ich ohne Polizei vor der Tür stehe.

Warum kann ich jetzt nicht Geige spielen, mich ablenken und die blöden Fragen vergessen? In der Stille höre ich sie viel zu deutlich. Das halte ich nicht aus! Ich setze die Kopfhörer auf und konzentriere mich auf Lindseys Geigenspiel. Lindsey Stirling. *Brave Enough,* ihr drittes Album. Sie macht die coolsten Videos überhaupt. Ich muss nur die Augen schließen, und sie laufen vor mir ab. Auch ohne YouTube. Die Lautstärke drehe ich so weit auf, bis sie schrill genug ist, um meine Gedanken zu übertönen. Ich träume mich in Lindseys Videos und vergesse für den Moment, wo ich bin.

*

Vor Stundenbeginn soll ich mich im Sekretariat melden, und ich habe keine Ahnung, wo es ist. Wenn Colin sich nicht gedrückt hätte, hätte er mich hinbringen können. Das hätte alles leichter gemacht, nein, wahrscheinlich nicht. Bestimmt wäre alles nur komplizierter geworden. Ich könnte irgendjemanden aus der Masse der anderen Schüler fragen, wo ich hinmuss, aber ich frage nicht. In der Eingangshalle entdecke ich einen Schaukasten und drängle mich dorthin. Neben dem Schaukasten hängt eine Tafel mit einem Grundrissplan der Schule. Glück gehabt.

Die Anmeldeprozedur im Sekretariat geht schneller als erwartet, offensichtlich hat Mama sich schon per Mail um das meiste gekümmert. So schaffe ich es, mit dem Gongschlag im Klassenzimmer der 9c anzukommen. Die haben einen ganz schön beknackten Stundenplan. Wer legt bitte ausgerechnet Mathe in die ersten beiden Stunden am Montagmorgen? Die Lehrerin gibt mir fünf Minuten Zeit, um mich vorzustellen. Ich hätte gut darauf verzichten können, aber ich habe damit gerechnet und leiere einen auswendig gelernten Text über mich selbst herunter, ohne ein einziges Mal zu stocken. Obwohl ich vor achtundzwanzig fremden Menschen stehe. Ich zähle sie beim Sprechen, und ich schaffe es, sie mit meiner Vorstellung so zu langweilen, dass keiner mehr eine Frage stellt.

Die Mathelehrerin weist mir einen Platz an einem leeren Tisch in der ersten Reihe zu, direkt an der Wand, und startet mit dem Unterricht. Es ist mir recht. Wenn alles so läuft wie immer, haben mich die meisten bis zum Stundenende wieder vergessen.

Nach der Doppelstunde sind zwanzig Minuten Pause, und wir müssen alle das Klassenzimmer verlassen. Eines der Mädchen kommt auf mich zu. Sie trägt ein dunkelrotes Shirt und enge Jeans. Das helle Blond ihrer kurzen Haare fällt mir sofort auf. Ihr Pony reicht bis zum Kinn und umrahmt ihr rundes Gesicht.

»Und? Wie war es an deiner alten Schule so?«, fragt sie.

Ich zucke mit den Schultern. Keine Ahnung. Es ist nicht so, als ob ich außer mit Hannah mit vielen Leuten etwas zu tun gehabt hätte.

»Na? Welche Mädels aus unserem Jahrgang findet ihr heiß?« Tilde stand auf dem Gang, neben ein paar Jungs aus unserer Klasse. »Abgesehen von mir natürlich«, setzte sie hinzu und fuhr sich kichernd durch ihr langes, dunkles Haar.

»Dich, klar …« Jan verdrehte die Augen.

»Steht ihr auf kurze oder lange Haare?«, mischte Hannah sich ein.

Wir waren zusammen auf dem Weg zum Schulhof gewesen. Aber sie ließ mich stehen und schwenkte zu den anderen hinüber.

»Kommt drauf an …«, erwiderte einer von Jans Freunden.

»Gefärbt oder ungefärbt?«, fragte Tilde weiter.

»Oder ausgefallene Frisuren, so wie Alia eine hat?« Hannah gab den Jungs keine Chance, Tildes Frage zu beantworten.

»Alia wer?«, warf Jan ein, und alle lachten.

»Ach komm, hör auf! Als ob du nicht wüsstest, wer Alia ist.« Hannah boxte Jan in die Seite.

»Ganz ehrlich? Wenn sie nicht ab und zu aufgerufen werden würde, könnte man vergessen, dass sie überhaupt existiert«, sagte einer von Jans Freunden.

Ich stand an der Ecke und hörte jedes Wort, aber ich glaube, selbst Hannah hatte vergessen, dass ich noch da war und auf sie wartete.

Ich streiche mir durchs Haar.

Ausgefallene Frisur.

Hannah hat nie verstanden, wieso ich so herumlaufe. Obwohl ich ihr unzählige Videos von Lindsey gezeigt habe. Genau wie Lindsey in ihren älteren Musikvideos habe ich einen angestuften Pony, der vorne bis zu meinen Augen reicht und links und rechts zwei dünne geflochtene Zöpfe bis über die Schultern. Der Rest meiner Haare ist ungefähr kinnlang und an den Seiten und hinten strubbelig aufgebauscht. Mithilfe von ungefähr einer Tonne Volumenspray.

»Also, wir sind meistens da drüben«, sagt das Mädchen aus meiner neuen Klasse.

Ich zucke zusammen, hatte sie total vergessen.

Sie deutet den Gang entlang zu einer Sitzecke neben einem Kiosk. »Wenn du willst, kannst du ja vorbeikommen. Okay?«

Ich nicke, will es mir nicht an Tag eins mit allen verscherzen. Sie lächelt mir noch einmal zu und dreht sich weg. Wahrscheinlich habe ich es mir gerade verdorben. Blöd herumstehen und keine Antwort geben, fällt sicher nicht in die Kategorie *sympathische neue Mitschülerin.*

Es kann mir egal sein, oder? Ich habe sowieso nicht vor, lange zu bleiben. Wahrscheinlich hat sie mich bis morgen wieder vergessen, so wie Jan und seine Freunde.

Alia, das Mädchen, das nie den Mund aufbekommt. Warum denken immer alle, ich hätte nichts zu sagen, bloß weil ich schweige? Wie oberflächlich musst du sein, um an so einen Schwachsinn zu glauben?

ICH BIN DIE, DIE NIEMAND WILL

Ein Typ drängt sich an mir vorbei, und sein Rucksack knallt gegen meinen Arm, weil er ihn nur auf einer Schulter trägt. Es fühlt sich an, als würde es mir die Knochen zermalmen. Was hat er da reingepackt? Steine? Er merkt noch nicht einmal, dass er jemanden angerempelt hat. So viel zum Thema Sichtbarkeit …

Ich reibe die Stelle, die er getroffen hat. Das gibt ganz sicher einen blauen Fleck. Egal. Ich habe keine Lust, mich mit ihm auseinanderzusetzen. Zwangsweise muss ich hinter ihm herlaufen, ich will nach draußen, und er steuert genau auf die Tür zu. Statt weiter seinen Rucksack anzustarren, schaue ich lieber auf den Boden. Ich kann mich besser konzentrieren, wenn ich die Menschen um mich herum ausblende. Ein Verbandstäschchen fällt mir vor die Füße. Zumindest sieht das Teil aus wie ein Erste-Hilfe-Set. Wieso sollte sonst ein rotes Kreuz auf dem blau-orangen Stoff aufgenäht sein? Ist es aus dem Rucksack des Typen gefallen?

Toll. Wie es aussieht, hat er das noch nicht einmal mitbekommen. Er läuft einfach weiter. Egal. Irgendjemand wird das Ding schon finden und ihm zurückgeben. Ich sicher nicht. Bei meinem Glück ist das noch Colin, und auf eine Begegnung mit dem kann ich gut verzichten.

Ich schüttle den Kopf und steige so unauffällig wie möglich über das Verbandstäschchen. Ist es selbst genäht? Hoffentlich war es kein Geschenk. Ich sehe noch einmal zu dem Typen, der jetzt schon drei Schritte von mir entfernt ist. Moment. Das ist kein Walker-Zeichen auf dem Tuch an seinem Rucksack, oder? Bitte, lass es irgendetwas anderes sein, aber nicht das Walker-W.

Ich kneife die Augen zusammen. Verdammt, er ist ein Walker. Ich kann ihn nicht im Stich lassen, das bin ich Bastian schuldig. Wie viel Pech kann man haben? Ich bücke mich und hebe das Verbandstäschchen auf. Um den Typen einzuholen, muss ich fast schon rennen. Statt ihn anzusprechen, fasse ich nach seinem Arm. Er wirbelt herum und schlägt mir seinen blöden Rucksack beinahe gegen die Nase. Ich schaffe es gerade noch zurückzuspringen.

»Was ist?«, stößt er hervor.

Er klingt nicht sauer, eher erschrocken. Wortlos halte ich ihm das Verbandstäschchen vors Gesicht.

»Oh … danke.« Er greift danach, und sobald er es berührt, lasse ich los.

Ich will mich wegdrehen, wir sind fertig hier, doch dann bemerke ich das Lächeln. Das ganze Gesicht des Typen strahlt von diesem einen Lächeln. Ich habe noch nie jemanden so lächeln sehen und merke, wie meine Mundwinkel sich automatisch nach oben ziehen.

Was mache ich hier? Ich werde wieder ernst und weiche einen weiteren Schritt zurück. Mag der Typ keine Farben? Sein Rucksack hat den gleichen Schwarzton wie sein T-Shirt und die Jeans.

»Ich schätze, ich hätte den Reißverschluss zumachen sollen.« Er strahlt mich immer noch an und streicht sich durch die kurzen, verwirbelten Haare.

An den Seiten und hinten sind sie rasiert. Bastian hat längere Haare. Wie komme ich jetzt auf Bastians Haarlänge? Bin ich blöd? Ich zucke mit den Schultern und will an dem Typen vorbei zur Tür gehen.

»Kann ich …«, fängt er an, aber weiter kommt er nicht.

Von der anderen Seite springt ein Mädchen auf uns zu, nein, auf ihn, nicht auf mich.

»Valentin!«, ruft sie mit einer durchdringenden hellen Stimme. »Wo bleibst du? Wir warten seit Ewigkeiten!«

Sie hakt sich bei ihm ein und zieht ihn von mir weg.

»Ich …«, fängt er an, er dreht sich noch einmal nach mir um, aber ich achte nicht mehr auf ihn.

Das Mädchen ist mir auf Anhieb sympathisch. Trotz ihrer leicht schrillen Stimme. Allein wegen der Frisur. In dem kinnlangen Haar wechseln sich dreifingerbreite schwarze Streifen mit blonden ab. Ich liebe es, wenn Leute keine Standardfrisuren haben. Das ist Kunst. Genau wie die dünnen Zöpfe von Lindsey, aber die meisten Leute verstehen das nicht.

Ich bleibe stehen und sehe den beiden nach. Das Mädchen redet auf ihn ein und lacht, er hat keine Chance, irgendetwas zu sagen. Was wollte er mich fragen?

Kann ich … Jetzt gehen? Einen Handstand machen? Dich was fragen?

Wieso denke ich darüber nach? Es ist mir egal, was er kann. Ich habe ihm nur geholfen, weil er ein Walker ist. Genau wie Bastian. Alle Alan-Walker-Fans müssen zusammenhalten.

Ob Bastian mir antwortet, wenn ich ihm schreibe, dass ich hier einem Walker begegnet bin?

Die beiden verschwinden im Gedränge. Der Ausgang zum Hof liegt genau in der Richtung, in die sie gegangen sind. Wenn ich jetzt rausgehe, sieht es aus, als würde ich ihnen folgen, und das will ich nicht. Ich setze mich auf eine der Heizungen vor den bodentiefen Fenstern neben der Tür und versuche, an nichts zu denken. Kurz vor Ende der Pause stehe ich auf und schlendere zurück in den Trakt, in dem das Klassenzimmer ist. In dem Moment, in dem ich durch die Tür gehe, rennt jemand den Gang entlang genau auf mich zu. Es ist das Mädchen mit den zweifarbigen Haaren. Was will sie hier? Ist sie mir gefolgt? So ein Quatsch. Sie hat mich ja nicht einmal bemerkt.

Sie drängt sich an mir vorbei durch die Tür, läuft auf zwei Mädels zu, die in der letzten Reihe sitzen und miteinander tuscheln.

»Wisst ihr, wo Lou ist?«, fragt sie die beiden.

Ich gehe zu meinem Platz und ziehe den Block aus der Tasche.

»Wahrscheinlich beim Kiosk, wie immer«, antwortet die in dem grün-schwarzen T-Shirt.

»Eben nicht!« Das Mädchen mit den zweifarbigen Haaren schüttelt den Kopf. »Könnt ihr ihr bitte ausrichten, dass sie sich wegen dem Training noch mal bei mir meldet?«

Die beiden nicken, und sie stürmt wieder aus dem Klassenzimmer. Selbst wenn sie mich bemerkt hätte, hätte sie bestimmt nicht realisiert, dass wir uns am Anfang der Pause begegnet sind.

*

Nach zwei Stunden Deutsch verbringe ich die nächste Pause in einer Toilettenkabine im zweiten Stock und höre Musik. Wäre Handynutzung auf dem Schulgelände erlaubt, könnte ich auch in einer ruhigen Ecke auf dem Hof sitzen und die Sonne genießen. Das wäre tausendmal besser als der Gestank hier. Wenigstens verirrt sich in der Pause niemand bis in den zweiten Stock, und ich habe meine Ruhe.

Beim dritten Klingeln bin ich zurück im Klassenzimmer. Wieso liegt mein Mäppchen an die Wand gelehnt auf dem Tisch? Ich habe es auf den Block gelegt. Toll. Muss ich in Zukunft alles wegpacken, wenn schon am ersten Tag meine Sachen durchwühlt werden? Zum Glück bin ich nicht wie Hannah. Ich habe keine Fotos in meinem Mäppchen. Auch keine besonders tollen Stifte oder so was. Es lohnt sich überhaupt nicht, etwas zu klauen.

Was ist das für ein Fresszettel?

Bitte? Ich schaue mich um, aber keiner aus meiner neuen Klasse achtet auf mich. In dem Fall gibt es nur eine Person an dieser Schule, von der der bescheuerte Zettel sein kann.

Colin.

Was hat Mamas Lover gesagt, wie alt der ist? Achtzehn? Ist er mit achtzehn nicht aus der Kindergartenphase herausgewachsen? Was für ein Feigling! Statt mir ins Gesicht zu sagen, was er denkt, hat er lieber einen auf krank gemacht.

Niemand will mich hier. Danke für die Info. Ich habe mich auch so darum gerissen, mit Mama hierherziehen zu dürfen. Ist er dumm genug, um das zu glauben? Ich zerknülle den Zettel und pfeffere ihn in meine Tasche.

DER PREIS FÜR EIN ZIMMER

Zu Schulschluss lasse ich mir extra viel Zeit beim Packen meiner Sachen. Ich hasse das Gedränge auf den Gängen. Erst nachdem der größte Ansturm vorbei ist, schlendere ich los. Ich habe es sowieso nicht eilig, zurück in die Wohnung zu kommen. Mama fängt erst nächste Woche an zu arbeiten, und ich weiß nicht, ob ihr Lover sich Urlaub genommen hat, damit sie die erste Zeit zusammen *so richtig genießen* können. Dass ich nicht lache. Dann hätte sie mich besser bei Papa lassen sollen.

*

Bei den Fahrradständern steht nur noch ein Typ. Er trägt ein kurzärmliges schwarzes Hemd und dunkle Jeans. Selbst auf die Entfernung kommt er mir einen halben Kopf größer vor als ich. Seine schwarzen Haare sind vorne einen Tick länger als an den Seiten und hängen ihm halb über die Augen. Nein, nur über das linke Auge, der Pony ist rechts kürzer als links. Ich unterdrücke ein Lachen. Ein asymmetrischer Pony? Das macht ihn fast sympathisch.

Warum steht er genau neben dem Rad, mit dem ich gekommen bin?

Meine Gedränge-Vermeidungstaktik hat super funktioniert. Außer uns beiden ist niemand mehr hier. Ich beschleunige meine Schritte.

Stützt er sich wirklich auf den Sattel von Colins Ersatzrad?

Er dreht mir das Gesicht zu. Warum grinst er so blöd?

Nimm deine Hände von dem Rad!

Ich ziehe das Tempo an, renne beinahe. Der Typ bleibt völlig regungslos, bis ich fast bei ihm angekommen bin. Ohne mich aus den Augen zu lassen, beugt er sich zu dem Vorderrad. Hält er eine Nadel in der Hand? Ich bleibe stehen und starre ihn an. Das macht er jetzt nicht wirklich. Das Grinsen in seinem Gesicht wird noch breiter, und einen Moment später drückt er die Nadel an der Seite durch den Mantel.

Ich sehe von ihm zu dem Reifen und wieder zurück. Selbst als er die Nadel herauszieht, passiert nichts. Ganz langsam richtet er sich wieder auf und zieht die Augenbrauen hoch, ein engelsgleiches Lächeln im Gesicht. Will er mich provozieren?

Das kann er lange versuchen. In den letzten Wochen gab es viel zu viele Momente, in denen ich vor Wut losbrüllen wollte. Aber ich habe nicht gebrüllt. Nicht ein einziges Mal.

Ich halte seinem Blick stand und sehe ihn einfach nur an.

Was willst du?

Er antwortet nicht. Gedankenlesen scheint nicht seine Stärke zu sein. Stattdessen kneift er die Augen zusammen, und mit einem Mal bekommt der Ausdruck auf seinem Gesicht etwas Bedrohliches. Das gefakte Lächeln ist verschwunden. Er senkt den Kopf und der schwarze Pony fällt ihm über das linke Auge. Mit dem anderen blitzt er mich an.

Moment. Das ist kein Zufall. Er hat hier auf mich gewartet, und er weiß genau, dass er eben in das Fahrrad ein Loch gestochen hat, mit dem ich gekommen bin. Bevor ich weiterdenken kann, kommt er auf mich zu.

Will er mir die Nadel ins Gesicht rammen?

Ich balle die Hände zu Fäusten und stelle mich breitbeinig hin. Durchatmen, nichts anmerken lassen. Mein Herz hämmert wie verrückt. Er läuft ganz knapp an mir vorbei, und in dem Moment, in dem er neben mir ist, dreht er mir den Kopf zu und sieht mir in die Augen.

»Und? Hast du dich schon eingelebt in meinem Zimmer?«, raunt er mir zu.

Colin.

Sein Name ist das einzig klare Wort in meinem Kopf, in dem alle anderen Gedanken durcheinanderwirbeln.

Statt meine Antwort abzuwarten, geht er einfach weiter, und diesmal bin ich diejenige, die regungslos stehen bleibt. Selbst als er sich auf sein Fahrrad schwingt und die Straße hinunterfährt, stehe ich noch da.

Eingelebt? Ernsthaft?

Mein Blick verschwimmt. Schnell wische ich mir über die Augen und schüttle den Kopf.

*

Als ich das immer platter werdende Rad über den Hof schiebe, kommt mir ein Mann mit strähnigen weißen Haaren in einem blauen Arbeitskittel entgegen. Am liebsten würde ich das Rad stehen lassen, soll sich Colin doch selbst darum kümmern, wenn er ein Loch reinsticht. Aber wenn ich ohne Rad zurückkomme, flippt Mama aus.

»Hast du einen Platten?«, spricht der Mann mich an.

Nein, ich habe nur zum Spaß die Luft herausgelassen.

Ich bleibe stehen und sehe ihn an. Mit seinem dunkelblauen Arbeitskittel und den schwarzen Sicherheitsschuhen ist er das wandelnde Hausmeister-Klischee.

Er beugt sich zu dem Vorderrad und drückt den Mantel zusammen. »Bist du über ein paar Scherben gefahren? Es ist unglaublich, wie viele Flaschen am Wochenende in der Innenstadt zu Bruch gehen …«

Ich zucke mit den Schultern, obwohl er das nicht sehen kann, weil der Reifen seine gesamte Aufmerksamkeit einnimmt.

Das waren keine Scherben. Das war der Willkommensgruß meines neuen Stiefbruders. Nett oder?

»In der kleinen Werkstatt ist Flickzeug. Soll ich dir das Rad wieder flottmachen?« Er richtet sich auf und sieht mich an.

Das wäre super, würde ich ihm gern antworten, zucke aber nur noch einmal mit den Schultern.

»Die Gesprächigste bist du nicht gerade«, merkt er an.

Er mustert mich einen Moment lang, die Stirn in Falten gelegt und die Augen zusammengekniffen. Schmeißt er mich jetzt raus?

»Dann komm«, sagt er nur und wendet sich dem Schulgebäude zu.

Er geht rechts daran vorbei in die Richtung, aus der er eben gekommen ist. Wortlos schiebe ich das Rad hinter ihm her. Die kleine Werkstatt entpuppt sich als ein Container, der neben dem Schulgebäude steht. Der Hausmeister nimmt mir das Rad ab und stellt es auf den Kopf. Immerhin versucht er nicht mehr, mich in ein Gespräch zu verwickeln. Die meisten Erwachsenen blicken das nicht so schnell. Er richtet sich ein paar Werkzeuge und eine Pumpe her und macht sich an die Arbeit. Ab und zu ruft er mir etwas zu wie *Schlüssel, Zange* oder *Pumpe,* und ich reiche ihm die Sachen. Dafür, dass wir uns heute zum ersten Mal sehen, sind wir ein gut eingespieltes Team. Vielleicht sollte ich im Sekretariat nachfragen, ob ich dem Hausmeister helfen kann, statt mich weiter im Unterricht zu langweilen?

»So, jetzt ist es wieder wie neu«, sagt er schließlich und stellt das Rad auf. »Es war nur ein ganz kleines Loch. Wahrscheinlich hättest du es auch nach Hause geschafft, wenn wir es nur aufgepumpt hätten.«

»Danke«, murmle ich und sehe dabei auf einen Ölstreifen an seiner Wange, statt in seine Augen.

Trotzdem spüre ich, wie er mich mustert, und ich mag den Blick nicht.

Kann ich bitte gehen, bevor er mir doch noch ein Gespräch aufdrückt?

»Das Loch war von keiner Scherbe«, sagt er, den Blick immer noch auf mich gerichtet. »Dafür war es viel zu klein und noch dazu an der Seite.«

Ich stecke die Hände in die Taschen meiner Stoffhose und ziehe die Schultern hoch.

»Es sieht fast so aus, als hätte jemand mit Absicht ein Loch in deinen Reifen gestochen«, setzt er nach.

»Vielleicht hatte er einen guten Grund?«

Der Ausdruck auf dem Gesicht des Hausmeisters verändert sich. Seine Augen funkeln, und er erinnert mich an einen Hund, der eine Fährte wittert. Wieso habe ich nicht den Mund gehalten?

»Weißt du, wer das war?« Die Frage klingt nicht wie eine Frage, sondern wie eine Aufforderung.

Ich zucke wieder mit den Schultern, und diesmal sehe ich ihm direkt in die Augen. Ein paar der weißen Strähnen hängen ihm ins Gesicht. Bei ihm wirkt es mehr verwirrt als verwegen.

Ja, ich weiß, wer das war. Aber ich werde es nicht sagen, weil es Sie nichts angeht.

Nicht, weil ich Colin schützen wollte. Aber vielleicht hätte ich an seiner Stelle genau das Gleiche gemacht. Auch wenn es total kindisch ist, und ich mit fünfzehn viel zu alt für so eine superdoofe Aktion bin und er mit achtzehn erst recht. Aber ich wäre auch stinksauer. Ein Loch im Reifen unterstreicht die Botschaft. Besser als der blöde Zettel. Warum hat er mir den überhaupt hinterlegt, wenn er sowieso vorhatte, mir aufzulauern?

Zwei Atemzüge lang starren der Hausmeister und ich uns an. Ich halte es kaum aus, will aber nicht zuerst wegsehen. Endlich brummt er etwas und wendet sich von mir ab, um das Werkzeug aufzuräumen. Ich verstehe den Wink und schwinge mich auf das Rad.

Einen Vorteil hat die neue Schule. Der Hausmeister hier ist tausendmal besser drauf als der in meiner alten Schule. Für den wäre der Platten mein Problem gewesen, und er hätte mich einfach nur vom Schulhof verwiesen, wenn ich keinen Unterricht mehr gehabt hätte.

*

Der Rest des Tages vergeht ereignislos. Ich erzähle weder Mama noch ihrem Lover von der Begegnung mit Colin, überlege aber, ob ich sie doch nach einem Straßenbahnticket frage. Am Ende mache ich es nicht und verkrieche mich in dem Zimmer, in dem ich nicht sein will, weil Mamas Lover sich wirklich freigenommen hat.

»Damit wir uns kennenlernen können«, sagt er.

Ist er schwer von Begriff? Ich habe kein Interesse daran, ihn kennenzulernen. Wie sehr muss ich ihn noch ignorieren, bis die Botschaft ankommt?

Wenigstens habe ich in diesem Zimmer nur eine Wand zum Flur und zum Wohn- und Essbereich und keine zu ihrem Schlafzimmer. Das ist zum Glück auf der anderen Seite der Wohnung. Das vierte und letzte Zimmer ist das private Fitnessstudio von Mamas Lover. Wieso hat sie sich in so einen Egoisten verknallt? Statt Colin sein Zimmer wegzunehmen, hätte er genauso gut seine Fitnessgeräte in den Keller räumen können. Wenn es ihm wirklich so wichtig wäre, mich kennenzulernen und hier mit wohnen zu lassen. Oder er hätte Mama gleich sagen können, dass er keinen Platz für mich hat. Das wäre das Allerbeste gewesen.

Hannah hat sich immer noch nicht gemeldet. Ich schicke ihr eine Nachricht, ziehe den Geigenkasten unter dem Bett hervor, streiche über die mintgrüne Außenschale und atme tief ein. Während ich die beiden Schlösser aufdrücke, schließe ich kurz die Augen und horche auf das sanfte Klacken. Automatisch schleicht sich ein Lächeln in mein Gesicht.

»Na du?«, flüstere ich und fahre mit den Fingerspitzen den S-förmigen schwarzen Körper der Geige nach. »Willst du sehen, wo wir hier gelandet sind?«

Vorsichtig hebe ich sie aus dem Koffer, schließe sie an dem Verstärker an und setze die Kopfhörer auf, damit niemand mich hört. Ich schließe auch mein Handy an, um *The Arena* von Lindsey einzuschalten und mitzuspielen.

The credit belongs to the man who is actually in the arena …

Wenn ich die Augen zumache und die schnellen Töne mitspiele, sehe ich Lindsey tanzen, vor den abschätzigen Blicken der Zuschauer. Und ich sehe mich, in der neuen Schule. Sie kommt mir vor wie die Arena, und jetzt bin ich die, die den abschätzigen Blicken ausgesetzt ist. Ich schaue mir dabei zu, wie ich an meinem Platz den Zettel aus dem Mäppchen ziehe, stehe wieder Colin gegenüber, der mich mit seinem Blick in der Luft zerreißt und spiele. Schneller, lauter.

Du kennst mich nicht!, schreie ich ihm mit jedem einzelnen Ton entgegen.

Will die Bilder loswerden, die Menschen, die mich nicht verstehen, muss auf einmal an den Walker-Typen mit dem Verbandstäschchen denken und an das Mädchen mit den zweifarbigen Haaren. Sie hat mich noch nicht einmal bemerkt. Ich spiele weiter, bis ich mich in der Musik verliere.

Vielleicht würden die beiden mich verstehen?

Die Tür fliegt auf, und ich erstarre.

Mama steht auf der Schwelle. »Hast du deine Schulsachen gepackt?«

Ihr Blick durchbohrt mich.

»Klar«, murmle ich, auch wenn es nicht stimmt.

Sie sagt nichts mehr, aber so, wie sie mich ansieht, glaubt sie mir kein Wort.

KEIN PLATZ FÜR DICH

Ich habe nur eine Sekunde nicht aufgepasst,
und jetzt bist du da,
bist der totale Kontrast,
doch du gehörst hier nicht her.
Zusammengefasst:
Du bist nicht erwünscht, bist mir verhasst!

Du bist ein Eindringling
und gibst dich, als wärst du der King.

Dein lächelndes Schweigen
reißt mein Bild in tausend kleine Fetzen.
Als würde es mit dem Finger auf mich zeigen.
Doch du kannst mich nicht verletzen!

Dein Blick setzt mein zerrissenes Bild in Brand,
und du begreifst es nicht,
merkst nichts von meinem Widerstand.

Du bist nicht mehr
als ein blinder Passagier.

Aber ich, ich bin der Phoenix,
der aufsteigt aus der Asche.

Ich hab dich im Visier.
Begreifst du's nicht?
Niemand will dich hier!

DIE MEISTEN MÄDELS MÖGEN SCHOKOLADE

Ich nehme wieder das Fahrrad. Zu Fuß bräuchte ich mehr als doppelt so lang, und ich hasse es, früh aufzustehen. Diesmal spricht mich das Mädchen aus meiner Klasse zu Pausenbeginn nicht mehr an. Ob ihr Angebot trotzdem noch steht? Obwohl ich außer blöd mit den Schultern zu zucken, nicht groß reagiert habe? Ich bin mir nicht sicher und will es lieber nicht darauf ankommen lassen. Noch eine Pause in der Toilettenkabine halte ich aber auch nicht aus, der Gestank dort war bestialisch!

Schließlich schlendere ich auf dem Pausenhof zu einem Baum, unter dem drei große Steine zum Daraufsitzen liegen. Ich suche mir den in der Mitte aus, weil ich mich so mit dem Rücken an den Stamm lehnen und die Füße aufstellen kann. Ein Windstoß bringt die Blätter über mir zum Rauschen. Mist. Es ist kalt hier im Schatten. Wahrscheinlich war der Platz deshalb noch frei.

»Hey.«

Zwei Schritte von mir entfernt steht auf einmal ein Typ. Wo kommt er so plötzlich her? Und was will er? Ich lege die Arme um die Schienbeine, ziehe die Knie ein Stück näher an mich heran und mustere ihn. Aus meiner Klasse ist er nicht.

Warte.

Schwarzes T-Shirt und schwarze Jeans. Das ist der Walker-Typ. Was macht er hier?

»Kann ich mich zu dir setzen?«, fragt er und deutet auf den Stein rechts von mir.

Wozu?

Ich zucke mit den Schultern, und wieder ist da dieses Lächeln in seinem Gesicht. Es löst ein warmes Gefühl in meinem Bauch aus, und ich merke, wie meine Mundwinkel nach oben gehen. Schnell beiße ich mir auf die Lippe und ziehe die Augenbrauen zusammen.

Was soll das? Ich will ihn nicht anlächeln, weiß noch nicht einmal, wer er ist und will es auch nicht wissen. Wieso lässt er mich nicht einfach in Ruhe?

»Hier«, sagt er, nachdem er sich gesetzt hat, und hält mir eine Tüte Gummibärchen hin.

Ich sehe von ihm zu der Tüte und zurück. Ohne etwas zu sagen.

Was soll das jetzt?

»Ich wollte mich bei dir bedanken.« Er streicht sich mit der anderen Hand durch die kurzen Haare. »Wegen dem Verbandstäschchen«, fügt er hinzu.

Ich schüttle den Kopf. Nur weil ich dieses Täschchen aufgehoben habe, will er mir etwas schenken?

»Magst du keine Gummibärchen?« In seiner Stimme schwingt ein seltsamer Tonfall mit.

Habe ich ihn aus dem Konzept gebracht? Vielleicht sollte ich etwas sagen. Immerhin ist es nett, unnötig, aber nett. Ihn einfach so auflaufen zu lassen, ist nicht fair.

»Ich hasse sie«, antworte ich.

Meine Worte vertreiben das Lächeln aus seinem Gesicht, und jetzt sind seine Wangen rot. Mist. Ich wollte ihn nicht vor den Kopf stoßen, aber er hat gefragt. Hätte ich lügen sollen?

»Echt? Schlecht.« Er legt die Gummibärchenpackung in seinen Schoß, reibt sich über die Wangen und lacht. »Schätze, dann war das eine blöde Idee.«

Und wieder mal habe ich in weniger als einer Minute alles verbockt. Toll, Alia, wirklich toll. Was hätte es dich gekostet, die

Gummibärchen einfach anzunehmen? So, wie es jeder normale Mensch gemacht hätte? Das ist doch nicht so schwer. Dann könnte der Typ abziehen, ohne sich wie der letzte Volltrottel zu fühlen, und du könntest sie Finley mitbringen, falls du übernächstes Wochenende nach Hause fahren darfst. Aber nein, du musstest mal wieder beschließen, schwierig zu sein.

Er stützt die Hände auf die Oberschenkel. Gleich wird er aufstehen und gehen. Dann ist wenigstens die blöde Stimmung weg. Na ja, nicht wirklich, aber ich kann es mir einreden.

»Trotzdem danke.«

Wieso habe ich das gesagt? Sofort ist das Lächeln wieder in seinem Gesicht. Wegen zwei kleiner Worte, die ich überhaupt nicht aussprechen wollte. Na super. Meine Wangen fühlen sich warm an.

»Was magst du dann?«, fragt er und lehnt sich wieder zurück.

»Nichts.«

»Du magst nichts?« Er zieht die Augenbrauen hoch.

Das bringt mich zum Lachen. Ich höre sofort wieder auf. Wann habe ich zuletzt gelacht?

»Du musst mir nichts schenken«, antworte ich.

»Ich würde aber gern.«

»Wieso?«, raunze ich ihn an.

Er legt den Kopf schief und lächelt einfach weiter. Stört es ihn kein bisschen, wenn er angefahren wird?

»Weil es eine mittlere Katastrophe gewesen wäre, wenn ich das Verbandstäschchen verloren hätte.«

»So ein Quatsch! Wenn ich es nicht aufgehoben hätte, hätte das jemand anderes getan.«

»Und mit nach Hause genommen oder in den Mülleimer geworfen.«

Wie negativ ist er bitte eingestellt?

»Oder zum Hausmeister gebracht, damit du es dir bei den Fundsachen abholen kannst.«

Das ist nur eine Vermutung. An unserer Schule läuft das so, und hier werden sie sicher auch die Sachen, die liegen bleiben, irgendwo sammeln.

Eine Bewegung auf der anderen Seite des Schulhofs lenkt meine Aufmerksamkeit von ihm weg. Es ist das Mädchen mit den zweifarbigen Haaren. Sie steht neben einem anderen Mädchen mit rotblonden langen Locken und winkt zu uns herüber. Oder mehr zu ihm, mich kennt sie ja nicht.

»Ich glaube, deine Freundin will etwas von dir.«

Er folgt meinem Blick und schüttelt den Kopf. »Das ist Rieke. Wir sind gute Kumpels, nichts weiter.«

Rieke.

Der Name bleibt im Gedächtnis, genau wie ihre Frisur.

»Also, was magst du?«, fängt er wieder an.

Auf die Entfernung kann ich es nicht genau erkennen. Aber ich glaube, Rieke schüttelt den Kopf. Sie wendet sich ab und verschwindet mit ihrer Freundin hinter einer Gruppe Schüler.

Was ich mag? Etwas, das du mir nicht kaufen kannst.

Ich sehe wieder zu ihm und antworte nicht. Was soll ich darauf auch sagen?

»Schokolade vielleicht?«, fragt er weiter.

Ich muss fast wieder lachen, bemühe mich aber, ihm einen vernichtenden Blick zuzuwerfen. Der prallt eiskalt an ihm ab.

»Die meisten Mädels mögen Schokolade«, fährt er fort.

Ach ja? Was glaubt er, wer er ist? Ein Mädchenversteher? Vielleicht sollte ich auf sein Niveau absteigen und so etwas sagen, wie: Die meisten Jungs mögen Fußball.

»Warum ist dir das Verbandstäschchen so wichtig?«, frage ich, ohne den Blick von seinen Augen abzuwenden.

Bastian hat blaue Augen. Der Typ ist zu weit weg, als dass ich die Farbe seiner Augen erkennen könnte. Nicht, dass mich das interessieren würde.

»Es war ein Geschenk«, antwortet er. »Und Rieke hätte mir den Kopf abgerissen, wenn ich es verloren hätte.«

Das kann ich mir vorstellen. Irgendwie. Obwohl sie total nett wirkt. Ich muss grinsen, und mit einem Mal ist da wieder dieses Lächeln in seinem Gesicht.

»Also magst du jetzt Schokolade?«

»Du musst mir nichts schenken, okay?«, schnaube ich und stehe auf. »Ist ja nicht so, als hätte ich irgendwas besonders Tolles gemacht.«

Mit den Worten drehe ich mich um und gehe. Als ich die Hälfte des Pausenhofs überquert habe, läutet es, und alle setzen sich in Bewegung.

Ich werfe einen Blick über die Schulter. Bei den Steinen ist niemand, in dem Gedränge sehe ich ihn auch nicht mehr.

Wieso will ich wissen, wo er ist? Es ist gut, wenn er mich in Ruhe lässt. In meinem Bauch ist ein Ziehen, und auf einmal fühle ich mich völlig allein.

*

In der zweiten Pause mache ich einen Rundgang durchs Schulgebäude und sehe mir an, wo der Musikraum und die Physik- und Chemiesäle sind. Ich habe Glück und begegne keinem Lehrer. Wahrscheinlich hätte der mich sonst in den Pausenbereich geschickt. Es fühlt sich gut an, in einem völlig leeren Gang zu sein, und nur von ganz weit weg die Rufe und das Murmeln der Pausengespräche zu hören. Wenn ich mutig wäre, könnte ich jetzt mein Handy auspacken und Musik hören. Aber ich bin nicht mutig genug, will auf keinen Fall riskieren, das Handy abgenommen zu bekommen. Wie soll ich sonst Hannah schreiben? Oder Bastian?

Zurück im Klassenzimmer greife ich nach meinem Mäppchen. Das ist jetzt nicht wahr. Hat Colin nichts Besseres zu tun, als in den Pausen hierherzukommen und Zettel in meinem Mäppchen zu deponieren? Die Erinnerung an das Funkeln in seinen Augen schießt mir wieder durch den Kopf und mein Magen zieht sich zusammen. Zerstochene Fahrradreifen, Drohzettel – wie weit geht er, wenn ich nicht verschwinde?

Ich schüttle den Gedanken ab. Colin wird mich kaum um die Ecke bringen wegen eines Zimmers, das er seit Monaten nicht mehr benutzt. Falls das stimmt, was Mamas Lover uns erzählt hat. Ein Stechen breitet sich in meinem Magen aus, ich versuche es zu ignorieren. Genau wie ich versuche, nicht an Colins Blick zu denken. Langsam falte ich den Zettel auf. Er ist fast so wie der von gestern. Wenigstens der Totenkopf ist gut gemacht. Hat Colin ihn selbst gezeichnet?

Verpiss dich. Klar.

Weißt du, Colin, wenn es nach mir ginge, wäre ich nicht hier. Aber das passt nicht in dein vorgefertigtes Weltbild. Stimmt's?

Ich falte den Zettel zusammen und deponiere ihn in meiner Tasche. Neben dem anderen. Vielleicht klebe ich sie an die schwarze Wand, als Erinnerung für Colin, wenn er irgendwann sein Zimmer zurückbekommt. Zwischen den weißen Punkten machen sie sich bestimmt super!

WIR SIND NICHT, WER WIR GLAUBEN ZU SEIN

Nach dem Nachmittagsunterricht ist fast nichts los. Wieder lasse ich mir Zeit mit dem Packen meiner Tasche und verlasse als Letzte das Schulgebäude. Von meinen Mitschülern ist keine Spur mehr zu sehen. Nur bei den Fahrradständern sind noch zwei Typen, und keiner von ihnen trägt ein kurzärmliges schwarzes Hemd. Zum Glück. Auf eine weitere Begegnung mit Colin kann ich gut verzichten. Aber einer der beiden hat blonde Haare.

Bastian?

Es fühlt sich an, als würde ein Blitz durch meinen Körper jagen. Ich bleibe stehen und kneife die Augen zusammen. Das kann nicht sein. Bastian ist zweihundertvierundachtzig Kilometer weit weg. Woher soll er wissen, an welcher Schule ich bin? Er hat mir ja noch nicht einmal einen guten Start gewünscht. Der Typ mit den blonden Haaren dreht kurz den Kopf in meine Richtung, und die ganze Hoffnung ist mit einem Schlag weg. Ich fühle mich wie ein Ballon, aus dem die Luft entweicht.

Bastian hat keine so große Nase und auch kein von Pickeln übersätes Gesicht. Dieser Nicht-Bastian sagt noch etwas zu dem anderen Typen, schwingt sich auf ein Mountainbike und fährt davon.

Langsam setze ich mich wieder in Bewegung.

Ich muss aufhören, nach Bastian Ausschau zu halten. Er sollte mir total egal sein, er hat mich doch längst vergessen. Falls er jemals von meiner Existenz Notiz genommen hat.

Der zweite Typ steht noch an ein Mountainbike gelehnt und tippt in sein Handy. Er hat mir den Rücken zugedreht, und mein Blick bleibt an seinem Rucksack hängen. Genauer gesagt an dem Tuch, das an die Schlaufe oben gebunden ist. Das Tuch mit dem Walker-W.

Mann, so klein ist die Schule doch nicht. Wieso laufe ich schon wieder diesem Typen über den Weg? Wenigstens hat er mich noch nicht bemerkt. Wenn ich Glück habe, wird er das auch nicht. Ohne etwas zu sagen, gehe ich zu Colins Ersatzrad, das schräg hinter dem Typen steht.

Ich glaube es nicht!

Dem Vorderreifen fehlt die Luft. Soll das jeden Tag so weitergehen? Nach der zweiten Pause ein blöder Zettel in meinem Mäppchen und zum Schulschluss ein Loch im Reifen?

Verpiss dich!

Ja, Colin. Clever. Nichts lieber als das. Warum schreibst du das nicht deinem Vater oder meiner Mutter? Auf dich werden sie sicher hören!

Ich öffne das Schloss und schiebe das Rad aus dem Ständer. Großartig. Ich habe ja sonst keine Probleme.

»Oh, hey! Alles klar bei dir?«, spricht der Walker-Typ mich an.

Wie sieht es denn aus?

Ich drehe mich zu ihm und funkle ihn an. Das ist nicht fair, ich weiß, aber ich bin so unglaublich wütend.

Sein Blick wandert zu meinem Vorderreifen. »Scheiße. Lass uns zum Hausmeister gehen, der hat hundertprozentig Flickzeug. Ich kann dir das richten, bin dir sowieso noch was schuldig.«

»Bist du nicht!«, fauche ich ihn an.

Ich versuche, mich an ihm vorbeizudrängen, bleibe aber mit dem blöden Rad am Ständer hängen.

»Du kannst es auch selbst flicken, wenn du dir nicht helfen lassen willst«, sagt er, und er klingt nicht die Spur sauer. »Los, wenn wir uns beeilen, erwischen wir ihn noch.«

Ich schüttle den Kopf, bekomme das Rad endlich frei und schiebe es in Richtung Straße.

»Wieso willst du dir nicht helfen lassen?«

Wie hat der Typ es geschafft, mich so schnell einzuholen? Er schiebt sein Mountainbike neben mir her.

Erstens, weil ich nicht zum zweiten Mal in Folge mit einem Platten beim Hausmeister aufschlagen will. Er fängt mit Sicherheit an, Fragen zu stellen. Das kann ja kein Zufall mehr sein … Und zweitens …

Ich bleibe stehen und sehe den Walker-Typen an. »Wieso willst du mir so unbedingt helfen?«

Jetzt ist er nahe genug, und ich kann seine Augenfarbe erkennen. Grau. Mit einem leichten Grünstich im Sonnenlicht.

»Lass es mich wenigstens aufpumpen, wenn du es schon nicht flicken willst. Sonst geht der Schlauch noch kaputt«, sagt er, statt auf meine Frage zu antworten.

Na schön. Wenn du mich dann in Ruhe lässt.

Ich stelle das Rad ab und sehe zu, wie er die Pumpe von seinem Mountainbike nimmt und Luft in den Reifen füllt.

»Scheint kein großes Loch zu sein«, stellt er fest. »Wenn du willst, kannst du versuchen zu fahren. Ich kann mitkommen und zur Not noch mal aufpumpen. Wohnst du weit weg von hier?«

Ich schüttle den Kopf und schiebe das Rad weiter. Im Leben werde ich nicht mehr auf dieses Ding steigen. Wenn ich könnte, würde ich es stehen lassen. Ohne es abzuschließen. Ist mir doch egal, wenn die Klapperkiste geklaut wird. Colin scheint ja nicht besonders daran zu hängen, sonst würde er nicht jeden Tag ein Loch in den Reifen stechen. Aber wenn ich das mache, rastet Mama aus, und ich kann mir die Feier übernächstes Wochenende abschminken. Das ist der einzige Grund, warum ich das blöde Ding zurück in die Garage ihres Lovers bringe. Der Walker-Typ schiebt sein Mountainbike neben mir her.

Warum lässt er mich nicht einfach in Frieden? Ich schnaube und funkle ihn wieder an.

»Du bist ganz schön dickköpfig«, stellt er fest.

Wie es aussieht, ist er immun gegen meinen Versuch, ihn einzuschüchtern.

»Von wegen«, knurre ich. »Ich bin nur nicht schwer von Begriff und kapiere, wenn mir jemand sagen will, dass ich die Finger von dem Rad lassen soll.«

»Ist das nicht dein Rad?« Er zieht die Augenbrauen hoch.

Mein Rad. Bestimmt. Ich stehe total auf die Stange in der Mitte, wegen der ich keinen Rock tragen kann.

»Es wurde mir geliehen.«

Wow. Das klingt ganz schön gestelzt.

Es wurde mir geliehen. Nicht: *Ich habe es mir ausgeliehen.* Aber ich beiße mir eher die Zunge ab, als es so zu formulieren. Wenn es nach mir gegangen wäre, hätte ich die Straßenbahn genommen oder den Bus, statt mir Colins Ersatzrad zu leihen. Das war einzig und allein Mamas Idee und wahrscheinlich auch die von ihrem Lover. Damit Colin und ich zusammen zur Schule fahren können. Die Rechnung ging voll auf.

Der Walker-Typ lächelt schon wieder. Warum wird ihm das hier nicht zu blöd? Ehrlich. An seiner Stelle würde ich mir den Stress nicht geben und weiter neben einer wie mir herlaufen und mich anfauchen lassen. Das ist das Verbandstäschchen nicht wert.

»Ist deines kaputt?«, fragt er.

»Nein.«

»Warum leihst du dir dann eines?« Jetzt klingt er echt verwirrt.

»Weil meines zweihundertvierundachtzig Kilometer weit weg ist, und meine Mama es nicht für nötig gehalten hat, es mitzubringen, wenn ich das hier nehmen kann.«

Und ich habe es mir nicht geliehen. Sie haben es mir aufgedrängt.

»Ach so«, murmelt er, und dann sagt er nichts mehr.

Als hätten wir damit alles geklärt. Nach ein paar Schritten werde ich unruhig. Ich, die Meisterin des Schweigens. Normalerweise können Stunden vergehen, ohne dass ich ein Wort sage. Hannah kennt das, es stört sie nicht, weil sie dann so viel reden kann wie sie will. Alle anderen vergessen einfach, dass ich da bin. Oder sie gehen. Aber der Walker-Typ hat mich nicht vergessen. Sonst würde er nicht immer wieder zu mir hinsehen. Mit diesem blöden Lächeln im Gesicht, bei dem ich mich beherrschen muss, um nicht zurückzulächeln. So kann ich ihn nicht ignorieren.

»Ich wollte das Verbandstäschchen nicht aufheben«, werfe ich ihm an den Kopf.

Vielleicht kann ich ihn mit der Wahrheit vertreiben?

Er zieht die Augenbrauen hoch, sagt aber nichts.

Ich zucke mit den Schultern und versuche, so gleichgültig wie möglich zu klingen. »Aber dann habe ich dein Tuch bemerkt.«

Er zieht einen seiner Mundwinkel nach oben. Kann er bitte damit aufhören?

»Und einen Follow-Walker kann ich schlecht hängen lassen«, murmle ich und sehe wieder nach vorn.

»Du bist ein Walker-Fan?«

Ich schüttle den Kopf. »Jemand, der mir was bedeutet, ist es.«

Er lacht. Was ist daran so witzig?

»Sorry«, sagt er, als er meinen Blick bemerkt. »Ich schätze, in dem Fall habe ich verdammtes Glück, dass Rieke mir und Lorena die Tücher aufgedrängt hat. Sie ist der absolute Alan-Walker-Fan.«

Ehrlich? Dann habe ich also nicht ihm, sondern im Grunde Rieke geholfen? Ich beiße mir auf die Lippe, will nicht lachen, schaffe es aber nicht, ernst zu bleiben. Was ist bloß los mit mir?

Ich sollte mich schlecht fühlen. Wegen des Umzugs, der Feier Ende nächster Woche, zu der ich zu neunzig Prozent nicht gehen kann, den Drohzetteln und dem platten Reifen, zum zweiten Mal in Folge. Die Hälfte der Luft ist inzwischen wieder draußen. Von wegen, das hält, bis ich bei der Wohnung bin.

Aber ich fühle mich nicht schlecht, mir ist wirklich zum Lachen. Zum ersten Mal seit Ewigkeiten, wahrscheinlich seitdem der Streit zwischen meinen Eltern angefangen hat.

Ich schaffe es nicht, das Lachen zu unterdrücken, und der Nicht-Walker-Fan lacht auch. Das ist total schräg, wahrscheinlich habe ich einen hysterischen Anfall. Wann haben Hannah und ich zum letzten Mal so gelacht? Es dauert eine halbe Ewigkeit, bis wir uns wieder beruhigt haben.

»Du heißt Valentin, oder?«, frage ich, nachdem ich mindestens dreimal tief durchgeatmet habe und mir sicher bin, dass ich nicht sofort wieder lospruste.

Er mustert mich. Wahrscheinlich fragt er sich, ob ich ihn gestalkt habe oder so was. Dabei habe ich einfach gelernt, zuzuhören. Wenn du immer im Hintergrund bist, vergessen die anderen dich, und du erfährst so ziemlich alles über sie, ob du willst oder nicht.

»Woher weißt du das?«, hakt er nach.

Immerhin hat er den Mut, zu fragen.

»Deine Freundin hat dich gestern so gerufen, bevor sie mit dir weitergegangen ist«, antworte ich.

»Ach so!« Er lacht, und es klingt irgendwie erleichtert. Ist er so froh, dass ich keine Stalkerin bin? »Und wie heißt du?«

Ich mag das Leuchten in seinen Augen. Er will wirklich wissen, wie ich heiße. Das ist neu. Er ist absolut nicht wie Hannah, aber ich glaube, ich könnte mich mit ihm anfreunden.

»Alia.«

Schweigend schieben wir die Fahrräder weiter nebeneinander her.

»Soll ich dich morgen abholen?«, fragt er mich, als wir vor dem vierstöckigen Altbau angekommen sind.

Ich schüttle den Kopf, habe nicht vor, noch ein einziges Mal mit diesem blöden Rad zu fahren.

»Sicher?« Valentin mustert mich und wirkt fast wie ein Hund, der unbedingt mit einem raus und spazieren gehen will.

Ganz sicher.

»Ich nehme die Bahn«, antworte ich so bestimmt, als wäre es schon eine abgemachte Sache.

Hoffentlich versteht Mama das. Hoffentlich gibt sie mir das Geld für die Fahrkarte.

»Okay, dann sehen wir uns in der Schule.« So wie er das sagt, klingt es, als würden wir uns schon seit Jahren jeden Tag in der Schule treffen.

Er nickt mir noch einmal zu, bevor er auf sein Mountainbike steigt und die Straße hinunterfährt. Genau in die Richtung, aus der wir gekommen sind. Hat er wegen mir einen Umweg gemacht?

Statt weiter darüber nachzudenken, bringe ich lieber das platte Rad in die Garage und gehe hoch zur Wohnung. Lächle ich immer noch? Ich muss sofort damit aufhören, wenn Mama das sieht, fühlt sie sich nur bestätigt. Mich zu zwingen, mit ihr zu ihrem Lover zu ziehen, war die bescheuertste Idee jemals. Daran ändert auch die Begegnung mit Valentin nichts!

»War das jemand aus deiner Klasse?«, begrüßt sie mich, sobald ich die Tür öffne.

Ihre Stimme ist zwei Oktaven zu hoch, vor Freude wahrscheinlich. Wenn ich schon am zweiten Schultag Freunde gefunden habe, braucht sie kein schlechtes Gewissen mehr zu haben.

»Nein«, antworte ich.

Mehr sage ich nicht, ich will auch ihr Gesicht nicht sehen. Das Strahlen in den Augen. Deshalb drehe ich mich sofort weg und verschwinde in das Zimmer mit der schwarzen Wand.

In Colins Zimmer.

In der Schreibtischschublade finde ich einen Klebestift und pappe die beiden Drohzettel zwischen die weißen Punkte an der Wand. Auf Bodenhöhe, hinter der Isomatte und dem Schlafsack. Ich will nicht mit Mama darüber reden, aber Colin soll sie finden und sich ärgern. Sobald ich hier weg bin. Ein Stich in der Magengegend bringt mich in die Realität zurück. Falls ich hier jemals wieder wegkomme.

Mein Handy brummt. Froh über die Ablenkung ziehe ich es aus der Tasche. Es ist eine Nachricht von Hannah.

> Hey Süße! Wir genießen hier die Sonne. Was machst du so?

Sie hat ein Bild mitgeschickt, auf dem sie mit Tilde posiert. An unserem Baggersee. Sie haben beide ihre Bikinis an. Im Hintergrund kann ich Bastian mit ein paar seiner Freunde erkennen. Hannah hat sich absichtlich so hingestellt, dass er noch mit auf dem Foto ist, mir zuliebe.

Statt mich zu freuen, steigen mir Tränen in die Augen. Noch nicht einmal, als ich am Sonntag mit Mama in den Zug gestiegen bin, habe ich mich so allein gefühlt wie jetzt.

Mein Blick fällt wieder auf die Zettel an der Wand. Was macht Colin, wenn ich nicht von hier verschwinde?

2

VERTRAUENSBRUCH

Ich bin immer noch außer Atem und bekomme das Zittern nicht unter Kontrolle. Nicht weil mir kalt ist. Es ist wegen der Frage, die mir seit dem Auflegen nicht mehr aus dem Kopf geht.

Was ist, wenn ich einen riesigen Fehler mache?

Zu spät, ich kann jetzt nicht mehr umdrehen. Vielleicht war es doch nicht die beste Idee, alleine hierherzukommen. Vorsichtig stoße ich die Tür auf und mache einen Schritt in den Gang. Dunkelheit umgibt mich. Ich schlucke, blinzle und warte, bis meine Augen sich an das wenige Licht gewöhnt haben.

Schritte! Hinter mir. Diesmal bilde ich sie mir nicht ein.

Ich wirble herum, die Tür schlägt zu, ich schreie auf, von der Seite rast etwas auf mich zu, ich hebe die Arme, ducke mich weg … Ein dumpfes Knacken zerreißt die Stille, als hätte jemanden einen harten Gegenstand an die Wand geknallt. Mir ist schwindlig.

…

Wieso knie ich auf dem Boden?

Ich kämpfe gegen den Schwindel, schaffe es nicht und kippe zur Seite. Im Fallen bleibt mein Blick an einem dunklen Schemen hängen, der sich über mich beugt.

Ich will den Mund öffnen, will etwas sagen, aber alles dreht sich. Keine Chance, ich schaffe es nicht, gegen den Sog anzukämpfen, und der Schemen verschmilzt mit der Dunkelheit.

In meinen Gedanken hallt das dumpfe Knacken nach … ich spüre den Druck, der mich auf die Knie zwingt … das leise Pochen in meinem Hinterkopf, das mit jedem Atemzug lauter wird … streiche über meinen Haaransatz, klebrige Feuchtigkeit überzieht meine Fingerspitzen …

Solange ich mich nur auf mich verlassen habe, konnte mich keiner verraten.

UNSER STIEFBRUDER IST EIN ARSCH

»Warum hast du das Fahrrad nach Hause geschoben?«, fragt Mamas Lover mich beim Abendessen.

Wenigstens haben sie mich bis zum Essen in Ruhe gelassen, weil ich behauptet habe, eine Menge Hausaufgaben abarbeiten zu müssen. Ich zucke mit den Schultern, nehme eine Muschel aus dem Sud in meinem Teller und stochere mit der Gabel auf das wabbelige Fleisch ein. Mamas Lover hat definitiv einen seltsamen Geschmack. Gestern thailändisch, heute selbst gekochte Muscheln mit Weißbrot. Und morgen? Vielleicht Haifischsteak? Oder Kängurubraten?

»Alia! Gib Marco bitte eine Antwort«, fordert Mama mich auf.

Die Brühe schmeckt herb. Was hat ihr Lover gesagt? Weißweinsud? Kriege ich einen Rausch, wenn ich das Weißbrot lange genug darin einweiche? Mama holt Luft.

»Es hat einen Platten«, beeile ich mich zu erklären. Wenn ich ihr eine Straßenbahnkarte abschwatzen will, darf ich sie nicht wütend machen. »Ich muss heute Morgen wohl über ein paar Scherben gefahren sein.«

»Wirklich? Das ist seltsam. Ich habe extra einen Reifenschutz eingebaut, als Colin das letzte Mal einen Platten hatte. Da sollte eigentlich nichts mehr durchkommen …« Mamas Lover zieht die Augenbrauen zusammen und sieht mich an.

Tja, *Marco*, da hast du die Rechnung wohl ohne deinen Sohn gemacht.

»Soll ich dir beim Flicken helfen?«, bietet er an.

Helfen? Ich hatte überhaupt nicht vor, den Reifen zu flicken. Das kann Colin schön selbst machen. Ein Blick zu Mama genügt, um meinen Racheakt zerschellen zu lassen. Ich werde das blöde Rad wieder in Ordnung bringen müssen. Ihrer Meinung nach bin ich dafür verantwortlich, und ich kann wahrscheinlich froh sein, wenn sie nicht auf die Idee kommt, dass ich das Loch hineingestochen habe. Aus Wut. Jetzt, wo sie von dem Reifenschutz weiß.

»Nein. Ist okay. Ich kann das alleine«, komme ich Mama zuvor, die eine gemeinsame Flickaktion bestimmt für die Idee des Jahrhunderts hält.

»Bist du sicher?«, hakt er nach und sieht fast enttäuscht aus.

Supersicher.

»Mama …«, setze ich zu einer Frage an und ignoriere ihn.

»Warum nimmst du Marcos Angebot nicht an?«, unterbricht sie mich.

Verdammt. Ich muss mir einen guten Grund ausdenken, sonst wird sie sauer.

Ich atme einmal tief durch und schaffe es sogar, sie anzulächeln. »Weil ihr bestimmt genug zu tun habt, und ich das gut alleine machen kann.«

»Das ist echt kein Pro…«, fängt er wieder an.

»Kann ich ab morgen mit der Straßenbahn fahren?«, falle ich ihm ins Wort, tue so, als hätte ich ihn nicht gehört und schaue immer noch zu Mama.

Das war ein Fehler, ich sehe es an der Veränderung in ihrem Gesicht. Zwischen ihren Augen erscheint eine dicke Falte, und ihre Lippen werden zu einem schmalen Strich.

»Alia, hast du das mit dem Platten inszeniert, um mich dazu zu bringen, dir eine Monatskarte zu kaufen?«, zischt sie mich an.

»Nein!«

Ich hätte den Vorstoß besser vorbereiten müssen, ich wusste es.

Aber wenn ich ihren Lover nicht unterbrochen hätte, hätte ich mit ihm zusammen den Reifen flicken dürfen.

»Natalie«, mischt er sich ein, aber Mama hebt die Hand, und er verstummt.

»Es reicht mir mit deinen Spielchen, junge Dame!«, faucht sie mich an, und ich spüre, wie der alte Ärger wieder in ihr hochkocht. »Du weißt ganz genau, warum ich dir keine Monatskarte kaufe. Hast du wirklich geglaubt, ich falle auf diesen Trick herein?«

Nein, habe ich nicht.

Ich stehe auf. Wenn ich am Tisch sitzen bleibe, fängt sie noch an, die ganze Geschichte vor ihrem Lover auszupacken. Das will ich nicht. Auf keinen Fall.

»Wo gehst du hin?« Mama knallt die Gabel auf den Tisch und funkelt mich an.

»Den Reifen flicken«, antworte ich, ohne eine Miene zu verziehen.

»Natalie«, startet ihr Lover einen neuen Versuch. »So eine Schülermonatskarte kostet nicht die Welt. Wieso machst du ein Drama daraus?«

Ich gehe. Wenn ich weg bin, reden sie vielleicht über etwas anderes.

»Das verstehst du nicht«, sagt Mama zu ihm, als ich schon an der Tür bin.

»Dann erkläre es mir«, fordert er sie in dem Moment auf, in dem ich die Tür hinter mir zuziehe.

Erzählt sie ihm jetzt alles? Nein, das wird sie nicht, damit würde sie viel zu viel riskieren. Wenn er Bescheid wüsste, will er mich bestimmt nicht mehr hier haben. Moment. Vielleicht ist das der Plan? Wenn er mich rauswirft, muss Papa mich wieder aufnehmen. Oder?

*

Neben dem Fahrradstellplatz in der Garage hat jemand Flickzeug bereitgelegt. Und das Werkzeug, mit dem man den Mantel von der Felge bekommt. In der Ecke ist sogar eine Standpumpe. Das Zeug ist mir gestern schon aufgefallen, zum Glück, sonst hätte ich das Angebot von Mamas Lover doch annehmen müssen.

Ohne besonders vorsichtig zu sein, drehe ich Colins Rad um und fange an, den Mantel zu lösen. Die Metalltür geht auf, und Licht fällt auf einen schwarzen Haarschopf.

Colin?

Mir fällt fast das Werkzeug aus der Hand.

»Wenn du willst, kann ich das Vorderrad abschrauben, dann kannst du den Reifen oben in der Wohnung flicken.« Mamas Lover bleibt auf der anderen Seite des Fahrrads stehen.

Ich atme auf. Colin hätte ich nicht hier unten in der Garage antreffen wollen, zumindest nicht alleine. Das fiese Funkeln in seinen Augen ist mir noch gut in Erinnerung. Wer weiß, wozu er fähig ist, wenn die zerstochenen Fahrradreifen und die Drohzettel nicht die gewünschte Wirkung haben?

Ich löse den Mantel ganz und ziehe den Schlauch heraus, ohne Mamas Lover zu antworten. Trotzdem kann ich seinen Blick spüren, mit dem er jede meiner Bewegungen beobachtet.

»Du machst es einem nicht gerade leicht …«

Ach? Ich mache es dir nicht leicht? Warum auch? Ihr macht es mir ja auch nicht leicht, sonst hätte Mama mich nicht hierhergeschleppt!

Statt ihm das zu sagen, lehne ich mich nach hinten und greife nach Flickzeug und Pumpe.

»Na schön«, murmelt er und seufzt. »Wie es aussieht, wird es wohl noch eine Weile dauern, bis wir miteinander warm werden.«

Ich drehe mich zu ihm und sehe ihn an.

Wieso willst du noch mit mir warm werden? Hat Mama dir nicht erzählt, warum ich für die nächsten Monate Taschengeld vergessen kann?

Ist es ihm egal?

Quatsch. Wenn er es wüsste, würde er mich ganz sicher loswerden wollen. So schnell wie möglich.

Er nickt mir zu und geht. Den Türgriff schon in der Hand, hält er noch einmal an.

»Ach, Alia?«, fängt er an. Auf seinem Gesicht ist auf einmal ein ernster Ausdruck. »Bist du Colin in der Schule schon begegnet?«

Sekundenlang sehen wir uns an.

Soll ich es ihm erzählen?

Er legt den Kopf schief, und ich konzentriere mich wieder auf den Schlauch.

Wozu? Das gibt nur noch mehr Ärger, selbst wenn er mir glaubt. Am Ende holt er Colin hierher, damit wir uns aussprechen können. Als ob das funktionieren würde. Ich will mich nicht mit Colin aussprechen.

Die Metalltür fällt ins Schloss. Ich bin wieder allein in der Garage.

Bevor ich das Rad aufpumpe, mache ich ein Foto von dem platten Reifen und schicke es Finley.

Unser Stiefbruder ist ein Arsch!
Miss you ...

Erst als die Luft wieder im Reifen ist, kommt eine Antwort von Finley. Er hat auch ein Bild angehängt. Unsere Spüle, neben der sich das Geschirr stapelt.

Wir vermissen euch hier auch!

Sehr witzig. Du könntest wenigstens nachfragen, was los ist, du Idiot!

Das macht er nicht. Das hat er noch nie gemacht. Er ist noch besser im Ignorieren als ich im Schweigen. Als ob ein Problem sich in Luft auflösen würde, wenn er es nur lange genug nicht beachtet. So was passiert nicht. Sonst hätte ich am Sonntag nicht mit Mama in den Zug steigen müssen. Wie kann Finley das mit dreizehn Jahren immer noch nicht verstanden haben?

ZAUBERWORT

Du bist wie ein Meteor,
der einschlägt,
in meine Welt aus Styropor.
Durch dich ist nichts mehr
wie zuvor.

Ich schließe die Augen,
kann es kaum glauben,
und stelle mir vor,
sobald ich sie öffne,
bist du fort.

In Luft aufgelöst
wie durch ein Zauberwort.
Und egal, was passiert,
du bleibst verschwunden.
Ich wünschte, das wär mir garantiert.

Durch dich wird alles kompliziert.
Du lächelst und schweigst und
machst uns kaputt.
Glaubst, die Botschaft ist ein Zufallsfund.
Merkst nichts von dem Beben im Untergrund.
Verpiss dich!
Sonst, das verspreche ich dir,
lege ich alles in Asche und Schutt!

DER TAG, AN DEM ICH MEINE UNSICHTBARKEIT VERLOR

Ich hasse es, früh aufzustehen. Nachdem das Fahrrad keine Option mehr ist, hätte mich nur die Straßenbahn vor einem halbstündigen Fußmarsch retten können.

Danke *Marco*!

Und nein, es ist nicht unfair, wenn ich ihm die Schuld gebe, obwohl er von nichts eine Ahnung hat.

Wieso habe ich noch einmal auf *Schlummern* gedrückt? Ich weiß doch, wie langsam ich frühmorgens bin. Jetzt musste ich im Eiltempo duschen und meine Sachen zusammenpacken. Wenn ich nicht zu spät kommen will, ist Frühstück definitiv nicht mehr drin. Da hätte ich wohl besser auf Mama gehört und meine Schulsachen gestern schon hergerichtet. Wenigstens ist sie im Bad und kann mich nicht fragen, warum ich um die Uhrzeit loshetze. Ihr Lover schläft zum Glück noch. Oder er ist schon aus dem Haus. Egal. Hauptsache, ich muss nicht mit ihm reden.

*

»Du hast ja echt Ernst gemacht!« Neben mir hält ein Fahrradfahrer.

Schwarzes T-Shirt, schwarze Jeans. Valentin. Hat er eine Million schwarzer Sachen im Schrank?

Er hat einen Helm auf, der ein paar seiner Strähnen vorne in die Stirn drückt. Diesmal bin ich diejenige, die zuerst lächelt.

»Du hast das Rad wirklich stehen lassen?« Wieso fragt er das? Hat er daran gezweifelt? Ich ziehe die Augenbrauen hoch und werfe ihm im Weiterlaufen einen Blick von der Seite zu. Er steigt ab und schiebt das Mountainbike neben mir her.

»Ich war mir nicht sicher, ob du einfach nur alleine fahren wolltest«, antwortet er auf meine nicht gestellte Frage und zuckt mit den Schultern.

Als wäre nichts dabei, wenn ich ihn angelogen hätte.

»Bist du eine Haltestelle früher ausgestiegen?«

Was wird das hier? Ein Verhör?

»Ich bin gelaufen«, antworte ich, auch wenn mir nicht ganz klar ist, warum ihn interessiert, welche Haltestelle ich benutzt habe.

»Ernsthaft? Bist du da nicht mindestens eine halbe Stunde unterwegs?« Kurz bleibt er stehen und starrt mich mit offenem Mund an.

»Und?« Ich gehe einfach weiter.

Er setzt sich wieder in Bewegung und holt zu mir auf. »Dann musst du doch total früh aufstehen? Wieso hast du nicht die Bahn genommen?«

Ich schüttle den Kopf, will ihm ganz sicher nicht erklären, was los ist. Das würde ich noch nicht einmal Hannah erzählen, und die kenne ich praktisch schon mein ganzes Leben. Er schiebt das Mountainbike weiter neben mir her und fragt nicht mehr nach. Das bringt ihn fast auf eine Stufe mit Hannah. Bei dem Gedanken muss ich wieder lächeln. Es gibt nicht viele Leute, die wissen, wann sie besser still sind.

Schweigend gehen wir das letzte Stück bis zur Schule nebeneinander her, und ich komme fast automatisch mit zu den Fahrradständern. Während Valentin das Mountainbike abschließt, sehe ich mich um. Hinter uns hält ein Radfahrer, und ich bereue es, überhaupt aufgesehen zu haben.

Schwarze Haare, dunkelrotes Hemd, stechender Blick.

Colin.

Er hebt das Kinn und kneift die Augen zusammen. Ich konzentriere mich auf Valentin, der das Mountainbike endlich abgeschlossen hat und sich wieder aufrichtet. Aber selbst im Weggehen spüre ich noch Colins Blick im Rücken. Ich nehme zwei Steinstufen auf einmal zum Eingang hinauf. An der Tür drehe ich mich noch einmal um.

Ich hatte recht. Colin lehnt mit verschränkten Armen an seinem Rad und sieht mir genau in die Augen. Zumindest fühlt es sich so an. Er steht zu weit weg, als dass ich sicher sein könnte und sein linkes Auge ist wieder mal von seinem Pony verdeckt.

»Kommst du?« Valentins Stimme reißt mich aus meiner Erstarrung. Ich sehe zu ihm und wieder zurück zu Colin. Valentin folgt meinem Blick. »Kennt ihr euch?«

Zwischen seinen Augenbrauen erscheint eine Falte.

Kennen wir uns? Wenn er damit meint, ob ich weiß, wer Colin ist, dann ja. Ansonsten nein.

Ich ziehe die Schultern hoch und schüttle ganz leicht den Kopf. Valentin geht neben mir her, ohne einen weiteren Kommentar. Ich werfe ihm einen Blick von der Seite zu und beiße mir auf die Lippe, um nicht wieder blöd zu lächeln. Er hat wirklich ein Gespür dafür, wann es besser ist, zu schweigen.

*

In der Pause gehe ich wieder nach draußen. Mist. Mein Platz ist besetzt. Auf dem Stein, auf dem Valentin gestern war, sitzt schon jemand.

Moment.

Die schwarzen Klamotten sind unverwechselbar. Das ist Valentin!

Ich bleibe stehen.

Wartet er auf mich? Oder ist das der Platz, an dem er sich normalerweise in der Pause mit seinen Freunden trifft?

Er dreht den Kopf. Sobald er mich sieht, winkt er mich zu sich, wieder dieses Lächeln im Gesicht, bei dem ich nicht anders kann, als auch zu lächeln.

»Wie war dein Tag bis jetzt?«, fragt er, während ich mich auf den Stein in der Mitte setze.

Genau wie gestern. Ich zucke mit den Schultern. Es ist nichts Besonderes passiert. Inzwischen hat mich das Mädchen definitiv vergessen, das mich am Montag noch in die Sitzecke eingeladen hat. Während des Unterrichts verharre ich mehr oder weniger reglos auf meinem Platz, beobachte und weiß ziemlich genau, wer in meiner neuen Klasse das Sagen hat, über wen gelacht wird und wen ich in welchem Fach fragen müsste, wenn ich Probleme hätte. Ob sie mir helfen würden, steht auf einem anderen Blatt.

Valentin öffnet den Mund, aber mein Magen kommt ihm zuvor und knurrt so höllisch laut, dass man es wahrscheinlich über den ganzen Schulhof hören kann. Das ist total peinlich! Einen Moment lang sieht Valentin mich an, dann lacht er los.

»Hast du vergessen zu frühstücken?«

»War keine Zeit mehr …«, murmle ich und wickle einen der beiden dünnen Zöpfe um den Finger.

Mein Magen knurrt wieder, das ist schon mehr als peinlich. Ich habe noch nicht einmal Geld, um mir beim Kiosk was zu holen.

»Du solltest langsam mal was essen«, stellt Valentin fest und mustert mich.

Wieso blitzen seine Augen so? Macht er sich über mich lustig?

Ich verziehe den Mund und sehe in Richtung des Schulgebäudes.

Wenn ich Glück habe, verdecken ein paar Haarsträhnen mein Gesicht, das sich total heiß anfühlt. Wahrscheinlich bin ich knallrot.

»Hier!«, ruft er.

Ich habe gerade noch Zeit, eine Tüte aufzufangen, die genau auf mich zufliegt.

»Bevor du noch zusammenbrichst«, setzt er hinzu, ein Grinsen im Gesicht. »Sei ehrlich, du bist so spät aufgestanden, dass du nur noch deine Tasche schnappen konntest und ab durch die Tür bist. Dein Geldbeutel liegt wahrscheinlich auch noch zu Hause. Oder?«

Ich sehe von ihm zu der Tüte. Nic Nac's, Erdnüsse im Teigmantel.

»Bist du einfach nur gut im Raten oder hast du mich heimlich beobachtet?«, frage ich.

Mein blöder Magen knurrt direkt noch einmal. Es reicht! Ich reiße die Tüte auf und stopfe mir ein paar Nüsse in den Mund. Immerhin sind es keine Gummibärchen.

Valentin lacht. »Du bist nicht die Erste, die ich in der Schule mit Proviant versorgen muss, weil sie verpennt hat.«

Okay? Valentin, dein Helfer in der Not? Das Image passt zu ihm. Irgendwie. Fragt sich nur, wen er sonst versorgt.

»Sind das meine Nic Nac's?«

Ich schrecke auf. Valentins Freundin mit den zweifarbigen Haaren kommt genau auf mich zu. Sie trägt ein eng anliegendes braunes Tankshirt. Es bedeckt die zerrissenen Jeans bis über den halben Oberschenkel.

Rieke, oder?

Neben ihr läuft ihre Freundin. Ich kann mich nicht entscheiden, ob ich deren rotblonde Locken oder Riekes zweifarbige Haare besser finde. Rieke fängt meinen Blick auf und lacht mich an.

»Wie hast du Valentin dazu gebracht, dass er dir seine Lieblingsnüsse gibt?«

Keine Ahnung. Ich schätze, er hat lieber auf die Nüsse verzichtet, als sich das Knurren meines Magens noch länger anzuhören?

»Ich muss ihn immer stundenlang beknien, bis er für mich ein paar rausrückt!« Ihre Augen blitzen, aber es ist kein fieses Blitzen.

Sie wirkt eher belustigt. Ich halte ihr die Tüte hin, und sie nimmt sich eine Handvoll Nic Nac's.

»Wenigstens eine, die hier Mitleid mit mir hat!«, sagt sie mit vollem Mund und wirft einen Seitenblick zu Valentin.

Der verdreht die Augen. »Musst du aus allem ein Drama machen?«

Was ist mit ihm los? So einen Groll in der Stimme hätte ich ihm niemals zugetraut. Rieke scheint das nicht zu stören. Sie lacht und setzt sich neben mich auf den Stein. Jetzt kann ich sie ansehen und mit einem Blick über ihre Schulter Valentin beobachten. Die beiden müssen sich verdammt gut kennen, wenn sein Tonfall sie so kalt lässt.

»Willst du auch, Lorena?« Rieke nimmt mir die Tüte aus der Hand und hält sie ihrer Freundin hin.

Lorena streicht sich eine Locke hinters Ohr und schüttelt den Kopf. Ihre Haare fallen über ihr schulterfreies Top. Sie bemerkt meinen Blick und nickt mir zu. Ein leichtes Lächeln auf den Lippen. Statt sich auf den freien Stein neben unserem zu hocken, bleibt sie vor uns stehen. Liegt das an dem knielangen Rock? Hat sie Sorge, man könnte ihre Unterwäsche sehen, wenn sie sich setzt?

»Rieke, was soll das?«, fängt Valentin an.

Er klingt versöhnlicher, auch wenn er die Augenbrauen zusammengezogen hat.

Was soll was? Ich verstehe nicht, was ihn stört.

»Was denn? Hast du Angst, dass …« Rieke stockt und dreht sich zu mir. »Wie heißt du?«

»Alia.«

Ich weiß nicht, warum ich ihr so selbstverständlich antworte, aber so, wie sie mich ansieht, kann ich nicht anders. Ich mag das Leuchten in ihren Augen.

»Okay. Ich bin Rieke. Nett, dich kennenzulernen«, sagt sie und dreht sich wieder zu Valentin. »Hast du Angst, dass Alia verhungert, wenn wir auch ein paar Nüsse essen?« Sie nimmt sich noch eine Handvoll und hält mir die Tüte wieder hin. »Wie bist du auf Valentin gestoßen?«, fragt sie, ohne abzuwarten, ob er ihr antworten will.

Aber so wie er sie ansieht, wirkt es nicht, als ob er auf ihre Frage etwas erwidern wollte.

»Wegen dem Walker-Tuch«, murmle ich und greife in die Tüte.

Es stimmt, aber es klingt bescheuert. Rieke kneift die Augen zusammen. Ich hätte besser die Story mit dem Platten erzählen sollen, das hätte glaubhafter geklungen. Auf einmal überzieht ein Strahlen ihr Gesicht.

»Alan Walker ist der Beste!«, verkündet sie. »Stimmt's Lorena?«

Lorena schnaubt. »Ja. Klar. Und Valentin ist einer seiner größten Fans, oder?«

Sie fixiert Valentin mit ihrem Blick, doch er achtet nicht auf sie. Er sieht zu mir. Das Lächeln auf seinen Lippen ist schief. Als unsere Blicke sich treffen, zieht er ganz leicht die Schultern hoch.

Rieke lacht. »Na ja, er hat ja keine andere Chance, wenn er keinen Ärger mit mir will!« Sie beugt sich zu mir. Dabei fällt ihr links eine schwarze Strähne ins Gesicht und rechts eine blonde. »Auch wenn man es nicht merkt, mag Lorena Valentin im Grunde ihres Herzens total gern, schließlich sind wir nicht umsonst beste Freunde!«

Beste Freunde. Das macht Sinn. Sonst wäre Valentin das Verbandstäschchen von ihr nicht so wichtig gewesen. Ich schiele zu Lorena, die die Arme verschränkt und den Kopf schüttelt.

»Hast du heute Nachmittag Zeit?«, wendet Rieke sich an Valentin.

»Hab schon was mit Mats ausgemacht«, antwortet er.

»Wollt ihr schon wieder Mountainbike fahren?«

Er nickt, und Rieke seufzt.

»Ey, wir haben heute sowieso Training«, mischt Lorena sich ein. Sie stupst Rieke mit der Fußspitze an.

»Aber doch erst um fünf!«

»Du kannst vorher gern noch mit mir Spanisch lernen.« Lorena grinst.

»Nein danke.« Rieke schüttelt lachend den Kopf. »Du bist aber nicht in der Zehnten?«, stellt sie auf einmal fest mit einem Blick zu mir.

»Neunte«, antworte ich.

»Das erklärt, warum ich mich nicht an dich erinnere …«

»Erklärt es nicht«, wirft Valentin ein.

»Bitte?« Rieke dreht sich zu ihm.

»Alia ist erst hergezogen.«

»Wann?«, wendet sie sich wieder an mich.

»Sonntag.«

»Oh.« Einen Moment lang ist sie still. Dann ist auf einmal wieder dieses Strahlen auf ihrem Gesicht. »Du hast verdammtes Glück gehabt, dass du Valentin über den Weg gelaufen bist! Wir können dir die Stadt zeigen und alles, stimmt's Lorena?«

Lorena zieht die Augenbrauen hoch und starrt Rieke mit einem *Ist das dein Ernst?*-Blick an. Ich kapiere nicht ganz, was zwischen den beiden abgeht, aber auf einmal nickt Lorena mir zu.

»Klar. Machen wir gern. Aber nicht heute, heute ist Training.«

»Ist ja schon gut.« Rieke stöhnt auf.

»Könnt ihr vielleicht erst mal Alia fragen, bevor ihr Pläne für sie macht?«

Warum klingt Valentin schon wieder so schroff? Was hat er? Will er nicht, dass ich mich mit seinen Freunden treffe?

Rieke scheint das egal zu sein. Den Rest der Pause erzählt sie

Storys von einzelnen Lehrern. Ich bin nicht sicher, ob sie alle stimmen, lustig sind sie auf alle Fälle. Selbst Lorena taut auf und gibt ein paar Anekdoten von ihr und Rieke zum Besten. Nur Valentin ist ungewöhnlich still. Immer wieder spüre ich seinen Blick auf mir, und wenn ich über Riekes Schulter zu ihm sehe, schaut er mich mit fragenden Augen an. Worüber macht er sich Sorgen?

Ich mag deine Freunde. Sie sind witzig und cool.

Kurz vor dem ersten Läuten verabschiedet Valentin sich von uns, weil er vor der nächsten Stunde noch mit jemandem reden will. Beim dritten Läuten begleiten Lorena und Rieke mich zu meinem Klassenzimmer. Ich habe keine Ahnung, warum sie das tun, aber es fühlt sich gut an, nicht alleine zurückzukommen.

»Du musst mir deine Nummer geben, damit wir was ausmachen können«, sagt Rieke.

Es klingt total selbstverständlich, und ich gebe sie ihr. Dabei wollte ich hier keine Freunde.

Ich verstehe immer noch nicht, wie das passiert ist. Wenn ich nicht will, dass jemand mich wahrnimmt, nimmt mich auch keiner wahr. Wieso funktioniert das auf einmal nicht mehr?

VERLOREN

Das Erste, was ich mache, als ich an meinem Platz sitze, ist in mein Mäppchen zu sehen.

Bingo.

Colin hat mir wieder einen Zettel hinterlegt. Er ist so berechenbar. Bestimmt ist er gerade richtig traurig, weil er kein Loch mehr in den Reifen seines Ersatzfahrrads stechen kann. Ich versuche, das Ganze nicht ernst zu nehmen, ihn nicht ernst zu nehmen, aber egal, wie sehr ich mich bemühe, ich bekomme den Blick nicht mehr aus dem Kopf, mit dem er mich heute Morgen angestarrt hat. Er hasst mich. Was macht er, wenn er mir keine Löcher mehr in den Reifen stechen kann?

Langsam falte ich den Zettel auf.

Es sollte mir egal sein. Aber das ist es nicht. Ich starre auf Colins Worte und fühle mich schlecht.

Toll.

Jetzt hat er genau das erreicht, was er von Anfang an wollte.

Glaubst du wirklich, ich hätte eine Wahl gehabt?

Es war ein Donnerstag. Ich kam aus der Schule nach Hause, und Papa hat mich direkt an der Tür abgefangen. Was ungewöhnlich war. Normalerweise war er nie vor sechs daheim.

»Wir müssen reden«, war seine ganze Begrüßung.

Ich starrte ihn an und fragte mich, wo Mama war. Vielleicht unterwegs mit einer Freundin, um sich das Drama mit ihm zu ersparen. Keine Ahnung. Jedenfalls waren Papa und ich allein im Haus. Finley war bei einem Freund, vielleicht auch in der Schule. Oder hatte Papa ihn weggeschickt?

Ohne darauf zu achten, ob ich ihm folgte, ging Papa in die Küche. Er schenkte sich einen Kaffee ein, und ich nahm mir eine Limo.

»Du wirst mit deiner Mutter mitgehen«, verkündete er, an die Küchenzeile gelehnt, eine Hand auf der Anrichte abgestützt, in der anderen die Kaffeetasse.

Er sah mich noch nicht einmal an, als er das sagte.

»Wohin?« Ich hatte kein Wort verstanden.

Klar wussten Finley und ich, dass Papa und Mama sich in den letzten Wochen immer wieder in den Haaren gelegen hatten, aber von Auszug war bis zu diesem Tag nie die Rede gewesen. Zumindest nicht vor uns. Wir hatten bis dahin noch nicht einmal etwas von ihrem Lover mitbekommen.

»Deine Mutter hat jemanden kennengelernt«, stellte Papa klar, und er sah immer noch auf seinen Kaffee, statt mir ins Gesicht. »Sie wird Ende der Pfingstferien zu ihm ziehen, und du wirst sie begleiten.«

Jetzt hob er den Kopf, aber sein Blick ging durch mich durch, als würde er an etwas völlig anderes denken und nicht merken, wie er gerade mein Leben zerstörte.

»Wohin?«, fragte ich noch einmal.

Den Ort, den er mir nannte, hatte ich noch nie gehört, und ich verstand nur eines. Er war verdammt weit weg.

»Und was wird mit der Schule?« Meine Stimme überschlug sich fast.

Das war nicht das, was ich ihn in Wirklichkeit fragen wollte.

Die Schule kannst du wechseln. Problemlos.

Warum schiebst du mich ab?, war die Frage, die in mir brannte.

Auch wenn ich die Antwort eigentlich schon wusste.

»Was ist, wenn ich nicht will?«, flüsterte ich.

»Nach dem, was du dir geleistet hast, hast du keine andere Wahl. Das weißt du.«

Ich versuchte, seinen Blick aufzufangen. Erfolglos. Genauso wie ich in seinen Gesichtszügen vergeblich nach dem Papa suchte, der sich immer Mühe gegeben hatte, mich zu verstehen. Den gab es nicht mehr. Wenn ich ihn nicht vergraulen hätte wollen, hätte ich ihn vielleicht nicht so enttäuschen dürfen.

Trotzdem log er mich an.

Er hätte eine Wahl gehabt, nur wollte er mir keine lassen.

Bitte, schieb mich nicht ab.

Ich wollte ihm das sagen, aber er war schneller. Er zuckte mit den Schultern, stellte die Kaffeetasse in die Spüle und ging aus der Küche. Als wäre alles besprochen.

Das Handy in meiner Tasche vibriert, und ich schiele vorsichtig darauf. Auf keinen Fall will ich im Unterricht beim Nachrichtenlesen erwischt werden und die Aufmerksamkeit der ganzen Klasse auf mich ziehen.

Hier ist meine Nummer. Lass uns morgen was zusammen machen. Okay? Gruß, Rieke.

Ach so, die andere Nummer im Chat ist Lorenas. Girl Power!

Es sind nur ein paar Worte, aber sie reichen aus, um Colins bescheuerte Botschaft aufzuwiegen.

*

Ich habe keine Lust, den ganzen Weg bis zur Wohnung zu laufen, kann die Blasen schon spüren.

»Hey!« Ein Fahrradfahrer bremst neben mir ab.

Valentin.

Kommt es mir nur so vor, oder verfolgt er mich? Ich werfe ihm einen Blick von der Seite zu. An meiner alten Schule bin ich immer mit Hannah und Tilde heimgegangen. Wenn Valentin mich jetzt ein Stück begleitet, fühlt sich das auf alle Fälle besser an, als alleine zu sein.

»Wenn du Lust hast, können wir zusammen in die Stadt fahren.«

Warum nicht? Je später ich in die Wohnung komme, umso besser. Mama ist froh, wenn sie mich so wenig wie möglich zu Gesicht bekommt. Auch wenn sie das nicht sagt.

Ich zucke mit den Schultern und nicke. Sofort liegt wieder das Lächeln auf seinen Lippen.

»Cool. Lass uns die Bahn nehmen. Ich schätze, du bist für heute schon genug gelaufen. Oder?« Er grinst mich an.

Ich nicke wieder, trotz dem Ziehen in meinem Bauch. Hoffentlich kontrollieren sie uns nicht. Wenn ich beim Schwarzfahren erwischt werde, dreht Mama durch. Valentin schließt sein Mountainbike an der Haltestelle ab, wir steigen in die nächste Straßenbahn und setzen uns einander gegenüber. Mein blöder Magen fängt an zu knurren. Nicht schon wieder! Valentin lacht, und ich spüre, wie Hitze in meine Wangen steigt. Jetzt wäre ein guter Moment, unsichtbar zu werden.

»Hast du immer noch nichts Richtiges gegessen? Wieso bist du nicht in die Mensa?«

Ich hatte meine Gründe. Okay?

Er kramt in seinem Rucksack, dabei fällt ein weißes Röhrchen mit Schraubverschluss auf den Boden und rollt zu meinen Füßen. Was ist das? Ich bücke mich und hebe es auf. Es hat kein Etikett.

»Davon kannst du auch eine haben.« Er nimmt mir das Röhrchen aus der Hand, schraubt es auf und hält es mir hin.

Eine centstückgroße, flache, weiße Tablette strahlt mir entgegen. Ist das sein Ernst? Ich sehe ihn an, und er prustet los.

»Das ist nur Magnesium! Wenn ich mit Mats den ganzen Tag eine Tour mache, ist das hilfreich. Und bei deiner Mangelernährung sicher auch. Schau«, sagt er, schüttet sich eine Tablette auf die Hand und schiebt sie sich in den Mund. »Die sind zum Lutschen, schmecken sogar ein bisschen süß. Willst du?«

So wie er mich ansieht, ist das keine Frage, sondern eine Aufforderung. Ich strecke die Hand aus und lasse mir eine Tablette geben. Was soll das heißen *bei deiner Mangelernährung*? Es ist nicht meine Schuld, wenn Mama sich weigert, mir Geld zu geben und ich keine Lust habe, morgens schon ihrem Lover über den Weg zu laufen. Okay, ich hätte in die Mensa gehen können, sie hat mich angemeldet und soweit ich weiß, das Essen über das elektronische System bezahlt.

Valentin steckt das Röhrchen wieder in den Rucksack und zieht einen Müsliriegel raus. »Hier.«

»Hast du ein ganzes Supermarktregal in deiner Tasche?«

Die Tablette zergeht wirklich auf der Zunge und schmeckt fast wie ein Lutschbonbon.

»Das sind Notreserven für die Mountainbike-Touren mit Mats.«

Notreserven? Ich ziehe die Augenbrauen hoch.

»Nimm! Ich habe zu Hause fünf Packungen davon. Und das Zeug schmeckt echt nicht so super. Ich bin also froh, wenn ich es nicht allein essen muss.«

Moment. Wieso sitzt er mit mir in der Bahn, wenn er mit Mats verabredet ist? Das hat er doch in der Pause zu Rieke gesagt. Ich kneife die Augen zusammen. Valentin legt den Kopf schief, eine Frage im Blick.

Nein, ich werde nichts sagen. Ich will nicht wissen, was zwischen

Rieke und ihm los ist. Oder okay, ich würde es gern wissen. Aber ich werde nicht fragen. Es ist immer nur schlimmer geworden, wenn ich versucht habe, mich irgendwo einzumischen. Vielleicht ist ja auch nichts, vielleicht ist das normal bei ihnen? Oder Mats hat ihm spontan abgesagt, und er hat mich zufällig gesehen?

»Warum bist du jetzt nicht in die Mensa? Bist du noch nicht angemeldet?«

Doch. Aber an der Tür stand Colin. Ich bin nicht feige, wirklich nicht. Ich bin nur nicht selbstmordgefährdet. Außerdem hatte ich keine Lust auf den Kantinenfraß.

Okay, ich bin feige. Sonst müsste ich nicht diesen Müsliriegel in mich hineinstopfen, obwohl ich Rosinen hasse.

Verschwinde, oder du wirst es bereuen!

Toll. Muss ich ausgerechnet jetzt an den Zettel denken?

Ich sehe zu Valentin. Was würde er sagen, wenn ich ihm davon erzähle?

»Wahrscheinlich besser so«, meint er, nachdem ich nichts sage. »Seit wir den Koch nicht mehr haben, ist das Essen eh ungenießbar geworden.«

»Was ist mit dem Koch passiert?«

Valentin sagt etwas, aber ich höre nicht mehr hin. Hinter ihm taucht ein Mann auf in dunkelblauer Hose und weißem Hemd. Er geht von Fahrgast zu Fahrgast. In der Hand hält er so ein Abstempelding. Mist. Das ist ein Kontrolleur.

Ich springe auf.

»Alia?«, höre ich Valentin.

Aber ich kann nicht auf ihn achten. Wenn ich stehen bleibe, werde ich erwischt. Ich dränge mich ganz nach hinten an die Tür. Hoffentlich kommt gleich die nächste Haltestelle.

»Hey du!«, schreit jemand, und aus dem Augenwinkel sehe ich, wie der Kontrolleur sich zu mir durchkämpft.

Mist.

»Pestalozzistraße«, dröhnt eine Lautsprecherstimme durch die Bahn.

»Alia?«, ruft Valentin wieder.

Ich drehe ihm den Kopf zu. Er steht zwischen mir und dem Kontrolleur, der ihn gerade zur Seite schieben will. Aber Valentin versperrt ihm den Weg. Die Bahn wird langsamer. Die Tür ist von einer alten Frau blockiert.

»Hallo junge Dame! Dürfte ich bitte mal deinen Fahrschein sehen?« Der Kontrolleur.

Er redet mit mir, ganz sicher. Ich sehe nicht hin, ich starre stur geradeaus. Wann geht die Tür endlich auf? Die Bahn bremst abrupt, und die alte Frau vor mir kippt zur Seite.

»Wir kommen aus der Schule und haben beide Schülerkarten. Sie hat nur gerade eine Nachricht bekommen und muss so schnell wie möglich nach Hause. Es ist ein Notfall.«

Was erzählt Valentin da? Denkt er, der Kontrolleur glaubt ihm auch nur ein Wort?

Die Tür geht auf.

Jemand greift nach meinem Arm. Ich kann nicht warten, bis die alte Frau ausgestiegen ist. Ich reiße mich los, dränge mich an ihr vorbei und springe auf die Straße. Hinter mir höre ich mehrere Rufe.

Nicht umdrehen! Lauf, so schnell du kannst!

Sorry, Valentin. Wird wohl nichts aus unserem Ausflug in die Stadt.

Hoffentlich sagt er dem Kontrolleur nicht meinen Namen. Wenn Mama davon Wind bekommt, lässt sie mich übernächstes Wochenende ganz sicher nicht nach Hause fahren.

Ich achte nicht auf die Straßen, ich renne einfach, biege x-mal ab. Wie ein Hase, der Haken schlägt, um zu entkommen. Meine Seiten brennen bei jedem Einatmen, ich bekomme fast keine Luft mehr, schaffe es nicht weiter. Muss stehen bleiben. Vornübergebeugt halte ich an, kämpfe gegen das Gefühl zu ersticken und versuche, in den Bauch zu atmen. Bei jedem Atemzug fährt ein Stich durch meine Lunge.

Wo bin ich?

Langsam richte ich mich wieder auf und sehe mich um. Ich bin auf einer Allee. Links und rechts von mir sind Bäume. Auf beiden Straßenseiten stehen eng aneinander gereihte, dreistöckige Häuser. Ein paar Schritte von mir entfernt ist der Eingang zu einem Park. Zwischen den schwarzen Stäben des Metallzauns schimmert eine Schaukel. In meiner Nähe ist kein Straßenschild, aber den Park finde ich sicher auf dem Stadtplan. Was für eine bescheuerte Idee war das? Mit Valentin in die Stadt zu fahren? Wahrscheinlich brauche ich von hier aus doppelt so lange zurück in die Wohnung.

Vorsichtig reibe ich meine Seiten, das Stechen ist immer noch da, aber nicht mehr so schlimm. Jemand greift nach meiner Schulter. Der Kontrolleur? Ich schreie auf, wirble herum und bleibe mit dem Ellenbogen hängen.

»Au!«

Beim Klang der Stimme erstarre ich.

Valentin.

Ich blinzle, sehe ihn an, kann es nicht fassen. Wie hat er es geschafft, mir zu folgen? Zwischen uns waren mindestens vier Leute, als ich aus der Bahn gesprungen bin. Er reibt sich den Oberarm.

»Was machst du hier?«, fahre ich ihn an, immer noch auf Adrenalin pur.

»Wir wollten zusammen in die Stadt, schon vergessen?«, antwortet er.

Warum grinst er so?

»Du hast in der Bahn einen ganz schönen Stunt hingelegt«, setzt er nach.

Stunt? Ich bin um mein Leben gerannt, und er nennt es Stunt?

»Ehrlich, so was liefert normalerweise nur mein kleiner Bruder, und der ist elf.« Valentin schaut mich an und zuckt mit den Schultern. »Oder Rieke.«

Rieke. Ich weiß nicht, warum, aber es passt zu ihr. Vielleicht nicht unbedingt Schwarzfahren, aber irgendetwas, das aus der Reihe fällt.

»Warum hast du nicht gesagt, dass du keine Karte hast?« Das Grinsen ist aus seinem Gesicht verschwunden.

Hätte er sich das nicht denken können? Wieso hätte ich sonst den ganzen Weg von der Wohnung in die Schule laufen sollen?

»Vergessen«, antworte ich und ziehe die Schultern hoch.

Er legt den Kopf schief und lässt mich nicht mehr aus den Augen. Wahrscheinlich glaubt er mir kein Wort.

»Wie wär's mit 'ner Planänderung?«

Planänderung? Ich ziehe die Augenbrauen hoch.

»Wir holen uns von der Eisdiele dort um die Ecke ein Eis und gehen in den Park.«

Ich schüttle den Kopf. Als ob ich Geld für ein Eis hätte.

Toll. Ich komme mir vor wie mit acht. Da hatten wir auch nie Geld. Nur sind inzwischen sieben Jahre vergangen, und ich bin offensichtlich keinen Schritt weitergekommen. Das ist absolut überhaupt nicht peinlich.

Ich reibe mir die Stirn.

Wenn ich einfach gehe, kommt das noch bescheuerter rüber. Oder?

»Los. Ich geb dir eins aus!« Valentin lacht und setzt sich in Bewegung.

»Warum machst du das?«

Die Frage bringt ihn aus dem Konzept. Er bleibt stehen und

mustert mich, den Kopf zur Seite geneigt. »Warum mache ich was?«

»Dich mit mir treffen.«

Er zieht die Augenbrauen zusammen und schnaubt. »Warum nicht? Du bist hier neu. Wie Rieke heute Morgen schon festgestellt hat, können wir dir die Stadt zeigen und …«

Wir.

Warum ist er dann alleine mit mir hier? Wo sind Rieke und Lorena?

»Aber warum? Wir haben nichts miteinander zu tun«, unterbreche ich ihn.

Valentin versteht mich nicht, er zieht die Schultern hoch und sieht mich einfach nur an.

Versteht er mich wirklich nicht, oder stellt er sich einfach nur dumm?

»Wenn ich dein Verbandstäschchen nicht aufgehoben hätte, hättest du mich niemals bemerkt«, sage ich. Er soll nicht so tun, als ob unser Ausflug normal wäre. »Du bist einen Jahrgang über mir, und wir haben keine Berührungspunkte. Die Gummibärchen waren schon irgendwie schräg. Und wieso hast du mir angeboten, den Reifen zu flicken, tauchst in den Pausen auf und versorgst mich mit Nüssen, bietest mir an, mit dir in die Stadt zu fahren und rennst mir nach, wenn ich aus der Straßenbahn flüchte? Das macht man nicht für jemanden, den man gerade einmal drei Tage kennt.« Ich beiße mir auf die Lippe, verschränke die Arme und weiche einen Schritt zurück.

Das ist mein Problem. Ich weiß schon, warum ich normalerweise den Mund halte. Wenn ich einmal anfange zu reden, kann ich mich nicht mehr bremsen.

Glückwunsch Alia! Spätestens jetzt hast du ihn vergrault.

Wobei, ist es nicht das, was ich will? Ihn loswerden? Ich wollte hier nie Freunde finden, und Valentin sieht nicht aus, als wäre er so einsam und bräuchte mich, weil er sonst niemanden hat, mit dem er seine Zeit verbringen könnte.

Er seufzt, streicht sich durch die Haare und schaut den Asphalt zwischen unseren Füßen an. Seine Wangen leuchten rot.

»Wenn du es so sagst, klingt es total schräg.« Sein Blick huscht zu mir und bleibt an meinen Augen hängen. »Okay, vielleicht ist es schräg. Aber du bist mir am Montag nicht mehr aus dem Kopf gegangen. Als du vor mir standest, hast du so …« Er stockt, beißt die Zähne zusammen und schüttelt den Kopf.

Was habe ich? Warum spricht er nicht weiter?

»So verloren gewirkt«, setzt er nach.

Sein Blick brennt sich in mich, er ist viel zu intensiv. Ich blinzle.

Verloren.

Dieses eine Wort trifft mich mehr als alle anderen zusammen, die er bisher zu mir gesagt hat. Klar, ich bin es gewohnt, am Rand zu stehen und übersehen zu werden. Aber ich hatte immer Hannah. Sie war meine Verbindung zum Rest der Welt. So blöd das klingt. Nur hier habe ich niemanden. Das ist ja der Grund, warum ich zurückwill. Hier bin ich genau das, was Valentin eben gesagt hat. Verloren.

»Keine Ahnung, aber du hast mich an Rieke vor acht Jahren erinnert.« Ein Lächeln huscht über sein Gesicht. »Vielleicht hat sie dich deshalb sofort ins Herz geschlossen?«

An Rieke? Sie wirkt alles andere als verloren, du kannst sie nicht einmal übersehen, wenn du das wolltest. War sie vor acht Jahren anders?

»Und dein Helfersyndrom geht so weit, dass du dich immer noch mit mir abgeben willst, obwohl ich schwarzgefahren bin?« Ich funkle ihn an.

Verteidigungshaltung. Er soll nicht merken, wie sehr er mich mit diesem einen Wort getroffen hat.

Verloren.

Aber es schreckt ihn nicht ab, er lacht.

»Ach komm, als ob ich noch nie in meinem Leben schwarzgefahren wäre. So ein riesiges Drama ist das jetzt auch nicht. Deine Monatskarte ist wahrscheinlich in deinem Geldbeutel zu Hause. Stimmt's?« Ohne meine Antwort abzuwarten, setzt er sich wieder in Bewegung. »Was für ein Eis magst du jetzt?«

»Keines. Danke.« Weil er nicht hört, hetze ich hinter ihm her.

»Du kannst mir nicht erzählen, dass du kein Eis magst. Gummibärchen kann ja sein, aber Eis mag jeder!«

»Darum geht es überhaupt nicht, ich …«

»Wenn du deinen Geldbeutel wieder hast, gibst du mir einfach eins aus«, fällt er mir ins Wort. »Also, was magst du? Vanille? Schoko? Stracciatella?«

Ich habe *Nein* gesagt. Warum geht das nicht in seinen Kopf?

SPRING, WENN DU DICH TRAUST

Am Ende halte ich doch ein Eis in der Hand. Joghurt-Kirsch in der Waffel. Keine Ahnung, wie er das macht, aber wenn Valentin sich etwas in den Kopf gesetzt hat, scheint er das Wort *Nein* nicht mehr zu verstehen. Wir gehen rüber in den Park und setzen uns auf die Schaukeln am Spielplatz. Es ist kein einziges Kind da, obwohl es erst halb drei ist. Das scheint hier nicht so das beliebteste Eck zu sein. Für uns ist es perfekt. Es gibt sogar eine Röhrenrutsche. Nach dem Eis probieren wir sie aus.

Unten mache ich ein Foto von Valentins Rucksack, genauer gesagt von dem Walker-Tuch.

»Was hast du damit vor?«, fragt er.

»Für den Follow-Walker zu Hause. Er freut sich bestimmt, wenn er weiß, dass es sogar hier Walker-Fans gibt«, antworte ich.

Warum sieht er mich so seltsam an? Ich stecke das Handy weg und erwidere seinen Blick.

»Vermisst du ihn?«, fragt er auf einmal.

So leise. Wenn ich nicht gesehen hätte, wie seine Lippen sich bewegen, hätte ich es vielleicht nicht gehört.

Vermisse ich ihn?

Ich zucke mit den Schultern, will nicht mit ihm über Bastian reden. Wer außer mir vermisst schon jemanden, mit dem er in fünfhundertfünfzig Tagen noch nicht einmal drei Worte gewechselt hat?

»Wetten, dass du nicht so hoch schaukeln kannst wie ich?«, fordere ich ihn heraus.

Wenn ich ihn ablenke, stellt er vielleicht keine Fragen mehr.

»Denkst du!«, gibt er zurück.

Er wirbelt herum und sprintet los.

»Wetten, dass ich als Erster bei den Schaukeln bin?«, ruft er mir zu.

Sein Lachen hallt über den Spielplatz. Glockenhell. Es erinnert mich an Finley, an unsere gemeinsame Zeit auf den Spielplätzen zu Hause. Das ist auch schon mindestens drei Jahre her.

»Du bist gestartet, ohne abzuzählen!«, gebe ich zurück und renne hinter ihm her.

Ich stelle mich auf die Schaukel. Sitzen ist was für Anfänger. Ich kann nicht sagen, wer von uns höher schaukelt. Wir sind nicht wirklich synchron, aber das ist nicht wichtig. Wichtig ist nur der Wind, der mir beim Vorwärtsschaukeln ins Gesicht bläst und fast die Luft nimmt. Und das Kribbeln im Bauch, wenn ich von ganz oben im großen Bogen nach unten schwinge.

»Spring!«, ruft Valentin.

Bitte? Meine Schaukel schwingt gerade nach hinten, aber Valentin ist ganz vorne und ganz oben. Er stößt sich ab und lässt die Ketten los, ich kann noch nicht einmal blinzeln, so schnell geht es.

Bist du wahnsinnig? Das sind mindestens drei Meter!

Er fliegt durch die Luft und landet auf Füßen und Händen im Gras. Meine Schaukel rast wieder nach vorn, Valentins Lachen begleitet mich.

Spring!

Statt des Kribbelns habe ich einen Stein im Magen, und viel zu schnell bin ich vorne.

Am höchsten Punkt.

Spring!

Ich höre auf zu denken, stoße mich ab und lasse los. Durch die zusammengekniffenen Lider sehe ich, wie der Boden auf mich zurast. Ein halb erstickter Schrei dringt aus meiner Kehle, mein Magen schlägt einen Salto, und ganz kurz habe ich einen säuerlichen Joghurt-Geschmack im Mund. Valentin ruft etwas, aber ich verstehe kein Wort, sehe nur den Boden, der viel zu schnell näher kommt.

Das Gras ist kein bisschen weich oder nicht weich genug, um den Schwung der Schaukel abzufangen. Meine Hand knickt weg, der Aufprall erschüttert meinen ganzen Körper. Es fühlt sich an, als wäre ich auf Beton gelandet.

Stöhnend rolle ich mich auf den Rücken, umklammere das Handgelenk.

Mist, Mist, Mist!

Bitte lass nichts gebrochen oder gestaucht sein, sonst kann ich wochenlang keine Geige mehr spielen. Das halte ich nicht aus. Was für eine bescheuerte Idee! Wieso bin ich gesprungen? Ich bin so ein Idiot! Ich beiße die Zähne zusammen, um nicht vor Wut loszuschreien.

»Scheiße, ich hätte nicht gedacht, dass du das wirklich machst. Bist du verrückt?«

Ich blinzle. Valentin kniet neben mir, das Gesicht über mich gebeugt, im Schatten sehen seine grauen Augen fast schwarz aus. Er mustert mich.

»Damit du sagen kannst, dass du gewonnen hast?«, presse ich hervor. »Niemals!«

Ich beiße mir auf die Lippe, sonst muss ich losprusten, so entsetzt, wie er mich anstarrt. Vorsichtig bewege ich die Finger. Es tut fast überhaupt nicht weh, zum Glück.

»Du spinnst! Du hättest dir den Hals brechen können, das ist dir klar, oder?« Seine Stirn liegt in Falten.

»Ach? Und du dir wohl nicht?« Ich hebe das Kinn, versuche ihn einzuschüchtern, was schwierig ist, nachdem ich wie ein Käfer auf dem Rücken liege und nach oben sehen muss, aber egal. Wenn er glaubt, dass ich zugebe, Mist gebaut zu haben, kann er lange warten. »Du bist zuerst gesprungen, und du hättest …«

»Ich weiß auch, wie man sich abfängt. Im Gegensatz zu dir!«, unterbricht er mich. »Tut dir was weh? Mann, du könntest innere Verletzungen haben, verbluten und …«

Ich schaffe es nicht mehr, ernst zu bleiben und pruste los. Das Lachen löst eine Schockwelle in meinem Körper aus. Ich heule auf und halte mir den Bauch.

»Was ist? Tut das weh?« Valentin legt eine Hand auf meinen Bauch und drückt vorsichtig.

Die Berührung ist so plötzlich, ich fühle keine Schmerzen mehr. Stattdessen erstarren meine Muskeln, und ich spüre nur noch den Druck seiner Finger. Was macht er da?

»Tut das weh?«, fragt er noch einmal. Er dreht mir den Kopf zu, seine Augen sind weit aufgerissen.

Ich starre ihn an, schaffe es gerade so den Kopf zu schütteln, bringe kein Wort heraus. Mein Gesicht fühlt sich heiß an. Auf einmal weicht Valentin meinem Blick aus.

»Oh.« Er zieht die Hand weg. »Ich wollte nicht … Du bist in Ordnung, ja?«

Bilde ich mir das ein, oder sind seine Wangen rot?

»Klar«, lüge ich. »Ist nicht das erste Mal, dass ich von einer Schaukel springe!«

Aber das erste Mal aus dieser Höhe und mit dem Schwung.

Valentin rutscht ein Stück von mir weg. »Okay, es sah echt brutal aus, wie du gelandet bist«, murmelt er, ohne mich anzusehen.

Ich setze mich auf und achte darauf, mich nicht mit der linken Hand abzustützen. Wenigstens sind keine Grasflecken auf der hellen Stoffhose.

»Ich würde sagen, ich habe gewonnen«, verkünde ich.

Es ist total albern, aber ich will die seltsame Stimmung zwischen uns vertreiben, die da ist, seit er realisiert hat, dass er meinen Bauch abgetastet hat. Okay, das war komisch, aber nicht so ein Drama, wie er zu glauben scheint.

»Ach?« Er zieht die Augenbrauen hoch, und auf seine Lippen schleicht sich ein halbes Grinsen.

Immerhin.

»Ja. Wenn ich nicht höher gewesen wäre als du, hätte ich auch nicht so viel Schwung gehabt und keine solche Bruchlandung hingelegt.« Ich stelle ein Bein auf, stütze mich mit der rechten Hand hinten ab und grinse ihn an.

»Mhm. Schon mal darüber nachgedacht, dass du vielleicht nicht weißt, wie man richtig landet?« Ein klein wenig wirkt sein Blick von oben herab, so wie er den Kopf hebt und eine Hand in die Hüfte stemmt.

Er ist total ernst. Na ja, fast. Ich kann genau erkennen, wie er sich auf die Innenseite der Wange beißt, um nicht zu lachen.

»Hallo? Ich war zwei Jahre in einer Zirkus-AG.«

Das stimmt. Außer Jonglieren und Diabolo werfen haben wir da zwar nichts gemacht, aber wen interessieren solche unwichtigen Details?

»Was du nicht sagst!« Valentin boxt mich ausgerechnet gegen den linken Arm, und ich unterdrücke einen Schmerzenslaut.

Die Berührung löst ein Stechen aus, das bis in meine Fingerspitzen hineinfährt. Ich beiße die Zähne zusammen und versuche es zu ignorieren. Bis heute Abend ist die Hand bestimmt wieder in Ordnung. Die Aussicht, sonst wochenlang nicht mehr Geige spielen zu können, legt sich wie ein Haufen Steine um meine Brust, sie lässt sich nicht abschütteln, nimmt mir fast die Luft, aber wenigstens ist die seltsame Stimmung zwischen Valentin und mir weg, und das ist alles, was jetzt zählt.

»Wieso gibst du dich überhaupt mit mir ab?«, rutscht es mir raus, ich kann es immer noch nicht verstehen und die Frage vertreibt das Grinsen aus seinem Gesicht.

Toll, Alia. Da war gerade wieder alles halbwegs in Ordnung, und du machst es sofort kaputt.

Im Andere-vor-den-Kopf-Stoßen bin ich großartig, wenn ich mal den Mund aufmache.

»Das hatten wir doch vorhin schon. Du bist neu hier, ich mag dich und …«

»Hast du schon mal was gemacht, das du hinterher bereut hast?«, unterbreche ich ihn. »Etwas, das du keinem erzählt hast, weil sonst vielleicht niemand mehr was mit dir zu tun haben will?«

Moment. Hat er eben gesagt, dass er mich mag? Würde er mich auch noch mögen, wenn er wüsste, was ich vor ein paar Wochen zu Hause abgezogen habe? Ganz sicher nicht. Noch nicht einmal Hannah weiß davon. Sie hätte mich gefragt, ob ich noch ganz dicht bin und unsere Freundschaft wäre Geschichte gewesen. Wer will schon eine Freundin haben, die klaut? Am Ende hätte sie sich noch Sorgen gemacht, ob ich bei ihr zu Hause auch Sachen mitgehen lasse. Und wenn selbst Hannah nichts mehr mit mir zu tun haben wollte, wie würde dann erst Valentin reagieren? Er kennt mich noch nicht einmal eine halbe Woche, während Hannah mich mein ganzes Leben lang kennt.

Es ihr nicht zu sagen, hat trotzdem Probleme aufgeworfen, als sie kurz darauf in genau dem Drogeriemarkt shoppen gehen wollte, in dem sie mich beim Klauen erwischt hatten.

Ich habe überlegt, einfach reinzugehen. Ich meine, wie hoch war die Wahrscheinlichkeit, dass sie mich erkennen und rauswerfen würden? Hatten sie Fotos von allen Ladendieben? Ist das überhaupt legal? Oder gesichtserkennende Kameras? Letzteres bestimmt nicht. Andererseits wollte ich es nicht riskieren. Wenn mich jemand erkannt hätte, hätte Hannah alles erfahren. Und Tilde. Die war an dem Nachmittag auch mit uns unterwegs.

»Ich warte draußen, mir ist da drin zu viel los«, habe ich gesagt, und Hannah hat mich angesehen, als ob ich den Verstand verloren hätte.

»Ist das dein Ernst? Ich dachte, wir haben ein bisschen Spaß, chillen und gehen nachher noch in den Spieleladen?«

Brettspiele. Hannahs große Leidenschaft. Mit Sicherheit wollte sie sich ins Café des Ladens setzen und eines der Spiele ausprobieren. Das war nie so meins, aber ich machte bei allem mit, was Hannah vorschlug. Besser als allein zu sein, war es allemal.

»Können wir ja«, antwortete ich und lächelte sie an. »Ihr beeilt euch einfach, und ich warte hier. Okay?«

Hannah schnaubte laut, und ich hätte es wissen müssen. Es war nicht okay. Sie ist mit Tilde in den Drogeriemarkt, und als sie nach einer halben Stunde immer noch nicht zurück waren, habe ich sie angeschrieben und gefragt, wo sie bleiben. Erst fünf Minuten später bekam ich eine Antwort.

> Oh, Mist! Wir haben dich ganz vergessen. Sind zum Seiteneingang raus und zu Tilde gegangen. Wenn du gleich mit wärst, wäre das nicht passiert!

Ich habe nicht mehr geantwortet. Es war Hannahs Art, mir eins auszuwischen, weil ich sie ihrer Ansicht nach im Drogeriemarkt im Stich gelassen hatte.

Im Stich gelassen …

War das schon der Moment, in dem es mich aus Hannahs Galaxie gesprengt hat?

Valentin holt Luft. Das Geräusch reißt mich aus meiner Erinnerung. Ich blinzle und sehe zu ihm, aber er starrt auf seine Hände.

»Hat nicht jeder irgendetwas, das er bereut?«, murmelt er.

Langsam hebt er den Blick und schaut mich an. In seinen Augen schimmert zum ersten Mal etwas anderes als Zuversicht, er wirkt fast unsicher.

Hat das jeder?

Ich bin mir nicht sicher, mustere ihn, den Kopf zur Seite geneigt, aber er spricht nicht weiter, und ich hake auch nicht nach. Kann verstehen, dass er nicht darüber reden will. Ich will ihm auch nicht von dem Diebstahl erzählen.

»Was willst du mal machen, wenn du in ein paar Jahren mit der Schule fertig bist?«, frage ich in die Stille hinein.

Er sitzt schräg neben mir und hat die Beine angezogen. Die Frage kommt unvermittelt, ich merke es daran, wie er die Augenbrauen hochzieht und mich ansieht. Bastian will Profifußballer werden, und wenn das nicht klappt, will er Sport studieren. Witzig. Ich weiß das, obwohl er mich wahrscheinlich genauso wenig wahrgenommen hat wie Jan und seine Freunde. Hannah will BWL studieren und irgendwann einmal in der Chefetage eines großen Konzerns sitzen.

Damit endlich ich allen sagen kann, wo's langgeht, hat sie erklärt.

Und Tilde …

»Wieso fragst du?«

War das zu direkt?

Ich ziehe die Schultern hoch. »Keine Ahnung. Ich finde, es ist spannend, wovon die Leute träumen, was für Ziele sie haben.«

Das ist nur die halbe Wahrheit. Vor allem interessiert es mich, weil ich wissen will, wer du bist, Valentin.

Außerdem ist es nicht das, was du machst, wenn du jemanden kennenlernen willst? Ich habe keinen Schimmer, wie das normalerweise läuft. Leute kennenlernen. Dank Hannah hat sich nie jemand daran gestört, wenn ich mit dabei war, weil sie mich alle sowieso gleich wieder vergessen haben. Und genau deshalb habe ich so gut wie alles von ihnen mitbekommen. Ohne jemals mit jemandem zu reden.

»Wenn ich dir das erzähle, glaubst du bestimmt, dass ich bescheuert bin.« Er lächelt mich wieder mit seinem typischen Valentin-Lächeln an.

Wir sehen uns einen Moment lang ins Gesicht, dann streicht er sich durch die Haare und schüttelt den Kopf.

»Verrückter als das, was ich vorhabe, kann es nicht sein.«

Warum habe ich das gesagt? Ich will ihm nicht von meinem Traum erzählen, darüber habe ich noch nicht einmal mit Hannah geredet. Okay, sie hat mich auch nie gefragt. Hätte ich es ihr gesagt, wenn sie mich gefragt hätte?

»Glaubst du?« Er neigt den Kopf und sieht mich an. »Dann schieß mal los!«

»Du zuerst«, sage ich und halte seinem Blick stand.

»Na gut, aber du musst versprechen, nicht zu lachen.«

Wieso sollte ich lachen?

Ich zucke wieder mit den Schultern.

»Als ich noch ziemlich klein war, haben meine Eltern mir ein Video gezeigt. Von einem Typen, der seinen Bürojob an den Nagel gehängt und eine Weltreise gemacht hat.« Er lacht.

Okay, Weltreise klingt jetzt nicht wirklich verrückt. Haben das nicht viele Leute nach der Schule vor?

»In jedem Land hat er sich von jemandem filmen lassen, wie er einen total bescheuerten Tanz aufführt und das online gestellt. Und irgendwann haben sich dort, wo er auftauchte, Leute um ihn versammelt und mit ihm getanzt. Daraus hat er ein Musikvideo gemacht. Warte …« Valentin zieht sein Handy aus der Hosentasche und rutscht zu mir. »Hier.«

Er startet ein Video mit dem Titel *Where The Hell Is Matt?* Als Erstes erscheint eine weiße Schrift auf schwarzem Hintergrund. *Dancing.* Bei dem Wort hat mich dieser Matt schon. Ich liebe tanzen. Er ist ein dicklicher älterer Typ mit Brille. Am Anfang ist zu sehen, wie er jemanden bittet, ihn zu filmen. Dann stellt er sich mitten in eine Gasse und fängt an zu tanzen. Unten wird der Ort eingeblendet. Mumbai, India. Nach ein paar Sekunden wird ein neuer Ort eingeblendet, an dem er tanzt. Paro, Bhutan. Ich weiß noch nicht einmal, wo das ist. Und so geht es weiter. Genau wie Valentin gesagt hat, tanzt dieser Matt an den ersten Orten allein, aber nach ungefähr fünfzig Sekunden rennen von der Seite total viele Leute ins Bild und tanzen mit ihm. Das ist wirklich supercool. Die haben richtig Spaß zusammen. Ich muss lachen.

Valentin hebt den Kopf und grinst mich an. »Das ist gut, oder?«

Mehr als gut. Die Leute in dem Video kennen sich überhaupt nicht, und trotzdem tanzen sie miteinander. Wobei ... dieser Matt wirkt irgendwie allein. Ich weiß nicht, warum es sich so anfühlt. Vielleicht, weil er als Einziger konsequent in die Kamera schaut, während die anderen zu ihm oder zueinander sehen?

Nach dem Video steckt Valentin das Handy in die Tasche und rutscht wieder ein Stück von mir weg.

»Jedenfalls hat mich das von Anfang an fasziniert. Seit ich das zum ersten Mal gesehen habe, will ich auch einmal um die ganze Welt reisen, Leute treffen und mit denen verrückte Videos drehen.« Ein minikleines Lächeln umspielt seine Mundwinkel.

»Cool.« Mehr sage ich nicht.

Mehr gibt es dazu nicht zu sagen. Es ist der beste Plan, den ich bisher gehört habe.

»Lernst du deshalb Spanisch?«, frage ich, obwohl ich mir nicht einmal sicher bin, ob er Spanisch belegt hat.

Lorena wollte mit Rieke heute Spanisch lernen, aber vielleicht hat er ja einen anderen Schwerpunkt gewählt als die beiden.

»Das habe ich Rieke zu verdanken. Ich hatte ihr versprochen, mit ihr zusammen nach Spanien zu gehen, um ihre Mutter zu besuchen. Habe damals noch nicht kapiert, was für eine bescheuerte Idee das ist.«

Ihre Mutter besuchen? Lebt sie nicht hier? Fast hätte ich ihn gefragt, beiße mir im letzten Moment auf die Zunge. Es geht mich nichts an. Nicht, wenn Rieke es mir nicht selbst erzählt.

»Und du? Was ist dein Plan nach der Schule?« Seine Augen wirken in der Sonne einen Tick heller.

Er schaut gegen das Licht und kneift sie ein Stück zu. Jetzt muss ich lächeln. Ich ziehe mein Handy aus der Tasche und suche eines von Lindseys Videos heraus. Schwanke zwischen *Roundtable Rival* und *Master of Tides*, entscheide mich für das zweite, weil es eine Live-Performance ist und dem Video von Matt näherkommt.

»Ich will irgendwann mal so gut werden wie sie, Videos drehen, tanzen und dabei eigene Lieder auf der Geige spielen«, murmle ich und lasse das Video laufen.

Valentin rutscht zurück zu mir, und ich schiele immer wieder in sein Gesicht, will wissen, was er denkt. Er wirkt total absorbiert.

»Du spielst Geige?«, fragt er, nachdem das Video zu Ende ist.

Diesmal bin ich die, die ein Stück von ihm wegrückt. Ich brauche den Abstand, habe noch nie jemanden so nah an mich herangelassen. Statt zu antworten, nicke ich nur.

»Spielst du mir mal was vor?« In seinen Augen ist ein Strahlen.

Vielleicht. Oder nein, eher nicht. Ich habe noch nie vor jemand anderem gespielt, von der Geigenlehrerin einmal abgesehen. Noch nicht einmal vor Hannah. Okay, die hat sich für mein Geigenspiel auch nicht interessiert. Ich zucke mit den Schultern und bleibe ihm die Antwort schuldig.

Bevor wir uns trennen, tauschen wir unsere Nummern aus. Es ist Valentins Idee.

»Für den Fall, dass du noch mal so eine Sprintaktion hinlegst! Dann muss ich dir nicht mehr hinterherhechten und Angst haben, dich aus den Augen zu verlieren«, sagt er.

Warum fängt er noch einmal mit dieser superpeinlichen Aktion an?

Ich weiche seinem Blick aus, aber er lacht nur. Wenigstens kann ich meine Hand wieder bewegen, ohne das Gefühl zu haben, dass sie jeden Moment abfällt.

DER MOMENT, BEVOR ALLES IN DIE LUFT FLIEGT

Ich komme erst kurz vor dem Abendessen zurück in die Wohnung und schleiche mich unbemerkt in Colins Zimmer. Wenn Mama mich abfängt, will sie nur wissen, wo ich war.

Das Erste, was ich mache, ist, den Zettel an die Wand neben die anderen zu kleben. Steigere ich mich in etwas hinein, oder werden sie immer bedrohlicher?

Verschwinde, oder du wirst es bereuen!

Wie weit wird Colin gehen, um mich loszuwerden? Sobald ich die Augen schließe, habe ich wieder seinen Blick vor mir. Stechend und kalt.

Ein Kribbeln jagt durch meinen Körper, nicht so wie auf der Schaukel, kein bisschen angenehm. Es fühlt sich so an wie einmal, als ich letzten Herbst spätabends allein von Hannah nach Hause gelaufen war und Schritte hinter mir gehört hatte. Die Härchen auf meinen Armen stellen sich auf. Ich reibe mir über die Haut, schüttle den Kopf, muss mich ablenken. Irgendwie.

Auf der Isomatte sitzend, den Rücken an die schwarze Wand gelehnt, hole ich das Handy aus der Tasche.

Soll ich ein Foto von den Zetteln machen und Hannah schicken? Als Sicherheit? Falls Colin Ernst macht? Ernst womit?

Ich will nicht mehr an die Botschaften denken, schicke lieber das Bild mit dem Walker-Tuch an Bastian.

Schau mal, sogar hier gibt es Walker-Fans!

Bevor ich auf *Senden* drücke, atme ich einmal tief durch. Das habe ich noch nie gemacht, Bastian anschreiben, aber was habe ich schon zu verlieren? Ich muss mir ja keine Sorgen mehr machen, ihm morgen in der Schule über den Weg zu laufen. Statt zu antworten, schickt er mir nur einen *Daumen hoch*-Smiley. Das ist alles.

Mein Magen zieht sich zusammen, und mein Herz rast.

Dabei war es doch klar. Wieso sollte ausgerechnet Bastian sich dazu herablassen, mit mir zu schreiben? Wo ich doch schon für die Leute aus meiner Klasse unsichtbar bin? Wahrscheinlich kann er sich schon nicht mehr daran erinnern, wie ich aussehe.

Bastian hält es nicht einmal für nötig, mir zu antworten.
Eventuell hat er mich auch gerade blockiert ...

Kurz warte ich noch, ob wenigstens Hannah reagiert. Aber sie hat die Nachricht noch nicht gelesen. Dabei schaut sie sonst ständig auf ihr Handy. Ignoriert sie mich absichtlich? Hat sie mich auch vergessen? Nach noch nicht einmal einer Woche? Nein, das hat sie nicht, nicht Hannah, das ... Ich ziehe den Geigenkasten unterm Bett hervor.

»Hilf mir, bitte«, flüstere ich, während ich die Geige vorsichtig heraushebe.

Wenn ich diese Gedankenschleife nicht abstellen kann, flippe ich aus! Meine Finger zittern und ich muss vier Mal ansetzen, bis ich es endlich schaffe, die Geige mit dem Verstärker und den Verstärker mit den Kopfhörern zu verbinden. Aber sobald ich mit dem Bogen über die Saiten streiche und zu spielen anfange, kann ich endlich aufhören zu denken. Es ist kein Lied, das ich spiele, auch kein Stück, ich mache nur ein paar Fingerübungen. Mit geschlossenen Augen. Das ist der beste Weg, um nichts mehr zu denken, um Bastian zu vergessen. Und Colin. Wenigstens für den Moment. Alles, worauf ich mich konzentrieren muss, sind die Bewegungen meiner Finger, und ich kann mich in den Notenläufen verlieren. Zuerst spiele ich vorsichtig, habe Angst wegen meiner Hand. Je schneller meine Bewegungen werden, umso öfter spüre ich ein Ziehen von den Fingerspitzen bis zum Ellbogen. Mist. Hoffentlich wird es nicht schlimmer, hoffentlich hört es wieder auf.

Als ich die Augen wieder öffne, steht Mamas Lover in der Tür. Sofort höre ich auf zu spielen und lasse die Geige sinken. Was macht er hier? Kann er nicht klopfen?

»Schade, dass du über die Kopfhörer gespielt hast. Deine Finger waren verdammt schnell. Ich wette, es hat richtig gut geklungen!« Er lächelt mich an.

Ach? Du hättest mich gerne spielen hören? Aber sicher doch, *Marco*. Mal sehen, wie lange du es erträgst, wenn ich eine Stunde lang Tonleitern rauf und runter spiele. In voller Lautstärke.

Ich unterdrücke ein Grinsen, da würde er nur denken, dass ich mich über seinen stümperhaften Versuch freue, mir ein Kompliment zu machen. Stattdessen sehe ich ihn an, ohne etwas zu sagen.

Pokerface.

Er räuspert sich und kratzt sich am Kopf. Das Lächeln ist schon fast nicht mehr zu sehen.

»Es gibt gleich Essen. Kommst du?«, fragt er, nickt mir kurz zu und geht, ohne auf meine Antwort zu warten.

Die Tür lässt er offen. Bevor ich ihm folge, bücke ich mich zu meinem Handy. Hannah hat mir geantwortet. Endlich.

Was hast du ihm geschrieben? Hallo? Er blockiert dich doch nicht! Tilde und ich reden die ganze Woche schon über dich. Du wirst sehen, er wird es kaum erwarten können, dich übernächstes Wochenende bei der Feier wiederzutreffen! Kannst du jetzt kommen?

Ich hoffe ...

Worauf? Bastian hat mich in den letzten fünfhundertfünfzig Tagen nicht beachtet, wieso sollte sich das bei der Party ändern? Wenn er wirklich Interesse an mir hätte, hätte er mir irgendwas geschrieben zu dem Walker-Tuch!

»Alia!«, ruft Mama.

Ich lege das Handy weg und gehe zum Essen. Hoffentlich gibt es zur Abwechslung mal etwas weniger Experimentelles als die letzten beiden Tage. Ich habe echt Hunger.

Cool. Mama hat gekocht. Ich liebe Nudeln mit Lachs-Sahne-Soße. Was ist das neben meinem Teller? Ich setze mich und nehme das visitenkartengroße feste Papier in die Hand.

»Das ist eine Schülermonatskarte«, erklärt Mamas Lover.

Muss er mich schon wieder anlächeln?

»Wenn es mal regnet, ist die Straßenbahn angenehmer als das Fahrrad, denke ich«, fährt er fort.

Meine Finger fangen an zu zittern, so fest presse ich den dünnen Karton zusammen, auf dem die Monatskarte aufgedruckt ist.

Ich will sie nicht. Nicht von ihm. Ich will ihm nichts schuldig sein. Warum mischt er sich ein? Das ist eine Sache zwischen Mama und mir. Ich beiße die Zähne zusammen und sehe ihn an.

»Alia!« Mama stößt mich an. »Wie wäre es, wenn du dich bei Marco bedankst? Er hat ein Abo abgeschlossen, extra für dich!«

Ein Abo? Heißt das, sie planen mit mir? Heißt das, vor den Sommerferien komme ich ganz sicher nicht mehr nach Hause? Das ist falsch, das ist vollkommen falsch! Er soll mich rauswerfen, Tatsachen schaffen, damit Papa mich aufnehmen muss.

»Alia? Bist du taub?«, fährt Mama mich an.

»Lass sie, Natalie. Sie muss sich nicht bei mir bedanken.« Ihr Lover hebt die Hand und schüttelt den Kopf.

»Natürlich muss sie das! Du hättest das nicht zu tun brauchen. Es ist keine Selbstverständlichkeit, und das sollte sie begreifen.« Mama wird laut.

Die Hand, in der sie ihr Glas hält, zittert leicht.

»Sie hat mich noch nicht einmal darum gebeten.«

Statt der verliebten Blicke, dem Lächeln und Zwinkern, den tausend kleinen Berührungen ist auf einmal eine Spannung im Raum. Und mit einem Schlag bin ich wieder zu Hause, mit Mama und Papa am Tisch. Vor dem großen Knall. Das hat sich genauso angefühlt, so als würde jeden Moment alles in die Luft fliegen. Aber das ist es erst, nachdem ich geklaut hatte. Wären sie sonst noch zusammen? Ist es meine Schuld? Ich lege die Gabel weg, bekomme keinen Bissen mehr hinunter.

Mama darf nicht mit ihrem Lover streiten, wenigstens nicht wegen mir. Und wenn mich jemand in Schutz nimmt, müsste sie es sein, nicht er. Sie wird mir niemals verzeihen, wenn ihre neue Beziehung in die Brüche geht. Und das alles nur wegen einer blöden Monatskarte, die ich nicht haben will. Nicht von ihm.

»Danke«, murmle ich.

Es ist nicht laut, aber laut genug, damit sie es hören. Das Wort ist wie ein Zauber, sie drehen mir die Köpfe zu und sind viel zu überrumpelt, um sich noch länger zu streiten. Ich stehe auf und gehe zurück in Colins Zimmer. Die Karte halte ich immer noch zwischen den Fingern. Keiner der beiden hält mich auf. Zum Glück. Ich esse später, wenn sie im Bett sind. Oder gar nicht. Wenn man über die Hungerbauchschmerzen hinaus ist, hört das nagende Gefühl irgendwann von selbst auf. Das hat zumindest Tilde behauptet. Ich hoffe, sie hat recht.

Die Karte zerreiße ich in tausend kleine Fetzen und später, nachdem die beiden sich ins Schlafzimmer zurückgezogen haben, lege ich die Fetzen in das Kleingeldfach seines Geldbeutels. Ich will ihm nichts schuldig sein, und das soll er wissen!

*

Ich kann nicht einschlafen. Muss immer wieder an Bastian denken, wie er mich abgefertigt hat und kann es immer noch nicht glauben. Obwohl es klar war. Wieso sollte einer wie er, der immer im Mittelpunkt steht, sich mit jemanden wie mir abgeben, wo ich noch nicht einmal den Mund aufbekommen habe, obwohl Hannah mehrmals mit mir im Schlepptau auf ihn zugegangen ist und ein Gespräch angefangen hat?

Hannah.

Ich würde gern ihre Stimme hören. Wozu? Sie würde mir ja doch nur wieder versichern, dass es nichts zu bedeuten hat, dass Bastian mir nicht geantwortet hat. Sie würde versuchen, mir einzureden, dass das *Daumen hoch* ein Zeichen ist, dass er auf mich steht. Obwohl er mich damit einfach nur abgewürgt hat. Warum versucht sie so hartnäckig, mich mit ihm zusammenzubringen? Sollte sie als meine Freundin mir nicht lieber die Wahrheit ins Gesicht sagen?

Eine halbe Ewigkeit lang scrolle ich durch meine Kontakte und bleibe immer wieder an Valentins Nummer hängen. Bin ich ihm auch zu still, zu konturlos, zu … langweilig? Ich öffne den Chat, will es wissen.

Hey ...

Sehr originell, Alia.

Super, ich kann noch nicht einmal vernünftig chatten.

Hey!

Wow. Er hat mir in Rekordzeit geantwortet und nicht einfach einen *Daumen hoch* geschickt.

Weißt du überhaupt, wer ich bin?

Klar. Das Mädchen, das mit mir durch die Welt tingelt und auf der Geige spielt, während ich einen dämlichen Tanz aufführe.

Ich pruste los. Die Vorstellung, Valentin so rumspringen zu sehen wie diesen Matt, ist zu witzig.

Ich spiele nicht vor anderen, sorry.

Unwillkürlich bewege ich meine linke Hand. Sie tut nicht mehr weh. Zum Glück.

Das wirst du wohl müssen. Wie willst du sonst deinen Traum mit den eigenen Videos verwirklichen?

Meinen Traum. Hat er das wirklich ernst genommen? In meinem Bauch ist ein warmes Kribbeln, und ich kann nicht mehr aufhören zu grinsen.

Ich dachte, ich setze dich als Double ein?

Vergiss es! Ich kann nicht so cool tanzen wie diese Lindsey, geschweige denn dabei auch noch so tun, als würde ich Geige spielen. Tut mir leid.

Ich stelle mir vor, wie er versucht zu tanzen wie Lindsey und muss direkt wieder lachen.

Sehen wir uns morgen?

Ich halte die Luft an und schicke die Nachricht ab.

Sicher! Selbe Zeit, selber Ort? In der Pause bei den Steinen?

Okay. Bis morgen.

Träum süß!

Träum süß …

Ich bin hellwach und starre noch minutenlang den Chatverlauf an. Wieso fühlt sich mein Herz an, als wäre es aus dem Takt geraten?

MEIN PLATZ

Der Platz, auf dem du stehst,
gehört dir nicht.
Du bist noch nicht mal billiger Ersatz,
egal, wie du es drehst.
In meinen Augen passt du
hier absolut nicht her.

Statt zu fragen, nimmst du ihn einfach ein.
Ich kann dich nicht ertragen!
Nicht mehr lang und ich werde dich verjagen.
Bis über den Rand der Welt hinaus.
Gib mir nur ein wenig Zeit.

Applaus!
Bin wie versteinert, seh dir zu
bei deinem ach so cleveren Coup.
Bleib neben dir und frage mich:
Wozu?

Verschwinde, oder du wirst es bereuen!
Statt bei dir anzukommen,
verstreuen die Worte sich in alle Winde.
Wie oft noch
muss ich sie dir wiederkäuen?

1

FREUNDE VERRATEN EINANDER NICHT

Und ziehst alleine los? Mitten in der Nacht? Bist du völlig durchgeknallt?

Die Worte hallen in meinem Kopf nach, obwohl ich längst aufgelegt habe.

Die Verbindung abgebrochen.

Ich darf nicht darüber nachdenken, kann mir keine Zweifel leisten.

Nicht jetzt.

Ich muss das durchziehen, sonst werde ich nie erfahren, wer hinter den Zetteln steckt. Ich muss wissen, wem ich noch trauen kann.

Dir ist klar, was das bedeutet?

Nein, ist mir nicht.

Wir sind Freunde.

Oder?

Freunde verraten einander nicht.

Freunde halten zusammen.

Vor deinen Freunden brauchst du keine Angst haben.

Freunde.

Das war das Letzte, was ich wollte. Hier Freunde finden. Warum habt ihr mich nicht einfach in Ruhe gelassen?

In der Dunkelheit klingen meine Turnschuhe auf dem Asphalt ultralaut. Obwohl ich extra vorsichtig auftrete.

Sind das Schritte?

Hinter mir?

Ich halte an und horche.

Außer dem Brummen von Motoren, irgendwo weit weg, ist nichts zu hören.

Ich gehe weiter.

Da ist es wieder! Das bilde ich mir nicht ein.

Sobald ich stehen bleibe, ist es wieder still.

Ich renne los. So schnell ich kann.

VERSCHWINDEN UND UNBEMERKT BLEIBEN

Der Tag heute hat wenigstens besser angefangen als der gestern. Ich habe nicht verschlafen, konnte in Ruhe frühstücken, während Mama noch geduscht hat, bin ihrem Lover nicht begegnet und habe für die Pause eine Packung Nüsse eingesteckt. Keine Nic Nac's, hoffentlich mag Valentin sie trotzdem. Wenn ich Geld hätte, könnte ich ihm am Kiosk welche kaufen, um mich zu revanchieren. Aber nachdem ich in naher Zukunft kein Taschengeld bekommen werde, müssen Mamas Vorräte herhalten. Okay, wohl eher die von ihrem Lover.

Ich bin perfekt vorbereitet, die Pause kann kommen. Mist. Wieso muss ausgerechnet Colin bei den Fahrradständern herumlungern und mich beobachten, bis ich im Schulgebäude bin?

Nach zwei langweiligen Schulstunden läutet es endlich zur Pause. Ich bin unter den Letzten, die das Klassenzimmer verlassen. Ob Valentin schon bei den Steinen ist? Bei dem Gedanken ist auf einmal wieder ein Kribbeln in meinem Bauch. Was soll das? Jemand klopft mir auf die Schulter.

»Hey, da bist du ja!«, höre ich eine Mädchenstimme hinter mir.

Ich fahre herum.

»Ups, sorry. Ich wollte dich nicht erschrecken.«

Vor mir steht Rieke. Sie hebt die Hände, weicht einen Schritt zurück und sieht mich fragend an. Ein paar blonde Strähnen hängen ihr ins Gesicht.

»Alles gut«, murmle ich.

Meine Wangen fühlen sich total heiß an. Wenn ich nicht so in Gedanken gewesen wäre, hätte ich mich nicht erschreckt.

»Na dann.« Rieke grinst und streicht sich die Strähnen aus dem Gesicht. »Lorena und ich haben uns gedacht, wir holen dich ab. Dein Klassenzimmer liegt auf dem Weg vom Physiksaal zum Pausenhof.«

Sie legt den Arm um Lorenas Schultern, die mir kurz zunickt und dann wieder zu Rieke sieht, die Augenbrauen hochgezogen. Ich würde wirklich gern wissen, was sie denkt.

»Kommst du?«, fragt Rieke.

Ich nicke. Müsste Valentin nicht auch hier entlang gehen? Wieso sind sie nicht zusammen unterwegs?

Bei den Steinen ist niemand. Ein Stich fährt durch meinen Brustkorb. Hat Valentin es sich anders überlegt? Ich schüttle den Kopf, will nicht darüber nachdenken. Rieke und Lorena sind da, sie haben mich sogar abgeholt. Es fühlt sich fast so an wie mit Hannah und Tilde. Der Gedanke bringt mich zum Lächeln. Bis ich wieder an die Chatnachricht denken muss.

Selbe Zeit, selber Ort?

Rieke setzt sich neben mich auf den Stein in der Mitte. »Was hast du gestern gemacht, während ich zu Lorena ins Training musste?«

Sie wirft einen Seitenblick zu Lorena, die sich diesmal auf den Stein links von uns setzt.

»Was für ein Training eigentlich?«, frage ich.

Das wollte ich gestern schon fragen.

»Stimmt, du kannst ja nicht wissen, wovon wir reden.« Rieke legt eine Hand auf meine Schulter und deutet zu Lorena. »Sie ist der Star auf jedem Schulfest! Unsere Rollerblade-Königin. Ich glaube, sie wurde mit den Dingern an den Füßen geboren. Und weil sie so ein gutes Herz hat, versucht sie, mich und ihre anderen Fans einmal pro Woche in ihre Tricks einzuweihen.«

Lorena grinst, nein, nicht nur das. Auf ihrem ganzen Gesicht liegt ein Strahlen, und mit der Sonne im Rücken sieht ihr lockiges, rotblondes Haar wie ein Flammenmeer aus.

»Wir suchen immer nach neuen Talenten«, sagt sie, und ich brauche einen Moment, um den Wink zu verstehen.

Es ist eine Einladung.

Rieke drückt meine Schulter und lacht. »Pass auf, was du jetzt sagst! Ein falsches Wort, und du bist ab nächster Woche in der Truppe!«

Rollerblades. Das habe ich noch nie ausprobiert, aber es sieht aus wie tanzen auf Rädern. Irgendwann will ich so gut wie Lindsey werden und beim Geigespielen richtig tanzen können. Wobei Rollerbladesfahren und Geigespielen auch nicht schlecht wären …

Ich sehe zu Lorena und habe Lust, es auszuprobieren. Moment. Das geht nicht. Die Erkenntnis drückt mich nieder. Ich schüttle den Kopf, will das miese Gefühl loswerden.

»Ich habe keine Rollerblades«, murmle ich.

Wenn ich Mama dazu überreden wollte, mir welche zu kaufen, hätte ich mich vor ein paar Wochen nicht beim Klauen im Drogeriemarkt erwischen lassen sollen.

»Kein Problem, ich habe eine ganze Sammlung zu Hause«, sagt Lorena.

Sie lächelt mich an und sieht kein bisschen abweisend aus.

»Also bist du dabei?« Rieke beugt sich nach vorn, um mir ins Gesicht zu sehen.

Ich nicke.

»Cool!« Sie gibt mir einen Stups in die Seite, und ich muss lächeln.

In meinem Magen ist eine warme Kugel. Es fühlt sich richtig gut an.

»Mittwoch, siebzehn Uhr. Vergiss es nicht!« Lorena wirkt auf einmal wie eine Sportlehrerin. »Wenn du nicht regelmäßig kommst, klappt das nicht bis zu unserem Auftritt beim Schulfest. Kapiert?«

Auftritt beim Schulfest? Vielleicht hätte ich vorher genauer nachfragen sollen, bevor ich ihnen blind zusage.

»Was hast du jetzt gestern gemacht?«, fängt Rieke wieder an.

Wie komme ich aus der Schulfestnummer wieder raus, ohne die beiden gegen mich aufzubringen?

»Ich bin Valentin nach der Schule begegnet, und wir haben spontan beschlossen, in die Stadt zu fahren, sind aber …«

»Valentin?«, unterbricht mich Lorena. Sie zieht die Augenbrauen zusammen und sieht zu Rieke. »Wollte er sich nicht mit Mats treffen?«

Mann, ich bin so blöd! Wie konnte ich das vergessen? Ich habe geschworen, mich nicht einzumischen. Für einen kurzen Moment verdunkelt sich Riekes Blick. Sie wirkt, als wäre sie weit weg. Ich sollte etwas sagen, irgendwas, sie ablenken, sie …

Sie schüttelt den Kopf und grinst uns an. »Wie ich Mats kenne, ist ihm mal wieder was dazwischengekommen. Wetten?«

»Vielleicht.« Lorena zuckt mit den Schultern. »Ich finde es trotzdem nicht okay.«

»Wieso denn? Bestimmt hat Mats ihm auf den letzten Drücker abgesagt, wie immer halt. Wir haben das nur nicht mehr mitbekommen, weil du mich losgehetzt hast, um bloß keine Minute zu verschwenden, in der du auch Spanisch hättest lernen können.«

»Schon, aber du bist ja dann sowieso nicht mitgekommen zum Lernen!«

»Ich hatte Magda versprochen, mich vor dem Training zu Hause blicken zu lassen. Das habe ich dir doch erklärt! Jedenfalls waren wir weg, und dann ist ihm Alia wahrscheinlich über den Weg gelaufen. Hätte er sie nicht fragen sollen, ob er ihr die Highlights unserer Stadt zeigen soll? Es hat sich angeboten, wir hatten es gestern in der Pause doch fast schon beschlossen.« Rieke wendet sich wieder zu mir. »Was hat euch aufgehalten? Ist die Straßenbahn entgleist?«

Woher weiß sie, dass wir die Straßenbahn genommen haben?

»Schlimmer …«

Kann ich mir irgendetwas einfallen lassen, damit ich ihnen nicht von meiner blöden Aktion erzählen muss? Rieke neigt den Kopf. Okay, ich will sie nicht anlügen.

»Wir wurden kontrolliert …«

»Und?«, fragt sie und zieht die Augenbrauen hoch.

Selbst Lorena lehnt sich ein Stück zu uns. »Ist doch nicht so schlimm. Oder?«

»Ich hatte keine Fahrkarte.«

»Was?«, kreischt Rieke. Statt mich für dumm zu erklären, prustet sie los. »Echt jetzt? Was ist passiert? Musstest du Strafe zahlen?«

Ich erzähle ihnen von meiner Flucht, und auf einmal lachen sie beide.

»Schwarzfahren? Ausgerechnet mit Valentin?«, stößt Lorena zwischen zwei Lachern hervor. »Er war bestimmt völlig überfordert und hat nicht gewusst, was er tun soll.«

»Ehrlich gesagt nicht«, werfe ich ein.

»Machst du Witze?« Rieke wird wieder ernst und sieht mich an, als würde sie mich nicht für voll nehmen.

Ich erzähle ihnen, wie er mit dem Kontrolleur geredet hat und mir gefolgt ist. Sie wechseln einen Blick und schütteln beide die Köpfe.

»Er hat echt gelacht?«, hakt Rieke nach. Ich nicke. Sie fasst nach meiner Schulter, beugt sich ganz dicht zu mir und sieht mir in die Augen. »Ihm muss richtig viel an dir liegen, wenn er so lässig reagiert.«

Sie sagt es, als wäre es eine unumstößliche Wahrheit.

»Was? Quatsch! Ich glaube, er hat mich eher ausgelacht.«

Das hat er nicht. Er hat mit mir gelacht. Aber wenn ihm wirklich etwas an mir liegen würde, hätte er mich heute nicht versetzt.

»Rieke hat recht«, wirft Lorena ein. »Valentin ist total korrekt und der Letzte, der in so einer Situation lachen würde. Wenn er das auf einmal so locker nimmt, hat das mit dir zu tun.«

»Er sieht mich ja schon schief an, wenn ich mal seine Hausaufgaben abschreiben will!« Rieke verschränkt die Arme und schiebt ihre Unterlippe nach vorn.

Ist sie jetzt sauer? Wegen mir? Ich wollte mich nicht aufdrängen, ich habe mich nicht aufgedrängt. Bestimmt nicht. Ich bin die, die von allen übersehen wird. Wie bin ich hier hineingeraten?

Auf einmal lacht Rieke wieder los. »Das ist so witzig! Dass du so eine Aktion ausgerechnet bei Valentin bringst. Ich wäre so gern dabei gewesen und hätte sein Gesicht gesehen!«

Da war nichts Sehenswertes. Wirklich nicht. Es war einfach nur superpeinlich. Zum Glück hat Valentin mir keine Vorwürfe gemacht, dann hätte ich mich noch schlechter gefühlt. War er sauer und hat es nur geschickt überspielt? Vielleicht ist das der Grund, warum er noch nicht bei den Steinen aufgetaucht ist?

Ich reibe mir die Stirn, bekomme Kopfweh von den vielen Fragen.

»Schau mal einer an, wer da ist«, sagt Lorena und klingt dabei, als würde ihr Erzfeind über den Schulhof kommen.

Sie redet nicht von Valentin. Oder? Ich folge ihrem Blick. In der Nähe der Fahrradständer stehen zwei Jungs mit Skateboards unter den Armen. Einer von ihnen hat eine Baseballcap auf. Der andere hat wuschelige, dunkle Haare, die ihm ins Gesicht hängen. Er erinnert mich an Colin, nur trägt er ein Shirt mit Aufdruck und ihm fehlt der stechende Blick.

»Lass, Lorena«, ist alles, was Rieke sagt.

War da ein Zittern in ihrer Stimme?

»Janus, der Mädchenschwarm. Ich kapiere immer noch nicht, warum du mit ihm rumgemacht hast. Oder warum ich das hochladen sollte. Hast du wirklich geglaubt, dass …«

»Lass es sein! Okay?«, unterbricht Rieke sie so scharf, dass ich zusammenzucke.

Ich verstehe nicht, worum es geht, und ich wage auch nicht nachzufragen. Es ist sowieso so, als wäre ich auf einmal wieder unsichtbar geworden.

»Du hast gut reden! Dir ist Nora ja nicht fast an die Gurgel gegangen. Dich hat sie nicht einmal erkannt, nachdem ich darauf geachtet habe, dass man dein Gesicht nicht sieht«, beschwert sich Lorena.

»Es ging nie um Janus, okay? Und um Nora schon gar nicht.«

»Wenn es nicht um ihn ging, warum hast du ihn dann angegraben?«, hält Lorena dagegen.

»Da wusste ich ja noch nicht, wie schlecht er küsst!« Riekes Lachen passt nicht zu dem scharfen Tonfall eben. Lorena verdreht die Augen. »Ehrlich! Überleg mal, mit wie vielen Mädels allein von dieser Schule er schon rumgemacht hat. Und dann küsst er so schlecht? Das ist doch ohne Worte!«, setzt Rieke hinzu.

»Nach dem ganzen Alkohol, den er an dem Abend intus hatte, wundert mich das nicht.« Lorena wirkt nicht wirklich interessiert an den Infos zu den Kussfähigkeiten von diesem Janus. Sie lässt ihren Blick wieder über die beiden Skater gleiten. »Und nach dem Wochenende hat der Arsch so getan, als hätte er dich noch nie gesehen.«

»War auch besser so«, brummt Rieke.

Lorena dreht den Kopf und sieht an mir vorbei zu Rieke. Ihre Augen sind schmal.

»Um was ging es dann?«

»Hm?«

»Um was ging es dir dann, wenn nicht um ihn?«

Riekes Mund umspielt ein Lächeln. Sie schaut an uns vorbei über den Schulhof, aber nicht in Richtung der Skater.

»Ach?« Ihr Blick bleibt an jemandem hängen. »Ich glaub's ja nicht, kommt er doch noch?«

Ohne uns zu beachten, steht sie auf.

»Rieke?« Lorena beugt sich nach vorn und streckt die Hand nach ihr aus. »Ich habe dich was gefragt!«

»Gleich.« Rieke wehrt sie ab, ohne sie anzusehen.

Dann geht sie. Einfach so. Neben mir schnaubt Lorena, aber keine von uns bewegt sich, wir starren beide Rieke hinterher. Was sollte das denn? Moment. Ist das Valentin? Rieke bleibt vor ihm stehen, die Hände in die Hüften gestemmt. Ich sehe nur ihren Rücken und seinen Gesichtsausdruck. Er hat die Stirn in Falten gelegt und kaut auf der Unterlippe. Wie es aussieht, redet fast nur Rieke. Es dauert eine ganze Weile, bis sie ihn zu Wort kommen lässt. Viel sagt er nicht. Sie nickt ihm kurz zu, dreht sich weg und geht an ihm vorbei in das Schulgebäude. Worüber haben sie gesprochen? Ich würde gern Lorena fragen, will wissen, ob alles in Ordnung ist. Aber es geht mich nichts an, und genau das denkt sie sicher auch.

Sie schnalzt. Ich folge ihrem Blick. Valentin kommt auf uns zu.

Er lächelt nicht.

Das ist das Erste, was mir auffällt. Weil ich diesen superernsten Gesichtsausdruck noch nie an ihm gesehen habe.

»Und?«, begrüßt Lorena ihn, sobald er in Hörweite ist. »Habt ihr alles geklärt?«

Er bleibt stehen, die Hände in den Hosentaschen und zuckt mit den Schultern. »Du kennst Rieke doch.«

»Pff.« Lorena schüttelt den Kopf. Ihre Augen sind wieder schmal. »Willst du dich echt damit rausreden?«

»Das ist keine Ausrede.« Er sieht zu mir. »Sorry, dass ich so spät komme. Musste noch was mit Mats besprechen.«

Ich zucke mit den Schultern, weiß nicht, was ich von der Erklärung halten soll.

»Lass dich nicht täuschen, Alia«, wirft Lorena ein. »Valentin macht immer, was er will. In spätestens zwei Wochen wird er sich nicht einmal mehr entschuldigen, wenn er nicht aufgetaucht ist.«

In Lorenas Stimme schwingt etwas mit, das ich nicht greifen kann. Valentin muss sich ganz schön was geleistet haben, so sauer wie sie klingt. Sein Gesicht verfinstert sich und plötzlich ist er mir fremd. Die angespannten Kiefer passen so was von überhaupt nicht zu dem strahlenden Lächeln und den leuchtenden Augen, die für mich bisher zu Valentin gehört haben. Sein Blick ist mit einem Mal genauso stechend wie der von Colin.

Das ist unheimlich. Mir wird kalt, obwohl die Sonne scheint und die Härchen auf meinen Armen stellen sich auf.

Ich habe keine Ahnung, warum Lorena ihn so angiftet, und ich will es auch nicht wissen. Ich weiß nur eines: Diesen neuen Valentin will ich nicht kennenlernen. Und das hat nichts damit zu tun, dass er so spät aufgetaucht ist.

Es läutet. Sofort bin ich auf den Beinen.

»Ich muss los. Man sieht sich«, murmle ich weder an Valentin noch an Lorena gerichtet.

Es gilt beiden und irgendwie auch keinem von ihnen. Statt abzuwarten, ob sie darauf etwas erwidern, tauche ich unter. Ich dränge mich zwischen die anderen Schüler, versuche, in der Masse unterzugehen, damit niemand mir folgen kann. Das ist doch meine Superkraft, verschwinden und unbemerkt bleiben. Wieso funktioniert das in den letzten Tagen nicht mehr?

WENN WIR UNS ETWAS ZU SAGEN HÄTTEN

Zurück im Klassenzimmer bleibt mein Blick an meinem Mäppchen hängen. Warum liegt es auf dem Tisch? Ich hatte es in meine Tasche gesteckt als Signal an Colin, dass ich genug von seinen Botschaften habe. Langsam öffne ich es und finde einen neuen Zettel. Warum tue ich mir das an und lese den Wisch? Seine Drohungen könnten mir doch egal sein.

Ganz gleich wie oft ich mir das sage, es hält mich nicht davon ab, den blöden Zettel aufzufalten.

Woher weiß er das mit dem Schwarzfahren? Verfolgt er mich? Mein Magen flimmert, so stark, ich kann fast nicht mehr atmen. Das ist unmöglich. Ich hätte ihn bemerkt, ich …

Hätte ich?

Ich wühle in meinem Gedächtnis. War er mit uns in der Bahn? Die Gesichter der Leute verschmelzen miteinander, werden zu einer einzigen große Fratze, mit dunklen Augen, deren stechender Blick mich viel zu sehr an Colin erinnert.

Nein!

Ich schüttle den Kopf und reibe mir die Stirn.

Nicht verrückt machen, ich darf mich nicht verrückt machen lassen. Das ist doch genau das, was er will. Er will mir Angst einjagen. Er will, dass ich verschwinde, egal wie. Der Gedanke vertreibt die Wärme aus meinem Körper, ich zupfe an den Dreiviertelärmeln meines giftgrünen Shirts und beiße mir auf die Innenseite der Wange, um nicht zu schreien. Verschwinden. Unsichtbar sein, reicht ihm sicher nicht aus.

Ob Papa mich wieder aufnimmt, wenn ich ihm von den Zetteln erzähle? Wir sind doch Familie, wir müssen zusammenhalten, egal was passiert.

Sicher.

Ich unterdrücke ein Lachen.

Wie Mama und Papa. Die waren auch Familie. So lange, bis sie es nicht mehr waren.

Die Buchstaben auf dem Zettel verschwimmen. Ich kneife die Augen zusammen, presse die Finger gegen die Schläfen und atme.

Aus und ein. Aus und wieder ein.

Bis der Knoten in meinem Hals sich auflöst. Dann konzentriere ich mich zur Abwechslung mal auf den Unterricht, dränge alle anderen Gedanken zurück und vergesse den Zettel in meiner Hand.

*

Kurz vor Beginn der nächsten Pause stoße ich in meiner Tasche auf die Nüsse. Die habe ich total vergessen.

Pech. Ich gehe nicht noch mal zu den Steinen.

Hatte Valentin wirklich etwas mit Mats zu besprechen? Vielleicht, weil der ihn gestern versetzt hat?

Wieder bin ich eine der Letzten, die nach dem Läuten den Klassenraum verlässt. Diesmal habe ich meine Tasche dabei, wenn die Pause vorbei ist, müssen wir im Musiksaal sein. Zum Glück habe ich mich vor ein paar Tagen umgesehen und weiß, wo ich hinmuss.

Ein Stoß gegen meine Schulter jagt ein Stechen durch meine linke Seite, reißt mich fast um, und ich stolpere zwei Schritte zurück.

Was war das?

Ich sehe hoch und erstarre. Neben mir steht Colin. Nicht einmal eine Handbreit entfernt.

»Oh. Ich muss dich wohl übersehen haben.« Seine Stimme klingt auffällig hoch und viel zu freundlich.

Das Funkeln in seinen dunklen Augen spricht eine andere Sprache. Unter seinem Blick zieht sich mein Magen zusammen, und ich habe Mühe, ihm ins Gesicht zu sehen.

Verschwinden. Unsichtbar werden.

Das ist der erste Impuls, und meine Füße reagieren sofort. Ich stoppe in der Bewegung, aber es ist zu spät. Colin hat genau kapiert, dass ich vor ihm zurückgeschreckt bin. Sonst würde er nicht so breit grinsen.

»Du hast etwas verloren«, flüstert er.

Er streicht sich den schwarzen Pony aus dem Gesicht, und immer noch grinsend hält er mir einen Zettel hin.

Im Reflex greife ich danach.

Wie blöd!

Kann ich bitte erst denken und dann handeln? Ich will diesen Zettel nicht! Wieso gibt Colin ihn mir persönlich? Reicht ihm ein Drohzettel am Tag nicht mehr aus? Will er sehen, wie ich reagiere?

Das kannst du vergessen!

Ich kneife die Augen zusammen. Im Gegensatz zu mir ist er kein Stück zurückgewichen, er steht immer noch direkt neben mir.

Viel zu nahe.

Seine Augen sind nicht schwarz, er hat nur große Pupillen. Um sie herum ist ein schmaler, brauner Ring, der den gleichen hellen Farbton hat wie der in den Augen seines Vaters. Nur die Energie, die von Colin ausgeht, ist eine andere. Angespannt und aufmerksam, jede Schwäche in sich aufnehmend. Wie ein Raubtier auf der Jagd.

»Du musst besser aufpassen«, sagt er.

Warum ist seine Stimme auf einmal viel tiefer? Er klingt überhaupt nicht mehr so betont freundlich.

Du musst besser aufpassen.

Aufpassen worauf? Mir keine Zettel von durchgeknallten Mitschülern in die Hand drücken zu lassen? Da könntest du recht haben, Colin.

Ich verschränke die Arme, lehne mich ein Stück nach hinten und versuche, seinem Blick standzuhalten. So ist wenigstens mehr Abstand zwischen uns.

»An deiner Stelle würde ich nachschauen, was draufsteht.« Er sieht ganz kurz auf die Hand, in der ich den Zettel zusammengeknüllt halte.

Dann dreht er sich um und geht. Ohne Vorwarnung. Lässt mich stehen wie den letzten Idioten, und ich schaue ihm nach, kann nicht anders. Ich hasse mich dafür!

Langsam falte ich den Zettel auf, obwohl ich nicht will, aber ich kann nicht anders, es ist wie ein innerer Zwang.

Komm in der Fünften
hinter die Mensa.
Wir müssen reden.

Reden. Das wäre eine gute Idee.

Wenn wir uns etwas zu sagen hätten.

Die Buchstaben sehen anders aus als auf den Totenkopfzetteln. Unsauberer. Als hätte er sie vor der Pause schnell hingekritzelt. Warum will er sich während des Unterrichts mit mir treffen? Er könnte mich genauso gut nach der Schule abfangen. Hat er frei und will nicht ewig hier abhängen? Das macht keinen Sinn. Dann hätte er auch gleich in der Pause reden können. Außer er will, dass ich Ärger bekomme, weil ich Musik schwänze.

Es läutet.

Toll, jetzt bin ich die ganze Pause vor dem Klassenzimmer herumgestanden. Der Gang füllt sich mit Schülern, die alle vor dem nächsten Läuten wieder im Unterricht sein wollen. Ich nehme meine Tasche und gehe.

Nicht in Richtung Musiksaal, der im anderen Trakt ist. Ich gehe dem Strom entgegen und raus auf den Hof. Den bescheuerten Zettel halte ich immer noch in der Hand.

REINGERITTEN

Der Hof ist leer. Zum Glück stehen ein paar Bäume neben dem Weg zur Mensa. Das verringert die Gefahr, von einem der Klassenzimmer aus gesehen zu werden. Vor dem Eingang zur Mensa entdecke ich Colin, aber er ist nicht alleine. Zwei Frauen sprechen mit ihm. Wie Lehrerinnen sehen sie nicht aus mit den weißen Kitteln, die über ihren Armen hängen. Arbeiten sie in der Mensa? Was hat er für einen dunklen Fleck am Ärmel seines schwarzen Hemds? Die Frauen stehen mit dem Rücken zu mir und haben mich noch nicht bemerkt. Dafür sieht Colin mich sofort. Logisch, er wartet ja auf mich. Er nickt mir zu, nur ganz leicht. Ich glaube, die mutmaßlichen Küchenfrauen haben das nicht gesehen, es war zu beiläufig.

Eine von ihnen lacht, und auf Colins Mund erscheint ein Lächeln. Wow. Ich hätte nicht gedacht, dass er dazu fähig ist. Auf die Entfernung wirkt sogar sein Blick anders. Wärmer oder, na ja, wenigstens nicht mehr so stechend. Wahnsinn, wie Menschen sich verstellen können. Wären wir uns noch nie begegnet, würde ich ihn für einen netten Oberstufenschüler halten.

Ich schüttle den Kopf und biege ab. Wir wollten uns hinter der Mensa treffen, und jetzt ist es sowieso zu spät, um doch noch in Musik zu gehen. Es sieht nicht so aus, als ob die beiden Frauen Colin zur Rede stellen würden, weil er nicht im Unterricht ist. Hat er überhaupt noch Unterricht? Die schriftlichen Abschlussprüfungen waren doch schon vor den Ferien. Oder ist das hier anders als bei uns? Ich werfe einen letzten Blick zu den Küchenfrauen, die sich immer noch mit Colin unterhalten, und steuere auf die Rückseite der Mensa zu.

Einen abgelegeneren Platz hätte er sich nicht aussuchen können. Die Mensa liegt am Rand des Schulgeländes, das bis auf eine schmale Zufahrt auf dieser Seite von einer mindestens zwei Meter hohen Hecke begrenzt ist. Bestimmt ist das hier eine No-Go-Zone für Schüler. Ich biege um die Ecke, bleibe mit dem Fuß hängen, stolpere zwei Schritte nach vorne, versuche mich abzufangen und stürze über einen Eimer, der vor mir steht. Ein Farbeimer? Mir bleibt keine Zeit, mich zu wundern, mein Knie wird feucht und ich springe wieder auf die Füße. Auf meiner Stoffhose ist ein riesiger roter Fleck. Das darf nicht wahr sein! Langsam lasse ich den Blick über das Chaos vor meinen Füßen gleiten.

Was macht der dicke Malerpinsel hier auf dem Boden?

Wieso ist er voller Farbe? Der Fleck auf meiner Hose geht nie wieder raus! So ein Mist. Ich bücke mich und hebe den Pinsel auf.

Hinter mir schreit jemand. Ist das eine der Küchenfrauen? Ich will mich umdrehen, bleibe wieder an etwas hängen, strecke die Arme zur Seite und schaffe es gerade so, das Gleichgewicht zu halten. Ein dünner Draht hat sich in den Schnürsenkeln meines rechten Schuhs verheddert, und ich bin mit dem anderen Fuß draufgetreten.

Was ist hier los?

»Das gibt es nicht!«, ruft eine der Frauen. »Schau dir das an, Anne!«

Ich drehe mich zu ihr. Sie legt die Hand auf den Mund, ihre Augen sind weit aufgerissen. Aber sie sieht nicht zu mir, sie starrt auf die Rückwand der Mensa. Ich folge ihrem Blick.

FUCK YOU!

Die beiden Worte hat jemand mit einem dicken Malerpinsel in roter Farbe an die Wand geschmiert. Riesengroß. Mein Blick fällt auf meine Hose und den Pinsel, auf den ich eben gefallen bin und den ich immer noch in der Hand halte.

Fuck you, Colin!

»Was für eine Schweinerei. Du wartest hier, ich hole Manfred«, kreischt die Küchenfrau, die eben mit Anne angeredet wurde, und rennt los.

»Und du bleibst schön da, wo du bist. Verstanden?« Die andere Küchenfrau baut sich mit verschränkten Armen vor mir auf.

Ich bin geliefert, ich bin so was von geliefert.

Der Pinsel rutscht mir aus der Hand. Von Colin ist keine Spur mehr zu sehen. Trotzdem bilde ich mir ein, sein Lachen zu hören.

Gehässig und kalt.

Ich setze mich auf den Boden, stütze die Arme auf den Knien ab und lehne den Kopf gegen die Hände. Es dauert nicht lange, bis der Hausmeister um die Ecke geschossen kommt, dicht gefolgt von dieser Anne. In Sekundenbruchteilen sieht er von mir zu Pinsel und Farbeimer und schließlich auf die Wand. Beim Anblick der roten Buchstaben verdunkelt sich sein Gesicht. Kopfschüttelnd kommt er auf mich zu. Das Funkeln in seinen Augen erinnert kein bisschen mehr an den netten Mann von Anfang der Woche, der mir den Platten geflickt hat. Er sieht eher aus wie ein Axtmörder in einem Horrorfilm. Vielleicht liegt es an den strähnigen weißen Haaren, die nach dem Sprint über das Schulgelände in alle Richtungen abstehen. Oder weil er immer noch schnauft wie ein Ochse.

Er packt mich am Arm und zieht mich auf die Füße. »Frau Freiberger wird nicht begeistert sein, wenn sie davon hört!«

Seine Pranke umschließt meinen Oberarm und drückt mir das Blut ab. Ich stemme mich gegen den Griff.

Keine Chance.

Hat er Schraubstöcke statt Hände?

»Denk nicht einmal daran abzuhauen«, knurrt er und zerrt mich um die Ecke und auf das Schulgebäude zu.

Ich habe keine Wahl, muss neben ihm her stolpern und kann nur hoffen, dass niemand uns von den Klassenzimmern aus sieht. Wenigstens wirkt es nicht so, als ob er mich wiedererkannt hätte.

*

Die Sekretärin muss Frau Freiberger aus dem Unterricht holen, was nicht gerade zur Verbesserung meiner Situation beiträgt. Einen Moment lang überlege ich, ob ich Colin mit reinziehe. Immerhin haben die Küchenfrauen ihn vor der Mensa getroffen, und jetzt weiß ich auch, was das für ein dunkler Fleck auf seinem Hemdärmel war. Das reicht als Beweis aus.

Wenn es nicht ausreicht, flippt Mama aus. Weil ich versucht habe, den Sohn ihres Lovers in der Schule schlechtzumachen. Und das kurz vor seinem Abschluss. Irgendetwas sagt mir, dass Colin nicht so blöd ist und sich mit dem schmutzigen Hemd erwischen lässt. Er hatte ja genug Zeit, sich umzuziehen.

Also mache ich das, was ich am besten kann: schweigen.

Frau Freiberger hat offensichtlich keine Lust, sich unter den Bedingungen mit mir auseinanderzusetzen. Sie schickt mich auf den Gang, vor den Raum der Vertrauenslehrerin und telefoniert mit Mama.

Toll. Ich bin richtig in der Klemme.

Erst zur Rektorin und jetzt zur Vertrauenslehrerin. Vor der Tür zum Vertrauenslehrerbüro ist eine kleine Sitzecke. Hier soll ich warten, bis diese Frau Pfister mich reinholt. Ich lasse mich auf das Sofa fallen und mache mich so klein wie möglich. Vor fünf Minuten hat es zur sechsten Stunde geklingelt, und ich hoffe, ich sitze nicht mehr auf dem Gang, wenn Mama hier auftaucht. Die bringt mich um, unter Garantie. Und ihr Lover schmeißt mich raus. Er wird ja nicht so blöd sein und mich weiter bei sich wohnen lassen, nachdem ich *Fuck you!* an die Mensawand geschrieben habe. Völlig ohne Grund. Bestimmt fragt er sich, was ich vorhabe, an die Wände seiner Wohnung zu schmieren.

Das war Colins Plan, von Anfang an. Diese ganze Aktion, nur, damit sein Vater mich rauswirft.

Der Gedanke löst ein Ziehen in meinem Bauch aus. Ich beuge mich nach vorn und verstecke das Gesicht hinter den Händen. Warum fühle ich mich schlecht? Es ist doch genau das, was ich die ganze Zeit wollte. Papa muss mich aufnehmen. Wenn ich hier rausfliege, hat er keine Wahl. Ich will nur den Ausdruck auf seinem Gesicht nicht sehen, wenn er von der Mensawand hört.

Mein Hals fühlt sich eng an, so eng, ich kann fast nicht mehr schlucken. Wenn ich in Colins Zimmer wäre, könnte ich meine Geige an den Verstärker anschließen und mit der Musik alles vergessen. Könnte ich nicht. Sobald ich die Augen schließe, sehe ich wieder die rot verschmierten Buchstaben auf der weißgrauen Wand. Meine Turnschuhe verlieren die Kontur, ich kneife die Augen zusammen.

Nicht weinen, nicht jetzt, nicht hier.

Die Tür, die in das Zimmer dieser Vertrauenslehrerin führt, fliegt auf. Ich setze mich gerade hin und blinzle die Tränen weg. Ein Mädchen mit knallgrünen Haaren kommt auf den Flur. Sie ist eine Oberstufenschülerin, jede Wette. Bei meinem Glück geht sie mit Colin in eine Klasse. Sobald sie die Tür hinter sich zugezogen hat, verdreht sie die Augen. Scheint ja super zu sein da drinnen. Ich will sie nicht anstarren, kann aber nicht anders. Das Grün ihrer Haare ist so grell, dass es fast blöd aussieht. Aber nur fast. Eigentlich ist es ziemlich cool.

Ihr Blick streift mich, und ein Lächeln huscht über ihr Gesicht.

Sie kommt auf mich zu, beugt sich zu mir hinunter und stützt sich mit einer Hand an der Sofalehne ab. »Musst du zur Pfister?«

Ihr Blick wirkt total offen. Langsam nicke ich.

»Ein kleiner Tipp: Gib ihr einfach recht, egal, was sie sagt.« Sie legt den Kopf schief und mustert mich.

Frau Pfister recht geben? Das ist keine gute Idee. Wenn ich das mit der Mensawand zugebe, bin ich geliefert. Gut, wenn ich schweige, wird das auch nichts ändern. Laut dem Hausmeister haben sie mich auf frischer Tat ertappt, weil ich so blöd war, beim Abhauen über meinen eigenen Farbeimer zu stolpern.

»Glaub mir, ich weiß, wovon ich rede«, fährt sie fort. Kann sie mir die Zweifel ansehen? »Das Abstreiten hat bei mir nur dazu geführt, dass ich jetzt einmal in der Woche bei der Pfister antanzen darf. Bis zum Ende des Schuljahrs. Damit sie sich davon überzeugen kann, dass es mir auch wirklich gut geht.«

Sie verdreht wieder die Augen. Weswegen muss sie mit der Vertrauenslehrerin sprechen? Ich könnte sie fragen. Vielleicht. Sie wirkt nicht so, als ob sie das stören würde. Ich könnte …

»Nora? Kommst du?«, ruft jemand.

Wir drehen beide die Köpfe in Richtung der Stimme. An der Ecke, nur ein paar Schritte von uns entfernt, steht ein Mädchen mit langen, braunen Haaren.

»Viv!« Auf dem Gesicht dieser Nora erscheint ein Strahlen. »Vermisst ihr mich schon?«

Ihre Freundin verschränkt die Arme und senkt den Kopf ein Stück, ohne sie aus den Augen zu lassen. »Total. Adi vor allem. Wieso bist du schon wieder so spät dran?«

»Frag nicht mich, frag die Pfister«, antwortet diese Nora. Sie beugt sich noch ein Stück näher zu mir, streicht sich die grellgrünen Strähnen aus dem Gesicht und legt mir eine Hand auf die Schulter.

»Viel Glück!«, flüstert sie mir ins Ohr.

Genauso schnell wie sie mich berührt hat, lässt sie wieder los und geht zu ihrer Freundin. Arm in Arm verschwinden die beiden um die Ecke, und ich höre sie noch lachen, als sie längst schon außer Sicht sind.

Glück.

So viel Glück, wie ich brauchen würde, gibt es überhaupt nicht. Trotzdem starre ich wie ein Idiot auf die Ecke und kann nicht anders als lächeln. Die Tür geht wieder auf und ich weiß nicht, was ich erwartet habe. Nach der Aussage dieser Nora jedenfalls nicht eine Frau wie die, die jetzt im Türrahmen steht.

Frau Pfister geht schon stark auf die Rente zu, so viele Falten wie sie im Gesicht hat. Und sie sieht müde aus. Aber vielleicht ist das gut. Vielleicht hält sie das davon ab, die richtigen Fragen zu stellen?

»Alia Sturm?«

Ich nicke, obwohl sie sich das ja denken kann. Außer mir ist niemand auf dem Gang.

»Komm rein«, sagt sie, ohne zu lächeln.

Sie geht zurück in das Zimmer und lässt die Tür offen stehen. Das ist kein guter Anfang. Selbst wenn ich ihr die Wahrheit erzählen wollte, wirkt sie nicht so, als ob sie mir zuhören würde.

Der giftgrüne Sessel, den mir Frau Pfister zugeteilt hat, ist unbequemer als das Sofa auf dem Gang. Ist das Absicht? Damit die Schüler alles zugeben, nur um schneller wieder draußen zu sein? Sie fasst in einem minutenlangen Monolog zusammen, was nach ihrem Wissensstand in der fünften Stunde hinter der Mensa passiert ist. Es ist genauso wie in einer dieser schlechten Fernsehsendungen, in denen die Staatsanwältin vorträgt, was dem Angeklagten vorgeworfen wird. Und meistens gibt es dann einen Superanwalt, der die ganzen Indizien nach und nach entkräften kann. Ich hätte diese Nora mit den grünen Haaren fragen sollen, ob sie meine Anwältin spielen will. Der Gedanke bringt mich zum Lächeln. Wahrscheinlich hätte sie mich noch weiter hineingeritten, so genervt, wie sie von der Vertrauenslehrerin ist.

»Findest du das lustig?«, fährt Frau Pfister mich an.

Bitte? Mist, ich habe gelächelt. Langsam schüttle ich den Kopf und weiche ihrem Blick aus.

Nicht anstarren, ich darf sie auf keinen Fall anstarren.

Sie fängt an, über unseren Umzug zu reden und dass es für mich sicher nicht einfach ist, mit der neuen Situation klarzukommen.

»Wenn du willst, können wir gemeinsam überlegen, wie wir es dir leichter machen können.« Frau Pfister legt die Hände in den Schoß und beugt sich ein Stück nach vorn.

Auf ihrer Stirn sind tiefe Falten. Ihr Blick ist auf einmal viel zu intensiv. Als würde sie versuchen, meine Gedanken zu lesen.

Können Sie Colin verschwinden lassen? Das wäre ein Anfang.

Ich sage es nicht, und sie erwähnt ihn mit keinem Wort. Wahrscheinlich weiß sie doch nicht alles über uns. Mama hat bei der Anmeldung bestimmt nicht erzählt, mit wem wir zusammenwohnen. Und Colin ist sicher über die Adresse seiner Mutter in der Schule gemeldet.

»Ich werde mit deiner Mutter über ein paar Möglichkeiten sprechen«, sagt Frau Pfister schließlich, nachdem ich ihr keine Antwort gebe.

Toll. Ich hätte mir lieber die Möglichkeiten angehört. Mama sucht bestimmt das aus, was am schlimmsten klingt. Frau Pfister streicht über ihre hochgezwirbelten, dunklen Haare, in denen ich ein paar graue Strähnen entdecke. Es ist eine moderne Hochsteckfrisur, und trotzdem wirkt sie damit eher älter als jünger. Warum sagt sie nichts mehr? Kann sie bitte aufhören, mich einfach nur anzusehen? Ich beiße mir auf die Lippe, sehe lieber zu meinen Turnschuhen, statt in ihr Gesicht. Wenn ich sie niederstarre, habe ich komplett verloren.

»Was hast du dir nur dabei gedacht?« Der Satz ist wie eine Frage konstruiert, aber er klingt wie ein Vorwurf.

Nichts.

Ich bin die falsche Person für diese Frage. Das müsste sie schon Colin fragen. Wobei ... was der will, ist eigentlich klar. Im Prinzip wollen wir beide das Gleiche. Ich wollte es nur nicht für den Preis.

Sekundenlang ist es still im Raum. Ich höre den gepressten Atem dieser Frau Pfister, und auch wenn ich immer noch meine Turnschuhe anstarre, kann ich ihren Blick spüren. Die stumme Aufforderung, ihr zu sagen, was zum Teufel mit mir los ist. Wie ich auf die Idee kommen konnte, *Fuck you!* auf die Mensawand zu schmieren. Glaubt sie, ihr Schweigen wird mich zum Reden bringen? Sie hat keine Ahnung, wie geübt ich darin bin. Endlich seufzt sie leise.

»Also schön. Du kannst dich draußen hinsetzen. Frau Freiberger hat deine Mutter informiert. Sie kommt und holt dich ab.«

Sie steht auf, und ich verschwinde aus dem Zimmer, den Blick stur auf den Boden gerichtet, damit sie mir nicht die Angst von den Augen ablesen kann.

WIE VIEL IST GENUG?

Die sechste Stunde ist fast zu Ende, bis Mama endlich um die Ecke kommt. Ich stemme mich hoch, aber sie geht an mir vorbei, ohne mich anzusehen, und direkt zu dem Büro der Rektorin.

Das war's.

Ich rutsche ein Stück auf dem Sofa nach unten und fühle mich wieder genauso schlecht wie nach dem Diebstahl.

Falsch. Ich fühle mich noch schlechter.

Das Klauen war auf meinem Mist gewachsen, aber mit der Mensawand habe ich nichts zu tun. Ich schnaube und schüttle den Kopf. Als ob sie mir das glauben würde.

Es läutet. Einen Moment später dringt aus den Gängen Stimmengewirr. Ein Mädchen mit weiß gefärbten Haaren kommt um die Ecke gebogen und läuft den Gang entlang in meine Richtung. Flankiert wird die Weißhaarige von zwei Freundinnen, die beide einen halben Schritt hinter ihr gehen. Wie Bodyguards in Filmen. Ich schüttle den Kopf, der Vergleich war blöd. Sie sind alle drei bestimmt zwei Jahre älter als ich. Sehen sie mich komisch an? Ich weiche ihren Blicken aus und starre auf meine helle Stoffhose, versuche irgendwie den dunkelroten Fleck mit den Händen zu verdecken. Das habe ich mir eingebildet, sie haben sicher nur zu mir geschaut, weil ich sie beobachtet habe. Wer sollte ihnen im Unterricht von der Mensawand erzählt haben? Ich halte die Luft an, aber sie schlendern an mir vorbei, ohne ein Wort zu sagen und klopfen am Sekretariat. Einen Moment später schließt sich die Tür hinter ihnen, und ich atme aus.

Mama ist eine Ewigkeit bei der Rektorin. Die drei Mädchen sind längst wieder aus dem Sekretariat gekommen und gegangen, ohne mich weiter zu beachten. Auf den Gängen ist es still geworden. Die meisten sitzen jetzt wahrscheinlich in der Mensa oder sind auf dem Weg nach Hause. Hoffentlich hat der Hausmeister das Geschmiere weggemacht. Sonst bin ich geliefert. Vielleicht habe ich Glück, und niemand bemerkt es. Hinter die Mensa sollte sich so schnell keiner verirren.

Toll. Vielen Dank, Colin! Ich wollte es wenigstens einmal in meinem Leben schaffen, zum Schulgespräch zu werden.

Nicht wirklich.

Die Tür des Rektorats geht auf, und Mama kommt heraus. Ihr Gesicht ist wie eine Maske aus Stein. Sie sieht mich zum ersten Mal an, seit sie hier ist. Aber nur kurz, bevor sie an mir vorbeiläuft. Ich will ihr folgen, aber ich kann mich nicht bewegen. Ich kann ihr nur hinterherschauen und habe Schwierigkeiten, gegen den Knoten in meinem Hals anzuatmen. An der Ecke bleibt sie stehen.

»Kommst du?« Ihre Stimme klingt gepresst.

Ich kenne den Tonfall. So spricht Mama nur mit mir, wenn sie versucht, sich zu beherrschen. Ich springe auf und laufe hinter ihr her.

*

Im Auto fällt die Maske von Mama ab. Zum Glück erst, nachdem wir losgefahren sind. So wie sie mich anbrüllt, kann man garantiert an der nächsten Kreuzung noch jedes Wort verstehen.

»Diesmal bist du zu weit gegangen, junge Dame! Es scheint dir nicht klar zu sein, aber Marco muss dich nicht bei sich aufnehmen. Er hat mir das angeboten, weil er es für mich leichter machen wollte.«

Die Ampel wird rot, und Mama schafft es gerade noch zu bremsen und nicht in das Auto vor uns zu krachen. Da wäre ihr Lover sicher begeistert gewesen, wenn sie sein Auto geschrottet hätte. Bestimmt wäre das dann auch meine Schuld gewesen.

An der roten Ampel dreht sie den Kopf zu mir. »Damit wir uns richtig verstehen, ich lasse mir die Beziehung mit Marco nicht von dir kaputtmachen! Du bist nach gerade einmal vier Tagen kurz davor, von der Schule zu fliegen. Und es kann gut sein, dass Marco nicht mehr will, dass du bei ihm wohnst, wenn er erfährt, was du heute hier gemacht hast. Dann kannst du sehen, ob dein Vater dich wieder aufnimmt.«

Wir starren uns an. Papa muss mich aufnehmen, wenn ihr Lover mich rauswirft. Er hat gar keine andere Wahl. Aber wenn sie Papa von der Wand erzählt, räumt er mein Zimmer aus. Das weiß sie genauso gut wie ich. Wenn sie mich trotzdem zu ihm bringt, weil ich hier nicht mehr bleiben kann, rastet er aus. Hinter uns hupt ein Auto. Mama flucht, legt den Gang ein und fährt wieder los. So ruckartig, dass ich mit voller Wucht gegen die Sitzlehne knalle.

»Ich war von Anfang an dagegen, dich mitzunehmen. Aber dein Vater hat darauf bestanden, nach dem, was du dir zu Hause geleistet hast.« Warum redet sie auf einmal so leise?

Ich kann sie über das Brummen des Motors kaum noch verstehen. Und wieso spricht sie es nicht aus? Durch den Ladendiebstahl habe ich ihr Vertrauen verloren. Das von Papa und das von Mama.

Sie fährt sich durch die kurzen Haare und wirft mir einen langen Blick zu. »Ich kann das nicht mehr. Ich habe keine Ahnung, was in deinem Kopf vorgeht. Und du gibst uns keine Chance, dich zu verstehen«, sagt sie, die Augen jetzt stur auf das Auto vor uns gerichtet. »Ist dir eigentlich klar, wie viel Mühe sich Marco gibt? Und du lässt ihn immer wieder auflaufen. Warum, Alia? Warum ziehst du dich immer in dich zurück und lässt nie jemanden an dich heran? Ich verstehe dich nicht. Ich glaube, ich habe dich noch nie verstanden. Während Finley mit einem Lächeln auf andere zugegangen ist, hast du alle abblitzen lassen. Schon als kleines Mädchen warst du so. Wenn ich dich zu einer Verabredung zum Spielen mitgeschleppt habe, hat man dir angemerkt, dass du lieber nicht da wärst. Du hast dich nicht einmal bemüht, andere kennenzulernen.«

Obwohl sie den letzten Satz flüstert, entfalten die Worte eine Kraft, die mich mehr trifft als das Gebrüll. Selbst wenn ich wollte, könnte ich ihr nicht erklären, was in mir abgegangen ist, als ich in dem Drogeriemarkt geklaut habe. Es war einfach alles zu viel, und wenn ich nichts gemacht hätte, wäre ich geplatzt. Jetzt fühlt es sich genauso an. In meinem Kopf ist nur noch Chaos, vermischt mit einer immer stärker werdenden Wut, weil ich nichts, wirklich nichts tun kann, um irgendetwas zu verändern. Dabei sind es doch sie, die alles kaputtmachen. Mama und ihr Lover, wegen denen unsere Familie endgültig zerbrochen ist. Papa und Mama, die allein mich für das Problem halten. Nach dem Diebstahl bin ich für sie zur Niete geworden, mit der Papa Mama bestrafen kann, weil sie ihn verlassen hat. Das ist doch der einzige Grund, warum sie mich mitnehmen musste. Weil er sich an ihr rächen wollte. Und weil er mich seit dem Diebstahl auch nicht mehr versteht. Und die Krönung des Ganzen ist Colin, der so wirkt, als wollte er mich gleich abstechen, und in den ganzen Mist heute hineingeritten hat. Warum? Weil ich es mir seiner Meinung nach ausgesucht habe, sein Zimmer zu belagern und mich in seinem Leben breitzumachen.

Aber vor allem bin ich wütend auf mich. Warum ist mir nicht einfach alles egal? Wenn es mir egal wäre, hätte ich vor ein paar Wochen nicht diese blöde Kurzschlussreaktion gehabt und geklaut. Und Papa hätte keine Ausrede gehabt, mich mit Mama mitzuschicken.

Ich lege die Finger an die Stirn und drücke so fest ich kann. Aber ich bekomme Mamas Worte nicht mehr aus dem Kopf, genauso wenig wie den enttäuschten Klang ihrer Stimme.

Du gibst uns keine Chance, dich zu verstehen … du lässt ihn auflaufen … ich habe dich noch nie verstanden … Finley mit einem Lächeln …

Finley, immer wieder Finley. Es wäre ihr lieber, wenn sie ihn hätte mitnehmen können. Ihn versteht sie wenigstens, weil er genauso ist wie sie. Er schließt schneller Freundschaften, als ich ein Lied auf der Geige spielen kann. Und ich? War ich in ihren Augen nicht schon immer ein Fehler? Zu ruhig, zu verschlossen, zu was auch immer! Unsichtbar. Mit meinem Schweigen ist sie noch nie zurechtgekommen. Nicht nur damit, nein, mit mir ist sie noch nie zurechtgekommen. Hätten Papa und sie sich auch so heftig gestritten, wenn ich nicht so wäre, wie ich bin? Wenn ich anders wäre? Mehr so, wie sie? Wie Finley?

Bin in Wirklichkeit ich schuld daran, dass sie sich getrennt hat? Weil ich nicht so bin, wie sie es gerne hätte? Weil sie mit mir nicht zurechtkommt? Weil ich so, wie ich bin, nicht genug bin?

Mein Kopf platzt gleich, völlig egal, wie stark ich gegen meine Stirn drücke. Ich will schreien, so lange, bis es nicht mehr wehtut. Aber ich schreie nicht. Ich beiße die Zähne zusammen, balle die Hände zu Fäusten und warte. Auf den Moment, in dem es von selbst aufhört, dieses Gefühl, ein Fehler zu sein.

Das hat vor ein paar Wochen schon nicht funktioniert. Aber wenn ich jetzt ausraste, bin ich diejenige, die alles kaputtmacht. Für immer.

*

Mamas Lover bleibt überraschend ruhig. Wieso ist er überhaupt schon in der Wohnung? Hat sie ihm Bescheid gegeben? Schlau. Sie legt es darauf an, oder? Sie will, dass er mich rauswirft.

Wow. Ich hole tief Luft. Das … Ich weiß nicht, was ich dazu denken soll. Sie hat es mir ja vorhin gesagt. Sie versteht mich nicht, sie kann nicht mehr, ich …

Ich schüttle den Kopf, presse die Lippen zusammen, will den Gedanken nicht zu Ende denken.

»Reg dich nicht auf, Natalie«, sagt er. »Wenn du wüsstest, was Colin für Hämmer gebracht hat, als Heike und ich uns getrennt haben …«

Was ist das für eine Aussage? Glaubt er wirklich, ich würde aus Protest *Fuck you!* an die Mensawand schreiben?

Hast du dir schon einmal überlegt, was Colin machen wird, wenn du ihm sein Zimmer wegnimmst, *Marco*?

Ich schnaube. Hat er nicht. Definitiv. Sonst würde er mich jetzt nicht so fragend ansehen.

»Das ist nicht witzig, Alia!«, fährt Mama mich an.

Ich weiß. Ich habe auch nicht gelacht. Ihre Worte prasseln wie Eisregen in mein Gesicht. Tausend kalte Splitter, die mir die Haut aufreißen. Ich lege die Arme um den Bauch, versuche mich festzuhalten und sehe sie an. Es fühlt sich genauso an wie an dem Tag, an dem ich mit Papa aus dem Drogeriemarkt zurückkam. Nein. Es fühlt sich schlimmer an. Da hatten wir noch festen Boden unter den Füßen. Aber nachdem ich ihnen nicht erklären konnte, warum ich das gemacht habe, sind tiefe Risse entstanden, und der Boden ist brüchig geworden. Und das, was heute passiert ist, hat ihn durchbrechen lassen.

Jetzt sind wir im freien Fall.

Zu allem Überfluss versucht ausgerechnet ihr Lover, sie zu beschwichtigen. Ich will das nicht. Er soll mich ignorieren, meinetwegen hassen. Ich hasse ihn auch. Auf keinen Fall soll er mir helfen. Wieso wirft er mich nicht einfach raus?

»So kann es nicht weitergehen! Ich werde mit Bernd reden. Er muss sie wieder aufnehmen.« Mama sagt das nicht zu mir, sie sagt es zu ihm.

So viel zum Thema: *Es kann gut sein, dass Marco nicht mehr will.* Sie ist diejenige, die nicht mehr will. Im Prinzip hat sie mir das im Auto schon an den Kopf geknallt. Wieso habe ich jetzt trotzdem ein Stechen in der Brust?

»Natalie!« Er sieht von mir zu Mama. Sein Tonfall hat etwas Beschwörendes. »Glaub mir, das renkt sich alles wieder ein. Wie gesagt, mit Colin war es auch nicht einfach.«

»Hör auf, Marco! Sie ist nicht wie Colin, du hast keine Ahnung, wozu Alia fähig ist!«

Das klingt, als hätte ich jemand umgebracht oder eine Bank ausgeraubt, dabei habe ich in dem Drogeriemarkt nur ein paar Sachen eingesteckt. Im Gesamtwert von wahrscheinlich nicht einmal zwanzig Euro. Es ist völlig übertrieben, und trotzdem treffen ihre Worte mitten in mein Herz. Mit einer riesigen Explosion reißen sie es in Millionen kleine Fetzen. Bis nichts mehr davon übrig ist. Nichts, außer diesem einen Satz: *Ich habe dich noch nie verstanden.*

Wir sitzen am Esstisch. Ich sehe an Mamas Lover vorbei durch die Balkontür, auf die Bäume, die hier am Straßenrand wachsen, und versuche, alles auszublenden. Warum will er mir helfen? Hat er ein schlechtes Gewissen wegen Colin? Ist es das? Will er an mir etwas wiedergutmachen, was er bei Colin verpatzt hat? Ich höre ihnen nicht mehr zu, spüre der Leere nach, dort, wo bis eben noch mein Herz war, und auf einmal ist mir egal, was passiert. Ich muss nicht hierbleiben, ich will nicht hierbleiben. Papa wird ausrasten, wenn ich vor der Tür stehe.

Ich war von Anfang an dagegen … dein Vater hat darauf bestanden …

Die Worte haben ihre Bedeutung verloren.

Nach einer Weile holt Mama mich aus meiner Starre. Sie gibt mir Hausarrest. Ich bin entlassen und muss in das Zimmer mit der schwarzen Wand gehen. Sie fragt nicht, was ich will. Wann hat sie mich das das letzte Mal gefragt?

DINGE, DIE DU NICHT VERSTEHST

In Colins Zimmer klebe ich seine neueste Drohung an die Wand neben die anderen Botschaften. Den Zettel, den er mir in der Pause in die Hand gedrückt hat, lasse ich in einer der Schreibtischschubladen verschwinden. Ich könnte ihn Mama zeigen oder ihrem Lover.

Aber wozu?

Wenn ich ihnen den Zettel nicht zeige, steigen immerhin die Chancen, dass sie mich zu Papa zurückschicken. Auch wenn es ganz sicher kein Spaß wird mit ihm, wenn er von der Mensawand hört, ist es immer noch besser, als hierzubleiben.

Ich setze mich auf die Isomatte und lehne den Kopf gegen die schwarze Wand. Mein Blick verschwimmt, ich kann nichts gegen die Tränen machen. Könnte Mama mich verstehen, wenn ich mehr wie Finley wäre? Der Gedanke frisst mich von innen heraus auf.

Colin hat recht. Das Beste wäre, wenn ich einfach verschwinde und nie wieder auftauche.

Es klopft.

Was will Mama jetzt noch? Schnell wische ich mir mit dem Ärmel übers Gesicht. Die Tür geht auf, aber es ist nicht Mama, es ist ihr Lover. Ich blinzle die Tränen weg und streiche mir ein paar Strähnen ins Gesicht. Mir ist zum Heulen, aber das soll er nicht merken.

»Kann ich kurz reinkommen?«, fragt er.

Auf keinen Fall.

Ich starre ihn an, ohne ein Wort zu sagen. Er scheint das als

Einladung zu verstehen. Warum kommt er sonst ins Zimmer und zieht die Tür hinter sich zu? Ich drücke mich mit dem Rücken gegen die Wand, will mit ihr verschmelzen und unsichtbar werden. Am Ende der Isomatte geht er in die Hocke, bis er auf Augenhöhe mit mir ist. Gleich spricht er mich auf die Tränen an. Jede Wette.

Du bist so ziemlich der Letzte, mit dem ich reden will, *Marco*.

»Wieso schläfst du nicht in dem Bett?«

Bitte?

Das ist die erste Frage, die ihm einfällt? Ich muss mir auf die Lippe beißen. Hätte fast gelacht. Warum sieht er mich so an? Soll ich darauf wirklich antworten? Ich werde wieder ernst und warte. Endlich schüttelt er den Kopf und fährt sich durch die zurückgegelten Haare. Vielleicht sollte Colin auch mal Gel benutzen, damit er einen zur Abwechslung aus beiden Augen ansehen kann?

»Ich bin nicht dein Feind, Alia. Ich weiß, dass du keine Lust hast, hier zu sein. Trotzdem bedeutet das nicht, dass du dir und uns das Leben unnötig schwer machen musst. Okay?«

Nein, nicht okay. Schmeiß mich doch einfach raus, dann könnt ihr eure Ruhe haben, und ich kann endlich wieder nach Hause!

Ich funkle ihn an.

»Ich wollte mit dir über etwas anderes reden«, spricht er weiter.

Worüber? Über die zerfetzte Monatskarte? Ich halte die Luft an.

»Ist Colin mit dir in Kontakt getreten?«

Colin? Wie kommt er jetzt auf Colin?

Zählen zerstochene Fahrradreifen, Drohzettel und verschmierte Wände als Kontakt?

Ich sauge die Lippe ein und stoße Luft durch die Nase aus.

»Das habe ich mir gedacht«, murmelt er und steht auf. »Ich werde mit ihm reden.«

Ist er verrückt geworden? Das Letzte, was ich will, ist, dass er mit Colin redet!

»Ich habe nichts mit ihm zu tun!« Meine Stimme klingt fest, man hört ihr das Zittern in mir nicht an, glaube ich.

Mamas Lover bleibt stehen und mustert mich.

Sekundenlang.

Ich starre zurück, das kann ich gut, das habe ich jahrelang geübt. Er zieht die Augenbrauen hoch.

»Manchmal ist es besser, wenn man nicht alles mit sich alleine ausmacht«, sagt er, nachdem ich weiter schweige.

Ich will deine Hilfe nicht! Verstehst du das nicht?

An der Tür hält er noch einmal an. Er will etwas sagen, ich kann ihm ansehen, wie er Luft holt, und umklammere mit den Fingern den Stoff meiner Hose, doch dann stößt er nur Luft aus und verlässt das Zimmer.

Ich atme auf.

Wie kommt er darauf, dass Colin etwas mit der ganzen Sache zu tun hat? Vielleicht war es doch nicht so clever, die Drohzettel an die schwarze Wand zu kleben. Hat er in dem Zimmer rumgeschnüffelt? Die Zettel müssen weg! Aber ich bekomme sie nicht mehr ab, ohne sie zu zerfetzen, und das will ich nicht. Ich will sie an der Wand lassen, damit Colin sie findet, wenn ich hier weg bin. Bloß Mama soll sie nicht sehen und ihr Lover auch nicht. Ich muss etwas drüberhängen. Nach einer kurzen Suche finde ich ein altes T-Shirt mit Sternenaufdruck. Passend. Ich pinne es mit Reißnägeln an die Wand. Sieht blöd aus, weil es viel zu tief hängt, aber die Zettel sind verschwunden, und das ist die Hauptsache.

Mein Handy brummt.

Bitte, lass das Hannah sein!

Badass!

Das Wort prangt mir schon auf dem Sperrbildschirm entgegen.

Der Text ist nicht von Hannah, sondern von Rieke. Das verheißt nichts Gutes, wieso sollte Rieke mir einfach so *Badass* schreiben? Die nächste Nachricht blinkt auf.

Bist du zu Hause?

Ich atme einmal tief durch. Ich muss ihr nicht antworten, sie sieht nicht, ob ich die Nachrichten gelesen habe, nachdem sie mir schon auf dem Display angezeigt wird.

Weißt du was? Lorena und ich kommen vorbei!

Auf keinen Fall! Ich halte keine schrägen Blicke oder blöden Bemerkungen wegen der Mensawand aus. Nicht von Rieke. Wobei ... Sie ist die einzige Person, die über so was vielleicht lacht. Lorena findet das Ganze mit Sicherheit nicht witzig. Woher wissen sie überhaupt, wo ich wohne?

Das ist keine gute Idee, meine Mutter ist gerade ziemlich sauer.

Es klingt total doof, aber das ist egal, solange es Rieke davon abhält, vorbeizukommen.

Keine Sorge, wir können sehr überzeugend sein!

Da kennst du Mama schlecht. Die überzeugt nichts, wenn sie richtig sauer ist.

Ich kauere mich auf der Isomatte zusammen und hoffe auf ein Wunder. Das nicht kommt. Keine drei Minuten später klingelt es. Waren sie schon vor der Tür gestanden?

Ich höre, wie Mama versucht, sie abzuwimmeln. Rieke klingt total freundlich. Sie erzählt von der Rollerblade-Gruppe und wie wichtig es wäre, wenn wir wenigstens zusammen die Formation einmal durchgehen und trocken üben könnten. Sie erwähnt die Mensawand mit keinem Wort. Mama zögert. Die Chance, mich einmal bei einem Schulfest auf der Bühne zu sehen, ist bestimmt verlockend für sie.

Auf einmal mischt ihr Lover sich ein. »Lass sie, Natalie. Ich glaube, wir können alle gerade ein wenig Ablenkung gebrauchen. Oder?«

»Marco, ich …«

Warum macht er das? Ist das sein Versuch, sich bei mir einzuschleimen? Er soll damit aufhören, sofort! Ich will ihm kein bisschen dankbar sein, hat er das immer noch nicht verstanden? War die zerfetzte Monatskarte nicht genug?

Ich bin kurz davor, auf den Flur zu gehen und sie alle anzuschreien. Warum lassen sie mich nicht einfach in Ruhe? Wenn ich das mache, vergraule ich Rieke und Lorena für immer. Lieber setze ich den Kopfhörer auf. Falls Mama wirklich auf ihren Lover hört, kann ich immer noch so tun, als hätte ich nichts mitbekommen.

Kurz darauf geht die Tür auf, und Rieke kommt mit einem Strahlen im Gesicht herein. Hinter ihr schiebt sich Lorena ins Zimmer.

»Da versteckst du dich. Dein Vater ist der Beste. Er hat deine Mutter überzeugt, uns reinzulassen!«

Vater.

Bei dem Wort krampft sich alles in mir zusammen.

»Er ist nicht mein Vater!«, fauche ich sie an.

»Ups.« Sie hebt die Hände, sieht zu Lorena, die die Schultern hochzieht, und lächelt mich an. »Alles klar. Was war das mit der Wand?«

»Keine Ahnung, ich habe damit nichts zu tun!«, sage ich viel zu schnell, verhasple mich dabei.

Toll. Das war echt überzeugend.

»Wie jetzt? Ich dachte, du wurdest auf frischer Tat ertappt und hattest du nicht sogar noch den Pinsel in der Hand?« Rieke zieht die Augenbrauen hoch und mustert mich.

Ihr Blick sieht wenigstens freundlicher aus als Lorenas, die mich mit zusammengekniffenen Augen betrachtet.

»Es war eine Falle«, antworte ich.

»Eine Falle?« Lorena klingt, als fände sie das total abwegig.

Wieso habe ich es überhaupt gesagt?

»Okay. Vielleicht keine Falle. Aber die Schmiererei hat jemand anderes gemacht. Ich bin nur über den Farbeimer gestolpert, und dann kamen die Küchenfrauen.«

Den Stolperdraht erwähne ich lieber nicht. Ich will nicht mit ihnen über Colin reden.

»Und was hast du während dem Unterricht hinter der Mensa zu suchen gehabt?«, fragt Lorena.

Sie klingt kein bisschen überzeugt.

Das ist eine verdammt gute Frage. Reicht *Ich hatte keine Lust auf Musik* als Antwort aus?

»Ist doch egal, wieso sie den Unterricht geschwänzt hat!«, springt Rieke für mich ein.

Sie klopft Lorena auf die Schulter, und sie setzen sich an das Fußende der Isomatte. Lorena winkelt die Beine schräg an und zieht ihren Rock ein Stück über die Knie.

Rieke hebt den Kopf. »Wieso ist deine Mutter so sauer, wenn klar ist, dass du das nicht warst?«

»Das ist überhaupt nicht klar«, mischt Lorena sich ein.

»Meine Mutter ist überzeugt davon, dass ich für die Schmiererei verantwortlich bin«, antworte ich.

Genau wie Lorena, die mir kein einziges Wort glaubt.

»Schlecht. Gab es viel Ärger?«

Ich weiß nicht, was ich sagen soll.

»Sie will mich rauswerfen«, murmle ich schließlich.

»Echt?« Rieke beugt sich nach vorn, schwarze Strähnen fallen ihr ins Gesicht, ihre Augen sind weit aufgerissen. »Dann ziehst du wieder zurück?«

Ich zucke mit den Schultern. »Wenn mein Vater hört, was passiert ist, räumt er mein Zimmer aus.«

»Und wo gehst du dann hin?«, fragt Rieke.

Wahrscheinlich trotzdem zu ihm? Er kann mich ja schlecht auf der Straße stehen lassen. Ich reibe mir über die Wangen. Bloß nicht noch einmal heulen, bitte.

»Deine Eltern können dich wohl kaum einfach vor die Tür setzen«, hakt Lorena nach.

Nein, können sie nicht.

Sie schüttelt den Kopf, und ihre rotblonden Locken fallen über ihr türkisfarbenes schulterfreies Top. Ihre Stirn ist in Falten gelegt.

»Ich hab's!« Rieke klatscht in die Hände und strahlt uns an. »Wenn sie dich wirklich rauswirft, kannst du in das Gästehaus von meinem Dad ziehen. Das ist überhaupt kein Problem, ehrlich. Ich rede mit ihm. Vielleicht können Lorena und ich auch dort wohnen? Das wäre so cool!« Sie fasst Lorena an der Schulter und schüttelt sie. »Wir könnten unsere eigene WG gründen! Mein Dad nutzt das Haus sowieso nicht.«

»Rieke …«, versucht Lorena sich einzuklinken.

Aber Rieke lässt sich nicht bremsen. Sie lacht und malt sich weiter aus, was wir in dem Gästehaus alles machen könnten. Lorena schnaubt, sieht zu mir und zieht die Schultern hoch. Was will sie mir sagen?

In einer WG mit Rieke zu wohnen, wäre auf alle Fälle besser, als noch länger in Colins Zimmer vor mich hinzuvegetieren. Es müsste ja nur für ein paar Wochen sein, bis Papa sich beruhigt hat und die Stimmung nicht mehr total im Keller ist, wenn ich zu ihm zurückkomme.

»Glaubst du wirklich, dass das für deinen Vater okay wäre?«, frage ich.

Ich will mich nicht auf etwas freuen, das nie eintreffen wird, schaffe es aber nicht, ein breites Grinsen zu unterdrücken.

»Hundertpro! Er hilft uns bestimmt, deine Eltern zu überreden, falls sie Sorgen haben, ob das gut geht. Er kann unglaublich überzeugend sein.« Rieke zwinkert mir zu.

Wenn er nur halb so überzeugend ist wie sie, wäre das schon genug. Lorena schüttelt den Kopf. Es sieht so aus, als ob sie etwas sagen will, aber das Brummen meines Handys kommt ihr zuvor. Nicht jetzt! Leider liegt es zwischen uns auf der Isomatte.

»Du hast eine Nachricht«, stellt Rieke fest.

In ihrer Stimme schwingt eine Aufforderung mit.

»Mhm.« Ich greife nach dem Handy.

Vielleicht ist sie von Hannah. Wer soll mir sonst schreiben? Es ist ja nicht so, als ob ich tausend Freunde hätte.

Geht es dir gut?

Die Nachricht ist nicht von Hannah.

»Das ist Valentin«, sage ich und sehe kurz auf. »Ich schreibe ihm, dass ihr da seid. Okay?«

»Was will der denn jetzt?« Lorenas Frage klingt mehr wie ein Fauchen.

Sofort muss ich wieder an die Anspannung denken, die zwischen ihr und Valentin heute Morgen in der Pause geherrscht hat.

»Er hat dir seine Nummer gegeben?« Rieke legt den Kopf schief und sieht mich an.

Warum zieht Lorena so hörbar die Luft ein?

»Ja, gestern. Nachdem ich ihm in der Straßenbahn fast davongerannt wäre ...« Meine Wangen fühlen sich heiß an.

Das klingt total bescheuert, aber Rieke lacht.

»Cool!« Sie strahlt wieder übers ganze Gesicht. »Frag ihn, ob er vorbeikommt«, fordert sie mich auf.

Auf keinen Fall. Das käme total schräg, nachdem ich ihn in der Pause stehen lassen habe. Wieso meldet er sich? Hält er mich nicht für total durchgeknallt? Hat er das mit der Mensawand noch nicht mitbekommen?

Ich schüttle den Kopf.

»Wieso nicht? Du verstehst dich doch mit ihm, oder nicht?«

Muss Rieke mich so durchdringend ansehen? Ist das der Beschützerinstinkt für ihren besten Freund?

Rieke fragt, ob du vorbeikommst.

Ich schreibe es, damit Rieke mich mit der Sache in Ruhe lässt.

»Was hast du ihm geschickt?« Sie rutscht auf meine Seite und quetscht sich zwischen mich und Colins Bett. »Hallo? Wieso sagst du ihm, dass ich frage, ob er vorbeikommt?«

»Vielleicht, weil du genau das gemacht hast?«, kommt Lorena mir zuvor.

Ich muss lächeln und sehe auf. Warum funkelt sie Rieke an?

»Das heißt noch lange nicht, dass sie ihm das schreiben soll. Außerdem habe ich das nur wegen ihr vorgeschlagen. Es geht hier nicht um mich, falls du das noch nicht begriffen hast. Ich ...«

Mein Handy brummt, und Rieke hört sofort auf zu reden. Eine Antwort von Valentin. Sie beugt sich zu mir und liest laut vor.

Rieke ist da?

»Siehst du? Jetzt hast du ihn verschreckt!«, sagt sie und gibt mir einen Stoß in die Seite.

Aber sie lacht dabei.

Verschreckt. Bestimmt.

Ja. Sie und Lorena versuchen, mich aufzuheitern.

Ich hätte das auch geschrieben, wenn Rieke mir dabei nicht über die Schulter sehen und es vorlesen würde.

Aufheitern kann Rieke gut, wenn sie will.

»Wenn sie will. Hallo? Der soll mal froh sein, dass er nicht hier ist!« Rieke verschränkt die Arme. So wie sie grinst, ist sie nicht wirklich sauer. »Er ist dir ausgewichen. Frag ihn noch mal, ob er vorbeikommt, aber ohne diesmal mich vorzuschieben!«

Ich lege das Handy neben mir ab und sehe Rieke an. Warum besteht sie so darauf?

»Vorschieben ist gut«, mischt Lorena sich ein. »Wie es aussieht, scheint es dir ja besonders wichtig zu sein, dass er kommt«, sagt sie an Rieke gewandt.

Sie streicht sich die rotblonden Locken aus dem Gesicht ohne Rieke aus den Augen zu lassen. Die weicht ihrem Blick aus und zupft am Saum ihres braunen Tankshirts, das die Jeans bis über den halben Oberschenkel bedeckt.

»Also gut, dann schreibe ich ihm eben selbst. Manche Leute muss man ja bekanntlich zu ihrem Glück zwingen.«

Ich sehe zwischen ihr und Lorena hin und her und verstehe

mal wieder nichts. Vielleicht ist mir das doch zu anstrengend, mit den beiden in einer WG zu wohnen. Ich werde nie ihre Sprache sprechen, so viel steht fest.

Jetzt schieb deinen Arsch hierher, Alia braucht dich!

Spinnt sie? Das stimmt überhaupt nicht! Sie schickt es ab und grinst uns an. Hat sie gemerkt, dass ich die Nachricht mitlesen konnte? Falls ja, scheint sie das nicht zu stören.

»Mal sehen, wie lange der Herr braucht, bis er mir antwortet«, verkündet sie, ihr Handy immer noch in der Hand haltend.

Lorena atmet tief ein und schüttelt den Kopf, sagt aber nichts.

»Der wird Augen machen, wenn er hört, dass wir eine WG gründen!« Rieke stößt mich mit der Schulter an und lacht.

»Du spinnst«, murmelt Lorena.

Ihre Augenbrauen sind hochgezogen, und ich habe wieder keine Ahnung, was in ihrem Kopf vorgeht.

»Hallo? Wieso antwortet er nicht? Er war doch eben noch am Handy?« Rieke hält uns ihr Display hin. Dann sieht sie zu mir. »Ich wette, wenn du ihm schreibst, antwortet er sofort!«

Wenn sie mir nicht gleichzeitig zugezwinkert hätte, hätte es wie ein Vorwurf geklungen.

Das ist Quatsch. Wenn er ihr nicht antwortet, wird er mir auch nicht mehr antworten.

»Wahrscheinlich hat er das Handy weggesteckt und nicht gehört, dass eine Nachricht eingegangen ist.«

Mir passiert das oft, weil ich beim Geigespielen immer Kopfhörer aufhabe. Was ich deshalb schon Ärger mit Hannah bekommen habe …

»Klar. Er hört es nicht, obwohl er vor zwei Minuten noch mit dir geschrieben hat.« Rieke schüttelt den Kopf.

»Wenn er gerade Mountainbike fährt …« Weiter komme ich nicht.

Die Tür geht auf, und Mama schaut ins Zimmer. »Willst du deinen Freundinnen nichts zu trinken anbieten?«

Ist das ein Vorwand, um mit mir alleine zu sprechen? Will sie mir sagen, dass ich die beiden wegschicken soll? Wortlos stemme ich mich hoch und folge ihr auf den Flur.

BIS ES NUR NOCH MICH UND DIE MUSIK GIBT

Mama lässt mich einfach stehen, geht durch den offenen Wohn- und Essbereich zur Küchenzeile und holt ein Tablett aus dem Schrank. Ihr Lover ist zum Glück nicht mehr da. Ist er wieder arbeiten gegangen? Ohne mich anzusehen, läuft Mama an mir vorbei zum Sofa und greift nach einem Buch. Während ich nach Gläsern suche, schiele ich zu ihr. Sie sieht kein einziges Mal auf. Ich beeile mich, hole Maracujasaft aus dem Kühlschrank und eine Flasche Wasser und verschwinde so schnell wie möglich wieder in Colins Zimmer.

»Du hast einen Knall!« Lorena verstummt, sobald ich die Tür öffne.

Der Vorwurf passt nicht zu dem Lächeln, mit dem sie zu mir rübersieht. Ich tue so, als hätte ich nichts gehört, lächle zurück und stelle das Tablett neben die Isomatte. Fast wäre ich auf mein Handy getreten. Ein kaputtes Handy ist genau das, was mir jetzt noch fehlt. Wieso ist es auf der Isomatte? Hatte ich es nicht vor die Wand gelegt? Ich schiebe es mit dem Fuß zur Seite. Es brummt genau in dem Moment. Ist das jetzt Hannah?

»Los, schau nach, wer dir schreibt«, fordert Rieke mich auf.

Sie füllt sich ein Glas mit Saft und beugt sich zu mir.

»Woher wisst ihr eigentlich, wo ich wohne?«, frage ich, weil ich keine Lust habe, die Nachricht vor Rieke zu öffnen, falls sie von Hannah ist.

Wer sollte mir sonst schreiben?

»Du hast keine Ahnung, wie hartnäckig Rieke sein kann, oder?«

Lorena lacht. »Sie hat der Sekretärin eine Story von vergessenen Hausaufgaben und Arbeitsblättern erzählt, und die hat ihr deine Adresse gegeben, obwohl du nicht einmal mit uns in einer Klasse bist.«

Ehrlich? Mit Datenschutz scheinen sie es in der Schule nicht sonderlich genau zu nehmen.

»Jetzt schau schon nach, wer dir geschrieben hat«, drängt Rieke.

Meine Adresse ausfindig gemacht zu haben, scheint für sie keine allzu große Heldentat gewesen zu sein. Ich schaue auf das Display. Wieso steht da Valentins Name?

Ich schreibe dir später. Sag Rieke einen Gruß, sie soll sich gut um dich kümmern.

Was soll das jetzt? Er muss mir doch nicht mitteilen, wenn er sich später melden will. Moment. Wieso ist die vorletzte Nachricht im Chat von mir?

Warum kommst du nicht?

Das habe ich nicht geschrieben. Ich sehe auf und stoße fast mit Rieke zusammen, die sich über meine Schulter gebeugt und wahrscheinlich jedes Wort mitgelesen hat.

»Habt ihr Valentin die Nachricht geschickt?«

Mit meinem Handy? Die Frage kann ich mir sparen, wer soll es sonst gewesen sein? In Zukunft werde ich es mit einer Nummer sichern und nicht mit einem Muster. Hat Rieke sich das Muster gemerkt, als ich es vorhin eingegeben habe? Lorena zieht die Schultern hoch und nickt zu Rieke. Die weicht meinem Blick aus und wirkt fast schuldbewusst. Lorenas Worte gehen mir wieder durch den Kopf.

Du hast einen Knall!

Jetzt ergibt der Vorwurf Sinn. Ich sehe zu Rieke, merke, wie ich richtig wütend werde, will sie anschreien. Aber sie kommt mir zuvor.

»Du hast ihm ganz schön den Kopf verdreht«, sagt sie, wieder dieses breite Grinsen im Gesicht. Sie stellt die Beine auf und zwirbelt an einem der Jeansfäden, der von einem Riss in Kniehöhe weghängt. Auf einmal schiebt sie ihre Unterlippe vor und zieht einen Schmollmund. »Ehrlich. Acht Jahre Freundschaft, und der Herr hält es nicht einmal für nötig, mir zu antworten. Dann schreibst du ihm, und er reagiert sofort. Ha!«

»Rieke …« Lorena rollt mit den Augen. »Du weißt genau, wie er ist. Oder?«

Hallo? Ich war nicht diejenige, die ihm geschrieben hat. Habt ihr das schon vergessen?

»Ja klar. Aber wie lange kennt er Alia jetzt? Noch nicht einmal vier Tage!« Rieke sieht wieder zu mir und zwinkert mir zu. »Ich weiß nicht, was du mit ihm angestellt hast, aber er hat sich so richtig in dich verknallt. Definitiv.«

»Nur weil er auf die Nachricht reagiert? Das ist doch Quatsch!« Ich will mehr sagen, aber mir gehen die Worte aus.

Was soll das? Wahrscheinlich hat er Riekes Nachricht übersehen, und erst bemerkt, als die zweite ankam, die zufällig von meinem Handy aus geschickt wurde. Deshalb hat er auch Grüße an sie ausrichten lassen. Hätte ich genauso gemacht, um nicht zwei Leuten antworten zu müssen, wenn sie sowieso in einem Raum sind.

»Von wegen! Du musst der Wahrheit ins Auge sehen.« Obwohl in ihrem Tonfall eine gewisse Schärfe mitschwingt, prustet sie los und stößt mich mit der Schulter an. Auf einmal wird sie wieder ernst und ihr Blick durchdringend. »Oder findest du meinen besten Freund nicht attraktiv?«

»Was? Ich …«

Das hat sie mich jetzt nicht wirklich gefragt.

»Hör auf, Rieke!« Lorena klingt, als würde sie mit einem kleinen Kind sprechen, das irgendetwas angestellt hat.

»Ich soll aufhören?«

Wenn Rieke noch lauter wird, kommt Mama ins Zimmer.

»Wenn sie ihm das Herz bricht? Denkst du, darüber kann ich als seine beste Freundin einfach so hinwegsehen?«

Zum Glück redet sie wieder leiser. Ich will nicht von Mama gefragt werden, wem ich in weniger als einer Woche das Herz gebrochen habe.

»Jetzt mal im Ernst.« Rieke dreht mir wieder das Gesicht zu. »Ich finde, ihr zwei würdet super zusammenpassen! Und so wie du ihn ansiehst, kann es überhaupt nicht sein, dass du nicht wenigstens ein bisschen für ihn schwärmst.«

Bitte? Ich schwärme nicht für ihn, ich … Mir wird heiß.

»Ha! Wusste ich es doch.« Sie fasst nach meinem Arm und drückt zu. »Ihr wärt so ein süßes Paar!«

»Es reicht, Rieke. Ehrlich.« Lorena steht auf. »Außerdem müssen wir los. Oder hast du das Sondertraining vergessen?«

»Stimmt.« Rieke sieht mich an. »Ich schätze, du wirst nicht mitdürfen. Oder? Hoffentlich kannst du am Mittwoch.«

»Was hast du für eine Schuhgröße?«, fragt Lorena, die schon an der Tür steht.

»Einundvierzig.«

»Oh.« Sie mustert meine Füße, und ich komme mir vor, als hätte ich Fußpilz. »Die größten Blades, die ich habe, sind vierzig. Ich bring sie morgen in die Schule mit, dann kannst du sie anprobieren. Okay?«

Hoffentlich passen sie nicht. Das wäre eine gute Ausrede, um nicht beim Schulfest auf der Bühne stehen zu müssen. Obwohl.

Darüber muss ich mir keine Gedanken machen. Wenn Mamas Lover mich nicht rauswirft, wird Colin sich sicher etwas einfallen lassen, damit ich von der Schule fliege.

Ich nicke Lorena zu.

Rieke zupft ihr enges Tankshirt zurecht und beugt sich noch einmal zu mir.

»Überleg's dir. Ich kenne Valentin schon ewig und weiß genau, dass er sich in dich verknallt hat«, raunt sie mir zu. »Ihr zwei würdet echt gut zusammenpassen.« Ihr Atem streicht über meine Wange, und sie richtet sich wieder auf.

Lorena nickt in meine Richtung, bevor sie aus dem Zimmer geht. Rieke folgt ihr, bleibt an der Tür aber noch einmal stehen und dreht sich zu mir.

»Aber wehe dir, wenn du ihm das Herz brichst. Verstanden?« Das Grinsen in ihrem Gesicht kann den drohenden Unterton nicht völlig ausmerzen.

Meint sie das ernst, oder ist das ihre Art, einen blöden Witz zu machen? Ich habe keine Chance mehr, sie zu fragen. Ein Zwinkern später höre ich die Wohnungstür ins Schloss fallen, und Rieke und Lorena sind genauso schnell verschwunden, wie sie gekommen sind.

Was sollte das? Valentin ist in mich verknallt? So ein Schwachsinn, als ob er mich überhaupt wahrnehmen würde. Okay, das stimmt nicht. Er hat mich wahrgenommen. Vom ersten Moment an.

Wieso bemerkt er mich seit Tag eins, während Bastian sich nach fünfhunderteinundfünfzig Tagen vielleicht gerade einmal meinen Namen gemerkt hat?

Valentin mag mich, okay, aber er ist definitiv nicht in mich verknallt.

Verknallt.

Klar. Eher entdeckt Colin seine brüderlichen Gefühle für mich, als dass Valentin sich in eine wie mich verlieben würde.

Ich habe genug, will nicht länger darüber nachdenken. Der Junge, der sich in mich verlieben könnte, muss erst noch geboren werden. Bastian ist Beweis genug. Warum will Rieke mir das mit aller Gewalt einreden?

Ich greife nach der Geige, schließe sie an den Verstärker an, setze den Kopfhörer auf und drehe voll auf. Die ersten Töne streiche ich einzeln und abgehackt. Je mehr ich mich auf das Chaos in meinem Kopf konzentriere, umso schneller spiele ich. Bis sie mich ganz hat, die Musik, und meine Füße fast von selbst anfangen zu stampfen und zu tanzen. Ich werde eins mit dem Klang, drehe mich zum Takt, den meine Finger vorgeben, bin nur noch Melodie und Bewegung, kann alle Gedanken auslöschen. Colins bescheuerte Aktion, Riekes Nachricht, Valentins abweisender Gesichtsausdruck heute Morgen – die Melodie spült sie alle weg, bis sie untergehen und verschwinden. Verschluckt in einem Strudel aus Takt und Tönen.

*

Es war ein Fehler zu tanzen. Mamas Lover war doch in der Wohnung, hat mein Aufstampfen gehört und ist ins Zimmer geplatzt. Beim Abendessen betont er immer wieder wie toll es ausgesehen hätte und wie gerne er mich einmal spielen hören würde.

»Lass gut sein, Marco«, versucht Mama ihn abzuwürgen. »Alia hat schon immer über den Verstärker gespielt.«

Und wer ist dafür verantwortlich? Es war doch ihr Vorschlag damals, weil sie meinte, dass nichts schlimmer klingt als jemand, der anfängt Geige zu spielen und es noch nicht kann. Sie hat auf die E-Geige bestanden, Papa hätte mir lieber ein Holzinstrument gekauft mit einem richtigen Klangkörper.

Ich glaube, es ist ihr nicht bewusst, aber ich wollte danach nie wieder vor anderen spielen, weil ich immer gedacht habe, ich bin noch nicht gut genug. Zu Mamas Enttäuschung habe ich nicht einmal beim alljährlichen Vorspielen meiner Geigenlehrerin mitgemacht. Sie versteht nicht, dass es wegen ihres Kommentars war.

»Hast du mal Tanzstunden genommen?«, fragt Mamas Lover mich.

Nein, habe ich nicht.

Das sage ich nicht. Ich sehe ihn nur an und zucke mit den Schultern. Er erwidert meinen Blick einen Atemzug lang.

»Du hast nicht über das nachgedacht, was ich heute Mittag zu dir gesagt habe. Oder?«, fragt er.

Ohne meine Antwort abzuwarten, wendet er sich an Mama und fängt an, mit ihr über die Arbeit zu reden.

Die Frage setzt sich in meinem Kopf fest, und auf einmal fühle ich mich schlecht. Ich will mich nicht schlecht fühlen, nur weil ich Marco seit fünf Tagen auflaufen lasse, auch wenn ich weiß, dass es nicht fair ist.

Mich hierherzuschleppen, war genauso wenig fair!

NICHT MEHR ALLEIN

Ich liege im Dunklen auf der Isomatte. Wie schaffe ich es, morgen nicht in die Schule zu müssen? Offensichtlich haben sich heute alle hinter die Mensa verirrt und das *Fuck you!* gesehen. Hat Colin dafür gesorgt, dass es sich herumspricht?

Fuck you, Colin!

Mein Handy brummt. Ich greife danach und würde es nach einem Blick auf das Display am liebsten wieder weglegen.

Finley.

Wenn er mir so spät schreibt, hat Mama mit Papa gesprochen.

> Was hast du dir dabei gedacht???

Nichts.

Ich habe mir nichts gedacht, okay? Ich will das Handy auf das Bett werfen, möglichst weit weg von mir, aber es brummt wieder, und ich kann nicht anders, sehe auf das Display.

> Hallo? Gibst du mir eine Antwort? Papa ist total durchgedreht ...

> Hat er mein Zimmer schon ausgeräumt?

Ich kann sehen, dass Finley tippt. Eine Ewigkeit lang. Wie sind wir hier gelandet? Warum warte ich auf den superlangen Text von meinem dreizehnjährigen Bruder, in dem er mir erklärt, wieso ich keine Wände beschmieren darf? Vor der Sache mit dem Ladendiebstahl hätte er sich niemals getraut, sich in mein Leben einzumischen. Aber seither ist ja klar, dass ich das Problem bin. Endlich schickt er den Text ab. Statt einer langen Predigt erscheint nur eine einzige Frage auf dem Display.

Ist es das, was du mit der Aktion erreichen wolltest?

Klar. So habe ich es von Anfang an geplant. Weil ich mir nichts Besseres vorstellen kann, als aus unserer kaputten Familie zu fliegen. Er lässt mir keine Zeit zu antworten. Die nächste Nachricht blinkt auf.

Da musst du dir schon mehr einfallen lassen. Dein Zimmer steht noch, aber ich habe gehört, wie Papa zu Mama gesagt hat, dass er dich bis zu den Sommerferien nicht hier sehen will.

Toll. Mama ist bestimmt ausgetickt vor Glück. Wahnsinn, wie viele Wochenenden ich jetzt mit ihr und Marco verbringen darf. Ich beiße die Zähne zusammen, sonst muss ich schreien. Finley lenkt mich mit der nächsten Nachricht ab.

Jetzt sag schon! Was sollte das?

Vergiss es Finley! Habe ich dich jemals nach dem Warum gefragt, wenn du Mist gebaut hast?

Pass auf: Ich hatte heute schon genug Ärger mit Mama und ihrem Lover. Ich bin müde und will schlafen.

Du spinnst! Ich dachte, du wolltest nächstes Wochenende kommen?

Übernächstes, Schlauberger.

Daraus wird jetzt wohl nichts. Eigentlich gut für dich, dann musst du dich mit niemandem um das Fernsehprogramm prügeln.

Sehr witzig. Glaubst du, es macht Spaß mit Papa allein im Haus? Vor allem, wenn er gerade ausrastet, weil du Scheiße gebaut hast?

Dann weiß er wenigstens, was er an dir hat. Was soll das überhaupt? Du kannst jederzeit zu deinen Freunden und musst dich nicht mit unserem durchgeknallten Stiefbruder herumschlagen.

Mit welchem Recht macht Finley mir Vorhaltungen? Er hat keine Ahnung, was hier abgeht, aber er glaubt, alles beurteilen zu können.

Zum Glück bin ich dieser Hölle entkommen und lebe jetzt im Paradies!

Lass uns schlafen. Ich will mich nicht mit dir streiten.

Ich streite überhaupt nicht. Ich versteh's nur nicht. Du baust Mist und erklärst nicht warum. Wie immer!

Genau. Wie immer, Finley.

Ich lege das Handy weg und drehe mich auf den Rücken. Wenigstens ist Marco nicht auf die Idee gekommen, leuchtende Sternbilder an die Decke zu malen. Das Handy brummt wieder.

Mann, Finley!

Es reicht, ich werde mich nicht vor meinem kleinen Bruder rechtfertigen. Ich rolle mich auf die Seite und kneife die Augen zu. Das Handy brummt gleich noch einmal.

»Finley!«, zische ich.

Trotzdem taste ich im Dunklen danach. Ich schalte es aus, irgendwann wird er schon aufgeben. Moment. Wieso blinkt *Valentin* auf dem Display? Okay, er hat gesagt, dass er sich später meldet. Aber so spät? Ich stemme mich hoch und lehne mich mit dem Rücken an die schwarze Wand.

Hat Rieke dich erfolgreich aufgeheitert?

Schläfst du schon?

Blöde Frage. Als ob ich antworten könnte, wenn ich schlafen würde. Die Vorstellung bringt mich zum Lachen. Wie macht er das? Okay, ich antworte ihm.

Ja und nein.

Er reagiert sofort.

Ja, das hat sie, und nein, du schläfst nicht?

Genau! Rieke hat gemeint, dass ihr Vater uns bestimmt in seinem Gästehaus wohnen lässt, falls es hier schwierig wird.

Gästehaus???

Wieso macht er drei Fragezeichen? So, als hätte ich irgendwelchen Mist geschrieben? Das Handy vibriert wieder, und die nächste Nachricht blinkt auf dem Display.

Kann ich dich kurz anrufen?

Ich stocke. Warum?

Du hast ihm ganz schön den Kopf verdreht!

Quatsch! Muss ich ausgerechnet jetzt an Riekes Kommentar denken? Ich stelle das Handy auf lautlos und gebe Valentin mein Okay. Keine fünf Sekunden später ruft er an.

»Hey«, ist alles, was er sagt.

Ich weiß auch nicht, worüber wir reden sollten, muss immer noch an den blöden Kommentar denken. Vielleicht hätte ich ihm nicht antworten sollen …

Er räuspert sich. »Also wegen Rieke …«

»Was ist mit ihr?«, unterbreche ich ihn.

Hat sie Valentin auch aufgezogen? Hat sie sich bei ihm beschwert, warum er mir geantwortet hat und ihr nicht? Mist. Hoffentlich hat sie ihm nicht erklärt, wie gut wir angeblich zusammenpassen.

»Du solltest nicht alles für bare Münze nehmen, was sie sagt.«

»Tu ich überhaupt nicht!«

Ich weiß doch, dass ich dir nie den Kopf verdreht habe. Mir ist schon klar, dass kein Mensch sich innerhalb von wenigen Tagen in jemanden verknallt. Du brauchst dir deswegen keine Sorgen zu machen. Ich mache mir keine falschen Hoffnungen.

»Dann ist es ja gut.« Wieso klingt er so irritiert?

Er könnte wenigstens froh sein. Immerhin habe ich es ihm erspart, mit mir über seine nicht vorhandenen Gefühle zu reden.

»Alia?«

»Hm?«

Bitte, sag nichts mehr.

»Ich meine, es ist cool von Rieke, dass sie bei dir vorbeigeschaut hat. Aber man kann sie nicht immer für voll nehmen. Sie lebt manchmal in ihrer eigenen Welt und die ist … na ja …« Er holt tief Luft, und ich schließe die Augen, will nicht weiter zuhören. »Anders halt. So wie das Gästehaus zum Beispiel.«

Das Gästehaus? Wie kommt er jetzt auf das Gästehaus?

»Ich bin mir sicher, dass sie dir helfen will«, redet er weiter. »Und sie hat bestimmt vor, ihren Vater zu fragen. Aber du solltest dich nicht darauf verlassen, dass sich dadurch für dich etwas ändert.« Er macht eine Pause. Ich kann ihn atmen hören und wage nicht, irgendetwas zu sagen. Auf einmal schnaubt er. »Ihre Welt stimmt nicht immer mit unserer überein. Okay?«

Rieke hat mich angelogen? Ist es das, was er mir deutlich machen will? Wieso macht er seine beste Freundin vor mir schlecht?

»Tut mir leid«, unterbricht er die Stille, die seinen Worten gefolgt ist. »Ich will nur nicht, dass du auf etwas hoffst, das nicht eintritt«, setzt er leise hinzu.

»Okay«, sage ich, ohne es zu meinen.

»Kann ich dich was fragen?«, fängt er wieder an.

Ein Stich fährt durch meinen Bauch. Wir passen nicht zusammen, ich weiß. Bitte lass uns das jetzt nicht weiter ausbreiten.

»Mhm.«

Wieder holt er Luft. Soll ich auflegen? Wenn ich auflege, ist wenigstens die blöde Stimmung weg.

»Sagst du mir, was wirklich hinter der Mensa passiert ist?«

»Ich war das nicht!«, stoße ich hervor.

Er soll das wissen. Mein Gesicht glüht, zum Glück kann er mich nicht sehen. Sonst würde er mir niemals glauben.

»Ich weiß.«

»Du weißt das? Woher? Meine Mutter ist überzeugt davon, dass ich das gemacht habe«, fordere ich ihn heraus.

Es ergibt keinen Sinn. Er kann es nicht wissen, er kennt mich überhaupt nicht. Woher will er wissen, wozu ich fähig bin?

»Weil es nicht zu dir passt«, antwortet er, und ich muss lachen.

Es ist ein bitteres Lachen.

Wenn ich dich fragen würde, würdest du auch sagen, dass Ladendiebstahl nicht zu mir passt. Oder?

Er kümmert sich nicht um mein Lachen, er redet einfach weiter. »War das die gleiche Person wie die, die dir das Loch in den Reifen gestochen hat?«

»Woher …«

Ich schüttle den Kopf. Wie kann er diese Verbindung ziehen?

»Also ja?« Er seufzt.

Es fühlt sich an, als ob in diesem Seufzer tausend Fragen liegen, die ein einziger Name beantworten könnte.

Colin.

Ich spreche ihn nicht aus. Das kann ich nicht. Dann müsste ich Valentin von meiner kaputten Familie erzählen, und das will ich nicht.

»Ich verstehe das nicht. Du bist doch am Sonntag erst hergezogen und hast hier niemanden gekannt. Oder?«

»Mhm.«

»Aber irgendetwas muss passiert sein, irgendwer hat es auf dich abgesehen. Okay, die Sache mit dem Reifen kann ein blöder Zufall gewesen sein. Das passiert schon mal, dass irgendein Idiot nur aus Spaß die Luft rauslässt. Aber das mit der Wand war kein Versehen.«

Zufall. Genau. So wie die Zettel, die hat auch nur jemand zufällig in meinem Mäppchen hinterlegt.

»Alia?«

»Hm?«

Bilde ich mir das ein, oder klingt seine Stimme auf einmal anders? Dringlicher?

»Sagst du mir bitte, wer das ist?« Die Frage ist nicht mehr als ein Flüstern an meinem Ohr.

Ich kann nicht, Valentin. Ich kann das nicht.

Eine Weile lang sind wir beide still. Das Schweigen müsste peinlich sein, aber irgendwie ist es das nicht. Ich kann Valentin atmen hören, und es fühlt sich gut an. Egal wie bescheuert das klingt. Er hat mich gefragt, und allein das ist genug. Es ist, als wüsste er Bescheid, auch wenn er keine Ahnung hat. Es reicht aus, um mich nicht mehr allein zu fühlen. Sein Seufzen zerreißt die Stille.

»Sag Bescheid, wenn du es dir anders überlegst.«

Du wärst der Erste, dem ich alles erzähle.

Das sage ich nicht, ich nicke einfach. Auch wenn er mich nicht sehen kann.

»Soll ich dich morgen abholen?«

Nur wenn du auf der Geige spielst und einen verrückten Tanz dabei aufführst.

Der Gedanke ist völlig aus dem Zusammenhang und löst ein warmes Kribbeln in meinem Bauch aus. Ich hätte fast losgelacht, reiße mich zusammen, kann aber nicht anders und grinse wie blöd.

»Glaubst du, sie lassen mich noch in die Schule?«

Zum Glück kann Valentin mich nicht sehen. Ich muss völlig bescheuert ausschauen, mit den wahrscheinlich immer noch roten Wangen und dem Grinsen im Gesicht.

»Ich hoffe doch! Die Freiberger hat dich nicht rausgeworfen. Oder? Das macht sie nicht, da muss schon mehr passieren.«

Bist du sicher? Ich an ihrer Stelle hätte mich rausgeschmissen. Jemanden, der in der ersten Woche schon Ärger macht, wollte ich nicht an meiner Schule haben.

»Es gab eine Verwarnung, aber wenn ich mir noch etwas leiste, fliege ich.« Ich wickle einen der beiden dünnen Zöpfe um meinen Finger und will nicht weiter darüber nachdenken.

Colin hat ganz sicher keine Schwierigkeiten, das mit der Mensawand zu toppen.

»Es wird aber nichts mehr passieren.« Wieso klingt Valentin so sicher?

Als ob das die einzig logische Möglichkeit wäre. Das ist Quatsch, ich weiß das. Trotzdem genügt dieser eine Satz, um das warme Kribbeln in meinem Bauch zu verstärken.

»Soll ich dich jetzt morgen abholen?«

»Das geht nicht. Erstens fährt meine Mutter mich morgen früh in die Schule, um sicherzustellen, dass ich auch hingehe …«

Valentins Lachen unterbricht mich. »Macht sie sich Sorgen, dass du schwänzt?«

»Vielleicht? Zweitens soll ich um halb neun beim Hausmeister sein.«

Und ja, wenn Mama mir eine Wahl lassen würde, würde ich garantiert keinen Fuß mehr in diese Schule setzen.

»Das heißt immerhin, dass die Freiberger dir noch eine Chance gibt.«

Ja. Tolle Chance. Ich darf die Wand streichen, und alle werden es mitbekommen. Kann ich darauf verzichten und die Schule nie wieder betreten?

»Dann komme ich morgen in der Pause vorbei«, verkündet er.

Das mag ich an ihm. Er versteht genau, was los ist und braucht keine Erklärung, warum ich zum Hausmeister muss. Aber er soll mich nicht sehen, niemand soll mich sehen.

»Bitte nicht«, flüstere ich.

»Doch. Irgendwer muss dir ja beistehen, wenn alle kommen, um zu glotzen.«

Das bringt mich zum Lachen. Obwohl es nicht witzig ist. Wenn alle glotzen – eine schlimmere Horrorvorstellung gibt es nicht.

Valentin lacht auch, und es fühlt sich gut an. Lachen gegen die Angst und gegen die Wut. Gemeinsam.

»Ich glaube, wir sollten langsam Schluss machen«, sagt er, nachdem wir uns wieder beruhigt haben. »Schlaf gut. Bis morgen.«

»Bis morgen.«

Es sind nur zwei Worte. Aber in ihnen schwingt ein Versprechen mit. Ich werde den morgigen Tag überleben. Irgendwie. Weil ich nicht alleine bin. Selbst nachdem ich das Handy weggelegt habe, spüre ich noch die Wärme in meinem Bauch, die das Lachen zurückgelassen hat. Ich glaube, ich lächle noch, während ich schon in den Schlaf hinüberdämmere.

LÜGENLAND

Wegen dir liegt meine Welt in Trümmern.
Du merkst es nicht und selbst wenn,
es würde dich absolut nicht kümmern.

Lächelnd ziehst du die unterste Karte
aus meinem Kartenhaus.

Spielst die Schöne, machst mich zum Biest
und wirfst mich aus meiner Welt hinaus.
Aus meiner ganz persönlichen Cloud.
Mein Ort zum Chill-out,
sorgfältig aufgebaut.

Mit all den Lügen.

Du hast mein Lügenland
eben mal abgebrannt.
War es dir ein Vergnügen?

Dabei habe ich es so dringend gebraucht.
Es hat mir den Blick verstellt,
war nicht von der Wirklichkeit angehaucht.
Die ertrage ich nicht,
wollte sie niemals wieder vor mir sehen.
Aber glaube mir,
ich werde auch das überstehen!

Es wird immer absehbarer,
wann begreifst du es endlich?
Hier ist kein Platz für Schmarotzer
und Schwarzfahrer!

SELBST IN DER HÖLLE GIBT ES MANCHMAL LICHT

Es ist die Hölle. Seit zwanzig Minuten bin ich mit dem Hausmeister hinter der Mensa. Er hat mir eine Farbrolle an einer Stange in die Hand gedrückt, und ich versuche, die beknackte rote Schrift weiß zu übermalen. Alles, was ich bisher erreicht habe, ist ein schweinchenrosanes *Fuck you!* In zwei Minuten fängt die Pause an. Und ich wette, sie werden alle hierherkommen, um der Neuen beim Streichen zuzusehen. Wenn ich Pech habe, machen danach noch ein paar *tolle* Fotos von mir die Runde. Und spätestens bis Montag wird jeder an der Schule wissen, wie ich aussehe. Ich bin in einem Albtraum. Ein Albtraum, aus dem ich nicht aufwachen kann.

Das Läuten dröhnt über den Hof. Ich umklammere die Stange fester, tauche die Rolle in den Farbeimer und streiche sie ab. Der Hausmeister hat den ganzen Boden vor der Wand mit Pappe ausgelegt. Auf keinen Fall darf ich den Asphalt einsauen, das hat er mir eingeschärft, sonst bekomme ich richtig Ärger. Stimmengewirr dringt über den Hof bis zu uns hinter die Mensa.

Nicht hinsehen, einfach nicht hinsehen.

Ich drücke die Rolle gegen die Wand und ziehe eine Bahn von oben nach unten. Ein paar Schüler kommen um die Ecke, und ich kann spüren, wie sie mich anstarren.

Ich bin überhaupt nicht hier. Ich bin weit weg. Auf einer Baustelle, auf der anderen Seite der Welt, im All. Völlig egal, überall, nur nicht hier.

Es hilft nicht.

Ich werfe einen Blick über die Schulter und erkenne meine blonde Mitschülerin wieder, die mich am Montag in die Sitzecke neben dem Kiosk eingeladen hat. Sie steht mit ein paar anderen Leuten aus unserer Klasse vor der Hecke hinter mir, neben der kleinen Zufahrt. Sie haben die Köpfe zusammengesteckt.

Lachen sie? Über mich?

Ich will es nicht wissen, tauche die Rolle wieder in den Farbeimer und drehe mich weg.

Toll. Direkt an der Ecke steht Colin. Heute trägt er ein dunkelrotes, kurzärmliges Hemd. Farblich passend zu dem *Fuck you!* an der Wand. Er hat die Arme verschränkt. Wie immer hängen ihm die schwarzen Strähnen über das linke Auge, und er macht sich nicht die Mühe, sie nach hinten zu streichen. Muss er so blöd grinsen? Fliege ich von der Schule, wenn ich ihm die Farbrolle an den Kopf knalle? Ganz kurz habe ich das Bild vor Augen. Colin mit weißer Farbe in den schwarzen Haaren, die langsam über sein Gesicht läuft und auf das Hemd tropft. Das wäre es wert.

»Du sollst keine Löcher in die Luft starren, sondern die Sauerei wegmachen. Ich habe nicht den ganzen Tag Zeit!«, schnauzt der Hausmeister mich an.

Super. Meine Wangen werden im Rekordtempo heiß, ein Stück weg von uns lachen ein paar Leute. Sind es die aus meiner Klasse? Bilde ich mir das ein, oder grinst Colin noch breiter? Vielen Dank auch, jetzt bin ich von der, die Ärger macht, zur Lachnummer mutiert. Warum werfe ich die Rolle nicht einfach an die Wand, drehe mich um und gehe? Es kann mir egal sein, was passiert. Früher oder später werde ich sowieso von der Schule fliegen, dafür sorgt Colin schon.

»Hey! Was machst du da?« Bei dem Ausruf des Hausmeisters rutscht mir fast die Stange aus der Hand.

Ich fahre herum. Was will er noch von mir? Kann er mich nicht in Ruhe lassen, wenigstens solange die halbe Schule uns zusieht? Will er … Valentin?

Valentin nickt dem Hausmeister zu, sein typisches Lächeln auf den Lippen.

»Helfen« ist alles, was er sagt.

Sprachlos sehe ich zu, wie er eine Rolle in den Eimer taucht, abrollt und in kräftigen und sauberen Bahnen die Farbe auf der Wand aufträgt. Der Hausmeister sieht von ihm zu der Wand und schüttelt den Kopf, aber er lässt Valentin weitermachen. Er zuckt nur mit den Schultern und geht zu seinem eigenen Eimer an der anderen Ecke.

Valentin ist wirklich gekommen. So, wie er es versprochen hat. Mein Blick verschwimmt.

Reiß dich zusammen, Alia!

Ich wische mir mit dem Ärmel übers Gesicht. Aus dem Augenwinkel sehe ich, wie das Mädchen aus meiner Klasse Valentin mit großen Augen beobachtet. Automatisch wandert mein Blick zu der Ecke, an der Colin steht.

Er ist nicht mehr hier.

»Willst du ewig hier rumstehen und zusehen, wie Valentin für dich die Arbeit erledigt?«, spricht mich jemand von der Seite an.

Ich zucke zusammen und remple Lorena an der Schulter an. Ein Lächeln huscht über ihr Gesicht. Sie streicht die rotblonden Locken hinters Ohr und bückt sich nach einem Pinsel, der neben dem Farbeimer liegt.

»Soll ich die Kante streichen?«, fragt sie, nicht mich, sondern den Hausmeister.

Der sieht sie mit zusammengekniffenen Augen an und kratzt sich am Kopf. Bestimmt schickt er sie gleich weg. Ich soll die Sauerei alleine beseitigen, Hilfe ist nicht eingeplant. Warum nickt er und brummt nur? Ein paar weiße Strähnen stehen nach oben ab, als er die Hand wieder herunternimmt.

»Was macht ihr hier?«, raune ich Lorena zu.

»Keine Ahnung, was er hier macht.« Sie deutet auf Valentin, der inzwischen mindestens die vierte Bahn aufträgt. »Ich bin hier, weil Rieke gemeint hat, dass ich dich nicht hängen lassen soll.«

Ehrlich? In meinem Bauch ist ein warmes Gefühl, und ganz kurz vergesse ich das Getuschel hinter uns. Ich tauche die Rolle in den Farbeimer. Mist. Habe ich die ganze Zeit gelächelt?

»Wo ist Rieke?«, frage ich Lorena.

Sie legt die Stirn in Falten.

»Krank«, presst sie zwischen den Zähnen hervor und geht zu der anderen Seite der Wand, wo der Hausmeister steht, und fängt an, die Kante zu streichen.

Weicht sie mir aus?

Das blonde Mädchen aus meiner Klasse geht auf Lorena zu und redet kurz mit ihr. Als die Blonde sich wieder umdreht, lächelt sie mich an, geht zurück zu den anderen aus meiner Klasse, und einen Augenblick später verziehen sie sich.

»Was hast du zu ihr gesagt?«, flüstere ich Lorena zu.

Hoffentlich schnauzt der Hausmeister mich nicht gleich wieder an.

»Zu wem?«, fragt Lorena, scheinbar völlig auf das Pinseln konzentriert.

»Zu dem blonden Mädchen aus meiner Klasse?«

»Du meinst Lou? Sie ist in deiner Klasse?« Lorena hebt kurz den Kopf und zuckt mit den Schultern. »Dass es hier nichts weiter zu sehen gibt, was sonst?«

»Und woher kennt ihr euch?«

»Sie macht bei mir im Training mit. Warum?«

Jetzt begreife ich es.

Lorena ist der Star auf jedem Schulfest! Unsere Rollerblade-Königin.

Lou ist ein Fan von ihr. Oder?

»Willst du auch mal wieder was arbeiten?«, ruft der Hausmeister mir zu.

»Danke«, murmle ich, und Lorena grinst mich an.

»Kein Problem. Wenn ich mitgedacht hätte, hätte ich ein paar Rollen mitgebracht, dann hätten Lou und die anderen sich wenigstens nützlich machen können!«

Die Vorstellung bringt mich zum Lachen, und auf einmal ist es nicht mehr so schlimm, die Mensawand streichen zu müssen. Aber ich werde schnell wieder ernst, sobald ich den strengen Gesichtsausdruck des Hausmeisters bemerke. Er weist Valentin und mich an, von den Seiten aufeinander zuzuarbeiten. Ich werfe noch einen Blick über die Schulter. Die meisten Leute haben sich verzogen. Wahrscheinlich ist es nicht mehr so spannend, sich über mich lustig zu machen. Jetzt, nachdem ich nicht mehr alleine bin. Am Ende der Pause ist außer uns niemand mehr hinter der Mensa.

»Hier.« Lorena drückt mir eine Tüte in die Hand. »Wenn sie nicht passen, bringst du sie mir am Montag wieder mit. Ansonsten kannst du sie erst mal behalten.«

In der Tüte sind weiß-pinke Rollerblades. Pink ist definitiv nicht meine Farbe, aber die Geste zählt. Oder nicht?

»Was ist mit dir? Willst du nicht zurück in den Unterricht?«, fragt der Hausmeister Valentin, der die Rolle wieder in den Farbeimer taucht.

»Ich kann bleiben«, antwortet er. »Hab das mit Frau Mertens abgeklärt.«

Hat er? Die Lehrerin will ich kennenlernen, der es nichts ausmacht, wenn ihre Schüler lieber Wände streichen, statt bei ihr im Unterricht zu sitzen. Der Hausmeister sieht Valentin einen Moment lang an. Gleich schickt er ihn weg. Definitiv. Brummend wendet er sich von uns ab. Das ist jetzt nicht passiert. Er kann Valentin das niemals abgenommen haben. Warum lässt er ihn bleiben?

Mit Valentins Hilfe sind wir ganz knapp vor der zweiten Pause fertig. Keine Ahnung, wie oft wir das Rot überstreichen mussten. Nach dem vierten Mal habe ich aufgehört zu zählen. Zum Glück war Valentin hier. Ohne ihn hätte ich es niemals vor der zweiten Pause geschafft und die Blicke und das Getuschel nochmal ertragen müssen. Immerhin hat die Rektorin mit Mama verhandelt, dass ich nach dem Streichen gehen und erst Montag wiederkommen soll. So habe ich wenigstens zwei Tage Zeit, um mir etwas einfallen zu lassen. Die Schule noch mal zu betreten, ist keine Option.

Valentin begleitet mich bis zur Straße. Die Farbrolle und die Stange, die er mitgebracht hat, hält er immer noch in der Hand.

»Danke, dass du und Lorena da wart.« Statt ihn anzusehen, starre ich auf die weißen Farbflecke auf seiner Hose und dem dunklen Shirt.

»Kein Problem. Besser als Spanisch war es auf alle Fälle!«

Das bringt mich zum Lachen.

»Du hast immer noch Hausarrest. Oder?«

Ich nicke. Mama hat kein Statement abgegeben für wie lange. Wahrscheinlich bis zu den Sommerferien, wenn ich ihr in der Wohnung nicht zu sehr auf die Nerven gehe. In dem Fall vielleicht auch nur für ein paar Tage. Ich könnte Marco einspannen, falls die Blades von Lorena passen. Er würde mit Sicherheit Mama überreden, mich zu Lorenas Training zu lassen.

Nein, das mache ich nicht. Ich will ihm nichts schuldig sein.

So eine Schülermonatskarte kostet nicht die Welt. Wieso machst du ein Drama daraus? … Glaub mir, das renkt sich alles wieder ein. Wie gesagt, mit Colin war es auch nicht einfach … Lass sie, Natalie. Ich glaube, wir können alle gerade ein wenig Ablenkung gebrauchen. Oder?

Wieso setzt er sich für mich ein und riskiert, sich mit Mama zu streiten?

Es ist mir egal.

Das würde ich gerne denken, aber das ist es nicht. Stattdessen fühle ich mich schlecht. Ich fühle mich schlecht, weil ich ihn seit Sonntag so gut es geht ignoriere?

Manchmal ist es besser, wenn man nicht alles mit sich alleine ausmacht.

Ist es nicht. Du hast keine Ahnung, Marco.

»Wenn du willst, kann ich morgen vorbeikommen.« Valentin legt den Kopf schief.

In seinen kurzen Haaren klebt angetrocknete Farbe.

Auf keinen Fall! Rieke und Lorena konnten nur kommen, weil Marco Mama überredet hat, und die liefen unter dem Label *neue Freundinnen.* Das ist etwas völlig anderes als ein Typ, der noch nicht einmal in meine Klasse geht.

»Oder lieber nicht, wenn das nur Ärger macht?«, kommt Valentin meiner Antwort zuvor.

Kann er Gedanken lesen? Ich ziehe die Augenbrauen hoch und versuche zu lächeln.

»Tut mir leid. Ich glaube, meine Mutter flippt aus, wenn wieder jemand vorbeikommt«, murmle ich.

Er nickt nur. Wie selbstverständlich begleitet er mich zurück zur Wohnung, und obwohl er sein Mountainbike nicht dabeihat, kommt er nicht auf die Idee zu fragen, ob wir die Straßenbahn nehmen. Dafür könnte ich ihn drücken. So muss ich nicht lügen. Wie glaubwürdig wäre es, wenn ich jeden Tag meinen Geldbeutel vergesse?

»Wo hast du das aufgetrieben?«, frage ich mit Blick auf die Farbrolle.

Das Schweigen halte ich schlecht aus, nach der Absage, die ich ihm gegeben habe. Obwohl er mir geholfen hat. Das ist total mies von mir, ich weiß, aber ich will echt keine blöden Fragen von Mama, nur weil ein Junge aus der Schule mich besuchen kommt. Wenn Rieke nicht mit dem bescheuerten Verliebtsein-Quatsch angefangen hätte, würde ich wahrscheinlich keinen Gedanken daran verschwenden. Ich bin so blöd.

Valentin lacht, und ich atme auf. Er ist nicht sauer.

»Meine Eltern haben vor einem halben Jahr alle Zimmer renoviert, deshalb haben wir noch 'ne Menge altes Malerzeug im Keller herumliegen.« Er hebt die Rolle hoch und betrachtet sie von allen Seiten. »Wobei ich das Ding wegwerfen kann. Das ist definitiv durch.«

Sekundenlang sehen wir beide die Rolle an. Als könnte sie uns dabei helfen, das Gespräch im Gang zu halten und das drückende Gefühl loszuwerden. Es kommt mir so vor, als ob er mir eine Frage stellen will. Eine Frage, die ich mit Sicherheit wieder nicht beantworten kann.

»Ich bin dir echt dankbar. Ohne euch hätte ich das heute in der Pause nicht überlebt«, sage ich noch einmal, weil es immer noch besser ist als weiter zu schweigen.

Meine Wangen fühlen sich heiß an, und das hat nichts mit Valentin zu tun. Ich bin es nur nicht gewohnt, so ehrlich zu sein und einfach zu sagen, was ich denke. Das ist alles.

»Hättest du wohl!«, widerspricht er.

Allein das Lächeln in seinem Gesicht, das wieder genauso strahlt wie am ersten Tag, war es fast wert, ihm das zu sagen. Er hat keine Ahnung, wie sehr er und Lorena mich gerettet haben. Wenn ich das Getuschel noch einen Moment länger alleine hätte aushalten müssen, hätte ich die Rolle an die Wand geworfen.

ZWISCHEN WAHRHEIT UND LÜGE

»War das der gleiche Junge, der dich Anfang der Woche nach Hause begleitet hat?«, überfällt Mama mich, sobald ich durch die Tür komme.

Sie lehnt an der Küchenzeile, eine dampfende Teekanne neben sich. Da kann sie noch nicht lange stehen, sonst hätte sie Valentin nicht gesehen.

»Hm.«

Mist. Sie hätte ihn nicht erkennen sollen.

»Und warum trägt er eine Malerrolle und eine Stange mit sich herum?«

Muss sie mich so ansehen? Die Augenbrauen zusammengezogen und die Arme verschränkt?

Weil er mir geholfen hat.

Das erzähle ich ihr nicht. Aber sie ist nicht doof, sie kann sich das denken.

»Er hat sie sich vom Hausmeister geliehen, weil seine Eltern renovieren wollen.«

Sie glaubt mir kein Wort. So wie sie mich mustert, von oben bis unten. Als wüsste sie nicht mehr, wer ich bin oder was ich in Marcos Wohnung zu suchen habe. Statt irgendetwas zu erwidern, schüttelt sie nur den Kopf und wendet sich der Teekanne zu. Es ist, als hätte ich aufgehört zu existieren.

Schrei mich an, Mama. Bitte.

Das wäre nicht einmal halb so schlimm, wie komplett ignoriert zu werden.

Sie hat mich aufgegeben. Wenn ich ehrlich mit mir selbst bin, weiß ich das. Es ist nicht eben passiert oder gestern, als sie die Sache mit der Mensawand erfahren hat. Sie hat mich aufgegeben, als ich ihr nicht erklären konnte, warum ich geklaut habe. Jetzt ist nur der Moment gekommen, in dem sie die Hoffnung verloren hat, dass sich das zwischen uns jemals wieder ändern könnte. Dass ich mich ändern könnte.

*

Lorena hat erzählt, dass du krank bist? Ich hoffe, es geht dir bald besser!

Der Text ist nicht originell, aber besser als nichts. Leider reagiert Rieke nicht darauf. Dafür habe ich eine Nachricht von Hannah.

Sag mal, stimmt es, dass du bis zu den Sommerferien nicht mehr kommst?

Danke Finley. Hast du ihr auch den Grund erzählt?

Keine Ahnung. Wie es aussieht, will mein Vater nicht, dass ich in naher Zukunft bei ihm auftauche ...

Und warum nicht? Das heißt doch auch, dass du übernächstes Wochenende nicht zu der Party gehst?

Das klingt, als hätte ich die Entscheidung getroffen. Als wären es nicht Mama und Papa, die in den letzten Wochen über mein Leben bestimmen. Ohne zu fragen, was ich denke oder was ich will.

Ihr könnt mir ja erzählen, wie es war und ein paar Fotos schicken. Okay?

Halt mich auf dem Laufenden, Hannah. Ich will wissen, ob Bastian nach mir fragt. Das wird er nicht, das ist mir klar. Aber es fühlt sich besser an, wenn ich so tue, als ob das möglich wäre.

Das ist nicht dasselbe, und das weißt du!

Klar weiß ich das. Trotzdem ist es alles, was ich habe.

Ich antworte nicht, und Hannah schreibt auch nichts mehr. Wieso fühlt es sich so an, als hätten wir mitten im Gespräch abgebrochen? Als ginge es nicht nur um die Party, sondern um uns. Als hätten wir uns nichts mehr zu sagen, jetzt, nachdem ich weg bin und bis zu den Sommerferien nicht mehr kommen kann?

Ich muss aufhören! Darf mich nicht weiter reinsteigern, fühle mich sowieso schon abgeschnitten.

Und allein.

Meine Finger fangen an zu zittern. Ich lege das Handy weg. Was mache ich, wenn die Verbindung zu Hannah völlig abbricht?

Quatsch! Wir sind seit der Krabbelgruppe befreundet, daran können die paar Wochen nichts ändern, in denen wir uns jetzt nicht sehen. Was mache ich, wenn Hannah sich nicht mehr meldet? Unsinn, ich verrenne mich gerade. Tue ich das?

*

Hausarrest.

Glaubt Mama wirklich, dass sie mich damit bestrafen kann? Wenn sie mich bestrafen wollte, hätte sie mir die Geige wegnehmen müssen.

Aber das hat sie nicht. Wahrscheinlich hat sie keinen Schimmer, wie viel die mir bedeutet. Ich öffne den Geigenkasten. Sobald ich über den S-förmigen Körper streiche, spüre ich ein warmes Pulsieren in meinem Bauch. Vorsichtig hebe ich die Geige raus, schließe sie über den Verstärker an die Kopfhörer an und spiele.

Ich beginne mit *Lost Girls* von Lindsey, will alle Gedanken abschalten.

It's the ones who've realized they are lost who will find their way, hat sie angeblich zu dem Lied gesagt.

Ich will weder an die verschmierte Wand denken noch daran, wie ich am Montag wieder in die Schule gehen soll, auch nicht an die Party und erst recht nicht an Hannahs letzte Nachricht. Immerhin lässt Mama mich komplett in Ruhe. Obwohl. Ist das wirklich ein gutes Zeichen?

Erst kurz vor dem Abendessen höre ich auf zu spielen. Auf dem Handydisplay blinkt eine Nachricht.

Hannah?

Ich reiße es hoch. *Rieke* strahlt mir entgegen, die Nachricht hat sie vor zehn Minuten geschickt. Ich versuche, nicht enttäuscht zu sein, kann aber nichts machen gegen den Klumpen, der mir im Hals sitzt und fast die Luft nimmt. Wird Hannah sich wieder melden?

> Ich bin nicht krank.
> Mein Dad hat sich heute freigenommen, weil er übers Wochenende segeln geht. Ich bin ihm so lange in den Ohren gelegen, bis er mich mitgenommen hat. Da war keine Zeit mehr für Schule!

Ernsthaft? Wie cool ist ihr Vater bitte? Ich dürfte niemals für einen Wochenendtrip Schule schwänzen. Valentins Worte geistern mir durch den Kopf.

Aber man kann Rieke nicht immer für voll nehmen. Sie lebt manchmal in ihrer eigenen Welt und die ist … na ja

Aber doch nicht so. Wenn es ihr schlecht gehen würde, würde sie sich einfach nicht melden. Oder? Das Display blinkt auf. Eine zweite Nachricht von Rieke.

Ich habe dich nicht vergessen. Das ist eine super Gelegenheit, ihn wegen unserer WG zu fragen.
Wie lief's heute in der Schule?

Ich weiß nicht mehr, was ich glauben soll. Welchen Grund hätte Rieke, mich anzulügen? Ich meine, zu welchem Zweck sollte sie die Sache mit der WG im Gästehaus erfinden? Im Chat blinkt die dritte Nachricht von ihr auf.

War es so schlimm?

Ich muss ihr antworten, sonst denkt sie noch, ich bin sauer oder so was.

Ich musste mit dem Hausmeister zusammen die Wand streichen. Zum Glück haben Lorena und Valentin mir beigestanden ...

Ich habe nichts anderes von Valentin erwartet!
Trefft ihr euch am Wochenende?

Und Lorena? Hast du nicht zu Lorena gesagt, dass sie mir helfen soll?

Warum ist sie wieder so auf Valentin fixiert?

Wohl kaum. Ich habe noch Hausarrest ...

Auf unbestimmte Zeit.

Ach. Ich bin mir sicher, dass Valentin dich auch gerne besuchen kommt!

Stimmt. Aber nicht, weil er in mich verknallt ist.

Den Kommentar spare ich mir.

Hat dein Vater wirklich ein Gästehaus, in dem wir wohnen können?

Das würde ich sie gerne fragen. Aber das würde total komisch klingen. Sie würde wissen wollen, warum ich es anzweifle. Und es würde nicht lange dauern, bis sie auf Valentin oder Lorena sauer wäre. Und auf mich. Weil ich den anderen mehr glaube als ihr.

Ich frage nicht und verbringe die halbe Stunde vor dem Abendessen damit, davon zu träumen, wie es wäre, wenn Valentin sich irrt und Rieke, Lorena und ich in einer WG wohnen könnten.

GLAUBEN HEISST NICHT WISSEN

Zum Glück ist heute Samstag. Niemand erwartet von mir, in die Schule zu gehen. Ich könnte nicht. Spätestens jetzt bin ich das Gesprächsthema Nummer eins der ganzen Schule. Daran ändert auch Valentins und Lorenas Auftauchen nichts. Obwohl. Wenigstens Lou und ihre Freunde sollten mich dank Lorena in Ruhe lassen. Aber wenn ich wieder an die Blicke der anderen denke, wird mir schlecht. Die dich ansehen, als wüssten sie alles über dich und in Wirklichkeit wissen sie nichts. Das halte ich nicht aus.

Mama und Marco sind vorhin abgezogen. Sie machen einen Tagesausflug. Das war schon geplant, bevor wir letzten Sonntag hierhergekommen sind. Es hätte eine Überraschung werden und Colin hätte auch mitkommen sollen. Das ist das einzig Gute an seiner Schmiererei. Wir können es uns ersparen, einen auf glückliche Patchworkfamilie machen zu müssen.

»Wir gehen allein!«, hat Mama beim Frühstück verkündet.

Wenn sie nicht gleichzeitig nach Marcos Hand gegriffen hätte, hätte ich ihr die Wut in der Stimme vielleicht abgenommen. Wahrscheinlich ist sie genauso froh wie ich. So haben sie den Tag für sich, und mir bleiben ihre verliebten Blicke erspart.

»Wir holen das nach«, hat Marco mir zugeraunt, als Mama schon durch die Tür war, und mich wieder sekundenlang angesehen, ein Lächeln auf den Lippen.

Erst an dem Strahlen auf seinem Gesicht habe ich gemerkt, dass ich im Reflex zurückgelächelt habe und mir schnell auf die Lippe gebissen und die Augenbrauen zusammengezogen. Ich will das nicht nachholen. Auf keinen Fall!

Jetzt habe ich die Wohnung für mich. Seltsam. Die Sache mit der Mensawand traut Mama mir zu. Aber sie hat keine Angst, dass ich hier etwas zerstöre. Dabei wäre das viel einfacher. Ich könnte in Marcos privates Fitnessstudio gehen und an den Geräten ein paar Schrauben lockern. Oder in ihrem Schlafzimmer stöbern und wichtige Unterlagen verschwinden lassen.

Ich mache nichts davon. Natürlich nicht. Ich habe ja auch nicht die Mensawand beschmiert. Stattdessen verziehe ich mich in Colins Zimmer und versuche, nicht an Mama zu denken.

Wenn ich vor Montag hier rausfliege, muss ich nicht mehr in die Schule. Das ist besser, als auf Colins nächste Aktion zu warten. Wenn ich gehe, will ich den Zeitpunkt selbst bestimmen. Und den Grund. Außerdem will ich die Steigerung nicht abwarten, die nach Colins Logik von zerstochenen Fahrradreifen und Drohzetteln auf Beschimpfungen an der Mensawand folgt. Wer weiß, was in seinem kranken Hirn alles vor sich geht?

Verschwinde, oder du wirst es bereuen!

Die Erinnerung an den Zettel löst ein Ziehen aus, das von meiner Brust bis in die Fingerspitzen und den Bauch hineinjagt. Ich schüttle den Kopf und reibe mir über die Arme. Nicht mehr an Colin denken, das ist das Beste. Wenn ich heute noch rausfliege, brauche ich mir wegen ihm keine Gedanken mehr zu machen.

Den Geigenkasten habe ich unter dem Bett gebunkert. Ich bücke mich, hole die Geige raus und weiß genau, welches Lied ich jetzt spiele.

Shatter Me.

Das ist das Lied von Lindsey, das dem Gefühlschaos in mir am nächsten kommt.

Den Verstärker drehe ich voll auf, damit sie mich im ganzen Haus hören können. Ich schließe die Geige an und fange an zu spielen. So laut, wie es nur geht. Schon bei den ersten Takten reißt die Musik mich mit, ich stampfe auf, schließe die Augen und wiege mich im Rhythmus zur Seite, nach vorne, lehne mich wieder zurück. Anders als Lindsey singe ich selbst, okay, ich flüstere mehr den Text. Nur ein paar Zeilen schreie ich in den Raum hinein.

»I'm frozen by the fear in me. Somebody make me feel alive and shatter me!«

Zerschmettern.

Könnte ich dann noch einmal von vorn anfangen? Bei Papa zu Hause?

»If I break the glass, then I'll have to fly. There's no one to catch me if I take a dive ...« Die Worte schnüren mir den Hals zu, ich bekomme sie fast nicht raus und habe Mühe zu schlucken, presse die Augen fester zusammen.

Weiterspielen, ich muss weiterspielen!

There's no one to catch me ...

Wenn sie nachdenken würden, könnten sie von selbst darauf kommen, wieso ich geklaut habe. Aber es ist ja so viel einfacher, entsetzt und enttäuscht zu sein.

Glaubt ihr wirklich, ich habe das zum Spaß gemacht? Um mich an euch zu rächen? Dabei müsstet ihr wissen, dass euer Streit, die Sticheleien, die Kälte, die auf einmal bei uns zu Hause geherrscht hat, dass mir all das nicht egal war. Ihr wart die, die mich in die Enge getrieben haben. Aber wenn ich euch das gesagt hätte, hätte es so gewirkt, als wollte ich euch die Schuld für den Ladendiebstahl in die Schuhe schieben. Und das hätte euch noch wütender gemacht.

Meine Finger gleiten über die Saiten, ich stampfe wieder mit dem Fuß auf und lasse sie raus. Die Wut, die sich in mir angestaut hat. Wut ist besser als Tränen. Tränen fressen mich auf und machen mich kaputt. Mich. Nicht die anderen.

Das Lied ist fast vorbei, aber ich kann es nicht zu Ende spielen. Auf meinen Armen ist auf einmal eine Gänsehaut. Etwas im Raum hat sich verändert. Es fühlt sich an, als wäre ich nicht mehr allein.

Ich reiße die Augen auf. Der Geigenbogen fällt mir fast aus der Hand, ich weiche einen Schritt zurück und stoße gegen das Bett.

Colin.

Er lehnt im Türrahmen, die Arme verschränkt, den Kopf nach vorn geneigt, sodass der schräg geschnittene Pony wieder sein linkes Auge verdeckt. Mit dem anderen Auge sieht er mich an, ein fettes Grinsen im Gesicht. Ich halte die Geige fester und hebe das Kinn. Ist das dasselbe dunkelrote Hemd, das er gestern schon anhatte?

»Du hast Glück, dass der Nachbar ein Geigen-Fan ist.« Er spricht zum ersten Mal in normaler Lautstärke mit mir.

Seine Stimme klingt dunkler, als ich es erwartet hätte, beinahe schon erwachsen. Was nicht zu einem wie ihm passt, der in seiner Entwicklung auf der Stufe hängen geblieben ist, wo es normal ist, Fahrradreifen zu zerstechen und Drohbriefchen zu schreiben.

Auf einmal lacht er. »Scherz. Der Gute ist auf dem Gang im Dreieck gesprungen und wollte die Polizei rufen.«

Wollte? Das heißt, er hat es nicht gemacht? Schlecht.

Colin stößt sich vom Türstock ab und geht ins Zimmer.

Hallo? Habe ich dich eingeladen?

Okay, genau genommen ist es sein Zimmer, aber das gibt ihm nicht das Recht, in meinen Sachen zu schnüffeln! Wie selbstverständlich schlendert er zum Schreibtisch, hebt ein paar Blätter auf und betrachtet sie. Als würde er noch hier wohnen. Mein Arm beginnt zu zittern, so fest halte ich die Geige.

»Kannst froh sein, dass Marco mich vorbeigeschickt hat«, sagt er, während er mein Gekritzel überfliegt.

Marco. Findet er das cool, seinen Vater mit Vornamen anzureden?

»Was willst du?«, frage ich.

Langsam beuge ich mich nach unten, lege die Geige zurück in den Koffer und schiebe ihn unters Bett. Ohne Colin aus den Augen zu lassen. Er wirft die Zettel zurück, lehnt sich gegen den Schreibtisch und fixiert mich mit seinem Blick.

»Marco hat mich geschickt, das habe ich dir doch eben gesagt.« Sein Tonfall ist nicht mehr dunkel und warm. Ein Zischen hat sich eingeschlichen, und er klingt mehr so, als wollte er mir drohen. »Du hast ihm von den Reifen erzählt.«

Schnaubend richte ich mich auf und lehne mich an die schwarze Wand, die Arme verschränkt.

Bestimmt, Colin. Ich hatte nichts Besseres zu tun.

Mit dem Fenster im Rücken liegt ein Schatten auf seinem Gesicht.

»Warum verschwindest du nicht einfach?«, fragt er ganz leise von der anderen Seite des Zimmers.

Die Frage bleibt zwischen uns hängen und fühlt sich an wie eine Aufforderung. Ich bemerke das Funkeln in seinen Augen, die Freundlichkeit ist verschwunden. Diesmal sehe ich nicht weg. Es gibt so viel, was ich ihm antworten könnte. Die Worte brennen in mir, aber ich spreche sie nicht aus.

»Stattdessen rennst du zu Marco und hoffst, dass er mich *zur Vernunft* bringt.«

Zur Vernunft bringen. Wie es aussieht ist es nicht das erste Mal, dass irgendjemand versucht, Colin zur Vernunft zu bringen. Zu dumm, dass ich das nie vorhatte.

»Du bist so erbärmlich!«, setzt er nach.

Erbärmlich? Wer bitte ist hier erbärmlich?

Ich greife nach dem Shirt mit dem Sternenaufdruck, das neben mir an der Wand pinnt.

»Was ist? Hat es dir die Sprache verschlagen?« Er stößt sich vom Schreibtisch ab und kommt quer durch den Raum auf mich zu.

Seine Schritte sind angespannt und langsam. Ich fühle mich

wie ein Rehkitz, das sich tief ins hohe Gras duckt, damit niemand es findet. Allein und hilflos, kann es den Luchs wittern, der die Fährte aufgenommen hat und sich von vorne heranpirscht. Ohne Vorsicht, weil er weiß, dass es ihm nicht mehr entkommen kann. Erst als Colin genau vor mir steht, hält er an.

Viel zu nah, viel zu eng.

Seine Präsenz nimmt mir die Luft, aber ich weiche nicht zurück. Wie auch? Hinter mir ist die Wand. Ich will ihn wegstoßen, bin wie gelähmt und bewege mich nicht. Stattdessen sehe ich ihn einfach nur an. Ohne zu blinzeln. Er stützt die Hände links und rechts von meinem Kopf an der Wand ab. Jetzt könnte ich nicht mehr weg, selbst wenn ich wollte. Ich hole tief Luft und sehe ihn weiter an. Nicht bewegen, warten, ihm nicht die Angst zeigen, die in mir aufflammt.

»Na? Bereust du es endlich, den Mund aufgemacht zu haben?« Er beugt sich noch ein Stück näher zu mir, und sein Blick brennt sich in mich ein.

Geh weg! Ich bekomme keine Luft mehr!

Ich kneife die Augen zusammen und greife das Shirt an der Wand fester.

»Erbärmlich?«, fauche ich ihn an.

Er zuckt zurück.

So leicht lasse ich mich von dir nicht einschüchtern!

Einen Sekundenbruchteil später ist die Irritation aus seinem Gesicht verschwunden, und er blitzt mich wieder genauso kalt an wie zuvor.

Nur weil ich so gut wie nichts sage, bin ich noch lange kein Opfer, Colin!

»Ziemlich erbärmlich«, raunt er mir zu, ein fieses Grinsen im Gesicht. »Wenn du schon Erwachsene einschalten musst, weil du dir nicht mehr zu helfen weißt.«

Du merkst nicht einmal, wie arrogant und selbstgefällig du bist. Genau wie alle anderen glaubst du, alles zu wissen und weißt nichts.

»Wenn etwas erbärmlich ist, dann ist es das hier!« Mit einem Ruck reiße ich das Shirt von der Wand.

Die Reißnägel lösen sich aus dem Stoff und fliegen auf den Boden. Ich habe zu viel Schwung, kann meinen Arm nicht mehr bremsen, der mit voller Wucht in Colins Seite knallt.

»Spinnst du?«, schreit er auf, weicht einen Schritt zurück und presst eine Hand gegen die Rippen.

Endlich bekomme ich wieder Luft.

»Ich spinne? Du spinnst! Glaubst du wirklich, du kannst über mich urteilen, nachdem du diese lächerliche Aktion hier gebracht hast?« Ohne ihn aus den Augen zu lassen, deute ich auf die Zettel an der Wand.

»Was für eine Aktion?«

Macht er sich über mich lustig? Wieso schaut er so belämmert von mir zu den Zetteln und tut, als hätte er keine Ahnung, wovon ich rede?

»Meinst du, es macht mir Spaß, in deinem beknackten Zimmer zu wohnen und mit deinem Vater und meiner Mutter einen auf heile Familie zu machen?«, schreie ich ihn an. Und diesmal bin ich diejenige, die sich auf ihn zubewegt. »Für wen hältst du dich? Du hast keine Ahnung, wer ich bin, und keinen Schimmer, wieso sie mich mitgeschleppt hat. Und tust trotzdem so, als ob ich eine Wahl gehabt hätte. Nur weil das so perfekt in dein beschränktes Weltbild passt!«

Mein Blick verschwimmt. Toll. Ich werde nicht vor ihm heulen, ganz bestimmt nicht. Ich packe ihn an den Schultern, schubse ihn, will ihn weghaben, bin nicht stark genug. Er weicht nicht einmal einen Schritt zurück, sondern gleicht den Schwung mit dem Oberkörper aus. Tränen lassen feuchte Spuren auf meinen Wangen zurück.

Pathetisch. Ich bin absolut pathetisch.

Wahrscheinlich filmt er mich, und bis Montag macht mein Zusammenbruch die Runde. Egal, ich gehe sowieso nicht mehr in die Schule. Soll er doch machen, was er will.

Ich kauere mich neben den Drohzetteln auf den Boden, ziehe die Knie an den Körper und vergrabe das Gesicht zwischen den Armen.

Hau ab, Colin! Du hast gewonnen, okay? Und kannst gehen, außer du willst mich völlig fertigmachen. Es ist mir egal. Ich habe sowieso nichts mehr zu verlieren.

Wenn ich Glück habe, wird es ihm zu blöd, und er verschwindet. Wenn ich Pech habe, greift er mich an, und ich merke es viel zu spät. Er würde doch nichts lieber tun, als mir den Hals umdrehen. Ich sollte ihn nicht aus den Augen lassen, nicht eine Sekunde. Aber ich habe keine Kraft mehr und egal, was er tut, er kann es nicht schlimmer machen, als es sowieso schon ist.

DER TAG, AN DEM DIE WELT SICH UMDREHT

»Was sind das für Zettel?«, höre ich Colin fragen.

Ich hebe den Kopf. Hey! Was macht er genau neben mir? Hat er kein Gespür für Nähe und Distanz? Macht er das mit Absicht?

Er ist neben mir in die Hocke gegangen und starrt die Wand an. Genauer gesagt die Zettel, die er mir geschrieben hat.

»… oder du wirst es bereuen … Verschwinde … Hier ist kein Platz … Niemand will dich hier …«, liest er Fetzen davon halblaut vor, dreht den Kopf zu mir und mustert mich. »Da hast du jemanden ganz schön angepisst!«

Jemanden? Soll das ein Witz sein? Ich blinzle ihn an. Wieso sieht er auf einmal so ernst aus?

»Seit wann bekommst du diese Nachrichten?«

Solltest du das nicht am besten wissen?

Ich reibe mir die Wangen. Wenigstens muss ich nicht mehr heulen. Besser fühle ich mich trotzdem nicht.

»Hallo? Hat es dir die Sprache verschlagen?« Colin zieht die Augenbrauen zusammen.

Kann er bitte ein Stück wegrücken? Er nimmt mir die Luft. Merkt er das nicht?

»Seit wann bekommst du diese Zettel?«, fragt er noch einmal.

Er hat sich immer noch nicht bewegt. Keinen Millimeter. Der angeschrägte Pony verdeckt wieder sein linkes Auge, aber das interessiert ihn nicht. Er sieht mich mit einem durchdringenden Blick an.

»Seit Montag«, murmle ich.

»Montag? Ist das ein Scherz? Du warst doch am Montag zum ersten Mal in der Schule. Und hast niemanden dort vorher gekannt, oder?«

»Niemanden außer dich«, schleudere ich ihm entgegen.

Was soll das? Es ist uns doch beiden klar, wer mir die Zettel hinterlegt hat.

Aus der Nummer kommst du nicht mehr raus. Hättest du dir vielleicht vorher überlegen sollen, ob du sie wirklich schreiben willst, wenn sie dir jetzt peinlich sind!

Er lacht. Wieso bitte lacht er?

»Sehr witzig.« Er deutet auf die Zettel und fängt meinen Blick ein. »Weißt du, was das letzte Mal passiert ist, als hier an der Schule seltsame Nachrichten aufgetaucht sind?«

Keine Ahnung? Statt ihm das zu sagen, starre ich ihn nur an.

»Wenn du keinen Bock hast, redest du einfach nicht. Oder?« Was soll auf einmal das Lächeln?

Es passt nicht. Ich runzle die Stirn.

Sofort wird er wieder ernst. »Das letzte Mal ist jemand verschwunden. Das Ganze ist erst ein paar Wochen her, weshalb die Zettel hier alles andere als witzig sind!«

Klar, jemand ist verschwunden. Er will mir nur Angst machen. Wetten? Damit ich alles daransetze, von hier wegzukommen.

Glaub mir, Colin, wenn ich das könnte, wäre ich längst wieder zu Hause. Du kannst aufhören so zu tun, als würdest du dir Sorgen machen.

Sicher. Colin macht sich Sorgen. Um mich. Das ist lächerlich!

Er reibt sich die Stirn und schüttelt den Kopf. »Auch wenn es unglaubwürdig klingt, schwöre ich dir, dass ich diese Zettel nicht geschrieben habe. Die einzige Nachricht von mir habe ich dir persönlich in die Hand gedrückt. Und das hier ist definitiv nicht meine Schrift!«

Das stimmt. Beides. Aber deine Schrift kannst du verstellen. Und auch wenn er so tut, als wären die Botschaften unter seiner Würde, sind sie nicht so weit entfernt von zerstochenen Fahrradreifen oder blutroten Botschaften an Wänden. Um genau zu sein, sind sie sogar weniger verrückt.

»Überleg mal, wer dir das geschrieben haben könnte. Mit wem hattest du Kontakt?«

Mit niemandem? Tut mir leid, dir das mitteilen zu müssen, herzallerliebster Colin. Aber außer dir hat keiner einen Grund, mich zu hassen.

Mehrere Atemzüge lang starren wir uns an. Ich habe keine Lust, ihm das Offensichtliche zu sagen, und er braucht wohl einen Moment, bis er das kapiert. Schließlich seufzt er und streicht sich die dunklen Strähnen aus dem Gesicht.

»Also gut. Wann und wo hast du den ersten Zettel gefunden?«

Ich sehe ihn immer noch an.

Sollen wir dieses Spiel wirklich weiterspielen?

»Ich warte?« Er zieht die Augenbrauen hoch und erwidert meinen Blick.

Diesmal mit beiden Augen. Ohne das Funkeln wirkt das Braun beinahe warm. Es hat den hellen Ton von flüssigem Harz und jetzt ist die Ähnlichkeit mit den Augen seines Vaters überdeutlich.

So hat Colin mich noch nie angesehen. Wo ist der Hass hin? Es fühlt sich an, als würde er mich zum ersten Mal wirklich anschauen. Als wäre ich nicht mehr nur die Zicke, die sich ungefragt in seinem Zimmer eingenistet hat.

Vielleicht bin es auch ich.

Vielleicht sehe ich zum ersten Mal einfach nur den Jungen, der von seinem Vater aus der Wohnung gekickt und durch mich ersetzt wurde. Weil er ja sowieso die meiste Zeit bei seiner Mutter lebt.

Diesmal hält er mein Schweigen aus.

»Nach der zweiten Pause am Montag lag der hier in meinem Mäppchen«, antworte ich, weil er sich mit dem Warten eine Antwort verdient hat.

Ich deute auf den Zettel, den ich als Erstes bekommen habe:

»Okay.« Colin löst den Blick von mir und wendet sich wieder der Wand zu. »Mit wem hattest du bis dahin Kontakt?«

»Was verstehst du unter Kontakt?«

Genügt es schon, sich einfach angesehen zu haben? Dann kämen eine ganze Menge Personen infrage.

»Hast du in den Pausen mit jemandem geredet?« Er dreht mir wieder das Gesicht zu.

Mit Lou, die mich in die Sitzecke eingeladen hat.

Und mit Valentin, weil ihm das Verbandstäschchen aus dem Rucksack gefallen ist.

Das ist absurd. Keiner der beiden hatte einen Grund, mir das zu schreiben.

»Egal, was du sagst, Colin. Außer dir gibt es niemanden an der Schule, der mich loswerden will.« Meine Stimme klingt überraschend fest.

Es ist noch nicht einmal ein Vorwurf, es ist nur eine Feststellung.

»Offensichtlich doch.« Er zeigt auf die Zettel.

Wir kommen nicht weiter und drehen uns für mindestens zehn Minuten im Kreis. Schließlich gebe ich auf und glaube ihm. Auch wenn das total verrückt klingt. Wenn er es nicht war, muss es noch jemanden an der Schule geben, der mich hasst. Valentin kommt nicht infrage. Wenn der mich loswerden wollte, hätte er mich beim Streichen der Mensawand einfach hängen lassen.

Wer dann?

»Wir finden es heraus, verlass dich drauf!«

Wir? Wolltest du mich bis eben nicht so schnell wie möglich loswerden?

Ich frage es nicht, höre Colin zu, wie er plant. Seine Freunde sollen in den Pausen mein Klassenzimmer belagern.

»Sobald ein neuer Zettel auftaucht, können wir den Kreis der Verdächtigen einschränken«, erklärt er. »Theoretisch könnte es auch jemand sein, mit dem du noch nie gesprochen hast. Weil ihm irgendetwas gegen den Strich geht, was du gemacht oder gesagt hast, oder ihm gefällt einfach nicht, wie du rumläufst.«

Wie ich rumlaufe? Was bitte soll daran verkehrt sein? Oder was ich mache? Mich nimmt normalerweise keiner wahr, weil ich eben nichts mache und nichts sage. Aber jemand stört sich daran. Realistisch.

Ungefähr so realistisch wie Colins Verhalten. Nämlich überhaupt nicht. Vielleicht bin ich beim Geigespielen eingeschlafen, ohne es zu merken und träume noch? Ganz ehrlich, dieser Typ, der sich inzwischen im Schneidersitz mir gegenübergesetzt hat, den Rücken an den Schrank gelehnt, dieser Typ kann nicht der bescheuerte Stiefbruder sein, der mir die Reifen zerstochen und eine Falle hinter der Mensa gestellt hat. Den würde es niemals interessieren, wer mir diese Zettel hinterlegt hat und warum.

Aber es interessiert ihn, und ich verstehe es nicht. Genauso wenig verstehe ich, warum ich mich jetzt darauf einlasse, mich auf den Balkon zu setzen und zu warten. Zu warten auf Colin, der zur Küchenzeile geht und uns Limettendrinks mixt. Uns. Als würde er mich nicht bis auf den Tod hassen.

»Hier.« Er stellt ein großes Glas vor mir auf den Holztisch und lässt sich auf den gepolsterten Stuhl neben mir fallen.

Ich lehne mich zurück und sehe ihn an. Warum ist mir bisher nicht aufgefallen, wie mager er ist? Habe ich mich so von den breiten Schultern täuschen lassen?

»Was ist?« Er legt den Kopf schief und mustert mich.

Nichts.

Ich zucke mit den Schultern. »Wieso bist du jetzt wirklich aufgetaucht?«

Ein Grinsen schleicht sich auf sein Gesicht, und sein rechtes Auge blitzt mich an, das linke ist wieder hinter dem Pony verborgen. »Weil Marco mir die Hölle heißgemacht hat. Er hat nicht eine Sekunde lang geglaubt, dass du das mit der Mensawand warst. Ich musste ihm versprechen, heute hier aufzukreuzen und die Sache wieder geradezubiegen.«

Aber das hattest du nicht vor. So, wie du dich am Anfang verhalten hast.

»Warum schaust du mich schon wieder so abschätzig an?«, fragt er, und auf einmal ist sein Gesicht total ernst.

Abschätzig? Jetzt muss ich grinsen.

Ich wusste nicht, dass ein Blick dich so verunsichern kann, Colin.

»Du wolltest dich nicht entschuldigen. Du bist gekommen, um mir die Hölle heißzumachen.«

Er lacht. »Du kennst mich besser als mein Vater.«

Vater. Das Wort benutzt er zum ersten Mal. Er wischt sich den Pony aus dem Gesicht. Woher kommt auf einmal das Leuchten in seinen Augen?

»Das heißt also, dass du mir hier irgendetwas reingemischt hast?« Ich hebe das Glas, halte es gegen die Sonne und drehe es.

Die Flüssigkeit zwischen den Limettenstücken und Eiswürfeln hat fast die gleiche Farbe wie Colins Augen.

»Als ob!« Wieder lacht er.

Ich mag dieses Lachen. Es fühlt sich an, als wären wir auf einmal Verbündete. Ich drehe ihm das Gesicht zu.

»Na dann«, sage ich, stoße mit ihm an und sauge einen großen Schluck durch den Strohhalm.

In meinem Mund ist eine Geschmacksexplosion von Limettensäure, Zucker und Eis.

»Sorry …«

Das Wort war so leise, ich hätte es nicht gehört, wenn ich nicht gesehen hätte, wie Colins Lippen sich bewegt haben. Ich mustere ihn.

Sorry? Das ist alles, was der Kerl zu sagen hat, dessen Schuld es ist, dass ich nächstes Wochenende nicht nach Hause kann? Schlimmer. Dass ich bis zu den Sommerferien nicht mehr nach Hause kann?

»Ich habe das nicht ganz durchdacht. Ich war einfach sauer. Marco hat so selbstverständlich mein Zimmer an die Tochter seiner neuen Flamme abgegeben.«

Ich ziehe die Augenbrauen zusammen.

Neue Flamme? Er redet von meiner Mutter!

Er merkt das nicht mal. Oder er will mich provozieren. Ich habe keine Ahnung, was in seinem Kopf vorgeht.

»Marco war ganz aus dem Häuschen. Im Grunde wollte er schon immer ein zweites Kind und am liebsten eine Tochter«, redet er weiter, und er klingt dabei völlig sachlich. »Ich schätze, er hat geglaubt, dass ein Mädchen weniger Ärger macht als ich.« Er lacht auf. Aber er findet das nicht witzig, sonst wäre da nicht dieser dunkle Schimmer in seinen Augen. »Von dem Moment an war klar, dass ich ihm beweisen würde, dass du kein Stück pflegeleichter bist als ich.«

Mit zerstochenen Fahrradreifen und einer verschmierten Mensawand? Ernsthaft?

Einen Wimpernschlag lang sehen wir uns direkt in die Augen, und es fühlt sich fast so an, als könnte er meine Gedanken lesen.

Er zieht die Schultern hoch, ein schiefes Lächeln im Gesicht. »Ich hätte mir denken können, dass er das durchschaut.«

Aha. Trotzdem hast du mich angeschnauzt, weil ich ihm angeblich alles erzählt hätte.

Ich schüttle den Kopf und unterdrücke ein Schnauben.

»Sorry. Okay?« Er sieht auf einmal wirklich so aus, als würde es ihm leidtun, und ich verstehe nicht, wieso.

Trotzdem. Es ist absolut überhaupt nicht okay. Ich lehne mich auf dem Stuhl zurück und ziehe einen großen Schluck Limettendrink durch den Strohhalm. Er schmeckt genau wie Colins Entschuldigung. Süß mit einer riesigen Portion Säure.

»Was ist?« Er beugt sich nach vorn und schaut mich an. »Marco weiß längst, dass du nicht verantwortlich bist.«

Ich erwidere seinen Blick. Wie wäre es, wenn ich mein Glas einfach über ihm ausschütte? Dann würde ihm der hübsch angeschrägte Pony in klebrigen Strähnen ins Gesicht hängen. Die Limettenstücke auf dem Kopf würden ihm bestimmt auch gut stehen. Das wäre wenigstens eine kleine Rache für das, was er angerichtet hat. Aber ändern würde es nichts.

»Hallo? Hörst du mir zu?«, fängt Colin wieder an. »Marco weiß, was los ist. Ich bin mir sicher, dass er das mit deiner Mutter klärt und …«

»Das ändert nichts daran, dass ich nicht mehr in die Schule kann«, unterbreche ich ihn.

Wegen dir, um genau zu sein.

»Was? Wieso? Die Freiberger hat dich doch nicht mal suspendiert! Wenn nichts mehr passiert, bist du fein raus.« Er grinst. »Glaub mir, da haben andere Leute schon bescheuertere Sachen gebracht, als irgendeinen Quatsch an die Mensawand zu schmieren.«

Mich interessiert nicht, was andere Leute gemacht haben. Ich kann nie wieder in diese Schule gehen. Nicht mehr, seit sie mich alle beim Übermalen des *Fuck you!* gesehen haben und jeder zu wissen glaubt, wer ich bin. Aber das versteht Colin nicht. Ich sehe es ihm an.

»Was ist?« Er fährt sich durch die dunklen Haare, in denen leider kein Limettendrink klebt.

»Ich werde nicht mehr in die Schule gehen.«

Egal, was du sagst.

Tiefe Falten erscheinen auf seiner Stirn. »Oh doch, das wirst du.«

So wie er es sagt, klingt es, als gäbe es keine Alternative. Dabei ist es genau umgekehrt. Auf einmal bin ich in einem Starrwettbewerb mit ihm. Mit jedem Atemzug lädt sich die Luft zwischen uns auf.

Ich sage nichts mehr. Es hat keinen Zweck, mit ihm zu reden. Er scheint es ja gewohnt zu sein, immer wieder aufzufallen, anzuecken. Einer wie er kann mich nicht verstehen. Also schüttle ich einfach nur den Kopf und belasse es dabei.

»Ich hol dich am Montag ab. Wir fahren mit dem Rad.«

Spinnt er? Hat er nicht gehört, was ich gesagt habe? Ich schüttle wieder den Kopf, und Colin kneift die Augen zusammen.

»Wenn du nicht in der Schule aufkreuzt, haben wir keine Chance herauszufinden, wer dir diese Zettel zugesteckt hat. Solange wir das nicht wissen, haben wir keine Ahnung, ob es einfach nur ein schlechter Scherz ist oder mehr dahintersteckt!«

Was soll schon dahinterstecken? Wenn du es nicht warst, dann ist es ziemlich sicher ein blöder Streich von irgendwelchen Leuten aus meiner neuen Klasse.

Das letzte Mal ist jemand verschwunden.

Mein Hals wird eng, ich kann kaum schlucken. Das hat er erfunden. Oder? Ich sehe ihm in die Augen und bin mir nicht sicher.

Kurze Zeit später geht er, und ich sitze alleine auf dem Balkon, halte das Gesicht in die Sonne, schließe die Augen und versuche, an nichts zu denken.

»Montag um halb acht vor der Tür« war alles, was er zum Abschied gesagt hat.

Wart's ab, Colin. Ich lasse mich nicht von dir herumkommandieren. Wenn ich sage, dass ich nicht in die Schule gehe, gehe ich nicht.

Das Ganze ergibt noch immer keinen Sinn. Wer, wenn nicht er, soll mir diese Zettel geschrieben haben? Und zu welchem Zweck?

VOM SEIN HINTER DEM SCHEIN

Mama und Marco kommen erst kurz vor dem Abendessen zurück. Ich wappne mich gegen den Ärger, der jetzt ansteht wegen der Ruhestörung. Aber sie erwähnen das ultralaute Geigenspiel mit keinem Wort.

Habe ich das Colin zu verdanken? Er hätte sich nicht einmischen sollen. Wenn die Nachbarn sich beschwert hätten, hätten sie mich vielleicht rausgeworfen, und ich könnte zurück zu Papa und müsste mir keine Gedanken mehr machen, wie ich es vermeiden kann, am Montag in die Schule zu gehen. Was bleibt mir denn außer Schule schwänzen?

Schule schwänzen. Klar. Bei meinem Glück laufe ich Marco in der Stadt über den Weg. In seiner Mittagspause oder so.

*

Kurz vor dem Einschlafen schaue ich noch einmal auf mein Handy.

Bitte, lass eine Nachricht von Hannah drauf sein …

Ich habe wirklich eine Nachricht, aber sie ist nicht von Hannah. Ich beiße mir auf die Lippe und versuche, nicht enttäuscht zu sein. Moment. Wieso schreibt Valentin mir?

Geht's dir gut?

In meinem Bauch ist ein warmes Glühen. Bescheuert. Trotzdem

muss ich lächeln. Wann hat er mir das geschickt? Der Uhrzeit nach muss das heute Morgen gewesen sein, als ich Geige gespielt habe.

> Sorry. Ich hab deine Nachricht erst jetzt gesehen ...

Das liest er heute bestimmt nicht mehr. Warum meldet sich Hannah nicht? Ist sie wirklich sauer, weil ich es verbockt habe und nächstes Wochenende nicht kommen kann? Das Handy vibriert in meiner Hand. Mist. Habe ich Valentin mit meinem Text geweckt?

> Hab's gemerkt. Du hattest Besuch. Stimmt's?

Woher weiß er das? Ich starre das Display an. Beobachtet er mich? Die Frage vertreibt die Wärme aus meinem Körper. Nein. Das ist total schräg. Mein Blick streift das Shirt mit dem Sternenaufdruck, hinter dem die Zettel wieder verborgen sind.

Hör auf!

Ich balle die Hand zur Faust. Sie sind nicht von Valentin, ganz bestimmt nicht. Das passt überhaupt nicht zu ihm.

Passt nicht? Woher will ich das wissen? Das Handy vibriert noch einmal.

> Ich hab dir was in den Briefkasten geworfen, damit der Hausarrest erträglicher wird.

Er war hier? Dann hat er Colin und mich auf dem Balkon gesehen? So viel zum Thema: *Meine Mutter flippt aus, wenn wieder jemand vorbeikommt.* Er muss sich total verarscht vorkommen.

> Warum hast du nicht geklingelt?

Blöde Frage. Ich habe ihn ausgeladen.

Wollte euch nicht stören.

Stören?

Was denkt er über Colin und mich? Meine Wangen werden heiß. Bis heute Mittag war er der Stiefbruder, der mir nur Ärger gemacht hat, und jetzt ist er …? Keine Ahnung, wer er ist, aber ganz sicher nicht das, was Valentin zu glauben scheint. Wie soll ich ihm das erklären? Egal, was ich schreibe, das klingt doch alles wie eine blöde Ausrede. Ich sage ihm, er soll hier nicht vorbeikommen, und dann sieht er mich mit Colin auf dem Balkon sitzen?

Das war nicht geplant. Er ist einfach hier aufgetaucht.

Valentin antwortet nicht mehr. Ich glaube, ich an seiner Stelle würde dazu auch nichts mehr schreiben. Mist.

Was hat er für mich in den Briefkasten geworfen? So leise wie möglich öffne ich die Zimmertür und schleiche mich zur Garderobe, direkt gegenüber. Zum Glück steht das Sofa um die Ecke und weder Mama noch Marco können sehen, wie ich zur Wohnungstür schleiche. Sie sehen sich einen Film an. Der Musik nach zu urteilen, eine hochdramatische Liebesgeschichte. Mama liebt solche Schnulzen. Am besten noch, wenn sie kein gutes Ende nehmen. Keine Ahnung, wieso. Vielleicht kommt ihr ihr eigenes Leben dann weniger deprimierend vor?

Unbemerkt schaffe ich es nach unten zu den Briefkästen und finde eine Musikzeitschrift mit einem gelben Post-it-Zettel. Valentin hat Glück gehabt, dass Marco so überkorrekt ist und unsere vollen Namen auf das Briefkastenschild geschrieben hat. Er weiß ja nicht, wie ich mit Nachnamen heiße. *ALIA* steht in Druckbuchstaben auf dem Post-it, sonst nichts. Kein Gruß, keine Nachricht. Wenn er es mir nicht geschrieben hätte, hätte ich keine Ahnung gehabt, wer mir die Zeitschrift eingeworfen hat.

In der Wohnung empfängt mich die Abspannmelodie der Schnulze. Zum Glück bleibt Mama immer sitzen, bis der letzte Ton verklungen ist. Damit der Film noch *auf sie wirken* kann. Wenn sie mich erwischt hätte, müsste ich ihr erklären, von wem die Zeitschrift ist und was ich mitten in der Nacht im Hausflur zu suchen habe.

Ich schleiche mich zurück in Colins Zimmer. Im Innenteil der Zeitschrift ist ein QR-Code, über den ich Probetracks verschiedener Newcomer-Bands herunterladen kann. Die Kopfhörer eingesteckt, höre ich sie mir auf dem Handy an. Der vierte Track klingt richtig gut.

Nightingale's Dream

Ich schließe die Augen, sehe die Noten vor mir und kann nicht anders, muss nach der Geige greifen und mitspielen, diesmal wieder über Kopfhörer. Offiziell schlafe ich seit mindestens einer Stunde. Ich muss rumprobieren, um die richtigen Töne zu finden und übe so lange, bis ich das Lied auswendig spielen kann.

Dann mache ich ein Foto von der Zeitschrift und meiner Geige und schicke es Valentin.

Track 4 ist Zucker!
Danke

Auf dem Display steht 0:34. Wahrscheinlich sieht er die Nachricht erst morgen früh.

Spielst du es mir vor?

Er ist noch wach? Ihm vorspielen? Niemals! Ich spiele nicht vor anderen. Hatten wir das nicht schon geklärt?

Gib mir zehn Minuten.

Das mache ich nur, weil ich das Gefühl habe, es ihm schuldig zu sein. Nach der Geschichte mit Colin heute. Und eine Aufnahme ist immer noch etwas anderes, als wenn Valentin hier wäre und mir beim Spielen zusehen könnte. Im Rekordtempo schließe ich alles an, nehme den Track auf und stelle ihn in den Chat.

Wow ... Cool.

Kommt es kurz darauf von Valentin zurück, und wieder ist da dieses warme Gefühl in meinem Bauch, und ich kann fast nicht mehr aufhören zu grinsen.

Eine gefühlte Ewigkeit liege ich auf der Isomatte, starre die in der Dunkelheit unterschiedlich grauen Schattierungen der Möbel an und versuche, nur an das Lied zu denken und nichts sonst. Vor allem nicht an die Fragen, die mir seit Valentins zweiter Nachricht nicht mehr aus dem Kopf gehen.

Beobachtet er mich? Ist er sauer, weil ich ihm abgesagt habe und er mich mit Colin gesehen hat?

Nein, das ist nicht das, was mir Sorgen macht. Zumindest nicht die größten. Das, was mir wirklich Sorgen macht, will ich mich nicht fragen. Aber es ist egal, ob ich es will oder nicht, die Frage hängt in meinem Kopf und ich werde sie nicht mehr los.

Steckt Valentin hinter den Nachrichten?

Der Gedanke ist verrückt. Er passt nicht zu dem Valentin, den ich kennengelernt habe. Aber kenne ich ihn wirklich?

*

Den Sonntag verbringe ich die meiste Zeit in Colins Zimmer und spiele Geige. Wieder über Kopfhörer, weder Mama noch Marco sollen mich hören. Ich will mich wegbeamen in eine andere Welt. Eine Welt, in der ich keinen Mist gebaut habe. Eine Welt, in der ich noch zu Hause wohne und mir keine Sorgen machen muss, Hannah zu verlieren. Eine Welt, in der ich niemanden verdächtigen muss, dem ich vertraue.

Das Handy lasse ich trotzdem nicht aus den Augen, hoffe immer noch auf eine Nachricht von Hannah, und wenn ich ganz ehrlich bin, auch auf eine von Valentin. Ich habe ihm heute Morgen noch mal geschrieben.

Was hast du heute so vor? Eine Mountainbike-Tour mit Mats?

Nach jedem Lied kontrolliere ich das Display. Endlich. Eine Nachricht. Lorena?

Haben die Blades gepasst?

Mist. Ich habe sie noch nicht einmal anprobiert …

Meinst du, Rieke ist bis Dienstag wieder zurück?

??? Wo soll sie sonst sein?

Ich hätte *gesund* schreiben sollen. Obwohl das lächerlich ist. Lorena weiß hundertprozentig von dem Wochenendtrip. Wieso stellt sie sich dumm?

Auf einem Trip mit ihrem Vater?

Es kommt keine Antwort mehr. Ist sie sauer? Ich hätte den Mund halten sollen. Um mich abzulenken, greife ich wieder nach der Geige und tauche ab.

*

Es klingelt. Bekommt Marco Besuch? Ich höre nur Wortfetzen, aber die Stimme erkenne ich sofort.

»... Es ist für ein Schulprojekt ... bis morgen fertig sein ...« Lorena?

Was macht sie hier?

Ich habe keine Ahnung, wie sie es schafft, aber Mama lässt mich mit ihr mitgehen, angeblich um Wasserproben für den Chemieunterricht zu nehmen.

»Was haben wir wirklich vor?«, frage ich sie, als wir mit den Rädern die Straße hinunterfahren.

»Ich will dir das Gästehaus zeigen, von dem Rieke gesprochen hat.«

Okay. Wieso das jetzt? Lorena zieht das Tempo an und fährt aus der Stadt hinaus, bis wir schließlich vor einer Schrebergartenanlage anhalten.

»Bist du bereit?«, fragt sie mich und wirft mir einen Blick über die Schulter zu.

Bereit, wofür? Ich habe keine Ahnung, aber ich nicke trotzdem. Wir schließen die Räder ab, und sie führt mich quer durch die Anlage, bis wir vor einem dunklen Holzzaun stehen, der einen kleinen Garten vom Weg abtrennt. An den anderen drei Seiten bildet eine Hecke die Abgrenzung. In dem Garten sind keine Beete angelegt, hier ist einfach nur eine kniehohe Wiese mit verschiedenen Blumen und mittendrin wachsen zwei knorrige Bäume. Neben dem Gartentor ist ein Blechschild mit einer Biene drauf.

»Hey, Lorena! Was machst du hier?« Die Frage kommt von einem Mann, der über seine Baseballcap einen Kopfhörer gestülpt hat, den er sich jetzt in den Nacken schiebt.

Der Mann ist vielleicht Mitte dreißig, auf alle Fälle jünger als Papa oder Marco. Er sitzt auf einer Bank vor einer kleinen Hütte, die im hinteren Teil des Gartens steht. Mit den rot lackierten Holzwänden und den weißen Fensterrahmen und Fensterläden sieht sie richtig süß aus.

»Hallo Rolf. Was hörst du?«

»Unsere neuesten Tracks. Sind nicht schlecht. Wenn wir sie richtig aufgenommen haben, kann ich dir wieder eine Exklusivdatei schicken.« Er stellt eine Bierflasche neben der Bank ab, steht auf und kommt zu uns rüber.

»Cool. Hast du diesmal die Songs geschrieben?« Auf Lorenas Gesicht ist ein Lächeln.

Wer ist dieser Rolf, und wieso hat sie mich hierhergebracht?

»Nur einen, aber das ist der Beste auf der ganzen CD.« Er lacht. »Also, was führt dich zu meiner bescheidenen Hütte?«

»Unsere Freundin hier.« Lorena deutet auf mich. »Sie hat Ärger mit ihren Eltern, und Rieke hat gemeint, dass sie vielleicht für eine Weile in dein Gartenhaus ziehen kann?«

Rolf sieht zu mir, und ich richte mich automatisch auf, hebe das Kinn und erwidere seinen Blick. Obwohl ich es hasse, abgeschätzt zu werden. Er sieht mich überhaupt nicht abschätzig an. Im Gegenteil. Um seine Augen bilden sich kleine Lachfältchen, und er nickt mir zu.

»Von mir aus, kein Problem. Solange deine Eltern einverstanden sind?«

Womit? Dass ich übergangsweise in einem Schrebergarten übernachte? Eher nicht.

»Wo habt ihr Rieke gelassen?«, wendet er sich wieder an Lorena.

Spannend. Er erwartet nicht einmal eine Antwort von mir.

»Sie ist krank.« In Lorenas Stimme schwingt eine Schwere mit.

»Was hat sie?«

»Das Übliche …«

»Mhm.« Rolfs Gesicht verfinstert sich. »Sag ihr viele Grüße von mir, sie soll sich melden.«

»Ich glaube nicht, dass Magda uns zu ihr lässt, und auf meine Nachrichten reagiert sie normalerweise nicht.«

Rolf brummt. »Ja, okay, hast recht, ich melde mich selbst bei Magda.«

Magda. Hat Rieke nicht irgendwas von einer Magda erzählt? Die ganze Situation ist schräg. Was mache ich hier?

»Wir sind für ein Schulprojekt unterwegs, haben nur kurz vorbeigeschaut, weil Alia wissen wollte, ob das wirklich okay ist, wenn sie hier vorübergehend wohnt«, sagt sie. »Man sieht sich!«

Bitte, was wollte ich?

»Hm, alles klar.« Rolf nickt uns zu, aber er wirkt, als wäre er in Gedanken woanders.

Lorena greift nach meinem Arm und geht mit mir durch die Schrebergartenanlage zurück.

»Hast du es jetzt verstanden?«, fragt sie mich, als wir bei den Fahrrädern angekommen sind.

Nein, ich habe nichts verstanden.

»Rolf ist Riekes Vater?«

»Bingo! Und wie du siehst, hat er kein Problem damit, wenn du für ein paar Tage in dem Gartenhäuschen bleiben willst. Es gibt sogar ein Klo. Rieke wollte dir helfen. Aber es ist nicht immer alles so, wie sie es darstellt. Okay?« Lorena schließt das Fahrrad auf und fährt los.

Ich schließe zu ihr auf. Diesmal fahren wir langsam genug, um reden zu können. Wenn Rolf Riekes Vater ist, muss er noch total jung gewesen sein, als Rieke auf die Welt kam.

»Wieso hast du mich hergebracht?«, frage ich nach einer Weile.

»Weil du es früher oder später sowieso mitbekommst und ich nicht will, dass du denkst, Rieke hätte dich angelogen.« Sie wirft mir einen Blick zu und redet weiter. »Es geht ihr absolut beschissen gerade, sie hat immer wieder solche Phasen, und ich habe fast ein halbes Jahr gebraucht, bis ich es geblickt habe. Dann taucht sie ab und ist nicht mehr zu erreichen. Am Anfang hat sie mir auch irgendwelche Storys aufgetischt. Jetzt meldet sie sich erst wieder bei mir, wenn es ihr besser geht. Manchmal lässt mich ihre Tante auch zu ihr, aber das hält Rieke nicht immer aus. Sie macht das nicht, weil sie dich anlügen will. Sie macht das, weil sie nicht bemitleidet werden will.«

Ihre Tante? Stimmt, ihre Mutter lebt ja in Spanien. Dann ist Magda ihre Tante? Rieke hätte mich genauso gut ignorieren können oder sagen, dass sie erkältet ist. Das wäre wenigstens näher an der Wahrheit gewesen.

»Ich finde es scheiße, wenn sie Geschichten erzählt, statt einfach zu sagen, dass es ihr nicht gut geht. Aber das ist halt ihre Art, damit umzugehen. Verstehst du?«

»Seit wann kennt ihr euch?«

»Ich kenne sie schon lange.« Der Anflug eines Lächelns überzieht Lorenas Gesicht. »Nur sie hat bis vor eineinhalb Jahren niemanden außer Valentin wahrgenommen. Dann haben die beiden sich wegen irgendetwas gezofft, keine Ahnung warum genau, und Rieke hat endlich mal bemerkt, dass es noch andere Leute gibt, denen etwas an ihr liegt.« Lorena sieht nach unten, und die rotblonden Locken verdecken ihr Gesicht von der Seite.

Zum Glück kommt sie nicht mehr mit hoch in die Wohnung. Ich

weiß nicht, wie ich sie einschätzen soll. Wollte sie Rieke helfen, oder wollte sie sie schlechtmachen? Ich denke wieder an das Lächeln in ihrem Mundwinkel. Ihr liegt etwas an Rieke, ganz sicher. Trotzdem finde ich es nicht in Ordnung. Das, was Lorena mir heute gezeigt hat, ist wie Verrat an ihrer Freundschaft. Selbst wenn sie Rieke nicht schlechtmachen wollte, verändert es meine Sicht auf Rieke. Und Rieke weiß es noch nicht einmal.

Zurück in Colins Zimmer ziehe ich das Handy aus der Tasche. Auf dem Display blinkt eine Nachricht. Ausgerechnet von Rieke. Mein Magen zieht sich zusammen. Hat ihr Vater ihr von unserem Treffen erzählt?

Und? Wie war es gestern mit Valentin?

Offensichtlich nicht. Woher weiß sie, dass Valentin vorbeikommen wollte?

Ich habe ihn nicht gesehen. Wieso?

Lorena und ich waren bei deinem Vater.

Soll ich ihr das schreiben?

Echt jetzt? Bekommt der Kerl ohne mich nichts auf die Reihe? Hat er dich nicht gefragt, ob er vorbeikommen kann? Er hätte dir liebend gern Gesellschaft geleistet, jede Wette!

Ist das nur mein Gefühl, oder versucht Rieke mit aller Gewalt uns zusammenzubringen?

Kommst du morgen wieder in die Schule?

Ich frage es, obwohl ich selbst nicht vorhabe, aufzutauchen. Ich will wissen, wie sie reagiert. Außerdem würde ich sie gern nach den Zetteln fragen. Würde sie Valentin das zutrauen? Nein, ich kann sie nicht einfach so fragen. Das würde sie total vor den Kopf stoßen. Er ist ihr bester Freund.

Hier ist es so cool. Ich versuche gerade meinen Dad zu überreden, dass wir noch zwei Tage bleiben. Wünsch mir Glück!

Die Antwort löst einen Stich in meinem Bauch aus.

Warum lügst du mich an?

*

Kurz vor dem Einschlafen habe ich wieder das Handy in der Hand. Hannah hat sich immer noch nicht gemeldet. Ich sollte ihr schreiben und versuchen, alles wieder glattzubügeln. Ich will das. Wirklich. Aber ich weiß nicht, was ich schreiben kann. Die Worte, die ich für eine Wiedergutmachung brauchen würde, existieren nicht.

Das Handy vibriert zwischen meinen Fingern, und mein Herz macht einen kleinen Satz. Hannah?

Auf dem Display leuchtet Valentins Name. Ich freue mich. Ehrlich. Wenigstens ist er nicht sauer auf mich. Und trotzdem hätte ich mir gewünscht, dass es Hannah ist.

Soll ich dich morgen früh abholen?

Ich kann nie wieder in die Schule. Das habe ich ihm am Freitag doch gesagt. Erinnert er sich daran und macht sich Sorgen? Ganz kurz muss ich lächeln.

Oder will er mich kontrollieren?

Ich halte die Luft an und schüttle den Kopf. Will die Frage wieder loswerden, will das nicht glauben.

> Geht schon. Ist ja nicht deine Richtung. Wir sehen uns dann in der Pause. Okay?

Und wieder habe ich ihn angelogen. Ich schlucke und stecke das Handy weg. Will nicht weiter darüber nachdenken.

ICH DACHTE, WIR SIND …

Damit es nicht auffällt, verlasse ich die Wohnung um die gleiche Zeit wie letzte Woche. Ich habe sogar meine Tasche dabei. Auch wenn nichts weiter drin ist als ein Block, mein Mäppchen und eine Packung Nüsse, die ich aus dem Vorratsschrank habe mitgehen lassen. Irgendetwas muss ich ja essen.

Wenigstens kann ich wieder Fahrradfahren. Erstens wird Colin den Reifen wohl nicht mehr zerstechen, und zweitens stelle ich es sowieso nicht bei der Schule ab. Mit dem Rad kann ich die Stadt erkunden, ohne mir die Füße platt zu laufen. Hoffentlich gibt es genug zu sehen, um den Tag herumzubekommen. Mama fängt morgen an zu arbeiten, dann wird das mit dem Schwänzen leichter, weil ich zurück in die Wohnung kann, sobald sie und Marco weg sind.

Ich schiebe das Rad aus der Garage. Am besten fahre ich in Richtung Schule und biege an der nächsten Kreuzung ab. Falls Mama aus dem Fenster sieht. Seufzend hebe ich den Kopf.

Was zur Hölle?

Mir rutscht der Lenker aus der Hand, ich bekomme ihn gerade noch zu fassen, falle fast mit dem Rad um.

Colin.

Den habe ich völlig vergessen. Er steht vor der Garage, auf sein Rad gestützt und grinst mich an.

Spinnt er? Was an *Ich gehe nicht mehr in die Schule* versteht er nicht?

Die Augenbrauen zusammengezogen, schiebe ich das Rad an ihm vorbei zur Straße, steige auf und fahre los. Ich habe noch keine drei Mal getreten, bis Colin mich einholt. Ignorieren scheint er nicht zu verstehen.

»Hast du schlecht geschlafen?«, fragt er.

Statt zu antworten, biege ich an der Kreuzung ab und trete so fest ich kann in die Pedale, will ihn loswerden.

»Hey!«, brüllt er mir hinterher.

Lass mich in Ruhe!

Neben mir ist eine schnelle Bewegung und im nächsten Moment kommt ein Rad genau vor mir zum Stehen. Ich ziehe beide Handbremsen, bin viel zu schnell, schaffe es niemals anzuhalten. Das Hinterrad verliert den Halt und schleudert mich nach vorn, wie ein bockendes Pferd. Im gleichen Augenblick prallt das Vorderrad gegen Colins Reifen. Durch den plötzlichen Stopp haut es mich mit dem Bauch gegen den Lenker.

Ein Feuer explodiert in meinem Magen, und ein brennender Schmerz jagt durch meinen Körper.

»Was soll das?«, fährt Colin mich an.

Ist das sein Ernst? Er schneidet mir den Weg ab und fragt mich, was das soll? Er kann von Glück reden, wenn seine Räder keinen Schaden genommen haben. Außerdem hätte ich genauso gut mit dem Kopf voraus auf der Straße landen können.

Idiot!

Ich funkle ihn an.

»Bist du noch ganz dicht?«, zetert er weiter. »Wieso haust du wie eine Irre vor mir ab?«

Wieso stellst du dich mir in den Weg?

Ich schnaube. »Schon vergessen? Ich gehe nicht mehr in die Schule.«

Er schüttelt den Kopf. Sein angeschrägter Pony fällt ihm in die Stirn und verdeckt wieder das linke Auge. Mit dem anderen sieht er mich dafür umso durchdringender an.

»Und ob du gehst!« Unsere Blicke zucken wie Blitze zwischen uns hin und her. »Alia, das ist kein Spaß«, schiebt er mit einem Seufzen hinterher. Er hat wohl endlich erkannt, dass er mit seinem Befehlston nichts erreicht. »Wir müssen herausfinden, wer dir diese Zettel schreibt.«

Wir? Ich muss überhaupt nichts herausfinden, und dich geht es nichts an!

»Hast du mir nicht zugehört?«, fährt er fort, nachdem ich ihn nur weiter anfunkle und mich keinen Millimeter bewege. »Vor ein paar Wochen ist ein Mädchen aus unserer Schule verschwunden, und ein paar Leute haben seltsame Briefe bekommen.«

Und was hat das mit mir zu tun? Nichts. Gib es zu, Colin! Es besteht kein Zusammenhang zwischen diesem Mädchen und mir.

Ich schaue ihn weiter an, ohne ein Wort zu sagen. Darin bin ich gut. So habe ich bisher jeden dazu gebracht, mich in Ruhe zu lassen.

»Was ist, wenn das ein irrer Trittbrettfahrer ist, der dir die Zettel schreibt, und das Ganze eskaliert?«

Mhm. Realistisch. Und was sollte dieser Irre von mir wollen? Wäre es nicht viel logischer, wenn er die Zettel jemandem hinterlegt, den er kennt? Ich schüttle den Kopf.

Minutenlang diskutiert Colin mit mir. Offensichtlich hat er es sich in den Kopf gesetzt, die Sache aufzuklären.

Mein Argument, dass ich nach seiner Schmiererei an der Mensawand nicht mehr in die Schule kann, wischt er mit einem Lachen beiseite.

Ja, sehr witzig, Colin. Mal sehen, wie lange du es noch lustig findest, wenn ich trotzdem nicht mitgehe.

»Wenn du nicht mitkommst, gebe ich Marco Bescheid«, zieht er seinen letzten Trumpf aus dem Ärmel. »Der wird hundertprozentig hierher kommen und mit dir reden. Willst du das?« Er grinst mich an.

Selbstzufrieden und überlegen. Ich hasse ihn!

Wenn sein blöder Vater wenigstens Mama informieren würde, würde sie mich vielleicht endlich aufgeben, und ich hätte eine Chance, zurück nach Hause zu können. Aber das macht er sicher nicht, wenn Colin ihn um Hilfe bittet. Er will sich ja nicht wieder alles mit ihm kaputtmachen. Nein, Marco würde hier auftauchen und mir einen Vortrag darüber halten, dass ich nicht alles mit mir alleine ausmachen kann. Darauf kann ich verzichten.

Also fahre ich mit.

Bis wir an der Schule ankommen, erklärt Colin mir noch einmal seinen Plan. Er hat mit seinen Freunden gesprochen. Sie werden in den Pausen das Klassenzimmer im Auge behalten. Ich könnte meine Tasche einfach mit mir herumtragen, dann würden auch keine Zettel mehr auftauchen. Aber das will er nicht. Er will unbedingt herausfinden, von wem die Drohbotschaften stammen. Was ich will, ist ihm völlig egal. Also sage ich kein Wort mehr, das wäre nur verschwendeter Atem.

»Du redest echt nicht, wenn du keinen Bock hast?«, fragt er mich, als wir auf das Schulgelände abbiegen und an den Skatern vorbei zu den Fahrradständern fahren.

Hast du das nicht vorgestern schon festgestellt?

Ich zucke mit den Schultern und sehe ihn nicht einmal an.

Ich bin nur hier, weil er mich erpresst, und das lasse ich ihn spüren.

Er stellt sein Fahrrad neben meines. Genau wie Hannah. Als ich an sie denke, spüre ich einen Stich in der Brust, und auf einmal stehen mir Tränen in den Augen, weil ich jetzt merke, wie sehr sie mir fehlt. Das ist bescheuert. Colin ist von Hannah so weit entfernt wie der Mars von der Venus.

Nein, weiter.

Sie leben in zwei völlig anderen Galaxien. Und ich wurde aus

Hannahs wegkatapultiert, habe die Sternenkarte verloren und bin herumgeirrt, bis mein Raumschiff keinen Treibstoff mehr hatte. Ohne Treibstoff kann ich nie wieder zurück, egal was ich mache. Deshalb schwebe ich orientierungslos durchs All.

Ohne Ziel.

Und ohne Sinn.

»Heute Nachmittag …«, dringt Colins Stimme in meine Gedanken.

Ich sehe auf und höre ihm nicht mehr zu. Hinter ihm stellt Valentin sein Mountainbike ab. Hat er mich nicht bemerkt, übersieht er mich absichtlich? Er nimmt den Helm ab, fährt sich durch die platt gedrückten Haare und wendet sich dem Schulgebäude zu. Dabei dreht er sich von uns weg, so, als hätte ich noch nie ein Wort mit ihm geredet.

»Valentin!« Woher nehme ich den Mut, ihn anzusprechen?

Er ignoriert mich. Das ist offensichtlich. Trotzdem kann ich nicht anders. Er und Rieke sind die einzigen beiden Menschen hier, die für mich fast so etwas wie Freunde sind. Auch wenn Rieke mich angelogen hat. Was Lorena denkt, weiß ich nicht.

Es ist total blöd und eigennützig und gleichzeitig so ohne Selbstachtung. Ich will um jeden Preis das Loch zuschütten, das Hannahs Schweigen in mir aufgerissen hat. Colin greift nach meinem Arm. Was will er? Ich habe keine Lust, es herauszufinden, ducke mich weg und schließe zu Valentin auf.

»Valentin?«

Mist. Meine Stimme ist viel zu leise und klingt so, wie ich mich fühle. Hilflos.

»Wieso läufst du mir nach und lässt ihn stehen? Seid ihr nicht zusammen hergefahren?«, murmelt er.

Er schaut über die Schulter zu Colin.

»Ich dachte, wir sind …«

Freunde.

Das Wort kommt nicht über meine Lippen. Ich kann es nicht aussprechen, bleibe stehen und folge Valentins Blick. Colin ist noch immer bei den Fahrradständern. Mit verschränkten Armen steht er da, sein Pony verdeckt wieder das linke Auge. Mit dem anderen fixiert er Valentin.

Hör auf damit, du Idiot! Valentin hat nichts mit den verdammten Zetteln zu tun, starre ihn nicht so an, als ob er ein Schwerverbrecher wäre!

Ich funkle Colin an, was sinnlos ist, denn er achtet überhaupt nicht auf mich.

»Wir sind was?« Valentins Stimme bringt meine Aufmerksamkeit zurück zu ihm.

Seit wann sieht er mich an? Er hat den Kopf schief gelegt, und der grüne Ring in seinen grauen Augen leuchtet im Sonnenlicht.

»Bitte?« Das Wort kommt holprig über meine Lippen.

Warum ist mein Herz auf einmal aus dem Takt?

»Du hast gesagt: *Ich dachte, wir sind* … Und dann abgebrochen. Was hast du gedacht, was wir sind?«

Bilde ich mir das ein, oder war da ein Zittern in seiner Stimme? Ich bilde es mir ein. Es ist ihm egal, was wir sind, und offensichtlich sind wir keine Freunde. Sonst wüsste er das und müsste nicht fragen.

Ich zucke mit den Schultern und reihe mich in den Strom der Schüler ein, die sich ins Schulgebäude drängen.

»Alia?«

Warum folgt er mir? Ich schiele zu ihm. Er läuft dicht neben mir und lässt mich nicht mehr aus den Augen.

»Sehen wir uns nachher in der Pause?«, fragt er, sobald unsere Blicke sich treffen.

Ganz sicher nicht. Merkt er nicht, wie sie alle mit den Köpfen in meine Richtung nicken und tuscheln? Ich kann mich nicht draußen im Hof auf einen der Steine setzen. Wo alle mich sehen können. Das halte ich nicht aus. Wirklich nicht.

»Ich muss mich irgendwo verkriechen, wo niemand ist«, murmle ich.

Ich bin nicht sicher, ob Valentin mich gehört hat. Wenn ich ehrlich bin, will ich das auch nicht. Es klingt wie die totale Kapitulation. Ihm bei den Fahrradständern nachzulaufen war eine blöde Idee. Ich hätte ihn gehen lassen sollen, dann bräuchte ich ihm das nicht erklären.

»So ein Quatsch, du musst dich nicht verkriechen!«, widerspricht er mir. »In ein paar Tagen haben die meisten Leute die Sache mit der Mensawand sowieso wieder vergessen, wirst sehen. Bald wird es sie langweilen, und es redet kein Mensch mehr davon.«

Das meint er nicht ernst. Klar, die meisten Gerüchte verlieren sich mit der Zeit. Aber von bestimmten Aktionen erzählt man sich auch noch Jahre später, wenn die Betroffenen längst von der Schule abgegangen sind. Ich bin mir mehr als sicher, dass ein *Fuck you!* an der Mensawand in genau diese Kategorie fällt.

Danke, Colin!

»Also, sehen wir uns nachher?«, fragt Valentin wieder.

Statt ihm zu antworten, versuche ich mich an einem Lächeln und zucke wieder mit den Schultern. Er zieht die Augenbrauen hoch, will mich scheinbar nicht so leicht davonkommen lassen. Zum Glück muss ich zu meinem Klassenzimmer abbiegen.

Ich winke ihm zu und tauche im Strom der Schüler unter. Die Antwort bleibe ich ihm schuldig. Aber keine Antwort ist manchmal auch eine Antwort, und Valentin ist clever genug, um das zu wissen.

*

Ich habe mich geirrt. Am Freitag war ich nur in der Vorhölle. Die Hölle wartet im Klassenzimmer auf mich. Sobald ich den Raum betrete, wird es ruhig und achtundzwanzig Augenpaare sehen mich an. Meine Wangen beginnen zu glühen, ich halte die Blicke nicht aus, bin auf einmal im Mittelpunkt der Aufmerksamkeit. Genau dort, wo ich nie sein wollte. Höre meine Mitschüler tuscheln, versuche es auszublenden, bekomme trotzdem einzelne Satzfetzen mit.

Völlig durchgedreht … Stille Wasser, hm?

Meine Füße reagieren schneller als ich, ich drehe mich um und renne genau in die Mathelehrerin.

»Huch, Alia? Ist alles in Ordnung?«

Jemand kichert, und mir wird noch heißer. Ich nicke, stolpere zu meinem Platz und will im Erdboden versinken. Oder mich wenigstens in Luft auflösen, unsichtbar werden. Das hat doch sonst immer funktioniert. Aber es klappt nicht, sie starren mich alle an.

Zu allem Übel habe ich außer meinem Block und dem Mäppchen keine Schulsachen dabei. Unsere Mathelehrerin merkt das, aber sie spricht mich nicht darauf an. Die meiste Zeit zwirbele ich einen meiner geflochtenen dünnen Zöpfe zwischen den Fingern und starre auf meinen Block. Nur einmal wage ich es aufzuschauen, genau in dem Moment, in dem Lou mich ansieht. Sie zieht die Augenbrauen hoch. Beinahe so, als wollte sie mich etwas fragen. Die blonden Strähnen umrahmen ihr Gesicht, wenn sie Locken hätte, gäbe sie den perfekten Weihnachtsengel ab. Ich weiche ihrem Blick aus. Sobald es zur ersten Pause läutet, springe ich auf und stürme aus dem Raum. Bevor noch irgendwer auf die Idee kommt, mich anzusprechen.

Ich verkrieche mich in beiden Pausen auf der Toilette, höre Musik über das Handy und schreibe Rieke.

Und? Hat es geklappt? Bist du noch unterwegs, oder musstest du heute doch wieder in die Schule?

Keine Ahnung, warum ich sie das frage. Ich weiß ja, dass es gelogen ist. In der zweiten Pause blinkt ihre Antwort auf dem Display.

Wir sind noch unterwegs! :D
Und du? Genießt du die Pausen mit Valentin?
Grüß Lorena von mir, wenn du sie siehst!

Hör endlich auf damit, Rieke! Zwischen Valentin und mir ist nichts.

Auf dem Gang laufe ich tatsächlich Lorena über den Weg.

»Haben die Blades jetzt gepasst?«, fragt sie mich wieder, ohne Begrüßung.

Kein Wort von unserem Ausflug gestern. Neben ihr sind noch zwei andere Mädchen. Ausgerechnet Lou und wahrscheinlich eine Freundin von ihr. Ihre Freundin sieht mich mit großen Augen an und flüstert Lou etwas ins Ohr. Super. Sie hat mich erkannt. Den Freak, der *Fuck you!* an die Mensawand geschmiert hat. Aber Lou schüttelt nur den Kopf und lächelt mir zu.

»Hallo?« Lorena beugt sich vor und fuchtelt mit der Hand vor meinem Gesicht herum. »Haben die Blades gepasst?«, fragt sie noch mal.

Die Blades. Als ob ich die inzwischen anprobiert hätte.

»Ich soll dich von Rieke grüßen«, sage ich schnell.

»Rieke?« Lorena starrt mich mit offenem Mund an. Eine rotblonde Locke fällt ihr ins Gesicht, aber sie scheint das noch nicht einmal zu bemerken. »Hat sie dir geschrieben?«

Ich nicke.

»Echt?« Jetzt streicht sie die Locke hinters Ohr. »Fühl dich geehrt. Mir hat sie bisher immer noch nicht geantwortet.«

EIN ZUFALL, DER KEINER IST

Zu Schulschluss bin ich eine der Ersten, die aus dem Raum stürmt. Ich würde lieber warten und als Letzte gehen. Aber wenn ich das mache, spricht mich doch noch jemand an.

Weder Valentin noch Colin sind so früh bei den Fahrradständern. Zum Glück. Ich will keinen von beiden sehen. Colin nicht, weil ich Gefahr laufe, ihn anzuschreien. Wegen seiner Scheißaktion kann ich die Pausen in Zukunft auf der Toilette verbringen, und er begreift immer noch nicht, dass ich für die anderen jetzt die durchgeknallte neue Mitschülerin bin.

Und Valentin will ich nicht sehen, weil …

Weil was?

Weil ich zu feige bin, ihm zu erklären, wieso Colin auf einmal mit mir zur Schule fährt. Und weil ich ihn mit Sicherheit verliere, wenn ich ihm nicht sage, warum.

Verdammter Mist.

Ich war noch nie gut im Freundschaftenschließen. Wenn Hannah und ich uns nicht schon seit der Krabbelgruppe kennen würden, in der unsere Mütter sich sympathisch waren, hätten wir uns nie angefreundet. Genau genommen haben wir das auch so nicht. Ich habe mich im Kindergarten an sie gehängt, weil sie der einzige Mensch war, den ich kannte. Und sie hat es geduldet. Wahrscheinlich, weil es egal war, ob ich dabei war oder nicht. Ich war schon als Kleinkind sehr gut darin, mich unsichtbar zu machen. Ich glaube, die meiste Zeit hat sie vergessen, dass ich ihr gefolgt bin, und irgendwann war sie an mich gewöhnt und hat auf mich gewartet.

Ich trete kräftig in die Pedale, will möglichst schnell weit weg von der Schule.

Hannah.

Ihr Name löst ein Ziehen in meinem Bauch aus. Zusammen mit den Blicken und dem Getuschel in der Schule, dem Ärger mit Mama und Papas Aussage, dass ich bis zu den Sommerferien nicht mehr nach Hause zu kommen brauche. Es ist wie eine hochexplosive Mischung. Das genaue Gegenteil von heute Morgen, wo ich nur hilflos und leer war. Okay, hilflos bin ich immer noch. Aber statt der Leere ist ein Gefühlschaos in mir, das sich anfühlt wie eine Überspannung in einer Stromleitung. Wenn ich nichts mache, zerspringe ich, ich spüre es. Ich muss mich abreagieren, muss den Druck irgendwie loswerden, ich muss …

Ich weiß genau, was ich muss.

Es ist genau wie vor ein paar Wochen, als es bei uns zu Hause nicht mehr auszuhalten war. Nein, diesmal ist es schlimmer. Ich halte es weder in Marcos Wohnung aus und dank Colin auch nicht mehr in der Schule.

Warum fängt Mama erst morgen an zu arbeiten? Wenn ich Geige spielen könnte, hätte ich eine Chance, mich in der Musik zu verlieren, das Gefühlschaos aufzulösen. Aber ich kann nicht in die Wohnung, ertrage Mama jetzt nicht.

Zum Glück hat Marco sie überredet, den Hausarrest aufzuheben.

Glück?

Wenn ich das durchziehe, wird das mein Untergang sein. Zumindest, wenn ich wieder erwischt werde. Ich weiß es und kann trotzdem nicht anders. Meine Hand zittert, als ich das Handy aus der Tasche ziehe. Ich brauche drei Versuche, um die Karten-App zu öffnen und nach dem nächsten Einkaufszentrum zu suchen. Es ist ein Fehler, ein verdammt großer Fehler.

Ich weiß das.

Wenn sie mich erwischen, ist es aus.

Für immer.

Ist es nicht genau das, was ich will?

Ich weiß es nicht, ich weiß überhaupt nichts mehr. Nur, dass es mich zerreißt, wenn ich nichts tue. Das Gefühl, in die Enge getrieben zu sein, dieses Angewiesensein auf andere, auf Marco zum Beispiel. Auf Leute, von denen ich nicht abhängig sein will und es trotzdem bin – ich halte das keine Sekunde länger aus!

Ich stecke das Handy weg und fahre los. Zum nächsten Einkaufszentrum.

Ich hatte keine Ahnung, wie lange ich schon auf diesem superharten Holzstuhl saß, der bedrohlich knarzte, sobald ich mich nur einen Millimeter bewegte. Das grelle Neonlicht an der Decke wurde von der weißen Tischplatte vor mir zurückgeworfen und blendete mich. Mir gegenüber saß eine Mitarbeiterin des Drogeriemarktes. Auf einem Drehstuhl, der wesentlich bequemer aussah als der Holzstuhl, den sie mir zugewiesen hatte. Der Tisch und die beiden Stühle nahmen fast den ganzen Platz in diesem winzigen Raum ein, und ich kam mir vor wie in einer Gefängniszelle. Mein Blick blieb an den fünf Gegenständen hängen, die auf der Tischplatte vor mir ausgebreitet lagen.

Ein rosa Lipgloss.

Ein Fläschchen Nagellack, metallicgrün.

Eine Haarbürste.

Eine Packung Gummibärchen.

Ein Schokoriegel.

Sie hatten alles in meiner Tasche gefunden, und bis auf den Schokoriegel und die Gummibärchen, die ich Finley geben wollte, brauchte ich nichts davon. Hätte ich nur den Lipgloss eingesteckt, hätten sie mich niemals erwischt. Aber ich war wie im Rausch gewesen, konnte nicht aufhören, wollte den Nervenkitzel steigern. Ein Teil war nicht genug, um das Gefühl loszuwerden, im Stich gelassen worden zu sein. Um überhaupt wieder irgendetwas zu fühlen, außer dieser großen Leere, die ich viel zu oft spürte, sobald ich nach Hause musste.

Die Mitarbeiterin trommelte mit ihren langen, rot lackierten Fingernägeln auf der Tischplatte und sah mich dabei an, als wäre ich eine Schwerverbrecherin. Ich wich ihrem Blick aus, starrte auf den kleinen braunen Fleck neben dem Namensschild auf ihrem sonst blütenweißen Kittel.

A. Schulze

Aus dem kleinen Flur vor der Tür hörte ich Papas Stimme und atmete auf. Ich hatte ihnen Papas Nummer gegeben, weil Mama in der letzten Zeit dauernd unterwegs war und weil Papa mich verstehen würde. Er hatte uns bisher aus jeder brenzligen Situation herausgeboxt, Finley und mich. Als Finley zum Beispiel einen Fahrradunfall hatte und der Autofahrer ihn am Unfallort ein Schuldeingeständnis unterschreiben ließ.

Es klopfte, und eine Sekunde später stand Papa in der Tür. Ich wirbelte herum, wollte aufspringen und ihm in die Arme fallen. Aber dann sah ich sein Gesicht, die nach außen tretenden Kiefermuskeln, die zu Schlitzen verformten Augen, und war wie festgefroren. Als sein Blick mich traf, wusste ich es. Er würde mich nicht rausboxen. Nicht dieses Mal. Er sah mich an, als wüsste er nicht, wer ich bin.

Ohne ein Wort zu mir zu sagen, wandte er sich an die Verkäuferin. Hinter ihm drängte sich ein Mann in Uniform in den Raum, und auf einmal war es so eng, dass ich glaubte, keine Luft mehr zu bekommen.

Das war der Tag, an dem ich die Verbindung zu meinen Eltern verloren habe.

Nein. Nicht ganz.

Die Verbindung war schon vorher weg, als die Streitereien und der Rosenkrieg anfingen. Zumindest war sie immer mehr verblasst, bis ich sie kaum noch spüren konnte, weil ich weder Papa noch Mama wiedererkannt habe. Sie waren mit sich selbst beschäftigt und haben uns nicht mehr gesehen. Finley und mich. Und wenn sie uns doch wahrnahmen, mussten wir aufpassen, uns nicht auf eine Seite ziehen zu lassen.

Der Moment im Hinterzimmer des Drogeriemarktes war nur der Augenblick, in dem der Faden riss. Alles Gute, was Papa oder Mama jemals in mir gesehen hatten, verflüchtigte sich und übrig blieb nur noch eines: mein Schweigen. Sie verstanden es nicht, sie verstanden mich nicht. Ich war für sie zu einer Fremden geworden. Wie sich herausstellte, hätte ich genug Geld dabeigehabt, um den ganzen Mist auf dem Tisch zu bezahlen. Den Mist, den ich nicht wollte. Es ging nie um den Lipgloss, die Haarbürste oder den Nagellack. Es ging nur um die Illusion, etwas zu spüren, nachdem ich in den vergangenen Wochen alle Gefühle erfolgreich ausgeblendet hatte, weil es mir sonst den Boden unter den Füßen weggezogen hätte.

Aber das konnte ich ihnen nicht erklären. Selbst wenn ich es versucht hätte, hätten sie mich nicht verstanden. Für sie hätte es so geklungen, als wollte ich ihnen die Schuld geben, und das hätte sie nur noch wütender gemacht. Mit Sicherheit. Was hätte ich anderes tun können als schweigen?

Vor dem Einkaufszentrum schließe ich das Fahrrad ab und gehe auf die Glastür zu. In großen und schnellen Schritten. Nur nicht anhalten, sonst verliere ich den Mut. Wenn ich erwischt werde, wirft Mama mich definitiv raus, und Papa hat keine Wahl, als mich wieder aufzunehmen. Dann habe ich gewonnen.

Gewonnen?

Bei dem Wort taucht Papas enttäuschtes Gesicht vor mir auf. Ich glaube, dann habe ich endgültig verloren.

Egal. Ich wäre wieder bei Hannah, und das wäre auf alle Fälle ein Gewinn!

Ich gehe in das erstbeste Geschäft. Ein Ramschladen. Am Eingang ist ein Büchertisch, und ich greife das oberste Buch. Es hat einen orangen Einband und sieht nach einem Ratgeber aus. Ich klemme es unter den Arm und gehe weiter, auf ein Regal mit Fußballstickern zu und nehme eine Packung. Die kann ich noch nicht einmal Finley schicken, der interessiert sich null für Fußball. Außerdem bin ich pleite, und das weiß er. Gegenüber steht ein Regal mit Partysachen. Ich kann mich nicht mehr stoppen. Das ist völlig dumm. Wenn ich weitermache, werde ich wieder erwischt. Genau wie beim letzten Mal. Wobei, im ganzen Laden ist außer mir nur eine Verkäuferin, und die steht an der Kasse und ist auf ihr Handy konzentriert. Haben sie hier Kameras? Ich sehe keine und werfe alle Vorsicht über Bord. Eine Packung Luftschlangen und eine Tüte Partytröten landen direkt in meiner Tasche. Das Buch und die Sticker werfe ich oben drauf. Beim Rausgehen stecke ich noch eine Packung Wunderkerzen ein. Auf einmal ist eine Leichtigkeit in mir, ich genieße das Kribbeln im Bauch. Wenn es nicht zu riskant wäre, würde ich weitermachen. Ich gehe rüber in den Drogeriemarkt, das ist sicherer, bin schon fast am Ausgang. Ich kann …

Eine Hand berührt meine Schulter und hält mich fest. Ist hier doch ein Detektiv?

»Hey!«, fauche ich und fahre herum.

Noch kann ich so tun, als hätte ich zur Kasse gehen wollen. Diebstahl wäre es erst, wenn ich zum Ausgang raus wäre. Gut, ich stehe genau davor und habe kein Geld dabei, aber …

Valentin?

»Was machst du hier?« Nur mit Mühe bringe ich die Frage heraus.

»Ich wollte was besorgen und hab dich hier im Laden gesehen.« Wieder ist dieses Lächeln in seinem Gesicht.

Das, bei dem ich einfach zurücklächeln muss.

»Cool. Was brauchst du? Soll ich mitkommen?«

Der Riemen der Tasche schneidet in meine Schulter.

Die Verkäuferin hat inzwischen das Handy weggesteckt und schaut zu uns herüber. Hat sie etwas bemerkt? Mein Herz gerät aus dem Takt und fängt an zu rasen, mir wird heiß, ich muss hier weg. Schnell.

»Lass uns gehen«, sage ich zu Valentin und drehe mich zum Ausgang.

»Warte!« Er hält mich wieder an der Schulter. »Du musst die Sachen noch bezahlen. Oder?« Die letzten Worte raunt er mir ins Ohr.

Damit die Verkäuferin es nicht hört?

»Oh, verdammt! Stimmt, das hätte ich fast vergessen …« Ich lache ein Lachen, das selbst in meinen Ohren gekünstelt klingt und stolpere auf die Kasse zu.

Mein Gesicht glüht, und meine Hände sind schwitzig. Sie zittern, während ich alle Sachen auf die Ladentheke lege.

Balance Your Life – der Titel prangt auf dem orangenen Buch. Valentin muss mich für komplett bescheuert halten. Ich schiele zu ihm, er bemerkt meinem Blick und lächelt wieder.

»Macht dann zwölf neunundneunzig«, sagt die Verkäuferin.

Sie ist vielleicht Anfang zwanzig und sieht nicht besonders motiviert aus. Zwölf neunundneunzig, klar, kein Problem.

Verdammt, Valentin, warum musstest du ausgerechnet jetzt hier aufkreuzen?

Die Verkäuferin hätte niemals etwas bemerkt. Jede Wette.

Ich beuge mich über meine Tasche, wühle sinnlos darin herum, schüttle schließlich den Kopf und sehe wieder hoch. »Tut mir leid. Wie es aussieht, habe ich meinen Geldbeutel zu Hause liegen lassen …«

Meine Wangen brennen. Wenigstens zittern meine Hände nicht mehr, und meine Ausrede klang überraschend überzeugend.

»Heißt das, dass ich das alles wieder stornieren kann?« Die Verkäuferin deutet auf den ganzen Krimskrams, der vor uns ausgebreitet liegt.

»Sorry …« Ich versuche, zerknirscht zu klingen und ihr Augenrollen zu ignorieren.

»Ich zahle«, sagt Valentin plötzlich.

»Was?«, fahre ich ihn an. »Nein!«

Spinnt er? Ich will diesen Mist überhaupt nicht, aber er hat schon einen Zwanzigeuroschein aus der Tasche gezogen und hält ihn der Verkäuferin hin.

»Valentin, nein, ich kann morgen wiederkommen und das Zeug kaufen.« Jetzt klinge ich total flehentlich, und es ist sowieso schon zu spät.

Die Verkäuferin nimmt ihm den Schein ab und zählt das Wechselgeld aus der Kasse.

»Geht schon in Ordnung«, sagt er und ramscht den ganzen Mist in meine Tasche, die immer noch auf der Ladentheke liegt. »Du kannst es mir ja morgen zurückgeben.«

Kann ich nicht. Ich habe keinen Cent. Wie soll ich ihm das erklären?

»Hast du Lust auf den Park?«

Welchen Park? Den mit dem verwaisten Spielplatz, wo wir letzte Woche Eis gegessen haben? Ich zucke mit den Schultern.

Solange du nicht auf die Idee kommst, noch mal für mein Eis zu bezahlen?

Wir verlassen das Einkaufszentrum und gehen zu den Rädern. Valentin hat seines genau neben meinem abgestellt.

Moment.

Es war überhaupt kein Zufall. Als ich die Schule verlassen habe, stand sein Mountainbike noch da. Ist er mir gefolgt? Aber dann muss er alles mitbekommen haben. Dann weiß er, dass ich die Sachen nie bezahlen wollte. Wieso hat er sie für mich gekauft? Und warum tut er so, als ob nichts wäre?

Er schließt sein Mountainbike auf und fährt los. Ich folge ihm, obwohl ich große Lust habe, einfach umzudrehen und in die andere Richtung davonzufahren. Aber ich muss das mit ihm klären. Will wissen, warum er so tut, als ob alles in Ordnung wäre, statt mir an den Kopf zu knallen, was für eine kranke Nummer ich hier abgezogen habe.

MIT DEN EIGENEN WAFFEN GESCHLAGEN

Wir sind tatsächlich nicht weit von dem Park entfernt. Ich hatte es nur nicht gemerkt, weil die Straßenbahnstation in der anderen Richtung liegt. Okay, es hat mich bis eben auch nicht interessiert. Valentin kettet das Mountainbike an den Zaun, und ich schließe Colins Ersatzrad daneben ab.

Im Park steuert er ganz automatisch auf den Spielplatz zu. Es ist wieder kein Kind zu sehen. Das verstehe ich nicht, der Spielplatz sieht völlig okay aus. Finley und ich hätten früher die Röhrenrutsche geliebt oder das Kletternetz, das mindestens acht Meter hoch ist. Wieso spielt hier niemand? Valentin geht zu den Schaukeln. Zum Glück, so muss ich mich nicht neben ihn setzen. Außerdem sind die Metallketten gut. Ich kann mich an ihnen festhalten, dagegenlehnen und verschwinden. Zumindest so tun als ob.

»Warum bist du wirklich aufgetaucht?«, frage ich und schaue dabei zu meinen Füßen, die ich gegen den Sandboden stemme, um ganz leicht zu schwingen.

Zurück, vor, zurück, vor …

Der Riemen der Tasche rutscht von meiner Schulter, und ich lasse sie auf den Boden gleiten. Valentin hält inne. Ich merke es, weil seine Schaukel gerade noch geschwungen ist, und er die Beine auf einmal ganz ruhig hält.

»Hab ich doch gesagt, ich wollte etwas besorgen und …«

»Lüg mich nicht an!« Ich stoppe und sehe hoch in sein Gesicht. Meine Lippe zittert. Er zuckt zusammen, hat wohl nicht mit der

Schärfe in meinem Tonfall gerechnet. Das ist das Problem. Nur weil ich kaum etwas sage, halten mich alle für tiefenentspannt oder für eine, mit der sie umspringen können, wie sie wollen, weil sie sich sowieso nicht wehrt.

Er sieht zu mir. Auf seinen Lippen liegt ein schiefes Lächeln, das überhaupt nichts Ansteckendes mehr hat.

»Ich hab nach dir gerufen, an der Schule, aber du hast mich nicht gehört, und da dachte ich, ich fahr dir nach …« Die Worte kommen stockend aus seinem Mund, kein bisschen selbstsicher.

Also ist ihm klar, dass das eine Scheißaktion von ihm war? Seine Wangen sind einen Tick röter als sonst, und seine Ohren glühen.

»Du hast mir nachspioniert?«

Bei der Frage sackt er in sich zusammen.

»Ich wollte dich einholen und fragen, warum du in der Pause nicht aufgetaucht bist und ob du Zeit hast, ich …«

»Warum hast du mich dann nicht eingeholt?«

Das wäre ein Leichtes gewesen. Erstens ist er schneller als ich, was kein Wunder ist, nachdem er mit Mats ständig Mountainbike-Touren fährt. Und zweitens habe ich angehalten, um das Einkaufszentrum herauszusuchen.

»Du hast so gewirkt, als wolltest du allein sein …« Er fährt sich durch die kurzen Haare und fängt wieder an, auf der Schaukel zu schwingen.

Ist das ein stümperhafter Versuch, mir auszuweichen?

Wenn du das gemerkt hast, warum hast du mich dann nicht allein gelassen?

Das ist nicht das, was jetzt wichtig ist. Viel wichtiger ist, warum er so tut, als wäre alles in Ordnung, obwohl er mich beim Klauen ertappt hat.

»Du hast gesehen, was für eine Nummer ich in dem Laden abziehen wollte.« Es ist keine Frage, es ist eine Feststellung.

Valentin kapiert das, ich erkenne es an seinem Gesichtsausdruck. Das Lächeln ist verschwunden. Er sieht zu mir. Nicht abschätzig, auch nicht fassungslos, nicht so, wie meine Eltern mich angeschaut haben, nein, einfach nur ernst. Aber er sagt nichts.

»Hallo? Du weißt genau, was Sache ist. Gib es zu!«

Er sieht mich weiter an, so, als hätten wir auf einmal die Rollen getauscht, und er ist nun derjenige, der so gut schweigen kann. Warum spricht er es nicht aus? Ich bin ein absoluter Fehler. Eine, die klaut, weil sie ihre Gefühle nicht in den Griff bekommt. Die den Kick sucht als Ventil gegen die Überspannung. Die mich zerreißen würde, wenn ich nichts mache.

»Ich hatte nie vor, das Zeug zu bezahlen, und du weißt das!«, spreche ich es aus.

Sein Schweigen macht mich wahnsinnig.

Witzig.

Dass ausgerechnet mich das stört. Mich, die Meisterin des Schweigens.

Er nickt.

»Warum hast du den Scheiß bezahlt? Ich brauche das Zeug nicht, ich hatte vor, es wegzuwerfen. Wie krank ist das bitte?« Meine Stimme bebt, in mir ist ein Feuer, das alles niederbrennt.

Ohne Rücksicht auf Verluste. Ich beuge mich zu der Tasche und zerre das Buch heraus.

Balance Your Life.

Balance my ass! Ich hole aus, will es so weit wie möglich wegschleudern, es nie wieder sehen müssen. Valentin hält meinen Arm fest. Wie hat er das so schnell geschafft? Die Schaukeln sind einen halben Meter auseinander.

»Was?«, schreie ich ihn an.

Das ist bescheuert, ich bin wütend auf mich, nicht auf ihn. Er sollte überhaupt nicht hier sein, er sollte …

Er greift mit der freien Hand nach dem Buch und nimmt es mir ab. Mit der anderen hält er noch immer meinen Arm.

»Du bist nicht krank.« Er spricht es aus, als ob das eine unverrückbare Tatsache wäre und nicht eine einzige große Lüge.

Wieso lügst du mich an, Valentin?

Ich sehe zu seiner Hand, und er zieht sie weg.

»Was willst du überhaupt von mir? Warum gibst du dich mit einer wie mir ab, die nach nicht einmal einer Woche die Mensawand beschmiert hat?«

Ich war das nicht. Klar. Aber wenn ich Valentin wäre, wäre ich mir nach der Aktion heute nicht mehr so sicher.

»Das mit der Mensawand warst du nicht« ist alles, was er dazu sagt.

»Was macht dich so sicher? Wenn dir jemand erzählt hätte, dass ich klaue, hättest du es auch nicht geglaubt. Oder?« Ich hebe das Kinn, schaue ihn herausfordernd an.

Mein Herz rast, und meine Finger fangen wieder an zu zittern. Ich umklammere die Eisenketten und drücke mich ein Stück von Valentin weg.

»Wenn ich einen Tipp abgeben müsste, würde ich auf Colin setzen«, antwortet er, mich fest im Blick haltend.

Woher weiß er das? Mir bleibt die Luft weg.

»Ich verstehe nur nicht, wieso er ausgerechnet dich da reingezogen hat.«

Ich zucke mit den Schultern.

Es ist kompliziert.

Er legt den Kopf schief und sieht mich unverwandt an. Wartet er auf eine Antwort?

»Wie hast du es geschafft, nach nicht einmal vier Tagen den größten Troublemaker der Schule auf dich aufmerksam zu machen?«, fragt er schließlich.

Den größten Troublemaker?

»Ist er auch derjenige, der für das Loch in deinem Reifen verantwortlich war?«

Ich ziehe wieder die Schultern hoch und schaue auf den Sand zwischen meinen Schuhen, fange an, mit der Schaukel zu schwingen, die Füße fest am Boden.

Zurück, vor, zurück, vor …

»Wieso nimmst du ihn in Schutz, und wie kommt es, dass er nach dieser Aktion auf einmal am Samstag bei dir auftaucht und dich heute in die Schule begleitet? Er hat doch überhaupt keinen Unterricht mehr. Die schriftlichen Abiprüfungen waren alle vor den Pfingstferien und die mündlichen sind erst in ein paar Wochen.«

Bitte? Colin hätte überhaupt nicht mehr in der Schule sein müssen? Die ganze Zeit?

»Wiedergutmachung«, murmle ich, weil ich Valentin die Antwort nicht schuldig bleiben will und meine damit mehr mich als Colin.

Immerhin bin ich diejenige, die sich in seinem Zimmer breitgemacht hat, egal, ob ich das gewollt habe oder nicht.

»Und er wollte sicherstellen, dass ich heute trotz seiner Scheißaktion in die Schule gehe«, setze ich nach und hebe den Kopf.

Valentins Blick verändert sich. Es fühlt sich an, als versuche er meine Gedanken zu lesen.

»Magst du ihn?« Die Frage kommt zögernd über seine Lippen.

Ich schüttle den Kopf. Es geht nicht um mögen oder nicht mögen.

»Ich kann einfach verstehen, warum er das gemacht hat. Das ist alles.«

»Sicher?« Wieso klingt es so, als ob er mir nicht glaubt?

Warum ist es überhaupt wichtig? Ich höre auf zu schwingen und erwidere seinen Blick.

»Was hast du angestellt? Ich meine, Colin hat schon viel Mist gebaut. Aber ich habe noch nie erlebt, dass er andere mit hineinzieht.« Valentin sitzt völlig reglos auf der Schaukel und lässt mich keine Sekunde aus den Augen.

Das blöde Buch hält er immer noch in der Hand.

Ich habe Colin sein Zimmer geklaut, und für ihn ist es so, als hätte sein Vater ihn durch mich ersetzt. Was Schwachsinn ist, aber okay. Ist das Grund genug?

»Hast du ihm einen Korb gegeben?«, fragt Valentin weiter.

Bitte? Glaubt er das echt? Wie armselig wäre das denn? Wenn Colin mich fertigmachen wollte, nur weil ich nichts von ihm will?

Ich schüttle den Kopf.

»Warum war er dann so sauer auf dich?« Valentins Blick ist richtig durchdringend.

Ich muss ihm antworten, sonst hält er mich für komplett bescheuert.

»Familienangelegenheit ...«, murmle ich und sehe wieder zu meinen Füßen.

»Ihr seid miteinander verwandt?«

»So ähnlich ...«

Bitte, Valentin, frag nicht weiter nach. Ich will jetzt nicht über meine kaputte Familie reden. Okay?

»Was soll das heißen, so ...«

»Wieso hast du den ganzen Mist vorhin bezahlt, statt zu gehen, ohne dich bemerkbar zu machen?«, unterbreche ich ihn, um das Thema *Colin* zu beenden. Ich sehe, wie er den Mund öffnet, aber ich komme ihm zuvor, er soll mich nicht wieder mit einem einfachen Satz abspeisen. »Und erzähl mir nicht, dass das normal ist. Das ist bescheuert, kein Mensch will mit jemandem befreundet sein, der klaut!«

Wieso macht Valentin sich ausgerechnet jetzt Gedanken um Colin, statt mich mit dem Diebstahl zu konfrontieren? Okay, von seiner Warte aus ist es seltsam. So klein ist die Schule nicht, und vor der Sache mit der beschmierten Mensawand bin ich nicht aufgefallen. Wie hätte Colin mich überhaupt wahrnehmen sollen? Ich bin drei Stufen unter ihm, wir haben keine Berührungspunkte.

Nicht in der Schule.

»Glaubst du echt, dass du die Einzige bist, die in ihrem Leben Mist gebaut hat?« Er erwidert meinen Blick.

Gut. Der Themenwechsel hat funktioniert.

»Und was hast du gemacht? War das auch so schlimm, dass niemand mehr etwas mit dir zu tun haben wollte?« Ich kneife die Augen zusammen.

Darauf hat er mit Sicherheit keine Antwort. Egal wie sehr er sich bemüht. Einer wie er würde nie etwas tun, was außerhalb des moralischen Kompasses liegt. Dafür ist er viel zu gutherzig.

Woher ich das weiß?

Wenn er es nicht wäre, wäre er am Freitag niemals hinter die Mensa gekommen, um mir beim Streichen zu helfen.

»Ich habe meine Eltern belogen«, antwortet er, ohne den Blick von mir abzuwenden.

Bitte was?

Ich starre ihn an, bringe kein Wort heraus und wage es nicht einmal zu blinzeln. So wie er mich anschaut, will er wissen, ob ich ihn verurteile für das, was er eben gesagt hat.

»Ein halbes Jahr lang«, fährt er fort. »Das ist schon sechs Jahre her, aber das macht es kein Stück besser. Wenn ich wollte, könnte ich Rieke die Schuld geben, es war ihr Vorschlag damals, aber das wäre einfach nur feige. Ich habe es durchgezogen, obwohl ich wusste, dass meine Eltern sich auf mich verlassen. Weil ich lieber mit Rieke unterwegs war, als auf meine kleinen Geschwister aufzupassen.«

Was hat er gemacht? Er löst den Blickkontakt, schaut nach vorne und schwingt fast unmerklich mit der Schaukel hin und her.

»Ich sollte ständig auf meine damals siebenjährige Schwester und meinen fünfjährigen Bruder aufpassen. Es hat mich genervt, vor allem weil meine große Schwester das nie musste, sie war immer bei irgendwelchen Freundinnen und so gut wie nie zu Hause. Also habe ich meiner kleinen Schwester einen Deal vorgeschlagen.« Kurz huscht sein Blick zu mir. Er kratzt sich am Kopf, stemmt sich mit den Beinen nach hinten und schaut zu seinen Füßen. »Sie konnte mit meinem kleinen Bruder zusammen den ganzen Nachmittag fernsehen, und ich habe ihr jedes Mal noch Süßigkeiten gegeben, die mir meistens Rieke von ihrer Tante mitgebracht hat.«

Lass mich raten. Irgendwann hat seine Schwester sich verplappert oder der kleine Bruder, und alles ist aufgeflogen?

»Wie gesagt, es ist fast ein halbes Jahr lang gut gegangen, bis meine Eltern an einem Nachmittag vor mir zu Hause waren.« Er sieht mich wieder an, und auf seine Lippen schleicht sich ein schiefes Lächeln. »An dem Nachmittag ist etwas kaputtgegangen. Meine Eltern haben fast nichts gesagt. Ich musste von da an auch nicht mehr auf meine kleinen Geschwister aufpassen, und eigentlich hätte ich froh sein sollen. Aber das war teuer erkauft, das habe ich ziemlich schnell gemerkt. Ich glaube, sie haben mir seither nie wieder so vertraut wie davor.«

Er hebt die Füße in die Luft und schwingt nach vorne.

»Wer es höher schafft!«, rufe ich und stoße mich ab.

Ich würde gern etwas anderes zu ihm sagen, etwas, das ihm zeigt, dass ich ihn verstehe. Aber ich weiß nicht, welche Worte dafür die richtigen sind.

Wie immer.

Also schwinge ich so hoch ich kann. Valentin macht mit, diesmal schaukeln wir fast synchron. Am vordersten Punkt stoße ich mich ab.

»Spring!«, rufe ich im Fallen über die Schulter.

Der Aufprall ist nicht so heftig wie beim letzten Mal. Wahrscheinlich, weil wir nicht einmal annähernd so hoch waren. Ich rolle mich im Sand auf den Rücken. Nur mit dem Kopf liege ich auf dem Gras der angrenzenden Spielwiese. Die Sonne blendet mich, und ich schließe die Augen. Valentin kommt neben mir auf. Sand spritzt bis zu meinen Beinen, ich spüre die kleinen Körner durch die Stoffhose und blinzle, beobachte, wie er sich setzt, die Beine angezogen, das blöde Buch hat er sich in den Hosenbund gesteckt.

Ich deute darauf. »Was willst du damit?«

Er zieht es vor, dreht es von einer Seite auf die andere und zuckt mit den Schultern. »Balance Your Life … Das klingt wie eines von den Büchern, die Riekes Tante gerne liest. Ich glaube, ich schenke es ihr. Jetzt, wo wir es schon gekauft haben.«

Wir? Ich schulde dir zwölf Euro neunundneunzig.

»Magda, oder?«

»Woher weißt du, wie ihre Tante heißt?«

Weil Lorena mich gestern mit der Realität konfrontiert hat.

Ich zucke mit den Schultern.

»Wohnt Rieke wirklich bei ihrer Tante?«, frage ich und stütze mich auf die Ellenbogen, um ihn besser ansehen zu können.

»Ja.«

»Und ihr Vater? Der wohnt nicht bei ihnen oder?«

Er schüttelt den Kopf. »Riekes Tante hat sie ihrem Vater abgenommen, nachdem ihre Mutter weg war. Das ist schon Ewigkeiten her.«

Also hat ihre Mutter nicht schon immer in Spanien gelebt? Ich will es fragen, beiße mir auf die Lippe und lasse es.

»Wegen der Arbeit? Weil Rieke sonst so viel alleine wäre?«, frage ich stattdessen.

Oder weil der Vater noch verdammt jung war? Keine Ahnung, er kann nicht viel älter als Colin gewesen sein, als Rieke auf die

Welt gekommen ist. Ist ihre Mutter sofort nach Riekes Geburt verschwunden? Ich schüttle den Kopf. Es geht mich nichts an.

Valentin seufzt. »Besser, du fragst sie selbst. Wenn sie dir genug vertraut, erzählt sie dir bestimmt die ganze Geschichte.«

Er hat recht. Wenn ich ihm die Sache mit Marco und Colin erklären würde, wollte ich auch nicht, dass er mit Rieke darüber spricht. Wieso habe ich damit angefangen? Ich verschränke die Arme hinter dem Kopf und lasse mich wieder ins Gras sinken.

»Ihr seid schon ewig befreundet, oder?«, frage ich und schiele zu ihm. Die Sonne scheint ihm genau ins Gesicht.

Er stützt die Ellenbogen auf den angezogenen Knien ab und zupft an seinen Haaren. »Seit acht Jahren. Meine Mutter ist mit Riekes Tante in der Schule gewesen.«

»Dann seid ihr so was wie beste Freunde?« Ich weiß nicht, warum es mir so wichtig ist.

Aber ich will verstehen, wie die beiden zueinander stehen.

»Wir waren beste Freunde.«

Bilde ich mir das ein, oder hat sich der Ausdruck auf seinem Gesicht gerade verändert?

»Was ist passiert?«

Alia, stopp! Nicht einmischen, niemals. Im Hintergrund bleiben, beobachten, nicht kommentieren.

Das ist das, was ich kann. Mich einmischen bringt nur Ärger und macht mehr kaputt als gut. Das weiß ich doch! Warum kann ich nicht aufhören zu fragen?

»Lange Geschichte«, murmelt Valentin. Wenn er so weiter zupft, reißt er sich noch ein Büschel Haare aus. »Bis vor eineinhalb Jahren war sie für mich so etwas wie meine dritte Schwester, nur cooler. Also mehr mein bester Kumpel.« Er stockt, zieht die Augenbrauen zusammen.

Woran denkt er?

»Aber dann hat sie selbst für ihre Verhältnisse ’ne ziemlich durchgeknallte Sache abgezogen. Ich habe keine Ahnung, warum. Aus irgendeinem bescheuerten Grund ist sie in den Überbeschützermodus gewechselt und hat nur verbrannte Erde hinterlassen.« Er sieht mich an. Sein Blick ist total durchdringend, ich wage es nicht zu blinzeln. »Das ist das Problem mit Rieke. Sie kann total locker und witzig sein. Aber sie glaubt immer, dass alles nach ihr gehen muss. Und wenn du anderer Meinung bist, bist du gleich gegen sie. Nur bin ich keine acht mehr und bewundere sie dafür, dass sie sich nichts sagen lässt, von niemandem. Ich weiß inzwischen ganz gut, was ich will und brauche sie nicht, damit sie mir sagt, was cool ist.«

Es liegt so viel Bitterkeit in seiner Stimme, es muss etwas richtig Großes gewesen sein. Als hätte Rieke ihre Freundschaft verraten.

»War da mal mehr als Freundschaft zwischen euch?«

Spinne ich? Das geht mich verdammt noch mal nichts an! Aber ich komme nicht gegen den Drang an, es wissen zu müssen.

Warum? Weil Rieke mich ständig damit aufzieht, wie gut Valentin und ich zusammenpassen würden? Klar. Er fährt total auf Ladendiebinnen ab.

»Niemals«, antwortet er und lacht.

Bilde ich mir das ein, oder schwingt auch in seinem Lachen etwas Bitteres mit?

»Wir wissen genau, wie der andere tickt und kennen uns viel zu lange und viel zu gut. Oder könntest du dir vorstellen, was mit deinem Bruder anzufangen? Hast du überhaupt einen Bruder?«

Zwei sogar seit Neuestem. Ich nicke.

»Nein, spinnst du?«, setze ich schnell nach, damit er das Nicken nicht falsch versteht.

Aber Finley und ich, wir sind nicht das Gleiche wie Rieke und Valentin. Erstens ist Finley mit seinen dreizehn Jahren noch ein halbes Kind, und zweitens haben wir nie besonders viel zusammen gemacht.

»Was ist mit dem Walker-Fan? Kommt er dich mal besuchen?«

Walker-Fan? Von wem spricht er?

Oh.

Er meint Bastian. Oder?

WIE EINE HERDE ELEFANTEN

»Besuchen?« Die Frage bringt mich zum Lachen.

»Was ist?« Valentins Blick ist immer noch total intensiv.

Ich halte das nicht aus, sehe lieber zu der Baumkrone über seinem Kopf.

»Er hat noch nicht einmal gemerkt, dass ich nicht mehr da bin«, murmle ich.

»Hast du nicht gesagt, dass er dir was bedeutet?«

Ich zucke mit den Schultern. Ein Windstoß bringt die Blätter am Baum zum Tanzen. Da habe ich mir wohl was vorgemacht. Kann dir ein Junge etwas bedeuten, mit dem du nicht einmal drei Worte gesprochen hast?

»Das heißt ja nicht, dass ich ihm etwas bedeutet habe, oder? Wir sind nur in der gleichen Stufe.«

Seit fünfhundertfünfundfünfzig Tagen, wenn ich bis heute zähle.

»Dann muss er ganz schön blind sein.« Valentin legt das blöde Buch endlich weg und stützt die Arme auf die Knie.

Wieso blind? Ich löse den Blick von den Blättern und sehe ihm ins Gesicht. Auf seinem Mund liegt wieder dieses Lächeln, bei dem ich einfach zurücklächeln muss. Seine Lippen glänzen im Sonnenlicht. Hat er schon viele Mädchen geküsst?

Wieso denke ich jetzt ans Küssen? Weil er mit Bastian angefangen hat? Bin ich bescheuert?

Ihr zwei würdet super zusammenpassen!

Mist. Ich will nicht auch noch an Riekes Kommentar denken. Ich setze mich auf, schüttle den Kopf und fahre mir übers Gesicht.

Meine Wangen fühlen sich verdächtig warm an. Toll.

»Alles in Ordnung?« Valentin beugt sich zu mir.

»Hast du irgendwann mal Rieke geküsst?« Die Frage ist mir rausgerutscht, ich kann sie nicht mehr zurücknehmen.

Bin ich komplett verrückt geworden? Es geht mich nichts an, was zwischen ihm und ihr ist. Ich setze mich im Schneidersitz hin, streiche die Stoffhose glatt. Wenn ich Glück habe, hat er es nicht gehört. Sicher. Er müsste taub sein, aber okay. Er lacht. Wieso lacht er jetzt?

»Das war so eine typische Rieke-Idee.«

Warte. Sie haben sich geküsst? So viel zum Thema, sie wäre für ihn wie seine dritte Schwester.

Auf einmal wird er wieder ernst.

»Hat sie dir davon erzählt?« Er zieht die Augenbrauen zusammen und mustert mich.

Ist er sauer?

»Nein. Es geht mich auch nichts an. Keine Ahnung, wieso ich gefragt habe. Ich …«

»Schon gut.« Er lächelt wieder. »Es war völlig bescheuert, wie gesagt, es war Riekes Vorschlag. Wie immer. Sie war damals in einen Typen verknallt. Das war richtig anstrengend, weil sie von fast nichts anderem mehr geredet hat.« Er verdreht die Augen. »Und sie wollte diesen Typen küssen. Unbedingt. Aber der Kuss sollte perfekt sein.« Er seufzt und schüttelt den Kopf. »Alles, was Rieke macht, muss perfekt sein. Deshalb hatte sie den glorreichen Einfall, dass sie vorher üben muss, und wer hat sich nach ihrer Logik angeboten?«

»Du?« Ich kann das Lachen nicht mehr unterdrücken.

Das ist eine total verrückte Idee, aber es passt zu Rieke.

»Richtig.« Er verzieht den Mund zu einem schiefen Lächeln. »Ich wollte da nicht mitmachen. Aber sie hat nicht lockergelassen. Und irgendwann habe ich mir gedacht, dass ich es hinter mich bringe, damit sie endlich aufhört zu nerven.«

Wie nett.

»Und? Wie war's?«, frage ich und versuche gar nicht erst das Grinsen zu verbergen.

Valentin stöhnt auf, doch er grinst auch. »Furchtbar! Also nicht, weil Rieke schlecht geküsst hätte oder so. Aber wie gesagt, sie ist mein bester Kumpel. Als wir noch in der Grundschule waren, haben wir uns immer eingeredet, dass wir Zwillinge sind. Wenn ich Mats geküsst hätte, hätte sich das genauso schräg angefühlt. Verstehst du?«

Ich glaube. Das wäre so, als würde ich auf die Idee kommen, Hannah zu küssen, nur um zu üben. Ich schüttle den Kopf. Allein der Gedanke daran ist seltsam. Nicht, weil Hannah ein Mädchen ist. Aber sie ist meine Freundin und ich bin nicht verknallt in sie.

»War das die Aktion, wegen der du sauer auf sie bist?«

Warum kann ich nicht aufhören, ihn über seine Beziehung zu Rieke auszufragen? Das ist total daneben!

Er schüttelt den Kopf. »Der Kuss ist schon zwei Jahre her. Und okay, danach war es erst mal seltsam. Ich glaube, selbst Rieke hat es hinterher bereut. Wir haben beide so getan, als ob es nie passiert wäre und es schließlich irgendwann vergessen.« Er streicht sich durch die Haare und schaut mich an. »Ich fürchte, das hat Rieke die Lust am Küssen erst mal verdorben. Zumindest hat sie aufgehört, ständig von dem Typen zu reden, in den sie verknallt war, und soweit ich das mitbekommen habe, nie versucht, ihn zu küssen.«

»Du hast also so schlecht geküsst, dass sie das ein für alle Mal abgeschreckt hat?« Ich zwinkere ihm zu und muss lachen.

Er schnaubt, lacht aber mit. »Sieht so aus. Und wie war dein erster Kuss? Weniger abschreckend?«, fragt er mit einem Blitzen in den Augen.

Erster Kuss? Das war sein erster Kuss gewesen? Wie viel Sinn macht es, das Küssen mit jemandem zu trainieren, der selbst noch nie geküsst hat? Schlauer Zug, Rieke.

Ich ziehe die Schultern hoch. »Unspektakulär.«

Muss ich das erzählen? Ich will nicht. Aber ich bin selbst schuld, ich habe ja damit angefangen. Wenn ich jetzt schweige, ist es feige.

»Es war im Urlaub«, rede ich weiter. Genauer gesagt war es unser letzter Familienurlaub. Kurz danach haben Mama und Papa zu streiten angefangen. »Ich habe mit einem Typen auf dem Campingplatz Karten gespielt, ihn beim Falschspielen erwischt, und als ich ihm die Karte abnehmen wollte, hat er in dem Gerangel ganz kurz seine Lippen auf meine gedrückt.«

»Wow, das klingt total romantisch!«, wirft Valentin ein.

Danke für dein fieses Grinsen!

Okay, ich habe es mir verdient, habe ihn ja auch ausgelacht.

»Ja, total. Ich habe einfach so getan, als hätte ich das nicht bemerkt. Es war dann das letzte Mal, dass wir was zusammen gemacht haben.«

Mit Leuten, die beim Spielen betrügen, macht es keinen Sinn weiterzuspielen. Sage ich, die eben noch in einem Laden klauen wollte … So viel zum Thema Doppelmoral.

»Ging es dir danach wie Rieke, und du hast erst mal die Nase voll gehabt?«

Ich zucke mit den Schultern. Können wir das Thema wechseln? Bitte? Wenn du unsichtbar bist, gibt es nicht so viele Gelegenheiten, jemanden zu küssen. Okay, es gibt keine. Außerdem hatte ich in den letzten fünfhundertfünfundfünfzig Tagen sowieso nur Augen für einen Typen.

Was ist mit dem Walker-Fan? Kommt er dich mal besuchen?

Ich versuche mir vorzustellen, wie es wäre, wenn Bastian vorbeikäme. Einfach so. Ich wüsste nicht einmal, worüber ich mit ihm reden sollte. Warum habe ich seit ungefähr eineinhalb Jahren fast ununterbrochen an ihn gedacht? Stimmt nicht. Seit ich hier bin, ist es weniger geworden. Hätte es nicht mehr werden müssen?

»Was ist?« Valentin beugt sich wieder ein Stück nach vorne, der grüne Ring um seine Pupille glänzt im Sonnenlicht.

Wir sitzen uns gegenüber, aber da er sich vorgebeugt hat, ist er auf einmal ziemlich nahe.

Nichts ist.

Ich schüttle den Kopf.

»Warte mal!«, ruft er, greift nach dem blöden Buch, rutscht neben mich und fängt an zu blättern.

»Was wird das?«

»Vielleicht steht in diesem tollen Ratgeber, was wir beim nächsten Mal besser machen können?« Er geht durch das Inhaltsverzeichnis und grinst breit.

Was ist auf einmal so witzig?

»Besser machen?« Ich verstehe nicht, was er meint.

Beim Blättern berührt er mit dem Arm meine Seite. Statt ihn wegzuziehen, lässt er ihn einfach da. Ich bewege mich auch nicht. Es sollte sich komisch anfühlen. Wir sitzen so eng beieinander, als würden wir uns schon ewig kennen, als wären wir beste Freunde.

Beste Freunde … Wie Rieke und er?

So ein Quatsch, warum denke ich das? Wir kennen uns gerade einmal eine Woche. Ich beobachte ihn, wie er ein Kapitel aufschlägt und bekomme es nicht zu fassen. Warum fühlt es sich nicht seltsam an? Er ist so nahe, ich kann einen scharf-herben Duft riechen. Hat er ein Hustenbonbon gelutscht?

»Was für ein Mist! Schau dir das an.« Er schiebt das Buch zu mir rüber und lehnt sich gegen mich.

Die Bewegung ist so plötzlich. Wir stoßen mit den Köpfen aneinander.

»Sorry! Tut es weh?« Er schaut auf, ohne den Abstand zu

vergrößern, und ich sehe nur seine Augen und die Nasenwurzel, so dicht vor mir ist sein Gesicht.

Waren seine Augenbrauen schon immer einen Tick heller als seine Haare?

»Alles gut«, sage ich schnell, obwohl es sich nicht so anfühlt.

»Ich habe nach dem bescheuerten Probekuss mit Rieke nie wieder jemanden geküsst. Du? Nach dem Überfall von dem Typen auf dem Campingplatz?«

Bitte, was? Valentins Blick wandert zu meinem Mund. Ich beiße mir auf die Lippe, habe auf einmal ein Kribbeln im Bauch, halte es fast nicht aus, will zur Seite rutschen, weg von ihm.

Nein.

Ich will mich das letzte Ministück nach vorne lehnen, mit der Nase seine Nasenspitze berühren.

Die Vorstellung jagt das Kribbeln hoch in meine Schultern, durch die Arme und bis in die Fingerspitzen. Es fühlt sich an, als wäre ich aus einer Starre erwacht. Eine Starre, die mich seit Wochen gefangen hält. Seit dem Tag, an dem Papa mich in dem Drogeriemarkt abgeholt hat. Eine Starre, aus der ich mich nicht einmal mit der Musik ganz lösen konnte.

»Überleg mal. Das erste Mädchen, das ich geküsst habe, wollte danach nicht einmal mehr den Typen küssen, in den es verknallt war. Der Kuss muss also richtig schlecht gewesen sein.«

Ich kann nicht mehr, ich muss losprusten, halte schnell die Hand vor den Mund.

»Das lag vielleicht eher an eurer Ausgangssituation? Wenn ich meinen kleinen Bruder küssen müsste, fände ich das auch abschreckend«, presse ich hervor.

»Alia, das ist echt nicht witzig.« Auf Valentins Lippen ist wieder das Lächeln. Sein Tonfall klingt anders als eben. »Wenn du wüsstest, wie ich küsse, würdest du mir recht geben.«

Es hört sich an wie eine Herausforderung. Er legt den Kopf schief, greift nach meiner Hand und zieht sie von meinem Mund weg. Langsam. Und unglaublich vorsichtig. Als hätte er Angst, sie könnte in tausend Splitter zerbrechen, wenn er eine falsche Bewegung macht.

»Soll ich es dir beweisen?«, flüstert er, und sein Gesicht ist jetzt so nahe, ich spüre seinen Atem auf der Nase.

Alles in mir überschlägt sich. Mein Herz hat den Takt verdreifacht, ich habe das Gefühl zu ersticken, bis ich merke, dass ich die Luft anhalte und tief einatme.

Ich fühle mich, als würde ein Orkan um mich herumtoben.

Valentin hält noch immer meine Hand zwischen den Fingern, obwohl sie ihm längst nicht mehr im Weg ist. Die Berührung jagt einen Schauer durch meinen Körper. So wie in einem Sturm, wenn der Wind dir genau ins Gesicht bläst und du für Sekunden nicht mehr atmen kannst. Nur tausendmal stärker.

Ich versuche, Valentin in die Augen zu sehen. Er ist viel zu nahe, sie verschwimmen vor mir.

Wie sind wir hier hineingeraten? Bis eben war er noch der nette Typ mit dem Lächeln, das mich jedes einzelne Mal dazu bringt, zurückzulächeln. Neben Hannah der Erste, der meine Nähe bemerkt. Nur weil ich ihm sein Verbandstäschchen zurückgegeben habe.

Und jetzt?

Wer bist du, Valentin?

Ich weiß es nicht. Ich weiß nur, wie nahe er mir auf einmal ist und dass die Nähe das Gefühlschaos verdrängt, das sich in den letzten Tagen immer weiter in mir aufgestaut hat. Ich drücke Valentins Hand.

»Ist das ein *Ja*?« Er lehnt sich noch ein Stück weiter zu mir.

Ganz langsam. Mit den Fingern erwidert er den Druck, wenn er noch einen Tick fester zugreift, zerquetscht er meine Hand.

Ist das ein Ja*?*

Die Frage wirbelt durch meinen Kopf.

Keine Ahnung. Ich will nicht darüber nachdenken, weil zu viel denken mich nur davon abhält, irgendetwas zu tun. Immer. Ich …

Valentin überbrückt die letzten Millimeter und berührt mit seinen Lippen meine. Ganz leicht. Wie eine Katze, die mit der Pfote ein Papierknäuel anstupst. Er weicht ein kleines bisschen zurück und sieht mir in die Augen. Der Druck seiner Finger ist sanfter, meine Hand lässt er trotzdem nicht los.

»Ist das okay?« Die Frage ist nicht mehr als ein Flüstern.

Wahrscheinlich ist es nicht okay. Wahrscheinlich werden wir es bereuen. Beide. Aber ich will nicht aufhören. Nicht jetzt. Ich will in diesem Moment bleiben.

So lange wie möglich.

Vorsichtig überwinde ich diesmal den Abstand zwischen uns und gebe Valentin einen schnellen Kuss auf den Mund. Diesmal drücke ich seine Hand so fest ich kann.

Er lächelt. Ich spüre die Bewegung nur, würde das Lächeln gerne sehen, aber dafür müsste ich den Abstand zwischen uns wieder vergrößern, und das will ich nicht. Er berührt noch einmal meine Lippen. Die Berührung ist unglaublich zart, als hätte er Angst, mich zu verletzen.

In Mamas Liebesschnulzen reden sie immer von Schmetterlingen im Bauch.

Das ist eiskalt gelogen.

Es fühlt sich an, als würde eine Elefantenherde in mir lostrampeln. Nicht schmerzvoll, aber heftig. Und irgendwie gut.

*

»Ich bin froh, dass du hierhergezogen bist«, flüstert Valentin mir ins Ohr.

Er hält mich im Arm, und ich habe den Kopf an seine Schulter gelehnt.

Bist du das? Wirklich?

»Warum? Wolltest du schon immer mal eine stümperhafte Ladendiebin kennenlernen?«

Statt zu antworten, boxt er mich in die Seite.

»Hey!«

»Du bist keine Ladendiebin, und du bist nicht stümperhaft! Schließlich haben wir alles bezahlt oder etwa nicht?«

Es dir schönzureden, macht es nicht wahrer.

Ich hebe den Kopf und schaue ihn an, in seine grauen Augen mit dem grünen Ring um die Pupille. »Du siehst auch nur das, was du sehen willst. Oder?«

»Wenn du lange genug mit Rieke befreundet bist, lernst du das.« Er lächelt mich an und hebt das blöde Buch wieder auf. »Was ich damit mache, weißt du ja. Aber was fangen wir mit dem Rest an?«

»Du kannst alles behalten, hast es ja bezahlt. Wenn du es nicht brauchst, kannst du es von mir aus auch wegwerfen.«

Und ich zahle es dir zurück. Versprochen. Ich weiß nur noch nicht, wann ich das kann.

»Ganz sicher nicht!« Er steht auf und hält mir die Hand hin. »Komm.«

Was hat er vor? Statt zu fragen, greife ich nach seiner Hand, und wir ziehen zusammen los. Bis Valentin einen kleinen Jungen entdeckt und ihm die Fußballsticker in die Hand drückt.

Valentin versucht mich zu überreden, die Partytröten auszupacken und das zu feiern. Aber ich weigere mich. Am Ende packt er sie mit den Luftschlangen und den Wunderkerzen in seinen Rucksack.

»Wir finden schon noch einen Anlass, zu dem wir das alles verwenden können!«, sagt er mit voller Überzeugung.

Klar. Ich war schon immer der totale Partymensch.

*

»Ich komm dich morgen früh abholen. Okay?« Valentin fährt sich durch die kurzen Haare und schaut mich an.

Wir stehen vor der Garage. Hoffentlich kann Mama uns von der Wohnung aus nicht sehen.

Mich abzuholen, ist ein Umweg für ihn. Oder?

Mein Magen zieht sich zusammen. Wie soll ich ihn morgen begrüßen? Ich meine, was ist das jetzt zwischen uns? Ist da überhaupt etwas, oder war das auf dem Spielplatz nur eine Spontanaktion? Bereut er den Kuss schon?

Er neigt den Kopf zur Seite und zieht die Augenbrauen hoch. »Okay?«

Ich nicke. Sofort ist wieder dieses Lächeln auf seinen Lippen. Bevor es seltsam wird, drehe ich mich weg, um das Fahrrad in die Garage zu stellen. Ich mache mir Sorgen, wie ich ihn morgen begrüßen soll. Dabei habe ich noch nicht einmal eine Ahnung, wie wir uns jetzt voneinander verabschieden sollen.

»Warte!« Valentin hält mich an der Schulter und kommt einen Schritt auf mich zu. »Ganz kurz noch ja?«

Ganz kurz was? Ich habe keine Zeit, ihn das zu fragen. Okay, ich hätte auch nicht gefragt. Er zieht mich in seine Arme und drückt mich.

Ganz fest.

Ich schließe die Augen, den Kopf an seine Schulter gelehnt. Und weiß immer noch nicht, was das mit uns ist.

Nichts … wahrscheinlich … oder?

Wenigstens ist eine Sache hundertprozentig sicher. Wären die Drohzettel von ihm, hätte er niemals den Nachmittag mit mir verbracht. Nicht nach dem, was in dem Laden passiert ist.

»Bis morgen«, flüstert er.

Er drückt mir einen Kuss auf die Stirn und lässt mich los.

ZWISCHEN ZWEIFEL UND WUT

Ich kann ewig nicht einschlafen. Stattdessen sitze ich vor der schwarzen Wand und leuchte mit dem Handy die Zettel an. Colin hat recht. Irgendetwas stimmt nicht.

Wer bitte will mich seit Tag eins loswerden?

Ich habe doch niemanden gekannt. Die einzigen beiden Menschen, mit denen ich an meinem ersten Tag gesprochen habe, waren Valentin und Lou.

Lou hätte mit Leichtigkeit die Zettel in mein Mäppchen legen können. Aber wieso? Weil ich in der ersten Pause nicht mit ihr zu ihren Freunden bin?

Das klingt nicht nach einem Grund.

Wenn sie mich deshalb nicht leiden könnte, wäre es viel effizienter, die Leute in unserer Klasse gegen mich aufzustacheln. Um solche Nachrichten zu schreiben, müsste sie mich schon richtig hassen. Und sie müsste mir hinterherspionieren. Wie hätte sie sonst die Sache mit dem Schwarzfahren mitbekommen sollen?

Ich streiche mir über die Stirn.

Das passt nicht zusammen. Das ist viel zu viel Aufwand dafür, dass sie mich in der Schule so gut wie überhaupt nicht beachtet. Oder erst wieder auf mich achtet, seit sie mitbekommen hat, dass Lorena mir geholfen hat.

Dann bleibt nur Valentin. Ein Stich fährt von meinem Bauch bis in die Brust hinein. Ich grabe die Fingernägel in die Handfläche und beiße in meine Faust. Das passt noch weniger. Okay, er hat das

Schwarzfahren hautnah miterlebt, wir sind uns bereits am Tag eins über den Weg gelaufen, aber …

Aber was?

Für einen Moment bin ich wieder in seiner Umarmung, spüre die Wärme, die von ihm ausgeht. Das Gefühl, nicht allein zu sein, weil es jemand gibt, dem es nicht egal ist, ob ich hier bin oder zu Hause.

Ich bin froh, dass du hierhergezogen bist.

Das war echt! Das hat er mir nicht vorgespielt. Sonst wäre alles gelogen, jedes einzelne Wort, jede Berührung, der Kuss …

Nein! Valentin kann diese Zettel nicht geschrieben haben.

Aber was ist, wenn er mir seit einer Woche etwas vormacht?

Warum sollte er das tun?

Oder Colin verarscht mich. Das wäre die einfachste Erklärung. Und die logischste. Ihm würde ich das Hinterherspionieren zutrauen. Um meine Schwachstellen aufzudecken und später für sich auszunutzen. Er ist und bleibt der Einzige, der von Anfang an einen Grund hatte, mich zu hassen. Und jetzt macht er sich einen Spaß daraus, den Unschuldigen zu spielen und mein Misstrauen zu schüren, damit ich den Leuten den Rücken kehre, die meine Freunde werden könnten und schnell wieder abhaue.

Ich will an diese Version glauben. Wirklich. Lieber ist Colin der Arsch. Aber es passt nicht zu dem, wie er bisher vorgegangen ist, um mich zu vertreiben. Seine Aktionen waren immer direkt. Als er das erste Mal ein Loch in den Fahrradreifen gestochen hat, hat er gewartet, bis ich vor ihm stand. Damit ich weiß, wer das war und warum. Selbst den Zettel, mit dem er mich hinter die Mensa gelockt hat, hat er mir selbst in die Hand gedrückt und nicht heimlich in mein Mäppchen gelegt. Und hier in die Wohnung ist er auch gekommen, statt einen anonymen Anruf zu machen oder so einen Quatsch. Entweder er ist ein verdammt guter Schauspieler und spielt ein Doppelspiel, damit ich keinem mehr vertraue. Oder er hat nichts mit den Drohzetteln zu tun.

*

Heute Morgen ist es total hektisch. Mama und Marco sind schon vor mir wach, weil sie ihren ersten Arbeitstag hat. Wieso ausgerechnet an einem Dienstag?

Sie ist total nervös. Ich merke das, weil sie ihn bestimmt fünfmal fragt, ob ihr Kleid nicht zu aufgedonnert ist, und zwei Minuten später will sie wissen, ob es vielleicht zu lässig ist.

Dabei hat sie keinen Grund. Sie ist gut in ihrem Job und kennt den Betrieb, weil sie in ihrer alten Firma oft mit denen zusammengearbeitet hat. So haben sie und Marco sich auch kennengelernt. Während eines Meetings oder einer Dienstreise oder irgend so was.

Okay, vielleicht macht es ihr das auch schwieriger? Das mit dem Job muss klappen, wenn sie hierbleiben will, kann sie schlecht in ihre alte Firma zurück.

»Du siehst immer gut aus, das weißt du, Natalie.« Es ist fast süß, wie Marco sie auch beim fünften Mal noch in den Arm nimmt und anlächelt.

Noch süßer wäre es, wenn sie die Diskussion in ihrem Schlafzimmer führen könnten, statt neben dem Frühstückstisch, wo ich es hautnah miterlebe.

Zu allem Unglück gehen sie auch noch gleichzeitig mit mir in die Garage.

»Einen schönen Tag für dich, Alia«, sagt Mama unten zu mir, und auch wenn sie sich bemüht, normal zu klingen, kann ich ihre Aufforderung deutlich heraushören.

Mach bloß keinen Ärger!

Vielleicht bilde ich es mir auch ein. Aber ich kenne Mama lange genug. Die Sache mit der Mensawand macht ihr noch zu schaffen, und Marco hat bisher kein Wort über Colins Anteil an der Sache verloren. Sonst hätte sie mit mir geredet.

»Grüß Colin von mir!«, ruft er mir zu, bevor sie ins Auto steigen.

Colin? Wieso sollte ich ihn in der Schule sehen, wenn er keinen Unterricht mehr hat? Du bist sein Vater, du musst das doch wissen!

Ich schiebe das Rad erst aus der Garage, nachdem sie außer Sicht sind. Im Prinzip könnte ich schwänzen, ich müsste mich nicht einmal in der Stadt herumdrücken, könnte einfach den ganzen Tag in der Wohnung bleiben.

Vorne an der Straße steht Valentin, auf sein Mountainbike gestützt. Was hätte er gemacht, wenn ich nicht aufgetaucht wäre? Geklingelt? Die Vorstellung löst ein Kribbeln in meinem Bauch aus. Dann wären wir alleine in der Wohnung gewesen. Hätte ich das gewollt?

Nein, nicht, solange ich nicht mit Sicherheit weiß, dass er nichts mit den Zetteln zu tun hat.

Sobald er mich sieht, ist wieder das Lächeln in seinem Gesicht. Er stellt das Mountainbike ab.

Was hat er vor?

Ich klammere mich an den Lenker und zwinge mich, das Rad weiterzuschieben, auf Valentin zu.

Wie soll ich ihn begrüßen? Einfach da weitermachen, wo wir gestern aufgehört haben? Ihn in den Arm nehmen und einen Kuss auf die Wange drücken?

Das kann ich nicht.

In der Einfahrt hält ein Fahrrad. Zwei Schritte von Valentin entfernt.

Was will Collin hier?

Valentin stockt und dreht sich zu Colin, der zwischen uns hin und her sieht und ein breites Grinsen im Gesicht hat.

»Du hast nicht erzählt, dass du heute noch jemanden hast, der sicherstellt, dass du in der Schule ankommst.« Der dunkle Pony fällt wieder über das linke Auge.

Sehr witzig. So wie du es formulierst, klingt es, als hätten wir uns verabredet. Vielen Dank!

Valentin muss mich für bescheuert halten. Das macht er auch. So wie er Colin anstarrt und mich ignoriert. Er klappt mit dem Fuß den Ständer hoch und steigt auf sein Mountainbike.

Stopp! Du willst nicht ohne uns fahren, oder?

Will er nicht. Zum Glück. Er bleibt stehen und beobachtet, wie Colin ein Stück in die Einfahrt fährt, direkt auf mich zu.

Was hat er vor?

Ich sehe automatisch zu Valentin, der völlig unbeteiligt wirkt. Okay, nicht ganz. Seine Gesichtszüge sind eingefroren.

»Na? Gut geschlafen?«, fragt Colin und klopft mir auf die Schulter.

Bilde ich mir das ein, oder redet er extra laut? Wieso tut er so, als wären wir die besten Freunde? Er könnte es ernst meinen, könnte, aber es fühlt sich ganz und gar nicht so an. Sonst würde er jetzt nicht den Kopf drehen und zu Valentin sehen.

Moment. Er will ihn provozieren.

Ich mache mir nicht einmal die Mühe, Colin zu antworten. Stattdessen schiebe ich das Rad an ihm vorbei auf Valentin zu. Der reagiert kaum auf mich. Er nickt nur kurz in meine Richtung, das ist alles. Dann wandert sein Blick wieder zu Colin, der gewendet hat und neben mir herfährt. Die Kiefermuskeln in Valentins Gesicht treten deutlich hervor. Wie fest beißt er bitte die Zähne zusammen?

Ich bleibe an seiner Seite. Offensichtlich hat Colin sich in den Kopf gesetzt, neben mir fahren zu müssen, und so ende ich zwischen den beiden. Wir nehmen die gesamte Fahrspur ein. Zum Glück geht der Weg durch eine verkehrsberuhigte Zone, und wir haben kein hupendes Auto hinter uns. Bei Valentin und mir ist die Stimmung total im Keller. Colin scheint immun gegen die eisige Atmosphäre zu sein. Er redet und lacht, stellt Valentin immer wieder eine Frage, die der mit einem Ein-Wort-Satz beantwortet, was Colin kein Stück die Laune verdirbt. Er tut fast so, als wären wir die besten Kumpel und würden jeden Tag zusammen zur Schule fahren.

Warum macht er das?

Bei den Fahrradständern schließe ich so schnell ich kann das Rad ab. Wenn ich zu langsam bin, verschwindet Valentin. Aber er beeilt sich überhaupt nicht. Im Gegenteil, er braucht eine halbe Ewigkeit, um den Helm abzusetzen und seine Frisur zu richten. Wartet er auf mich?

»Wo musst du in der ersten Stunde hin?«, frage ich und stelle mich neben ihn.

Er dreht sich zu mir. Das Lächeln auf seinen Lippen passt nicht zu den zusammengezogenen Augenbrauen.

»B-Trakt«, antwortet er. »An deinem Klassenzimmer vorbei.«

Ist das ein Angebot?

»Alia?«, höre ich Colins Stimme hinter mir, und ich sehe, wie Valentins Blick über meine Schulter wandert und sein Gesichtsausdruck sich verdunkelt.

»Hast du noch einen Moment? Ich muss was mit dir besprechen.« Colin bleibt schräg hinter mir stehen und legt eine Hand auf meine Schulter.

Lass das!

Ich drehe mich zu ihm, mit so viel Schwung, dass ich seine Hand loswerde.

Hast du überhaupt kein Gespür für andere? Seit wann fasst du mich ständig an?

»Okay, ich muss los. Wollte die Aufgaben noch vergleichen …« Ohne mich anzusehen, wendet Valentin sich ab und geht.

Ich will ihm nach, ist mir doch egal, was Colin auf einmal so Dringendes mit mir bereden will. Er soll aufhören, sich in mein Leben einzumischen! Aber er ist schneller als ich, packt meinen Arm und hält mich fest.

»Lass ihn gehen«, zischt er mir zu.

Sein Griff ist so stark, ich müsste mich losreißen, um freizukommen.

»Was soll das?«, fauche ich.

Glückwunsch, Colin. Du hast es geschafft.

Es brodelt in mir, und ich kann nicht mehr meine normale Strategie fahren. Bin viel zu wütend, um ihn an meinem Schweigen abprallen zu lassen. Ich muss mich schon zusammenreißen, ihn nicht anzubrüllen und die ganze Schule auf uns aufmerksam zu machen. Mit einem Blick zur Seite sehe ich gerade noch, wie Valentin in der Masse der Schüler verschwindet, ohne sich noch einmal zu uns umzudrehen.

»Woher weißt du, ob du ihm trauen kannst?«, raunt Colin mir zu, den Blick auf den sich nach und nach ausdünnenden Strom Schüler gerichtet, die nicht zu spät zur ersten Stunde kommen wollen.

Ein paar sehen zu uns rüber, und ich kann nicht sagen, ob sie mich erkennen oder ob Colin derjenige ist, den sie anstarren.

Troublemaker.

Warum kann er sich nicht aus meinem Leben raushalten?

»Er war das nicht«, antworte ich.

Kein Wort von meinen Zweifeln. Colin hat kein Recht dazu, Valentin zu verdächtigen. Bis eben hat er ihn noch nicht einmal gekannt. Jede Wette.

»Und was macht dich so sicher? Wie lange kennst du den Typen jetzt? Eine Woche?«

Was tut das zur Sache?

»Genauso lange wie dich«, schnauze ich ihn an.

Der Satz soll ihn treffen, aber er lacht.

»Nur, dass du dir bei mir sicher sein kannst, dass ich den Mist nicht abgezogen habe.« Endlich lässt er mich los.

Kann ich?

»Immerhin hat er mir nicht die Fahrradreifen zerstochen …«

Er streicht sich den Pony aus dem Gesicht, und wir sehen uns in die Augen. Ist da wieder das Funkeln? So schnell ist es nicht mehr witzig, hm?

»Ich dachte, das hätten wir hinter uns?« Er drückt mir einen Zettel mit einer Nummer in die Hand. »Schreib mir, falls du heute eine Nachricht bekommst.«

Bitte? Woher kommt auf einmal der Befehlston?

»Sicher, solange du meine Freunde in Ruhe lässt …«

»Freunde?«, unterbricht er mich. »Nach einer Woche? Deine Latte hängt ja nicht gerade hoch.«

Was geht dich das an? Ich beiße die Zähne zusammen und starre ihn an. Das ist nicht das Schweigen, mit dem ich ihn treffen kann, ich weiß das. Um ihn zu treffen, dürfte er mir nicht ansehen, wie wütend ich bin.

»Wie hoch ist die Wahrscheinlichkeit, dass die Zettel von jemandem sind, den du nicht kennst?« Colin trifft mit der Frage meine Zweifel, und er weiß das, sonst würde er mich nicht so ansehen.

So verdammt selbstsicher und überzeugt.

Ich beiße die Zähne noch fester zusammen. Bin kurz davor, ihn anzuschreien. Nicht, weil er Mist erzählt. Eher, weil ich die Wahrheit nicht hören will, nicht von ihm.

»An deiner Stelle würde ich mir gut überlegen, wem ich vertraue«, setzt er nach.

Einen Atemzug lang sieht er mich noch an, dann dreht er sich um und lässt mich stehen.

Alleine. Auf dem mittlerweile leeren Schulhof.

ICH HABE KEINE WORTE MEHR

In der Pause gehe ich zu dem Baum mit den drei Steinen. Hoffentlich ist Valentin da, ich muss mit ihm reden, muss wissen, was er mit den Zetteln zu tun hat. Nein, das stimmt nicht. Ich muss ihm vor allem erst mal erklären, dass ich keinen Schimmer hatte, dass Colin mich heute wieder abholen wollte.

Bei den Steinen ist niemand. Weder Valentin noch Rieke und auch nicht Lorena. Wobei, ist Rieke nicht sowieso noch krank?

Ich setze mich auf den Stein, auf dem Valentin gesessen hat, als er mir die Tüte Gummibärchen schenken wollte und muss grinsen. Es war fies von mir, ihn so auflaufen zu lassen.

Fies genug, um mir den nächsten Zettel zu hinterlegen?

Verpiss dich!

Nein. Oder? Nein, das hat er nicht gemacht! Wieso lasse ich mich von Colin so verunsichern?

Durch die Blätter strahlt Sonne auf meine Haut. Ich schließe die Augen, spüre der Wärme nach und drehe mein Gesicht Richtung Himmel. Die Geräusche auf dem Schulhof werden zu Hintergrundrauschen. Das Stimmengewirr, das Geschrei der Fünftklässler, während sie sich über den Hof jagen. So kann ich immerhin die Blicke ausblenden und kann mir einreden, dass alle die Sache mit der Mensawand vergessen haben. Wie ging das Lied aus dem Probetrack noch mal? *Nightingale's Dream.* Ich fange an zu summen, leise erst, bis ich mir sicher bin und mich in die Melodie fallen lassen kann. Ich will vergessen, wo ich bin.

Bin hier und doch nicht mehr da.

»Ist das das Lied, das du so gut gefunden hast?«, holt eine Stimme mich zurück in die Wirklichkeit.

Ich unterdrücke einen Schrei und reiße die Augen auf. Habe nicht einmal gemerkt, dass jemand in meine Nähe gekommen ist. Wäre ich die Titelheldin in einem Horrorfilm, wäre ich jetzt tot.

Aber ich bin nicht in einem Horrorfilm, ich bin auf dem Schulhof, und vor mir steht Valentin. Er hat den Kopf leicht gesenkt und die Hände in den Hosentaschen vergraben.

»Ich hatte keine Ahnung, dass Colin heute Morgen vorbeikommen wollte«, platzt es aus mir heraus.

»Okay?« Valentin zieht die Augenbrauen hoch.

»Wie es aussieht, hat er es sich in den Kopf gesetzt, sicherstellen zu müssen, dass ich nicht Schule schwänze«, rede ich weiter. »Seit ich angekündigt habe, dass ich nach seiner Scheißaktion nie wieder hier auftauchen kann, fühlt er sich scheinbar verantwortlich …«

Ich beiße mir auf die Lippe, um mich davon abzuhalten, noch mehr zu sagen. Wenn ich so weitermache, schaufle ich hier mein eigenes Grab. Valentin mustert mich mehrere Atemzüge lang.

»Kann ich mich zu dir setzen?«, sagt er endlich und nickt zu der freien Fläche neben mir auf dem Stein.

Ich rutsche ein Stück zur Seite, um ihm Platz zu machen. Obwohl schon genug Platz ist. Aber ich weiß nicht, wie viel Nähe ich jetzt aushalte. Es gibt so viel, was wir klären müssen.

»Oder wartest du auf Colin?«, fragt er.

Klar, ich warte auf Colin. An der Stelle, an der wir uns bisher immer getroffen haben. Ich habe auf dich gewartet, du Idiot!

Statt ihm das zu sagen, schüttle ich nur den Kopf.

Hat er gerade die Stirn gerunzelt? Ich kann es nicht mehr sehen, weil er das Gesicht abwendet, während er sich setzt.

»Ist Rieke noch weg?«, frage ich.

Warum frage ich ihn jetzt nach Rieke? Es gibt so viel Wichtigeres, über das wir reden müssten. Dringend.

Er seufzt. »Sie ist wieder da und total happy. Um nicht zu sagen völlig überdreht …«

Vielleicht ist sie einfach froh, weil es ihr wieder gut geht? Warum ist Valentin so genervt davon?

»Kannst dich glücklich schätzen, dass sie bisher nicht hier aufgetaucht ist. Sie ist in den ersten beiden Stunden schon total anstrengend gewesen!« Er verdreht die Augen und ich muss lachen, bei so viel Theatralik. »Hey! Das ist nicht witzig!«

Er boxt mich in den Oberarm. Nicht stark und auch nicht fies. Und auf einmal liegt ein Lächeln auf seinen Lippen. Es ist nicht sein typisches Lächeln, dafür hat es viel zu wenig Strahlkraft, aber es ist auf alle Fälle besser als das Stirnrunzeln von eben. Sein Blick verändert sich, und ich ducke mich weg, weiß genau, was jetzt kommt.

»Colin scheint sich auf einmal große Sorgen um dich zu machen …«, fängt er an.

Ich bleibe ganz still, warte auf die nächsten Worte. Aber er sagt nichts mehr. Wieso redet er nicht weiter? Ich halte sein Schweigen nicht aus. Toll. Seit wann bin ich so schlecht im Schweigen?

»Das sollte er auch«, murmle ich, und meine Stimme ist viel zu leise. Es klingt total lahm. So, als würde ich nicht wirklich meinen, was ich sage. »Immerhin ist er schuld an dem ganzen Ärger. Ohne seine blöde Aktion müsste ich mir keine Sorgen machen, was alle über mich denken und könnte ganz normal in die Schule kommen«, setze ich nach.

Es sind viel zu viele Worte für das, was ich ihm wirklich sagen will.

Es läuft nichts zwischen mir und Colin.

Wäre es okay, wenn ich den Mut hätte, das auszusprechen?

»Ich hätte dich heute Morgen nicht abholen müssen. Du hättest es nur sagen …«

Was?

»So ein Quatsch!«, falle ich ihm ins Wort. »Wie gesagt, Colin ist einfach aufgetaucht, das war nicht abgesprochen, das …«

Mein Magen zieht sich zusammen und knurrt. Total laut, ich kann es nicht stoppen.

Mist.

Valentin starrt mich einen Augenblick lang an. Ich glaube, er kann es genauso wenig fassen wie ich. Auf einmal fängt er an zu lachen, und mit dem Lachen fällt die Anspannung von ihm ab.

»Hast du schon wieder nichts gegessen?«

Es ist nicht meine Schuld. Du warst heute Morgen nicht bei uns am Frühstückstisch und hast meine panische Mutter erlebt. Da wäre dir auch der Appetit vergangen! Unter Garantie.

Bevor ich mich verteidigen kann, nimmt er mich in den Schwitzkasten und reibt mit der Faust über meine Haare. Es tut nicht wirklich weh, aber gut fühlt es sich auch nicht an.

»Hey!«, rufe ich und versuche, mich von ihm wegzudrücken.

Vielleicht wäre es überzeugender, wenn ich nicht ausgerechnet jetzt loslachen müsste. Valentin hört trotzdem auf, meine Haare zu malträtieren, aber er hält mich weiter im Arm.

»Du musst besser auf dich aufpassen«, raunt er mir zu.

Sein Griff lockert sich, und ich könnte mich befreien, ohne Probleme. Aber ich rühre mich nicht, keinen Millimeter. Die Wärme seines Körpers vermischt sich mit der Wärme der Sonnenstrahlen, und ich lasse meinen Kopf an seiner Schulter gelehnt. Nur noch einen Augenblick. Bitte. Wenn ich die Augen schließe und alles andere ausblende, kann ich so tun, als ob nichts wäre. Auch wenn ich weiß, dass der Moment gleich vorbei ist, und alles noch seltsamer zwischen uns sein wird.

Wir müssen reden.

Über Colin. Über die Zettel. Und über uns. Vor allem über uns.

Als ob ich das könnte. Ich weiß ja nicht einmal, was das zwischen uns ist, wie ich darüber denke oder nicht denke. Wie soll ich da reden?

Warum lässt er mich nicht los?

»Na, ihr zwei Turteltauben?«, dringt eine helle Stimme in unsere Blase.

Ich schrecke hoch. So heftig, Valentin hat keine Chance, mich festzuhalten. Mein Herz rast, und meine Wangen brennen.

Rieke.

Sie steht vor uns und lacht. »Da lässt man euch nur ein paar Tage allein, und schon ist es passiert!«

Die Arme verschränkt, zieht sie einen Schmollmund, der nicht wirklich überzeugend rüberkommt, sosehr wie sie dabei grinst.

»Es ist überhaupt nichts passiert!«, schleudert Valentin ihr entgegen, und es klingt mehr nach einem Knurren als einem Satz.

Ist ihm das Ganze peinlich? Bin ich ihm peinlich?

Der Blick, den er Rieke zuwirft, wäre beeindruckender, wenn Valentin nicht so rot im Gesicht wäre.

Rieke zuckt nur mit den Schultern, sein barscher Tonfall scheint sie überhaupt nicht zu berühren. »Das erklärt immerhin, wieso du direkt beim Läuten losgestürmt bist, ohne auf uns zu warten. Ich sag's ja, du hast ihm ganz schön den Kopf verdreht!«

Der letzte Satz war an mich gerichtet, und sie zwinkert mir zu.

Toll. Meine Wangen brennen nicht mehr, sie glühen.

Kann sie es bitte lassen? Abgesehen davon kann ich nicht der Grund sein, warum Valentin sie stehen gelassen hat. Hier ist er erst vor ein paar Minuten aufgetaucht.

»Rieke, was soll das?« Wieso klingt er auf einmal so ernst? »Ich musste noch ins Sekretariat, wenn du es genau wissen willst.«

»Na dann.« Ihr Grinsen wird breiter.

Valentin schnauft. Er holt Luft und will garantiert noch etwas sagen, so viel Anspannung wie auf einmal in ihm ist.

Aber Rieke kommt ihm zuvor. »Was hältst du davon, wenn wir heute Nachmittag in den Klettergarten gehen?«, wendet sie sich an mich. So, als hätte sie sich genug über Valentin lustig gemacht. »Der ist richtig cool! Außerdem kenne ich den Typen, der heute die Ausrüstung verleiht. Er gibt uns garantiert einen Rabatt!«

»Du kennst ihn?« Warum klingt Valentin so, als würde er ihr kein Wort glauben? »Kennst du ihn so gut wie den Typen im Schwimmbad?«

Für einen Moment friert Riekes Gesicht ein. Das Grinsen wird schwächer und wirkt fast schon wie eine Maske. Dann verdreht sie die Augen.

»Mensch Valentin! Wie oft muss ich das noch erklären? Es war eine Verwechslung, okay? Kann ich ja nicht ahnen, dass der Typ einen Cousin hat, der fast genauso aussieht wie er!« Das Grinsen wirkt wieder lebendiger, aber irgendwie kommt es mir jetzt aufgesetzt vor. »Also«, sie dreht sich wieder zu mir. »Wie sieht es aus? Hast du Lust auf Klettergarten? Wir müssen Valentin auch nicht mitnehmen, wenn er dir zu viel schlechte Laune verbreitet. Ich würde ihn hier sitzen lassen, wenn ich du wäre!« Sie lacht wieder und streicht den schwarzen Teil ihres Ponys hinters Ohr. »Wir könnten auch einen Mädelsnachmittag draus machen. Lorena, du und ich.«

Ein Mädelsnachmittag. Das klingt cool. Fast so wie die Zeit zu Hause mit Hannah und Tilde. Aber irgendetwas fühlt sich nicht richtig an. Ich schiele zu Valentin, der sich nach vorn gebeugt hat und die Arme auf den Knien abstützt. Sein ganzer Körper steht unter Spannung, und der Ausdruck auf seinem Gesicht ist unlesbar für mich.

»Okay. Kein Mädelsnachmittag«, lenkt Rieke meine Aufmerksamkeit wieder auf sich.

Ihre Stimme klingt gedämpft. Ist sie enttäuscht?

Ich schaue hoch. Ein Lächeln umspielt ihre Lippen. Es passt nicht zu ihrem Tonfall.

Ist sie sauer?

Auf mich? Oder auf Valentin? Auf uns beide?

»Wo bist du auf einmal hin verschwunden?« Lorena weicht ein paar Fünftklässlern aus, die sie bei ihrer Verfolgungsjagd fast umrennen, und kommt auf uns zu.

Oder eher auf Rieke.

»Ich war unterwegs in dringender Mission!« Rieke lacht, und ihr Lachen klingt wie immer. »Hast du Lust mit den beiden Turteltauben heute Nachmittag in den Klettergarten zu gehen?«

Neben mir schnaubt Valentin. Zu leise, als dass Rieke es mitbekommen würde. Aber ich höre es und sehe zu ihm. Er bemerkt meinen Blick sofort, zieht die Schultern hoch und schüttelt den Kopf. Sein Gesichtsausdruck ist weicher als eben.

»Von mir aus?« Lorena streicht sich durch die rotblonden Locken und zuckt mit den Schultern.

Das Wort *Turteltauben* ignoriert sie komplett.

»Gut. Dann ist es abgemacht?« Riekes Frage ist an mich gerichtet.

Sicher. Wenn ich Geld dafür hätte, kein Problem. Mama und Marco kommen sowieso erst gegen Abend zurück.

Aber ich habe kein Geld.

Ich schüttle den Kopf. »Geht nicht. Meine Mutter ist immer noch sauer wegen der Wand …«

Toll. Das klingt, als hätte ich noch Hausarrest. Dabei könnten wir irgendwo draußen abhängen. Im Park zum Beispiel. Oder am Fluss, den wollte ich mir sowieso längst ansehen. Aber wenn ich das vorschlage, wollen sie sicher wissen, warum ich nicht in den Klettergarten will.

»Dann kommen wir eben zu dir.« Es hört sich an, als ob das keine große Sache für Rieke wäre.

»Kannst du endlich mal damit aufhören, alle zu verplanen?«, wirft Valentin ein.

»Wieso? Stören wir? Willst du Alia für dich alleine?«, schleudert Rieke ihm entgegen.

Wow. Sie sieht richtig sauer aus, wie sie da steht: die Arme verschränkt und mit einem Blick, der Valentin zu durchbohren scheint.

»Darum geht es überhaupt nicht, und das weißt du!« Die Anspannung ist wieder in seinem Körper. Er wirkt fast bedrohlich. Zumindest solange ich seine knallroten Wangen ignoriere. »Du gibst Alia überhaupt keine Chance, *Nein* zu sagen. Vielleicht hat sie keine Lust, sich mit uns zu treffen? Hast du darüber schon mal nachgedacht?«

Das *uns* löst ein Beben in mir aus..

Spinnst du, Valentin? Warum sollte ich mich nicht mit dir treffen wollen?

»Krieg dich mal wieder ein!« Es ist nicht Rieke, sondern Lorena, die das sagt. »Wenn Alia sich nicht mit uns treffen wollte, würde sie das sagen, oder?«

Der letzte Satz gilt mir. Sie hat die Hände in die hinteren Taschen ihres kurzen Rocks gesteckt und sieht mich an. Ihre rotblonden Locken hängen ihr seitlich ins Gesicht.

»Wenn ihr wollt, könnt ihr gern vorbeikommen«, antworte ich.

Hat Valentin gerade wieder geschnaubt? Ich schiele zu ihm. Er ist immer noch in einen Starrwettkampf mit Rieke vertieft. Nur macht Rieke nicht länger mit.

Sie klatscht in die Hände und strahlt mich an. »Na also! Dann ist es abgemacht.«

Ich nicke und lächle, sehe bewusst nicht mehr zu Valentin. Mir genügt schon Lorenas Blick, die ihn unter zusammengezogenen Augenbrauen mustert.

EIN WORT UND ALLES BRICHT ZUSAMMEN

In der zweiten Pause verkrieche ich mich. Das ist feige, ich weiß. Aber allein bei der Vorstellung, den dreien in die Augen sehen zu müssen, wird mir schlecht. Rieke findet es witzig, sich über uns lustig zu machen, und Valentin … Keine Ahnung, was mit Valentin ist. Irgendetwas ist zwischen ihm und Rieke. Wäre es für sie wirklich okay, wenn ich mit ihm zusammen wäre? Wir sind nicht zusammen, wir sind … Was?

Was sind wir?

Ich muss mit ihm reden. Dringend. Ich muss ihm das mit Colin erklären. Aber vorher will ich mir sicher sein. Wenn die Zettel doch von Valentin sind, dann …

Was dann?

Ich weiß es nicht. Er darf nichts mit den Zetteln zu tun haben.

So einfach.

*

Wollte Rieke mit Lorena und Valentin direkt nach der Schule mitkommen, oder essen sie in der Mensa? Egal, es wird nichts daraus, die sechste Stunde fällt bei mir aus. Auf dem Weg zu den Fahrradständern erstelle ich einen Gruppenchat mit allen dreien.

Bei mir fällt die letzte Stunde aus. Ich geh schon mal vor, ihr könnt ja dann nachkommen. Okay?

Wenn ich Geld hätte, würde ich Baguette und Bohnen kaufen und Chili kochen. Das Essen, das Papa für jede Party macht, weil es einfach ist, stundenlang warmgehalten werden kann und du nicht viel falsch machen kannst. Eine Nachricht von Valentin leuchtet auf. Wieso schreibt er nur mir und nicht im Gruppenchat?

Ich kann Rieke das Treffen wieder ausreden, wenn du willst?

Warum sollte ich das wollen? Moment. Will er es nicht?

Nein, alles gut. Bis nachher.

»Was machst du schon hier?« Auf einmal steht Colin neben mir.

Er lehnt sich zu mir. Will er auf das Display sehen? Schnell sperre ich das Handy und stecke es weg.

»Die letzte Stunde entfällt. Und bei dir?«, frage ich, während ich das Rad abschließe.

»Ich habe keinen Unterricht mehr, mache mit ein paar Freunden ein Projekt im Werkraum. Da sind wir zeitlich flexibel.« Er schließt sein Schloss auf, schneller als ich und wartet.

Worauf wartet er?

»Also dann«, verabschiede ich mich und steige auf.

So leicht lässt Colin sich nicht abspeisen. Er schwingt sich aufs Rad und fährt neben mir her.

»Hast du wieder einen Zettel bekommen?«

Ich schüttle den Kopf.

»Gut. Vielleicht war es doch nur ein blöder Scherz von irgendjemandem aus deiner Klasse, der die Neue ein bisschen verarschen wollte?« Er stockt kurz und zieht die Augenbrauen zusammen. »Sie haben in der ersten Pause alle bei deinem Klassenzimmer vorbeigeschaut.«

Alle? Rieke und Valentin?

»Der Typ von heute Morgen und die mit den rotblonden Locken, die dir am Freitag mit der Wand geholfen hat«, fährt Colin fort.

Lorena? Wieso das denn?

»Dazwischen ist noch die mit den schwarzblonden Haaren aufgetaucht.«

Also auch Rieke. Das macht keinen Sinn. Wieso sollten sie mich während der Pause im Klassenzimmer suchen, ohne vorher bei den Steinen vorbeizusehen?

»Wann war Valentin dort?«, frage ich und werfe einen Blick zur Seite.

Colin sieht immer noch total nachdenklich aus.

»Der Typ von heute Morgen? Kurz nachdem du weg warst, ihr habt euch vielleicht um ein oder zwei Minuten verpasst.«

Wollte er mich abholen? Hat er zu Rieke nicht gesagt, dass er noch etwas im Sekretariat erledigen musste?

»Hat er in der zweiten Pause auch vorbeigeschaut?«

Colin nickt, und ich weiß nicht, was ich davon halten soll.

Bei der Wohnung biegt er mit mir in die Einfahrt ein. Ich bremse und sehe ihn an.

»Was ist?« Der schwarze Pony fällt ihm wieder über das linke Auge.

»Wo willst du hin?«

»Ich will mir die Zettel noch mal ansehen.« Wenn er so lächelt, sieht er fast nett aus.

Jedenfalls nicht wie jemand, der dir den Reifen zersticht, sobald er sauer auf dich ist.

»Wozu?«

Die Zettel haben sich nicht verändert, seit ich sie ihm gezeigt habe. Was verspricht er sich davon? Oder ist das nur eine Ausrede? Weiß er, dass Rieke, Lorena und Valentin nachher bei mir vorbeikommen?

»Vielleicht haben wir etwas übersehen?«

Etwas übersehen. Bestimmt. Auf den kleinen Papierfetzen gibt es auch so viele Möglichkeiten, um eine geheime Botschaft zu verstecken.

*

In der Wohnung geht Colin direkt zu der schwarzen Wand.

»Lass das Shirt hängen. Ich will nicht, dass die anderen die Zettel sehen. Okay?«

»Wieso sollten sie? Kommen sie hier vorbei?«

»Nachher. Ja.« Ich ziehe das Handy aus der Tasche.

Keine neue Nachricht. Weder von Valentin noch von Rieke oder Lorena. Ich lege es in das Regal neben der Tür. So kann ich es hören und muss es nicht mit mir herumschleppen.

Hannah hat sich immer noch nicht gemeldet …

»Das ist die Gelegenheit!« Colin klatscht in die Hände und auf seinem Gesicht erscheint ein selbstzufriedenes Grinsen.

Was für eine Gelegenheit?

Wir sehen uns an. Er ist vor der schwarzen Wand in die Hocke gegangen, und ich stehe noch immer bei der Tür.

»Wir können sie dazu bringen, uns Schriftproben zu geben«, erklärt er, nachdem ich so überhaupt nicht auf seinen freudigen Ausruf reagiere.

Schriftproben? Ist das sein Ernst?

»Kapierst du es nicht?«

Doch Colin. Ich verstehe ganz genau, worauf du hinauswillst.

»Wenn wir sie etwas schreiben lassen, können wir es mit der Schrift auf den Zetteln vergleichen. Selbst wenn es nur ein Wort ist, ist sofort klar, ob die Zettel von ihnen sind oder nicht.«

Sicher. Als ob du deine Schrift nicht verstellen könntest. Wie wäre es, wenn wir sie alle einen Totenkopf zeichnen lassen? Das wäre genauso effektiv. Nämlich gar nicht.

Ich schüttle den Kopf und gehe zur Küchenzeile, krame im Vorratsschrank nach etwas Essbarem. Finde eine Packung Nüsse und eine mit Salzbrezeln und trage beide mit zwei Schüsseln zurück in Colins Zimmer. Er hat das Shirt an der Wand angehoben. Sobald ich das Zimmer betrete, dreht er den Kopf in meine Richtung. Sein Blick fällt auf die Packung Nüsse, und er prustet los.

»Marcos Lieblingssnack? Bist du sicher? Ich hoffe für dich, dass du ihn gefragt hast, ob du die nehmen darfst?«

Habe ich nicht. Er macht sich nur lustig über mich. Oder? Er will wissen, ob ich Angst vor seinem Vater habe. Das ist alles.

Hoffe ich.

»Na ja, dir verzeiht er das vielleicht.« In Colins Tonfall hat sich eine Schärfe gemischt. »Zur Not sagst du ihm, dass ich sie mir genommen habe. Das glaubt er dir sofort, wirst sehen.«

Sein Lachen klingt bitter. Es löst das gleiche Ziehen in meinem Bauch aus wie der Moment, in dem Mama sich von mir weggedreht hat, als sie mir am Freitag kein Wort geglaubt hat. Ich stelle die Schüsseln auf den Boden neben dem Bett ab und greife nach der Nusspackung, will sie zurückbringen.

»Lass gut sein.« Colin nimmt mir die Packung aus der Hand und reißt sie auf. »Jetzt kannst du ihm ohne Probleme sagen, dass ich es war!«

Grinsend schüttet er die Nüsse in eine der Schüsseln und hält mir die leere Verpackung hin.

Wem will er damit was beweisen?

Wortlos gehe ich zurück zur Küchenzeile und hole Gläser. Nach einer Woche in der Wohnung ist es eindeutig. Colins Vater ist der totale Gesundheitsfanatiker. So was wie Softdrinks gibt es hier nicht, die haben ja viel zu viel Zucker. Klar. Weil Fruchtzucker auch so viel gesünder ist. Aus Mangel an Auswahl schnappe ich mir zwei Saftflaschen und lasse die Wasserflaschen stehen. Das verdünnte Zeug kann er schön selbst trinken.

Zurück im Zimmer schenkt Colin sich sofort ein Glas voll. Er ist wohl auch kein Fan von Schorlen. Die Hälfte der Nüsse hat er bereits verdrückt.

Super.

Ich freue mich auf den Ärger mit Mama, wenn Marco seine Nüsse vermisst und sich beschwert.

Marco. Seit wir hier sind, habe ich ihn noch nicht einmal mit seinem Namen angesprochen. Wieso fällt mir das erst jetzt auf?

Wenn ich versuche, die Sache mit den Nüssen Colin in die Schuhe zu schieben, wird sie ausrasten.

Sobald ich mich setze, hält er mir die Schüssel hin. Ich schüttle den Kopf. Mir ist der Hunger vergangen.

Wieder mal.

Colin geht total in dem Plan auf, Schriftproben zu nehmen.

»Wir spielen das Paper-Spiel«, sagt er und zieht eine Packung Zigarettenpapier aus der Tasche.

Raucht er? Mir ist kein Rauchgeruch an ihm aufgefallen, aber das heißt nichts. Wenn er wirklich so ein Troublemaker ist, nimmt er wahrscheinlich noch ganz anderes Zeug.

Egal.

Es geht mich nichts an. Ich lasse ihn reden, höre nur halb hin, bin mit einer völlig anderen Frage beschäftigt. Was wird Valentin denken, wenn er Colin hier antrifft?

»Hörst du mir überhaupt zu?«, unterbricht er meine Gedanken.

Klar. Was denkst du denn?

Zum Glück klingelt es in dem Moment, und ich kann mir die Antwort sparen.

*

»Was macht der hier?« Rieke kommt direkt hinter mir ins Zimmer, bleibt stehen und starrt zu Colin, der im Schneidersitz vor dem Schrank sitzt. »Habt ihr was miteinander?«

Bitte? Ist das die erste Frage, die ihr dazu einfällt?

Auf einmal legt jemand einen Arm um meine Schultern und zieht mich zu sich.

»Wer weiß?« Colin.

Wann ist er aufgestanden?

Seine Frage klingt wie eine Herausforderung. Ich kann das Grinsen in seiner Stimme hören, auch ohne ihn anzusehen.

Spinnt er?

Lorena schiebt sich ins Zimmer, und hinter ihr bleibt Valentin auf der Schwelle stehen. Unsere Blicke treffen sich. Seine Gesichtszüge sind starr, fast so wie heute Morgen in der Pause, als Rieke versucht hat, ihn aufzuziehen.

Es ist nicht so, wie du denkst.

Wenn ich nicht so verdammt feige wäre, hätte ich ihm die Sache mit der Familienangelegenheit gestern erklärt.

Warum hält mich Colin immer noch im Arm? Ich mache einen Schritt zur Seite, will ihn abschütteln und stoße mit dem Fuß gegen Colins Glas. Was für ein Mist! Sofort saugt meine Socke sich mit Saft voll.

»Ich hole einen Lappen«, höre ich Valentin, und bis ich zur Tür sehe, ist er weg.

»Warte!« Ich will mich an Rieke vorbeidrängen, will ihn einholen, muss mit ihm reden.

Sofort.

»Lass ihn.« Rieke hält mich fest. »Er kommt schon zurecht. Wechsel lieber deine Socken, sonst verteilst du das klebrige Zeug in der ganzen Wohnung.«

Sie hat recht.

Trotzdem.

»Im Bad, unter dem Waschbecken!«, rufe ich Valentin hinterher.

Als ob er wüsste, wo das Bad ist. Warum ist Colin nicht den Lappen holen gegangen? Der hat hier immerhin mal gewohnt. Aber Colin schiebt nur die Schüsseln zur Seite, weit nach vorn gebeugt, um nicht in die Lache zu treten. Schnaubend ziehe ich die Socken aus. So klebrig, wie mein Fuß sich anfühlt, sollte ich Valentin ins Bad folgen. Wenn Rieke mich lassen würde, aber sie steht mir immer noch im Weg. Also humple ich zum Schrank und schlüpfe in ein neues Paar, obwohl es sich eklig anfühlt, wie der Stoff zwischen meinen feuchten Zehen hängen bleibt.

Lorena zieht eine Packung Taschentücher aus ihrem Rucksack und wischt die Schüsseln unten ab. Sie drückt die benutzten Tücher Colin in die Hand, der sie neben sich stapelt. Rieke lässt ihn nicht mehr aus den Augen. Wo bleibt Valentin?

»Woher kennt ihr euch?« Die Frage geht an Colin.

Muss er wieder so grinsen? Wenn ich nichts sage, wird er mich noch tiefer reinreiten. Ich sehe es ihm an. Er weiß genau, worauf Rieke hinauswill, und er wird alles tun, um ihren blöden Verdacht zu bestärken.

Will er sich doch an mir rächen?

»Meine …«, fange ich an, aber Colin schneidet mir das Wort ab.

»Glaubst du, ich lasse mir das Mädel entgehen, das es schafft, nach noch nicht einmal einer Woche Schulthema Nummer eins zu sein?«

Ist er noch ganz dicht? So wie er es formuliert, klingt es, als wäre ich für sein Geschmiere verantwortlich. Hat er überhaupt eine Ahnung, wie viel Mühe es mich gekostet hat, Lorena zu überzeugen? Rieke sieht zu mir und zieht die Augenbrauen hoch.

Meine Mutter und sein Vater kennen sich. Und der hat ihn auf mich angesetzt, damit er den Mist wiedergutmacht, den er angerichtet hat. Das ist alles.

Ich setze noch einmal an, um das den beiden zu sagen. Diesmal kommt Valentin mir in die Quere.

Jetzt taucht er auf. Wieso hat er so lange gebraucht? Er bleibt wieder auf der Schwelle stehen, einen Putzlappen in der Hand.

»Na endlich!« Lorena nimmt ihm den Lappen ab und wirft ihn mir zu. »Hier.«

Im Reflex fange ich ihn auf, stehe immer noch da und kann nicht aufhören, zu Valentin zu sehen, der die Saftlache am Boden fixiert. Jemand berührt meine Schulter.

»Komm, ich helf dir«, sagt Colin mit einer total fürsorglichen Stimme und nimmt mir den Lappen aus der Hand.

Ich blinzle, sehe zu ihm. Statt zu grinsen, lächelt er mich an.

»Du bist völlig durch den Wind, hm?« Hat er mir gerade zugezwinkert?

Wenn ich es nicht besser wüsste, würde ich glauben, dass er mit mir flirtet. Aber er flirtet nicht, er tut nur so, um … um was? Ich sehe wieder zu Valentin. Sein Gesichtsausdruck ist total verkrampft. Er schaut nicht mehr auf die Lache am Boden, sondern zu Colin und mir.

»Ich muss los. Hab mit Mats ausgemacht, dass wir heute noch 'ne Tour fahren.«

»Eine Tour?« Colin nimmt endlich die Hand von meiner Schulter, aber er bleibt neben mir stehen.

Viel näher als nötig.

»Mit dem Mountainbike.«

Bilde ich mir das ein, oder sieht Valentin absichtlich nicht mehr zu mir?

»Cool! Wo fahrt ihr?«

Wieso fragt Colin das? Er hat doch überhaupt kein Mountainbike!

»Oben im Forst.«

»Kannst du mir ein paar gute Strecken aufschreiben? Die, die ich bisher probiert habe, waren alle Schrott.«

Colin lässt den Lappen auf die Lache fallen, zieht mit zwei Handgriffen Block und Stift aus seiner Tasche und geht auf Valentin zu.

»Ich muss los, sorry. Google einfach nach Mountainbike und Forst.« Valentins Stimme klingt kein bisschen so, als ob ihm das leidtun würde. »Man sieht sich.«

Er dreht sich um und geht. Ohne mich noch einmal anzusehen. Ich will ihm nachlaufen, muss mit ihm reden. Niemals ist er mit Mats verabredet, sonst wäre er nicht hier aufgetaucht.

Ich schaffe es nicht, kann mich nicht bewegen, und erst das Geräusch der zufallenden Tür reißt mich aus meiner Starre.

VERBRANNTE ERDE

Rieke schnauft und sieht wieder von mir zu Colin. »Okay, Sonnyboy. Sag endlich, was du in Alias Zimmer zu suchen hast!«

Sonnyboy? Das klingt viel zu niedlich für Colin, das passt überhaupt nicht zu einem wie ihm, der gerade Valentin mit seinem falschen Akt vergrault hat.

»Wie wäre es, wenn wir um die Antwort spielen?«, entgegnet er.

Jetzt ist wieder das Blitzen in seinen Augen, und das Lächeln auf seinen Lippen hat einen überlegenen Touch.

»Was für ein Spiel?« Rieke verlagert das Gewicht auf den hinteren Fuß und verschränkt die Arme vor der Brust.

Mit einer ausladenden Geste packt Colin den Block weg und zieht das Zigarettenpapier aus der Tasche. »Wir schreiben jeder eine berühmte Persönlichkeit auf und kleben sie dem anderen an die Stirn. Wer es zuerst errät, hat eine Frage frei.«

Lorena schnalzt mit der Zunge und schüttelt den Kopf.

»Du und Alia machen auch mit«, wendet Colin sich an sie.

»Was für ein Schwachsinn!«, wirft Rieke ein.

»Wieso? Hast du Angst?«, fragt Colin in dem gleichen Tonfall, mit dem er mich am Anfang versucht hat einzuschüchtern.

Er dreht den Kopf zu ihr, und der Pony fällt wieder über das linke Auge.

»Sicher. Und wovor sollte ich deiner Meinung nach Angst haben?«

»Vielleicht vor dem, was ich dich fragen könnte?« Er hebt das Kinn.

Dabei rutscht ihm der Pony aus der Stirn, und er hält Rieke mit beiden Augen im Blick. Sie lacht. Ihr Lachen klingt mehr wie ein Aufschrei.

»Ich habe Angst vor deinen Fragen?«, fährt sie ihn an. »Nur zur Info: Ich bin nicht diejenige, die in Alias Zimmer überrascht wurde.«

»Überrascht? Von wem?« Das Grinsen in Colins Gesicht ist so selbstgefällig.

Wenn er mich so angrinsen würde, würde mich das wahnsinnig machen. Den gleichen Effekt hat es auch bei Rieke. Ich sehe es an dem Funkeln, das jetzt in ihren Augen liegt.

»Von uns. Also, bekommen wir jetzt eine Antwort? Was hast du hier zu suchen?«

»Nur so zu deiner Info: Alia hat mich mit hier hoch genommen. Ich bin nicht durchs Fenster eingestiegen …«

Hallo? Du hast dich mir aufgedrängt! Stell es nicht so hin, als ob ich dich heute Nachmittag unbedingt hätte hier haben wollen.

»… und sie wusste, dass ihr kommt. So wie ich es sehe, wurden nicht wir überrascht, sondern ihr.«

»Warum willst du dann die Frage nicht beantworten? Was hast du zu verbergen?« Rieke wird laut, was Colin mit einem Lachen quittiert.

»Wie gesagt, wenn es dir so wichtig ist, können wir um die Antwort spielen.« Er hält ihr wieder das Zigarettenpapier hin.

»Vergiss es!«

»Dacht ich's mir doch.« Schulterzuckend steckt er das Papier weg. »Du hast richtig Schiss. Fragt sich nur, wovor. Ich muss jetzt los. Bringst du mich noch zur Tür, Alia?«

Er dreht sich zu mir und tut fast so, als ob Rieke nicht mehr da wäre.

Danke, Colin. Du gehst und lässt nichts als verbrannte Erde zurück.

Macht er das mit Absicht? Damit sie mich hängen lassen?

An der Wohnungstür beugt er sich zu mir. »Versuch, eine Schriftprobe zu bekommen, egal wie. Kapiert?«, raunt er mir ins Ohr.

Er drückt meine Schulter, hinter uns ist ein Geräusch.

Rieke.

Sie geht ins Bad, den Putzlappen in der Hand.

Toll.

Wenn ich Pech habe, denkt sie, er hat mir gerade einen Kuss auf die Wange gedrückt. So nah, wie er bei mir steht. Ich boxe ihn auf den Arm und weiche einen Schritt zurück.

Warum lacht er jetzt? Das ist absolut nicht witzig!

»Ich melde mich später. Okay?«, sagt er.

Laut genug, damit wenigstens Lorena es noch hört.

Bevor ich darauf reagieren kann, ist er durch die Tür.

Wie soll ich das Rieke und Lorena erklären? Oder Valentin?

Vor allem Valentin.

Mit geballten Fäusten gehe ich zurück ins Zimmer.

»Danke fürs Aufwischen«, sage ich zu Lorena, die an der Wand neben dem Schrank lehnt.

Wir sind allein. Rieke ist immer noch im Bad. Lorena zuckt mit den Schultern.

»Kein Problem.« Einen Moment lang mustert sie mich, dann seufzt sie. »Das lief nicht so wirklich nach Plan. Oder?«

Nein. Nicht wirklich.

Ich schüttle den Kopf.

»Bist du sauer, wenn ich heute nicht ins Training komme?«

Ich fahre herum. Rieke steht genau hinter mir auf der Schwelle.

»Ins Training?« Lorena zieht die Augenbrauen zusammen und sieht von ihr zu mir.

»Ja. Ich weiß, dass du den letzten Part noch mal üben wolltest. Aber wir haben doch noch Zeit und das hier …« Rieke bricht ab und sieht zu mir.

Das passt nicht. Wenn sie heute Training hätten, hätte sie doch nicht vorgeschlagen, in den Klettergarten zu gehen.

Lorena fängt Riekes Blick ein. Sekundenlang sehen sie sich in die Augen. Sie reden wieder ohne Worte, ich bin mir sicher. Schließlich stößt Lorena sich von der Wand ab und zieht die Schultern hoch.

»Ich muss dann los.«

Bitte? Sie sind noch nicht einmal zwanzig Minuten hier, und sie muss los?

»Ach so. Haben die Blades jetzt gepasst?«, wendet sie sich an mich.

Ich schüttle den Kopf und ziehe die Tüte unter dem Schreibtisch vor.

»Hab ich mir gedacht.« Sie sieht mich länger an, als sie müsste.

Will sie mir etwas sagen? Oder kommt mir das nur so vor? Ich gehe mit ihr zur Tür, irgendetwas ist nicht in Ordnung.

»Pass auf Rieke auf«, raunt sie mir zu, und noch bevor ich reagieren kann, ist sie im Treppenhaus und springt die Stufen nach unten.

Als müsste sie wirklich ins Training.

So viel zum Thema *Mädelsnachmittag.*

»Sag mal, die Zahnpasta auf eurer Waschmaschine gehört nicht zur Dekoration. Oder?«, fragt Rieke, als ich wieder zurück ins Zimmer komme.

»Welche Zahnpasta?«

»Schwer zu erklären. Schau's dir an.«

Ich lasse sie stehen und gehe ins Bad. Mit jedem Schritt wird das Ziehen in meinem Bauch stärker. Ich stoße die Badtür auf, sehe zur Waschmaschine, die zwischen Waschbecken und Badewanne steht, und muss schlucken. Schon von der Tür aus kann ich es erkennen. Auf den Deckel der Waschmaschine hat jemand mit Zahnpasta etwas hingemalt.

Ein Herz.

Langsam gehe ich darauf zu. Ein zerbrochenes Herz. Wieso sollte …

»Valentin …«

Ich zucke zur Seite. Rieke steht genau hinter mir.

»Oder hat jemand aus deiner Familie einen Hang zur Zahnpasta-Kunst?«

Familie.

Die Hälfte meiner Familie ist zweihundertvierundachtzig Kilometer weit weg. Mama und mich kann ich kaum als Familie zählen, und Marco gehört nicht zu uns. Egal wie sehr Mama sich das einredet.

»Warum sollte Valentin das machen?«, flüstere ich.

»Eifersucht.« Es ist noch nicht einmal eine Frage.

Rieke spricht es so aus, als wäre es eine unverrückbare Tatsache. Sie stellt sich neben mich, und ich sehe in ihr Gesicht, das rechts von einer blonden und links von einer schwarzen Strähne umrahmt wird.

»Was ist?«, fährt sie mich an. »Denkst du, er findet das witzig? Erst flirtest du mit ihm, und dann hockt auf einmal dieser Troublemaker in deinem Zimmer und macht einen auf Pärchen mit dir?«

Sie war für mich so etwas wie meine dritte Schwester, nur cooler.

Okay. Wenn irgendein Mädchen Finley verarschen würde, fände ich das auch nicht lustig. Aber ich würde mich trotzdem nicht einmischen.

Also mehr mein bester Kumpel.

Würde ich mich bei Hannah einmischen?

Vielleicht. Valentin muss Rieke ganz schön viel bedeuten.

»Ich dachte, du magst ihn?«, redet sie weiter. Sie kneift die Augen zusammen. »Oder bist du eine von denen, die auf *Bad Boys* abfahren? Wegen ihrer bescheuerten unnahbaren Aura?« Sie schnalzt mit der Zunge und schüttelt den Kopf. »Hast du dir schon mal überlegt, dass hinter der coolen Fassade vielleicht einfach nur ein Idiot steckt, der nichts zu sagen hat?«

Das bringt mich zum Lachen.

»Was?«

Nichts. Ich winke ab, versuche das Lachen zu unterdrücken. Finde mich nur so gut wieder in ihrem Vorurteil.

Schweigen bedeutet nicht immer, dass man nichts zu sagen hat, Rieke.

»Jetzt erzähl endlich, was dieser Typ in deinem Zimmer zu suchen hatte!«, bohrt sie weiter.

»Es ist nicht mein Zimmer, es ist seines.«

»Bitte?« Sie starrt mich an und versteht es nicht.

Ich merke es an ihrem Schnauben.

»Er ist sauer, weil ich in seinem Zimmer wohne, ohne dass er gefragt wurde.«

»Auf mich hat er alles andere als sauer gewirkt.« Sie zieht die Augenbrauen zusammen und schaut mich an wie jemanden, dem man keinen Meter über den Weg traut.

»Klar. Das war seine Chance, um mich vor euch bloßzustellen. Und es hat super funktioniert. Oder?« Ich deute auf das Herz aus Zahnpasta.

Das gebrochene Herz.

»Ich verstehe kein Wort …«

»Colin ist verdammt sauer, weil sein Vater mir sein Zimmer überlassen hat.«

Zumindest war er das. Er ist es nicht mehr, das glaube ich ihm. Trotzdem will er euch vergraulen, weil er euch nicht traut. Ist das wirklich der Grund?

Wenn ich ihr das sage, müsste ich ihr von den Zetteln erzählen.

Will ich das?

»Sein Vater? Was hast du mit seinem Vater zu tun?«

Ich atme tief ein. »Der Typ, bei dem wir wohnen.«

»Was? Moment …« Sie legt den Kopf schief und mustert mich. Der Ausdruck auf ihrem Gesicht wird weicher. »Deshalb hast du dich so aufgeregt, als ich beim letzten Mal gesagt habe *Dein Vater ist der Beste*? Der Typ, der deine Mutter überredet hat, uns reinzulassen, ist Colins Vater?«

Ich nicke.

»Und er hat Colin rausgeworfen? Damit du ein Zimmer hast?« Sie starrt mich an. »Wow, ich glaube, ich hätte dich gekillt, wenn mein Vater das mit mir gemacht hätte …«

Danke. Es liegt ja auch total in meiner Verantwortung!

Sie streicht sich über die Nase und schüttelt den Kopf. »Wieso ist er jetzt auf einmal so nett zu dir?« Wieder mustert sie mich. »Müsste er dich nicht hassen, egal was passiert, wenn er wegen dir aus der Wohnung geflogen ist?«

Wegen mir. Klar.

»Erstens wohnt er die ganze Zeit schon bei seiner Mutter. Das Zimmer hier hat er wohl nur an den Wochenenden genutzt und laut seinem Vater in der letzten Zeit überhaupt nicht mehr …«

»Trotzdem. Das ist sein Vater, und der hat ihn hier quasi rausgeworfen. Wegen dir?«

Was will sie? Es ist nicht so, als hätte ich Marco darum gebeten, mich hier einziehen zu lassen.

»Ja, super. Nur dass ich nie hierher wollte. Ich war mit meinem Zimmer zu Hause vollkommen zufrieden. Okay?«, schleudere ich ihr entgegen.

Langsam habe ich genug. Warum tun alle so, als ob das meine Entscheidung gewesen wäre?

Rieke ignoriert meinen scharfen Tonfall. »Das heißt, du hast nichts mit diesem Colin?«

Wieso sollte ich? Es ist nicht so, als hätten Colin und ich auf einmal unsere Liebe zueinander entdeckt. Wenn es hochkommt, dann haben wir vielleicht einen Nichtangriffspakt. Ich verstehe noch nicht einmal, warum er unbedingt herausfinden will, von wem die Zettel stammen. Jedenfalls sind wir …

»Los! Du musst Valentin schreiben!« Rieke packt mich am Arm und zerrt mich aus dem Bad.

Spinnt sie? Ich werde ihm sicher nicht schreiben. Das kommt total schräg. Ich drehe noch einmal den Kopf, kann das gebrochene Zahnpasta-Herz von der Tür aus kaum noch erkennen. Aber ich weiß auch so, was er mir damit sagen wollte.

»Wo ist dein Handy? In deiner Tasche?« An der Tür zu Colins Zimmer lässt Rieke mich endlich wieder los.

Sie geht auf meine Tasche zu, die ich vor dem Bett abgestellt habe.

»Ich schreibe ihm nicht«, sage ich, viel zu leise.

Sie wirbelt herum. »Wieso nicht? Er denkt, dass du was mit Colin hast. Deshalb ist er gegangen. Du glaubst doch nicht wirklich, dass er was mit Mats ausgemacht hat?«

Nein. Das glaube ich nicht. Aber …

»Du magst ihn. Oder? Da ist doch was zwischen euch, oder willst du mir sagen, dass du ihn die ganze Zeit verarscht hast?«, fährt sie mich an.

»Ich …«

»Was? Magst du Valentin, oder magst du ihn nicht?« Ihr Blick ist wieder total durchdringend.

Ich bringe kein Wort heraus, kann nur nicken. Klar mag ich ihn. Was soll die Frage? Aber …

Aber was?

»Na also. Dann schreib ihm, dass dieser Colin dein Stiefbruder ist. Valentin denkt sonst, dass du ihn die ganze Zeit verarscht hast. Willst du das?«

Nein, will ich nicht. Aber ich will ihm auch nicht per Handy-Nachricht erklären, wer Colin ist.

»Hallo? Alia? Bist du noch da?« Rieke kommt einen Schritt auf mich zu.

Ich stehe immer noch im Türrahmen. Genau wie Valentin vorhin. Okay. Ich schreibe ihm und frage, ob wir uns treffen können. Wo ist mein Handy? Ach ja. Ich drehe mich zum Regal und ziehe es heraus. Ein weißes Stück Papier segelt auf den Boden.

Was ist das?

Langsam beuge ich mich hinunter. Warum hämmert mein Herz auf einmal wie verrückt? Das Papier fühlt sich rau an zwischen meinen Fingern. Ich falte es auf. Vorsichtig. Habe ein blödes Gefühl.

Ein Totenkopf, auf dem Fetzen Papier ist ein Totenkopf aufgemalt. Nicht irgendeiner. Es ist genau der, der auch auf den anderen Zetteln ist.

Das kann nicht sein. Das …

WENN DIE WAHRHEIT SICH VERSCHIEBT

Die Worte unter dem Totenkopf brennen sich in mein Gehirn.

Diebe wie mich? Ist das eine Anspielung auf meinen missglückten Ladendiebstahl?

Mein Hals fühlt sich an wie zugeschnürt, ich kann kaum noch schlucken und auch nicht mehr richtig atmen. Fasse nach einem der beiden dünnen Zöpfe, wickle ihn um den Finger, brauche Halt, der Boden unter mir bricht weg.

Langsam sickert die Erkenntnis in mein Bewusstsein. Die Person, die mich mit den Zetteln bedroht, war hier. In diesem Zimmer.

»Was ist los?« Riekes Stimme ist weit weg, geht unter im Strom der Bilder, die durch meinen Kopf wirbeln.

Valentin auf der Schaukel. Ganz vorn. *Spring!* Valentin neben mir. Zu nah, die Einzelheiten seines Gesichts verschmelzen miteinander. Valentin auf der Schwelle in diesem Zimmer. Die Zähne zusammengebissen, den Blick auf den Boden gerichtet.

»Alia?«

Ich spüre eine Hand auf der Schulter, stehe auf und schüttle sie ab. Ohne ein Wort zu sagen, gehe ich zu der schwarzen Wand, nehme vorsichtig das Shirt mit dem Sternenaufdruck ab und knie mich vor die Zettel.

»Was ist das?«

Ich weiß es nicht.

Nein.

Ich weiß es ganz genau.

Niemand will dich hier … Verpiss dich … Verschwinde, oder du wirst es bereuen … Hier ist kein Platz für Schmarotzer und Schwarzfahrer … Du glaubst, du kannst jeden haben …

Ich kann mir nichts mehr vormachen. Es gibt nur eine Person, die von dem Ladendiebstahl weiß und auch nur eine, die mir immer wieder etwas ausgegeben hat. Nüsse, Eis …

Weil er bei all dem dabei war.

Genauso wie er der Einzige ist, der sich von mir verraten fühlt. Zwischen Colin und mir läuft nichts. Glaubt Valentin das trotzdem? Wahrscheinlich. Er hat Colin und mich am Samstag auch auf dem Balkon gesehen. Nachdem ich ihm abgesagt hatte. Aber wieso hätte er mir schon nach unserer ersten Begegnung einen Zettel in mein Mäppchen schmuggeln sollen?

»Alia?« Wieder ist eine Hand auf meiner Schulter.

Die Berührung bringt mich zurück vor die schwarze Wand. Ich drehe den Kopf, sehe in Riekes Augen. Ihre Stirn liegt in Falten.

»Was ist das?«, fragt sie wieder und deutet auf die Zettel.

»Ich habe sie in meinem Mäppchen gefunden …«

»Aber von wem sind die?«

Ich habe keine Ahnung und zucke mit den Schultern.

Wieso sollte Valentin so etwas tun?

Ich weiß es nicht, ich weiß nur eines: Er hat mich verraten. Und das ist fast genauso schlimm wie der Moment, in dem Papa mich im Hinterzimmer der Drogerie im Stich gelassen hat.

»Wer schreibt bitte so was?«, murmelt Rieke.

Sie streicht über die Zettel, einen nach dem anderen.

»Valentin«, flüstere ich und halte ihr den Fetzen Papier hin, der unter dem Handy im Regal lag.

Du glaubst wohl, du kannst jeden haben? Verschwinde! Hier ist kein Platz für Diebe wie dich!

Sie versteht es nicht, und ich erzähle ihr alles. Bis ins kleinste Detail. Vom Schwarzfahren weiß sie ja schon, aber von dem vereitelten Ladendiebstahl wusste sie nichts. Es ist egal, was sie jetzt über mich denkt. Es kann nicht mehr schlimmer kommen.

»Scheiße«, murmelt sie.

Ich schiele zu ihr. Sie zupft an dem Träger ihres Tankshirts und weicht meinem Blick aus. In meinem Bauch ist ein Flimmern, und mir wird schlecht. Gleich wird sie aufstehen und gehen, weil sie mit einer wie mir nichts zu tun haben will. Ob sie Lorena davon erzählt?

Wahrscheinlich.

Ich balle die Hände zu Fäusten. Aber ich habe das ja verdient, das ist total krank, ich bin total krank.

Du bist nicht krank.

Ganz kurz spüre ich wieder Valentins Hand auf meinem Arm, den sanften Druck, als er genau das zu mir gesagt hat. Ich habe ihm geglaubt. Wenn er das ernst gemeint hätte, hätte er mir nicht diesen Zettel geschrieben.

Rieke seufzt, und ich zucke zusammen. Ich will nicht hören, was sie zu sagen hat. Mit einer Hand streicht sie sich die zweifarbigen Haare aus dem Gesicht, mit der anderen zupft sie an einem der Löcher ihrer Jeans.

Auf einmal hebt sie den Kopf. Ich halte die Luft an, zwinge mich, ihrem Blick nicht auszuweichen.

»Scheiße, Valentin … Das hätte nicht passieren sollen …«

Was meint sie?

Sie seufzt wieder, sieht erst das Loch in ihrer Jeans an, dann direkt in meine Augen. »Versprichst du mir das, was ich dir jetzt erzähle, für dich zu behalten? Du darfst kein Wort zu Valentin sagen, egal was passiert. Nicht ein einziges Wort. Und zu Lorena schon gar nicht, die hat die ganze Sache nicht mitbekommen, und es ist besser, wenn das so bleibt.«

Was soll die Geheimniskrämerei? Tilde hat das einmal probiert. Sie wollte mir etwas erzählen, wovon Hannah nichts erfahren durfte. Und hier kommt die Überraschung: Obwohl ich Meisterin des Schweigens bin, hasse ich es, Leuten etwas zu verheimlichen. Das ist etwas völlig anderes. Ich mag keine Geheimnisse. Selbst dann nicht, wenn es sich um eine Überraschung handelt. Kann mich noch gut an Papas entsetztes Gesicht erinnern, als mir vor Mama die Sache mit der Überraschungsparty zu ihrem Geburtstag rausgerutscht ist. Obwohl das schon sechs Jahre her ist.

»Jetzt kneif die Augen nicht so zusammen! Du musst es nicht für immer für dich behalten. Nur so lange, bis ich es mit ihm geklärt habe. Okay?«, setzt Rieke nach.

Was will sie klären?

Sie legt den Kopf schief und zieht die Augenbrauen hoch. Vielleicht muss ich ihr vertrauen? Sie und Valentin sind beste Freunde, fast wie Geschwister. Sie will ihm nicht eins auswischen, ganz sicher nicht.

Langsam nicke ich, und für einen winzigen Augenblick huscht ein Lächeln über ihr Gesicht.

»Gut.« Sofort wird sie wieder ernst.

Sie greift nach meiner Hand. Das ist so unvermittelt, ich zucke zurück, aber Rieke hält mich fest.

»Ich will nicht, dass das, was ich dir jetzt erzähle, dein Bild von

Valentin kaputtmacht«, sagt sie, ganz leise, und drückt dabei meine Hand. »Hat er dir von unserem ersten und einzigen großen Streit erzählt? Vor etwa eineinhalb Jahren?«

Es gab einen Bruch zwischen ihnen. Mehr weiß ich nicht.

Will ich mehr wissen?

»Er hat dir nichts erzählt?«

Ich ziehe die Schultern hoch, und Rieke schnauft laut aus.

»Okay, dann fang ich ganz von vorne an.« Sie atmet tief ein, lässt meine Hand los und streicht sich ein paar Strähnen aus dem Gesicht. »Valentin und ich sind schon seit Ewigkeiten beste Freunde. Er war wie ein kleiner Bruder für mich.« Sie lacht. »Obwohl er genau genommen zwei Monate älter ist als ich. Trotzdem hat er immer ein bisschen zu mir aufgeschaut, und im Zweifel haben wir das gemacht, was ich vorgeschlagen habe.«

Klar. Sonst hätte er sich von ihr nicht dazu überreden lassen, das Küssen zu üben.

»Aber vor etwa eineinhalb Jahren ist etwas aus dem Gleichgewicht geraten. Nicht zwischen uns, also zumindest nicht sofort. In seinem Gehirn.« Sie sitzt im Schneidersitz vor der schwarzen Wand und zupft wieder an einem der Risse ihrer Jeans. »Die Ärzte haben gesagt, dass das durch die Hormonumstellung getriggert werden kann, wenn man dafür anfällig ist.«

Was? Was kann getriggert werden? Rieke starrt einen der Jeansfäden an, die von dem Riss weghängen und wickelt ihn um ihren Finger.

»Valentin ist in eine völlig andere Welt gerutscht. Er hat sich Sachen eingebildet, und zum Schluss hat er … Er hat mich …« Sie holt Luft, zögert, beißt sich auf die Lippe. »… bedroht«, kommt es schließlich leise aus ihrem Mund.

Bitte? Valentin hat sie bedroht? Ich kann das nicht glauben, das passt nicht zu ihm, das … Woher will ich wissen, was zu ihm passt?

»Es hat harmlos angefangen«, fährt sie fort. »Mit ein paar Bemerkungen, die irgendwie off waren. Und dann sind Zettel aufgetaucht, überall. In meiner Jackentasche, zu Hause auf meinem Schreibtisch, in meinem Mäppchen … genau wie die hier.« Sie tippt an die Wand, sieht mich immer noch nicht an. »Er hat sich in irgendwas hineingesteigert, das nur in seinem Kopf existiert hat. Er war nicht mehr er selbst. Ich weiß nicht, was er in mir gesehen hat … Einmal hat er versucht, mich zu küssen. Aus heiterem Himmel. Als ich ausgeflippt bin, hat er nur gemeint, dass doch nichts dabei wäre. Ich sollte es als ein Training sehen für später, wenn ich mal verknallt bin. Und ich habe es weggelacht, aber dann …« Sie bricht ab und sieht mich an.

Als wäre sie nicht sicher, wie viel sie mir erzählen kann. Wie viel ich aushalte. Ich will nichts mehr hören.

Moment.

Zumindest hat sie aufgehört, ständig von dem Typen zu reden, in den sie verknallt war, und soweit ich das mitbekommen habe, nie versucht, ihn zu küssen.

Valentins Version war völlig anders. Wo liegt die Wahrheit? Bei ihm? Bei Rieke? Irgendwo dazwischen? Ich will mich nicht einmischen, ich … Hat sie aufgehört, von dem Typen zu reden, weil sie Angst hatte? Angst vor Valentin?

»Es war in seinem Kopf.« Ihre Augen ruhen auf mir, in ihren Mundwinkeln hängt ein Lächeln, das nicht zu ihren Worten passt und doch dort hingehört. Irgendwie. Ich kann nicht sagen, wieso. »Er konnte nichts dafür, irgendetwas hat sich in seinem Kopf verschoben, und ich glaube, er hatte selbst Angst und nicht verstanden, was da mit ihm passiert. Zum Glück ist am Ende alles noch mal gut gegangen …«

Was meint sie? Was hat sich verschoben?

»Er kam in die Klinik, und sie haben ihn mit Medikamenten eingestellt, und er wurde wieder der Alte. Zwischen uns war es beinahe wieder so wie vorher. Fast so, als wäre nichts passiert …« Sie streicht sich über die Stirn und schüttelt den Kopf. »Aber wenn das jetzt wieder losgeht, heißt das, dass er die Medikamente abgesetzt haben muss …«

Welche Medikamente? Was hat er bitte für eine Krankheit?

Ich versuche das, was Rieke mir gerade erzählt hat, mit dem Valentin zusammenzubringen, den ich in der letzten Woche kennengelernt habe.

Es klappt nicht. Es passt nicht zu dem Bild von ihm in meinem Kopf.

Oder doch?

»Du fragst gar nicht?« Sie zieht die Augenbrauen hoch. »Willst du nicht wissen, was mit ihm los ist?«

Nein. Will ich nicht. Ich will, dass alles normal ist.

»Dann nenne ich dir eben keine Diagnose, wenn du das nicht aushältst!« Ihre Stimme hat einen scharfen Klang angenommen.

Ich weiche ihrem Blick aus und sehe zum Bett, zu meinem Geigenkasten, der darunter liegt. Sobald ich mich auf die mintgrüne Farbe konzentriere, hört das Herzflattern auf.

»Auf alle Fälle heißt das, dass er verdammt noch mal seine Medikamente nicht einfach eigenmächtig absetzen kann, nur weil er glaubt, dass jetzt alles wieder in Ordnung ist!« Sie donnert die Faust gegen die Wand. »Sonst geht der ganze Mist wieder von vorne los.« Schnaubend reibt sie sich die Hand.

»Das hat er also gemeint, als er zu mir gesagt hat, dass er die bescheuerten Medikamente nicht bis in alle Ewigkeit einnehmen will. Mensch, Valentin, du bist so ein Idiot!« Ihre Stimme zittert.

Sie streicht sich über die Arme. So, als wollte sie etwas abstreifen. Ich versuche zu begreifen, was sie gerade erzählt hat. Valentin ist …

Was? Was ist er?

Verrückt?

Ver-rückt.

Unvermittelt greift sie wieder nach meiner Hand.

»Das muss unter uns bleiben.« Ihre Augen wirken auf einmal viel größer als sonst. »Kein Wort zu Valentin. Bitte. Wenn ich mich irre, hätte ich dir das niemals erzählen dürfen. Ich meine, es ist seine Sache. Er muss entscheiden, wann er dich einweiht, und er ist in dich verknallt, und ist ja klar, dass er dir das dann nicht gleich sagen wird …« Sie schnaubt. Meine Finger fangen an zu kribbeln, so fest hält sie sie umklammert. »Aber wenn ich recht habe, und er seine Medikamente echt nicht mehr nimmt, dann ist das gefährlich. Du siehst es ja. Das hier passt absolut nicht zu dem, wie er sich sonst dir gegenüber verhält. Wenn es so weitergeht, verschiebt sich alles, und er verliert irgendwann die Kontrolle. Vor allem nachdem er die völlig falschen Schlüsse zieht, was dich und Colin betrifft … Bei mir hat er damals …« Sie beißt sich auf die Lippe und spricht nicht weiter.

Der Druck ihrer Hand ist so stark, ich fühle meine Finger fast nicht mehr.

»Vielleicht hat er sie abgesetzt, weil er sich beweisen wollte, dass er normal ist? Vielleicht hat er versucht, normal zu sein für dich?«

Warte. Was will sie damit sagen? Es ist meine Schuld, dass Valentin abdreht?

»Versprich mir, dass du dich nicht bei ihm meldest. Bitte.« Endlich lockert sie den Griff, hält meine Hand aber weiter zwischen ihren Fingern und sieht mich an.

Mir ist noch nie der traurige Ausdruck in ihren Augen aufgefallen.

Was hat Valentin zu mir gesagt?

Du hast so verloren gewirkt … Es hat mich an Rieke vor acht Jahren erinnert.

So, wie sie mich jetzt ansieht, kann ich mir das zum ersten Mal vorstellen.

»Ich kläre das mit ihm und bringe ihn wieder zur Vernunft. Versprochen. Zur Not trete ich ihm in den Hintern und geb seinen Eltern Bescheid. Dann könnt ihr noch mal von vorn anfangen. Ohne diesen Mist hier.« Sie deutet wieder auf die Wand. »Aber du musst mir versprechen, dass du dich erst bei ihm meldest, wenn ich dir grünes Licht gebe. Bitte. Wenn er sich weiter hineinsteigert, dann ist er …« Sie stockt, holt tief Luft, bevor sie weiterspricht. »Dann ist er unberechenbar. Und ich will nicht, dass dir etwas passiert. Verstehst du?«

Nein. Verstehe ich nicht.

Ich sehe ihn wieder vor mir im Türrahmen stehen. Okay, er war angespannt, am ganzen Körper. Er wollte mich noch nicht einmal mehr anschauen. Und als er zwischen mir und Colin hin und her gesehen hat, war sein Blick anders als sonst. Enttäuscht? Traurig? Wütend?

Eine Mischung aus allem?

Wütend genug, um etwas zu tun, was er hinterher bereuen könnte?

Was ist zwischen ihm und Rieke passiert? Was hat er gemacht?

Ich will sie fragen, habe das Gefühl, es wissen zu müssen. Und will es doch nicht wissen.

Habe Angst.

Was immer es war, es wird mein Bild von Valentin zerstören. Ich bin mir nicht sicher, ob wir wirklich noch einmal von vorne anfangen können. Wenn eine Tasse zerbricht, bleibt immer ein Riss zurück. Völlig egal, wie gut du sie klebst. Sie wird nie wieder so sein, wie sie vorher war.

»Alia?«

Ich sehe auf, Rieke ins Gesicht.

»Egal, was passiert, reagiere nicht auf seine Nachrichten, für den Fall, dass er sich meldet.«

Wenn ich mich nicht bei ihm melde, werde ich ihn nicht fragen können, ob das stimmt, was Rieke mir erzählt hat.

»Bitte, Alia«, sagt sie und sieht mir dabei in die Augen.

Macht sie sich Sorgen? Um mich? Oder um ihren besten Freund? Ist es wirklich wegen der Zettel?

»Ich will nicht, dass irgendetwas passiert, das Valentin hinterher für immer bereuen könnte. Er mag dich. Wirklich. Aber wenn er wieder abdriftet, dann ist er in einer anderen Welt.«

Okay. Es ging nie um mich, es ging ihr immer um ihn.

Der Gedanke bringt mich zum Lächeln. Nicht, weil ich mich darüber freue. Mehr, weil ich mich scheinbar noch immer nicht damit abgefunden habe. Ist es jemals irgendjemandem um mich gegangen?

Am Ende verspreche ich es Rieke, und sie macht einen Plan. Damit ich Valentin auf keinem Fall begegne, bevor sie die Sache mit ihm geklärt hat, soll ich morgen krankmachen. Sie wird sich um ihn kümmern und meldet sich, sobald alles wieder ins Lot kommt.

»Tauch einfach unter. Ignoriere seine Nachrichten, falls er dir schreibt. Und egal was passiert, triff dich auf keinen Fall mit ihm. Hörst du? Lass ihn auch nicht in die Wohnung, falls er nach dir sehen will. Warte, bis ich mich melde«, schärft sie mir zum Abschied ein.

Mit einer solchen Dringlichkeit. Es fühlt sich an, als ginge es um Leben und Tod.

Wovor hat sie so große Angst?

HEILE WELT

Egal was ich mache,
ich werde dich nicht los.
Du tust, als wär das alles
keine große Sache.
Gibst mir den Gnadenstoß
und ignorierst,
dass ich nicht lache.

Bist wie ein Hurrikan
durch meine Welt gefegt.
Und jetzt?
Es ist kein Stein mehr auf dem anderen.
War das von dir so festgelegt?

Ich hab das alles nicht
zum ersten Mal erlebt.
Ist mir der Makel auf die Stirn geklebt?

Ich.
Allein.
Habe ich wirklich geglaubt,
es könnte jemals anders sein?

Ich hab es doch von Anfang an gewusst:
Mit mir hält es niemand lange aus.
Ich ...
Ich bin nicht wirklich ein Verlust.

Mein Herz,
das ist schon lange nicht mehr ganz.
Das war nur eine lieb geword'ne Illusion.
Hab ich sie denn noch immer nicht gelernt?
Meine Lektion?

Trotzdem, ich hab genug von deinem Eiertanz!
Du glaubst, du kannst jeden haben?
Verschwinde!
Hier ist kein Platz für Diebe wie dich!
Wenn du jetzt nicht gehst,
werd ich dir schaden.

WAS WÜRDEST DU TUN?

Mama werde ich nie von meiner Krankheit überzeugen können. Sie würde mich wahrscheinlich noch mit Fieber in die Schule schicken. Also versuche ich es bei Marco.

Leider verschwindet der, sobald sie die Wohnung betreten, sofort in seinem Fitnessraum. Sie setzt sich aufs Sofa und liest ein Buch. Das macht sie oft nach einem langen Arbeitstag. Wahrscheinlich sollte ich sie fragen, wie ihr erster Tag gelaufen ist. Aber dafür habe ich jetzt keinen Kopf. Ich warte, bis Marco nach seinem Training zu der Küchenzeile kommt, um sich etwas zu trinken zu holen. Warum müssen Wohnzimmer und Küche ein einziger großer Raum sein? Das Sofa, auf dem Mama sitzt, ist nur ein paar Meter vom Kühlschrank entfernt.

Marco holt sich ein Glas aus dem Schrank, und ich greife nach dem Wasserkocher.

»Hast du Durst?« Er dreht mir das Gesicht zu.

Auf seiner Stirn und über der Oberlippe glitzern Schweißperlen. Ein paar dunkle Strähnen fallen ihm ins Gesicht, weil das Gel nach dem Training wohl nicht mehr richtig hält. Seine Wangen sind rot, und er sieht ziemlich abgekämpft aus, aber er strahlt mich an. Das müssen die Endorphine nach dem Sport sein.

»Nur Tee«, stoße ich hervor.

Auch wenn die zwei Worte keine wirkliche Antwort auf seine Frage sind. Aber mehr kann ich nicht sagen, sonst bekomme ich es nicht hin, perfekt heiser zu klingen.

»Hast du Halsschmerzen?« Das Strahlen verschwindet, und er schaut mich ernst an.

Ich nicke. Es ist besser, so wenig wie möglich zu reden. Im Bad habe ich mir extra das Gesicht mit einem feuchten Waschlappen abgewischt, um fertiger auszusehen. Hoffentlich funktioniert es.

»Seit wann?«, will er wissen.

Seit wann was? Ich fange an zu husten, so muss ich ihn wenigstens nicht weiter ansehen und auch nichts antworten.

»Alia!«, ruft Mama.

Sie steht auf einmal hinter uns.

Toll. So viel zum Thema, ich bekomme ihn herum.

»Hör auf zu simulieren!«, fährt sie mich an.

Sie macht einen Schritt auf uns zu, will sich bestimmt zwischen uns stellen, aber Marco ist schneller bei mir und klopft mir auf den Rücken. Nicht wirklich fest. Trotzdem verschlucke ich mich und muss tatsächlich husten.

»Das ist nicht simuliert, Natalie. Wie kommst du auf so was? Sie ist krank, siehst du das nicht?«, sagt er zu Mama, nachdem ich mich endlich wieder beruhigt habe.

»Du weißt nicht, wie sie ist, Marco. Sie hat uns schon in der Grundschule an der Nase herumgeführt, wenn sie keine Lust hatte aufzustehen. Was glaubst du, wie oft sie Bauchschmerzen hatte und zu Hause bleiben wollte?«

»Das sind aber keine Bauchschmerzen, das ist eine Halsentzündung, und die kann man schlecht simulieren. Oder?«, springt er mir bei, und ich muss mir fest auf die Innenseite der Wange beißen, um nicht loszulachen.

Hast du eine Ahnung, *Marco*.

»Wie gehts deinem Hals?«, wendet er sich wieder an mich.

»Nicht gut«, antworte ich, und diesmal muss ich mir keine Mühe geben, um heiser zu klingen.

Nach dem Hustenanfall brennt mein Hals.

»Siehst du?«, sagt er zu Mama.

»Ich sehe, wie du dich von ihr hinters Licht führen lässt«, antwortet sie.

Sie lehnt sich gegen die Spüle und verschränkt die Arme.

»Natalie, das ist albern. Willst du sie mit Halsschmerzen in die Schule schicken, weil du die Befürchtung hast, dass sie dir etwas vormachen könnte?« Er hebt den Kopf, und sie sehen sich an.

Sekundenlang.

Das ist falsch. Ich meine, es ist mir egal, ob die beiden sich streiten. Ich wäre froh, wenn sie das täten und feststellen würden, dass das mit ihnen nicht läuft. Aber nicht, wenn ich der Grund bin. Das würde Mama mir niemals verzeihen.

Ich gebe auf und sage ihnen, dass es mir gut geht.

»Also gut«, kommt Mama mir zuvor. »Ich koche dir einen Tee, und wenn du morgen noch Halsweh hast, kannst du zu Hause bleiben.«

Bitte? Was ist auf einmal in sie gefahren? Ich starre von ihr zu ihm und verstehe es nicht.

Wie hat er das gemacht?

*

Ich muss in Colins Bett schlafen. Marco hat darauf bestanden. Er ist überzeugt, dass ich auf dem Boden einen Zug abbekommen habe, und die Isomatte viel zu hart ist, und ich so nicht genug Schlaf kriege und mich nicht erholen kann. Ich glaube, er meint es wirklich gut. Aber nachgedacht hat er nicht. Ich will nicht in Colins Bett schlafen. Ist das so schwer zu verstehen? Warum musste Mama auf ihn hören und Isomatte und Schlafsack wegräumen? Weil sie mich kennt, hat sie beides in ihr Schlafzimmer gebracht, wo ich nicht rankomme. Ich habe versucht, mich auf den Boden zu legen, aber ohne Isomatte hat mir nach nicht einmal drei Minuten alles wehgetan. Die Decke unterzulegen hat auch nicht viel geholfen. Außerdem hatte ich dann nichts mehr zum Zudecken. Vielleicht sollte ich trotzdem so schlafen? Dann würde ich mich unter Garantie erkälten.

Zwangsweise liege ich jetzt auf Colins Matratze und versuche auszublenden, in welchem Bett ich bin. Im Endeffekt macht es keinen Unterschied. Selbst wenn ich noch die Isomatte hätte, könnte ich nicht einschlafen. Die ganze Zeit muss ich an das denken, was Rieke erzählt hat. Ich bekomme es nicht zusammen. Würde sie mich anlügen, wenn es um ihren besten Freund geht? Das wäre etwas völlig anderes als ihre Lüge mit dem Wochenendtrip. Da hat sie gelogen, weil ich nicht mitbekommen sollte, wie dreckig es ihr geht. Das kann ich verstehen. Hätte ich umgekehrt auch nicht gewollt. Auch wenn ich deshalb keinen Wochenendausflug erfunden hätte.

Er mag dich. Wirklich … Wenn er sich weiter hineinsteigert, dann ist er … unberechenbar.

Was soll das heißen?

Sobald ich die Augen schließe, sehe ich Valentins Gesicht vor mir. Nein, zwei Gesichter. Sie schieben sich übereinander, bis sie fast miteinander verschmelzen. Nur passen sie nicht zusammen.

Valentin, wie er mich anlächelt, das Strahlen in seinen Augen. Sobald ich mich auf die kleinen Lachfältchen in den Augenwinkeln konzentriere, schiebt sich das andere Gesicht davor. Das mit den zusammengebissenen Zähnen und dem Blick, der mich nicht ansehen will. Und ich spüre, wie es die Wärme aus meinem Körper treibt und sich alles in mir zusammenzieht, weil ich die Spannung nicht aushalte. Den Widerspruch in diesen beiden Gesichtern, die zu demselben Menschen gehören.

Ich greife nach dem Handy und öffne den Chat mit Hannah. Ihre letzte Nachricht blinkt mir entgegen.

Das ist nicht dasselbe, und das weißt du!

Seither kam kein Wort mehr von ihr. Was hat sie am Wochenende gemacht? War sie mit Tilde unterwegs? Ich fange an zu tippen, weil ich nicht weiterweiß, und sie der einzige Mensch ist, den ich fragen kann. Völlig egal, ob sie sich gemeldet hat oder nicht.

Was würdest du tun, wenn dir jemand etwas über jemand anderen erzählt, mit dem du dich gut verstehst und dir gleichzeitig sagt, dass du nicht darüber reden sollst?

Das ist viel zu kompliziert und nicht das wirkliche Problem. Aber wie soll ich es sonst schreiben? *Wenn dir jemand erzählt, dass der Junge, den du geküsst hast, gerade durchdreht, du aber nicht mit ihm reden sollst?* Ich pfeffere das Handy unters Bett. Wahrscheinlich antwortet sie mir sowieso nicht.

Toll. Jetzt starre ich die Decke an, auf die die Straßenlaterne ein helles Muster wirft, und auch wenn ich so tue, als wäre nichts, horche ich die ganze Zeit und warte. Auf das Brummen einer Nachricht, die nicht kommt.

*

Obwohl ich fast nicht geschlafen habe, wache ich auf, sobald Mama und Marco die Wohnungstür im Flur hinter sich zuziehen. Unterm Bett brummt das Handy.

Hannah?

Ich beuge mich runter und ziehe es hervor. Zum Glück. Auf dem Display blinkt ihre Nachricht.

Seit wann ist das eine Frage für dich? Ich dachte, du hasst Geheimnisse?

Diesmal ist es anders. Wenn ich ihn darauf anspreche, rastet er vielleicht aus ...

Es kommt keine Antwort mehr, hinter meiner Nachricht ist nur ein Haken. Was macht Hannah? Hat sie das Handy ausgeschaltet, oder ist sie in einem Funkloch? Sie hat mir doch gerade noch geschrieben!

Drei Atemzüge lang halte ich das Handy noch in der Hand und warte auf eine Reaktion.

Nichts.

Ich wälze mich aus dem Bett und gehe ins Bad. In dem Moment, in dem ich mich ausziehe, klingelt es an der Tür.

Mein Herz setzt für einen Schlag aus.

Valentin?

Lass ihn auch nicht in die Wohnung ....

Das habe ich nicht vor. Aber er kann es nicht sein. Seit er gestern überstürzt abgehauen ist, hat er sich nicht mehr gemeldet. Er wollte mich heute Morgen mit Sicherheit nicht abholen.

Wer ist es dann? Die Post? Vor acht Uhr am Morgen? Bestimmt nicht. Ein Nachbar? Vielleicht. Ich will es nicht herausfinden, stehe halb nackt im Bad.

Es klingelt ein zweites Mal.

Ich ignoriere es und gehe unter die Dusche, lasse kaltes Wasser auf meine Haut prasseln, bis meine Arme sich taub anfühlen. Es macht mich wirklich wach. Außerdem übertönt es das Klingeln.

Wie lange soll ich mich hier verstecken? Noch einen Tag länger kann ich Mama sicher keine Halsschmerzen vorspielen. Hoffentlich klärt Rieke die Sache heute und wenn nicht ... Wenn nicht, gibt es nicht! Sie muss es klären. Punkt.

Meine Haare kleben feucht an meinem Kopf, sie sind kein bisschen aufgebauscht wie sonst. Es sieht scheiße aus, aber ich habe keine Lust, mich zu frisieren. Rubble sie kurz trocken, bis sie wenigstens verwuschelt sind, und wringe die beiden dünnen Zöpfe aus. In der frisch gewaschenen Stoffhose und dem langärmligen Shirt wird mir wieder warm. Ich werfe einen letzten Blick in den Spiegel.

Gammellook.

Vor allem wegen der Nicht-Frisur.

Egal. Ich werde heute sowieso nicht rausgehen. Auf dem Weg zurück in Colins Zimmer mache ich einen Schwenker zum Esstisch und schnappe mir einen Teller mit zwei Keksen und eine Tasse Tee, die Mama wohl für mich dort hingestellt hat.

»Warum bist du nicht in der Schule?«, begrüßt mich eine Stimme, sobald ich das Zimmer betrete.

Ich schreie auf und lasse fast die Tasse fallen. Am Schreibtisch lehnt Colin mit verschränkten Armen und schaut mich an, die Augen zusammengekniffen.

»Wie kommst du hier rein?«, fahre ich ihn an, mein Herz rast wie blöd.

»Ich habe hier mal gewohnt. Schon vergessen?«, antwortet er und zieht einen Schlüssel aus der Tasche. »Also, warum bist du nicht in der Schule?«

Was geht dich das an?

Ich verdrehe die Augen, setze mich an das Bett gelehnt auf den Boden und halte die Tasse mit beiden Händen umklammert. Wenn der Tee noch warm wäre, würde sich das besser anfühlen.

»Kannst du mir mal antworten?« Colin lässt sich mir gegenüber im Schneidersitz nieder.

Genau neben dem Shirt mit dem Sternenaufdruck.

»Ich bin krank.«

Ich starre ihn nieder oder versuche es zumindest. Leider ist Colin kein Anfänger und hält meinem Blick stand.

»Wer's glaubt!«, zischt er, und jetzt klingt er wieder so bedrohlich wie bei unserer allerersten Begegnung.

Ich kneife die Augen zusammen und sage nichts. Was soll ich auch sagen?

Okay, ich verstecke mich. Geht nicht anders, das musst du verstehen.

Oder:

Ich verkrieche mich, während Rieke alles wieder in Ordnung bringt. Die kennt sich besser aus, deshalb lasse ich sie mal machen.

Das ist feige und klingt, als hätte ich aufgegeben.

Habe ich das?

»Jetzt sag endlich, was los ist!«

Geduld ist nicht eine seiner Kernkompetenzen.

Wortlos beuge ich mich nach vorne und ziehe die Reißnägel aus dem Shirt mit dem Sternenaufdruck. Colin braucht nicht einmal drei Sekunden, bis er den Zettel von gestern bemerkt.

»Wo ist der her?« Er tippt darauf und dreht mir den Kopf zu.

»Der lag hier im Regal.«

»Was? Wann?« Ruckartig richtet er sich auf und starrt mich an.

»Gestern Nachmittag. Und bevor du fragst, nein, als ich am Mittag mein Handy dort abgelegt habe, war er noch nicht da.«

»Ist das dein Ernst?«

Mein voller Ernst, Colin.

Moment. Die einzige Person, die gestern allein in diesem Zimmer war, war er. Oder? Klar könnte Valentin den Zettel unter das Handy geschoben haben, als wir mit dem Aufwischen beschäftigt waren. Oder Lorena.

Stimmt.

Sie war auch alleine, als ich mit Colin an der Tür war und Rieke den Lappen ins Bad gebracht hat. Aber wieso sollte sie mir solche Nachrichten schreiben? Sie kann Valentin noch nicht einmal richtig leiden. Hätte sie überhaupt genug Zeit gehabt, die Botschaft zu schreiben? Wo stand sie, als ich ins Zimmer zurückkam? Ich versuche mich zu konzentrieren, um das Bild wieder heraufzubeschwören.

»Hallo?«, durchbricht Colin meine Konzentration. »Dir ist klar, was das bedeutet?«

Nicht wirklich. Nein. Worauf will er hinaus?

»Okay, gib mir die Nummer von diesem Typen!«

»Bitte? Wieso?«

»Wer außer ihm sollte dir vorwerfen, dass du mit zwei Jungs was anfängst? Und wer außer ihm hat denn geglaubt, dass wir was miteinander haben?«

Alle? Dafür hast du gesorgt!

»Gib mir jetzt die Nummer.«

»Nein.«

Colin stockt. Zum ersten Mal, seit ich ihn kenne, sieht er verunsichert aus.

»Warum nicht? Willst du, dass dieser Idiot damit weitermacht?«

»Wird er nicht!«

»Ach ja? Was macht dich so sicher?«

Wir starren uns an, für mindestens vier Atemzüge.

»Rieke kümmert sich darum. Okay?«, sage ich schließlich.

»Wer ist Rieke?«

»Die mit den gestreiften Haaren.«

»Du hast ihr den Zettel gezeigt?«, schnauzt Colin mich an, und es klingt, als hätte ich den größten Fehler meines Lebens gemacht.

»Sie war dabei, als ich ihn gefunden habe. Und sie regelt das, du kannst also völlig beruhigt sein und dich da raushalten.«

»Einen Teufel werde ich.« Er stemmt sich hoch.

»Wo willst du hin?« Meine Stimme überschlägt sich.

Ich springe auf und verschütte die Hälfte des Tees. Mist!

»Mir den Typen vorknöpfen. Wenn du mir seine Nummer nicht gibst, muss ich ihn mir eben in der Schule schnappen!«

»Warte!«

Colin ist schon durch die Zimmertür. Ich muss ihn aufhalten. Nicht, weil ich mir Sorgen um ihn mache, nein, es geht um Valentin. Ich habe zwar nicht alles verstanden, was Rieke mir gestern erzählt hat. Aber ich bin ziemlich sicher, dass Valentin das letzte bisschen Balance verliert, wenn ausgerechnet Colin ihn zur Rede stellt.

Colin wartet nicht. Bevor ich ihn einholen kann, ist er im Hausflur und schlägt die Tür hinter sich zu.

So ein Mist! Ich greife nach dem Handy und schreibe Valentin.

Egal, was Colin zu dir sagt. Hör nicht auf ihn. Okay?

Erst nachdem ich auf *Senden* gedrückt habe, schaltet sich mein Gehirn wieder ein. Welchen Teil von *Versprich mir, dass du dich nicht bei ihm meldest* habe ich nicht verstanden? Aber was hätte ich sonst machen sollen? Wenn Colin ihn ohne Vorwarnung mit Vorwürfen konfrontiert, kann selbst Rieke nichts mehr machen.

WENN ES EGAL IST, WELCHE ENTSCHEIDUNG DU TRIFFST

Keine Ahnung, wie lange ich jetzt schon die Zettel anstarre.

Zu lange.

Die Worte haben sich in mein Gedächtnis gebrannt. Jedes einzelne. Ich werde sie nie wieder vergessen, da bin ich sicher.

Trotzdem. Hat wirklich Valentin das geschrieben?

Vielleicht hat er versucht, normal zu sein für dich?

Also bin ich schuld? Wegen mir fällt seine Realität auseinander? Weil er es mir beweisen wollte?

Was? Was wollte er beweisen?

Dass er ohne Medikamente genauso gut funktioniert? Dass er normal ist?

Moment.

Verpiss dich!

Ich tippe auf den Zettel, der als Allererstes aufgetaucht ist. Das kann überhaupt nicht sein. Der lag nur zwei Stunden nach unserer ersten Begegnung in meinem Mäppchen. Valentin wird seine Medikamente wohl kaum in der Pause einnehmen.

Dann ist es Zufall? Schlechtes Timing?

Ich weiß es nicht. Schlimmer. Ich verstehe es nicht.

Das Nicht-Verstehen fühlt sich an, als würde ich an einer Felskante stehen, und vor mir ist absolutes Nichts. Als würde an dieser Kante die Welt aufhören.

Muss ich springen, um es zu begreifen?

Ich schüttle den Gedanken ab, pinne das Shirt mit den Sternen wieder an die Wand, deren Schwärze nicht einmal annähernd an die Finsternis des Abgrunds herankommt. Auf einmal habe ich das weiße Röhrchen ohne Etikett vor Augen. Das ihm aus dem Rucksack gefallen ist, als er in der Straßenbahn nach dem Müsliriegel gekramt hat. Die centstückgroßen Tabletten. Er hat mir eine angeboten, als ob nichts dabei wäre.

Die sind zum Lutschen, schmecken sogar ein bisschen süß. Willst du?

Er hätte mir doch niemals seine Medikamente gegeben, das wäre total verrückt. Das war Magnesium, ganz bestimmt. Es hat wie Lutschbonbons geschmeckt, und wenn es etwas anderes gewesen wäre, hätte ich das gemerkt.

Hätte ich?

Weil ich die Frage nicht aushalte, ziehe ich den Geigenkasten unterm Bett vor. Ich schließe alles an, will spielen, verhasple mich schon im ersten Takt. Schaffe es nicht, mich zu konzentrieren. Noch mal, ich muss es noch mal versuchen. Wieder rutsche ich mit dem Finger ab. Es fühlt sich an, als würde ich die Geige zum allerersten Mal in der Hand halten. Meine Finger zittern. Statt der Verbindung, die ich sonst schon nach den ersten Tönen spüre, fühlt es sich an, als wäre auf einmal eine Mauer zwischen mir und der Geige. Zwischen mir und der Musik.

Das halte ich nicht aus. Ich schalte Lindseys Musik an und versuche über die Lautstärke in meinen Ohren mein Gehirn auszuschalten.

Das Beste wäre immer noch, wenn Colin für alles verantwortlich wäre. In seiner Mission, mich zu isolieren. Wenn ich niemandem mehr vertraue, werden sich alle von mir abwenden. Keiner wird mehr was mit mir machen wollen. Und vielleicht verschwinde ich dann.

Das ergibt keinen Sinn. Es passt nicht zu dem, was Rieke mir erzählt hat. Ich wünsche es mir trotzdem, weil es alles einfacher machen würde. Ich könnte weiter in Schwarz-Weiß denken, bräuchte die Graustufen nicht zu berücksichtigen und könnte Colin hassen. Besser als Valentin zu hassen wäre es allemal.

Er hat nicht auf meine Nachricht reagiert. Ich sollte froh sein, aber ich bin es nicht. Funkstille bedeutet nur eines:

Ich bin ihm egal. Aber ist es nicht gut, wenn ich ihm egal bin? Nach dem, was Rieke mir erzählt hat?

Wenn ich Colin von der Liste der Verdächtigen streichen kann, käme noch Lorena infrage. Bei ihr weiß ich immer noch nicht, wie ich sie einschätzen soll. Einerseits ist sie nett, aber auf der anderen Seite auch immer irgendwie auf Abstand. Warum ist sie mit mir zu Riekes Vater gegangen? Wenn sie Pech gehabt hätte, hätte ich Rieke darauf angesprochen. Und dann? Ich schnaube. Nein, Lorena kann es nicht sein. Wir sind uns noch nicht einmal begegnet, bevor der erste Zettel aufgetaucht ist. Ich werde total paranoid!

Etwas vibriert an meinem Bein. Was ist das? Oh, das Handy. Auf dem Display blinkt eine Nachricht.

Hannah!

> Äh, mit was für Leuten hängst du ab? Wenn er so durchgeknallt ist, schieß ihn bitte in den Wind!

Schieß ihn bitte in den Wind …

Auf einmal sehe ich wieder Valentins Gesicht vor mir. Das Strahlen in den Augen, seine Hand, die mir durch die Haare streicht, sein Atem auf meiner Haut, seine Lippen …

Stopp! Was soll das? Ich muss aufhören. Hannah hat recht. Er ist nicht der Valentin, für den ich ihn gehalten habe, er ist …

Ich habe keine Ahnung, wer er ist.

Und wenn ich mir nicht sicher bin?

Wieso schreibe ich das? Wieso klammere ich mich so daran fest? Klar, ich bin nicht sicher. Was muss noch passieren, damit ich mir sicher bin?

Wem vertraust du mehr? Dem Typen oder der Person, die dir etwas über ihn erzählt hat?

Beiden? Zumindest, bis der Zettel gestern aufgetaucht ist. Hier. In diesem Zimmer. Der Gedanke löst ein Flimmern aus, das sich in meinem ganzen Körper breitmacht. Ich presse die Arme gegen den Bauch und kauere mich auf dem Bett zusammen.

Die Tür geht auf.

Was macht Mama hier? Es ist erst kurz nach zwei. Sollte sie nicht noch arbeiten?

»Hallo Alia. Marco und ich haben beschlossen, heute Nachmittag von zu Hause aus zu arbeiten. Geht es dir besser? Hast du schon was gegessen?« Ihr Blick versenkt sich in meinen Augen.

Ganz glaubt sie immer noch nicht an meine Halsschmerzen. Unter Garantie. Ich schüttle den Kopf. Besser, wenn ich nichts sage. Bei mehr als drei Worten nimmt Mama mir die Heiserkeit nicht mehr ab.

»Dann komm. Marco kocht eine Suppe, und wir haben Toastbrot gekauft.«

Ich folge ihr zum Esstisch und beobachte die beiden, wie sie die letzten Vorbereitungen für das Essen treffen. Wie lange sind sie schon hier?

Er stellt einen Teller Zwiebelsuppe vor mir ab und überbackenen Käsetoast. Wegen meines angeblichen Halswehs lasse ich den Toast stückchenweise in der Suppe einweichen. Es schmeckt superlecker. Im Gegensatz zu Papa kann Marco richtig gut kochen.

Bei dem Gedanken rutscht mir fast der Löffel aus der Hand.

Es ist mir egal, ob er gut kocht oder nicht. Ich werde nicht lange hierbleiben. Ich gehe zurück zu Papa und Finley. Zurück zu Hannah. Spätestens in den Sommerferien bin ich wieder zu Hause!

Nach dem Essen verziehe ich mich in Colins Zimmer. Ich werde morgen wieder in die Schule gehen. Das habe ich mit Mama vereinbart. Hoffentlich reicht Rieke der eine Tag, um die Sache mit Valentin zu klären.

Auf dem Handydisplay blinkt eine neue Nachricht. Von Hannah wahrscheinlich.

Mist.

Ich weiß immer noch nicht, wie ich ihre Frage beantworten soll.

Moment.

Valentin antwortet mir doch?

Mein Magen zieht sich zusammen, und meine Finger fangen an zu zittern.

Egal was passiert, treffe dich auf keinen Fall mit ihm.

Was soll ich machen? Wenn ich nicht reagiere, kommt er vielleicht hier vorbei.

Ich öffne die Nachricht.

Können wir reden? Bitte?

Es ist wegen Colin. Ganz sicher. Warum musste der Idiot sich einmischen? Riekes Worte spuken mir durch den Kopf.

Treffe dich auf keinen Fall … Lass ihn auch nicht in die Wohnung … Warte, bis ich mich melde.

Was soll ich jetzt machen? Ihm nicht antworten? Das kann ich nicht bringen. Ich habe ihn ja zuerst angeschrieben.

Ich bin krank.

Ist das genug, um Zeit zu schinden?

Kann ich vorbeikommen? Es ist wegen Colin ...

Er hat Valentin mit den Zetteln konfrontiert. Oder?

Ich hab dir doch geschrieben, dass du nicht auf ihn hören sollst. Egal, was er dir erzählt hat. Okay?

Noch während ich das abschicke, wird es mir bewusst. Ich will mit ihm reden, egal, was Rieke dazu meint. Ich will die Sache mit ihm klären. Das ist dumm und vielleicht riskant. Aber das ändert nichts daran, dass ich es trotzdem will.

Kann ich vorbeikommen?

Besser nicht.

Meine Mutter würde ausflippen, wenn heute jemand vorbeikommt und ich nicht in der Schule war, und sie lässt mich sicher nicht raus. Aber ...

Soll ich ihm das wirklich vorschlagen? Ist das nicht völlig verrückt? Wäre es nicht besser, wenn ich abwarte, bis Rieke mit ihm gesprochen hat? Ich habe keine Ahnung, was wirklich mit ihm los ist. Vielleicht sollte ich ihr vertrauen, vielleicht …

Aber?

In meinem Bauch ist ein Stechen. Ich muss daran denken, wie er mich gestern bei den Steinen in den Schwitzkasten genommen hat, die Wärme seiner Umarmung, die Nähe. War das alles Illusion? Hat er es nicht verdient, dass ich mir wenigstens seine Version anhöre?

Wenn ich Glück habe, kann ich mich heute Abend rausschleichen, sobald sie im Bett ist.

Ein Teil von mir will, dass ich mich irre, dass Rieke sich irrt, dass es eine einfache Erklärung für die Zettel gibt.

Dann um halb zwölf auf dem Spielplatz?

Okay.

Sorry, Rieke. Es ist eine bescheuerte Idee, ich weiß, aber ich muss ihm die Chance geben. Valentin dreht nicht ab, das glaube ich nicht. Obwohl, wenn er diese Zettel geschrieben hat, stimmt etwas ganz gewaltig nicht mit ihm. Aber was ist, wenn wir uns irren? Wenn er es nicht war?

Sicher. Es gibt auch so viele andere Möglichkeiten …

Trotzdem. Ich muss es von ihm hören, will von ihm wissen, wieso. Ich habe ihm das Treffen nicht vorgeschlagen, weil ich wissen will, was er wegen Colin zu sagen hat. Ich will Valentin treffen, weil ich wissen muss, was es mit den Medikamenten auf sich hat und wieso er mir die Zettel geschrieben hat.

Auch wenn es ein Risiko ist. Wenn die Zettel wirklich von ihm sind, ist er der Letzte, den ich allein mitten in der Nacht treffen sollte.

Habe ich mich so sehr in ihm getäuscht?

*

Direkt nach dem Abendessen gehe ich ins Bett. Marco denkt, es ist, weil ich noch angeschlagen bin. Wenn es nach ihm ginge, würde ich morgen noch einen Tag zu Hause bleiben. Aber es geht nicht nach ihm. Wenn ich weiter krank spiele, kommt Mama am Ende noch nachts ins Zimmer, um Fieber zu messen.

Damit ich Valentin mit den Zetteln konfrontieren kann, fotografiere ich sie mit dem Handy.

Als es vibriert, liege ich schon eine ganze Weile im Bett. Ich merke es nur, weil ich das Handy in der Hand halte, während ich Musik über den Kopfhörer höre. Habe mir zur Sicherheit einen Vibrationsalarm auf elf Uhr gestellt, will auf keinen Fall verschlafen. Es war nicht der Alarm, es ist eine Nachricht von Rieke. Ich hätte mit Colin gerechnet, dem habe ich vor zwei Stunden *Danke für nichts!* geschrieben. Aber der ignoriert mich.

Ich konnte es heute nicht ganz klären mit Valentin, bin aber dran. Muss die ganze Sache vorsichtig angehen, sonst fliegt uns alles um die Ohren. Kannst du morgen noch mal zu Hause bleiben?

Nein. Kann ich nicht. Selbst wenn ich Mama überzeugen könnte.

Ich hasse Geheimnisse, Rieke. Verstehst du?

Alles gut. Ich kläre das. Trotzdem danke ...

Es dauert nicht einmal drei Sekunden, bis sie anruft. Zum Glück ist das Handy auf lautlos gestellt.

»Was soll das heißen?«, fährt sie mich an, sobald ich rangehe.

»Das, was ich geschrieben habe. Ich werde es mit ihm klären.«

»Spinnst du? Hast du dich bei ihm gemeldet?«

»Er will mit mir sprechen, und ich habe auch etwas mit ihm zu bereden. Es ist super, dass du dich kümmern wolltest, aber …«

»Hast du mir überhaupt zugehört?«, schreit sie.

So laut, ich muss das Handy ein Stück weghalten. Mein Ohr tut weh.

Ja, habe ich. Aber das hat nichts geändert. Zumindest nicht auf Dauer.

Am anderen Ende wird es still. Mehrere Atemzüge lang kommt kein einziges Wort mehr von Rieke. Auf einmal holt sie tief Luft. Mein Magen zieht sich zusammen. Will ich hören, was sie noch zu sagen hat? Wenn ich auflege, muss ich das nicht, ich könnte …

»Hör zu«, dringt ihre Stimme aus dem Handy, bevor ich mich entschieden habe. Sie klingt wieder ruhiger. »Ich mache dir einen Vorschlag. Wir treffen uns, und ich erzähle dir, was vor eineinhalb Jahren passiert ist. Danach kannst du immer noch entscheiden, ob du dich mit ihm treffen willst. Ist das ein Deal?«

Wenn ich Valentin so kurz vor knapp absage, wird er sauer sein. Aber wenn ich nicht weiß, warum Rieke sich Sorgen macht, habe ich auch nicht die leiseste Ahnung, worauf ich mich einlasse.

Ich habe das Gefühl, einen Fehler zu machen, völlig egal, wie ich mich entscheide.

»Okay«, flüstere ich.

»Gut!« Es reicht offensichtlich aus, um Rieke zu überzeugen. »Wann kannst du von zu Hause weg?«

»Um elf.«

»Dann treffen wir uns um halb zwölf auf dem Schuldach. Einverstanden?«

»Auf dem Schuldach? Wie soll ich dort hochkommen?«

Sie lacht. »Stimmt, du bist ja erst seit letzter Woche hier. Komm zu den Lehrerparkplätzen, dann zeig ich's dir.«

Damit ist alles gesagt.

Jetzt muss ich mich nur noch aus der Wohnung schleichen und Valentin Bescheid geben. Was soll ich ihm schreiben?

Sorry, mir ist was dazwischengekommen.

Oder:

Meine Mama hat mich erwischt, ich kann nicht kommen.

Nein. Lügen will ich nicht. Von dem Treffen mit Rieke will ich ihm aber auch nichts sagen, keine Ahnung, wie das bei ihm ankommen würde. Wie Verrat? Verrat an wem?

Mir fällt keine gute Formulierung ein, und ich stecke das Handy in die Tasche. Ich werde ihm von unterwegs schreiben.

Moment.

Was ist, wenn die Zettel von Rieke sind? Der Gedanke kommt mir im Treppenhaus. Ich bleibe stehen. Das wäre besser, als wenn sie von Valentin wären. Ich setze mich wieder in Bewegung und schüttle den Kopf. Und warum sollte sie mir die Zettel schreiben und alles Valentin in die Schuhe schieben?

Rieke lebt manchmal in ihrer eigenen Welt und die ist …

Beinhaltet diese Welt auch Lügengeschichten über ihren besten Freund? Das ergibt genauso wenig Sinn wie der Verdacht, dass Valentin hinter allem steckt. Sie haben beide keinen Grund. Zumindest keinen, den ich verstehen würde.

ICH HABE DIR VERTRAUT

Mich unbemerkt aus der Wohnung zu schleichen, war genauso einfach wie beim letzten Mal. Nein, es war leichter. Denn dieses Mal komme ich nicht innerhalb weniger Minuten zurück und muss die Tür wieder aufsperren, ohne zu wissen, ob Mama oder Marco noch auf dem Sofa sitzen und auf ihren Film konzentriert sind. Oder ob einer von ihnen inzwischen vielleicht bei der Küchenzeile steht, um sich was zu trinken zu holen und die Wohnungstür im Blick hat. Solange Mama nicht vor dem Schlafen auf die Idee kommt, noch einmal bei mir im Zimmer vorbeizusehen, bin ich sicher. Und das hat sie bestimmt seit vier Jahren nicht mehr gemacht.

Ich schwinge mich aufs Rad und fahre die Straße entlang in Richtung Schule.

Toll.

Ich habe die Stecklichter vergessen. Auch wenn hier nicht viel Verkehr ist, wechsle ich auf den Gehsteig. Will nicht riskieren, von einem Auto umgefahren zu werden. Zum Glück sind die Straßenlaternen noch an. Vorne an der Kreuzung vibriert das Handy in meiner Tasche.

Mama?

Ich bremse und zerre es heraus. Auf dem Display blinkt Colins Name. Spinnt er? Wieso ruft er mich um diese Uhrzeit noch an?

»Was willst du?«, zische ich in die Leitung.

»Wow, was für eine herzliche Begrüßung! Dir ist schon klar, dass ich mir wegen dir hier den Arsch aufreiße, damit dieser durchgeknallte Spinner dich in Ruhe lässt?«, kommt es direkt zurück.

Einen Teufel hast du gemacht! Arsch aufreißen, sicher. Hast du dir schon mal überlegt, dass du alles nur schlimmer machst mit deiner Einmischung?

»Warum hast du ihm von den Zetteln erzählt?«, blaffe ich ihn an.

»Habe ich nicht, spinnst du? Ich bin doch kein Idiot!«

Nicht?

»Was hast du ihm dann gesagt?« Mit einer Hand halte ich immer noch den Lenker umklammert.

Die Fingernägel bohre ich in den schwarzen Griff. Es hilft nicht. Ich schaffe es nicht, die Wut zu unterdrücken, die in mir aufflammt.

Du hast mit dem Feuer gespielt und weißt es noch nicht einmal, Colin!

»Ich habe ihm gesagt, dass er dich ein für alle Mal in Ruhe lassen soll und dass er richtig Ärger bekommt, wenn er dir zu nahe kommt.«

»Bitte was?«

Ist er verrückt geworden? Das klingt jetzt wirklich so, als wären wir zusammen, und Colin wollte sein Revier abstecken. Sein Revier? Hallo? Selbst wenn wir zusammen wären, würde immer noch ich entscheiden, mit wem ich mich treffe!

Ein Auto kommt von links über die Kreuzung, mein Vorderrad ist halb auf der Straße, aber nicht so weit, dass es im Weg ist. Mit dem Handy in der Hand kann ich es sowieso nicht rechtzeitig zurückschieben.

Wieso hupt der Idiot?

»Wo bist du?«, fragt Colin sofort.

Mist.

Ich will ihm nicht sagen, was ich vorhabe. Rieke wird mir nichts erzählen, wenn Colin auftaucht, und das würde er. Mit Sicherheit.

»In der Wohnung. Wo sonst?« Meine Stimme klingt viel zu hoch.

Warum bin ich so eine schlechte Lügnerin?

»Erzähl keinen Scheiß! In der Wohnung hupen keine Autos. Was machst du um diese Zeit auf der Straße?«

»Entspann dich, ich habe nur das Fenster offen. Okay?«

»Du lügst!«

Mann, Colin! Wieso hängst du dich hier rein? Du bist genau wie dein Vater, mischst dich überall ein.

»Alia!«, fährt er mich an und alles in mir zieht sich zusammen. »Was hast du vor?«

»Ich treffe mich mit jemandem.«

Und brauche dafür nicht deine Erlaubnis.

»Mit wem?«

Das geht dich nichts an, Colin. Verstanden? Hör auf, dich einzumischen.

»Du triffst dich mit diesem Typen. Stimmt's?« Er holt Luft, schnaubt. »Und ziehst alleine los? Mitten in der Nacht? Bist du völlig durchgeknallt? Wieso vertraust du ihm? Hast du die Zettel vergessen?«

Nein, habe ich nicht.

»Es ist nicht alles so, wie du denkst.«

»Ach ja? Wie ist es denn dann?« Er lässt mir keine Zeit zu antworten, redet einfach weiter. »Du wirst dich nicht alleine mit ihm treffen. Verstanden? Sag mir, wo du bist, ich …«

»Ich weiß schon, was ich tue«, unterbreche ich ihn und lege auf.

Es dauert nicht einmal fünf Sekunden, bis er wieder anruft. Ich drücke ihn weg und öffne den Chat mit Valentin.

> Ich kann mich heute nicht mehr mit dir treffen. Lass uns morgen in der Schule reden. Okay?

Colin ruft schon wieder an. Ich drücke ihn ein zweites Mal weg und schalte das Handy aus. Inzwischen ist es zwanzig nach elf. Ich muss mich beeilen, wenn ich Rieke nicht ewig warten lassen will. So schnell es geht, stecke ich das Handy in die Hosentasche und trete in die Pedale.

Und ziehst alleine los? Mitten in der Nacht? Bist du völlig durchgeknallt?

Die Worte hallen in meinem Kopf nach, obwohl ich längst aufgelegt habe.

Die Verbindung abgebrochen.

Ich darf nicht darüber nachdenken, kann mir keine Zweifel leisten.

Nicht jetzt.

Ich muss das durchziehen, sonst werde ich nie erfahren, wer hinter den Zetteln steckt. Ich muss wissen, wem ich noch trauen kann. Wenn das, was Rieke erzählt hat, stimmt, muss ich herausfinden, wie wir Valentin wieder zur Vernunft bringen können.

Dir ist klar, was das bedeutet?

Nein, ist mir nicht.

Wir sind Freunde.

Oder?

Freunde verraten einander nicht.

Freunde halten zusammen.

Vor deinen Freunden brauchst du keine Angst haben.

Freunde.

Das war das Letzte, was ich wollte. Hier Freunde finden. Warum habt ihr mich nicht einfach in Ruhe gelassen?

Ich bin völlig außer Atem, als ich endlich bei der Schule ankomme. Es ist schon vier Minuten nach halb. Das Rad schließe ich bei den Fahrradständern ab, keine Ahnung, warum, aber es fühlt sich richtig an. Vielleicht ist es nur Gewohnheit. Ich gehe zu Fuß zu den Lehrerparkplätzen auf der Rückseite der Schule.

In der Dunkelheit klingen meine Turnschuhe auf dem Asphalt ultralaut. Obwohl ich extra vorsichtig auftrete.

Sind das Schritte?

Hinter mir?

Ich halte an und horche.

Außer dem Brummen von Motoren, irgendwo weit weg, ist nichts zu hören.

Ich gehe weiter.

Da ist es wieder! Das bilde ich mir nicht ein.

Sobald ich stehen bleibe, ist es wieder still.

Ich renne los. So schnell ich kann.

Erst auf der anderen Seite der Schule werde ich langsamer. Das waren keine Schritte, das habe ich mir eingebildet. Sieben Minuten nach halb. Wo ist Rieke? Auf dem Lehrerparkplatz steht kein einziges Auto.

Moment.

Ist die Tür zum Schulgebäude einen Spalt offen? Noch einmal horche ich in die Dunkelheit.

Nichts.

Was mache ich jetzt? Hat Rieke sich auch verspätet? Oder hat sie nur die Tür für mich offen gelassen, damit ich ihr aufs Dach folgen kann? Ich war noch nie auf dem Schuldach, ist das wirklich begehbar? Warum hat mir das bisher niemand erzählt? Und wieso will Rieke sich ausgerechnet dort mit mir treffen? Ich lege den Kopf in den Nacken und sehe die fünf Stockwerke nach oben. Okay, selbst wenn sie da oben ist, könnte ich sie in der Dunkelheit von hier unten aus nicht erkennen. Langsam überquere ich den Parkplatz und gehe auf die Tür zu. Sie steht wirklich einen Spalt offen.

Warum zittert meine Hand so?

Ich bin immer noch außer Atem und bekomme das Zittern nicht unter Kontrolle. Nicht weil mir kalt ist. Es ist wegen der Frage, die mir seit dem Auflegen nicht mehr aus dem Kopf geht.

Was ist, wenn ich einen riesigen Fehler mache?

Zu spät, ich kann jetzt nicht mehr umdrehen. Vielleicht war es doch nicht die beste Idee, alleine hierherzukommen. Vorsichtig stoße ich die Tür auf und mache einen Schritt in den Gang. Dunkelheit umgibt mich. Ich schlucke, blinzle und warte, bis meine Augen sich an das wenige Licht gewöhnt haben.

Schritte! Hinter mir. Diesmal bilde ich sie mir nicht ein.

Ich wirble herum, die Tür schlägt zu, ich schreie auf, von der Seite rast etwas auf mich zu, ich hebe die Arme, ducke mich weg … Ein dumpfes Knacken zerreißt die Stille, als hätte jemand einen harten Gegenstand an die Wand geknallt.

Mir ist schwindlig.

…

Wieso knie ich auf dem Boden?

Ich kämpfe gegen den Schwindel an, schaffe es nicht und kippe zur Seite. Im Fallen bleibt mein Blick an einem dunklen Schemen hängen, der sich über mich beugt.

Ich will den Mund öffnen, will etwas sagen, aber alles dreht sich. Keine Chance, ich schaffe es nicht, gegen den Sog anzukämpfen, und der Schemen verschmilzt mit der Dunkelheit.

In meinen Gedanken hallt das dumpfe Knacken nach … ich spüre den Druck, der mich auf die Knie zwingt … das leise Pochen in meinem Hinterkopf, das mit jedem Atemzug lauter wird … streiche über meinen Haaransatz, klebrige Feuchtigkeit überzieht meine Fingerspitzen …

Solange ich mich nur auf mich verlassen habe, konnte mich keiner verraten.

WENN ICH TOT WÄRE

Wasser fließt über mein Gesicht, ein Teil davon schwappt in meine Nase. Ich muss husten, jedes Husten löst eine Explosion in meinem Kopf aus.

Was ist los?

Ein stechender Schmerz hämmert hinter meiner Stirn. Ich stöhne auf. Meine Stimme verfängt sich in meinem Hals. Er fühlt sich total trocken an. Ich bringe nur ein Krächzen heraus.

Wo bin ich?

Ich blinzle.

»Bist du endlich wach?«, dringt eine helle Stimme zu mir durch.

Ein Lichtstrahl blendet mich und verstärkt das Stechen in meinem Kopf. Ich kneife die Augen zu, versuche mich aufzurichten.

Warum kann ich meine Arme nicht bewegen? Meine Hände sind hinter meinem Rücken, und ich bekomme sie nicht nach vorne.

Was ist das?

Ein raues Seil ist um meine Handgelenke gewickelt und schürft bei jeder noch so kleinen Bewegung meine Haut auf.

Gefesselt? Ich bin gefesselt?

»Los, mach die Augen auf, und schau mich an!« Wieder diese Stimme.

Ich blinzle gegen das gleißende Licht an. Quälend langsam lösen sich Konturen aus dem hellen Schein. Jemand sitzt vor mir, ich bemühe mich, in dem blendenden Licht mehr als Konturen zu erkennen.

»Jetzt komm schon! Es war nur ein kurzer Schlag auf den

Hinterkopf, das bringt dich nicht um. Du tust gerade so, als hätte ich dir den Schädel zertrümmert!«

Die Stimme …

Ich zwinge mich, nicht zu blinzeln, konzentriere mich auf das Gesicht.

Links eine schwarze und rechts eine blonde Strähne.

Rieke.

Wir wollten uns treffen. Auf dem Schuldach. Eine Welle der Erleichterung strömt durch meinen Körper. Zum Glück. Rieke hat mich gefunden. Ich öffne den Mund, will sie warnen. Wer immer mich niedergeschlagen und gefesselt hat, muss noch irgendwo hier sein. Wir …

Moment.

Etwas stimmt nicht. Das Bild blitzt wieder auf.

Ich auf dem Boden in dem dunklen Flur, ein Schemen über mich gebeugt.

Rieke?

Das kann nicht sein … das … Was ist mit den Zetteln? Mit Valentin? Den Medikamenten?

»Na endlich!« Ein Strahlen macht sich auf ihrem Gesicht breit.

Als wäre alles normal. Als wäre nichts dabei, dass ich hier auf einem harten Steinboden liege, mich nicht bewegen kann und mein Kopf jeden Moment zerspringt.

»Bist du jetzt wieder voll da?«

Der Lichtstrahl leuchtet direkt in meine Augen und löst eine Trilliarde Explosionen an Schmerz aus. Ich stöhne auf, kneife die Augen zu und versuche zu atmen.

Ein und aus … Ein und aus …

Bis der Schmerz langsam abebbt.

»Okay, okay. Bekomm dich wieder ein. Ich habe nicht ewig Zeit, und ich will, dass du dir merkst, was ich zu sagen habe. Hast du mich verstanden?«

Vorsichtig öffne ich wieder die Augen. Der Lichtstrahl vor mir ist weg, das einzige Licht im Raum kommt jetzt von einer funzeligen Lampe an der Decke.«

»Du musst nichts sagen«, fährt Rieke fort, sobald unsere Blicke sich treffen. »Du redest sonst ja auch kaum.« Sie lacht auf, und der Klang dieses Lachens passt nicht in diesen Raum.

Ein Zittern jagt durch meinen Körper. Alles fühlt sich falsch an. Ich gefesselt und mit hämmernden Kopfschmerzen. Rieke, die keine Spur freundlich ist. Wo ist ihre überschwängliche Fürsorge? Sie mustert mich mit einem Blick, mit dem du eine dicke, fette Made ansiehst, die du in deinem Essen findest.

Hasst Rieke mich? Wirklich? Wieso habe ich das nicht gemerkt?

»Du verstehst es immer noch nicht, oder?« Sie beugt sich zu mir, ganz nah. Ihre Nasenspitze berührt fast meine Wange. Ihr Blick brennt sich in mich. »Du bist so verdammt naiv, ich hasse es!«, zischt sie und richtet sich wieder auf. »Aber wahrscheinlich ist es genau das, was er so faszinierend an dir findet …« Jetzt schwingt etwas anderes in ihrer Stimme mit.

Traurigkeit? Enttäuschung?

Ich bekomme es nicht zu fassen.

»Es war schon von der ersten Sekunde an klar, dass er voll auf dich und deine Masche abfährt«, redet sie weiter. »Alia, die Schweigsame, deren Schweigen sie nicht dumm wirken lässt, sondern geheimnisvoll.«

Bei dem Wort *Schweigsame* malt sie mit den Fingern Anführungszeichen in die Luft. Sie schnaubt und schüttelt den Kopf.

»Alia, die Hilflose, die ja *ach so* alleine ist! Wie viele Jungs hast du so schon rumgekriegt?«, schnauzt sie mich an.

Keinen einzigen? Du wirst es nicht glauben, Rieke, aber normalerweise übersehen Jungs die Mädchen, die nicht reden. Zu uninteressant, zu langweilig.

Wenn sie nicht ab und zu aufgerufen werden würde, könnte man vergessen, dass sie überhaupt existiert.

»Ich hasse dich! Ehrlich, ich hasse dich!« Ihre Worte sind wie ein Faustschlag ins Gesicht.

Was bitte habe ich ihr getan?

»Wieso musstest du dieses verdammte Verbandstäschchen aufheben? Mir wäre tausendmal lieber gewesen, wenn er es verloren hätte und dir dafür nie begegnet wäre!«, redet sie weiter. »Er hat nichts gesagt, aber du bist ihm die ganze Pause über nicht mehr aus dem Kopf gegangen. Es war wie vor eineinhalb Jahren, und ich wusste genau, dass ich sofort etwas unternehmen muss, wenn ich ihn nicht an dich verlieren will.« Ihre Augen sind nur noch schmale Schlitze. »Also habe ich Valentin zu Mats gelotst und dich gesucht. Zum Glück bist du neben der Tür zum Schulhof sitzen geblieben, völlig in Gedanken vertieft. Ich konnte dir bis zu deinem Klassenzimmer folgen, ohne dass du es bemerkt hast. Und noch besser, du gehst ausgerechnet mit Lou in eine Klasse, so hatte ich einen Vorwand, reinzukommen, um zu sehen, wo du sitzt.«

Bitte? Das mit Lou war ein Vorwand? Wie paranoid ist Rieke, dass sie mir nachspioniert und mir Drohzettel hinterlässt, obwohl ich Valentin nur das Verbandstäschchen gegeben hatte? Wenn er am nächsten Tag nicht zu den Steinen gekommen wäre, hätten wir uns nie kennengelernt.

»Ich hatte gehofft, dich mit dem Zettel abzuschrecken. Aber du hast meine Warnung ignoriert, und Valentin hasst es, wenn irgendjemand einsam wirkt. Sobald er dich am nächsten Tag alleine auf einem der Steine sitzen gesehen hat, hat er das zum Anlass genommen, um sich bei dir zu bedanken. Ich hatte keine Chance, von Anfang an!«, faucht sie mich an. »Okay, ich habe dir versprochen, dich über das aufzuklären, was er vor eineinhalb Jahren gemacht hat.« Sie zieht die Augenbrauen zusammen, ihr Blick bekommt etwas Stechendes. Ich schaue weg, auf ihre Lippen, die sie kurz zusammenpresst, ehe sie weiterredet. »Er hat sich verknallt. In eine Kuh aus unserer Parallelklasse. Das allein wäre noch nicht dramatisch gewesen. Valentin war viel zu schüchtern, um sie anzusprechen.« Sie hält inne und starrt sekundenlang an mir vorbei in die Dunkelheit. »Bis wir mit ihrer Klasse ins Skilager gefahren sind, und er dort auf einmal den Mut gefunden hat, mit ihr zu reden. Weil sie im gleichen Kurs gelandet sind.«

Und was war mit den Zetteln, die angeblich überall bei Rieke aufgetaucht sind? Seiner Welt, die sich Stück für Stück verschoben hat? War das gelogen? Alles?

»Und die Kuh fand ihn auch noch gut. Wenn ich nichts unternommen hätte, wären sie zusammengekommen. Garantiert!«

Was wäre so schlimm daran gewesen?

»Also habe ich mich verletzt und Valentin unter Druck gesetzt, dass er mit mir nach Hause fährt.« Sie spricht auf einmal ganz leise. »Natürlich hat er kapiert, dass alles inszeniert war, wir kennen uns lange genug. Aber am Ende hat er mich nicht hängen lassen und ist vorzeitig mit mir zurückgefahren.« Ein Lächeln huscht über ihr Gesicht, das aber sofort wieder verschwindet. Zurück bleibt ein Ausdruck, der irgendwie leer wirkt. Und traurig. Unendlich traurig. »Damit hatte sich die Sache mit der Kuh erledigt. Unsere Freundschaft auch. Okay, wir waren immer noch befreundet, sechseinhalb Jahre vergisst du nicht einfach über Nacht, ganz egal, was passiert. Aber es war anders nach meiner Aktion. Statt jede freie Minute mit mir zu verbringen, hat er angefangen, sich mit Mats zu treffen.« Sie sieht mich an, ihr Blick ist immer noch leer. »Am Ende hatte ich ihn mit der Aktion verloren, auch wenn ich das nicht wahrhaben wollte. Aber was hätte ich machen sollen? Wenn er mit der Kuh zusammengekommen wäre, hätte ich ihn erst recht verloren!« Sie rutscht ein Stück von mir weg, bis sie genau unter der Lampe sitzt und zieht die Beine an.

Auf ihr Gesicht fällt ein Schatten. Mehrere Atemzüge lang ist sie still, starrt ein Loch in die Dunkelheit hinter mir und kaut auf ihrer Unterlippe.

»Das mit dem Kuss war so, wie Valentin es dir erzählt hat«, fängt sie schließlich wieder an.

Woher weiß sie, was Valentin mir erzählt hat?

»Da staunst du, was?« Sobald sie meinen Blick bemerkt, verzieht sie die Lippen zu einem Grinsen, das eher wie ein Zähnefletschen aussieht.

Auf einmal hält sie eine Kappe in der Hand, bindet die Haare zusammen und setzt die Kappe auf, den Schirm tief ins Gesicht gezogen. »Ich bin euch heimlich gefolgt. Selbst wenn ich mir nicht die Mühe mit der Kappe gemacht hätte, hättet ihr mich nicht bemerkt. So wie ihr aufeinander fixiert wart!« Den letzten Satz spricht sie voller Verachtung aus.

Wie kann das sein? Sie war doch vorgestern überhaupt nicht in der Schule?

Der Schmerz in meinem Kopf ist inzwischen zu einem leisen Pochen geworden.

»Weißt du, wie sich das angefühlt hat, als er mich geküsst hat?« Sie zerrt sich die Kappe wieder vom Kopf und wirft sie an mir vorbei in die Dunkelheit. »Beschissen«, beantwortet sie ihre Frage selbst.

Meine Arme sind taub, der Steinboden drückt in meine Hüfte. Ich kann so nicht länger liegen bleiben, ich muss mich bewegen.

»Küssen üben, was für ein Idiot! Er hat nichts kapiert. Als ob ich in diesen anderen Typen verknallt gewesen wäre.« Sie schnaubt wieder. Sind das Tränen in ihren Augen? »Der Einzige, in den ich jemals verknallt war, war er.«

Es dauert einen Moment, bis die Worte meinen Verstand erreichen.

Der Einzige, in den ich jemals verknallt war, war er.

Bitte? Sie war doch diejenige, die mir die ganze Zeit eingeredet hat, wie gut Valentin und ich zusammenpassen. Warum macht sie das, wenn sie in ihn verknallt ist?

»Weißt du, wie scheiße sich das angefühlt hat, nachdem ich mein ganzes Herz in diesen einen Kuss gelegt habe und er hinterher zu mir sagt: *Ich hoffe, mit dem Typen läuft das besser.*« Sie wischt sich mit dem Arm über die Augen und schüttelt den Kopf. »Als ob! Er hat es genauso wenig kapiert wie die Sache, die ich vor ein paar Wochen mit diesem Janus abgezogen habe. Alles, was ich wollte, war Valentin aufzuwecken, ihm Angst machen, er könnte mich verlieren.« Sie lacht auf und wird sofort wieder ernst. »*Echt jetzt? Du weißt aber schon, dass der Kerl ständig mit seinem Kumpel Wetten am Laufen hat, wer welches Mädchen rumkriegt?* Das war alles, was der Idiot mir zu Janus zu sagen hatte.«

Meine Hüfte tut langsam richtig weh. Ich rolle mich ein Stück zur Seite, versuche eine bessere Position zu finden. Erfolglos. Die Bewegung lenkt Riekes Blick auf mich. Sie kneift die Augen zusammen, und ich erstarre. Etwas an ihrem Gesichtsausdruck ist anders als eben. Mein Herz setzt für einen Schlag aus.

Wer bist du, Rieke?

»Weißt du, wie beschissen es sich anfühlt, wenn dein bester Freund in dir nur einen Kumpel sieht? Nur weil er nicht kapiert, dass viel mehr zwischen uns ist als Freundschaft? Dass wir zusammengehören, ganz egal, was passiert? Aber er tut so, als würden die letzten acht Jahre nichts bedeuten? Und du versuchst verzweifelt, alles zusammenzuhalten, obwohl du merkst, wie es sich in Luft auflöst und ihr immer weiter auseinandertreibt. Jeden einzelnen Tag ein Stückchen mehr.« Sie wird mit jedem Satz lauter, springt hoch und stampft auf dem Boden auf.

Ich starre die Tränen an, die ihr über die Wangen fließen, will den Mund aufmachen.

»Und dann tauchst du auf. Aus dem Nichts!«, brüllt sie mich an. »Was willst du hier? Auf einmal sieht Valentin dich genauso an, wie ich wollte, dass er mich anschaut, wenigstens ein einziges Mal. Aber er bemerkt mich nicht mal mehr, er hat nur noch Augen für dich.«

Schwachsinn. Die acht Jahre Freundschaft werden immer ein Teil von ihm sein. Weil keiner von euch die Zeit auslöschen kann, die ihr miteinander verbracht habt.

Genau wie Hannah mich niemals ganz vergessen kann. Selbst, falls sie mich nicht mehr treffen will, wenn ich erst in den Sommerferien wieder nach Hause komme. Ich will es sagen, bekomme aber kein Wort heraus.

»Ich hasse dich!«, schreit Rieke aus voller Kehle, und die Worte bauen sich zwischen uns auf.

Ich hasse dich!

Ich bekomme fast keine Luft mehr, sehe nur noch ihr Gesicht, verzerrt, das Blitzen in den Augen, die tränennassen Wangen, die Wut, die mir aus jeder Faser ihres Körpers entgegenschlägt. Und erst jetzt wird es mir richtig bewusst. Rieke hat mich in eine Falle gelockt, niedergeschlagen, verschleppt und gefesselt.

Wo bin ich? Im Schulkeller?

Auf einmal sind meine tauben Arme nicht mehr wichtig, auch nicht das Pochen in meinem Kopf oder das Stechen in der Hüfte.

Ich hasse dich!

Ich kann nicht mehr schlucken, bin starr. Wo ist meine Superkraft, wenn ich sie einmal brauche? Ich will unsichtbar werden, will hier weg, will …

»Ich hatte gehofft, dass du Valentin in die Wüste schickst, nach der Geschichte über seine angebliche psychische Krankheit. Die genauso gelogen ist, wie die mit dem Zahnpasta-Herz. Das war ich.« Sie starrt mich an. »Aber nein, du wolltest mit ihm reden. Unbedingt. Wozu denn?«, fährt sie mich an. »Wenn du mit ihm geredet hättest, wäre es zwischen ihm und mir für immer vorbei gewesen. Diese Lüge hätte er mir niemals verziehen. Du hast mir keine Wahl gelassen. Warum kannst du dich nicht einfach aus allem raushalten und verschwinden?«

Raushalten. Das ist das, was ich immer wollte. Aber ich hätte Valentin nicht fallen lassen können, ohne ihm die Chance zu geben, mir zu sagen, was er mit den Zetteln zu tun hat. Nicht nach allem, was zwischen uns war. Begreift sie das nicht?

»Das Beste wäre, wenn du tot wärst! Glaub mir, ich wollte dich umbringen. Was denkst du, warum ich mich auf dem Schuldach mit dir verabredet habe?« Sie schaut mich an, als würde sie auf eine Antwort warten. Langsam verschränkt sie die Arme und kommt einen Schritt auf mich zu. Ich muss den Kopf verdrehen, um ihr ins Gesicht sehen zu können, so nah, wie sie vor mir steht. »Es wäre ein Leichtes gewesen, dich runterzuschubsen, und bei dem Ärger, den du wegen der Mensawand mit deiner Mutter hattest, hätte jeder an eine Kurzschlussreaktion geglaubt.«

Rieke wollte mich vom Dach stoßen? Und alle hätten gedacht, dass ich gesprungen bin? Das glaube ich nicht, sie hat doch darauf gedrängt, dass Valentin und ich zusammenkommen. Das ist völlig krank, das ist …

Sie tritt mit dem Fuß in meine Richtung. Dreck fliegt nur knapp an meinem Gesicht vorbei.

Ich habe dir vertraut, ich …

»Aber dein Tod würde nichts ändern«, schreit sie mich an. Wieder schimmern Tränen in ihren Augen. »Valentin hätte nur noch mehr an dich gedacht und sich Vorwürfe gemacht. Und alles wäre noch schlimmer geworden. Wie hätte ich gegen eine Alia gewinnen können, die keine Fehler mehr macht, weil sie tot ist? Wieso konntest du nicht dortbleiben, wo du hergekommen bist? Warum bist du nicht einfach wieder verschwunden? Bevor Valentin sich in dich verknallt hat?« Sie holt Luft, schüttelt den Kopf. »Warum, verdammt, hast du dich von den Zetteln nicht einschüchtern lassen?«

Ich weiß nicht, was ich sagen soll. Tausend Worte fliegen mir durch den Kopf, aber ich kann sie nicht festhalten.

Rieke … Valentin … ich … unsere Freundschaft … Ich habe mir das alles nur eingebildet … von Anfang an …

»Egal.« Sie löst den Blickkontakt zu mir und wendet sich ab. »Es ist nicht mehr wichtig. Valentins Herz habe ich sowieso verloren, nein, nicht einmal das. Ich habe es nie besessen. Wahrscheinlich sollte ich dir dankbar sein. Ohne dich würde ich mir ganz bestimmt immer noch etwas vormachen.« Sie sieht mich über ihre Schulter hinweg an. »Du hast mein Leben zerstört! Ist dir das klar?« Die Frage gräbt sich in mein Herz, während Rieke sich von mir abwendet, auf die Tür zugeht und sie aufreißt. »Wenn dein Tod nichts ändert und ich das alles nicht mehr länger aushalte, gibt es nur einen Weg, wie ich mir das letzte bisschen Selbstachtung erhalten kann.« Es klingt, als würde sie das mehr zu sich sagen als zu mir.

Das Licht geht aus, mit einem Knall fällt die Tür ins Schloss, und Rieke ist weg.

SPRING, WENN DU DICH TRAUST

Der Knall der zufallenden Tür hallt noch durch den Raum. Ich horche auf die immer leiser werdenden Schritte. Draußen auf dem Gang.

Das Beste wäre, wenn du tot wärst!

Es ist nicht eine Stimme, es sind Tausende, zu einem Chor vereint. Sie schreien wieder und wieder nur diesen einen Satz, hören einfach nicht mehr auf.

Ich beiße mir auf die Lippe, versuche, in der Dunkelheit Konturen auszumachen und die Tränen wegzublinzeln.

Wenn ich tot wäre.

Früher hat es gereicht, unsichtbar zu sein. Ich hätte nie damit aufhören dürfen.

Da drüben ist Alia. Lass dich von ihr nicht stören, sie gehört zur Dekoration.

Mir ist nicht zum Lachen. Trotzdem pruste ich los und werde sofort wieder still. Meine Stimme klingt falsch. Sie hört sich wie ein Krächzen an. Ich will schreien, aber wage es nicht, noch ein Geräusch zu machen.

Dekoration.

Wenn ich mich damit zufriedengegeben hätte, läge ich jetzt nicht alleine und verlassen auf diesem eiskalten Steinboden.

Verflucht, ich will nicht sterben!

Ich versuche mich zu drehen, höre sofort wieder auf. Schon die kleinste Bewegung jagt Schmerzwellen durch meinen Körper. Es gibt keine einzige Stelle, die nicht wehtut. Beinahe so, als wäre ich irgendwo abgestürzt und hätte tausend blaue Flecken und Prellungen.

Warte. Wurde ich die Treppe hinuntergeschleift?

Ich muss hier raus. So schnell wie möglich.

Mit aller Wucht beuge ich mich nach vorne, zerre an den Fesseln. Ein gleißender Schmerz jagt durch meinen Bauch, so als stäche jemand mit einem Messer auf mich ein. Ich wimmere, presse die Lippen zusammen, höre auf, mich zu bewegen und warte darauf, dass der Schmerz wieder nachlässt. Mehrere Atemzüge lang verharre ich reglos auf der Stelle. Ich kann es vergessen, meine Hände aus dem Seil zu befreien.

Was für ein Mist! Am schlimmsten von allem ist das Hämmern in meinem Kopf, das einfach nicht aufhört. Egal wie lange ich versuche still zu liegen. Trotz der Dunkelheit tanzen weiße Punkte vor meinen Augen. Mir wird schlecht.

Das Beste wäre, wenn du tot wärst!

Wenn ich mich weiter bewege, muss ich mich übergeben. Wenn ich mich nicht mehr bewege, bekomme ich die Hände niemals frei.

Heißt das, ich hänge hier fest?

Für immer?

Ein Laut kommt aus meiner Kehle, und ich weiß selbst nicht, ob es ein Lachen oder ein Husten ist. Die Schmerzen sind zu stark, ich kann mich nicht konzentrieren. Lachen, ich muss lachen, sonst ersticke ich an der Dunkelheit!

Nein, ich hänge nicht für immer hier fest. Allerhöchstens bis ich verdurstet bin.

Wie konnte ich meine Superkraft verlieren? Solange mich niemand bemerkt hat, hat mich auch keiner gehasst.

»Alia?«

Leide ich unter Halluzinationen? Ich könnte schwören, dass das Colin war. Hätte ich ihm bloß gesagt, wo ich hingehe!

»Alia?«

Moment. Das war keine Jungenstimme, das war ein Mädchen.

Rieke?

Nein, das klang nicht wie sie.

Lorena?

Was macht Lorena hier?

»Alia!« Beim Klang dieser Stimme stockt mir der Atem.

»Valentin?«, flüstere ich und muss husten, weil das Sprechen in meinem Hals kratzt.

»Alia?« Es ist wieder Valentin, und er klingt viel näher als eben.

Die Tür fliegt auf. Im nächsten Moment geht das Licht an.

»Hier ist sie!«, ruft er.

Ich hebe den Kopf und kann sehen, wie er auf mich zuläuft.

Vom Gang her nähern sich Schritte, aber ich achte nicht darauf, alles, was ich sehe, ist Valentin. Er geht vor mir in die Hocke, streicht ein paar Strähnen aus meinem Gesicht und berührt mich am Hinterkopf. Ich zucke zurück, kann den Aufschrei nicht unterdrücken. Er hat genau die Stelle berührt, die die ganze Zeit leise pocht. Der sanfte Druck seiner Finger löst eine Explosion in meinem Kopf aus.

»Scheiße, was ist passiert?« Er starrt auf seine Fingerspitzen, die sich rot verfärbt haben.

»Alia!« Colin stürzt in den Raum, hinter ihm taucht Lorena auf. »Was hat sie mit dir gemacht?«, schreit er.

Ich ignoriere ihn, fange Valentins Blick ein. »Du musst sie aufhalten. Bitte.«

Warum muss ich wieder husten? Mit jedem Husten fährt ein Stich durch meinen Kopf bis in die Augen hinein.

»Rieke?«, fragt Valentin.

»Wo ist sie?«, fährt Colin dazwischen.

Er ist hinter mir auf die Knie gegangen, kurz spüre ich kaltes

Metall an meinem Handgelenk und einen Augenblick später sind meine Hände frei. Ich versuche mich aufzustützen, habe aber kein Gefühl mehr in den Armen, sie fangen an zu kribbeln, es tut weh, ich kann mein Gewicht nicht halten und sacke nach unten.

»Auf dem Schuldach«, antworte ich. »Valentin, bitte, du musst dich beeilen, bevor sie …«

»Ich kümmere mich um sie«, zischt Colin.

Nein!

Mit aller Kraft stemme ich mich hoch und greife nach seinem Arm, nicht fest genug, das Kribbeln nimmt die Spannung aus meinen Muskeln.

»Nicht!«, schreie ich ihn an.

Mein ganzer Körper explodiert, und mein Magen krampft. Ich kämpfe gegen den Würgereiz, fokussiere mich auf Valentin, darf jetzt nicht zusammenbrechen. Es wird keine zweite Chance geben.

»Bitte, du musst zu ihr, sonst …«

Wird sie springen.

Die Worte kommen nicht über meine Lippen, aber irgendwie scheint Valentin es zu verstehen.

»Pass auf Alia auf«, sagt er zu Colin, springt hoch und rennt aus dem Raum, ohne Colin die Chance zu geben, zu antworten.

»Ich komme mit!« Lorena stürzt hinter ihm auf den Gang.

»Wenn wir hier fertig sind, werde ich sie mir vorknöpfen!«, knurrt Colin, aber er bleibt bei mir.

Zum Glück.

Wenn er Rieke auf dem Schuldach mit Vorwürfen konfrontiert, springt sie. Ein Satz von ihr ist plötzlich wieder in meinem Kopf:

Und du versuchst verzweifelt, alles zusammenzuhalten, obwohl du merkst, wie es sich in Luft auflöst …

Wie alles sich in Luft auflöst. Genau wie meine Freundschaft mit Hannah. Hannah, die mich wahrscheinlich längst gegen Tilde ausgetauscht hat. Sind sie froh, dass ich nicht mehr da bin? Ich versuche, auf die Füße zu kommen, muss hinter den anderen her, muss mit Rieke sprechen. Ich kenne das Gefühl nur zu gut, wenn alles, woran du geglaubt hast, vor deinen Augen verschwindet. Und du nichts dagegen machen kannst.

Der Raum fängt an, sich zu drehen, ich stolpere zur Seite, kann mich nicht halten und falle.

Hände greifen nach mir, im letzten Moment, fangen mich auf und ziehen mich hoch, bevor ich mit dem Gesicht auf dem Boden aufschlage. Ich muss mehrmals blinzeln, bis das Drehen endlich aufhört.

»Geht's wieder?«, raunt Colin.

Seine Stimme ist auf einmal so nahe. Moment. Stütze ich mich gerade auf ihn? Es fühlt sich seltsam an, so eng neben ihm zu sein. Er hält mich und steuert mit mir auf die Tür zu, und ich bin froh, dass er da ist.

»Wie habt ihr mich gefunden?«, frage ich, während wir auf den Gang gehen.

»Zum Glück bin ich dem Typen heute Nachmittag gefolgt und wusste, wo er wohnt«, antwortet er.

Dem Typen? Er redet von Valentin. Oder?

Warum tust du immer noch so, als ob du ihm keinen Meter über den Weg trauen könntest? Er hat nichts mit den Zetteln zu tun. Hast du das noch nicht verstanden?

»Ich hab ihn abgefangen, als er zurück nach Hause kam. Er war ziemlich sauer, weil du ihm abgesagt und dann dein Handy ausgeschaltet hast. Wir haben beide gedacht, dass es wegen meinem Anruf war. Das hat ihn noch wütender gemacht.«

Ich stolpere über meine eigenen Füße, greife nach dem nächsten Halt. Colins Schulter. Kann mich aber nicht abfangen. Colin packt mich und drückt mich gegen seinen Körper. Es fühlt sich surreal an, von ihm im Arm gehalten zu werden. Als wären wir befreundet. Das sind wir nicht, ich weiß. Oder doch? Ich schiele zu ihm.

Wenn ich ihm egal wäre, wäre er nicht mitten in der Nacht zu Valentin gefahren.

Viel zu langsam steigen wir die Kellertreppe hoch. Bei jeder Stufe jagen tausend Stiche durch meinen Körper, von den Zehenspitzen bis in den Kopf hinein. Wie hat Rieke mich hier runtergeschleift?

»Er war total sauer, wollte wissen, was ich so plötzlich von dir will und hat mir die Sache mit der Mensawand vorgehalten«, redet Colin weiter, als wir endlich oben sind. Er wirft mir einen Blick von der Seite zu. »Du hast ihm das erzählt?«

Ich antworte nicht. Als ob das jetzt wichtig wäre. Wir müssen uns beeilen, müssen zu Rieke, sie aufhalten, müssen …

Hätte sie mich vom Dach gestoßen, wenn …

Das hätte sie nicht. Sie ist nicht so durchgeknallt und bringt jemanden um. Eiskalt. Sie ist …

Was? Was ist sie?

Enttäuscht? Wütend? Hilflos?

Als du vor mir standest, hast du so verloren gewirkt.

Das ist das Wort, nach dem ich gesucht habe.

Verloren.

Wie ich, als ich hierherkam. War das nicht der Grund, warum Valentin sich mit mir angefreundet hat?

»Wie kommen wir aufs Schuldach?«, frage ich.

Meine Stimme klingt immer noch kratzig, mein Hals ist total trocken. Wenn ich noch mehr sage, muss ich wieder husten. Das Pochen in meinem Kopf fühlt sich an, als würde jemand mit einem Messer mein Hirn zerstückeln.

»Was willst du auf dem Schuldach? Dieses Mädchen ist total durchgeknallt …«

»Wie kommen wir da hoch?«, unterbreche ich ihn.

Lauter, als ich sollte. Ich muss husten, und wieder explodiert mein Kopf.

»Du bist völlig fertig«, wendet Colin ein.

»Bitte, ich muss da hoch«, stoße ich hervor.

Die Augen zusammengekniffen, warte ich darauf, dass der Schmerz nachlässt.

»Spinnst du? Du hast eine Platzwunde und solltest dich wahrscheinlich erst mal überhaupt nicht mehr bewegen. Was hat sie dir übergezogen? Eine Metallstange?« Er sieht mich von der Seite an, und ich halte seinem Blick stand, bis er seufzt und mich den Gang weiter entlangzieht.

Keine Ahnung, was Rieke mir gegen den Kopf gehämmert hat. Aber mit einer Metallstange hätte sie mir wahrscheinlich den Schädel gebrochen. Also nein.

»Wenn diese Lorena sich nicht bei dem Typen gemeldet hätte, hätten wir nicht kapiert, dass du in Gefahr bist.«

War ich wirklich in Gefahr? Ist nicht Rieke diejenige, die in Gefahr ist, wenn Valentin und Lorena nicht rechtzeitig aufs Dach kommen?

Warum nennt Colin ihn immer noch *den Typ*? Valentin ist kein Psycho, okay? Und er hat einen Namen!

»Echt. Erst da ist ihm aufgefallen, dass die Nachricht von dem Mädel off war.«

»Welche Nachricht?«

Wir biegen um die Ecke und steuern auf eine Treppe zu. Bei jeder Stufe zucken tausend Blitze durch meinen Körper. Mir wird schwindlig. Wie viele Stockwerke sind es bis zum Dach? Fünf?

»Sie hat ihm so was in der Art geschrieben wie: *Keine Sorge, ich werde mich nie wieder in irgendetwas einmischen. Bist du dann zufrieden?* Und Lorena hat sie geschrieben: *Danke, dass du für mich da warst. Du brauchst dir bald keine Sorgen mehr um mich machen. Versprochen.* Die hat immerhin kapiert, dass etwas nicht in Ordnung ist und ist zu ihr gefahren.«

Du brauchst dir bald keine Sorgen mehr um mich machen …

Das klingt wie ein Abschied. Ich schlucke. Oder kommt es mir nur so vor?

»Statt mit ihr zu reden, ist Lorena ihr hinterhergefahren. Sie hat mitbekommen, wie das Mädchen dich niedergeschlagen hat und in voller Panik bei dem Typen angerufen«, redet Colin weiter.

Er stützt mich mehr als vorhin. Merkt er, wie schwer mir jede Stufe fällt?

»Warum sie nicht gleich dazwischengegangen ist, verstehe ich nicht«, murmelt er.

Mit einer Hand greife ich nach dem Geländer, damit Colin nicht mein ganzes Gewicht stemmen muss. Ich verstehe es, oder ich glaube, es zu verstehen. Sie wusste, dass Rieke mit Valentin reden muss. Dringend. Oder er mit ihr. Weil es vor allem um die beiden geht.

Waren es Lorenas Schritte, die ich gehört habe?

Wäre Rieke aufs Dach gegangen, wenn Lorena sich sofort eingemischt hätte? Hätte Lorena sie aufhalten können? Kann Valentin sie jetzt aufhalten?

Ich beiße die Zähne zusammen und versuche, schneller die Treppen hochzusteigen und die Schmerzen zu ignorieren.

Rieke ist nicht gesprungen. Sonst würden Valentin und Lorena uns entgegenkommen, um bei ihr unten Erste Hilfe zu leisten.

Erste Hilfe. Sicher. Weil das nach einem Sprung vom Dach auch noch so viel bringt.

»Gibt es noch einen anderen Weg aufs Dach?«, frage ich Colin und mir bleibt fast die Luft weg.

»Aus dem anderen Trakt, klar. Wieso?«

»Nur so«, murmle ich.

Dann sagen wir nichts mehr. Ich zähle die Stufen, komme zwischen dreiundvierzig und siebenundfünfzig durcheinander und gebe es wieder auf. Nach einer gefühlten Ewigkeit erreichen wir eine dicke Glastür. Colin drückt sie ohne Probleme auf, bemerkt meinen Blick und zuckt mit den Schultern.

»Notausgang.« Mehr sagt er nicht.

Notausgang. Aufs Dach. Okay.

Ich hole tief Luft, bevor ich durch die Tür ins Freie trete.

Bitte, Rieke. Mach keinen Mist.

FEHLER WIE WIR

Kalter Wind bläst uns ins Gesicht und nimmt mir für einen Moment die Luft.

»Lass mich in Ruhe! Du hast es nie verstanden!«, schreit uns jemand entgegen.

Die Stimme überschlägt sich und klingt fast zwei Tonlagen höher als normal, aber ich erkenne sie sofort.

Rieke.

Wo ist sie? Und wo sind Valentin und Lorena? Das Dach ist ausgebaut. Colin und ich stehen auf einem Kiesweg, in der Dunkelheit kann ich die Umrisse von Pflanzkübeln ausmachen. Sind das Bänke um die Kübel?

»Rieke, hör zu …« Valentin klingt, als würde er mit einem verängstigten Tier sprechen.

Er ist hier. Ich atme auf.

»Nein, du hörst mir zu!«, kreischt sie zurück.

Ich mache mich von Colin los, stolpere ein paar Schritte nach vorn und sehe mich um.

»Scheiße«, murmelt Colin. Er bleibt neben mir stehen und zieht das Handy aus der Tasche. »Ich ruf die Polizei.«

Was? Wieso? Ich folge seinem Blick, und dann sehe ich sie.

Rieke steht auf einer schmalen Kante auf der anderen Seite des Geländers. Den Oberkörper hat sie nach vorne gelehnt, die Arme nach hinten gestreckt, hält sie sich nur noch mit den Händen am Geländer fest. Wenn sie abrutscht, stürzt sie in die Tiefe.

Das ist Wahnsinn!

»Wenn du noch einen Schritt näherkommst, lasse ich los!«, ruft sie.

Der Ruf gilt Valentin, der schräg hinter ihr steht, vielleicht zehn Schritte entfernt. Nach ihrer Drohung verharrt er auf der Stelle. Aus dem Schatten eines Pflanzkübels löst sich eine Kontur. Erst auf den zweiten Blick bemerke ich die langen Haare. Lorena.

»Rieke, mach keinen Scheiß …«, sagt sie und hält neben Valentin an. »Bitte«, fügt sie leise hinzu.

»Was denn? Es ist doch egal, ob ich tot bin oder nicht!«, gibt Rieke zurück.

»Ist es nicht«, stoße ich hervor, weil ich nicht schweigen kann, weil ich etwas tun muss, irgendwas, solange es Rieke davon abhält, loszulassen.

Ich stelle mich neben Valentin.

»Alia?« Sie dreht den Kopf so, dass sie mir ins Gesicht sehen kann.

Sind das Tränen auf ihren Wangen?

»Bitte, Rieke, lehn dich zurück, und komm rüber zu uns.« Valentin bemüht sich sanft zu sprechen, aber es schwingt ein drängender Unterton in seiner Stimme.

Hörst du, wie viel du ihm bedeutest?

»Ich kann nicht.« Jetzt weint sie wirklich.

»Doch, du kannst. Komm rüber. Dann können wir über alles reden. Ich hör dir zu, versprochen«, redet Valentin weiter auf sie ein. Dabei geht er einen winzigen Schritt in ihre Richtung. »Wenn danach immer noch alles scheiße ist, kannst du springen. Okay?«

»Als ob!« Rieke lacht auf, wird aber sofort wieder ernst. »Du lässt mich doch niemals mehr springen, wenn ich erst mal bei euch bin.«

»Stimmt.« Ein Lächeln schleicht sich auf seine Lippen. »Kommst du trotzdem rüber? Bitte!«

Mehrere Atemzüge lang herrscht Schweigen, und ich spüre den Wind auf meinen Wangen, der mir eiskalt ins Gesicht bläst.

Kommst du trotzdem zu uns rüber? Rieke?

»Ich kann nicht«, sagt sie wieder. Es ist mehr ein Flüstern.

»Warum nicht?« Ich gehe einen Schritt nach vorn und bleibe ein Stück vor Valentin stehen.

Rieke fixiert mich mit ihrem Blick.

»Weil ich es nicht mehr aushalte. Immer lachen, Späße machen, so tun, als ob nichts wäre. Wenn ihr wissen würdet, wie es mir wirklich geht, wärt ihr weg«, setzt sie nach.

»Lorena war mit mir am Wochenende bei der Schrebergartenhütte. Ich weiß, dass du nicht auf einem Trip mit deinem Vater warst. Hat das etwas verändert? Und Lorena und Valentin kennen dich beide gut genug, um hinter deine Fassade zu sehen, glaubst du nicht?«, halte ich ihr entgegen.

Sie mustert uns. Lorena, Valentin, mich.

Einen nach dem anderen.

Ich kann nicht aufhören, ihre Hände anzustarren, an denen immer noch ihr ganzes Gewicht hängt. Was, wenn sie sich nicht mehr halten kann? Wenn sie abrutscht?

»Alia hat recht, und du weißt das«, sagt Valentin.

Es klingt wie eine unverrückbare Tatsache.

Sein Tonfall lässt keinen Raum für Zweifel. Ich kann die Wärme spüren, die von seinen Worten ausgeht. Er macht einen weiteren Schritt auf Rieke zu.

Nicht!

Im Reflex greife ich nach seinem Arm, will ihn zurückhalten. Hat er ihr vorhin nicht zugehört?

Wenn du noch einen Schritt näherkommst, lasse ich los!

Aber sie lässt nicht los, sie hebt das Kinn und sieht ihn an.

»Jo ist wegen mir abgehauen. Weil ich es nicht mehr geschafft habe, zu lachen und Witze zu machen, ihr nicht zu zeigen, dass ich eine Scheißangst hatte, wenn ich abends allein in der Wohnung war, während sie zum Feiern sind …«

Jo? Wer ist Jo?

Valentin schüttelt den Kopf. »Das ist Quatsch. Hast du Magda nie zugehört? Der Grund, warum deine Mutter gegangen ist, war dein Vater. Nicht du.«

»Sie ist abgehauen, weil sie noch was vom Leben haben wollte, weil wir ihr nicht genug waren. Genauso, wie ich dir nie genug war!«, schreit Rieke ihn an.

In ihren Worten schwingt so viel Verzweiflung mit, es treibt alle Wärme aus meinem Körper.

Wie ich dir nie genug war!

Die Worte treffen mich tiefer, als ich es will.

Nicht genug sein …

Ich weiß so gut, wovon du sprichst, Rieke.

»Meine Mama wollte auch gehen«, fange ich an. Ich lasse Valentins Arm los und mache noch einen Schritt auf Rieke zu. »Wenn ich anders wäre, hätten Papa und sie vielleicht nie so zu streiten angefangen und sie hätte sich nicht auf einen Flirt mit einem Arbeitskollegen eingelassen …«

»Wie meinst du das?« Rieke schaut mich mit großen Augen an, und auf einmal sieht sie wieder verloren aus.

Ohne zu denken gehe ich an das Geländer, nicht auf sie zu. Ich bleibe mehrere Schritte seitlich von ihr stehen und lehne mich gegen die Metallstreben. So kann ich ihr besser ins Gesicht sehen, und ich muss nicht laut reden. Ich will nicht, dass Valentin, Lorena oder Colin mitbekommen, was ich ihr sage.

»Für meine Mama war ich nie genug, sie hat mich nie verstanden. Für sie bin ich ein Fehler«, flüstere ich.

Warum stehen mir jetzt Tränen in den Augen? Das sind doch keine Neuigkeiten. Ich dachte, ich wäre darüber hinweg, aber jetzt fühle ich mich wieder genauso verloren wie vor eineinhalb Wochen, als ich mit Mama in den Zug gestiegen bin.

»Wieso das?«, fragt Rieke, und es klingt, als wollte sie es wirklich wissen.

»Alia, die Schweigsame, die Hilflose?« Bei meinen Worten huscht ein Lächeln über ihr Gesicht.

Es ist das, was sie mir vorhin vorgeworfen hat. Ich glaube, sie weiß, worauf ich anspiele. Hilflosigkeit ist vielleicht nicht das, was Mama an mir stört. Aber mein Schweigen und meine Unfähigkeit auf andere zuzugehen, Freundschaften zu schließen.

»Rieke, du bist genug, du warst es schon immer. Und wenn du mir nicht glaubst, fahren wir zusammen nach Spanien, suchen deine Mutter und fragen sie«, wirft Valentin ein und bewegt sich, während er spricht, auf sie zu.

Aus der Nähe sehe ich, wie sein Angebot sie zum Kochen bringt.

Sie schreit ihn über ihre Schulter hinweg an. »Hör auf, mir Versprechungen zu machen, die du nicht halten kannst! Wie oft hast du mich in den letzten eineinhalb Jahren vertröstet, statt einfach zu sagen, dass du keinen Bock hast?«

Bei ihren Worten zuckt er zusammen.

»Das ...«, fängt er an.

»Ich fahre mit dir nach Spanien«, schneidet Lorena ihm das Wort ab.

Sie geht auch ein paar Schritte nach vorn, bis sie wieder neben Valentin steht. Rieke sieht sie an, und über ihr Gesicht huscht wieder ein Lächeln. Diesmal bemerke es nicht nur ich, diesmal sehen es auch Valentin und Lorena. Und obwohl es ein Augenzwinkern später wieder verschwunden ist, ist es wie ein geheimes Zeichen. Ohne auch nur eine Sekunde zu zögern, geht Valentin auf sie zu. Einen Atemzug später ist er beim Geländer, greift nach Riekes Armen und zieht sie zurück. Sobald sie mit dem Rücken am Geländer lehnt, legt er die Arme um sie und hält sie fest. Rieke lässt es geschehen. Vorsichtig dreht sie sich um, bis sie Valentin ins Gesicht sehen kann.

Nein. Sie sieht nicht ihn an. Sie schaut zur Seite und fängt meinen Blick ein.

Hat sie eben genickt?

Lorena geht zu Valentin und legt einen Arm um ihn und den anderen um Rieke.

Rieke.

Sie steht noch immer auf der anderen Seite des Geländers, auf der falschen Seite, aber Valentin hält sie. Sie kann ganz bestimmt nicht mehr abstürzen.

»Komm schon, Alia«, sagt sie, und ihr Gesichtsausdruck ist wieder wie immer.

Nein, nicht wie immer. Wenn ich genau hinschaue, merke ich es. Sie wirkt verdammt müde und traurig.

Die Worte, die sie mir an den Kopf geschleudert hat, sind auf einmal wieder da.

Das Beste wäre, wenn du tot wärst!

Langsam gehe ich einen Schritt zurück und schüttle den Kopf.

Es tut mir leid, Rieke, aber ich kann das nicht, nicht von null auf hundert, nicht jetzt.

Auf einmal spüre ich wieder das leise Pochen in meinem Kopf. Sie senkt den Blick und nickt. So, als hätte sie mich verstanden.

»Du bist kein Fehler.« Ihre Stimme klingt fest, sie hebt den Kopf und sieht mir wieder in die Augen.

Valentin schaut mich auch an, die Augenbrauen hochgezogen. Ich zucke mit den Schultern. Ganz leicht nur, aber ich glaube, er hat es bemerkt. Auf einmal liegt eine Hand auf meinem Rücken, ich fahre herum, doch bevor ich einen Schritt zur Seite gehen kann, erkenne ich Colin. Er ist genau neben mir und nickt mir zu. Ich bin froh, dass er da ist, dass ich nicht alleine hier stehe, begreife noch nicht ganz, was in der letzten Stunde alles passiert ist. Für einen kurzen Moment ist ein Lächeln auf meinen Lippen, und dieses Lächeln fühlt sich gut an.

»Mach so was nie wieder«, sagt Valentin zu Rieke.

Sein ganzer Körper wirkt angespannt. Ich glaube, er zieht sie noch enger zu sich. Wenn er so weitermacht, drückt das Geländer an ihrem Bauch ihr die Luft ab.

»Nur, wenn du mir etwas versprichst«, antwortet sie.

Sie lehnt den Kopf gegen seine Brust.

»Was?«

»Versuche nie wieder, mich mit einer Lüge zu vertrösten, weil du denkst, dass ich die Wahrheit nicht ertrage.«

Er schnauft. »Das sagt die Richtige …«

Es ist nicht böse gemeint, ich sehe das Lächeln auf seinen Lippen.

»Stimmt.« Rieke lacht, und ihr Lachen klingt fast so wie immer. »Also gut, ich höre auch auf, euch Geschichten zu erzählen. Deal?«

»Deal«, antwortet er.

Ich lehne mich gegen Colin, habe keine Kraft mehr. Er legt den Arm um mich und hält mich.

So verharren wir, mindestens sechs Schritte entfernt und sehen zu den dreien.

Von der Straße unten blinkt Blaulicht in der Dunkelheit auf, aber keiner von uns rührt sich. Valentin hält Rieke und er wird sie erst wieder loslassen, wenn sie in Sicherheit ist. Unter Garantie. Er dreht den Kopf, und wir sehen uns in die Augen.

Auch wenn ich nicht weiß, wie ich das, was heute Abend passiert ist, einordnen soll, bin ich froh, dass ich vor eineinhalb Wochen in den Zug gestiegen bin und wir uns begegnet sind.

ANFANG SOMMERFERIEN

»Das ist jetzt heute das erste Mal seit der Nacht auf dem Schuldach, dass ihr euch alle trefft?« Marco steht an der Küchenzeile und schneidet Limetten, während ich die restlichen Zutaten für die Limettendrinks zusammensuche, den Zucker abwiege und alles in eine große Schüssel fülle.

Ich nicke. »Rieke ist erst vor zwei Tagen nach Hause gekommen und war mit ihrer Familie beschäftigt. Immerhin war sie wochenlang weg.«

»Durfte ihre Familie sie auch nicht in der Klinik besuchen?«, hakt Mama nach.

Sie sitzt am Esstisch und belegt die Toastscheiben, die Colin nach ihren Anweisungen in verschiedenen Formen ausgestochen hat.

Sterne, Herzen, Tannenbäume. Fast wie an Weihnachten, obwohl wir Ende Juli haben und seit drei Tagen Sommerferien sind.

»Ich glaube schon«, antworte ich mit einem Blick zu Colin.

Sei bitte still. Okay?

Rieke hätte auch von uns Besuch bekommen können, aber sie wollte nicht. Und wenn ich ehrlich bin, weiß ich nicht, ob ich sie hätte besuchen wollen.

Wenn ihr mich in dieser Klapse seht, haltet ihr mich bloß für total verrückt, hat sie zu Lorena am Telefon gesagt, die es uns ausgerichtet hat.

Lorena war die Einzige von uns, mit der sie in den letzten Wochen Kontakt hatte. Colin verdreht die Augen, als er meinen Blick bemerkt.

»Sie sollte halt zur Ruhe kommen«, wendet er sich an Mama.

»Und Valentin und Alia sind ja nicht gerade bekannt dafür, ruhig zu sein …«

»Hey!«

Mein Protest geht unter in Mamas und Marcos Lachen. Sie wechselt mit ihm einen Blick, woraufhin er breit grinst und ganz kurz zu mir herschaut.

Danke, Colin. Kannst du bitte das Thema lassen?

In den letzten Wochen haben Valentin und ich uns fast täglich gesehen, und ich glaube, Mama denkt, dass etwas zwischen uns läuft. Oder sie hofft es. So oft, wie sie mich fragt, was wir gemacht haben und wie sie ihn einlädt, zum Abendessen zu bleiben, wenn er hier ist.

Aber es läuft nichts, zumindest nichts, worüber es etwas zu erzählen gäbe. Das Bild von Rieke auf dem Schuldach bekomme ich nicht mehr aus dem Kopf. Sie auf der falschen Seite des Geländers, die Arme nach hinten gestreckt, nur einen gelösten Handgriff entfernt vom Sturz in die Tiefe. Ich glaube, Valentin geht es genauso. Auch wenn wir seit jener Nacht nicht mehr darüber geredet haben, habe ich den Eindruck, dass er sich schuldig fühlt. Und obwohl mich das nichts angeht, weil es eine Sache zwischen ihm und Rieke ist, macht es mich wütend. Was hat er bitte falsch gemacht? Hat sie nicht die ganze Zeit versucht, über ihn zu bestimmen und uns zu manipulieren? Manchmal würde ich ihm das gerne sagen, aber dann denke ich mir wieder, dass ich kein Recht dazu habe. Was weiß ich schon über ihre Freundschaft?

Abgesehen davon ging sowieso alles viel zu schnell zwischen uns. Welcher Mensch mit Verstand kommt auf die Idee, jemanden zu küssen, den er gerade einmal eine Woche kennt? Und ausgerechnet ich, die fünfhundertsiebenundvierzig Tage lang in einen Typen aus ihrer Parallelklasse verknallt war und es nicht einmal geschafft hat, ihn auch nur anzusprechen? So eine Aktion bringst du vielleicht auf einer Party, wenn du entsprechend viel getrunken hast. Vielleicht hätte ich das auf den Feiern mal versuchen sollen, statt mich im Hintergrund zu halten und alle zu beobachten? Dann hätte es nicht so lange gedauert, bis ich verstanden hätte, dass Bastian mich nie wirklich wahrgenommen hat. So was kannst du auch im Urlaub bringen, wenn ihr euch hinterher nie wieder seht. Aber nicht, wenn ihr in die gleiche Schule geht und euch noch zwei Jahre lang jeden Tag über den Weg laufen werdet. Okay, ich hätte das auch im Urlaub nicht gebracht.

Aber das meint Colin nicht, er weiß nichts von dem Nachmittag im Park. Zum Glück. Es geht um unsere Panne vor ein paar Tagen. Valentin hat nicht vergessen, was ich ihm über Lindsey und meinen Traum erzählt habe. Wir waren in den letzten Wochen viel unterwegs und haben Aufnahmen gemacht. Also er von mir beim Geigespielen an irgendwelchen abgelegenen Orten. Keine Ahnung warum, aber vor Valentin zu spielen, fühlt sich nicht blöd an. Nachdem unser Equipment nicht das Beste ist, versuchen wir über ein Open-Source-Programm die Tonqualität nachzubessern, und dabei haben wir vor ein paar Tagen die Kopfhörer nicht richtig eingesteckt und das ganze Haus vollgedröhnt. Blöderweise ist ausgerechnet Colin vorbeigekommen und bringt es jetzt bei jeder Gelegenheit wieder an. Egal, ob es passt oder nicht. Er findet das witzig. Ich nicht.

»Apropos Valentin«, wirft Mama ein. »Wollte er nicht ein wenig früher kommen?«

Wollte er. Ich habe keine Ahnung, warum.

»Ich geh mal nachsehen, ob er mir was geschrieben hat«, antworte ich, froh über die Möglichkeit, mich zu verdrücken, bevor Colin das Geigenthema weiter ausbreitet.

Manchmal ist es gut, dass ich mein Handy die meiste Zeit vergesse. Bis ich wieder auftauche, hat sich das Thema *Valentin* hoffentlich erledigt. Die einzige Veränderung in Colins altem Zimmer ist das Bett. Marco versteht mehr, als ich ihm zugestanden habe.

Egal, ob du im neuen Schuljahr wieder zurück zu deinem Vater gehst oder bei uns bleibst. Du wirst uns ja auf alle Fälle besuchen kommen, hat er gesagt.

Und so oder so soll ich mich wohlfühlen. Ich wollte zuerst nicht. Ein neues Bett hier fühlt sich an, als ob ich mich damit abgefunden hätte, hierzubleiben. Trotzdem sind wir vor drei Wochen losgezogen. Mama, Marco und ich. Und jetzt steht ein richtiges Bett in Colins altem Zimmer, kein so schmales, bei dem du beim Umdrehen Angst haben musst, rauszufallen. Sogar neue Bettwäsche konnte ich mir aussuchen, weil Marco die alte angeblich schon lange aussortieren wollte.

In ein paar Tagen fahre ich für eine Woche nach Hause. Zu Papa, Finley und Hannah.

Nach Hause …

Ist es überhaupt noch mein Zuhause? Kannst du an zwei Orten gleichzeitig zu Hause sein? Oder wirst du, egal wo du bist, den anderen Ort vermissen und nirgendwo wirklich dazugehören?

Ich wische den Gedanken beiseite, will mich nicht damit auseinandersetzen, nicht jetzt. Stattdessen greife ich nach meinem Handy und lasse mich aufs Bett fallen. Valentin hat nicht geschrieben. Wieso auch? Er liegt noch total gut in der Zeit. Ganz automatisch öffne ich den Chatverlauf mit Rieke. Sie hat mich vor zwei Wochen angeschrieben. Es war das einzige Mal, dass ich von ihr eine Nachricht aus der Klinik bekommen habe. Keine Ahnung, wie oft ich mir den Chat jetzt schon angesehen habe.

> Ich habe meiner Therapeutin erzählt, dass ich dich niedergeschlagen habe …

Spinnst du? Wieso hast du ihr das erzählt?

Wir haben alle den Mund gehalten in der Nacht auf dem Schuldach. Als die Polizisten mich auf die Platzwunde an meinem Kopf angesprochen haben, war es ausgerechnet Colin, der Rieke gerettet hat. Von ihm kam die Story von meinem Sturz auf der Treppe, als wir panisch nach oben gerannt sind, um Rieke vom Springen abzuhalten. Und wir haben sie abgenickt. Alle. Um Rieke zu schützen. Vielleicht habe ich das auch getan, um Valentin zu schützen, ich weiß es nicht.

Das Beste wäre, wenn du tot wärst!

Der Satz ist immer noch in meinem Kopf. Auch wenn ich mir inzwischen sicher bin, dass sie mich nicht umbringen wollte. Wenn sie das gewollt hätte, hätte sie es gemacht. Sie hatte ja die Chance. Sie hätte nur einmal mehr zuschlagen müssen.

War besser so, glaub mir. Ihr bekommt keinen Ärger wegen Falschaussage, die Therapeutin hat Schweigepflicht.

Und du? Bekommst du jetzt Ärger?

Nein, alles gut. Ich melde mich, sobald ich hier rauskomme. Okay?

Das war das einzige Lebenszeichen von ihr. Das Treffen heute hat sie über Lorena mit uns ausgemacht. Was sich seltsam anfühlt. Ich schreibe ihr jetzt.

Bis nachher!

Sofort blinkt eine Antwort auf.

Wir sind schon fast auf dem Weg. Ich freue mich auf euch!

Bei ihrer Antwort hole ich tief Luft. Vielleicht ist es am besten, wenn wir nicht mehr über den Abend sprechen? Vielleicht sollten wir einen Schlussstrich ziehen und einen Neuanfang starten?

Will ich das? Mit Rieke noch einmal von vorn anfangen? So tun, als wäre nichts passiert?

Ich weiß es nicht. Bevor die Frage mich überrollt, lege ich das Handy weg und gehe zurück zu den anderen.

»Die Farbe ist übrigens angekommen«, höre ich Marco sagen.

»Welche Farbe?«, frage ich.

Alle drei sehen sie zu mir. Was ist los? Haben sie Geheimnisse vor mir? Durch meinen Bauch fährt ein Stich, und ich beiße mir auf die Lippe.

»Überraschung!« Colin fängt sich als Erster wieder und lächelt mich an.

»Was für eine Überraschung?« Ich verschränke die Arme und mustere sie.

Colin, Mama und Marco.

Mama verdreht die Augen und sieht zu Marco. »Das hast du jetzt mal gründlich verbockt, mein Lieber!«

Was hat er verbockt?

»Sag du es ihr«, fordert Marco Colin auf. »Es ist jetzt sowieso zu spät. Tut mir leid, ich dachte nicht, dass sie so schnell zurückkommt.«

Was soll das heißen? Ich wollte nur auf meinem Handy nachsehen, ob Valentin sich gemeldet hat. Das ist keine Sache, die ewig dauert. Oder?

Colin seufzt. »Entspann dich, Alia. Ich habe Marco gefragt, ob er noch was von der Leuchtfarbe hat, mit der wir die Sternbilder an die schwarze Wand gemalt haben.«

Wozu? Ich habe ihnen doch gesagt, dass die Wand so bleiben kann, wie sie ist. Sie stört mich nicht, sie …

»Aber die alte Farbe war schon eingetrocknet, und er musste neue bestellen«, fährt Colin fort. »Nachdem es jetzt dein Zimmer ist, finde ich, dass dein Sternbild dort auch hingehört.«

Bitte? Sie wollen mein Sternzeichen auf ihrer schwarzen Wand verewigen?

»Es sollte eine Überraschung sein«, ergänzt Mama. »Colin und Marco wollten es an die Wand malen, während du bei deinem Vater und Finley bist. Verstehst du?«

Auf einmal ist eine warme Kugel in meinem Bauch. Die Worte fliegen durch meinen Kopf, und ich kann nicht anders, muss lächeln.

Überraschung … dein Zimmer … hingehört …

Müsste dann nicht auch Mamas Sternzeichen mit dazu? Sie gehört mindestens genauso hierher wie Colin und Marco und … ich?

Es klingelt. Zum Glück, so muss ich mir über die Frage keine Gedanken mehr machen. Zumindest nicht jetzt.

Ich gehe zur Tür und öffne sie, ohne die Sprechanlage zu benutzen. Es kommt nur eine Person die Treppe hoch.

Valentin.

Mein Herz fängt an zu hämmern, wie jedes Mal, wenn wir uns treffen. Was dämlich ist, weil wir uns so gut wie jeden Tag sehen und ich das Gefühl habe, ihn inzwischen fast schon so gut zu kennen wie Hannah.

»Hey«, sagt er, als er vor mir steht.

Wie immer legt er mir eine Hand auf die Schulter und lächelt mich an. Mit diesem Lächeln, bei dem ich nicht anders kann als zurückzulächeln.

»Hey«, murmle ich.

Und wie immer muss ich mich zusammenreißen, um ihn nicht einfach in den Arm zu nehmen, meinen Kopf an seine Schulter zu drücken und ihn zu halten, so fest es geht. Ich sauge meine Unterlippe ein und weiche ein Stück zur Seite, um ihn reinzulassen.

»Was geht?«, begrüßt Colin ihn.

»Party!«, antwortet Valentin.

Er zieht etwas aus der Tasche und wirft es Colin zu. Eine Partytröte? Ich brauche einen Moment, bis ich verstehe, was das ist. Es ist eine von den Tröten, die ich vor Wochen in dem Ramschladen mitgehen lassen wollte.

Wir finden schon noch einen Anlass, zu dem wir das alles verwenden können!

»Sitzen wir später auf dem Balkon?«, fragt er mich.

Ich nicke, und er grinst und geht durch die offene Tür nach draußen. Keine Ahnung, was genau er vorhat. Statt mich damit auseinanderzusetzen, helfe ich lieber Marco und fülle Crushed Ice in Gläser, bevor er den Limettendrink eingießt. Colin und ich stellen Snacks und Gläser auf den Balkontisch, den Valentin mit Luftschlangen verziert hat. Auf jedem Platz liegt eine Partytröte und in der Tischmitte entdecke ich die Packung mit den Wunderkerzen. Ich sehe zu Valentin, meine Wangen fühlen sich heiß an, und er lächelt wieder.

»Ich habe dir doch gesagt, dass wir das alles noch gebrauchen können«, meint er und zwinkert mir zu.

Es klingelt wieder.

»Ich schätze, das ist unser Zeichen. Was meinst du, Natalie?« Marco legt den Arm um Mama und grinst.

Sie nickt. »Okay Leute, viel Spaß euch, wir kommen erst spät zurück.« Sie geht auf mich zu und nimmt mich kurz in den Arm. »Pass auf dich auf«, raunt sie mir ins Ohr.

Aufpassen? Wie meint sie das? Wir werden nur hier sein, da wird mit Sicherheit nichts Schlimmes passieren. Sie lächelt mich an. Das ist auch so etwas Neues. Ihr Lächeln. Für mich.

Marco und sie gehen, sobald Lorena und Rieke in der Wohnung ankommen. Rieke nimmt mich in den Arm und drückt mich. Ich lasse es zu.

»Es ist gut, dich mal wieder zu sehen!«, sagt sie und lacht.

Valentin boxt sie nur auf den Arm, und jetzt sieht er so aus, als koste es ihn Mühe, sie nicht einfach zu drücken. Lorena klopft mir auf die Schulter und nickt Valentin und Colin zu. Auf dem Balkon setzt sie sich zwischen Valentin und Rieke. Bevor ich mich entscheiden kann, hat Colin sich schon auf Riekes andere Seite gesetzt und mir bleibt nur noch der Platz zwischen ihm und Valentin.

»Gibt's was zu feiern?«, fragt Rieke und deutet auf die Partytröte neben ihrem Teller.

»Dass du wieder da bist!«, antwortet Valentin.

Sie grinsen sich an.

»Wie früher auf unseren Kindergeburtstagen«, sagt Rieke und pustet einmal kräftig in die Tröte, bis sie damit gegen Lorenas Wange stößt.

Wir lachen alle. Colin und Lorena tröten sofort mit. Es fühlt sich leichter an als eben noch, aber immer noch nicht wie vor ein paar Wochen in der Pause. Jedes Mal, wenn ich Rieke ansehe, muss ich daran denken, wie sie auf dem Schuldach stand.

Geht es den anderen auch so?

»Du warst ewig weg!«, werfe ich ein, sobald Colin und Lorena aufhören zu tröten.

»Was heißt hier ewig? Es waren nur fünf Wochen. Die Ärzte haben gesagt, dass das gar nichts ist!« Rieke lacht.

Sie hat sich verändert. Der Haaransatz ihrer breiten blonden und schwarzen Strähnen ist dunkelbraun. Konnte sie sich die Haare nicht färben, oder wollte sie es nicht mehr?

»Wie war es in der Klinik?«, fragt Valentin.

Mir wird wieder bewusst, dass es auch das erste Mal ist, dass er Rieke wiedersieht. Obwohl sie beste Freunde sind. Sind sie es noch?

»Wie soll es schon gewesen sein? Ein Haufen besorgter Ärzte und eine Menge durchgeknallter Kids.« Rieke zuckt mit den Schultern und grinst. »Im Vergleich zu denen hab ich mich noch harmlos gefühlt!«

»Du? Harmlos?« Valentin lacht und zwinkert ihr zu. »Da hast du ihnen ganz schön was vorgespielt!«

Rieke lacht nicht mit, sie schüttelt nur den Kopf. Sofort wird er wieder ernst.

»Sorry, das war ein blöder Kommentar«, murmelt er.

Seine Wangen sind ganz rot.

»Nein, war es nicht.« Rieke lächelt ihn an. »Aber ich habe euch versprochen, keine Geschichten mehr zu erzählen. Schon vergessen? Und daran hab ich mich gehalten.«

»Wir haben dich vermisst«, sagt er und sieht ihr dabei in die Augen.

Bei seinen Worten fährt ein Stich durch meinen Bauch. Das ist bescheuert, ich weiß, dass er Rieke vermisst hat. Trotzdem fühlt es sich anders an, ihn das jetzt sagen zu hören, als es einfach nur zu wissen.

»Wieso wolltest du keinen Besuch in der Klinik?«, mischt Colin sich ein.

Rieke sieht von Lorena zu Valentin, schließlich bleibt ihr Blick an mir hängen. »Das war nicht irgendeine Klinik, das war eine

Psychoklinik. Ich wollte nicht, dass ihr mich da seht. Außerdem …« Sie schaut wieder zu Valentin. »Musste ich mit ein paar Dingen abschließen.«

Er nickt. »Dein Brief ist angekommen und …«

»Gut!« Rieke klatscht in die Hände und lacht. »Dann kann ich ja aufhören, mir Sorgen zu machen, ob die Post ihn verschlampt hat.«

»Ich habe dir nicht geantwortet, weil schreiben nur zu Missverständnissen führt. Habe gehofft, dass wir reden können, sobald du zurück bist.«

Rieke sieht ihn einen Moment lang an und zuckt schließlich mit den Schultern. »Weiß nicht. Ich habe auch nicht wirklich auf eine Antwort gewartet, wollte nur wissen, ob du den Brief erhalten hast. Es gibt dazu eigentlich nicht mehr viel zu sagen. Oder?«

Sekundenlang hält Valentin ihren Blick fest, seine eine Hand bildet unter dem Tisch eine Faust, der Ausdruck auf seinem Gesicht ist schwer zu deuten. Schließlich seufzt er und zieht die Schultern hoch, ohne ihr zu antworten.

Er hat den Brief erwähnt. Auch wenn ich ihn nicht gelesen habe, weiß ich, dass für Valentin nicht alles gesagt ist. Versteht sie das nicht? Okay, wahrscheinlich braucht sie den Schlussstrich, um weitermachen zu können. Aber es ist nicht fair. Immerhin hat er gelesen, was sie ihm zu sagen hatte. Also sollte sie sich auch anhören, wie er über die ganze Sache denkt.

»Fahrt ihr jetzt echt nach Spanien?«, fragt Colin in das Schweigen hinein.

»In einer halben Woche geht's los!« Lorena klopft Rieke auf die Schulter und strahlt übers ganze Gesicht.

»Wisst ihr, wo ihr sie findet?« Valentin streicht sich durch die Haare.

Als er die Hand wieder nach unten nimmt, legt er sie auf der Armlehne ab. Genau neben meiner, unsere Finger berühren sich fast, und ich kann nicht aufhören, seine Hand anzusehen.

Was würde er machen, wenn ich ihn berühren würde?

»Ihre Adresse steht ja auf den Umschlägen der Karten, die sie mir zweimal im Jahr schickt, und hat sich in den letzten fünf Jahren nicht geändert.« Rieke zieht die Schultern hoch. »Wenn etwas schiefgeht, ist Lorena dabei, um uns mit ihren super Spanischkenntnissen rauszuholen!« Sie grinst und zwinkert Valentin zu. »Zum Glück bin ich nicht mit dir dort unterwegs. Spanisch war noch nie dein Fach, oder?«

Valentin schnaubt. »Ich frage mich, wem zuliebe ich Spanisch belegt habe?«

Wieder sehen sie sich an. Ich habe das Gefühl, dass die Stimmung jeden Moment kippt.

»Wie geht es jetzt mit der Schule weiter?«, werfe ich schnell ein, auch wenn die Frage bescheuert ist.

Aber die Ablenkung funktioniert, Rieke löst ihren Blick von Valentin, sieht mich an und grinst. »Ich habe ja nur ein paar Wochen gefehlt, deshalb muss ich keine Nachprüfung machen. Den Stoff für die Hauptfächer haben sie außerdem in der Klinikschule mit mir durchgekaut.« Sie greift nach einem der Limettendrinks und nimmt einen großen Schluck. »Wenn ich im neuen Schuljahr trotzdem versage, komme ich zu dir und Lou in die Klasse.« Sie legt den Kopf schief und lächelt mich an.

Ich nicke ihr zu und lächle auch.

Falls ich im nächsten Schuljahr noch hier bin …

»Bloß blöd, dass ich das Sommerfest verpasst habe. Wie war eure Rollerblade-Show?« Rieke sieht zu Lorena.

Haben sie darüber noch nicht geredet? Okay, vielleicht gab es nach fünf Wochen Psychoklinik erst mal wichtigere Dinge zu besprechen.

»Schon okay.« Lorena zuckt mit den Schultern, und es wirkt so, als hätte sie damit alles gesagt.

»Schon okay?«, mischt Colin sich ein. »Wie es aussieht, hat sie seit dieser Show einen neuen Fan.«

»Was? Wen?« Statt auf Colin einzugehen, richtet Rieke ihre ganze Aufmerksamkeit auf Lorena.

»Ach, hör auf! Nur weil er mich hinterher ausgefragt hat, weil er sich für ein paar von den Stunts interessiert hat …«

»Wer denn jetzt?«, unterbricht Rieke sie.

»Einer von den Skaterboys«, antwortet Colin.

Wieso grinst er so breit?

»Bitte? Aber nicht Janus, oder?«

»Bist du verrückt?« Lorena schüttelt den Kopf. »Wegen dem hatte ich schon genug Ärger mit Nora, nur weil du wolltest, dass ich das blöde Foto …«

»Okay! Wer dann? Jetzt sag schon!«

»Cedric.«

Rieke reißt die Augen auf. »Sag bitte nicht, dass du ihm deine Nummer gegeben hast?«

Was hat sie gegen diesen Cedric? Ich fand, er sah nett aus und hat sich ganz normal mit Lorena unterhalten. Aber alle haben komisch auf ihn reagiert, sogar Colin, und das will was heißen.

»Natürlich nicht!«, antwortet Lorena. »Ich bin ja nicht lebensmüde …«

»Als ob er deine Nummer braucht, wenn er dich treffen will«, wirft Colin ein.

»Wie meinst du das?« Lorena hebt das Kinn und kneift die Augen zusammen.

»Mit den Rollerblades bist du doch auch öfter im Skaterpark oder nicht?«

»Ja und?«

»Nichts *und*«, kommt Rieke Colin zuvor.

Der schüttelt nur den Kopf und grinst wieder, ist aber still.

»Okay, du wirst nicht mehr ohne mich in den Skaterpark gehen, damit das klar ist!«, fährt Rieke fort.

»Wir sind sowieso erst mal in Spanien, oder?« Lorenas Wangen sind auf einmal knallrot. »Wofür sind eigentlich die Wunderkerzen?«

Die Frage ist reine Ablenkung, aber Valentin steigt direkt darauf ein.

»Die waren Alias Idee«, behauptet er.

Moment mal, als ich die Dinger eingesteckt habe, war dieses Treffen hier noch nicht einmal geplant. Danke, Valentin, für nichts. Jetzt sehen mich alle an.

»Ich hab sie einfach so gegriffen«, erkläre ich, und das ist noch nicht einmal gelogen. »Ich mag Wunderkerzen«, setze ich hinzu, weil es sonst blöd klingt.

Es stimmt. Ich mochte sie schon immer. Aber das ist kein Grund, sie hier auf den Tisch zu legen. Colin zieht ein Feuerzeug aus der Tasche, reißt die Packung auf und drückt jedem von uns eine Wunderkerze in die Hand.

»Wir haben die Dinger früher immer zu Silvester angezündet und uns was gewünscht. Kennt ihr das?«, fragt er und sieht uns an.

»Wir auch!«, ruft Lorena.

Ihre Augen leuchten, was Colin mit einem Grinsen quittiert.

»Also, worauf warten wir?« Er zündet das Feuerzeug an und hält es Rieke hin.

Sie ist auf einmal ganz still. Vorsichtig berührt sie mit ihrer Wunderkerze die Flamme. Der Ausdruck auf ihrem Gesicht ist viel ernster, als ich es jemals bei ihr gesehen habe. Was wünscht sie sich? Ihrer Mutter endlich wieder zu begegnen?

Colin zündet nacheinander alle Wunderkerzen an, bis er sich am Ende mir zuwendet.

»Bereit?« In seinen harzfarbenen Augen liegt ein Leuchten, das ich so noch nie bei ihm gesehen habe.

Bereit wofür? Ich ziehe die Augenbrauen hoch.

»Weißt du, was du dir wünschen willst?«, fragt er.

Weiß ich das? Es gibt nur eine Sache, die ich mir wünsche. Ich schiele zu Valentin und schlucke. Schnell halte ich Colin die Wunderkerze hin, damit er sie anzünden kann. Er sieht von mir zu Valentin und grinst.

Mist.

Hat er meinen Blick bemerkt?

Zum Glück macht er einfach das Feuerzeug an, ohne einen Kommentar loszulassen.

Minutenlang sagt niemand von uns ein Wort. Wir halten alle unsere Wunderkerzen hoch. Am meisten strahlen Colin und Lorena. Sie fängt an, ihre langsam hin und her zu schwenken, und es dauert nicht lange, bis wir alle unsere Wunderkerzen schwenken. Ich beobachte die fliegenden Funken. Wenn es dunkel wäre, käme das Ganze besser, aber so ist es auch nicht schlecht.

»Was ist eigentlich mit euch?«, fragt Rieke, nachdem die Wunderkerzen abgebrannt neben unseren Tellern liegen.

Sie sieht von mir zu Valentin.

Mit uns?

»Hallo? Erde an Valentin?« Rieke beugt sich über den Tisch und fuchtelt vor seinem Gesicht herum. »Was ist mit euch?«

»Keine Ahnung«, antwortet er. »Ich schätze, wir sind befreundet?«

»Befreundet? Das ist alles? Seid ihr euch sicher?« Rieke schaut mich an und zieht die Augenbrauen hoch.

»Nein.« Valentin sagt nur dieses eine Wort, und es genügt, um mein Herz aus dem Takt zu bringen.

Nein?

Seine Hand liegt wieder neben meiner auf der Armlehne. Auf einmal spüre ich, wie er mit dem Handrücken meine Finger berührt. War das Absicht? Mein Gesicht fühlt sich an, als würde es glühen.

Mist.

Sie sehen mich alle an. Hat Valentin eben gelächelt?

WAS IST MIT VIVIEN PASSIERT?

Was machst du, wenn alles, woran du geglaubt hast, von einem Moment zum nächsten nicht mehr zählt? Wenn es verschwunden ist, im großen Nichts der aufgelösten Träume?

Ich brauche dich. Jetzt. Aber du hast alles kaputtgemacht …

Zwischen den beiden besten Freundinnen Nora und Vivien herrscht absolute Funkstille. Seit Vivien sich mit Janus, dem Herzensbrecher der Schule, eingelassen hat, ist sie nicht mehr die Gleiche. Dann verschwindet Vivien spurlos und angeblich weiß keiner ihrer neuen Freunde, was mit ihr passiert ist. Nora spürt, dass etwas Schlimmes geschehen sein muss.

Als kurz darauf Kleidungsstücke von Vivien aus dem Fluss gezogen werden, geht die Polizei von einem Selbstmord aus. Nora kann das nicht glauben. Sie macht sich auf die Suche, doch je mehr sie über die letzten Wochen aus Viviens Leben herausfindet, desto mehr Zweifel und Fragen kommen auf. Wie gut hat sie ihre beste Freundin wirklich gekannt?

Um die Wahrheit zu finden, muss Nora auf Viviens neue Freunde zugehen. Kann sie ihnen vertrauen oder wissen sie mehr und versuchen, etwas zu vertuschen?

Der spannende Auftakt der „Little Secrets"-Reihe.

DANKE

Alia ist zu einem besonderen Charakter für mich geworden. Unter anderem auch, weil es nicht einfach war, ihr gerecht zu werden. Mir war wichtig, dass sie trotz ihrer Schweigsamkeit nicht in ein Mauerblümchen-Klischee rutscht.

Eine Inspirationsquelle für die Geschichte war das Lied *Don't speak* von No Doubt.

Ich bin sehr dankbar für die Menschen, die sich Zeit genommen haben, den ersten Entwurf von „Would you trust me?" zu lesen und mit ihren Eindrücken und Rückmeldungen die Geschichte bereichert haben:

Danke an Conny für das Vorlektorat und an Jutta, Archer und Marina fürs Testlesen. Ihr seid die Besten!

Wie immer geht auch ein dickes Dankeschön an meinen Lieblingsmenschen, ohne den ich wahrscheinlich nie auf Lindsey Stirling gestoßen wäre, und auch nicht auf Matt.

Danke auch an meine beiden Mädels, einfach dafür, weil ihr da seid!

Ich möchte mich auch bei allen von euch bedanken, die ihr euch auf Alias Geschichte eingelassen habt! Wenn ihr Lust habt, freue ich mich immer über Rückmeldungen zu dem, was euch beim Lesen durch den Kopf gegangen ist.

Wenn ihr wissen wollt, mit welchem Projekt ich mich aktuell beschäftige, könnt ihr auf heidrunsfeder.blogspot.com vorbeisehen. Hier poste ich in unregelmäßigen Abständen aus meinem Autorenalltag.

Heidrun Wagner

Heidrun Wagner hat schon an vielen verschiedenen Orten gelebt, zuletzt war sie vier Jahre in Frankreich, bevor sie mit ihrer Familie nach Freiburg gezogen ist. Sie hat in der Erwachsenenbildung und Prävention gearbeitet und ist inzwischen seit vielen Jahren in der Suchtberatung tätig.

Das erste Buch, das sie jemals fertiggestellt hat, war ein Kinderbuch, in dem ein Piratenmädchen einem entführten Prinzen hilft, wieder nach Hause zu kommen. Neben dem Schreiben verbringt sie in ihrer Freizeit viel Zeit mit ihrer Familie und lässt sich gerne von Musik und Geschichten aller Art inspirieren.

Ihre Erzählung „Das Porträt“ schaffte es auf die Shortlist des Walter-Kempowski-Literaturpreises. Die Trilogie „Wenn du vergisst“, „Brennt die Schuld“, „In deinem Herz“ war ihr Romandebüt und der erste Band stand auf der Shortlist des Deutsch-Französischen Jugendliteraturpreises.

Mehr Informationen zur Autorin finden Sie unter
heidrunsfeder.blogspot.com

Weitere Jugendthriller im Verlag

Petra Felsner
Autonomy
Erscheint am 17. April 2023
Preis: 20,00 €
ISBN: 978-3-948346-95-9

Sie lenken dich.

„Ich starrte meinen Bildschirm an. Immer wieder FlexDrive. Hatte wirklich niemand die übergreifende Verbindung hinter all diesen tödlichen Crashs gesehen? Das konnte doch kein Zufall sein."

München, 2037: Die 16-jährige Nora kann ihr Glück kaum fassen. Sie hat es geschafft, einen Praktikumsplatz beim Milliardenunternehmen AutoDat zu erlangen. AutoDat kümmert sich um die selbstlernenden Algorithmen für das autonome Fahren des Sub-Unternehmens FlexDrive, das inzwischen die Straßen beherrscht.

Als begabte Hackerin arbeitet sich Nora schnell ein. Gemeinsam mit Cole, dem smarten und arroganten Sohn des Londoner Chefs von FlexDrive, gerät Nora in ein Komplott, das weit größere Ausmaße hat, als sie sich zu Beginn ihrer heimlichen Ermittlungen ausmalen können. Gemeinsam stoßen sie auf einen Algorithmus, den es so nicht geben dürfte. Ist er der Grund für die mysteriösen Unfälle?

Ehe sich's Nora versieht, ist sie einer riesigen Verschwörung auf der Spur – und wird selbst zum Ziel …

In einer Welt, in der Daten Macht bedeuten, ist jedes Mittel recht, um die Kontrolle zu behalten.

Der spannende Auftakt der
„Little Secrets"-Reihe
ist auch als **Hörbuch** erhältlich!
ISBN: 978-3-948346-87-4

maximum-verlag.de

/MaximumVerlag

@maximumverlag

FRANCKE

Beverly Lewis

Kannst du mir vergeben?

FRANCKE
Verlag der Francke-Buchhandlung GmbH

Die deutsche Bibliothek - CIP-Einheitsaufnahme

Lewis, Beverly:
Kannst du mir vergeben? / Beverly Lewis. [Dt. von Silvia Lutz]. -
Marburg an der Lahn : Francke, 1999
ISBN 3-86122-419-4

Originaltitel: The Confession

Published by Bethany House Publishers, Minneapolis, USA

Deutsch von Silvia Lutz
Umschlaggestaltung: Reproservice Jung, Wetzlar
Umschlagillustration: Dan Thornberg
Satz: Verlag der Francke-Buchhandlung GmbH
Druck: St.-Johannis-Druckerei, 77922 Lahr

Francke-Lesereise

Teil eins

Man kann nie einwilligen zu kriechen, wenn man den tiefen Wunsch verspürt zu schweben.

Helen Keller

Prolog: Katherine

Ich kann mich genau daran erinnern, wie es war, als ich das erste Mal Kusine Lydias Küche betrat. Sie war so modern, wie ich sie mir in meinen kühnsten Träumen nicht hätte vorstellen können. Dank der elektrischen Beleuchtung war alles taghell.

Als neugierige Dreijährige streckte ich mich hoch, um den Lichtschalter zu erreichen – mit einem fest entschlossenen Stöhnen stellte ich mich auf die Zehenspitzen und holte jeden Zentimeter aus mir heraus ... nicht, ohne vorsichtig um den breiten Türrahmen zu spähen und mich zu vergewissern, daß keiner der Erwachsenen mich beobachtete.

Endlich berührten meine kleinen Finger den Zauberschalter. Aus ... und an, und wieder aus und an. Ich ließ die langen weißen Deckenleuchten erlöschen und aufflackern und ihre hellen Strahlen auf den Boden und die Tapete werfen. Ich muß gute fünf Minuten oder noch länger so gespielt haben.

Doch dann gebot mir Papa, damit aufzuhören. „Du darfst nicht mit den Lampen spielen, Katie. Du könntest sie kaputt machen", schimpfte er leise, aber streng. Dann schwang er mich auf seine langen Arme und trug mich ins Wohnzimmer, wo meine amische Familie saß.

Fast zwanzig Jahre später mußte ich über mein erneutes Interesse an den Lichtschaltern, die ich in jedem Zimmer von Peter und Lydia Millers mennonitischem Bauernhaus vorfand, lächeln. Besonders über den glänzenden goldenen Schalter in dem Zimmer, das ich jetzt mein Zuhause nannte.

Ich wurde nach der amischen „Alten Ordnung" erzogen. Das bedeutete, daß ich nie in die Nähe von solchen modernen Dingen kam, und das aus gutem Grund: Die „Ordnung", eine stillschweigend akzeptierte Liste von Gemeinderegeln und -vorschriften schob jedem meiner Worte, meinem Handeln und oft sogar auch meinen Gedanken einen Riegel vor.

Ich war, was traurig genug war, sehr ungehorsam gewesen und

hatte alle diese Regeln gebrochen, mehrere sogar. Ich habe sogar mein Beichtversprechen Bischof Johannes gegenüber nicht gehalten und mich geweigert, eine verbotene Gitarre zu zerstören. Im Gegenzug für meine Halsstarrigkeit sollte ich für den Rest meines Lebens von der Gemeinschaft gemieden werden.

Mein ganzes Leben ...

Wenn ich bereit wäre, zum Bischof zu gehen und Buße zu tun – meine Knie in aufrichtiger Reue zu beugen und Gott und die Gemeindemitglieder um Gnade anzuflehen –, dann, und nur dann, konnte ein Sünder wie ich wieder in den Schoß der Amisch-Gemeinschaft aufgenommen werden.

Katie Lapp, die heimlich „adoptierte" Tochter amischer Eltern, war so gut wie tot. So schrieb es die „Alte Ordnung" vor, wenn die Meidung verhängt wurde, und so wurde es in Hickory Hollow praktiziert - genauso wie schon vor dreihundert Jahren.

Aber was war mit Katherine Mayfield - meinem richtigen Namen und meinem wirklichen Ich? Ich konnte mir nicht vorstellen, daß *Katherine* auch nur einen Gedanken auf eine Beichte, bei der ich wegen der Dinge, die ich getan hatte, vor der ganzen Gemeinde niederzuknien hätte, verschwenden würde. Weder aus Liebe noch aus irgendeinem anderen Grund. Zu viel stand auf dem Spiel.

Trotzdem wollte der ständig bohrende Schmerz in meinem Herzen nicht nachlassen. Manchmal konnte ich an Tagen, an denen der Himmel klar war, durch das Fenster im zweiten Stockwerk die verschneiten Umrisse eines Daches und eines doppelten Kamins in der Ferne ausmachen – das alte Bauernhaus, in dem ich aufgewachsen war.

Zwar war Samuel und Rebekka Lapps Sandsteinhaus nicht mehr als eine Meile entfernt, nur ein kurzes Stück die Hickory Lane hinauf, aber an dunklen Dezembertagen wie diesem hätten es genauso gut Hunderte von Meilen sein können. Denn während ich hier stand und meiner Vergangenheit ungeschminkt ins Gesicht blickte, war es, als würde meine ganze Welt in einem tiefen, dunklen Purpur versinken. So eigensinnig wie ich nun einmal war, weigerte ich mich jedoch, dem bohrenden Schmerz, den mir die anderen durch die Meidung zugefügt hatten, nachzugeben. Und dem Verrat. Ich war nicht bereit, mir von den Erinnerungen an die Meidung einen dunklen Schleier über meine Zukunft legen zu lassen. So eigenartig es auch klingen mag, aber diese Dickköpfigkeit war meine Rettung ... und meine mennonitischen Verwandten.

Wären Peter und Lydia nicht gewesen, dann wäre ich vielleicht in Verzweiflung versunken. Aber sie hatten eine so liebevolle Art an sich und behandelten mich ab dem ersten Tag in ihrem Haus, als wäre ich schon immer ein Teil ihrer Familie gewesen.

Mir waren in mehr als nur einer Hinsicht die Augen geöffnet worden. Da war beispielsweise die Art, wie sie mit Gott sprachen. Manchmal war es schlichtweg erstaunlich. Ich hatte sie natürlich über die Jahre hinweg öfter Tischgebete sprechen hören, aber die Familienandachten und die persönlichen Gebete waren etwas vollkommen Neues und Faszinierendes für mich.

Und wie sie sangen! Drei- und vierstimmige Lieder erfüllten jeden Abend nach dem Essen das Haus. Meine Gitarre hatte ein vorübergehendes Zuhause gefunden ... und auch mein gebrochenes Herz.

Auf „Katherine“ und nicht mehr auf „Katie“ zu hören, daran mußte ich mich erst gewöhnen . Es war nicht einfach , etwas so Vertrautes wie den eigenen Vornamen zu ändern, nur weil man eines Tages beschloß, daß man jetzt ein anderer Mensch sei. Trotzdem war ich fest entschlossen, diesen Versuch zu wagen.

Manchmal mußte Lydia mich drei- oder viermal rufen, bis ich reagierte. Ich vermute, es war nicht so sehr der Klang des Namens „Katherine“, der mich aus dem Gleichgewicht warf – der größte Kampf bestand darin, mich mit dem auseinanderzusetzen, was dieser Name alles beinhaltete.

Denn die Wahrheit war, daß ich zu einer Frau gehörte, die von der „Ordnung“ und ihrer strengen Handhabung noch nie etwas gehört hatte, einer Frau, die dafür aber sehr viel über die eitle, moderne Welt wußte, in der ich außen vor stand. Meine leibliche Mutter, Laura Mayfield-Bennett - *sie* war meine wirkliche Verwandte. Und wenn ich dem glauben konnte, was man mir erzählt hatte, dann würde diese Frau bald an einer grausamen, schrecklichen Krankheit sterben. Ich mußte schnell handeln, aber die Angst davor war sehr groß. Anfangs hielt sie mich gefangen und hinderte mich sogar daran, Auto fahren zu lernen oder das Telefon, das an der Wand von Lydias Küche hing, zu benutzen.

Aber etwas gab es doch, bei dem ich nicht zögerte und keine noch so große Angst konnte mich davon abhalten. Kusine Lydia fuhr mich in die Stadt und ließ mich vor dem hübschesten Schönheitssalon aussteigen, den ich je in meinem Leben gesehen hatte. Selbstverständlich war ich noch nie zuvor über die Schwelle eines solchen Geschäftes getreten – ich hatte sie nur aus der Ferne betrachtet ... und heimliche Wünsche gehegt. Ich hatte vorher keinen Termin vereinbart, aber ich wurde trotzdem sofort bedient und ließ mir die Haare schneiden und frisieren.

Welch ein herrliches Gefühl! Welch eine Freiheit ich empfand, als die Friseuse anfing, meine langen, ungleichmäßigen Haarsträhnen wegzuschneiden, die mein ganzes Leben lang noch keine Schere gesehen hatten.

Das Gewicht der ganzen Welt fiel von mir ab, in einem Haufen rotbrauner Haare, die über dem ganzen Boden verstreut waren. Ich schüttelte befreit den Kopf und fühlte, wie die Luft bis auf meine Kopfhaut durchdrang. Warum in aller Welt hatte ich nur so lange auf etwas so Wunderschönes verzichtet?

Die Antwort darauf war genauso wie meine hüftlangen Haare in starren Regeln und festen Erwartungen eingebunden ... und all die Jahre unter einer Haube in einem Knoten zusammengehalten worden. Aber jetzt bestand für mich keine Veranlassung mehr, weiterhin zu lange, viel zu viele Haare auf meinem Kopf mit mir herumzuschleppen. Mir stand es frei, damit zu tun, was immer ich wollte ... *und* auch mit meinem Gesicht. Und mit meiner Kleidung. Ein wunderbar gutes Gefühl.

Aus dem Spiegel lächelten mich Katherine Mayfields geschminkte Lippen an. Als sie „Guten Tag“ flüsterte, vernahm ich den vornehmen Klang ihrer „englischen“ Stimme. Trotzdem würde ich eine Weile üben müssen, um diesen Ton richtig zu treffen.

Ich hob die Hand und fuhr mit den Fingern durch meine schulterlangen Haare; ehrlich gesagt, bekam ich eine Gänsehaut, als ich sie so lockig und frei fühlte. Ein Vorhang weicher Locken!

„Sie haben schöne Naturlocken, Katherine", sagte die Friseuse mit einem freundlichen Lächeln.

Welch ein Tag! Die Locken, die so lang versteckt gewesen waren, waren schließlich zum Vorschein getreten. Ich war überglücklich und von Herzen dankbar und sagte ihr das auch.

Was Lydias Telefon anging, so wurde mir klar, daß ich es nicht länger vor mir herschieben konnte, es zu benutzen. Ich durfte mich von meiner Angst nicht lähmen lassen. So wurde ich also richtig mutig. Fünf Tage, nachdem ich in dieses moderne Haus gezogen war – in ein Haus mit Elektrizität, einem Mikrowellenherd, einer Zentralheizung ... und dem größten und hübschesten Weihnachtsbaum, den ich je gesehen hatte, nahm ich das Telefonbuch des Bezirks Lancaster zur Hand und zwang mich, nachzulesen, wie man ein Ferngespräch führt.

Als ich die Seiten schloß, dachte ich daran, welche Sünde ich im Begriff stand zu begehen. Würde ich denn nie aufhören, vom Pfad der Gerechtigkeit abzuweichen? Ich hatte jedoch das Gefühl, schon so schrecklich viel gesündigt zu haben, daß es auf eine Übertretung mehr jetzt auch nicht mehr ankam.

Ein inneres Drängen trieb mich zur Eile. Meine leibliche Mutter lag im Sterben ... sie wollte mich sehen. *Ich* wollte sie sehen, die Frau namens Laura kennenlernen, wo immer sie auch war.

Schluß mit diesen Gewissensbissen und dem Denken an meine Fehler und Sünden. Es war höchste Zeit, den ersten Schritt zu wagen und mich auf die Suche nach meinen Wurzeln zu begeben. Ein riesiger Schritt!

Ich griff nach dem Telefon ...

1

Es war dunkel und bitterkalt, als Laura von der Anwaltskanzlei zurückkehrte. Sie war müde und stieß ein hörbares Seufzen aus. Die Tragweite des Gespräches an diesem Nachmittag mit ihrem Anwalt lastete schwer auf ihr.

Theodore Williams, ihr langjähriger Chauffeur, warf ihr über den ledernen Fahrersitz der Limousine einen fragenden Blick zu. „Mrs. Bennett, geht es Ihnen gut?"

„Ich bin nur ein bißchen müde", antwortete sie. „Bitte machen Sie sich keine Sorgen."

„Gut", kam die tiefe, mitfühlende Stimme.

Sie lehnte sich mit ihrem ganzen Gewicht zurück und wartete auf Theodore, der um das Auto herum zum Kofferraum ging. Oh, wie sie sich nach den Tagen sehnte, in denen sie noch mobil gewesen war und die Freiheit besessen hatte, zu kommen und zu gehen, wann und wie sie wollte. War es wirklich erst einen Monat her, seit sie der Kälte und der Entfernung getrotzt und ihrem Fahrer aufgetragen hatte, sie in eine abgelegene Amischgemeinde in Pennsylvania zu fahren? Sie fühlte sich schon damals den Strapazen einer solchen Fahrt nicht so ganz gewachsen, aber wenigstens war sie imstande gewesen, während ihres Aufenthaltes im Bezirk Lancaster ohne große Hilfe zurecht zu kommen.

Bedauerlicherweise hatte ihre Fahrt Mitte November nicht eine einzige Spur ans Tageslicht befördern können. Ihre Tochter – ihr einziges Kind – hatte Laura nicht gefunden, obwohl Theodore bereitwillig verschiedene Orte in und um Hickory Hollow abgefahren hatte, bevor sie dann am nächsten Tag wieder die Heimfahrt angetreten hatten, zurück in das Herrenhaus im Finger Lakes Distrikt im Bundesstaat New York, in dem sie schon seit ihrer Kindheit lebte.

Aber trotz der vergeblichen Suche klammerte sie sich hartnäckig an eine kleine Hoffnung – daß die Amischfrau, die vor einem Kramladen in einem Einspänner gesessen hatte, Lauras Bitte nachkommen würde. Sie hatte die ältere Frau angefleht, ihren persönlichen Brief einer der vielen Rebekkas in der Gemeinde zu übergeben – konkreter gesagt, der Rebekka, die ihre verzweifelte Bitte verstehen würde. Der Frau, deren Adoptivtochter im nächsten Sommer, am 5. Juni, ihren dreiundzwanzigsten Geburtstag feiern würde ...

Die bekannten Geräusche von Lauras leerem Rollstuhl, dessen dünne Räder klappernd über das kalte Pflaster rollten, rissen sie aus ihren Gedanken. Sie richtete sich ein wenig auf und rutschte, so weit sie dies trotz ihres sehr geschwächten Zustandes konnte, auf dem Sitz vor.

Im nächsten Augenblick öffnete ihr Chauffeur, der einen schwarzen Frack und Mantel trug, die Autotür. Sie blieb noch einen Moment sitzen und knöpfte mühsam ihren Mantel oben zu, um sich vor der kalten Luft zu schützen, während Theodore seinen Platz hinter dem Rollstuhl einnahm. „Rosie! Miss Judah!" rief er in Richtung des Hauses. „Mrs. Bennett ist zurück."

Binnen weniger Sekunden kam das Hausmädchen gelaufen, dicht gefolgt von Lauras privater Krankenschwester, die sie rund um die Uhr betreute. Die beiden Frauen halfen der Hausherrin vorsichtig aus dem schwarzen Auto auszusteigen, und setzten sie in den Rollstuhl, mit dem sie dann ins Haus geschoben wurde.

Theodore wartete geduldig, bis die drei Frauen fertig waren, dann fragte er: „Können wir gehen?"

Laura nickte leicht und wurde vorsichtig über die breite kreisrunde Auffahrt, die nach dem noch nicht lange zurückliegenden Schneesturm frisch geräumt war, zur Tür des eleganten Herrenhauses im englischen Tudorstil geschoben.

In der Ecke des weiträumigen Eingangsbereichs stand ein Weihnachtsbaum. Er war mit weißen Tauben und Lämmern geschmückt, die Gottes Frieden und das Lamm Gottes symbolisierten. Außerdem zierten ihn hübsche cremefarbene Rosen, elfenbeinfarbene Sterne, Bündel getrockneter roter Beeren und Hortensien sowie Hunderte funkelnder heller Lichter.

Laura atmete den harzigen Tannengeruch ein und genoß den herrlichen Weihnachtsduft. *Werde ich noch ein weiteres Weihnachten er-*

leben? fragte sie sich und wandte den Blick von dem riesigen Baum ab.

Sie rang mit den Tränen. *Erlebe ich es noch, meine Katherine zu sehen?*

Der treue Chauffeur Theodore schob ihren Rollstuhl den glänzenden Marmorgang hinab zu den breiten Doppeltüren im Südflügel der Bennett-Villa, wo er mit einer höflichen Verbeugung zur Seite trat und Natalie Judah, der Krankenschwester, die weitere Arbeit überließ. „Ich wünsche Ihnen einen schönen Abend, Mrs. Bennett", sagte er fast in einem Flüsterton.

„Den werde ich bestimmt haben. Sie brauchen sich wirklich keine Sorgen zu machen." Dann winkte sie ihm, sich näher zu ihr vorzubeugen, und raunte ihm ins Ohr: „Vergessen Sie es nicht...zu niemandem ein Wort. Sind wir uns darin einig?"

„Wie Sie wünschen." Bevor er sich zu seiner vollen Größe aufrichtete, zog Theodore einen langen Umschlag aus seiner Westentasche. „Soll ich diese Angelegenheit für Sie erledigen?"

Laura brauchte nur zu nicken.

„Betrachten Sie die Sache doch als erledigt, Mrs. Bennett. Guten Abend." Mit diesen Worten war er verschwunden.

Sobald sie in den gemütlichen Räumen angelangt war, ließ Laura sich von Schwester Natalie helfen, den Umhang, den sie sich für die Fahrt umgelegt hatte, abzunehmen. Als das geschehen war, streckte sie mechanisch den Arm aus, an dem Natalie mit gefühlvollen Fingern ihren Puls maß. Die junge Krankenschwester, die ganz in Weiß gekleidet war, einschließlich Hose und Schuhe, runzelte besorgt die Stirn, zwang sich aber schnell zu einem schwachen Lächeln und streichelte Lauras Arm. „Sie haben einen anstrengenden Nachmittag hinter sich", bemerkte sie und drehte sich dann zu Rosie um. „Ich glaube, es wäre besser, das Abendessen hier zu servieren ... in Mrs. Bennetts Privaträumen."

Rosie biß sich beunruhigt auf die Lippe, unternahm aber schnell den unübersehbaren Versuch, ihre Besorgnis zu verbergen, trat nahe an den Rollstuhl heran und legte die Hand leicht auf Lauras Schulter. „Ich kümmere mich darum."

Laura schaute zu, wie die Krankenschwester daran ging, die allabendliche Morphiumspritze vorzubereiten. Widerwillig und nervös betrachtete sie die Nadel. „Wenn es Ihnen nichts ausmacht ... könnten wir damit noch warten? Wenigstens noch ein paar Minuten?“ fragte sie, ohne genau sagen zu können, warum sie diese Bitte aussprach.

„Oh? Fühlen Sie sich nicht wohl? Ist Ihnen übel? Haben Sie Schmerzen?“

Eigentlich hatte der Nachmittagsausflug ihren Zustand nicht verschlechtert. „Ich würde mich nur gern ein wenig ausruhen ... es war ein anstrengender Tag“, erwiderte sie.

„Wir müssen in Zukunft vorsichtiger sein“, tadelte Natalie sie sanft. „Sie dürfen es nicht übertreiben, Mrs. Bennett.“

Laura verstand sehr gut, was sie meinte. In letzter Zeit waren ihre Attacken mit großer Erschöpfung und einer starken psychischen Anspannung einhergegangen. Sie waren so stark, daß sie beschlossen hatte, ihre Privaträume ins Erdgeschoß zu verlegen, in erster Linie aus Rücksicht auf ihren Mann.

Dylan Bennett war ein Mann, der diszipliniert arbeitete. Einen Großteil seines Tages verbrachte er in seinen Büroräumen im Obergeschoß. Da sie ihn nicht stören wollte und eine ständige medizinische Betreuung benötigte, und Schwester Natalie und Rosie zu jeder Tages- und Nachtzeit nach ihr sahen, war sie umgezogen. So war die Situation für alle angenehmer. Aus anderen Gründen, die ihr Mann, mit dem sie seit neun Jahren verheiratet war, nicht kannte, war dieser Umzug sogar *entscheidend wichtig* gewesen.

Laura war vor drei Jahren Christin geworden und war fest davon überzeugt, daß ihr himmlischer Vater ihr Leben und das ihres Kindes in der Hand hielt. In letzter Zeit hatte sie angefangen, ernsthaft um Gottes Willen zu beten, was ihr Wiedersehen mit Katherine – ein Wiedersehen, das ihr Mann möglicherweise nicht begrüßen würde – betraf. Ein einziger Nachmittag würde ihr für einen solchen Besuch genügen, aber in der Tiefe ihres Herzens spürte sie, daß dieses Wiedersehen bald geschehen müßte ... sehr bald, bevor die lähmende Krankheit endgültig ihr Leben forderte.

Die Gebete und Andachten, die sie mit anderen Christen, besonders mit Rosie Taylor, ihrem persönlichen Hausmädchen, genoß, waren Dylan ein Dorn im Auge. Ihr Mann, der ihren neu gefundenen Glauben nicht teilte, hatte ihr ausreden wollen, im Haus Bibelstunden und Gebetsgruppen zu veranstalten. Hätte er rigoros seinen Willen durchgesetzt und ihr dieses gesellschaftliche und geistliche Leben strikt verweigert, dann hätte sie gehorcht, aus Respekt. Sie konnte nur beten, daß Dylan nie zu solch harten Maßnahmen greifen würde.

Bei einer dieser Diskussionen hatte Laura ihn sanft daran erinnern müssen, daß das Grundstück, streng genommen, immer noch ihr gehörte. Sie hatte in dieser Villa ihre Kindheit verbracht, und ihre verwitwete Mutter, Charlotte Mayfield, hatte sie ihr nach ihrem Tod vor zehn Jahren vermacht. Diese Bemerkung hatte Dylan nicht gut aufgenommen, und die Kluft zwischen ihnen war dadurch noch größer geworden.

Trotzdem lud Laura gelegentlich einen oder zwei Freunde aus ihrer Gemeinde zu einem persönlichen Gespräch ein und konnte nur darauf vertrauen, daß Dylan eines Tages ebenfalls Interesse am Bibelstudium zeigen würde. Noch wichtiger war ihr, daß er für sich selbst Frieden mit dem Heiland fände.

Es war ihr jedoch nicht in den Sinn gekommen, daß sie durch die Vorkehrungen, ihr Testament zu ändern, Öl in das Feuer der bereits stürmischen Auseinandersetzung mit ihrem Mann gießen könnte. Bevor Mr. Cranston, ihr Anwalt und persönlicher Berater, es heute erwähnte, hatte sie kein einziges Mal auch nur in Betracht gezogen, daß dies ein Thema sein könnte. Ihre letzte Entscheidung war nicht als Racheakt gemeint; Laura folgte lediglich den Fußstapfen ihrer vernünftigen und liebevollen Mutter. Das war ihr Ansinnen bei der ganzen Angelegenheit.

Aber sie mußte diskret vorgehen. Vorerst brauchte Dylan noch nichts davon zu erfahren.

* * *

Natalie Judah begab sich auf die Suche nach den wärmsten Hausschuhen ihrer Patientin. Sie schritt schnell an dem hübschen Umkleidebereich mit dem eleganten Bad und dem Frisiertisch vorbei zu dem großen begehbaren Kleiderschrank. Sie rang mit ihrer wachsenden Zuneigung zu der netten, entschlossenen Frau, die sie in ihrer langwierigen und schweren Krankheit begleiten und pflegen sollte.

Laura Bennett. Die Frau, in der nur noch so wenig Leben steckte.

Natalie war während ihrer medizinischen Ausbildung in keiner Weise auf das starke Mitgefühl vorbereitet worden, das sie für ihre erste Patientin, die sie zu Hause betreute, empfand, eine Frau, die viel zu jung war, um bald zu sterben. Es war für Natalie praktisch unmöglich, bei Laura Bennetts starrsinniger Entschlossenheit - man konnte es sogar Besessenheit nennen - eine „professionelle Distanz" zu bewahren. Natalie schöpfte alle ihr zur Verfügung stehenden pflegerischen Möglichkeiten aus, um Mrs. Bennett am Leben zu erhalten, bis ihr sehnlichster Wunsch in Erfüllung ginge – und sie ihre Tochter wiedersähe, die sie unmittelbar nach ihrer Geburt weggegeben hatte, den Säugling, der inzwischen selbst schon eine junge Frau war.

Leider war das eine sehr zweischneidige Sache. Genau das Ziel, das diese arme Frau motivierte, barg in sich die Möglichkeit, sie sowohl körperlich als auch geistig weiter zu schwächen.

Zuweilen brach Natalie angesichts der Diagnose ihrer Patientin fast das Herz, denn Laura war an einer besonders schweren Form von Multipler Sklerose erkrankt. Die Krankheit schritt durch häufige Schübe, die in kurzen Abständen auftraten, sehr rasch voran. Die Krankenschwester wußte leider nur zu gut, wie diese Krankheit im Endstadium einen Patienten quälen konnte.

* * *

Laura betrachtete eingehend die zwei Miniaturweihnachtsbäume, die auf dem Sofatisch aus Kirschholz auf ihrem Lieblingsteppich, einem tibetanischen Damastteppich, standen. Rote Samtbögen und lange Ketten aus Holzperlen schmückten die fast gleich aussehenden Bäume, die auch ohne Girlanden aus Rauschgold einen Glanz von sich gaben. Sie dachte an die vielen Weihnachtsfeste, die sie mit ihrer Tochter versäumt hatte, an die nie enden wollenden Vorbereitungen, die Galaveranstaltungen in den festlichsten Wochen des Jahres ... die ohne jedes Kinderlachen geblieben waren.

Hatte Katherine sich als Kind in den Glanz, die Musik von Christi Geburt verliebt gehabt? Laura seufzte, als ihre Gedanken in die Vergangenheit wanderten. *Wie feiern die Amischleute Weihnachten?* fragte sie sich. Hatte Katherine wirklich den tiefsten Sinn dieses gesegneten Festes begriffen? Laura konnte das nur vermuten, denn die Amisch kannten und liebten die Bibel doch bestimmt genauso sehr wie sie.

Ihre Gedanken gingen zu der Amischgemeinde, die sie im letzten Monat bei ihrer Suche nach einer Spur von Katherine heimlich besucht hatte. Wie groß *war* die Chance, daß eine amische Familie ein Familienmitglied - sei es nun durch Blutsverwandtschaft oder durch Adoption - losließ und ihm erlaubte, einige Zeit mit einer Fremden zu verbringen, und das alles nur als Reaktion auf eine verzweifelte Bitte?

Sie dachte an diesen wichtigen Brief zurück. Wenn sie fähig gewesen wäre, aufzustehen und zu ihrem Schreibtisch zu gehen, dann hätte sie das jetzt getan, denn in der schmalsten Schublade ihres Schreibtisches lag eine Kopie ihrer Nachricht an Rebekka, der Adoptivmutter ihres Kindes. Sie kannte den Brief auswendig, jedes einzelne Wort.

„Das kleine Mädchen, das ich Ihnen gab, lebt trotzdem seit jenem Tag in meinem Herzen weiter. Ja, um die Wahrheit zu sagen, muß ich gestehen, daß es mir leid tut, es jemals weggegeben zu haben. Jetzt mehr denn je zuvor, denn ich werde bald sterben."

Wieder wanderte ihr Blick zu den beiden Weihnachtsbäumen. Die Bögen und Perlen faszinierten sie, und sie wußte, warum ihre Lieblingsfarben als Kind immer Rot und Grün gewesen waren. Ihr Blick verlor sich in den dichten Zweigen, und sie träumte von anderen Feiertagen ... den unbeschwerten, fröhlichen Tagen ihrer Kindheit. Jahre, bevor ihre geliebte Tochter auch nur gezeugt worden war.

Tränen traten ihr in die Augen. Doch dann begannen die Farben ohne Vorwarnung vor ihren Augen zu verschwimmen. Laura spürte das heimtückische Zucken der Muskeln, das an ihrer linken Seite begann. Erschrocken und mit starken Schmerzen legte sie beide Hände auf ihren Oberschenkel und betete schweigend, daß die Zuckungen wieder aufhören möchten.

Als dies nicht eintrat, nahm sie ihre Hände langsam von ihrem Oberschenkel und hoffte, vor der brünetten Krankenschwester, die in diesem Moment mit flauschigen blauen Hausschuhen in der Hand ins Zimmer zurückkam, verbergen zu können, wie es wirklich um sie stand. Laura drückte die Finger zusammen, faltete sie mühsam und drückte sie mit aller Kraft in ihren Schoß.

Natalie ließ sich jedoch nichts vormachen. „Mrs. Bennett, ich muß Ihnen jetzt wirklich eine Spritze geben, und zwar noch *bevor* Ihr Abendessen kommt.“ Die Frau mit der sanften Stimme bückte sich, um Laura die Schuhe auszuziehen und ihr statt dessen ihre Lieblingshausschuhe anzuziehen. Als sie fertig war, stand die Schwester auf und warf Laura ein zuversichtliches Lächeln zu, das ihr den Mut gab, die beängstigende Spritze zu akzeptieren.

Noch bevor das Medikament verabreicht wurde – und während die Schwester die Spritze vorbereitete –, setzte das grauenhafte Schwindelgefühl bereits ein. Schon seit mehreren Tagen wurde das nervöse Zittern häufig von einem starken Schwindelgefühl begleitet. In diesen Augenblicken verlor sie oft die Selbstbeherrschung und schrie laut auf. Sie bekämpfte ihren Schmerz mit dem besten Gegenmittel, das sie kannte. „Oh, Herr Jesus, bitte ... bitte hilf mir“, betete sie dann schluchzend.

Schwester Natalie betupfte vorsichtig die Vene. Der feuchte Mulltupfer erzeugte ein fröstelndes, unangenehmes Gefühl in Lauras Armbeuge.

„Können Sie eine Faust machen, Mrs. Bennett?“

Sie hatte anfangs alle Mühe, dieser Aufforderung nachzukommen, aber langsam zwang Laura ihren Körper unter großer Willensanstrengung, sich zu entspannen. Als das Medikament in ihren Blutkreislauf eindrang, begann das Morphium, Wunder zu wirken.

Das unkontrollierbare Zittern hörte auf, und die Erschöpfung legte sich wie ein schwerer Schleier über sie. Inmitten dieser Benommenheit dachte Laura an ihr lange verlorenes Kind und fürchtete, die Zeit, die ihr noch blieb, könnte zu knapp sein.

* * *

Theodore Williams verließ das Haus und ging zu der Limousine, die immer noch vor dem großen Haupteingang geparkt war. Beim Einsteigen in das Auto erinnerte er sich an Mrs. Bennetts hartnäkkigen Wunsch, heute in die Stadt gefahren zu werden. Sie hatte alles andere als gut ausgesehen. Aber sie war entschlossen gewesen, um jeden Preis mit Mr. Cranston über ihr Testament zu sprechen.

Theodore konnte einen untrüglichen Verdacht nicht von sich abschütteln: Die kranke Frau mußte ahnen, daß ihre Zeit auf dieser Erde nicht mehr lang dauern würde. Die Dringlichkeit in Rosie Taylors Stimme, als sie ihn mittags angerufen hatte, hatte ihn hellhörig gemacht.

„Mrs. Bennett gibt sich erst zufrieden, wenn Sie einwilligen, sie zu fahren", hatte das Hausmädchen gesagt und unmißverständlich klargestellt, daß niemand sonst diese Aufgabe übernehmen könne. „Sie beharrt darauf, daß Sie fahren ... und daß Sie diese Fahrt vertraulich behandeln." Die letzte Bemerkung hatte ihn stark beunruhigt.

Eine liebenswürdigere Frau als die Hausherrin konnte Theodore sich nicht vorstellen, und da Mrs. Bennett nicht der Mensch war, der sich für Manipulationen oder einen Betrug hergab, ließ er sich dazu bewegen, ihr zu helfen, wie er es früher schon bei verschiedenen Gelegenheiten getan hatte. Er erinnerte sich immer noch sehr gut daran – an diesen schrecklichen Tag, als entdeckt worden war, daß ihr Mann, dieser gerissene Schurke, mit dem Geld der guten Frau sehr verantwortungslos umgegangen war.

Damals hatte die Hausherrin Theodore ins Vertrauen gezogen –

eine sehr ungewöhnliche und ehrenhafte Auszeichnung für einen alten Briten, der immerhin nur ihr Angestellter war. Aber er hatte es erfolgreich zuwege gebracht, sie zu einer unabhängigen Anwaltskanzlei zu fahren, einer Kanzlei, die mit Dylan Bennetts eigenen Geschäften und finanziellen Machenschaften absolut nichts zu tun hatte. Bis jetzt hatte dieser, soweit Theodore wußte, nicht die geringste Ahnung von diesem Besuch. Absolut keine.

Die Vorsicht gebot Theodore, diese Information genauso für sich zu behalten wie die Fahrt am heutigen Nachmittag, als – wie ihm eine untrügliche Vorahnung sagte – Mrs. Bennett fortgefahren war und ihr Testament geändert hatte.

Er parkte die schwarze Limousine neben der weißen. Dann knöpfte er seinen Mantel ein Stück weit auf, griff in die Innentasche und zog den langen unversiegelten Umschlag heraus. Er würde gewiß nicht nachsehen, was in dem Umschlag stand, und da es zu spät war, um ihn heute abend noch in Mrs. Bennetts Tresor zu sperren, legte er den Umschlag in das Handschuhfach der Limousine und begab sich zum Dienstboteneingang.

Ich erledige das morgen, sagte er zu sich. *Ja, gleich in aller Frühe.*

2

Lydia Miller bog von der Hickory Lane ab auf den Schotterweg, der zu ihrem Bauernhaus führte. Sie parkte ihr Auto in der nachträglich angebauten Garage. Sie grenzte an die umgebaute Scheune, in der ihr Mann und ihre zwei ältesten Söhne vor mehreren Jahren im Erdgeschoß eine Schreinerei eingerichtet hatten. Sie sah, daß im Büro immer noch Licht brannte. Als sie außerdem bemerkte, daß aus fast jedem Fenster auf dieser Seite des Hauses – auch im Obergeschoß – helles Licht in den Hof fiel, mußte sie schmunzeln. Beide Arme mit schweren Einkaufstüten beladen, ging sie über den verschneiten Hof.

Katie Lapp hat heute wirklich einen hell-strahlenden Tag, dachte sie. Die Stromrechnung würde ein Lied davon singen.

Während sie sich dem Haus näherte, fragte sich Lydia, wie es wohl gewesen sein mochte, als amisches Mädchen mit wenig, wenn überhaupt mit irgendeinem Komfort aufzuwachsen. Allein der Gedanke an Gaslampen, batteriebetriebene Wasserpumpen, Pferde und Einspänner erfüllte sie mit tiefer Dankbarkeit für die Entscheidung, die ihre betagten Eltern vor vielen Jahren getroffen hatten: eine konservative Mennonitengemeinschaft der Amischgemeinde vorzuziehen.

Als Katie die hintere Tür öffnete, vergaß Lydia fast, sie mit ihrem neuen Namen anzusprechen, besann sich aber noch rechtzeitig. „Wie war dein Nachmittag ... Katherine?"

Ein Lächeln, so breit wie ein Regenbogen, zog über das Gesicht der jungen Frau. „Ich habe heute zum ersten Mal das Telefon benutzt. Es ist gar nicht so furchtbar schwer."

Lydia zuckte mit den Achseln. „Es wird ganz schnell ein alter Hut für dich sein."

„Ja, hoffentlich."

Lydia stellte ihre Einkäufe auf den Tisch, trat an das Waschbekken und wusch sich die Hände. Dann räumte sie mit Katies Hilfe drei Flaschen Geschirrspülmittel, die es im Sonderangebot gegeben hatte, und ein Sortiment anderer Putzmittel weg. „So ... wen hast du denn angerufen, wenn ich fragen darf?“

„Ich sprach mit einer Frau von der Auskunft in Rochester, New York ... ich ...“

Lydia warf Katie einen forschenden Blick zu, beeilte sich aber, sie zu beruhigen. Es war nicht nötig, daß das arme Mädchen, das wie eine Hinterwäldlerin aufgewachsen war, ihr das ganze Telefongespräch wiederholte. „Ist schon gut. Du brauchst es mir nicht zu erzählen.“

„Oh, aber ich *will* es erzählen!“ Katie schloß die Kühlschranktür und eilte an Lydias Seite. „Ich kann kaum glauben, was ich heute getan habe! Ehrlich nicht.“

Lydia blickte die junge Frau fragend an. Sie konnte Katherine ihre Sehnsucht abspüren. „Also, dann erzähle es mir. Was hast du getan?“ fragte sie leise und dachte bei sich, ob die Tochter ihrer Kusine wohl bereits versucht habe, ihre leibliche Mutter ausfindig zu machen.

Katie zog einen Küchenstuhl heran, setzte sich darauf und spielte mit ihren langen rotbraunen Haaren, die ungezähmt in welligen Locken um ihren Kopf hingen. Ihre braunen Augen leuchteten, und Lydia bemerkte eine Spur von Lidschatten über ihren Augen. „Es gibt achtundvierzig Leute mit dem Namen Bennett in New York.“

„Achtundvierzig? Das werden aber viele Ferngespräche!“

„Soweit Mama sich erinnern konnte, wohnt Laura irgendwo in der Nähe von Rochester. Eine Stadt, die so ähnlich klingt wie ‚Kanada‘.“

„Hast du schon auf der Landkarte nachgesehen?“

„Nur auf der Karte im Telefonbuch, um die richtige Ortskennzahl zu finden.“ Katie strahlte und sah aus, als sei sie richtig stolz auf sich – zweifellos auf eine gute Weise stolz –, daß sie in der Lage war, mit modernen Dingen wie Ortskennzahlen und ähnlichem umzugehen.

„Wie in aller Welt willst du wissen, ob du die richtige Person gefunden hast?“

Katie gab zu: „Kann ziemlich kompliziert werden. Aber ich habe einige gute Ideen."

Lydia seufzte etwas erleichtert auf. „Dann hast du dort noch niemanden zu Hause angerufen?"

„Noch nicht." Das Zögern in der Stimme des Mädchens war unüberhörbar. „Ich wollte euch vorher um Erlaubnis bitten ... und euch sagen, daß ich die ganzen Ferngespräche, die ich vielleicht tätigen muß, bezahlen werde."

„Worauf warten wir dann noch? Machen wir uns an die Arbeit." Lydia holte einen Atlas aus dem Regal unter ihrem Eckschrank. „Komm, schauen wir einmal nach. Vielleicht können wir in New York eine Stadt finden, die wie ‚Kanada' klingt."

Sie steckten die Köpfe zusammen und beugten sich über die Landkarte auf dem Küchentisch – Lydia mit der aufgesteckten mennonitischen Kopfbedeckung; Katies glänzende, gelockte Haare, die, vollkommen im Gegensatz zu ihrer strengen Erziehung, ungehindert und ohne Kopfbedeckung über ihr Gesicht fielen.

Nachdem sie eine Weile gesucht und nichts gefunden hatten, schlug Lydia den Index mit den Städten im Bundesstaat New York auf. Ihr Zeigefinger glitt über die Seite, und sie las jeden Eintrag leise vor. „Hier ist etwas", rief sie plötzlich. „Könnte es das vielleicht sein?" Sie deutete auf *Canandaigua.* „Klingt für mich ein bißchen wie ‚Kanada.' Die Stadt hat auch nicht so viele Einwohner. So viele Bennetts dürfte es dort also nicht geben, die du anrufen müßtest."

Katie lachte. „Du hast also schon nachgerechnet."

„Allerdings habe ich das."

Die beiden Frauen schmunzelten vergnügt und gingen daran, das Abendessen zuzubereiten. Katie schälte Kartoffeln, während Lydia vom Mittagessen übriggebliebenen Schinken und grüne Butterbohnen in der Mikrowelle aufwärmte.

„Hast du schon daran gedacht, deine Suche im Gebet vor Gott zu bringen?" unternahm Lydia einen behutsamen Vorstoß. „Es wäre weise, unseren himmlischen Vater um seine Führung zu bitten. Findest du nicht?"

Katie schälte weiter die Kartoffeln, ohne aufzublicken. „Ich weiß nicht, wie man um so etwas bittet. Das habe ich nie gelernt. Wirklich nicht. Und ich hielt es auch nie für richtig, das zu tun."

„Ich glaube, ich kenne genau den richtigen Menschen, der dir das beibringen kann", erwiderte Lydia. „Genau den richtigen."

Katie hob den Kopf. Ein scheues Lächeln huschte über ihre Lippen. „Ja, wirklich?"

„Sonst würde ich es nicht sagen." Lydia drehte sich um und schaute aus dem großen Küchenfenster, das von zwei hängenden Farnpflanzen umrahmt war. „Mein Mann hat schon manch einer Seele das Beten beigebracht, Katie."

„Katherine", erinnerte Katie sie.

Lydia schwieg. Sie wollte sich fast entschuldigen, aber dann ließ sie die Sache doch für dieses Mal auf sich beruhen. Sie hatte den Einzug von Rebekka Lapps einziger Tochter in ihrem Haus mit gemischten Gefühlen betrachtet. Das arme Kind war wirklich auf der schmerzlichen und mühsamen Suche nach ihrem Lebensweg; sonst würde sie nicht auf einem so modernen Namen wie „Katherine Mayfield" beharren. Es war schon sonderbar. Das und die Tatsache, daß ihr und Peters Haus – das sie schon vor Jahren dem Herrn zur Verfügung gestellt hatten – und die Nähe zu der Amischgemeinde es der jungen Frau ziemlich einfach machten, vor ihrer Vergangenheit davonzulaufen und ein Zimmer außerhalb ihres Gemeindebezirks zu mieten.

Lydia fragte sich, ob sie an dem gebannten Mädchen richtig handelte. Was war mit Samuel und Rebekka Lapp ... und ihren Söhnen? Was mußten *sie* empfinden?

Die Situation stellte sie vor viele Fragen, die sie nicht so ohne weiteres beantworten konnte . Vor einiger Zeit hatte sie aufgehorcht, als Katie so scharf darauf reagiert hatte, daß ihre Eltern ihre Adoption geheimgehalten hatten. War das der Grund, warum die junge Frau jetzt ihre Identität verleugnete? Oder hatte die *Meidung* – die zutiefst verletzende Art, wie sie von ihren Mitmenschen behandelt worden war – alles so kraß verändert?

Lydia schüttelte verwirrt den Kopf. Sie hatte Schwierigkeiten mit der weltlichen Kleidung der jungen Frau. Katie hatte es nicht erwarten können, sich einen modischen roten Wollrock und diese glänzende Satinbluse – auch noch mit roten, blauen und goldenen Blumen darauf, bei allem was recht war! – zu kaufen. Katie mußte sich auch die Beine rasiert haben, denn sie trug seit neuestem auch noch dünne Nylonstrümpfe. Und diese Frisur! Alles gelockt, und so viel kürzer, als jede schlichte Frau – ob Amisch oder Mennonitin – es je wagen würde, ihre Haare zu tragen.

Katies schulterlange Haare störten Lydia maßlos – das Mädchen spielte ständig damit herum und warf sie alle paar Minuten nach hinten. Die gewohnte Kopfbedeckung fehlte. Natürlich sähe bei Katies leuchtend bunter Kleidung die Haube vollkommen fehl am Platze aus.

Lydia wandte sich mit einem Seufzen vom Fenster ab und berührte ihre eigene Haube, die so war, wie sie die Frauen in den Mennonitengemeinden trugen. Bestimmt war irgendwo im Inneren dieses neuerdings so weltlichen, eitlen Mädchens eine fromme schlichte Frau – namens Katie – verborgen.

Ganz bestimmt.

* * *

Katherines Zimmer befand sich ganz oben im Haus. Es lag unter dem Dachvorsprung und war sehr sauber. Im ganzen Zimmer lag ein angenehmer Fliederduft, denn sie hatte von Zuhause viele handgenähte Duftsäckchen mitgebracht.

Auf ihrem Bett lag eine mit Daunen gefüllte Steppdecke, die über und über mit sonnengelben Tulpen bedeckt war. Die Matratze war von einem gelb und weiß gestreiften Bettlaken überzogen. Das Zimmer war ziemlich groß und ganz anders als alles, was sie bisher in einem amischen Haushalt erlebt hatte. Bei den Ahornmöbeln paßte – dank Vetter Peters handwerklichem Geschick – *jedes* Teil zum anderen: ein dreitüriger Ankleideschrank mit breiten, beweglichen Spiegeln; eine große Kommode mit Schubladen, auf der helle, farbenfrohe Zierdeckchen lagen; und zwei quadratische Lampentische.

Keine dunkelgrünen Fenstergardinen, kalten Holzfußböden und Stöße amischer Decken. Ebenfalls auffallend war das Fehlen einer Truhe, in der eine unverheiratete Frau bis zu ihrer Hochzeit viele von Hand genähte Sachen aufbewahrte.

Katherine verbannte diesen Gedanken, der unangenehme Erinnerungen in ihr weckte, aus ihrem Kopf. Sie war an ihrem eigenen Hochzeitstag davongelaufen und hatte ihren verwitweten Bräutigam einfach stehen gelassen. Einen Mann, der sich als der strengste Bischof herausstellte, den Hickory Hollow je gehabt hatte – Bischof Johannes Beiler, der Mann, der die „Meidung" – den Kirchenbann – über sie verhängt hatte.

Allein schon die Erinnerung daran schmerzte sie zutiefst. Aber sie war jetzt Katherine Mayfield an Körper, Geist und Seele.

Sie starrte an das Fußende des Bettes, wo eine Aussteuertruhe hätte stehen können. Es war nicht so wichtig, in einem gemieteten Zimmer so etwas zu haben. Trotzdem konnte sie die Erinnerungen an die vielen hübschen Sachen, die sie im Laufe der Jahre als Vorbereitung auf ihren Ehestand angefertigt hatte, nicht verhindern. Alles, jedes einzelne handgefertigte Stück, hatte sie auf dem Dachboden verstaut. Allein bei dem Gedanken daran mußte sie lachen ... und weinen. Denn auf dem staubigen Dachboden ihres Elternhauses hatte alles angefangen, sich zu verändern und in die Brüche zu gehen.

Sie durchquerte das Zimmer und setzte sich auf den gepolsterten Sessel vor das schön umrahmte Fenster. Sie legte ihre müden Füße auf das Kniekissen und stieß einen erschöpften Seufzer aus. Über ihr schien die Deckenlampe, und sie konnte sich entspannen. Dieser Raum war eine Art Zuflucht vor der Welt für sie geworden. Und vor ihrer Gemeinde, die ihr die Seele aus dem Leib gerissen hatte.

Verbannt ... für immer ... Wieder traf sie dieser lähmende Gedanke und kränkte sie zutiefst.

Ganz bewußt richtete sie ihren Blick auf den goldenen Lichtschalter auf der anderen Seite des Zimmers. Kusine Lydias Worte kamen ihr in den Sinn. *Bitte unseren himmlischen Vater um Führung,* hatte die Mennonitin gesagt.

Aber Katie – Katherine – hatte keine Ahnung, wie sie das anstellen sollte. Vielleicht war ihre strenge amische Erziehung viel zu tief in ihr verwurzelt. Trotzdem war das eigentlich kein Grund dafür, *nicht* so zu beten wie Kusine Lydia. Außerdem wollte sie mit allen Bindungen an ihre Vergangenheit brechen. So zu beten, als spreche man direkt mit Gott, war gewiß ein Schritt, der diesen Bruch noch unterstrich.

Sie stand auf und kniete neben dem Sessel nieder. „Lieber Vater im Himmel, Tante Lydia meinte, ich sollte mit ... äh *dir* darüber sprechen, wie ich meine richtige Mutter finden kann. Ich hoffe, ich störe ... *dich* nicht zu sehr, wenn ich dich damit belästige ..."

Sie brach ab. Was für eine ungewohnte Art, mit dem Allmächtigen zu sprechen! Sie griff darauf zurück, ihn in dem Dialekt, der in ihrer Gemeinde gesprochen wurde, und so ehrerbietig , wie sie es gewohnt war, anzurufen. „Oh, Herr, Gott, himmlischer Vater", begann sie.

Es war schwer – nein, geradezu respektlos – Gott, den Herrn, den himmlischen Vater, um etwas Persönliches zu bitten, besonders da sie im offenen Ungehorsam seinen Geboten gegenüber lebte. Sie formulierte also überhaupt keine Bitte, sondern sagte nur ein Gebet aus der „Christenpflicht," dem allgemeinen amischen Gebetbuch, auf, statt ihr Anliegen in ihren eigenen Worten vor Gott zu bringen.

Nachdem sie gebetet hatte, fühlte sie sich, als hätte sie dem neuen Menschen, der sie versuchte zu sein – Katherine Mayfield –, die Treue gebrochen.

Bevor sie von ihren Knien aufstand, fiel ihr Blick auf die geliebte Gitarre, die unter dem großen Bett lag. Sie holte sie hervor und setzte sich auf die Sessellehne. Während sie die Melodien zupfte, die ihr früher so streng verboten gewesen waren, verdrängte eine zunehmende Freude ihre Traurigkeit.

Die fröhlichen Lieder, die sie sang, waren alte Melodien. Einige davon hatte sie als kleines Kind erfunden. Ein Lied hatte eine langsamere Melodie, eine Melodie, die sie und ihre erste große Liebe, Daniel Fischer – der bei einem Segelunfall vor fünf Jahren ertrunken war – in der letzten Woche seines Lebens gemeinsam geschrieben hatten.

Dan würde sich oben im Himmel hoffentlich freuen, daß ihre Pläne in die Zukunft gerichtet waren. Er war ein begnadeter junger Mann gewesen, dieser Daniel Fischer. Er hatte nie aufgegeben, bis er bekommen hatte, was er wollte. Besonders, wenn es um Gott und die Bibel ging.

Sie hatte ihn im Vergleich zu den anderen jungen Amischleuten als recht eigensinnig in Erinnerung; er konnte leidenschaftlich mit Menschen, die anderer Meinung waren als er, über seine Ideen diskutieren, ohne locker zu lassen.

Katherine sang weiter.

Sprich nicht schlecht über die Toten, konnte sie die tadelnde Stimme von Rebekka Lapp, ihrer Adoptivmutter, hören. Der Herr war eines Tages, wenn alles gesagt und getan war, der letzte Richter. Der Allmächtige herrschte über alles. Im letzten Gericht würde *er* entscheiden, was aus der Seele ihres Geliebten in der Ewigkeit werden würde.

Sie sang lauter und trotzte dem Gedanken, daß Daniel je irgendwo anders als im ewigen Paradies sein könnte. Nie zuvor und auch nie danach hatte ein Mensch sie besser verstanden oder mehr geliebt als er. Und morgen würde sie Dan, falls er vom Himmel herabschauen konnte, ein Schmunzeln entlocken ... vielleicht sogar ein breites Grinsen.

Sie hatte die Absicht, Kusine Lydias Telefon zu benutzen und die Auskunft in Canandaigua anzurufen. Sie würde nicht eher lockerlassen, bis sie die Frau namens Laura Mayfield-Bennett gefunden hatte. Laura, die sie voll und ganz verstehen würde. Laura, die ihr von dem Tag erzählen würde, an dem sie geboren wurde, und die dann sagen würde: „Willkommen zu Hause, Katherine."

Welch ein herrlicher, wunderschöner Tag das sein würde!

3

Katherine wartete, bis das Haus leer war, ehe sie am nächsten Morgen zum Telefon ging. Sie hatte die Telefonnummer der Auskunft für Ferngespräche auf einem Zettel notiert und noch einmal fein säuberlich abgeschrieben und sah ihrem Unternehmen gespannt und erwartungsvoll entgegen.

Aber als sie sich dem Telefon näherte, konnte sie den Apparat nur anstarren. So viele Dinge gingen ihr durch den Kopf. Wenn sie den Telefonhörer abhob ...

Hmm. Vielleicht wäre es einfach am besten, wenn sie überhaupt nichts über ihre leibliche Mutter wüßte. Sollte sie vielleicht lieber alles auf sich beruhen lassen?

Ihre liebe Freundin, Maria Stoltzfus, würde sagen: „Achte darauf, daß du immer das Richtige tust, Katie." Wenn sie diesen Rat befolgt hätte und immer das Richtige getan hätte, stünde sie dann jetzt hier in diesem mennonitischen Haus?

Sie verdrängte diesen unliebsamen Gedanken aus ihrem Kopf. Ihre angeschlagene und empfindsame Seele beharrte darauf, die Wahrheit zu erfahren.

Als sie endlich den Mut aufbrachte, die Nummer zu wählen, meldete sich die elektronische Ansage. Katherine wartete, da sie unbedingt mit einer richtigen, „lebenden" Auskunft sprechen wollte.

„Welche Stadt?" fragte die Frau.

„Canandaigua."

„Einen Augenblick bitte."

Katherine wartete. Ihr Atem ging stoßweise.

„Welchen Namen?" kam die knappe Frage vom anderen Ende der Leitung.

„Ich brauche die Nummer von jemandem mit dem Namen *Bennett.*"

„Buchstabieren Sie bitte."

„B-e-n-n-e-t-t."

„Danke, einen Augenblick." Die Stimme der Frau klang herablassend. Katherine fragte sich, ob wohl alle bei der Auskunft so sprächen. Aber sie würde nicht aufgeben. Von einer einzigen hochnäsigen Frau bei der Telefonauskunft würde sie sich nicht entmutigen lassen.

„Es gibt fünfzehn Einträge mit dem Namen Bennett. Wie lautet der Vorname?" fragte die Frau erneut.

„Bitte versuchen Sie es mit Laura Mayfield-Bennett. Es könnte unter diesem Namen stehen."

Es dauerte keine Sekunde, ehe die Frau sagte: „Es tut mir leid, es gibt keinen Anschluß unter diesem Namen."

„Oh ..."

„Soll ich unter einem anderen weitersuchen?" kam die steife Stimme.

„Nein, danke, aber könnten Sie mir die Telefonnummern dieser fünfzehn Bennetts geben?"

„Ich bin angewiesen, nur eine einzige Telefonnummer pro Anruf mitzuteilen."

Nur eine? Katherine verlor fast den Mut. „Aber es ist dringend. Jemand liegt im Sterben ... jemand ... meine leibliche Mutter, sie liegt im Sterben ... und ich muß sie finden."

„Es tut mir sehr leid, Miss. Sie können gern mehrmals anrufen, wenn Sie alle Nummern unter diesem Namen haben wollen."

Katherine fügte sich dem Unvermeidlichen. Hatte sie nicht immerhin seit ihrer frühesten Kindheit die strengsten Regeln in bezug auf ihr Handeln befolgt? Warum sollte sie also nicht noch eine weitere Regel einhalten?

Die Frau von der Auskunft nannte ihr den ersten Vornamen - *Arthur O. Bennett* - und seine Telefonnummer.

„Danke", sagte Katherine und legte auf.

Dann begann sie mit zitternden Fingern zu wählen. Sie achtete genau darauf, daß sie die Vorwahl nicht vergaß.

Welch ein Leben diese modernen Menschen haben, dachte sie. *Sie* hatte immer noch ihre liebe Mühe, sich auch nur an die einfachsten Annehmlichkeiten zu gewöhnen.

Gestern abend hatte sie, bevor sie zu Bett gegangen war, ihre Pläne mit Lydia und Peter besprochen und sie um Erlaubnis gebeten, ihr Telefon noch einmal benutzen zu dürfen. Sie hatten sich einverstanden erklärt, daß Katherine ihre Ferngespräche bezahlte, wenn die monatliche Telefonrechnung käme. Das würde einen beträchtlichen Teil ihres Geldes kosten, aber Katherine hielt diesen Weg für den preiswertesten. Ihr diese Ferngespräche zu erlauben, war eine der nettesten Gesten, die sie in letzter Zeit erlebt hatte.

Sie hörte das Telefon am anderen Ende in ihrem Ohr läuten. Einmal ... zweimal ... ein drittes Läuten.

Dann meldet sich eine fremde Stimme: „Hallo?"

„Ah ... ich ... könnte ich bitte Laura Mayfield-Bennett sprechen?" Katherines Knie zitterten genauso wie ihre Stimme.

„Ich glaube, Sie haben die falsche Nummer", antwortete die Stimme.

„Oh, entschuldigen Sie." Schnell legte sie auf.

Ohne sich entmutigen zu lassen, nahm Katherine einen Bleistift und zog einen sauberen Strich durch den Namen. „Ich probiere es einfach mit dem nächsten", sagte sie, als gäbe es ihr mehr Zuversicht, wenn sie ihre Überlegungen laut aussprach.

Aber sie zögerte trotzdem und starrte das Telefon an. Sie dachte an Kusine Lydias freundlichen Vorschlag, den Herrn um Führung zu bitten. Vielleicht sollte sie den Mut aufbringen, diesen Rat tatsächlich zu befolgen. Oder sollte sie Peter fragen, bevor sie betete?

Als sie schließlich die Auskunft in Canandaigua ein zweites Mal wählte, war eine andere Stimme an der Leitung, und sie mußte das ganze Spiel erneut durchexerzieren.

Dieses Mal bekam sie die Nummer von *Clifford M. Bennett.* Sie wählte die neue Nummer. Das Telefon läutete und läutete – mindestens zehnmal – bevor sie es aufgab und auflegte. Sie schrieb ein kleines Fragezeichen neben den Namen und wiederholte den ganzen Vorgang.

Als nächstes kam ... *Dylan D. Bennett.*

Schnell räusperte sie sich, atmete tief durch und versuchte, das Positive an der ganzen Sache zu sehen. *So viel mit dem Telefon umzugehen, tut mir ganz gut,* dachte sie. Es war eine gute Übung.

Sie war nicht darauf vorbereitet, daß gleich nach dem ersten Läuten jemand an der Leitung war. „ Bei Bennett“ meldete sich eine freundliche weibliche Stimme. „Wen möchten Sie sprechen?“

Plötzlich zog sich Katherines Magen zusammen. Ihr Mund wurde trocken. Sie war völlig überrumpelt, als sie eine Frauenstimme am Telefon hörte. Sie fragte sich fast, ob sie durch puren Zufall ihre leibliche Mutter am Telefon erwischt habe!

„Ist Laura Mayfield-Bennett zu Hause, bitte?“ brachte sie mühsam über die Lippen.

„Es tut mir leid, Mrs. Bennett ist im Augenblick nicht zu sprechen. Kann *ich* Ihnen helfen?“

Katherines Herz überschlug sich fast. Sie setzte sich schnell. *Meine Güte, was jetzt?* überlegte sie. Diese Frau, die am anderen Ende der Leitung mit ihr sprach ... diese Frau, die irgendwo in New York den Telefonhörer in der Hand hielt ... sie sagte ... daß Laura Mayfield-Bennett – ihre Mutter, ihre richtige Mutter – dort wohnte.

„Miss? Möchten Sie vielleicht jemand anderen sprechen?“

„Oh, entschuldigen Sie“, stotterte Katherine und faßte sich wieder. „Ja, natürlich. Könnte ich ... ich meine, wäre es möglich, daß ich ... mit ihrem Mann spreche?“ Sie warf einen Blick auf den Namen und die Nummer auf ihrem Notizzettel. „Mr. Dylan Bennett?“

„Ich muß erst nachsehen, ob er zu sprechen ist.“ Eine kurze Pause folgte, dann: „Darf ich fragen, wer am Telefon ist?“

„Oh ... sagen Sie ihm nur, daß Katherine Mayfield am Telefon ist, die Tochter seiner Frau. Und ... danke. Ich danke Ihnen vielmals, ganz herzlichen Dank!“

Die Stimme, die sie jetzt hörte, war äußerst sachlich und reserviert. Auf den Tonfall am anderen Ende der Leitung war sie nicht vorbereitet gewesen – er erschreckte sie fast zu Tode. Als sie zu erklären begann, wer sie sei, und warum sie anrufe, vergaß sie ihr ganzes gut vorbereitetes Englisch, und einiges, von dem, was sie sagte, purzelte ihr im amischen Dialekt über ihre Lippen.

„Entschuldigen Sie bitte?“ sagte der Mann. „*Wer* sagten Sie, daß Sie seien?“

„Ich bin Katherine. Ja, Katherine Mayfield. Ich bin mir nicht ganz sicher, aber ich glaube, Sie sind mit meiner Mama verheiratet."

Es folgte ein langes Schweigen. Es zerrte an ihren Nerven.

„Hallo?" sagte sie. „Könnten Sie ihr bitte sagen, daß ich angerufen habe ... äh, könnten Sie das Laura ausrichten? Es ist wichtig."

„Es tut mir leid, Miss. Ich glaube, Sie müssen die falsche Nummer gewählt haben." Die Stimme klang jetzt ganz anders. Kalt und schrecklich distanziert. Der Tonfall erinnerte sie an Bischof Johannes' Stimme bei ihrem letzten Gespräch mit ihm, als er sie hatte wissen lassen, welche Konsequenzen die Meidung für sie hätte.

„Aber ich habe nicht die falsche Nummer ... oder? Ich meine, jemand hat mir gerade gesagt – eine Frau, direkt bevor Sie ans Telefon kamen, sagte, daß Laura, Ihre Frau, nicht zu sprechen sei. Heißt das, daß es ihr schlechter geht ... denn wenn das so ist, dann möchte ich sie nicht stören. Um nichts in der Welt."

„Entschuldigen Sie ... hat jemand hier im Haus Ihren Anruf erwartet?" wollte er wissen.

„Ach, das würde mich nicht überraschen. Laura ... äh, meine Mutter hat mich gesucht. Sie kam deshalb sogar vor ein paar Wochen nach Hickory Hollow."

„Verstehe", kam die angespannte Antwort. „Gibt es eine Telefonnummer, unter der meine Frau Sie erreichen kann?"

„Oh ja ... ja, natürlich." Katherines Blick wanderte zu der Nummer der Millers, die auf dem Telefon stand. Da sie die Nummer nicht auswendig gelernt hatte, las sie die Ziffern langsam vor.

Als sie damit fertig war, wies sie ihn an, Laura zu bitten, entweder nach Katherine oder ... nach Katie Lapp zu fragen, wenn sie zurückrief. „Weil die Leute, bei denen ich wohne, manchmal meinen neuen Namen vergessen. Ich möchte wirklich auf keinen Fall ..."

„Katherine ... oder Miss Katie Lapp", unterbrach der Mann sie schroff und wiederholte die beiden Namen langsam, als schreibe er sie auf. „Gut, ich werde dafür sorgen, daß meine Frau Ihre Nachricht bekommt."

„Danke ..." Sie warf einen schnellen Blick auf ihren Zettel. „Danke, Mr. Dylan Bennett."

„Auf Wiederhören“, sagte er kurz angebunden und legte auf.

„Gott sei mit Ihnen“, flüsterte sie und umklammerte immer noch den Telefonhörer, der in ihrer Hand ganz warm geworden war.

Was für einen Mann hatte ihre Mutter wohl geheiratet?

Bei der Erinnerung an Dylan Bennetts Stimme lief Katherine eine Gänsehaut über den Rücken. *So ein streng klingender Mann,* dachte sie. Panik ergriff sie, und wie um sich vollständig von ihm zu lösen, legte sie schnell den Hörer auf.

* * *

Rebekka Lapp hatte den Herrn schon sehr oft gebeten, ihr ihre Katie zurückzubringen. Sie wußte ohne den leisesten Anflug eines Zweifels, daß dies nur der himmlische Vater vollbringen konnte – er und sonst niemand. Es müßte schon eine erstaunliche Veränderung in dem abtrünnigen Mädchen vor sich gehen, ehe sie auf Knien Buße täte.

Ach! Welch eine eigensinnige Seele ihre Katie doch hatte! Aber weder die Vergangenheit noch die Gegenwart ihrer Tochter konnten Rebekka davon abhalten, viele Male am Tag auf die Knie zu gehen – allerdings immer nur, wenn Samuel und die Jungen beim Melken im Stall waren oder sonst etwas außer Haus zu tun hatten.

Letzte Woche hatte Samuel eine harte Anweisung erteilt. Er hatte gesagt, niemand im Hause Lapp dürfe je wieder Katies Namen aussprechen. *„Wir werden nicht mehr von ihr sprechen – nie wieder!“*

Sein Beschluß war sicherlich aus persönlicher Trauer heraus entstanden, das wußte sie, und ja, aus gerechter Empörung. Rebekka hegte deshalb keine unfreundlichen Gedanken gegen ihren Mann, aber seine Worte konnten sie nicht davon abhalten, an Katie zu *denken.* Und dabei ertappte sie sich in diesen Tagen sehr oft. Meine Güte, war es schon fast eine ganze Woche her, seit Katie ausgezogen war und bei Lydia Miller wohnte?

Rebekka faltete das Küchenhandtuch zusammen und setzte sich ins Wohnzimmer. Sie vermißte Katie. Sie vermißte sie so sehr, wie ein Verkrüppelter einem amputierten Arm oder Bein nachtrauert.

Himmel, das Leben hat sich so schrecklich verändert, dachte sie. Während sie nach ihrer Flickwäsche griff, fragte sie sich, ob sie nicht ihrer mennonitischen Kusine einen Besuch abstatten sollte. Ein kurzer Besuch würde niemandem schaden, besonders nicht so kurz vor Weihnachten. Und vielleicht könnte sie dabei auch einen kurzen Blick auf ihr liebes Mädchen werfen. Das hieß, natürlich nur, wenn Katie nicht schon bereits nach New York aufgebrochen war.

Rebekka schaukelte eine Weile auf ihrem Schaukelstuhl aus Nußbaumholz, bevor sie ihre Näharbeit wieder aufnahm. Nein, das konnte sie wirklich nicht tun. Samuel und auch der Bischof wären dagegen. Außerdem war es vielleicht ohnehin zu früh für einen Besuch. Sie mußte abwarten und hoffen und beten, daß die Härte des Gemeindebannes ihre Tochter in die Gemeinde und zu Gott zurückholen würde.

Aber wenn sie ehrlich war, mußte sie sich eingestehen, daß sie sich selbst einer bösen Sünde schuldig gemacht hatte – Eifersucht. Und das nicht nur ein kleines bißchen. Ach, sie machte eine schreckliche Zeit durch und bemühte sich nach Kräften, Katie und ihren eigensinnigen Wunsch, die „englische" Frau namens Laura Mayfield-Bennett zu finden, aus ihrem Denken zu verbannen. Welch eine eitle, weltliche Frau sie sein mußte.

Der Gedanke, daß ihr geliebtes Mädchen in die Gesellschaft von Leuten wie dieser Frau geraten könnte, machte Rebekka fast verrückt. Manchmal glaubte sie, den Verstand zu verlieren. Sie versuchte verzweifelt, ihre immer stärker werdenden fixen Ideen zu verbergen.

Wenn sie Katies wunderschönes Babykleid auch nur berühren, es festhalten und den glatten Satinstoff streicheln konnte, dann, ja dann wurde die Vergangenheit lebendig und die Dinge gingen wie immer weiter – wie vorher, bevor Katie mit dem Bann belegt wurde und die Amisch-Gemeinschaft hatte verlassen müssen.

In letzter Zeit holte sie das herzzerreißende Weinen eines Säuglings nachts aus dem Bett und über den dunklen Korridor in Katies altes Zimmer. An manchen Nächten saß sie bis in die frühen Morgenstunden neben dem leeren Bett und drückte das Babykleid an ihre Brust. Sie hatte sogar aufgehört zu beten, und angefangen, dem Herrn, dem himmlischen Vater, in ihren Alltagsworten zu sagen, daß sie sich wünschte, nie geschaffen, nie geboren worden zu sein.

Ja, es wäre vielleicht besser so gewesen ...

* * *

Unmittelbar nach dem Frühstück eilte Theodore zu der Garage hinter der Villa, in der die Limousine stand. Er öffnete die Tür und mußte, sehr zu seinem Mißfallen, feststellen, daß das schwarze Auto fort war, offenbar war jemand damit weggefahren. Dies beunruhigte ihn sehr. Er ging auf dem schneebedeckten Gehweg hin und her und überlegte angestrengt, was er nun tun solle.

Mrs. Bennett verließ sich auf ihn. Er durfte seine Chefin nicht enttäuschen, und schon gar nicht aus bloßer Nachlässigkeit – aus der er ein wichtiges Dokument einfach in ein Handschuhfach gesteckt hatte, das jeder öffnen konnte. Er hätte den Umschlag an einem sicheren Ort aufbewahren sollen, wie er es versprochen hatte.

Als er wieder im Haus war, hängte er seinen Mantel und seinen Hut in die große Garderobe neben der Küche. Zwei Hausmädchen waren damit beschäftigt, Staub zu wischen und den Boden zu putzen, als er, immer noch mit Stiefeln an den Füßen, hereingestapft kam.

Garrett Smith, sein Neffe und der Hausmeister der Villa, stand im Türrahmen zum Butlerbüro und beriet sich in gedämpftem Tonfall mit Fulton Taylor, dem Butler – Rosies Ehemann.

Selig, der Koch, der gerade eine Kanne Kaffee gekocht hatte, sprach Theodore an. „Sieht so aus, als könnten Sie eine starke Tasse Kaffee vertragen. Hier, nehmen Sie eine. Er ist ganz frisch gekocht.“

Theodore nahm die dampfende Tasse dankbar an und setzte sich an das breite Fenster. *Wie konnte ich nur so gedankenlos handeln!* schalt er sich im stillen. Wenn nun der Juniorchauffeur etwas aus dem Handschuhfach brauchte? Warum hatte er den unversiegelten Umschlag nicht gestern nacht mit in sein Zimmer genommen?

„Zwei Würfel?" fragte Selig und wartete mit der Zuckerzange in der Hand.

Theodore nickte. „Wie immer, danke." In seine Gedanken vertieft, rührte er den Kaffee um und nippte an dem dunklen, süßen Gebräu.

Einige Augenblicke später kam Selig an den Tisch zurück, zog einen Stuhl hervor und setzte sich. „Haben Sie schon gehört? Wir stellen ein neues Mädchen ein."

„Oh?"

„Der Chef erwähnte es beim Frühstück Fulton gegenüber, kurz bevor Mr. Bennett in die Stadt fuhr."

Theodore regte sich nervös. Mr. Bennett hatte also heute früh die schwarze Limousine gebraucht. Etwas benommen fragte Theodore: „Warum ein neues Mädchen?"

„Es sieht so aus, als wolle Mr. Bennett, daß Rosie ausschließlich Mrs. Bennett zur Seite steht. Mit Mrs. Bennett, der armen Frau, scheint es ziemlich schnell bergab zu gehen. Und ... wenn mir die Bemerkung erlaubt ist, ich glaube, der Chef ist in letzter Zeit ziemlich beunruhigt."

Da er nicht wußte, was er darauf sagen sollte, schwieg Theodore. Dylan Bennett, so hatte er den Verdacht, war viel mehr an dem Geld und dem Haus seiner Frau interessiert als an ihrem Gesundheitszustand. Er kannte diesen Mann schon zu lang, um sich durch eine solche Geste, die guten Willen nur mimte, täuschen zu lassen.

Nein ... etwas anderes war da im Busch; darauf hätte er fast wetten können. Was die Sache anging, daß Rosie dazu bestimmt wurde, sich persönlich um Mrs. Bennett zu kümmern, so sinnierte er einen Augenblick über diese augenscheinlich fürsorgliche Geste nach und kam zu dem Schluß, daß diese Entscheidung – Rosie zu Mrs. Bennetts persönlichem Mädchen zu erklären – höchstwahrscheinlich das Netteste war, was der Mann seit Monaten für seine Frau getan hatte. Nein, seit Jahren. Vielleicht gab es doch noch Hoffnung für ihn.

Trotzdem traute er der Sache nicht. Warum hatte Dylan Bennett seiner Frau nicht erlaubt, in den Genuß von Rosies Diensten zu kommen, als die Chefin ihn zum ersten Mal darum gebeten hatte?

Nichts an Mr. Bennetts Entscheidung ergab für ihn einen Sinn. Er warf einen Blick auf seine Uhr und wartete ungeduldig darauf, daß sein Arbeitgeber zurückkäme.

Ungeduldig? Gewiß eines der wenigen Male, daß er ihn ungeduldig erwartete! dachte Theodore mit ironischem Gesichtsausdruck.

Mitten am Vormittag kehrte Mr. Bennett endlich zurück.

Theodore wartete eine angemessene Zeit, bevor er durch die Hintertür hinauseilte, das Garagentor aufriß und das Handschuhfach der schwarzen Limousine untersuchte.

Er griff hinein und zog das wichtige Dokument heraus. Dann drehte er es um, um zu sehen, ob es jemand aufgemacht hätte. Das war schwer zu sagen, besonders, da der Umschlag nicht versiegelt worden war und die Papiere nur lose drinsteckten.

Trotz alledem nahm sein Pulsschlag wieder eine normale Geschwindigkeit an. Er seufzte beruhigt auf. Wie groß war die Wahrscheinlichkeit, daß jemand etwas in dem Handschuhfach gesucht hatte? Außer Mrs. Bennett, ihrem Anwalt und Theodore hatte niemand auch nur die leiseste Ahnung von der Existenz dieses Umschlags.

Aber ... er würde in Zukunft vorsichtiger sein. Das nahm er sich fest vor. Wenn schon aus keinem anderen Grund, dann wenigstens um Mrs. Bennetts willen.

4

Dylan Bennett zündete sich eine seiner teuren Zigarren an und paffte einen Augenblick nachdenklich vor sich hin, bevor er die Doppeltüren zu seinen Arbeitsräumen in dem alten Herrenhaus schloß. Er drehte sich um, durchquerte sein geräumiges Büro und blieb vor den Fenstern stehen, die vom Boden bis zur Decke reichten. Er schaute über die große Fläche des Rasens, der mit einer frischen Schneeschicht bedeckt war, und auf die riesigen, mit Rauhreif überzuckerten, immergrünen Nadelbäume im Norden der Villa. In der letzten Nacht hatte es geschneit und das Grundstück war in eine malerische Winterlandschaft verwandelt worden.

Er zog seinen Drehstuhl heran, setzte sich und ließ die Ereignisse des Vormittags vor seinem geistigen Auge Revue passieren. Das Gespräch mit der Agentur war befriedigend verlaufen und versprach, dank einer begabten Schauspielerin, einen Erfolg seines Planes.

Lauras Zustand war unbestritten auf seiner Seite. Er konnte praktisch zusehen, wie sich die Gesundheit seiner Frau verschlechterte. In den letzten drei Wochen war es sehr schnell mit ihr bergab gegangen. Erst heute hatte er – rein zufällig – entdeckt, welche Absichten Laura bei ihrem Ableben hatte.

Angesichts der Ironie der Situation verzog er mißmutig das Gesicht. In der neuesten Version ihres Testaments hatte seine Frau ihre Tochter, die sie schon so lange vermißte, als Alleinerbin ihres gesamten Vermögens eingesetzt.

Gut – für ihn – war nur, daß diese Tochter noch nicht aufgetaucht war. Solange er die hinterwäldlerische Frau außer acht ließ, die sich erdreistet hatte, *ihn* anzurufen und zu behaupten, sie sei diese Tochter. Sie hatte wahrscheinlich von Lauras ernster Krankheit Wind bekommen – über die eine oder andere Quelle – und die ganze Geschichte erfunden. Aber trotzdem stellte sich die Frage: Wo blieb er bei der ganzen Sache?

Er wäre gezwungen, sich eine neue Bleibe zu suchen, falls diese Katherine jemals auf der Bildfläche erscheinen sollte. Nicht, daß er es sich nicht leisten könnte, in ein elegantes, luxuriöses Haus zu ziehen, aber dieses Haus ... diese Villa war sein Zuhause, und er war eigensinnig genug, sich gegen den Gedanken, es kampflos aufzugeben, zu wehren. Nein, nach fast zehn anstrengenden Jahren gehörte die Bennett-Villa genauso sehr ihm wie seiner Frau, wenigstens seinem Empfinden nach.

Er zog lange und kräftig an seiner Zigarre. *Ich lasse mich nicht vom Thron stoßen,* beschloß er und begann, sich Notizen über den Plan, den er in die Tat umsetzen wollte, zu machen.

Er war froh, daß er das Telefongespräch mit dieser Landpomeranze auf Kassette aufgenommen hatte - mit diesem amischen Mädchen irgendwo aus Pennsylvania, wenigstens hatte sie das gesagt. So ein unverschämtes Ding, ihn hier anzurufen und Laura sprechen zu wollen!

Was hatte sie gesagt – daß er mit ihrer Mutter verheiratet sei? Daß Laura sie gesucht habe? Wenn das wahr wäre und diese Katherine oder Katie Lapp – wie sie ihm so herrlich versucht hatte einzureden – tatsächlich von Laura eine Nachricht bekommen hatte ... Nun gut, es war alles nur eine Frage der Zeit. Er mußte schnell handeln.

Er hatte seine Zigarre zu Ende geraucht. Sie glühte auf dem Kristallaschenbecher weiter und legte einen grauen Dunst um ihn. Er lehnte sich zurück und schaute zu, wie die dünnen Rauchsäulen sich drehten und zu der hohen Stuckdecke aufstiegen. Ganz ähnlich seinem eigenen steten Aufstieg zu Ansehen und Wohlstand, erinnerte er sich mit unverhohlener Befriedigung ...

Laura Mayfield war so naiv gewesen, als sie sich vor zwölf Jahren das erste Mal begegnet waren. Mit ihren sechsundzwanzig Jahren war sie praktisch vollkommen unschuldig gewesen und hatte sogar etwas Erfrischendes ausgestrahlt. Er erinnerte sich daran, daß sie manchmal schon bei den geringsten Anlässen errötet war. Dieses Phänomen hatte ihn überrascht. Das Mädchen, das im Wohlstand aufgewachsen war, wirkte sehr zurückhaltend, wenn es darum ging, in der gesellschaftlichen Oberschicht zu verkehren und Kontakte zu knüpfen. Sie mied Menschenansammlungen – genauer gesagt, ungeordnete Menschenmengen. Doch die nebeneinander sitzenden Schüler in einem Klassenzimmer beispielsweise fand sie überhaupt nicht abstoßend, sondern eher belebend, sagte sie immer.

Durch puren Zufall hatte Dylan im Sommersemester an der Universität von Rochester ihre Bekanntschaft gemacht. Sie hatte einen Kurs in englischer Literatur belegt – einfach aus Spaß an der Sache – und er einen Wiederholungskurs in Wirtschaftswissenschaften.

Seine Begegnung mit Laura sollte sich als Glückstreffer für ihn erweisen, und zudem fand er sie nicht unattraktiv. Er war sogar entzückt gewesen von ihrer zierlichen Figur, ihren langen rotbraunen Haaren ... und von ihrem Geld. Nach anfänglicher Zurückhaltung war sie zu der Überzeugung gelangt, in ihm ihre einzig wahre Liebe gefunden zu haben, den Mann, der ihr vom Himmel bestimmt war, den sie heiraten und ihr Leben lang lieben würde.

Sie gaben ihrer Faszination füreinander viel Raum und unterhielten sich manchmal stundenlang. Während Dylan es viel mehr vorgezogen hätte, ihr seine Leidenschaft zu demonstrieren, beharrte Laura unumstößlich darauf, daß alles sauber und ordentlich zuginge. Sie ließ sich von ihrer Meinung, eine „reine und ehrbare Beziehung" zu ihm zu pflegen, nicht abbringen.

Als Gentleman – und armer Schlucker, der er war – blieb ihm nichts anderes übrig, als zu warten, bis seine Zeit käme.

Bei einem ihrer persönlichen Gespräche erfuhr er von Lauras Kinderwunsch. „Ich will so viele Kinder, wie wir ernähren, erziehen und lieben können", sagte sie mit einem strahlenden Lächeln auf ihrem makellosen Gesicht.

„Kinder?" Er hätte sich beinahe verschluckt.

„Aber ja. Ist das denn nicht ein großartiger Gedanke?"

Alles andere als das! Kinder sah er nur als eine Last an – als Negativkonto in seiner Bilanz. Nichts konnte abstoßender sein als der Gedanke an lärmende, kleine Schreihälse in Windeln, die einem zwischen den Beinen herumliefen.

Nein ... Kinder waren nie ein Teil seiner Lebensplanung gewesen. Nicht einmal als Beigabe. Und obwohl es möglich war, daß dies seiner angenehmen Beziehung zu der schönen und wohlhabenden

Laura Mayfield ein Ende setzen konnte, wand er sich innerlich bei dem Gedanken, ihren Wunsch, Mutter zu werden, zu befriedigen. Er war aber klug genug, seine Antwort maßvoll zu formulieren und seine wahren Gefühle zu verbergen. Er verriet ihr nie seine Absicht, sich – noch vor der Heirat – sterilisieren zu lassen.

Monate später enthüllte Laura ihm die Stelle, an der sie zutiefst verletzbar war, und gestand ihm ihre „Todsünde". In einer Flut von Tränen schilderte sie ihm, daß sie in ihrem ersten Schuljahr in der Oberstufe mit ihrem ersten Freund intim gewesen war. Das Ergebnis war eine ungewollte Schwangerschaft und ein unehelich geborenes Mädchen gewesen. „Ich habe mein geliebtes Baby weggegeben", flüsterte sie, während sie in seinem Auto saßen. „Ich habe meine Katherine einem amischen Ehepaar gegeben."

Diese letzte Enthüllung verblüffte ihn. „Warum ausgerechnet einem *amischen*?"

„Das ist eine lange Geschichte. Ich will sie dir irgendwann einmal erzählen ... wenn ich in der Lage bin, über die ganze Geschichte zu sprechen."

Er dachte über das Gesagte nach. Das war also der Grund für Lauras unbändigen Wunsch, Kinder zu bekommen. Er schwieg und sagte nichts, das sie argwöhnisch hätte machen können.

Als sie erneut zu weinen anfing, streichelte er ihre Hand und gedachte aus dieser Gelegenheit Profit zu schlagen. Er rutschte vom Lenkrad weg und legte den Arm um sie. Traurig lehnte sie den Kopf an seine wartende Schulter.

Dann fuhr er ganz langsam mit dem Finger die Form ihres hübschen Kinns nach und beugte sich, atemlos vor Erregung, so weit vor, daß er ihr herrliches Parfüm riechen konnte. „Es tut mir so leid, mein Liebling", flüsterte er verführerisch. „Was kann ich nur tun, um dich glücklich zu machen?"

Lauras Schutzmauer war eingerissen. Sie lächelte ihn tränenüberströmt an und ließ sich seine Berührung gefallen, was ihn sehr entzückte. Sie erlaubte ihm sogar, ihr Gesicht hochzuheben und ihre zarte Wange mit seinen Lippen zu berühren. Er fühlte, wie ihr Körper sich entspannte, als er sich näher an ihren Mund heranwagte.

Er bewegte sich behutsam und zärtlich immer näher zu ihren Lippen vor und genoß das wehmütige Seufzen, das sie bei jedem Kuß von sich gab.

Schließlich rang sie nach Atem, drehte sich zu ihm herum und reagierte mit dem unterdrückten Verlangen einer Frau, die lange auf eine Umarmung hatte verzichten müssen, vorbehaltlos auf seine Zärtlichkeiten. Ihre Lippen begegneten sich.

Ein Kuß führte zum nächsten ... und wieder zum nächsten. Er betrachtete die Situation als Durchbruch. Vielleicht würden sich die Dinge jetzt doch ein bißchen beschleunigen, da sie immerhin auf ihre Hochzeit zugingen.

Laura erlaubte ihm jedoch erst wieder in ihrer Hochzeitsnacht, sie zu küssen – eine endlose Wartezeit. Die Hochzeit fand einen Monat nachdem Lauras kränkliche Mutter gestorben war, statt – über zwei Jahre nach ihrer ersten Begegnung in Rochester. Mit großen Augen, die auf das reiche Erbe seiner Braut gerichtet waren, zog Dylan mit seinem spärlichen Besitz in das großzügige Herrenhaus, das bald seinen Namen tragen sollte.

Warum auch nicht? Lauras Idee – die Mayfield-Villa als Teil ihres Hochzeitsgeschenks nach ihm zu benennen – war genial, und Dylan unternahm keinen Versuch, ihr diese Absicht auszureden. Da er kein Interesse daran hatte, Söhne oder Töchter zu zeugen, um seinen Namen weiterzutragen, war dies eine ausgezeichnete Möglichkeit, seine Zukunft zu sichern.

So war aus dem eindrucksvollen Herrenhaus die Bennett-Villa geworden, und der Herr des Hauses verwaltete seine Konten – und die seiner Frau – mit einer Leidenschaft, die genauso groß war wie sein Wunsch, die hübsche rothaarige Laura zu beherrschen.

Als sie zwei Jahre später jedoch ihren Mädchennamen immer noch nicht aufgegeben hatte, sondern darauf bestand, einen Doppelnamen zu tragen, begann seine Verliebtheit abzubröckeln. Laura hatte ihn überrascht und sich als viel stärkere und energischere Persönlichkeit herausgestellt, als er je vermutet hätte. Sie hatte angefangen, ehrenamtlich in einer der Grundschulen in der Stadt zu arbeiten.

Um ihren fünften Hochzeitstag herum fiel Laura, weil sie immer noch kein Kind bekommen hatte, in eine tiefe Depression. Dylan gab seinen Trumpf nicht aus der Hand. Er verriet ihr nicht den Grund dafür und ließ sie in dem Glauben, es liege an ihr. Bald danach beendete sie ihre Arbeit an der Schule und fing an, sich insgesamt aus dem gesellschaftlichen Leben zurückzuziehen. Eines Tages unterschrieb sie schließlich eine Einwilligung, alle Konten und Transaktionen von Dylan führen zu lassen, auch wenn die Konten weiterhin auf ihren Namen liefen.

Wenn Dylan die Vergangenheit Revue passieren ließ, erfreute er sich immer sehr. Er hatte in gewissem Sinne gewonnen; wenigstens hatte er das bis heute geglaubt. In weniger als zehn Jahren hatte er alle seine finanziellen Ziele erreicht. Aber jetzt sah es so aus, als könnte seine Frau ihn in der letzten Runde doch noch überlistet haben.

Er fühlte sich, als hätte er einen schweren Schlag versetzt bekommen. Er warf einen Blick auf seine Sporttasche in der Ecke, und überlegte, ob ihm nicht eine Abkühlung im Schwimmbad in seinem Club gut täte - genau das Richtige, um seine Stimmung wieder zu heben.

In Gedanken erneut bei seinem Plan – seiner Fahrkarte zu dieser Villa und dem Mayfieldvermögen – drückte er seine Zigarre aus und läutete nach dem Butler.

Fulton Taylor kam schnell und wartete im Türrahmen von Dylans Bürosuite. „Sie haben geläutet, Sir?“

„Ja.“ Dylan lehnte sich in seinem Drehstuhl, so weit es ging, zurück und atmete tief durch, bevor er sprach. „Wegen des neuen Hausmädchens, das wir einstellen wollen.“

„Sir?“

„Da Sie die Gespräche mit den Bewerberinnen führen werden, habe ich die Absicht, Ihrem Urteil vorbehaltlos zu vertrauen.“ Er betrachtete den großen jungen Mann mit den dunklen Haaren und dem entschlossenen Gesichtsausdruck. Dylans Vertrauen hatte seine Berechtigung. Dieser Mann hatte eine untrügliche Fähigkeit, andere Menschen einzuschätzen. „Ich würde vorschlagen, Sie kümmern sich sofort darum, jemanden zu finden.“ Er warf einen Blick auf den Kalender.

Fulton nickte. „Haben sie noch einen Wunsch, Sir?“ fragte er in seiner unerschütterlichen Art.

Dylan winkte mit der Hand ab, als wollte er mit dieser Bewegung die ganze Angelegenheit aus seinem Denken vertreiben. Es gab wichtigere Dinge, um die er sich kümmern mußte – Einzelheiten, die er zum Abschluß bringen und noch ausfeilen mußte. Er ließ den Butler gehen.

Als er wieder allein war, drehte er sich auf seinem Stuhl herum, schloß zu seiner Linken die Schublade mit seinen Akten auf und holte einen Ordner mit der Überschrift „Katie Lapp“ heraus.

5

Maria und Katie. *Für immer,* hatten sie einmal gemeinsam beschlossen.

Wie gut sich Maria Stoltzfus daran erinnerte. Sie hatte ihrer besten Freundin ihr Wort gegeben, und nichts und niemand konnte sie zwingen, dieses Versprechen zu brechen. Katie war mit der Meidung belegt worden, und so wie es aussah, war sie für immer fortgegangen.

Das war auch kein Wunder! Bischof Johannes hatte unmißverständlich klargestellt, daß niemand mit der Sünderin sprechen dürfe – nicht einmal ihre eigene Familie! Die strengste und härteste Meidung seit vielen Jahren, die schlimmste, die Maria miterlebte. So etwas hatte es im ganzen Bezirk Lancaster noch nie gegeben.

Die ganze Gemeinschaft fand sich allmählich mit dieser Situation ab, allerdings nur sehr langsam. Wenn den anderen Amischleuten Katies Fortgehen genauso naheging wie Maria, könnte es vermutlich Monate oder sogar Jahre dauern, bis die schmerzenden Wunden heilten – solange niemand sie erneut aufriß.

Maria öffnete die kleinste Schublade ihrer Kommode – außer ihrem Bett das einzige größere Möbelstück im Zimmer. Im Laternenlicht holte sie die Adresse von Katies mennonitischen Verwandten, Peter und Lydia Miller, heraus. Bei ihnen würde ihre Freundin wohnen, hatte sie gesagt, als sie ein letztes Mal gekommen war, um sich zu verabschieden.

„Ich denke, ich kann es riskieren, ihr zu schreiben“, flüsterte sie in das schwach erhellte Schlafzimmer hinein und fragte sich, was sie ihrer liebsten Freundin berichten sollte. Würde sie ihr schreiben, daß sie fast die ganze Woche im Bett verbracht hatte, an Leib und Seele krank, weil Katie nicht mehr in Hickory Hollow wohnte? Sollte sie ihr erzählen, wie trostlos es ohne ihre Freundin, mit der sie immer ein unzertrennliches Gespann gebildet hatte, in der Gemeinde war?

Je mehr sie darüber nachsann, was sie schreiben sollte, und *ob* sie überhaupt schreiben sollte, um so mehr wuchs ihre Unsicherheit. „Wahrscheinlich ist das gar keine so gute Idee“, murmelte sie bei sich, schlüpfte wieder ins Bett und saß dort mit angezogenen Knien in der Dunkelheit. Wer Kontakt zu einer gebannten Person aufnahm, mußte befürchten, *selbst* mit der Meidung belegt zu werden. Allein schon dieser Gedanke ließ sie am ganzen Leib erzittern!

Die Angst kroch mit eisigen Fingern über ihren Rücken. Maria zog die Decke enger um sich. Bevor sie ihren Haarknoten für die Nacht löste, rieb sie ihre nackten Füße gegen die kalten Laken, um sich ein bißchen zu wärmen. Dann löste sie ihre Haare und ließ sie über ihren Rücken und ihre Schultern fallen und rutschte unter mehrere der schweren Decken ihrer Mutter.

Sie sagte tonlos die vorgeschriebenen Gebete auf und dachte daran, daß Katie jetzt nicht weit von ihr entfernt in einem warmen Bett lag und wahrscheinlich so gemütlich wie ein Bär in seinem Winterschlaf im modernen Haus ihrer mennonitischen Verwandten schlief. Mit Zentralheizung und verschiedenen anderen weltlichen Sachen ...

Irgendwann in der Nacht, als nur eine dünne Mondsichel das Zimmer mit ihrem Licht erhellte, wachte Maria auf. Aus irgendeinem Grund wanderten ihre Gedanken von Katies tragischer Situation zu Hühner-Josef und seinem süßen Gerede ... vor wie vielen Singstunden war es gewesen? Danach hatte er sich in die hübsche kleine Sarah Beiler verliebt und Maria einfach sitzengelassen.

Wahrscheinlich würden sie sich im nächsten November, in der Hochzeitssaison der Amisch-Gemeinschaft, das Jawort geben.

Der Gedanke daran tat Maria immer noch weh, aber da sie jemand war, der Menschen gegenüber immer das Richtige tun wollte, hatte sie den jungen Mann nie zur Rede gestellt. Sie hatte einfach alles auf sich beruhen lassen. Trotzdem sah es danach aus, als würde sie vielleicht nie einen Mann finden, der sie liebte. Einen Mann, der eine richtig mollige Frau, die kochen, backen und den Haushalt führen konnte wie keine andere, heiraten wollte.

Sie rollte sich auf die Seite und betrachtete ihr „gutes“ Sonntagskleid, das an einem Haken auf der anderen Seite des Zimmer hing.

Ihre Gedanken wanderten zu einem anderen Mann, einem richtig erwachsenen Mann, der vielleicht genauso traurig war und sich innerlich genauso leer fühlte wie sie in diesem Augenblick. Einem Mann, der etwas viel Besseres verdiente, als an seinem Hochzeitstag von seiner Braut einfach stehen gelassen zu werden. Vor der ganzen Gemeinde ... ohne Katie.

Bischof Johannes hatte sich in der letzten Zeit oft in ihre Gedanken geschlichen. Maria schämte sich, es sich einzugestehen, aber sie mochte den Witwer sehr gern. Sie mochte ihn vielleicht mehr, als gut für sie selbst war, und wenn sie ehrlich wahr, dann mußte sie zugeben, daß sie ihn schon seit mehreren Jahren bewunderte.

Trotzdem wußte sie nicht, wie sie es schaffen sollte, fünf Kinder im Alter zwischen vier und elf Jahren zu erziehen, das hieß, falls es ihr je gelänge, Johannes Beilers Aufmerksamkeit auf sich zu lenken. Das war wahrscheinlich auch eine Sache, die sie sich am besten aus dem Kopf schlagen sollte. Wahrscheinlich hatte sie nicht die geringste Chance, daß der vierzigjährige Witwer sie als seine *Liebschde* erwählte. Immerhin war sie Katies beste Freundin.

So wie sie es sah, müßte der Herr im Himmel, wenn er wollte, daß sie doch noch heiratete, ihr einfach den richtigen Mann schikken. Denn es würde nicht mehr lang dauern, bis sie einundzwanzig würde – schrecklich alt, wenn man als Frau noch nicht verheiratet war, besonders in Hickory Hollow. Ja, am besten behielt sie ihre Träume, eines Tages selbst an der Seite des gutaussehenden Bischofs zu stehen, für sich. *Davon* brauchte wirklich niemand etwas zu erfahren.

Nicht einmal Ella Mae Zook hegte einen Verdacht. Hickory Hollows *Weise Frau* wäre ganz gewiß nicht damit einverstanden. Und falls sie es doch jemals erfahren sollte, würde Ella Mae ihr bestimmt raten, daß Maria sich den Bischof so schnell wie möglich aus dem Kopf schlagen sollte.

Himmel ... es hatte keinen Sinn, unnütze Gedanken auf etwas zu verschwenden, das höchstwahrscheinlich nie eintreten würde.

Sie seufzte und versuchte, ihre Sinne auf etwas anderes zu lenken. Wenn sie gewußt hätte, wie sie Gott ihre persönlichen Wünsche und Träume sagen könnte, hätte sie das jetzt bestimmt getan. An Ort und Stelle. Genauso wie Katies mennonitische Verwandte es in *ihren* Gebeten so kühn taten.

Sie überlegte, ob Katie nicht vielleicht jetzt, in dieser Nacht, ähnliche Gebete sprach. In der Hickory Lane, nur eine Meile von ihr entfernt ...

Am nächsten Morgen erwachte Maria mit einer Unruhe, die sie nicht von sich abschütteln konnte. Sie hatte fast die ganze Nacht von ihrer Freundin geträumt. Was bedeutete das? Daß sie sich hinsetzen und Katie einen Brief schreiben sollte?

Nachdem das Brotbacken und die Hausarbeiten erledigt waren, huschte Maria in ihr Zimmer zu der Schublade, in der sie ihr Lieblingsbriefpapier und einen Federhalter mit einer dünnen Spitze aufbewahrte. Sie setzte sich auf den Rohrstuhl neben ihrem Bett, schaute aus dem Fenster und versank in ihren Tagträumen.

Das große, tiefe Fenster war dasselbe, an das sie an jenem furchtbar traurigen Tag vor erst einem Monat ihre Fingerspitzen gedrückt hatte, als Katie gekommen war, um zu fragen, warum sie nicht beim Sonntagsgottesdienst gewesen sei. Da sie mit ihrer Freundin nicht hatte sprechen dürfen, war Maria außer der liebevollen, aber gleichzeitig so schmerzbewegten Geste nichts anderes eingefallen, was sie hätte tun können; sie hatte gegen alle Hoffnung gehofft, daß Katie mit eigenen Augen sehen würde, wie hilflos sie sich fühlte.

Bei der Erinnerung an diese Szene spannte sich alles in ihr an. Fast hätte sie nicht genug Luft zum Atmen bekommen.

„Oh, Katie, du eigensinniges Mädchen", murmelte sie. „Warum hast du das nur getan? Warum hast du nicht aufgepaßt und dich der Meidung ausgesetzt?"

Sie starrte den knorrigen, alten Baum vor ihrem Fenster an. Und dann ... schüttelte sie den Gehorsam gegenüber den Gemeinderegeln von sich ab, nahm ihren Federhalter zur Hand und begann zu schreiben.

Mittwoch, 17. Dezember

Liebste Katie,

ich habe hundertmal über eine Ausrede nachgedacht, Dir zu schreiben, liebe Freundin. Ich dachte, vielleicht ist es in Ordnung, wenn ich Dir nur eine Weihnachtskarte und einen kurzen Gruß schicke. Es wäre aber wahrscheinlich doch am besten, wenn Du zu niemandem ein Wort davon sagst.
Diese Tage ohne Dich sind grausam schwer für mich, Katie - es ist so schwer, Dich nicht mehr sehen zu können. Es kostet mich alle Beherrschung, nicht aus dem Haus zu schleichen und die Straße hinabzufahren und Dich zu besuchen. Jetzt weißt Du, wie es in meinem Herzen aussieht. Ich vermisse Dich und wünschte mir, es gäbe einen Weg, daß Du eines Tages zu uns zurückkommen könntest.
Die ganze Idee, Dir ein paar Zeilen zu schreiben, ist vielleicht nicht das Richtige. Ich weiß es nicht. Aber, wie dem auch sei: Fröhliche Weihnachten!

Lebewohl für heute
Für immer Deine treue Freundin
Maria Stoltzfus

P. S. Bitte vergib mir, daß ich nicht Deinen „neuen" Namen - Katherine - benutze. Aus irgendeinem Grund kann ich mir Dich mit einem so modernen, eitlen Namen überhaupt nicht vorstellen. Für mich wirst Du immer Katie bleiben.

Maria legte ihren Federhalter nieder und las die Worte noch einmal, jedoch nicht, ohne vorher einen vorsichtigen Blick über ihre Schulter zu werfen. Schnell schrieb sie die Adresse der Millers auf den Umschlag, befeuchtete die gummierte Stelle mit der Zunge, drückte den Umschlag zu und lief hinaus, um ihn in den großen Metallbriefkasten zu werfen. Sie hatte ihren Brief offensichtlich genau zur richtigen Zeit geschrieben, denn in diesem Augenblick kam der Postbote die lange, verschneite Straße entlang.

Maria lächelte bei sich und wußte sehr wohl, daß sie für diese Tat einen ernsten Tadel ernten würde, falls jemand sie dabei erwischte. Aber wie sollte das passieren? Die Post wurde schließlich in dieser Minute abgeholt.

„Guten Morgen, Miss", grüßte der Postbote sie.

„Hallo", antwortete sie und wagte es nicht, ihm in die Augen zu schauen.

„Einen schönen Tag noch." Er nahm ihren Brief und drückte ihr die Post für die Familie Stoltzfus in die Hand.

Mit einem Klicken schob er die rote Flagge an dem Briefkasten nach unten und war auch schon wieder fort.

„Danke", rief sie. Dann fügte sie im Flüsterton hinzu: „Und danke, daß Sie meinen Brief an die liebe Katie mitgenommen haben."

* * *

Ein unangenehmer Eisregen ging noch am gleichen Tag über Hikkory Hollow nieder. Er fiel auch auf das schneebedeckte Vogelbad, das an der verglasten hinteren Veranda der Millers stand, und auf die Fensterscheiben, die nach vorne hinausgingen.

Vierundzwanzig Stunden waren gekommen und wieder gegangen, seit Katherine sich ein Herz gefaßt und mehrere Anrufe an die Auskunft im Norden des Bundesstaates New York unternommen hatte. Sie saß am Eckfenster ihres Zimmers und schaute zu, wie das Wetter immer schlechter wurde.

Das düstere Wetter draußen paßte sehr gut zu ihrer Stimmung. Sie war dankbar für das warme Haus. Trotz all ihrer Bemühungen, den trüben Himmel und den grauen, kalten Tag zu ignorieren, legte sich die unfreundliche Atmosphäre auch auf sie. Warum hatte ihre leibliche Mutter ihren Anruf nicht beantwortet? fragte sie sich. Was hielt sie davon ab, Katherine zurückzurufen?

Ein beunruhigender Gedanke quälte sie. Was war, wenn Lauras Mann seiner Frau ihre Nachricht überhaupt nicht ausgerichtet hatte? Er hatte recht widerwillig gewirkt, erinnerte sie sich. Und seine Stimme hatte so furchtbar ... kalt geklungen. *Wie ein Eiswürfel.*

War das der Grund, warum sie ihm mißtraute?

Katherine beschloß, mit Peter und Lydia über alles zu sprechen, sobald ihre Verwandten nach Hause kämen.

In der Zwischenzeit ging sie in die Küche hinunter und stellte einen Topf mit Suppenbrühe auf und gab Kartoffeln, Karotten, Sellerie und anderes Gemüse dazu. Als nächstes suchte sie die nötigen Zutaten zusammen, um einen köstlichen Strudel zu backen – eine ihrer Lieblingsnachspeisen aus der amischen Küche. Wäre das nicht eine angenehme Überraschung für Lydia?

Katherine wollte sich unbedingt nützlich machen. Sie vermißte es, an der Seite ihrer Mama in der Küche zu arbeiten. Aber sie wußte, daß sie solchen Gedanken nicht zuviel Raum geben durfte. Die Erinnerungen an ihr Leben mit Samuel und Rebekka Lapp lösten noch oft Tränen bei ihr aus. Die liebe, liebe Mama und ihr geliebter Papa – wie sehr sie die beiden vermißte!

Hätte sie nicht Lydia und Peter gehabt, dann wäre sie inzwischen vielleicht *wiedich* (verrückt) geworden! Sie vermißte ihre Familie und ihre Freundin so sehr, daß sie manchmal das Gefühl hatte, behindert zu sein, wie jemand mit einer lähmenden Krankheit. Besonders wenn sie daran dachte, daß sie in einen Bus einsteigen und in die Stadt mit diesem fremdartigen Namen fahren sollte – nach Canandaigua.

Oh, sie konnte sich schon sehen, wie sie über die Schwelle der Bennetts schritt – aber nur in ihren Gedanken. Wenn es darum ging, tatsächlich dorthin zu fahren und ihrer Mutter von Angesicht zu Angesicht gegenüberzutreten, mußte sie zugeben, daß ihr *diese* Vorstellung panische Angst einjagte.

Trotzdem drängte sie etwas tief in ihrem Inneren dazu , etwas, das sie wahrscheinlich unzertrennlich mit Laura Mayfield-Bennett verband, und gab ihr die Kühnheit, das zu tun, was sie tun wollte.

Und so beschloß Katherine, während sie den Eintopf salzte und pfefferte, noch einen, allerhöchstens zwei Tage verstreichen zu lassen, um auf ein Ferngespräch aus Canandaigua zu warten. Wenn sie danach immer noch keine Antwort von Laura bekommen hatte, würde sie einen Teil ihres früheren Aussteuergeldes für eine Busfahrt in den Norden ausgeben.

Nach einem ganzen und einem halben Tag hatte Katherine immer noch keinen Anruf erhalten. „Was meinst du, was ich tun soll?" fragte sie ihren Onkel Peter beim Frühstück.

„Also, ich an deiner Stelle würde wahrscheinlich sofort nach New York losfahren", antwortete er, ohne lange nachzudenken.

Lydia streichelte ihm lächelnd die Hand. „Aber Katie ... äh ... Katherine ist *nicht* du, Liebster. Sie ist eine vernünftige junge Frau."

„Ich weiß wirklich nicht, wie vernünftig ich im Augenblick noch bin", seufzte Katherine. „Manchmal frage ich mich, ob ich diese Nummer nicht einfach noch einmal anrufen sollte, versteht ihr?"

Lydia nickte. Sie sah ein wenig besorgt aus. „Ich hoffe wirklich, daß Laura nicht inzwischen ..." Sie brach leise ab.

„Das gleiche habe ich auch schon gedacht", gestand Katherine. „Wenn sie im Sterben liegt, wie Mama sagte ... dann kann man nicht sagen, wie lang sie noch zu leben hat." Sie stand auf und holte für sich und ihre Verwandten noch eine zweite Portion Rühreier. „Es sieht so aus, als sollte ich meinen ganzen Mut zusammennehmen. Ich würde es mir nie verzeihen, wenn ich zu spät komme und sie nicht mehr lebend sehe."

Katherine schwieg und schaute einen Augenblick aus dem Fenster. „Ich glaube, wenn ein Mensch, der einem so nahe steht wie die eigene Mutter, stirbt, bevor man sich mit ihm versöhnen kann, dann ist alles ... *für die Katz.* Es wäre nicht gut. Überhaupt nicht gut."

Lydia seufzte. „Es liegt mir fern, dir zu widersprechen." Sie rückte ihre Brille zurecht. „Willst du damit sagen, daß du uns vielleicht bald verläßt?"

Bevor Katherine antworten konnte, ergriff Peter das Wort. „Meinst du nicht, daß jemand dich begleiten sollte, wenn du fährst?" Aus seinen blauen Augen sprach eine fast väterliche Besorgnis. „Da deine Familie ..." Er brach gerade noch rechtzeitig ab, ehe er das entsetzliche Wort aussprach.

Trotzdem wußte Katherine genau, was der große blonde Mann hatte sagen wollen. Er hatte natürlich recht. Sie war in ihrer Gemeinde eine gemiedene Frau ohne jede moralische Unterstützung. Außer Marias Weihnachtskarte mit dem liebevollen, wenn auch unbeholfenen Gruß hatte Katherine aus der Amisch-Gemeinschaft nichts gehört.

Das überraschte sie nicht. So waren Meidungen nun einmal. Der „Übeltäter“ geriet ins Wanken und litt unter der Trennung von seiner Familie – und auch darunter, daß er bei niemandem in der Gemeinschaft mehr einkaufen oder seine Waren verkaufen konnte. Oft genügte allein schon die Frustration über diese Situation, um einen Sünder reuig zu machen.

Katherine bemerkte, daß Lydias Kopfbedeckung leicht verrutscht war. „Du brauchst aber wirklich nichts zu überstürzen“, sagte Lydia. „Du könntest über Weihnachten hier bleiben ... und dir überlegen, was du danach unternehmen willst.“

„Es besteht schon Eile“, erinnerte Katherine sie und setzte sich mit einem zweiten Teller Rühreier an den Tisch. „Aber danke für das freundliche Angebot.“

„Ich fahre dich in die Stadt, wann immer du willst“, bot Peter an. „Du brauchst nur ein Wort zu sagen.“

„Am Montag.“ Das Wort sprudelte über ihre Lippen, noch bevor Katherine richtig darüber nachdenken konnte, was sie tat. „Ich rufe heute abend an und erkundige mich nach der Busverbindung.“

„Wenigstens bist du dann am Sonntag noch bei uns“, sagte Lydia lächelnd.

Dafür war Katherine ehrlich dankbar. So etwas wie die Gemeindeversammlungen und die Sonntagsschule der Millers hatte sie noch nie zuvor erlebt. Welch ein Gesang! Und wie die Leute aufstanden und erzählten, was sie mit Gott erlebt hatten. Es war wie der Himmel auf Erden.

Als Peter anbot, sie beim Kauf der Fahrkarte finanziell zu unterstützen, winkte sie ab. „Ich schulde euch noch das Geld für die vielen Telefonate.“ Sie schwieg und schaute erst Peter und dann Lydia an, ihre Verwandten, die ihr zu wertvollen Freunden geworden waren. „Ich verdanke euch beiden sehr viel", flüsterte sie. „Danke für alles."

„Du weißt, daß du hier immer willkommen bist", sagte Lydia. Katherine sah, daß ihre Augenwinkel feucht glänzten.

„Das weiß ich. Ich kann dir gar nicht sagen, wieviel mir das bedeutet." Sie starrte den schwarzen Kaffee in Lydias Tasse an und hatte alle Mühe, selbst nicht in Tränen auszubrechen. Die Freundlichkeit der Millers und ihrer amischen Freundin – die heimliche Karte mit dem Gruß von Maria – taten ihr so gut.

Leise entschuldigte sie sich und verließ das Zimmer.

* * *

Während ihr Baby in seiner Wiege neben ihr schlief, schaute Annie Lapp einen Stoß Weihnachtskarten durch. Die Karte von den Eltern ihres Mannes stach ihr in die Augen. Sie war die hübscheste von allen, aber als sie die Karte aufschlug, um die Weihnachtsgrüße zu lesen, fiel ihr auf, wie seltsam die Unterschriften sie anmuteten. Es war nichts falsch daran, wie Rebekka Lapp ihren und Samuels Namen und die Namen ihrer Söhne – Eli und Benjamin – geschrieben hatte.

Aber Katies Name fehlte. Diese schmerzliche Lücke erinnerte Annie daran, wie ihre Schwägerin aus der Gemeinde ausgeschlossen und die Meidung über sie verhängt worden war – alle Einzelheiten tauchten wieder vor ihrem geistigen Auge auf.

Sie hängte die Karten auf eine Schnur, die sich an einer Seite des Wohnzimmers befand, und mußte erneut an ihren lieben Bruder Daniel denken. Schon wieder ein Weihnachten ohne ihn.

Sie seufzte. Wenn er nur nicht ertrunken wäre ... vielleicht, nur vielleicht wäre Katie dann noch hier in Hickory Hollow, wo sie hingehörte. Statt dessen wohnte Katie bei Mennoniten eine Meile von ihnen weg, und zahlte ihnen auch noch Miete. *Lydia und Peter Miller. Ja, es waren gute Leute. Nur nicht amisch,* dachte sie mit einem traurigen Kopfschütteln.

Sie stand auf und ging in die Küche. Während sie Holz im Ofen nachlegte, wünschte sie sich, nichts von all dem Schlimmen wäre je passiert - weder Daniels Tod noch Katies Meidung, die genauso traurig war.

6

Am Sonntag saß Katherine zwischen Lydia und deren Schwiegertochter, Edna Miller, auf einem gepolsterten Stuhl und freute sich, eine weitere Kostprobe des Morgengottesdienstes im mennonitischen Gemeindehaus von Hickory Hollow zu erleben.

Sie saß ruhig und ehrfürchtig da, wie man es ihr als Kind beigebracht hatte, und schenkte dem immer noch ungewohnten Kirchenschmuck, der sie umgab, große Aufmerksamkeit. *Alles weltlich,* würden die Amisch sagen. Während sie mit einer Hand über das weiche Polster unter sich fuhr, dachte sie, welch ein krasser Gegensatz dies doch zu den harten Holzbänken war, die sie bis vor kurzem gewohnt gewesen war – aber wie sie sich ehrlich eingestand, auch eine angenehme Abwechslung. Ganz vorne in der Kirche stand auf einer erhöhten Plattform eine einfache Kanzel. Sie hatte schon vor dem letzten Sonntag – ihrem ersten Gottesdienstbesuch in dieser Kirche – gewußt, daß der Prediger auf einer Kanzel stand. Dieses Detail hatte sie vor Jahren von Daniel erfahren, als er ihr beschrieben hatte, wie mennonitische Kirchen von innen aussahen. Er hatte sich gelegentlich zu einer nicht-amischen Versammlung davongeschlichen.

„Du kannst dir nicht vorstellen, welch eine fröhliche Zeit das ist“, hatte er über die verbotenen Gottesdienste gesagt. „Die Leute singen und erzählen von ihrem Glauben. Es ist so wunderbar und gut, Katie, wirklich.“

Natürlich war Daniel nie so weit gegangen zu sagen: „Du solltest dich selbst davon überzeugen“, oder: „Ich nehme dich einmal mit.“ Nichts in dieser Richtung. In diesem Punkt war Daniel sehr vorsichtig gewesen, da er nicht das Risiko hatte eingehen wollen, seine geliebte Freundin in Schwierigkeiten zu bringen, nur weil er in der eng begrenzten Amisch-Gemeinschaft keinen Frieden fand. Wenigstens hatte sie diesen Eindruck gewonnen.

Trotzdem mußte sie an Daniel denken, während sie jetzt so dasaß. Durch die großen Fenster auf beiden Seiten der Kirche drang das Licht in den Raum und füllte ihn wie ein himmlisches Flutlicht aus. Katherine erinnerte sich schweren Herzens an ihren Freund und fragte sich, ob sie vielleicht eines Tages Mennoniten geworden wären.

Der Kantor stand vor der Gemeinde auf und schlug leise seine Stimmgabel an. Die Versammlung begann spontan ein kräftiges vierstimmiges Lied anzustimmen.

Katherine bekam eine Gänsehaut unter ihrer Satinbluse. Wieder kam der ganze Himmel über sie herab und strömte durch die hübschen, hellen Fenster in den Raum. Ein Vorgeschmack auf die Herrlichkeit Gottes erfüllte den Raum, begleitet von den mitreißenden Stimmen des A-capella-Chores.

In der zweiten Reihe links neben dem Mittelgang saßen vier junge Frauen Schulter an Schulter und trugen ähnlich aussehende Kopfbedeckungen aus einem leichten weißen Stoff. Dieses Teenagerquartett erregte ungewollt ihre Aufmerksamkeit. Obwohl Katherine nur wenige der Lieder kannte, konnte sie sehen, daß die Mädchen, die anscheinend Schwestern waren, mit großem Ernst und voller Hingabe sangen. Sie warfen kaum einen Blick in ihre Gesangbücher, so gut kannten sie das Lied.

Katherine teilte sich mit Lydias Schwiegertochter ein Liederbuch und war erneut fasziniert von den Noten. Als sie umblätterte, um das nächste Lied zu suchen, fiel ihr noch etwas anderes auf: In dem Buch standen auch fröhliche Lieder.

„Wir singen diese Lieder nur sonntagsabends oder mittwochs beim Gebetsabend“, erklärte Edna ihr leise.

Mit einem leichten Nicken, als würde sie diese Erklärung verstehen, starrte Katherine den Notenschlüssel vor dem Lied an, das sie gerade sangen: „Glücklich der Tag.“ Sie fragte sich, warum es vor Gott in Ordnung sein konnte, daß Mennoniten ihre Musik niederschrieben, während die Amisch das nicht durften. Wenigstens nicht die Amisch in Hickory Hollow.

Außerdem fragte sie sich, warum einige Frauen in der Gemeinde einen Schleier als Kopfbedeckung trugen, andere aber nicht. Und warum einige Frauen in langen, bedruckten Kleidern mit schlichten weißen oder marineblauen Pullovern bekleidet waren, und andere wie Touristinnen und Engländer aussahen.

Das ergab alles keinen Sinn.

Mit Kusine Lydias kräftiger Altstimme und Ednas hoher Sopranstimme im Ohr, versuchte sie mitzusingen. Jedes Mal, wenn sie zu dem Refrain kamen, blieben ihr die Worte „Dies ist der Krönungstag“ im Halse stecken. Sie war ihr ganzes Leben lang gelehrt worden, daß niemand zu Lebzeiten wirklich mit Sicherheit wissen könne, ob er gerettet sei. Man *hoffte* nur, daß der Herr einen am Tag des letzten Gerichtes in sein ewiges Königreich aufnehmen würde. Aber mit vollem Glauben zu sagen, daß man gerettet sei, oder Lieder mit dieser Aussage zu singen, war nichts anderes als anmaßend.

Stolz – die schlimmste Todsünde.

Wie um ihren Überlegungen zu widersprechen, sangen alle vier mennonitischen Schwestern mit Inbrunst, daß sie in den Himmel kämen, und welch ein glücklicher Tag das wäre. Katherine hatte den Eindruck, daß sie im vollen Vertrauen und festen Glauben ihre Stimmen erhoben. Sie fragte sich auch, warum für die Amisch die „Ordnung“ so viel wichtiger war als die Bibel.

Als Kind war ihr alles so selbstverständlich erschienen – die regelmäßigen Predigten des Bischofs und anderer Prediger. Katherines beste Freundinnen waren ihre Kusinen und Klassenkameradinnen, die in dem einzigen Klassenzimmer des amischen Schulhauses mit ihr zusammensaßen – Mädchen und Jungen aus ihrem Gemeindebezirk. Mädchen wie Maria Stoltzfus, die sie fast genausogut gekannt hatte wie sich selbst. Sie hatten sich gleich gekleidet, die Haare gleich getragen, dieselben Sprachen gesprochen – Englisch und ihren alten süddeutschen Dialekt – und hatten auch ziemlich ähnliche Gedanken gehabt.

Keiner von ihnen, außer den Zimmerern und Möbelschreinern in der Gemeinde, gab sich je mit Außenstehenden ab, und man hatte ihnen beigebracht, daß Mennoniten, Brüdergemeinden und andere christliche Gemeinden in Sünde lebten. Wenn man nicht amisch war, war die Wahrscheinlichkeit sehr groß, daß man nach dem Tod in die Finsternis oder in den Feuersee geworfen wurde.

Möglicherweise sogar beides. Wer wollte sich da schon mit so sündigen Leuten anfreunden?

Die „Ordnung“ beherrschte Katherines Denken – auch jetzt nach ihrer Meidung noch. Und selbst an diesem strahlenden, sonnigen Tag – dem gesegneten Tag des Herrn, einen Tag, bevor Katherine beabsichtigte, ihre Zukunft anzutreten, ihre eitle, „englische“ Zukunft – ließ die „Alte Ordnung“ sie nicht los und versuchte, ihr den Mut zu rauben und sie zur Verzweiflung zu bringen.

* * *

„Erzähl mir eine deiner Geschichten, Rebekka“, sagte Annie Lapp, während sie und ihre Schwiegermutter gemeinsam in Annies Küche saßen.

Rebekkas Stricknadeln erfüllten den Raum mit einem leisen, rhythmischen Klappern, aber sie sprach kein Wort.

„Es ist so lange her, seit ich das letzte Mal eine deiner Geschichten gehört habe“, flehte ihre Schwiegertochter sie an.

Trotzdem lehnte Rebekka mit einem Kopfschütteln ihre Bitte ab.

„Erzählen ist eine gute Sache“, beharrte Annie. „Für den Erzähler und für den Zuhörer.“

Mit einem hörbaren Seufzen faltete Rebekka die Hände und starrte ihr Strickzeug an. „Ja, wahrscheinlich.“ Aber sie unternahm keinen Versuch, mit einer ihrer Geschichten anzufangen.

Etwas war bei Katies Mutter offenkundig aus dem Gleichgewicht geraten. Schmerz stand in Rebekkas Augen, ihr Rücken war gebeugt, ach, wie sie gealtert war. In so kurzer Zeit! Annie vermutete, daß es mit Katie zusammenhing, aber sie wagte es nicht, den Namen des abtrünnigen Mädchens auszusprechen.

Elam, Annies Mann, hatte jedem, der den Namen seiner gebannten Schwester in seinem Haus – oder auch sonst irgendwo – aussprach, eine harte Strafe angedroht. Er hatte diese Idee von seinem Vater übernommen. Beide Männer hatten beschlossen, daß weder die unmittelbare Familie noch die erweiterte Familie Katie je wieder erwähnen dürfe. Womit letztendlich sehr viele Leute betroffen waren, da die Amisch-Gemeinschaft durch die vielen Heiraten zwischen den einzelnen Familien aufs Engste miteinander verwoben war.

Inzwischen war es soweit gekommen, daß überhaupt niemand mehr über Katie Lapp sprach. Annie hatte das Gefühl, als versuchten die Amisch, den Schmerz darüber, daß sie eine aus ihrer Mitte an den Teufel verloren hatten, zu verdrängen. Nicht aus Wut oder Haß, nein. Sie versuchten einfach, das Leben weiterzuführen, das Gott in Hickory Hollow von ihnen erwartete.

Mit oder ohne Katie.

„Wie wäre es, wenn ich *dir* dieses Mal eine Geschichte erzähle?“ sprach Annie weiter.

„Gut, das wäre gut“, antwortete Rebekka.

Annie wiegte ihr Neugeborenes in den Armen und erzählte ihrer Schwiegermutter die Geschichte, die sie noch nie einem Menschen erzählt hatte. Nicht einmal Elam.

„Es geht um einen Traum, den ich immer wieder habe“, begann sie.

Rebekkas Augen wurden lebendiger. „Sprich weiter.“

„Also, es beginnt immer an einem bitterkalten Tag. Mitten aus dem Nebel kommt mein toter Bruder auf das Haus zu. Er geht die Stufen zur vorderen Veranda hinauf und klopft an die Tür. Seine Gestalt sieht genauso aus wie früher, aber sein Gesicht ... und seine Augen ... nun ja, Daniel sieht aus, als wäre er lange fort gewesen.“ Sie machte eine Pause, um eine weitere Decke um ihren kleinen Daniel zu wickeln. „Es ist, als würde er von den Toten zurückkommen.“

„Wir wissen alle, daß *das* nie geschehen wird“, murmelte Rebekka.

„Trotzdem beunruhigt er mich maßlos, er kommt immer wieder.“

Rebekka schaute sie mit tief in den Höhlen sitzenden Augen an. „Wie oft?“

„Zweimal in der Woche, würde ich sagen.“

„Das ist nur Wunschdenken und nichts anderes.“

Die Frauen verfielen in ein tiefes Schweigen. Jede hing ihren eigenen Gedanken nach, und Annie fragte sich, ob Rebekkas Denken möglicherweise von etwas anderem als der Wirklichkeit getrübt war.

„Der Herr ist mein Zeuge: Wenn man Träume wahr machen könnte", begann die ältere Frau plötzlich und schreckte Annie mit ihren lauten Worten auf, „dann hätte ich mein Mädchen inzwischen längst zurück."

Annie mußte nach Luft schnappen. Noch nie hatte sie Rebekka so respektlos reden hören. Sie waren ihr ganzes Leben lang unterwiesen worden, daß es eine Sünde war, den Namen des Herrn aus einem anderen Grund als zu seiner Ehre und zu seinem Ruhm auszusprechen. Und jetzt saß Rebekka hier in ihrer Küche und sprach beinahe einen Fluch aus. „Mama? Vielleicht sollten wir laut in der Heiligen Schrift lesen", schlug sie schnell vor.

„Ich möchte nicht länger bleiben." Rebekka stand auf. „Ich fahre am besten wieder nach Hause."

„Warte ... geh noch nicht."

„Es ist am besten so."

„Aber du bist doch gerade erst gekommen, und ich ..."

„Was ist, Annie?" wollte Rebekka wissen und drehte sich, die andere mit einem prüfenden Blick musternd, um. „Hast du Angst?"

„Angst vor was?"

„Man könnte meinen, du hättest wegen deines toten Bruders den Verstand verloren?"

Annie stand auf und legte ihr schlafendes Baby in seine Wiege. „Natürlich bin ich nicht verrückt, falls du das meinst."

Rebekka setzte unbeirrt ihren Weg zur Hintertür fort. „Zwischen einem klaren Verstand und dem Wahnsinn ist nur eine schmale Grenze. So leid es mir tut, das sagen zu müssen."

Die Worte klangen angestrengt und gezwungen. Rebekkas Stimme kam ihr ein bißchen spitz vor. So aggressiv zu sein, war gar nicht die Art von Katies Mutter. Ganz und gar nicht.

„Geht es dir nicht gut?" fragte Annie besorgt.

„Es ging mir noch nie besser." Rebekkas Lachen grenzte fast an Hysterie – eine Mischung aus Weinen und Lachen, irgendwie unheimlich. Ihre Stimme war so hoch, daß Annie die Nackenhaare zu Berge standen.

„Aber natürlich ist es dir schon besser gegangen, Rebekka! Viel, viel besser." Mit diesen Worten eilte sie zur Tür, um der armen Frau in den Mantel zu helfen. Sie wünschte sich, Weihnachten stünde nicht vor der Tür.

Etwas am Geburtstag des Herrn weckte in ihr den Wunsch, sich zu freuen ... oder zu verzweifeln. Es war offenkundig, daß ihre Schwiegermutter seelsorgerliche Hilfe brauchte, und zwar ziemlich schnell. Ein Gespräch mit der *Weisen Frau* würde ihr bestimmt guttun.

Als sie genauer darüber nachdachte, beschloß sie, daß sie in den nächsten Tagen mit ihrem Einspänner zu Ella Mae hinüberfahren würde.

7

Bis Weihnachten waren es nur noch zwei Tage. In der Villa der Bennetts herrschte reges Treiben. Frisch geschnittene grüne Zweige schmückten die breiten Türrahmen und schmalen Fenster im Treppenhaus. Laura liebte den würzigen Tannenduft, und sie bat Rosie, sie in die große Halle zu fahren.

An einem Ende stand ein riesiger, duftender Baum, am anderen Ende führten Glastüren ins Speisezimmer, in dem frisches Tannengrün und die Kronleuchter aus Messing erstrahlten.

Während ihr Blick über den Eingangsbereich zum Speisezimmer wanderte, hatte sie das Gefühl, als sehe sie alles zum ersten Mal. Oder, vielleicht genauer gesagt, sie *versuchte,* es zu sehen. Sie gestand sich nur sehr ungern ein – geschweige denn einem anderen Menschen –, daß ihr Augenlicht spürbar schwächer wurde.

Noch vor weniger als einer Woche hatte sie alles klar sehen können. Sie wäre nicht auf den Gedanken gekommen, daß ihr Augenlicht schlechter werden könnte, hätte sie nicht gelegentlich so ein Brennen verspürt. Heute war sie sich jedoch nicht so sicher und zog in Erwägung, mit Schwester Natalie darüber zu sprechen.

„Geht es Ihnen gut?" fragte Rosie.

Es war nicht nötig, ihr liebstes und bestes Hausmädchen zu beunruhigen, und was die Krämpfe in ihren Beinen betraf, ging es ihr wirklich weitaus besser. „Ich würde sagen, heute ist einer meiner besten Tage seit Wochen."

Rosie lächelte und gab einen tiefen Seufzer von sich. „Gott sei Dank", sagte sie freudestrahlend. „Ich habe dafür gebetet, daß dies ein wunderschönes Weihnachtsfest für Sie wird, Madam."

Selig und der Chefsteward eilten an Lauras gemütlichem Platz vorbei. Sie hörte die beiden plaudern, während ihre Schritte auf dem Korridor verhallten.

„Sie holen sich hier draußen doch keinen Zug, oder?" fragte Rosie und warf einen besorgten Blick den Gang hinab zum Eingang des Hauses.

„Das ist unmöglich - so wie Sie mich eingepackt haben." Laura lächelte in das runde Gesicht der Frau, deren braune Augen vor Besorgnis ganz dunkel waren. „Sie kümmern sich so liebevoll um mich, Rosie."

„Das tue ich sehr gern", kam die sanfte Antwort.

Laura fühlte eine leichte Berührung auf ihrem Arm und überlegte, ob jetzt der Zeitpunkt günstig wäre, um den Telefonanruf zu erwähnen, den sie vor einiger Zeit getätigt hatte. „Was würden Sie dazu sagen, wenn ich Ihnen erzähle, daß ich daran denke, einen Privatdetektiv zu engagieren?"

„Aber Mrs. Bennett, wozu denn?"

„Wegen meiner Tochter, Katherine. Sie erinnern sich doch daran, nicht wahr?"

Bei diesen Worten kam Rosie um den Rollstuhl herum und schaute ihre Chefin direkt an. „Ja ... ich habe Sie von ihr sprechen hören, aber warum ..." Mit einem leichten Stirnrunzeln brach sie ab.

Laura machte eine Pause. „Ich hatte gehofft, es müßte nicht so weit kommen. Verstehen Sie, ich habe Grund zu der Annahme, daß Katherine nie gesetzlich adoptiert wurde."

Rosie verschlug es den Atem. „Wie kann das sein?"

„In all den Jahren habe ich keinen einzigen Brief von ihren Pflegeeltern bekommen, in dem sie diese Absicht bekundet hätten ... nicht, daß das nötig gewesen wäre, um das Kind – meine Tochter – aufzuziehen und zu lieben und ..."

„Oh, aber Mrs. Bennett, es ist kurz vor Weihnachten", unterbrach Rosie sie. „Vielleicht könnten Sie bis nach den Feiertagen warten. Wollen Sie sich nicht noch ein bißchen Zeit lassen?"

„Zeit? Ich habe keine mehr, oder?" Sie legte die Hände auf ihre Knie. „Ich habe in meinen Gliedern fast überhaupt keine Kraft mehr. Wie lang soll ich da noch warten?"

„Noch drei Tage" bat Rosie. „Weihnachten steht vor der Tür."

„Ja, Weihnachten!" mischte sich plötzlich eine männliche Stimme in das Gespräch der beiden Frauen ein.

Laura drehte sich um und sah ihren Mann auf sich zukommen. „Hallo, Dylan", begrüßte sie ihn.

In einem seiner gutgeschnittenen Lieblingsjacketts aus sportlichem Tweedstoff sah er wie immer makellos aus. Der übermütige Blick in seinen grauen Augen verlieh ihm ein fast jungenhaftes Aussehen. „Guten Morgen, die Damen."

Sie unternahm jedoch nichts, um ihn bei seiner zur Schau gestellten Zuneigung zu ermutigen – sie hob nicht die Wange, als er sie flüchtig küßte.

Er trat zurück, schlug die Hacken seiner Schuhe zusammen und verschränkte die Arme vor der Brust. „Ich habe eine Weihnachtsüberraschung für dich, Laura", sagte er mit einem rätselhaften Lächeln. „Die Feiertage sind nicht mehr weit weg, ich weiß, aber ich denke, du wirst mich verstehen, wenn du mein Geschenk siehst."

Sie wußte nicht, wie sie darauf reagieren sollte; schon deshalb nicht, weil Dylan so begeistert von seinem vorzeitigen Geschenk zu sein schien.

„Kannst du dich anziehen – dein schönstes Kleid? Sagen wir, für heute nachmittag zum Tee?"

„Heute?"

„Ja, heute." Ihr Mann schien vor Begeisterung fast zu platzen.

Rosie nickte. „Ich sorge dafür, daß Mrs. Bennett ihr festlichstes Kleid anzieht."

„Gut. Kümmern Sie sich darum." Dylan wandte sich zum Gehen, drehte sich noch einmal um und beugte sich vor, um Laura auf die Stirn zu küssen.

„Meine Güte, ist Mr. Bennett heute aber gut gelaunt, finden Sie nicht?" sagte Rosie und schob Laura wieder in ihre Privaträume zurück.

„Ja ... das ist er. Es ist ziemlich lange her ... seit ich ihn das letzte Mal so glücklich gesehen habe." Trotz der Aufregung des Augenblicks konnte Laura sich eines kurzen Zögerns nicht erwehren. Was hatte die Dringlichkeit des Geschenks zu bedeuten? fragte sie sich.

Ohne weiter einen Gedanken darauf zu verschwenden, schüttelte sie dieses Gefühl mit einem Achselzucken von sich ab. Vielleicht hatte ihr schwaches Augenlicht sie unnötig gewarnt.

Vielleicht gab es überhaupt nichts, das sie in Frage stellen mußte.

* * *

Natalie Judah kam kurz vor dem täglichen Nachmittagstee. Sie war ganz außer Atem. „Die Straßen sind schrecklich glatt“, erklärte sie ihre Verspätung. „Das Wetter wird von Minute zu Minute schlechter. Und die vielen Leute, die in letzter Minute noch ihre Weihnachtseinkäufe erledigen, verbessern die Lage auch nicht.“

„Dann ist es ja gut, daß Sie heute nicht mehr hinaus müssen“, bemerkte Rosie und machte sich an Lauras Haaren zu schaffen.

„Ja, darüber bin ich wirklich froh!“ Natalie saß ihr gegenüber im Zimmer und schaute zu, wie Rosie Lauras dichte rote Haare hochbürstete und auf beiden Seiten mit glänzenden goldenen Kämmen feststeckte.

Mrs. Bennett drehte ihr das Gesicht zu und lächelte dankbar. „Es ist ein solcher Segen, daß Sie sich rund um die Uhr um mich kümmern.“

Ein Segen? Natalie hatte die Krankenpflege noch nie in diesem Licht betrachtet. Es war ihre Arbeit, und sie wurde für ihre Dienste mehr als ausreichend bezahlt. Aber es war noch mehr – sie empfand ein tiefes Mitgefühl mit ihrer todkranken Patientin. Vielleicht war es das, was Laura Bennett wahrnahm.

„Was ist denn der Anlaß?“ fragte sie mit einem Blick auf Lauras hochgesteckte Frisur.

„Mein Mann hat eine Überraschung für mich.“

„Oh?“

Rosie nickte. „Etwas, das offenbar nicht bis zum Heiligen Abend warten kann.“ Ein Anflug von Ironie lag in ihrer Stimme.

Natalie ignorierte die Bemerkung und warf einen Blick zur Tür, die auf den Gang hinausführte. „Will Mr. Bennett das Geschenk hier überreichen?“

„Ja, in diesem Zimmer“, erklärte Rosie. „Und ich hoffe wirklich, daß es nicht lang dauern wird, was immer es auch ist.“ Sie deckte Lauras Beine mit einer Wolldecke zu.

Natalie horchte bei Rosies Bemerkung auf. „Fühlen Sie sich heute schlechter, Mrs. Bennett?“

„Eigentlich nicht, nur ..."

Sofort war die Krankenschwester auf den Beinen und stand eine Sekunde später an Lauras Seite. „Was ist?" Sie bemerkte das plötzliche Flehen in den Augen der kranken Frau. Rosie, die Lauras wortlose Bitte anscheinend verstanden hatte, entschuldigte sich auf der Stelle und verließ das Zimmer.

Als sie allein waren, wurde Lauras Stimme leise. „Ich habe so unangenehme ... Schmerzen hinter den Augen."

Natalie beugte sich über ihre Patientin. „Lassen Sie mich einmal sehen", sagte sie und hob vorsichtig Lauras linkes Augenlid nach oben. Sie untersuchte das Auge und hoffte lediglich ein Anzeichen einer Entzündung oder etwas Ähnliches zu sehen. *Alles* mögliche, nur kein weiteres Symptom für das Fortschreiten der tödlichen Krankheit.

Als sie nichts fand, trat sie etwas zurück und betrachtete das blasse Gesicht der Frau. Dann fragte sie: „Sind diese Schmerzen jetzt erst aufgetreten?"

„Ich würde sagen, vor zwei oder drei Tagen." Mrs. Bennett beschrieb auch, daß sie nicht mehr klar sehen konnte, was natürlich ärgerlich sei.

Kein gutes Zeichen, dachte Natalie. Es deprimierte sie, so schlechte Nachrichten kurz vor Weihnachten zu hören - höchstwahrscheinlich Laura Bennetts letztes Weihnachtsfest.

Rosie, die eine mütterliche Fürsorge für ihre Patientin empfand, obwohl diese acht Jahre älter war als sie selbst, war zurückgekommen und stand nur wenige Zentimeter hinter dem Rollstuhl. Ihre Finger legten sich um die Griffe, als der Herr des Hauses Lauras privates Wohnzimmer betrat. Er hatte einen Strauß roter Rosen in der Hand.

Nichts Neues, dachte sie. Mr. Bennett überreichte seiner Frau oft Blumen, ob ein Anlaß bestand oder nicht. Heute schienen sie jedoch die Einleitung zu sein – nur das Vorspiel zu etwas, das noch kommen sollte.

„Mein Liebling." Er sprach mit leiser Stimme, kniete neben seiner Frau nieder und nahm ihre zierlichen weißen Hände in seine.

„Ich möchte dich nicht aufregen ...“ Seine Stimme wurde noch leiser, aber sein Blick blieb unverwandt auf ihrem Gesicht ruhen. „Jemand ist hier und will dich kennenlernen“, sprach er weiter. „Jemand, nach dem du dich schon lange sehnst.“

Rosie wurde steif und warf Schwester Natalie, die auf der anderen Seite des Zimmers angespannt und abwartend die Szene beobachtete, einen besorgten Blick zu. *Was hatte dieser Mann im Sinn?*

„Laura, meine Liebe, ich glaube, ich habe deine Tochter gefunden – deine Katherine.“ Mr. Bennett drehte sich um und warf einen Blick Richtung Tür. „Sie wartet vor der Tür.“ Mrs. Bennetts rang nach Luft. Rosie hatte alle Mühe, ihre Besorgnis zu verbergen. Sie hoffte aufrichtig, daß diese Überraschung ihre Chefin nicht zurückwerfen würde – aber andererseits stand es ihr nicht zu, sich einzumischen.

Mr. Bennett machte eine kurze Pause und gönnte seiner Frau einen Augenblick Zeit, um das Gehörte zu verarbeiten. „Bist du bereit, dein einziges Kind zu sehen?“ fragte er. „Sie führt jetzt den Namen Katie Lapp.“

„Katie?“ kam Lauras schwache Stimme.

Rosie warf Schwester Natalie, die schnell aufstand und an die Seite ihrer Patientin trat, um sich leicht an die rechte Seite des Rollstuhles zu lehnen, einen verzweifelten Blick zu. „Das kommt ziemlich unerwartet, Sir“, bemerkte sie und warf dem Mann ihrer Patientin einen Blick von der Seite zu. Dann sagte sie, an Laura gewandt: „Wie fühlen Sie sich, Mrs. Bennett?“

Ohne Vorwarnung begann der Stuhl zu zittern. Aber nicht aufgrund eines durch die Krankheit bedingten Krampfanfalls. Laura Bennett weinte. Ein leises Schluchzen war zu hören.

Rosie verspürte den seltsamen Drang, die Frau abzuschirmen und zu beschützen, unterdrückte diesen Impuls aber und ließ die Ereignisse ungehindert ihren Lauf nehmen. Wer war sie, daß sie dazwischentreten und die Hausherrin daran hindern sollte, nach langer Zeit endlich ihre Tochter zu Gesicht zu bekommen?

Weihnachten stand vor der Tür, um Himmels willen. Schließlich *sollten* Wunder an Weihnachten geschehen.

Laura tupfte wiederholt mit einem Taschentuch an ihre Augen. Dann nickte sie und sagte zitternd: „Bringe mein liebes Kind zu mir."

Rosie wappnete sich innerlich. Sie richtete den Blick auf den breiten Türrahmen und kam sich vor, als warte sie darauf, daß die Heldin eines Theaterstückes ihren großen Auftritt hätte ...

Sie war angenehm überrascht, als eine junge Amischfrau, die nach der „Alten Ordnung" gekleidet war und eine entsprechende Kopfbedeckung trug, in der Begleitung von Mr. Bennett zaghaft das Zimmer betrat. Das schlanke Mädchen, das keinen Tag älter als zwanzig sein konnte, hatte nur Augen für Mrs. Bennett. Über ihr ovales Gesicht zog ein spontanes, scheues Lächeln. „Hallo, Mutter", sagte sie.

Mr. Bennett ergriff sehr schnell das Wort, noch bevor Laura auf die ersten Worte ihrer Tochter reagieren konnte. „Liebling, ich möchte dir Katie vorstellen."

Trotz des Versuches von seiten ihres Mannes, die Frau formell vorzustellen, hing Lauras Blick wie gebannt an dem amischen Mädchen. „Oh, Katherine, bist du es? Bist du es wirklich?"

Rosie ließ den Griff des Rollstuhles los und trat zur Seite. Dabei bemerkte sie ein Aufblitzen - oder was *war* das für ein seltsamer Blick in Dylan Bennetts Augen? Triumphierend ... oder doch nicht?

„Oh, komm doch näher, mein Liebes", bat Laura und hatte alle Mühe, die Tränen zurückzuhalten, die ihre Sicht nur noch mehr trübten. „Ich möchte dich genau anschauen. Das stört dich doch nicht, oder?"

Das amische Mädchen kam näher. Schwester Natalie stellte ihr schnell einen Stuhl hin, damit sie Laura gegenüber Platz nehmen konnte.

„Denki", kam die zurückhaltende Antwort.

Laura bemerkte Katies höfliches Nicken in Richtung der Schwester. Ihr Herz wollte vor Glück schier stehenbleiben, als sie die junge Frau vor sich anschaute.

Katherine, ihre schöne Tochter, war endlich hier! Hier ... in diesem Haus!

Die junge Frau ergriff wieder das Wort. „Aber ich möchte doch *dich* anschauen, Mama."

Die einfachen, schlichten Worte hingen in der Luft und warteten auf eine Antwort. Aber Laura wurde still. Die in ihrem Herzen aufwallenden Gefühle übermannten sie. Jubel, Freude ...

Umringt von Dylan, Rosie und der Krankenschwester, betrachteten die beiden Frauen einander schweigend.

Schließlich fand Laura die Sprache wieder. „Katherine, mein geliebtes Kind. Ich habe so lange, so schrecklich lange auf diesen Tag gewartet."

Ihre Tochter nickte und lächelte freundlich.

Lauras Augen füllten sich mit Tränen. Sie wischte sie schnell weg, da sie fürchtete, sie könnte aufblicken und feststellen, daß ihre Tochter wieder fort sei und sie alles nur geträumt habe. „Der Herr hat meine Gebete erhört", flüsterte sie und griff nach der zierlichen Hand. „Wie glücklich ich bin, daß du gekommen bist, Katherine."

„Bitte, du mußt mich Katie nennen. Das paßt besser zu mir."

Also hatten die amischen Eltern - die Lapps - den Namen, den sie für ihre Tochter ausgesucht hatte, geändert. Sie hatten sie Katie genannt. Es lag etwas Schlichtes, aber doch Charmantes in dem Namen. Der kurze, nette Name paßte wirklich gut zu ihr.

„Dann also Katie", antwortete sie, überrascht, wie leicht der ungewohnte Name ihr über die Lippen ging. Ein Ersatz, den sie akzeptieren konnte; immerhin war es eine Abkürzung von Katherine.

Das Bewußtsein, daß sie ihr diesen Namen gegeben hatte, gab ihr das Gefühl, irgendwie enger mit dieser Fremden verbunden zu sein. Es stellte eine Brücke zur Vergangenheit her. Eine Vergangenheit, die sie nicht miteinander erlebt hatten. Verlorene Tage. Für immer verloren.

Aber jetzt hatten sie *diesen* Augenblick. Darauf wollte sie schauen. Sie beide – sie und dieses wunderbare Mädchen namens Katie – hatten das *Jetzt.* Und mit der ganzen Liebe, die sie so viele Jahre vergeblich zu ihrer Tochter im Herzen getragen hatte, beschloß sie, daß sie die Gegenwart, die genauso sehr ein Geschenk des Himmels war wie ein Geschenk Dylans, wirklich genießen würden.

Sie hatte alle Mühe, ihr Kind nicht unverwandt anzuschauen. Laura war von Katies hübschem Gesicht angerührt – die matte Hautfarbe war wie gemalt, so vollkommen sah sie aus. Und das ruhige Lächeln. Alles an ihr faszinierte Laura. Wenn es überhaupt irgendeine Enttäuschung gab, dann war das höchstens die Farbe von Katies Haaren.

Laura hatte sich immer ausgemalt, daß ihr Fleisch und Blut mit Sicherheit ihre rotbraunen Locken geerbt hätte. Aber Rotblond stand Katie auch sehr gut und unterstrich die hellbraunen Brauen und Wimpern hervorragend.

Wenn sie nur dieses geliebte Antlitz besser *sehen* könnte. Leider war ihr Augenlicht zu schwach geworden, um das Erscheinungsbild ihrer Tochter richtig genießen zu können. „Oh, meine Güte, es gibt so vieles, so viele Dinge, die ich dir erzählen möchte", hörte Laura sich sagen. „Dinge, die eine Mutter und eine lange verlorene Tochter sich zu erzählen haben."

Hinter sich hörte sie Rosie schniefen. Laura war ziemlich sicher, daß auch ihrem Mann Tränen in den Augen standen. Eine tief empfundene Dankbarkeit ihm gegenüber ließ sie einen Augenblick nach Luft ringen. Sie mußte ihn fragen, wie es ihm gelungen sei, Katherine ausfindig zu machen – und das so kurz vor Weihnachten. Aber das konnte warten. „Wir müssen miteinander Tee trinken", sagte sie zu dem Mädchen. „Nur wir beide."

Bei diesen Worten tauchte Dylan aus der Ecke des Zimmers auf. „Der Tee ist schon unterwegs."

„Wunderbar." Laura hob das Kinn und schaute ihn direkt an, auch wenn sie ihn mit ihrer abnehmenden Sehkraft nur verschwommen wahrnehmen konnte.

Schwester Natalie kontrollierte Lauras Puls und entschuldigte sich dann höflich. Rosie schien weniger gewillt, ihre Hausherrin zu verlassen. Sie beugte sich vor und flüsterte: „Sind Sie sicher, daß Sie mich nicht brauchen?"

„Danke, aber wir kommen schon zurecht", sagte Laura, auch wenn ihr Herz wie wild hämmerte und raste. Der Schmerz der Jahre, die quälende Sehnsucht ... das alles überwältigte sie. Das Gewicht der

Sorgen, die Erinnerungen erdrückten sie, sie, die hilflos in ihrem Rollstuhl saß, fast. Für einen kurzen Augenblick mußte sie sich im Raum umsehen und sich neu ins Bewußtsein rufen, was gerade passiert war.

Da bemerkte sie plötzlich, daß Dylan an einen Stuhl nur einen Meter neben Katie getreten war. Warum war er geblieben, obwohl sie doch ausdrücklich darum gebeten hatte, mit ihrer Tochter allein zu sein?

Sie wich seinem Blick aus und richtete ihre Aufmerksamkeit auf die sittsam gekleidete Katie, die das gleiche blaue Kleid und die schwarze Schürze trug, die sie im letzten Monat bei ihrem Besuch im Bezirk Lancaster an mehreren Amischfrauen gesehen hatte. Wenn ihr Gedächtnis ihr keinen Streich spielte, dann hatte die Tracht sogar den gleichen Farbton wie das Kleid, das Rebekka, die Adoptivmutter ihres Kindes, an jenem Tag getragen hatte, an dem sie sich auf dem Gang des Krankenhauses von Lancaster vor knapp dreiundzwanzig Jahren begegnet waren.

„Katie, könntest du dir vorstellen, über die Feiertage hier zu bleiben?“ fragte sie und lächelte bei diesem ihr angenehmen Gedanken.

Bevor ihre Tochter antworten konnte, mischte sich Dylan ein und wandte sich an Katie. „Mrs. Bennett, äh, deine *Mutter* und ich, wir würden uns freuen, wenn du mit uns Weihnachten feierst.“ Er drehte sich um und warf Laura einen liebevollen Blick zu, als wären sie das glücklichste Paar der Welt.

„Ich wünsche mir natürlich nichts mehr, als daß du bei uns bleibst“, sagte Laura, deren Kehle zunehmend trockener wurde, während sie regungslos in ihrem Rollstuhl saß. Die beunruhigende, wenn auch nicht unwillkommene Spannung dieser Situation – die starken Gefühlsbewegungen, ihre Tochter zu sehen, und sie doch nicht richtig zu sehen – nahm ihr fast den Atem.

Dylan schien es nicht erwarten zu können, die Spannung, die im Raum lag, aufzulockern. „Wenn du es wünschst, kann ich den Butler rufen und ihn bitten, daß er dich in eines unserer Gästezimmer im oberen Stockwerk führt.“

„Ja, unbedingt“, fügte Laura hinzu. „Wir wollen, daß du dich bei uns ganz wohl fühlst, Katie.“

Bei dieser Bemerkung strahlte das amische Mädchen. „Dann können wir uns noch besser kennenlernen? Ja?“

„Oh, das hoffe ich doch sehr.“

Tief in ihrem Inneren sprach Laura ein schweigendes Dankgebet, daß Gott ihre geliebte Katie ... noch rechtzeitig ... zurückgebracht hatte.

Noch rechtzeitig.

Es war Zeit für den Nachmittagstee. Rosie servierte ihn zusammen mit einem köstlichen Gebäck, das einer königlichen Familie würdig gewesen wäre, die das Wiedersehen ihrer lange verschollenen Tochter feierte.

Obwohl Laura tausenderlei Fragen durch den Kopf schossen, während sie den Tee tranken, sah sie davon ab, auch nur eine einzige davon zu äußern, da ihr bei dem Gedanken, ihre von der Reise erschöpfte Tochter so bald nach ihrer Ankunft ungeniert auszufragen, unbehaglich zumute war.

Außerdem war sie, auch wenn sie das Geschenk, das Dylan ihr gemacht hatte, sehr schätzte, etwas verärgert über ihn, weil er ihr Zusammensein störte.

Wenn er wirklich daran interessiert wäre, etwas über Katies Leben und ihre Vergangenheit zu erfahren, warum lenkte er dann immer wieder das Gespräch von genau den Themen weg, die Laura so sehr interessierten? Das alles verwirrte sie. Ein schreckliches Gefühl übermannte sie plötzlich und löste einen qualvollen Zitteranfall in ihren Beinen aus.

Sie schrie auf und verzerrte vor Schmerzen das Gesicht.

Auf der Stelle sprang Dylan auf und schaute sie scharf an. Sie merkte, daß er angewidert war. Das konnte sie trotz ihres verschwommenen Augenlichtes sehen.

Als sie Katie nach Luft schnappen hörte, versuchte sich Laura verzweifelt zu entschuldigen. Aber ihre Stimme wollte ihr nicht gehorchen.

Schwester Natalie übernahm die Kontrolle. „Ich kümmere mich

um Mrs. Bennett", sagte sie und schob den Rollstuhl aus dem Zimmer.

Nicht jetzt, haderte Laura, während sie eilig in ihr Schlafzimmer gebracht wurde. Als sie außer Sicht waren, umklammerte sie verkrampft ihr linkes Bein. *Bitte, Herr Jesus, nicht ausgerechnet jetzt!*

8

Die Hausmädchen und die Diener wußten Bescheid, ohne daß man es ihnen ausdrücklich gesagt hatte. Aufgeregte Gespräche waren in der ganzen Bennettvilla zu hören, während sie durch das Haus wirbelten, um alles für den unerwarteten Besuch herzurichten.

„Es sieht so aus, als hätte Mr. Bennett die Tochter seiner Frau ausfindig gemacht. Sie lernen sich gerade in Mrs. Bennetts Wohnzimmer kennen", hörten die anderen Selig zum Chefsteward sagen.

„Dann holt schnell ein zusätzliches Gedeck", erwiderte Garrett, der allein durch das Hochheben seiner Augenbrauen alle in Bewegung setzte.

„Hat schon jemand die Tochter der Chefin in Augenschein nehmen können?" fragte der Butler.

Einer der Köche tadelte ihn mit einem Kochlöffel. „Frag doch am einfachsten deine Frau. Rosie kann dir bestimmt sagen, wie das Mädchen aussieht."

„Das Mädchen?" fragte Garrett und balancierte ein rundes Tablett durch die Luft. Ein neugieriges Lächeln spielte sich um seine Lippen. „Wie alt *ist* sie denn?"

„Ihr genaues Alter weiß anscheinend niemand", erwiderte Selig von seinem Platz aus. „Aber ich wette, daß sie Mrs. Bennett bestimmt sehr ähnlich sieht."

„Das möchte man doch auch unbedingt hoffen", sagte Theodore, der aus der Garderobe in die Küche getreten war, wo er das aufgeregte Stimmengewirr beobachtet hatte und sich über die wilden Spekulationen, die um ihn herum angestellt wurden, leicht belustigte. Auch bei seinem Eintreten verstummten die Stimmen nicht. Im Gegenteil, man rätselte, tuschelte und flüsterte weiter, während man Teig ausrollte, die nötigen Zutaten zum Nachmittagstee zusammenstellte oder mit sauberer Bettwäsche und Handtüchern in das Gästezimmer aufbrach.

Theodore ging gezielt auf seinen Neffen zu. „Kann ich kurz ein Wort mit dir sprechen?" Er deutete mit dem Kopf zum Gang.

Garrett, der mit der Anordnung von einem Imbiß auf einem Messingtablett beschäftigt war, arbeitete unbeirrt weiter. „Hat das noch einen Augenblick Zeit?"

„Eigentlich nicht."

Sein Neffe warf ihm von unten einen Blick zu. Er wirkte ziemlich verblüfft. „Aber ... Onkel, was ist denn?"

„Laß alles stehen und liegen und komm ... sofort", befahl ihm Theodore. Obwohl er sich nicht erinnern konnte, je so schroff mit seinem einzigen noch lebenden Verwandten gesprochen zu haben, war es einfach so, daß er Garrett dringend einige Fragen stellen mußte.

Wenn auch vielleicht nur aus reiner Neugier.

Zum Glück nahm Garrett seinen Onkel nicht ganz wörtlich und ließ nicht *alles* fallen, denn die große Platte war mit köstlichen Hors d'oeuvres bestückt. Sie sah verlockend und appetitlich aus und war fast fertig.

Garrett bat Selig, seinen Posten zu übernehmen, und wischte sich eilig die Hände an einem Handtuch ab, bevor er seinem Onkel auf den Gang hinaus folgte. „Was könnte wichtiger sein als die Vorspeise?" fragte er, als sie allein in einer Ecke des südlichen Korridors standen, weit genug von der Küche entfernt, um ungestört sprechen zu können, und doch nah genug bei der Tür zum Butlerbüro für den Fall, daß sie sich zurückziehen müßten.

„Die Vorspeise kann warten." Theodore beugte sich vor und schaute sich nach allen Seiten um, um sicher zu gehen, daß niemand ihr Gespräch belauschte. „Jetzt sag, was dieses ganze Gerede von einem Wiedersehen zwischen Mrs. Bennett und ihrer Tochter soll? Ich kriege den ganzen Nachmittag nur irgendwelche Gesprächsfetzen mit."

Ein Runzeln zog über die Stirn seines Neffen. „Anscheinend ist die Tochter der Hausherrin praktisch aus heiterem Himmel aufgetaucht. Plötzlich war sie einfach da."

„Hmm, sehr seltsam, muß ich sagen."

„Angeblich spricht Mrs. Bennett in diesem Augenblick, während wir beide hier stehen, mit der jungen Amischfrau in ihren Privaträumen." Garrett warf einen Blick auf seine Uhr. „Ich darf nicht trödeln, Onkel, wenn ich rechtzeitig servieren will."

„Gut." Theodore warf einen Blick auf die Treppen und Türen. Dann bedachte er auch seinen Neffen mit einem ernsten Blick und entließ den gut aussehenden jungen Mann mit einem Winken. „Wir sprechen später darüber ... *nach* dem Tee."

Was die nicht ausgesprochene Aufforderung beinhaltete, daß Garrett genau aufpassen sollte, wenn er den Tee in Mrs. Bennetts Räume brachte, und danach seinem Onkel Bericht erstatten sollte.

Er kehrte zu seiner Arbeit zurück und sinnierte über die Ereignisse der letzten Tage nach. Die Hausherrin hatte an dem Tag, an dem er sie zum Anwalt gefahren hatte, so blaß und schwach ausgesehen. Ein solches Wiedersehen – mit der Tochter, die sie verloren gehabt hatte – würde ihr bestimmt die wenige Kraft, die sie noch hatte, endgültig rauben.

Hatte die junge Dame Wind von dem Vermögen bekommen, das sie erben sollte? Das war praktisch unmöglich, da Mrs. Bennett ihr Testament erst vor sehr kurzer Zeit geändert hatte. Ebensowenig konnte Mister Bennett etwas davon erfahren haben, dessen war sich Theodore sicher. Bei seinem vielen Kommen und Gehen – das gewiß von zweifelhafter Natur war – hatte er in letzter Zeit kaum noch einen Fuß in die Räume seiner Frau gesetzt, nicht einmal, um sich nach ihrem Gesundheitszustand zu erkundigen. Ein seltsamer Mann war das.

Es war nicht sehr wahrscheinlich, daß Laura Bennett ihre privaten Dinge mit ihrem Mann besprochen hatte.

Nun gut, was Mrs. Bennett mit ihrer Tochter tat, war voll und ganz ihre eigene Sache. Aber der Tag war noch nicht sehr fortgeschritten. Es war noch viel Zeit, um Genaueres von Rosie und natürlich von Garrett zu hören, um sich ein Bild machen zu können. Dieses Bild würde seine Angst um seine Chefin beschwichtigen – wenigstens hoffte er das.

* * *

Von der Bushaltestelle auf der anderen Seite der Stadt wanderte Katherines Blick über den Parkplatz zur Autobahn. Der Platz sah aus wie ein Meer von Autos; weit und breit war kein Pferdeeinspänner zu sehen. Ein grünweißes Restaurantschild leuchtete immer wieder auf und erinnerte sie daran, daß sie seit Stunden nichts mehr gegessen hatte. Aber sie würde sich erst mit einem warmen Essen belohnen, wenn sie ihr nächstes Ziel erreicht hatte - die genaue Anschrift der Bennetts ausfindig zu machen.

Warum gab die Telefonauskunft keine Adresse heraus? Das war sehr merkwürdig und ergab überhaupt keinen Sinn. Wenn jemand eine Telefonnummer in Erfahrung brachte, sollte er auch ein Recht auf die dazugehörige Adresse haben. Aber vielleicht gab es noch einen anderen Grund für die strenge Politik der Telefongesellschaften.

Sie schlug das Telefonbuch auf, das an einer Kette in einer Ecke der Bushaltestelle baumelte. Beim Überprüfen der Einträge unter dem Namen Bennett erblickte sie den Namen: *Bennett, Dylan D.* Begeistert über ihren schnellen Erfolg schrieb sie die Adresse auf einen kleinen Papierblock und ging zu einem der Fahrkartenschalter.

Der silberhaarige Mann war gern bereit, ihr zu helfen. „Die Bennettvilla kennt *jeder*", erklärte er ihr. „Jeder Taxifahrer in der Stadt kann sie dorthin bringen ... mit verbundenen Augen."

„Das ist eine sehr gute Nachricht. Danke." Sie dachte sofort daran, ein Taxi zu nehmen. Aber die Vorstellung, loszulaufen und ihrer leiblichen Mutter mit knurrendem Magen und einem benommenen Kopf gegenüberzutreten, behagte ihr nicht.

Die Busfahrt von Lancaster hierher war lang und ermüdend gewesen. Ein schneller Blick auf das Kosmetiktäschchen in ihrer Handtasche sagte ihr, daß sie sich frisch machen sollte, bevor sie zu einem verspäteten Mittagessen über die Straße eilte.

Also begab sie sich zuerst einmal in das öffentliche WC und spritzte sich Wasser ins Gesicht. Dann kämmte sie sich die Haare und staunte erneut darüber, wie sie sich in weichen Wellen über ihre Schultern legten. Kein Mittelscheitel mehr; Schluß damit, daß ihr Kopfschmuck unter einer züchtigen Haube verborgen werden mußte.

Aber das war Vergangenheit. Jetzt hatte etwas Neues begonnen. Am besten strich sie die „Alte Ordnung" aus ihrem Denken und plante die nächsten Schritte in das vollkommen neue Leben, das auf sie wartete.

In dem Restaurant herrschte ein starkes Stimmengewirr. Als die leutselige Kellnerin Katherine ihr Gericht aus Fleischkäse, Kartoffelbrei, Soße und Mais brachte, blieb sie bei ihr stehen und plauderte mit ihr. Über den Bürgermeister der Stadt. Über die Probleme ihres Mannes an seinem neuen Arbeitsplatz. Über alles und jedes.

Als sie kurz schwieg, um Atem zu holen, erwähnte Katherine, daß sie beabsichtige, die Bennetts aufzusuchen. Die Kellnerin spitzte interessiert die Ohren. „Wirklich? Sie wollen hinausfahren und die Bennetts besuchen?"

„Eigentlich will ich vor allem *Mrs.* Bennett besuchen." Sie merkte, daß sie die Stimme senkte und sogar flüsterte. „Ich habe gehört, daß sie ziemlich krank ist. Stimmt das?"

„Das erzählt man sich in der Stadt. Die arme Frau baut ziemlich schnell ab ... MS im fortgeschrittenen Stadium, habe ich gehört."

Katherine merkte, wie ihr Herz sich verkrampfte. Sie mußte sich beeilen, sie mußte den Mut fassen, ihre Mutter kennenzulernen. Bevor es zu spät war.

Durch Katherines Bemerkung offenbar ermutigt, sprach die Kellnerin weiter. „Seit neuestem geht das Gerücht um, daß die Bennetts neues Hauspersonal suchen." Die freundliche Frau kaute auf ihrem Kaugummi herum und beugte sich über den Tisch, um einen Wasserfleck wegzuwischen.

Katherine bemerkte die geschminkten Augen und die leuchtend roten Lippen der Frau und fragte sich, ob ihre eigenen Wimpern vielleicht auch ein wenig neue Wimperntusche vertragen könnten. Sich zu schminken, war eine neue, fast beängstigende Erfahrung, weil sie immer noch lernen mußte, wie sie das Make-up richtig und am vorteilhaftesten auftragen mußte, aber sie liebte diese Art von Beschäftigung. Gelegentlich ging sie sogar zu Bett, ohne das Rouge und das Puder zu entfernen. Aus dem einfachen Grund, weil es Katherine ihr ganzes Leben lang verwehrt gewesen war, sich zu schminken. Make-up und Schmuck ... und sich von einem Friseur ihre rotbraunen Haare schneiden und frisieren zu lassen. Oh, wie schön das war!

Diese heimlichen Wünsche hatte sie während ihrer ganzen Kindheit und Jugend in ihrem Herzen verborgen gehabt – die Sehnsucht nach solchen Dingen wie glitzerndem Schmuck, schönen Frisuren und hübscher Kleidung, nach eitlen, *weltlichen* Dingen, wie die Amisch sagen würden.

Sie ließ ihren Blick über ihre elegante Seidenbluse und ihren Wollrock gleiten und lächelte bei sich. Schon vor Tagen hatte sie festgestellt, daß sie noch vieles nachholen mußte. Und jetzt stand sie hier ... kurz davor, in Laura Bennetts elegante, moderne Welt einzutreten.

Immer noch in ihre Tagträume versunken, berührte sie die dünne Goldkette an ihrem Hals und bekam dabei eine Gänsehaut. Was würde Rebekka Lapp, ihre Adoptivmutter, sagen, wenn sie ihre Tochter jetzt in dieser Kleidung sehen könnte? Einen Augenblick lang quälte sie ihr Gewissen. Schuldgefühle regten sich, weil sie die geliebte Amischfrau verlassen hatte, die Katie ... Katherine ... wie ihr eigenes Fleisch und Blut von ganzem Herzen liebte.

Dann ging sie gegen diesen beunruhigenden Gedanken an und zuckte mit den Achseln. Es war nicht nötig, sich den Kopf darüber zu zerbrechen, was die Amisch dachten. Nicht mehr. Das schlichte Leben lag hinter ihr. Es war schon fast vergessen, wenigstens wünschte sie sich das. Die schmerzvolle Meidung ... das war in Wirklichkeit von ihrer Vergangenheit übrig geblieben. Hatten nicht alle – Mama und Papa und ihre Brüder – die grausame Meidung akzeptiert, ohne sie auch nur im geringsten in Frage zu stellen, und ihr den Rücken zugewandt, als existiere sie nicht mehr? Sie hatten sie gehen *lassen* – ja, sie mehr oder weniger weggeschickt ...

„Die Bennetts brauchen da draußen in ihrer Villa anscheinend Hilfe“, sagte die Kellnerin gerade. „Haben Sie Interesse daran?“

Katherine zwang sich, ihre Aufmerksamkeit auf das Gespräch zu konzentrieren, und erwiderte: „Was für eine Stelle wäre das?“

„Soviel ich weiß, suchen sie ein Hausmädchen.“

„Ein Hausmädchen?“ Katherine konnte nicht genau sagen, warum sie daran interessiert war, einer Fremden zuzuhören, die den neuesten Klatsch über die Bennetts weiter erzählte, aber sie war es. Wenn sie ehrlich war, fühlte sie sich wohler, hier in diesem Restaurant zu sitzen und eine vollkommen fremde Frau über Katherines leibliche Mutter und die Villa plaudern zu hören, in der sie lebte, als bei dem beunruhigenden Gedanken, tatsächlich dorthin zu fahren und Laura Bennett von Angesicht zu Angesicht kennenzulernen.

Die Nachmittagssonne schien ihr auf den Rücken, während ein Gast nach dem anderen das Restaurant verließ. Sie war in das Gespräch mit ihrer neuen Bekanntschaft, der Kellnerin, vertieft und bestellte sich als Nachtisch einen Strudel mit Eis, ohne richtig wahrzunehmen, daß die Sonne sich immer mehr dem dunkler werdenden Horizont zuneigte.

Der Taxifahrer wußte genau, wohin er zu fahren hatte.

Die Abenddämmerung zog bereits herauf und in der Ferne war der Himmel mit einem rötlichen Glanz durchzogen. Katherine war ziemlich zufrieden, daß sie auf die gesprächige Kellnerin gestoßen war, die anscheinend weitaus mehr Wissen über Dylan und Laura Bennett hatte, als sie anfangs zugeben wollte.

Katherine hielt sich für einen richtigen Glückspilz – sie hatte einen Volltreffer gelandet, ohne es eigentlich richtig gewollt zu haben – und gratulierte sich dafür, einen Einblick, einen Bericht über die Bennetts aus der Sicht eines Außenstehenden bekommen zu haben. Und das alles, ohne verraten zu müssen, daß sie mit Mrs. Bennett verwandt war.

Sie rutschte ein bißchen auf dem Rücksitz nach unten und verrenkte sich den Hals, um einen Blick durch das Rückfenster werfen zu können. Sie sah, als sie durch die Scheibe zum Himmel hinaufschaute, wie ein Stern nach dem anderen am Abendhimmel aufging.

Wie viele Sterne hatten sie und Daniel an einem längst vergangenen Abend am Himmel über Hickory Hollow gezählt? Zweihundert und mehr, erinnerte sie sich. Aber zusammen mit dieser angenehmen Erinnerung meldeten sich auch andere Gefühle. Sie setzte sich gerade hin und legte die Hand auf ihren Gitarrenkoffer, fest entschlossen, darauf aufzupassen, daß diesem Instrument, das Daniel so viel Freude bereitet hatte, nie etwas zustieße. Trotz des Verbots hatte er die Gitarre vor den Augen des Bischofs und seiner Eltern versteckt gehabt. Ganz anders als ihre kläglichen Versuche, ihre Rebellion zu verbergen. Wie er es die ganzen Jahre bis zu seinem neunzehnten Geburtstag geschafft hatte, alles geheimzuhalten, wußte Katherine nicht. Aber er hatte es getan, und sie würde sich nie von dem herrlichen Saiteninstrument trennen. Es gehörte ihr - jetzt und für immer.

Daniel hatte nicht die Absicht gehabt, bewußt ungehorsam zu sein, während sie miteinander befreundet waren - dessen war sie sich ziemlich sicher. Er hatte einfach der Musik in seinem Herzen Raum gegeben. Nichts anderes schien eine große Rolle zu spielen, nicht einmal die „Alte Ordnung", oder das, was die Gemeinde als Lebensregeln aufgestellt hatte.

So war Daniel einfach gewesen. Hartnäckig, aber klug, ein faszinierender, begabter Mensch. Und darüber hinaus war er auch noch ein wunderbar begabter Liederdichter gewesen!

Sie warf einen Blick auf den Großen Wagen und mußte daran denken, daß ihre einzige große Liebe bestimmt ziemlich zufrieden mit ihr wäre, wenn er wüßte, daß sie versuchte, Laura Bennett zu finden. Er wäre wahrscheinlich so begeistert, daß er vielleicht sogar ein neues Lied schreiben würde, wenn er noch am Leben wäre.

Sie würde bald ihr eigenes Lied darüber dichten können. Das stand für sie unumstößlich fest.

* * *

Der Butler hielt es für eine gute Idee, sich mit Mrs. Bennetts wiedergefundener Tochter ein bißchen zu unterhalten, während sie die Treppe zum Tiffanyzimmer hinaufstiegen, dem elegantesten Gästezimmer im ganzen Haus. Immerhin war der Gast das geliebte Kind ihrer Hausherrin, das zu Weihnachten nach Hause gekommen war.

Warum sollte man sich ihr gegenüber unhöflich und unfreundlich benehmen? Das Mädchen sollte das Gefühl haben, bei *allen* Bediensteten im Haus aufrichtig willkommen und akzeptiert zu sein.

„Ist dies Ihr erster Besuch in Canandaigua?“ fragte er die junge Amischfrau mit den hübschen rotblonden Haaren.

„Ja.“

„Nun, ich hoffe, es gefällt Ihnen hier.“ Fulton trug ihr Gepäck in das Zimmer und stellte es neben dem großen Kleiderschrank ab. „Fühlen Sie sich wie zu Hause. Eines der Hausmädchen kommt in ein paar Minuten herauf, um Ihnen zu helfen.“

„Denki.“

„Das ist amischer Dialekt, nicht wahr?“ fragte er höflich, um noch ein wenig Konversation zu machen.

„Ja, für Danke.“

„Ah ... so ist das.“ Ihm fiel auf, daß das Gepäck ganz neu war. Das fand er seltsam. Es wollte so überhaupt nicht zu ihrer sonstigen schlichten Erscheinung passen. Ohne eine weitere Bemerkung entschuldigte er sich und verließ das Zimmer.

* * *

Die gepflegten, glatten Hände der jungen Frau erregten Dylans Besorgnis. „Die Hände von Amischfrauen werden stark beansprucht; sie hacken Holz, schrubben den Fußboden, waschen Wäsche. Wenigstens hat man mir das so gesagt. Wir müssen etwas unternehmen – Ihre Hände ein bißchen rauher machen“, schlug er vor und betrachtete sie immer noch. „Alles andere läuft so gut, daß ich mich ärgern würde, wenn Ihre Hände womöglich alles kaputt machten.“

Alyson Cairns flirtete verspielt. „Mein Freund ist bestimmt nicht sehr glücklich, wenn er von dem älteren Mann in meinem Leben erfährt.“

Dylan trat einen Schritt zurück und betrachtete forschend ihr sonstiges Aussehen. „Ihr junger Freund hat Sie bald wieder.“

Ihre funkelnden Augen, denen jeder Anflug von Schminke fehlte, schauten ihn verführerisch an. „Wann sind Sie denn hierher geschlichen und haben sich in meinem Schrank versteckt?" fragte sie.

„Das braucht Sie nicht zu interessieren."

„Ein Glück für Sie, daß Ihr aufdringlicher Butler nicht auf die Idee kam, mein Gepäck in den Schrank zu räumen." Sie warf einen Blick auf die Schranktür, die leicht offen stand. „Wann genau soll ich meine Unterschrift auf das Papier setzen? Ich kann nicht ewig hier herumsitzen. Das wissen Sie. Es ist Weihnachten, um Himmels willen!"

„Ja, wirklich um Himmels willen." Dylan setzte sich auf einen Stuhl und betrachtete die Schauspielerin, die vor ihm stand, mit kritischen Augen. „Wir haben eine Abmachung getroffen ... es bringt nichts, die Sache zu überstürzen."

„Oder zu habgierig zu werden?" Sie grinste vielsagend.

Er ging nicht auf ihre Anspielung ein. „Sie befolgen meine Anweisungen, bis alles unter Dach und Fach ist." Er lehnte sich zurück und verschränkte die Hände hinter dem Kopf.

„Und wenn Ihre Frau das Zeitliche segnet, was dann?"

„Dann bekommen Sie Ihren Anteil, keine Sorge", sagte er und dachte an das kurze Gespräch mit Lauras Arzt am Vortag. Der Arzt hatte höchst besorgt gewirkt. Und, ja, er hatte Dylan versichert, daß alles *Menschen*mögliche unternommen würde, um die Schmerzen zu lindern, doch die Krankheit würde leider unaufhaltsam weiterschreiten und mit einem baldigen Ende wäre zu rechnen. „Alles Menschenmögliche" hatte der Arzt wiederholt. „Es besteht immer die Hoffnung auf ein Eingreifen Gottes, und genau das brauchen wir, wenn Ihre Frau die Feiertage überleben soll."

Genau die Information, die er brauchte! Lauras Tage auf dieser Welt waren gezählt. Wahrscheinlich würde sie Neujahr nicht mehr erleben. Zweifellos würde ihre Seele auf Engelsflügeln geradewegs in den Himmel fliegen. Die Frau war eine Heilige. Er wollte sich jedoch nicht über die geistliche Seite Gedanken machen – wenn sich herausstellen sollte, daß er sich irrte und es doch einen Gott gäbe und dieser tatsächlich eingreifen würde, und Laura sich nicht wie geplant aus diesem Leben verabschieden würde ...

Er schaute zu, wie die junge Frau sich daranmachte, ihren Koffer zu öffnen. „Ich muß diese amischen Sachen ausziehen, Mr. Bennett." Sie schaute ihn vielsagend an. „Aber dabei brauche ich kein Publikum ... falls Sie verstehen, was ich meine."

Alyson war überrascht, als er kaum widersprach und das Zimmer verließ. Sie hatte Schlimmeres erwartet.

Und jetzt, da er fort war, wünschte sie, sie hätte es nicht so eilig gehabt, ihn loszuwerden. Sie brauchte noch einiges an Zeit, um mit den Sitten der Amischleute der „Alten Ordnung" vertraut zu werden. Die erste Lektion hatte sie fast erschlagen. So viele Regeln und Bestimmungen! Wie kamen diese Menschen nur damit zurecht? Sie sollte sich wie eine junge amische Frau kleiden, so wie sie sprechen und sich wie sie benehmen, hatte jedoch in der kurzen Zeit, seit sie über die Talentagentur von Mr. Bennett angeworben worden war, nur einen kurzen Intensivkurs bekommen.

Aber das Geld – beziehungsweise die Aussicht darauf – war sehr reizvoll. Ganz zu schweigen von der Herausforderung, die diese Rolle darstellte. Sie würde die Vorstellung ihres Lebens geben, und wenn es sein mußte, eben als Amischfrau!

9

Katherine bezahlte den Taxifahrer und drehte sich zu der eindrucksvollen Villa um. Die Außenmauern waren stellenweise von dichtem Efeu und Wein umrankt, der jetzt, im tiefsten Winter, leblos an der Fassade hing und den Mondschein widerspiegelte.

Sie blieb auf dem Gehweg stehen und betrachtete die massive Silhouette mit den zahlreichen Kaminen, die sich dunkel vom Nachthimmel abhoben.

Obwohl sie immer noch zögerlich war, befiel sie das starke Gefühl, ihre Augen und selbst ihre Seele zöge es irgendwie zu diesem Haus hin. Jahre verbotener Wünsche und Sehnsüchte wurden in einem einzigen Augenblick Wirklichkeit. „Himmel! Was für ein Haus!" flüsterte sie.

Sie konnte es kaum erwarten, die eleganten Räume zu erforschen. Zuvor müßte sie jedoch erst einmal hineinkommen. Über seine Schwelle treten ... welch ein herrlicher Tag!

Mit ihrem Koffer in der einen und der Gitarre in der anderen Hand überquerte Katherine die runde Auffahrt. Die Laternen beim Eingang leuchteten ihr den Weg. Für einen kurzen Augenblick geriet sie fast in Panik. An der Haustür zögerte sie erneut. *Was mache ich hier eigentlich?* fragte sie sich. *Wie soll ich je zu diesen reichen Leuten passen?*

In dieser Minute schien ihr ganzes bisheriges Leben an ihr vorüberzuziehen – von den frühesten Erinnerungen an das junge Mädchen, das auf einem Bauernhof in einem entlegenen Dorf im Bezirk Lancaster nach der amischen „Alten Ordnung" aufgewachsen war, bis zur Gegenwart und ihrem eleganten, modernen äußeren Erscheinungsbild.

Ich hoffe sehr, daß Laura Bennett mit mir zufrieden ist, dachte Katherine, immer noch unsicher. Auf keinen Fall wollte sie als Landpomeranze antreten – sie hatte lange und schwer geübt, um sich von derartigen Spuren zu befreien.

Sie warf die Schultern zurück und schüttelte leicht den Kopf. In der Ferne bellte ein Hund. Eine Gänsehaut zog über ihren Rücken. Sie legte die Hand auf den Messingklopfer und bewegte ihn zitternd. Als sie hinter der Tür Schritte hörte, hielt sie den Atem an.

Die Tür ging auf, und ein großer Mann, der von Kopf bis Fuß wie aus einem Versandhauskatalog aussah, stand kerzengerade und ruhig vor ihr und schaute sie fragend an. „Guten Abend", sagte er und verbeugte sich steif, als fürchte er, er könnte in der Mitte abbrechen.

„Hallo", antwortete sie. „Ich würde gern Mrs. Bennett sprechen."

Der Mann schaute sie durchdringend an, aber es war kein grober, kalter Blick. Eher wirkte er forschend. „Wen darf ich melden?"

Sie wollte es ihm sagen, ihm erzählen, ohne zu prahlen, daß sie viele Meilen weit gefahren sei, um ihre Mutter zum ersten Mal zu sehen, ihre leibliche Mutter – Laura Mayfield-Bennett. Aber ihre Gedanken, ja selbst ihr Atem, den sie so tief geholt hatte, um den Mut aufzubringen, es zu sagen, – das alles geriet ins Stocken, als eine Frau mit einer kurzen weißen Schürze und einem breiten Lächeln im rundlichen Gesicht neben ihm auftauchte.

„Fulton, führe das Mädchen herein ... laß sie doch nicht draußen in der eisigen Kälte stehen. Sie ist natürlich wegen der Stelle gekommen ... und sie muß überzeugt sein, daß sie sie bekommt, denn so wie es aussieht, hat sie alles mitgebracht, was sie auf dieser Welt besitzt."

Ob sie das nur zu sich selbst murmelte, oder ob sie sich an den Mann wandte, den sie Fulton genannt hatte, wußte Katherine nicht genau. Sie bemerkte den Blick, den die beiden auf ihren Gitarrenkoffer warfen, und umklammerte ihn noch fester. Aber aus der Art, wie die muntere, kleine Frau mit dem großen Mann sprach – allein schon aus dem Blick, mit dem sie ihn ansah –, schloß Katherine, daß sie miteinander verheiratet sein mußten.

Das Hausmädchen, das sich inzwischen als Rosie Taylor vorgestellt hatte, zog sie sanft ins Haus, nahm ihr den Koffer und die Gitarre ab und reichte prompt beides an Fulton weiter.

Katherine mußte insgeheim darüber schmunzeln, wie im Moment alles lief. Hier stand sie also, im Haus ihrer Mutter, ohne auch nur mit einem Wort erwähnt zu haben, wer sie war, oder aus welchem Grund sie gekommen war.

Einen flüchtigen Augenblick lang dachte sie, daß die Situation vielleicht von der Vorsehung so gefügt worden sei – schon als kleines Mädchen hatte sie gelernt, an die Vorsehung zu glauben.

Aber jetzt war keine Zeit für Rückblicke. Rosie und Fulton führten sie in die Küche, wo Fulton von einem langen Tisch einen Stuhl für Katherine herauszog. Ein Bewerbungsformular lag vor ihr, aber erst als sie ihren Mantel und ihre Handschuhe ausgezogen hatte, griff Katherine in ihre Handtasche, um einen Kugelschreiber herauszuholen.

„Könnten wir einen Blick auf Ihre Referenzen werfen?" fragte Rosie, als sie und Fulton ihr gegenüber Platz genommen hatten.

„Ich habe nichts dergleichen bei mir." Ein plötzliches Unbehagen beschlich Katherine. Vielleicht waren ihre Gedanken an die Vorsehung doch verfrüht gewesen.

„Sind Sie nicht die Frau, die von der Stellenvermittlung zu uns geschickt wurde?" fragte Fulton sofort.

„Stellenvermittlung?"

„Wir stellen *immer* nur Leute über die Stellenvermittlung ein", erklärte Rosie. „Dort wird jeder Bewerber vorher überprüft."

„Oh ..." Katherine warf einen Blick auf ihren abgegriffenen Koffer und die Gitarre, die neben der Anrichte standen. *Was jetzt?* fragte sie sich. Sollte sie ihnen sagen, daß sie sowieso nicht die Absicht hatte, als Hausmädchen hier zu arbeiten - daß ihre einzige Hoffnung und ihr einziger Wunsch war, ihre leibliche Mutter zu sehen?

„Wir müssen uns an die Bestimmungen, die hier im Haus üblich sind, halten, wie Sie sicher verstehen", sagte Fulton. „Sie müssen zuerst in die Stadt hinunterfahren und dort ihre Bewerbungsunterlagen vorlegen."

„Nun, ich habe eigentlich gar nicht die Absicht ..." Sie schwieg und überlegte, wie sie ihre Worte formulieren sollte. War die Gelegenheit jetzt wirklich gut, ihre wahre Identität preiszugeben?

Fulton sah sie fragend an. Katherine hatte das Gefühl, als beobachte der Mann sie sehr genau. „Wir haben im Augenblick ziemlich viel Arbeit ... unerwarteter Besuch, und das um diese Jahreszeit." Er seufzte. „Es wäre am besten, wenn Sie Kontakt zu der Agentur aufnehmen", wiederholte er und stand auf. „Wenn Sie mich jetzt entschuldigen. Ich führe Sie zur Tür."

„Oh ... Sir, können Sie nicht *bitte meine* ... ich meine, Mrs. Bennett ... sagen, daß ich hier bin? Wäre das nicht möglich?" Sie kam sich wie eine Bettlerin vor.

„Unter keinen Umständen darf sie im Augenblick gestört werden. Heute ist ein ganz besonderer Tag für sie", schlug Fulton ihre Bitte ab. „Mrs. Bennett hat heute nachmittag Besuch von ihrem einzigen Kind bekommen – von ihrer Tochter. Sie nehmen gerade miteinander das Abendessen ein."

„Ihre ... *Tochter*?" Katherine blieb das Wort fast im Halse stecken.

„Ja, allerdings", mischte sich Rosie schnell ein. „Der Zeitpunkt hätte nicht besser gewählt sein können; immerhin steht Weihnachten vor der Tür."

Der Zeitpunkt ist schrecklich, dachte Katherine, während sie benommen aufstand und ihren Mantel holte. Hatte sie vor einigen Tagen bei den Millers die falsche Telefonnummer bekommen? War dies alles ein furchtbarer Irrtum?

„Sie sehen blaß aus", bemerkte Fulton. „Fühlen Sie sich nicht gut?"

„Doch ... mir geht es gut", sagte sie und biß sich auf ihre unehrliche Zunge.

Wie kann das nur sein? fragte sie sich und dachte an das Gespräch mit ihrer Adoptivmutter, Rebekka, zurück. Die *Weise Frau* hatte ebenfalls von Laura Mayfield-Bennett gesprochen ... oder nicht? Katherines Gedanken blieben bei Ella Mae hängen, die bestimmt den handgeschriebenen Namen auf dem Briefumschlag gesehen hatte. Hatte sie nicht auch davon gesprochen, daß die elegante Mrs. Bennett im Bezirk Lancaster unterwegs gewesen sei, um ihre Tochter zu suchen?

Rosie entschuldigte sich und eilte aus dem Zimmer. Fulton, den Katherine für den Butler oder sonst eine wichtige Person im Haus hielt, wirkte ziemlich unruhig. Offenbar wurde er anderswo im Haus gebraucht. Überall, nur nicht hier. Immerhin hatte sie ihm seine Zeit geraubt - eine Bewerberin ohne die üblichen Referenzen.

„Ich finde schon selbst hinaus“, bot sie, von der Entwicklung der Ereignisse entmutigt, an. „Aber ich brauche ein Taxi.“

„Oh ja, natürlich.“ Er reichte ihr ein Telefonbuch, entschuldigte sich für alle Unannehmlichkeiten und eilte auf den Gang hinaus.

Während sie die Nummer eines Taxiunternehmens suchte, kamen zwei junge Männer in die Küche. „Wir könnten ein bißchen Hilfe gut gebrauchen“, sagte der ältere der beiden, öffnete einen der Kühlschränke und nickte ihr freundlich zu. „Ich bin Selig, der Koch. Und Sie?“

„Katherine“, sagte sie und ließ absichtlich ihren Nachnamen weg.

Er schüttelte ihr die Hand, schien aber in Gedanken mit etwas anderem beschäftigt zu sein. „Ist mir eine Freude ... Katherine. Gut, Sie an Bord zu haben.“

Sie wollte ihm die Situation erklären, aber als er sie aufforderte, den Mantel auszuziehen und ihm zur Hand zu gehen - sie sollte ein Tablett mit Brot schneiden und aufwärmen -, tat Katherine, wie ihr geheißen wurde.

„Wunderbar“, sagte Selig. „Sie kommen genau im richtigen Augenblick.“

„Aber ...“

„Wir sind aufgrund der Feiertage ein wenig unterbesetzt, erklärte der jüngere Mann, der Kristallgläser auf eine große Arbeitsfläche stellte. Er unterbrach kurz seine Arbeit und reichte ihr die Hand. „Garrett Smith, Chefsteward ... zu Ihren Diensten.“

„Hallo“, antwortete sie. Sie hielten sie irrtümlich für das neue Hausmädchen.

Grinsend nahm Garrett wieder seine Arbeit auf. „Ich nehme an, Sie haben es schon gehört ... die Tochter der Chefin ist für die Feiertage nach Hause gekommen.“

Wie oft mußte sie diese grausame Nachricht noch hören? Was wäre, wenn sie auf der Stelle in das gemütliche Abendessen der Hausherrin hineinplatzen würde ... und Laura Mayfield - Bennett mit eigenen Augen sehen würde?

Selbstverständlich waren das rücksichtslose Gedanken. Aber wie sollte ihr denn zumute sein ... wenn sie hören mußte, daß eine andere ihren Platz eingenommen hatte?

Fest entschlossen, ihre hilflosen, wütenden Gefühle in Zaum zu halten, befolgte Katherine die Anweisungen und schnitt auf einem großen Küchenbrett mit einem elektrischen Messer den Laib Brot. Danach schob sie die herzhaften Scheiben in den Backofen. Gut, daß sie Gelegenheit gehabt hatte, in Lydia Millers Küche solche modernen Geräte zu bedienen. Sie versuchte, nicht daran zu denken, wie viele Stunden sie sich hätte sparen können, wenn sie mit Elektrizität aufgewachsen wäre, denn Brotbacken war im Haus der Lapps eine tägliche Aufgabe gewesen.

Als in dem Gespräch zwischen Selig und Garrett eine Pause einkehrte, mischte sich Katherine ein. „Die Tochter der Hausherrin ... äh, hat einer von Ihnen sie schon gesehen?"

„Ach, sie ist eigentlich ganz hübsch, glaube ich", antwortete Selig. „Ganz schlicht, aber ich glaube, das ist bei den Amisch so üblich."

„Sie ist eine *Amisch*?"

„Allerdings", erwiderte Garrett und goß Getränke in Kelche mit einem Goldrand.

„Sie ... ist also schlicht gekleidet?" wagte sich Katherine weiter vor. Ihr Herz schlug ihr bis zum Hals.

„Von Kopf bis Fuß", sagte Selig mit einem Grinsen im Gesicht. „Ein etwas exzentrischer Stil, muß ich gestehen. Besonders mit dieser steifen, kleinen Kopfbedeckung."

Die Erwähnung der Haube versetzte Katherine in die Tage zurück, die mit ihrer Meidung geendet hatten. Die letzten Kämpfe - ob sie im Haus ihrer Adoptiveltern eine Kopfbedeckung tragen sollte oder nicht - waren immer noch eine sehr wunde Stelle in ihrer Erinnerung. Sie hatten von ihr verlangt, gegen ihren erklärten Willen die Haube zu tragen.

Garretts Schmunzeln holte Katherines Gedanken in die Gegenwart zurück. „Mrs. Bennetts Tochter könnte ein bißchen Make-up vertragen, würde ich sagen."

Katherine merkte, wie ihr ganz warm wurde, als er sie kurz, aber intensiv betrachtete.

„Ich glaube, *Sie* könnten Katie in dieser Hinsicht bestimmt das eine oder andere beibringen“, bemerkte er.

Katherine erstarrte und ließ beinahe die Platte mit dem aufgewärmten Brot fallen. „Sagten Sie ‚*Katie*‘?“

Der Steward blickte auf und nickte. „Interessanter Name, nicht wahr? Ihr Familienname ist Lapp.“

„Klingt holländisch“, bemerkte Selig, bevor er aus der Küche eilte, während mehrere Hausmädchen mit Tabletts voll Geschirr und Silberbesteck an ihnen vorbeihuschten.

„Was meinen *Sie?*“ fragte Garrett. „Klingt der Name der Tochter in Ihren Ohren holländisch?“

In ihrem Kopf drehte sich alles. Sollte sie diesem jungen Mann sagen, warum sie gekommen war? Ihm sagen, daß der Name, der ihr gegeben worden war, ebenfalls Lapp war? Daß sie den Namen Katie aufgegeben hatte, weil es für sie wichtig war, Katherine zu sein ... voll und ganz Laura Bennetts Tochter?

Ach! Wie hatte alles nur so schnell so schlimm *gehuddelt* – verwirrt – werden können? Und wie kam es, daß Laura Bennetts Tochter denselben Namen trug wie sie?

„Was meinen Sie? Holländisch, oder nicht?“ ließ Garrett nicht locker.

„Es ist höchstwahrscheinlich ein altdeutscher Name ... ein häufiger unter den Amisch in Pennsylvania“, antwortete sie, ohne nachzudenken.

Garrett zog seine dichten Augenbrauen nach oben und wirkte belustigt. „Woher kennen Sie sich mit amischen Namen aus?“

„Oh, wenn man gut zuhört, schnappt man einiges auf.“ Fast wäre ihr ein Wort in ihrem Dialekt über die Lippen gerutscht. Sie war froh, daß sie sich noch rechtzeitig auf die Zunge gebissen hatte. Der Steward brauchte beim besten Willen nicht zu wissen, daß es *zwei* Frauen unter dem fürstlichen Dach der Bennetts gab, die den Namen Katie Lapp für sich beanspruchten.

Teil zwei

Nicht das Verbrecherische zuzugeben fällt uns schwer,
sondern das Lächerliche und das Beschämende.

Jean-Jacques Rousseau

10

Die meisten Lichter in dem Bungalow im US-Bundesstaat New Jersey brannten, als Daniel Fischer nach Hause kam. Selbst die zwei Stehlampen auf beiden Seiten des Sofas waren eingeschaltet.

Während er sich umschaute, als er in seine mit Pflanzen geschmückte Garderobe trat, fragte er sich, ob wohl *jedes* Licht im Haus angelassen worden war. *Wunderbar,* dachte er. Die neue Putzfrau hatte seine Anweisungen bis aufs I-Tüpfelchen befolgt.

Egal, ob er spät abends noch zu Hause an Entwürfen arbeitete oder nach Feierabend aus dem Architekturbüro nach Hause kam, Dan bestand darauf, von Licht umgeben zu sein. Vielleicht hatte er zu viele Jahre in ein dunkles Bauernhaus nach Hause kommen müssen.

Er brauchte das Licht nicht nur für seine detaillierten Zeichnungen. Nein, seine Beweggründe gingen tiefer. Wenn die Räume vom frühen Abend an beleuchtet waren, übte das eine stark beruhigende Wirkung auf ihn aus. Denn abends, wenn die Sonne über dem Horizont unterging, vermißte er Pennsylvania - *sein Zuhause* - am meisten. Dann vermißte er seine Eltern, seine Brüder und Annie, seine einzige Schwester, und am allermeisten ... Katie Lapp. Seine geliebte Freundin wäre zu Tode besorgt, wenn sie wüßte, daß er draußen in der eitlen „englischen" Welt lebte, weit weg von der Amisch-Gemeinschaft. Aber genauso wie seine Familie und seine Freunde glaubte auch sie, er wäre tot. Im Meer ertrunken. Alle glaubten das, bis auf seine Schwester, der er in einem persönlichen Brief eröffnet hatte, daß er noch lebte.

Sie verdienten es, die Wahrheit zu erfahren. Das hatte er mehr als einmal im Laufe der Jahre beschlossen, aber es war ihm nie gelungen, sich zu etwas Konkretem durchzuringen. Wenigstens zu nichts, bei dem seine „Auferstehung von den Toten" keine schwerwiegenden Komplikationen mit sich gebracht hätte.

Zu Beginn der Weihnachtszeit hatte er angefangen, sich einen Bart wachsen zu lassen. Auch wenn Bartwuchs das Zeichen für einen verheirateten amischen Mann war, glaubte er, der Bart könnte ihm seinen Weg zurück nach Hickory Hollow erleichtern, wenn die Zeit dazu gekommen wäre. Er war jetzt noch ziemlich stoppelig, versprach aber, ein Vollbart zu werden, der genauso buschig würde wie der seines Vaters. Dies diente alles als Vorbereitung auf eine Begegnung mit dem Mann, an dem er schuldig geworden war.

Er leerte seine Taschen und legte das Kleingeld und seine Schlüssel auf den Tisch. Dann berührte er mit der Hand den Schalter in der Garderobe und war aufs Neue erstaunt, wie leicht er nach Belieben alles in hellem Licht erstrahlen lassen konnte. Mit einer bloßen Bewegung seines Fingers!

Fünf angenehme Jahre genoß er nun schon solche Vorzüge, nahm aber die moderne Technologie trotzdem bewußt nicht als selbstverständlich hin. Das wollte er auch nicht, und manchmal schlichen sich noch immer Schuldgefühle deswegen bei ihm ein. Die tief verwurzelten Tabus, Gemeinderegeln und Bestimmungen ...

Er war nicht mit Elektrizität oder mit Autos aufgewachsen. Der Vater seines Vaters und drei Generationen Männer vor ihm – Ururgroßväter vor ihm – hatten ihr Leben nach der „Alten Ordnung" geführt.

Trotzdem regten sich in ihm immer gemischte Gefühle, wenn er an seinen Vater dachte ... und an die Pläne, die Jakob Fischer mit ihm gehabt hatte. In einem amischen Haus wurde vom jüngsten Sohn erwartet, daß er im angemessenen Alter den Familienhof übernahm. Daniel hatte einen anderen Weg für sein Leben eingeschlagen.

Überraschend hegte er trotz allem, was zwischen ihnen gewesen war – die leidenschaftlichen Auseinandersetzungen um Lehrmeinungen und dergleichen – keine negativen Gefühle gegenüber seinem strengen Vater. Er hatte Jakob Fischer schon vor Jahren vergeben.

Jetzt war die Zeit reif, um seinem Vater die Gelegenheit zu geben, seinerseits seinem Sohn zu vergeben, und um ihm die Wahrheit darüber zu sagen, was an jenem schicksalhaften Tag in Atlantic City wirklich geschehen war.

Daniel blickte sich in seinem gemütlichen Haus, das er gemietet hatte, um, in dem der Weihnachtsschmuck und die Lichter funkelten. Einige Dezember waren seit seinem „Unfall" gekommen und gegangen. Kaminfeuer brannten an Weihnachten am hellsten. Er dachte an Katie. Sie war ihm immer noch das liebste Mädchen auf der ganzen Welt.

Seine Gedanken wanderten zurück zu ihrem ersten gemeinsamen Singen. An jenem Sonntagabend war Katie gerade sechzehn geworden ...

Der Himmel war an jenem Juniabend von Tausenden von Sternen erhellt gewesen. Als ob jemand ein Silo voll Sterne über den ganzen Himmel geschüttet hätte. Daniel, mit seinen achtzehn Jahren, hatte gehofft – ohne es jemanden wissen zu lassen –, daß Katie Lapp zum Singen käme. Ihr erstes Singen überhaupt. Wenn sie kam, würde sie mit Benjamin, ihrem achtzehnjährigen Bruder, in seinem offenen Einspänner kommen – genau so, wie alle älteren Mädchen in Hickory Hollow zu solchen Veranstaltungen kamen.

Er erinnerte sich daran, daß der Neumond sein Licht auf die Scheune geworfen hatte, weil er immer wieder durch die losen Bretter gespäht und nach ihr Ausschau gehalten hatte. Er hatte geschaut und gewartet ... und gewünscht, ein großer gelber Vollmond stünde am Himmel und würde die schöne rothaarige Katie bestrahlen.

Die Mennoniten hatten Hoflichter - eine sehr vernünftige Einrichtung, fand er. Aber er war amisch, und ein derartiges Denken konnte einem Menschen nichts Gutes bringen. Elektrizität war in jeder Form, Gestalt und Art böse.

Ach, Katie, dachte er. *Wo bleibst du nur? Warum braucht dein Bruder nur so lang?*

Wann würde Ben je auf die Idee kommen, daß er sein junges Pferd galoppieren lassen konnte? Er sollte am besten Unterricht nehmen und sich einmal von jemandem zeigen lassen, wie man ein hübsches Mädchen rechtzeitig zum Singen bringt.

Er schritt auf und ab und versuchte, sich so zu geben, als denke er an nichts Besonderes – zumindest nicht an ein bestimmtes Mädchen. Er hob einen langen Strohhalm auf, steckte ihn sich in den

Mund und schlenderte hinüber zu Hühner-Josef. Dieser Junge hatte anscheinend nie Probleme, ein Mädchen zu finden, mit dem er sich unterhalten konnte, oder das er nach dem Singen nach Hause bringen konnte.

„Warum bist du denn so nervös?“ fragte Hühner-Josef.

„Wer sagt denn, daß ich nervös bin?“

„Du bist ganz schön zappelig.“

„Nicht zappeliger als alle anderen hier.“ Er warf einen Blick über seine Schulter auf die jungen Männer, die in der Scheune herumstanden. Schätzungsweise fünfzig oder noch mehr. Alle trugen weitkrempige Strohhüte, die sie nie abnahmen, nicht einmal bei warmem Wetter.

Hühner-Josef grinste. „Sie kommt bald. Warte nur ab.“

Daniel knirschte bei dieser Bemerkung mit den Zähnen. Hühner-Josef hatte kein Recht, so etwas zu sagen. Er hatte kein Recht, so plumpe Anspielungen fallen zu lassen. Dieser Kerl war unverschämt – schlimmer noch, ein Weiberheld. Der schlimmste in der ganzen Gegend.

Er selbst hatte schon vor langer Zeit beschlossen, ungefähr um die Zeit, als er vierzehn geworden war, daß er den Mädchen nicht die geringste Beachtung schenken würde, es sei denn, er mochte eine so gern, daß er sie küssen wollte. Selbstverständlich würde er so etwas auch jetzt noch lange nicht tun. Trotzdem wußte er genau, wie er Samuel Lapps Tochter behandeln würde. Er wollte sie sehr gut behandeln, genau so, wie die lebhafte, schöne junge Frau es verdiente.

Er und Hühner-Josef standen neben einem Heuballen und unterhielten sich über alles mögliche. Sie trugen ihre „guten“ Sachen. Ihre schwarzen Hosen wurden von braunen Hosenträgern gehalten. Darüber trugen sie weiße Hemden. Dafür gab es nur einen Grund - genau genommen zwei. Erstens war das nach der „Alten Ordnung“ so Brauch. Und zweitens drehten sich die Mädchen eher nach ihnen um, wenn sie schön angezogen waren.

Eine Gruppe von Jungen tummelte sich über ihnen auf dem Heuboden und wühlte den Staub auf. Daniel vermutete, daß sie etwas getrunken hatten, bevor sie gekommen waren. Bischof Johannes würde ziemlich wütend reagieren, wenn er davon Wind bekäme, denn Hickory Hollows Bischof war strenger als die meisten anderen; das war eine unbestrittene Tatsache.

Als Katie schließlich eintraf, trat er zurück und wartete ungeduldig, bis das Singen anfing. Er setzte sich auf einen Heuballen in der hintersten Ecke der Scheune und beobachtete unauffällig Benjamins Schwester. Er beobachtete sie ganz genau, so diskret wie möglich natürlich.

Eine Gruppe junger Ehepaare saß auch mit in der Scheune. Sie stimmten die Lieder an und begannen mit einem, das Daniel überhaupt nicht gefiel, ein langsames Kirchenlied aus der *Liedersammlung,* einem kleinen Liederbuch für solche Gelegenheiten. Es dauerte gute elf Minuten. Er hoffte, es wäre das einzige in dieser Art. Ja, er ging gern zum Singen, und nicht nur, um all die hübschen Mädchen aus seinem Gemeindebezirk und aus Summer Hill zu sehen; er liebte Musik. Mehr als die meisten anderen. Mit hundert anderen jungen Amischleuten im Einklang die Stimme zu erheben, war immer ein guter Grund zu kommen, wenigstens seiner Meinung nach.

Trotzdem war heute Katie der Hauptgrund für ihn.

Sie saß mit den anderen unverheirateten Mädchen brav und sittsam neben einer ihrer Kusinen unter dem Heuschober und sah fast wie ein Engel aus. Natürlich hatte er noch nie ein Himmelswesen zu Gesicht bekommen, aber das bedeutete ja nicht, daß sie in ihrem guten, lilafarbenen Kleid, in derselben Farbe wie die Kleider der ganzen Mädchenreihe neben ihr, nicht trotzdem wie ein Engel aussah.

Wenn er es sich genauer überlegte, war es vielleicht die Farbe ihrer Haare, die Katie zu etwas Besonderem machte. Er hatte noch nicht ganz herausgefunden, was es genau war, das ihn zu ihr hinzog. Es war leicht zu sehen, daß ihre Haare fast genauso rot waren wie die Brust eines Rotkehlchens, auch wenn er zufällig gehört hatte, wie sie zu Elam, ihrem ältesten Bruder, gesagt hatte, sie seien *nicht* rot, sondern *rotbraun.* Damals war sie sehr vehement aufgetreten. Das Mädchen besaß eine starke Persönlichkeit. Soviel hatte er schon bemerkt. Aber das hinderte ihn nicht daran, sie zu mögen. Vielleicht mochte er sie deshalb sogar um so mehr.

Daniel kaute auf einem Strohhalm herum und grinste bei sich. Ein Mädchen, das widerspenstig genug war, um ihre Meinung über ihre eigene Haarfarbe kundzutun, war der Typ, den er gern zu einer Fahrt in seinem neuen Wagen einladen wollte. Mit einer jungen Frau wie Katie Lapp gäbe es genug Gesprächsstoff, jede Menge Themen, über die man sich unterhalten könnte.

Und sie unterhielten sich. An jenem warmen Sommerabend, an dem der Duft des Geißblattes in der Luft lag, an jenem Abend, als Katie zum ersten Mal beim Singen war, brachte er sie nach Hause. Noch viele andere Fahrten in seinem Einspänner sollten folgen. Gelegentlich kam ihm ein anderer Junge zuvor und lud Katie schneller als Dan ein, sie nach Hause zu fahren. Aber es dauerte nicht lang, vielleicht zwei Monate oder so, bis er sich in sie verliebt hatte. Denn als er bemerkt hatte, wie ihr Kopf sich zum Rhythmus der Lieder bewegte und ihre braunen Augen bei den Melodien leuchteten, wußte er, daß sie diejenige war, die er als sein Mädchen haben wollte. Und eines Tages als seine Frau.

Die Musik brachte sie genauso zum Strahlen wie ihn. Was sehr viel bedeutete, denn wenn Katie strahlte, begann die ganze Welt zu leuchten. Wie hundert Glühwürmchen. Und ach, so viel mehr.

* * *

Katherine fühlte sich in der Küche wie zu Hause und schaffte ziemlich viel, während der Chefsteward und der Koch fort waren. Die Ausstattung des Hauses regte ihre kreativen Fähigkeiten an, und ohne von irgend jemandem dazu aufgefordert werden zu müssen, fanden ihre Hände reichlich Arbeit. Sie hatte mehrere Desserts zusammengestellt – darunter auch einen Kokosnuß-Vanillestrudel. Sie schob ihn gerade in den Backofen, als Fulton Taylor wieder auftauchte.

„Meine Güte, Sie sind immer noch da?"

Sie hoffte, er würde sie nicht zwingen, das Haus zu verlassen. Sie war eine ziemlich gute Hilfe, wenn sie das selbst so sagen durfte – besonders angesichts der wie auch immer gearteten seltsamen Dinge, die in dem luxuriösen Eßzimmer der Bennetts vor sich gingen. „Mrs. Bennetts Tochter ... äh, Katie, glaube ich ... nun, ich habe überlegt, daß sie sich vielleicht über eine echte amische Nachspeise freuen würde. Etwas, das sie wahrscheinlich von Zuhause gewohnt ist", erklärte sie ihre heimlichen Beweggründe.

„Ja, amisch." Das Lächeln des Butlers erreichte kaum seine Augen. „Welches Rezept haben Sie verwendet?"

Katherine wischte sich über die Stirn. „Oh, ein Rezept, das ich schon seit meiner Kindheit auswendig kenne." Warum sagte sie denn nur so etwas? Als nächstes würde er sie bestimmt fragen, wo sie aufgewachsen sei, woher sie komme.

Aber der Butler überraschte sie, als er statt dessen sagte: „Eine ausgezeichnete Idee!" Seine Augen wurden weicher. „Wie umsichtig von Ihnen."

„Danke", sagte sie und meinte das von ganzem Herzen. Hoffentlich merkte er, wie fleißig sie war, wie problemlos sie sich in der Küche zurechtfand. Jetzt würde er sich vielleicht bereit erklären, sie einzustellen.

In diesem Augenblick kam Rosie in die Küche gerauscht. Ihr Gesicht zeigte eine ähnlich erstaunte Miene wie das ihres Mannes. Sie hob den Kopf und schnupperte. „Was ist denn das für ein köstlicher Geruch?" Sie drehte das Licht im Backofen an und spähte durch die Glastür. „Erstaunlich ... der Strudel sieht ganz lecker aus, und er riecht so verführerisch."

Fulton ergriff das Wort. „Und er ist original amisch."

Katherine glaubte, einen Anflug von Genugtuung in der Stimme des Butlers zu hören. Sie hielt den Atem an und hoffte, gegen alle Hoffnung, daß man ihr erlauben würde zu bleiben, daß sie als Küchenhilfe angestellt würde, die hier anscheinend so dringend benötigt wurde.

Keiner der beiden erkundigte sich, wie sie zu den Strudelrezepten gekommen sei. Aber sie erklärten sich bereit, die außergewöhnlichen Desserts als Ersatz für die sonst üblichen Referenzen der Agentur zu akzeptieren.

Grinsend öffnete Rosie eine Schublade und reichte ihr eine Spitzenschürze, eine Haube und ein Haarnetz. „Das müssen Sie immer tragen ... natürlich nur, wenn Sie im Dienst sind. Es funktioniert am besten, wenn Sie die Haare unter dem Netz zu einem Knoten hochstecken.“ Dann erklärte sie, daß ihr Mann, Fulton Taylor, das letzte Wort bei der Einstellung des Hauspersonals spreche, und schlug vor, daß sie am nächsten Morgen, „wenn sich alles ein bißchen beruhigt hat, als allererstes“ ein Bewerbungsformular ausfüllen sollte.

„Danke“, sagte Katherine. „Ich werde mich bemühen, Sie nicht zu enttäuschen.“

„Und jetzt ...“ Rosie warf einen Blick über ihre Schulter. „... zeige ich Ihnen Ihr Zimmer, während Ihr Strudel backt.“

Katherine dachte an Daniel, und daß er über diese Situation bestimmt ein Lied schreiben würde. Oben im Himmel ... Sie nahm ihren Koffer und ihre Gitarre und folgte Rosie Taylor in das große, schöne Treppenhaus.

* * *

Der Raum über der Küche war gemütlich ... und elegant. Eine schwache Flamme brannte in dem weiß gekachelten Ofen hinter einem verzierten, feuerfesten Glas.

„Es kann sein, daß Sie hier oben gelegentlich ein wenig Lärm aus der Küche hören“, bemerkte Rosie. „Aber nicht viel mehr, als man unten von Ihnen hören wird. Das Personal ist sozusagen mit dem Morgengrauen auf den Beinen.“

Katherine nickte. „Es macht mir nichts aus, früh aufzustehen. Ich bin daran gewöhnt.“ Sie hatte es schon wieder getan – sie hatte so viel von sich verraten, daß sie Fragen heraufbeschwor. Aber die gut gelaunte Rosie lächelte sie nur an.

Katherine wurde über ihre Pflichten informiert und erfuhr, daß der Plan für Heiligabend und den Rest der Woche morgen früh aufgestellt würde. „Fulton wird Ihnen den Plan unter der Tür durchschieben, noch bevor Sie aus den Federn sind. Er wird Ihnen auch endgültig Bescheid über Ihre Anstellung hier geben."

„Noch einmal vielen Dank, daß Sie mir Gelegenheit geben, mich zu bewähren." Katherine wollte die nette Frau, deren Haare anfingen, an den Schläfen grau zu werden, am liebsten umarmen. Sie umarmen und ihr sagen, daß sie ihr von Herzen dankbar sei. Aber sie bewahrte Haltung und auch eine respektvolle Distanz.

In diesem Augenblick schaute Rosie ihr in die Augen. Einige Sekunden lang schwiegen beide Frauen. Ein Moment, der irgendwie unsicher war, verstrich, bevor Rosie flüsterte: „Ich glaube, Sie sind ein Geschenk des Himmels, Katherine."

„Ich hoffe, mich nützlich machen zu können."

Rosies klare braune Augen wichen immer noch nicht von ihrem Gesicht. „Darauf zähle ich." Dann war sie verschwunden.

Sehr erleichtert stand Katherine am Fuß des schwarzen Eisenbettes und betrachtete den Überwurf aus Leinen und die bunten Wolldecken, die sauber über das Laken und die Bettwäsche gebreitet waren. Mehrere von Hand genähte Damastkissen lagen auf dem Bett. Sie fuhr mit den Fingern über die leuchtenden Strahler auf dem Regal am Bettende.

„Ich bin eine Prinzessin in einem Schloß!" Sie wirbelte herum und legte die Arme fest um sich.

Ihr fiel der feine Duft in dem Raum auf. Instinktiv ging sie zu der eleganten alten Kommode. Sie zog die oberste Schublade auf und erblickte zwei Duftsäckchen - in jeder der vorderen Ecken lag eins.

„Lavendel!" Sie hielt sich einen der kleinen Stoffbeutel an das Gesicht und ließ ihn darauf liegen. Ihre Gedanken wanderten zu dem allerersten Duftsäckchen, das sie als Mädchen für ihre Kommodenschublade zu Hause angefertigt hatte.

Von dieser Entdeckung motiviert, öffnete sie alle vier Schubladen der alten Kommode und holte aus jeder Schublade zwei Säckchen heraus. Vorsichtig legte sie die zierlichen Duftkissen auf das breite Bett und erinnerte sich daran, wie sie als Mädchen oft ihre gesichtslosen amischen Puppen aufgereiht und beim Spielen gesummt oder gesungen hatte.

Sie eilte auf die andere Seite des Raumes zu dem großen Schrank und stellte mit Entzücken fest, daß sieben weitere Schubladen diese hübschen, duftenden Säckchen beinhalteten. Ganz aufgeregt breitete sie sie auf der Kommode aus, eines neben dem anderen. Sie nahm sie alle in die Hand und schnupperte daran. Sie waren in der Farbe alle ähnlich, unterschieden sich aber in ihrem Duft. Nach einer genaueren Untersuchung kam sie zu dem Schluß, daß die Hände, die vor fast dreiundzwanzig Jahren so liebevoll ihr Babykleid aus Satin genäht hatten, bestimmt auch diese Säckchen hergestellt hatten.

Sie trat einen Schritt zurück, tastete nach der Bettkante und setzte sich – Katherine Mayfield, das neue Hausmädchen in dem wunderbar herrlichen Haus der Bennetts. Sie streichelte eines der kleinen Lavendelkissen, legte sich ganz zurück und starrte die Zimmerdecke und die kunstvollen Stuckarbeiten hoch über ihrem Kopf an. Wie weit sie schon gekommen war! Und welch ein weiter Weg immer noch vor ihr lag ...

Die Entdeckung der Duftsäckchen – eine schöne Verbindung zwischen ihr und ihrer leiblichen Mutter – half, ihre Ängste ein wenig zu lindern. War sie auf etwas gestoßen, das besser war als alles andere? Natürlich nur, wenn die Herrin dieses Hauses tatsächlich ihre echte Mama war ...

Ach, sie hatte kaum etwas, an das sie sich halten konnte, nichts wirklich Greifbares. Selbst die süß duftenden kleinen Kissen waren eigentlich kein Beweis. Viele Leute benutzten solche hübschen Dinge, um ihren Kleiderschrank und ihre Schubladen zu schmücken.

Sie drückte den kleinen Beutel an ihre Wange und fragte sich, ob sie tatsächlich in das richtige Haus gekommen sei. Diese Frage ließ sie nicht los. Sie zermarterte sich darüber den Kopf, während sie auf dem Bett lag und ihre Augen ein Loch in den Messingleuchter, der in der Mitte des Raumes an der Decke hing, bohrten.

Eines wußte sie mit Gewißheit. Nur eines: Laura Mayfield-Bennett war nach Hickory Hollow gekommen und hatte eine junge Frau namens Katherine gesucht. Aber wie viele amische Gemeinden gab es in Pennsylvania? Hunderte? Vielleicht noch mehr?

Woher hatte Laura gewußt, wo im Bezirk Lancaster sie hatte suchen müssen? Sie konnte es natürlich nicht wissen.

Katherine zog vorschnelle Schlüsse und erlaubte einem beunruhigenden Gedanken, sich in ihrem Kopf festzusetzen. *Was ist, wenn ich der Eindringling bin? Was ist, wenn alles, was ich bis zu diesem Augenblick erlebt habe, nur ein Traum war?*

Sie spürte einen starken Druck in sich, und sie sehnte sich danach, herauszufinden, wer die Hausherrin wirklich war. Sie mußte außerdem ein- für allemal wissen, ob *sie* oder die Frau namens Katie Lapp zu Laura Bennett gehörte.

Nichts ... *nichts* durfte sie davon abhalten, die Wahrheit herauszufinden.

11

Katherine hoffte, ihr Gitarrenspiel würde niemanden stören. Sie hatte gewartet, bis der erste Lichtschein die Dunkelheit durchdrang, war in ihr persönliches Badezimmer gegangen, hatte Wasser in die Wanne eingelassen und die Tür geschlossen. Jetzt saß sie auf einem zierlichen Ankleidestuhl vor dem hübschesten Frisiertisch, den sie je in ihrem Leben gesehen hatte, und zupfte leise an den Saiten.

Die Melodie, die sie dem Instrument entlockte, war nicht fröhlich. Sie hätte sich ausgemalt, daß sie in den frühen Morgenstunden, die sie innerhalb der Mauern der Bennettvilla verbrachte, eine andere Musik anstimmen würde. Noch dazu am Weihnachtsmorgen!

Das Instrument erfüllte den Raum mit melancholischen Klängen und spiegelte ihre Gefühle bei ihrem ersten Tagesanbruch in dem schönen Haus wider. In ihr regten sich dieselben nagenden Zweifel und stellten ihr erneut die Frage: Konnte es eine zweite Frau geben, die Katie Lapp hieß – ein anderes amisches Mädchen ungefähr in ihrem Alter? Aber noch während sie darüber nachdachte, hoffte sie ... und wie Kusine Lydia sagen würde, *betete* sie, daß es nicht wahr wäre.

Laura war nach Pennsylvania gefahren und hatte der *Weisen Frau,* Ella Mae Zook, einen Brief gegeben. Ella Mae hatte diesen Brief an ihre Adoptivmutter weitergegeben. Rebekka hatte ihr von Lauras tödlicher Krankheit erzählt und ihr gesagt, daß Mrs. Bennett den Wunsch habe, vor ihrem Tod ihre leibliche Tochter noch einmal zu sehen.

Katherine kam plötzlich der Gedanke, daß sie sich nach Lauras Gesundheitszustand erkundigen mußte. Warum hatte sie nicht schon früher daran gedacht? Aber natürlich war bei der ganzen Aufregung am gestrigen Abend – daß sie fälschlicherweise für eine Bewerberin von einer Stellenvermittlung gehalten worden war – wenig Gelegenheit zum Fragen gewesen.

Außerdem hatten Fulton und Rosie so gewirkt, als befänden sie sich in der Zwickmühle – einerseits mußten sie ihren eigenen Pflichten nachgehen, andererseits versuchten sie, ohne Zweifel, zu entscheiden, warum eine Frau mit einer Gitarre und einem Koffer in der Hand an ihrer Türschwelle auftauchte, ohne die üblichen Kanäle durchlaufen zu haben.

Sollte sie einfach davon ausgehen, daß Laura ihre leibliche Mutter war? Sollte sie außerdem annehmen, daß eine andere junge Frau sich als Katherine ausgab und sich Katie nannte?

Aber warum machte sich jemand die Mühe, sich amisch zu kleiden und eine Rolle zu spielen, die einer anderen zustand? Wer wollte Katie sein, eine Amischfrau, wenn doch der Name *Katherine Mayfield* in das Babykleid von Lauras Säugling gestickt war? Verblüfft legte sie die Gitarre weg und konnte es nicht erwarten, zu baden und sich für den Tag anzukleiden. Sie konnte es nicht erwarten, einige klärende Antworten zu bekommen.

* * *

Laura döste noch, befriedigt, daß die Tochter, nach der sie sich so lange gesehnt hatte, am Leben war. Nicht nur am Leben, sondern hier unter ihrem Dach. Sie hatte sogar eingewilligt, über Weihnachten zu bleiben.

In dem Dämmerzustand zwischen Schlafen und Wachsein zerrte ein leichter Anflug von Enttäuschung an ihr. Ihr Herz rang mit ihrem Verstand. Sie hatte oft davon geträumt, wie es wohl wäre, endlich ihr geliebtes Mädchen zu treffen. Ihre Vorstellung, wie sie wohl aussähe, was sie zueinander sagen würden, war von der Wirklichkeit eingeholt worden.

Sie war etwas enttäuscht. Aber diese Erfahrung war wahrscheinlich normal. Hatten sie nicht immerhin ein köstliches Abendessen miteinander eingenommen? Und das Überraschungsdessert - etwas, das die neu eingestellte Küchenhilfe für die besondere Gelegenheit kreiert hatte. Wie köstlich es geschmeckt hatte!

Der Geschmack des amischen Gerichts lag ihr immer noch auf der Zunge, genauso war ihr der angenehm erfreute Blick in Katies

Gesicht, als das Dessert serviert wurde, noch lebhaft in Erinnerung. Laura würde diesen Abend mit ihrer geliebten Tochter, die in ihrem amischen Gewand so schlicht gekleidet war, nie vergessen.

Aber der Akzent der jungen Frau aus Pennsylvania mutete sie seltsam an. Wenn sie ihre Erinnerung nicht trog, klang er ganz anders als der Dialekt der Amischleute, die sie letzten Monat in Lancaster gehört hatte.

Noch etwas anderes ließ ihr keine Ruhe, etwas, von dem sie wünschte, sie könnte es besser fassen. Katie und sie hatten zwar Stunden miteinander verbracht, sie waren sich aber innerlich nicht besonders nahe gekommen. Es hatte bei ihrer ersten Begegnung einfach nicht so zwischen ihnen gefunkt, wie sie es sich immer erträumt hatte.

Sie hielt sich dazu an, das vage, nicht greifbare Gefühl nicht zu ernst zu nehmen, und betete, weil ihre Instinkte wohl nicht ganz richtig funktionierten. Vielleicht lag es an den starken Medikamenten. Ja. Das war wahrscheinlich die Ursache.

Laura lag ruhig da und lauschte. Bildete sie es sich nur ein, oder spielte tatsächlich jemand in den frühen Morgenstunden Gitarre? Sie strengte sich an, um es deutlicher hören zu können, und war dankbar, daß ihre Ohren besser funktionierten als ihre Augen.

Schwach konnte sie die Klänge einer Stimme ausmachen - einer Frauenstimme. War das ihre Tochter? *Sang Katie?*

Aber nein, die Musik kam aus dem anderen Flügel des Hauses. Aus dem Raum über der Küche. Aus den Wohnräumen des Personals im ersten Stock ...

Die zu Herzen gehende Musik hüllte ihre Sinne ein und weckte lang vergessene Erinnerungen an die saubere, klare Sopranstimme ihrer Mutter.

Wie sehr sie die kluge und mitfühlende Dame vermißte. Wie weise sie gewesen war. Charlotte Mayfield hatte ihre Tochter wiederholt vor Dylan Bennett gewarnt und sie zur Vorsicht ermahnt, während sie miteinander befreundet gewesen waren. „Dein Vater, seine Seele ruhe in Frieden, würde sich in seinem Grab umdrehen, wenn er wüßte, daß du diesen Mann heiratest", hatte sie gesagt.

Aber die junge Laura, die vor Verliebtheit blind für alle Warnungen gewesen war, hatte ihr immer widersprochen und seine freundliche und liebevolle Art hervorgehoben. „Dylan sieht so gut aus ... er ist so wunderbar. Er wird mir nicht weh tun, Mutter. Nicht so, wie Katherines Vater es damals getan hat. Dylan ist ein Gentleman."

Und so hatte sie gewartet, bis ihre Mutter gestorben war, und dann gegen den Willen ihrer Mutter Dylan Bennett geheiratet. Lauras Vater hatte sie über alles geliebt; das hatte sie immer gewußt. Wenn ihre Eltern diesen Tag erlebt hätten, dann hätten sie ein üppiges Hochzeitsfest gehalten. Sie hätten so viele Gäste eingeladen, wie das Herrenhaus fassen konnte.

Statt dessen fühlte sich Laura isoliert, allein mit ihrer Freude. Sie empfand eine schmerzliche Leere und wünschte, ihre Eltern wären hier, um Katie, ihr einziges Enkelkind, mit weit offenen Armen zu begrüßen.

Dylans ständige Anwesenheit ärgerte sie. Warum hatte er ihr nur so wenig Zeit allein mit Katie gelassen? Vielleicht war das der Grund dafür, warum sie und ihr geliebtes Kind noch nicht ein Herz und eine Seele waren, weder emotional noch geistlich.

Zu jedem anderen Zeitpunkt hätte sie nicht so negativ auf Dylans übertriebene Aufmerksamkeit reagiert, aber die Zeit lief ihr davon! Außerdem waren sie schon lange nicht mehr die besten Freunde ... oder Verliebten. Schon seit Jahren nicht mehr. In keinerlei Hinsicht. Aber Dylan tat so, als wären sie ein glückliches Paar. Ein liebevoller Mann und seine Frau, die ihr geliebtes Kind zu Hause begrüßten.

Sie dachte über die merkwürdige Situation nach. Warum benahm er sich so? Lag es daran, daß er derjenige war, der Katie ausfindig gemacht hatte? Fühlte er sich dafür verantwortlich, daß das Wiedersehen gut verlief?

Sie bekam Schuldgefühle und betete um eine weniger harte Haltung. Was war, wenn ihr Mann sich tatsächlich geändert hatte? Wenn er versuchte, sein früheres Fehlverhalten ihr gegenüber wiedergutzumachen?"

Liebe kann einen Menschen verändern, hatte sie eines Abends zu ihrer Mutter gesagt, als Charlotte angefangen hatte, ihren Verlobten zu kritisieren. Aber genau die Dinge, die ihrer Mutter während ihrer Verlobungszeit Kopfzerbrechen bereitet hatten, hatten sich im Laufe der Jahre zu unüberwindlichen Eheproblemen entwickelt. Dylan hatte sich *nicht* zum Besseren verändert. Ganz im Gegenteil, er war noch dominierender und bevormundender geworden, als er es früher schon gewesen war.

Als sie jetzt so in ihrem Messingbett lag und von äußerem Wohlstand und Schönheit umgeben war, erinnerte sie sich an Dylans Gesichtsausdruck, mit dem er sie gestern beobachtet hatte. War es echtes Mitgefühl gewesen, das sie in seinen Augen gesehen hatte? Oder etwas anderes?

Ärger stieg in ihr auf. Das war derselbe Mann, der sie getäuscht hatte und sie hatte glauben lassen, sie sei unfruchtbar, und ihr absichtlich die Kinder vorenthalten hatte, nach denen sie sich immer gesehnt hatte. Er hatte sie wiederholt angelogen, um ihr Geld zu entlocken, ihre getrennten Konten manipuliert und ihren Namen auf gesetzlichen Dokumenten gefälscht.

Trotz der gemeinen Art ihres Mannes hatte sie nie in Betracht gezogen, ihn den Behörden zu überantworten oder sich von ihm scheiden zu lassen, obwohl ihr Letzteres schon öfter in den Sinn gekommen war.

„Lieben Sie ihn zu Jesus“, hatte Rosie einmal in einem leidenschaftlichen Gebet gesagt. Ja, sie hatte sich für Dylan aufgeopfert, hatte oft um seine Rettung gebetet. Aber wie schwer war es, einem Mann, der sie so hintergangen hatte, bedingungslose Liebe und Akzeptanz entgegenzubringen. Einem Mann, dessen ganzes Leben von Herrschsucht und Betrug geprägt war.

Wenn sie nicht die Liebe des himmlischen Vaters, die Gnade seines Sohnes kennen würde, wüßte sie nicht, wie sie in all diesen Jahren auf Dylan reagiert hätte.

In guten und in bösen Tagen ...

Sie hatte nur einem einzigen Mann ihr Eheversprechen gegeben und sie wollte dieses Versprechen auch halten.

Gott sei Dank, hatte sie alle rechtlichen Probleme durch ihren kürzlichen Besuch in Mr. Cranstons Kanzlei gelöst. Nach vielen Gebeten hatte sie es als gerechtfertigt angesehen, ihr Testament zu ändern. Nicht aus Rache oder Haß – es war einfach richtig, so zu handeln. Auf diese Weise konnte sie mit dem Wissen, daß die Villa in der Familie bliebe, in Frieden sterben.

Sie atmete tief durch und lauschte der Gitarrenmusik, die durch die Lüftungsschächte in der Decke in ihr Zimmer drang, ihre aufgewühlten Gefühle beruhigte und sie wieder zurück in ihre Träume sinken ließ.

* * *

Katherine war mit dem Baden fertig. Sie bürstete sich die Haare und blickte in den großen Ankleidespiegel. Sie mußte ihre Haare zu einem Knoten hochstecken. Das war Vorschrift. Ach, welch eine Ironie, daß sie wieder so schlicht aussehen mußte und ein Netz um ihre schönen Locken legen mußte, obwohl sie endlich in diesem eleganten Haus wohnte. Sie berührte liebevoll ihre Haare, bevor sie daran ging, sie hochzustecken und sich ein Häubchen aufzusetzen.

Sie lächelte vorsichtig in den golden umrahmten Spiegel und fragte sich, was heute wohl in Hickory Hollow passierte. Immerhin waren es nur noch wenige Stunden bis zum Heiligen Abend.

Holten Papa, Eli und Benjamin frische Zweige und Tannenzapfen für das Haus? Schmückte Mama die breiten Fenstersimse im Wohnzimmer mit den grünen Zweigen? Und die gemeinsamen Arbeitseinsätze ... versammelten sich die Frauen wie jedes Jahr zuerst im einen und dann im nächsten Haus, um Plätzchen zu backen?

Sie seufzte, wohl wissend, daß derlei Gedanken ihr nur Schmerzen bereiteten. Trotzdem konnte sie die Erinnerung an Maria Stoltzfus nicht aus ihren Gedanken vertreiben. Wie es *ihr* wohl ging?

Katherine fürchtete, ihre Freundin könnte sie für undankbar halten, weil sie auf ihre liebevollen Weihnachtsgrüße nicht geantwortet hatte. Aber sie wußte es besser. Von allen Menschen verstand Maria sie mit Sicherheit am besten. Immerhin gab es einen triftigen Grund, keinen Brief nach Hickory Hollow zu schreiben: die Angst, Maria wegen Katherines Meidung in Schwierigkeiten zu bringen.

Sie zwang sich in Gedanken, zu der stets fröhlichen Atmosphäre eines Weihnachtsfestes im Haus der Lapps zu verweilen, und rief sich das fröhliche Geplauder, das Eislaufen auf dem gefrorenen Teich hinter dem schönen Haus und das gegenseitige Überreichen von „*Grischkindlin*“ mit Samuel und Rebekka Lapp in Erinnerung. Andere Leute brachten auch immer Geschenke.

In ihrem Kopf drehte sich alles. Im Bruchteil einer Sekunde schmetterte eine Flut von Gefühlen sie innerlich zu Boden. Aber nicht lange. War sie nicht genau da, wo sie sein wollte? Freute sie sich nicht darauf, herauszufinden, wer Katherine Mayfield wirklich war? Wer sie hätte werden können, wenn sie hier in dieser eleganten Welt aufgewachsen wäre?

Nein, nichts in Hickory Hollow konnte sie jetzt noch zurückholen, überhaupt nichts. Die Amisch-Gemeinschaft hatte sie abgelehnt und verraten. Ihre *eigene* Familie, die einzige Familie, die sie gekannt hatte.

„Heute werde ich meine richtige Mama kennenlernen“, flüsterte sie in den ovalen Spiegel und hoffte, dem wäre wirklich so.

Sie drehte sich leicht zur Seite und betrachtete ihre elegante Schürze und die Haube auf ihrem Kopf. Unter dem Haarnetz war von ihrer schönen neuen Frisur überhaupt nichts zu sehen. Kein bißchen. Seufzend ging sie daran, ihr Bett zu machen und das Zimmer aufzuräumen.

Gerade, als sie nach unten eilen wollte, segelte der Tagesplan für die Hausangestellten durch den Spalt unter ihrer Tür ins Zimmer, wie Rosie versprochen hatte. Katherine überflog die Seite und kam zu dem Schluß, daß das Personal in den nächsten zehn Tagen, also genau während der Feiertage, offenbar knapp war. Welch ein Glück für sie! Lachte der Himmel sie doch an?

Wenn es Zeit war, den Tee oder die Hauptmahlzeiten des Tages zu servieren, würde sie ihre Hilfe anbieten und hoffen, so die ganze Wahrheit über Laura Bennetts Gesundheitszustand zu erfahren.

* * *

Das Frühstück im Haus der Lapps war gerade vorbei. Rebekka räumte schweigend das Geschirr ab, spülte und trocknete es ab und hörte dabei dem Gespräch zwischen ihrem Mann, Eli und Benjamin zu.

„Was Jakob Stoltzfus tut, ist seine Sache", erklärte Samuel seinen Söhnen.

„Aber wie ist es mit gutem Land? Bald wird es hier in Hickory Hollow nicht mehr genug für uns alle geben", stellte Benjamin heraus.

Eli knurrte. „Worüber du dir Sorgen machst! Du brauchst dir doch darüber keine Gedanken zu machen."

Rebekka drehte sich abrupt um und warf einen Blick auf das Gesicht ihres Sohnes. Eli eifersüchtig? Wie häßlich, stellte sie im stillen kopfschüttelnd fest. Sie wollte ihren sechsundzwanzigjährigen Sohn ermahnen, bekam aber keine Gelegenheit dazu, da vorher Samuel das Wort ergriff.

„Ihr werdet beide wahrscheinlich im nächsten November heiraten. Dann braucht ihr einen Platz, an dem ihr das Land bearbeiten und später eure Familien ernähren könnt."

Eli und Benjamin schwiegen. Rebekka war nicht überrascht, denn es war Brauch bei den Amisch, die Freundschaft mit einem Mädchen geheimzuhalten und sie erst am zweiten Sonntag nach der Herbstversammlung bekanntzugeben, wenn der Bischof alle Paare verkündete, die heiraten wollten. Dieses besondere Ereignis war das „Aufgebot" der Paare. Für ihre beiden Söhne war dieses Ereignis noch etliche Monate entfernt. Trotzdem wußte sie, warum Samuel sie zu Antworten drängte.

„Der Gedanke gefällt mir überhaupt nicht, daß ihr vielleicht nach Indiana ziehen wollt, nur weil Jakob die Absicht hat, das zu tun", sprach Samuel weiter.

Warum sprachen sie überhaupt darüber? fragte sie sich. Benjamin brauchte sich keine Sorgen darüber zu machen, daß er nicht genug Land zum Bewirtschaften hätte. Der jüngste Sohn bekam normalerweise das Haus seines Vaters und das dazugehörige Land. Und Eli ... Eli würde doch sicher nicht fortziehen wollen.

„Du kannst das Land nicht aufteilen, Papa." Eli schüttelte den Kopf. „Ben wird jeden Quadratmeter deiner zwanzig Hektar Land brauchen, um hier für dich und Mama alles am Laufen zu halten."

Rebekka bemerkte Samuels besorgten Blick. Ihr Mann sprach nicht aus, was er bestimmt im Augenblick dachte. Daß sie im nächsten Herbst ins Großvaterhaus umziehen würden, damit Ben und seine Braut sich hier im Haupthaus einrichten konnten. Es war ohnehin Zeit, daran zu denken, allmählich etwas langsamer zu treten. Besonders da sie sich in letzter Zeit so seltsam fühlte.

Samuel wußte davon. Er hatte sie mehr als einmal dabei ertappt, wie sie mit dem Babykleid aus Satin gespielt hatte – es berührt hatte und mit dem Kleid gesprochen hatte, als läge ein kostbares kleines Baby in ihren Armen.

Sie war manchmal kurz davor, den Verstand zu verlieren, und war hin- und hergerissen, ob das kleine Kleid – das gut versteckt und nur für ihre Augen bestimmt war – ein lindernder Balsam für ihre Seele war, oder ob es direkt aus den Tiefen der Hölle kam, was sie manchmal befürchtete.

Sie trocknete ihre Hände ab und verließ das Zimmer, um das Kleid zu suchen. Es wuchs ihr mit jedem Tag, der verging, mehr ans Herz.

Ihre Katie ... fort. Ihr geliebtes Mädchen war aus ihrem Leben verschwunden ... verbannt. Es lebte irgendwo draußen in der modernen Welt und suchte eine andere Frau, die es Mama nennen wollte.

Das war mehr, als sie ertragen konnte. Sie vermißte Katie und sehnte sich nach ihrer Gesellschaft, ihrer geliebten Stimme. Sie hatte mit angesehen, wie sie als amisches Kind herangewachsen war, um sie dann fast über Nacht an eine vollkommen Fremde zu verlieren. Das war einfach zuviel für sie.

Sobald sie in ihrem Schlafzimmer war, holte Rebekka das kleine Satinkleid hervor. Es steckte in ihrem Kopfkissenbezug. Sie hatte es dort versteckt, damit Samuel es nicht finden konnte.

Sie eilte in das alte Zimmer ihrer Tochter, gleich unten auf dem Gang, in dem sich nichts verändert hatte. In Katies Zimmer war alles noch ganz genauso wie immer. Ihr spärlicher Besitz – die Kopfbedeckungen und die Arbeitskleider, die sie zurück gelassen hatte – tröstete Rebekka. Die Dinge rührten sie in ihrer tiefen Trauer an. Sie hatte es Samuel noch nicht erzählt, aber manchmal, wenn sie Katies Babykleid eng an sich drückte, konnte sie richtig das Weinen eines Babys hören ...

Wie lang sie so dagesessen hatte, wußte sie nicht, aber als Benjamin lautstark nach ihr rief und sagte, einige Frauen seien gerade eingetroffen, um Weihnachtsplätzchen zu backen, sprang sie erschrocken von ihrem Stuhl hoch.

„Himmel", murmelte sie und eilte über den Gang in ihr eigenes Schlafzimmer. Dort stopfte sie das kleine Kleid frustriert wieder in den Kissenbezug zurück. Wie hatte sie nur das geplante Plätzchenbacken vergessen können?

Die Frauen würden sich bestimmt darüber wundern. Höchstwahrscheinlich würden sie Rebekka als *„verhuddelt"* bezeichnen.

Mit Schaudern dachte sie daran, was Samuel wohl dazu sagen würde. Wie in aller Welt würde sie ihn *dieses* Mal davon überzeugen, daß mit ihr alles in Ordnung war?

Ja, gut und fröhlich war sie ... alles war in bester Ordnung. Kein Grund zur Beunruhigung.

Ihr Gesicht würde das schönste Lächeln zeigen, das sie zustande brächte. Ihre Augen würden strahlen, wenn sie ihre Verwandten und Freundinnen begrüßte.

Trotzdem war sie ihnen eine Erklärung schuldig. Sie hatte dieses Treffen einfach vergessen.

* * *

Schwester Natalie rechnete die erforderliche Morphiumdosis aus und bereitete die Spritze vor. Es stimmte sie traurig, daß eine so starke Dosis nötig war, um Mrs. Bennetts Schmerzen unter Kontrolle zu halten. Es war schon schlimm genug, daß die gute Frau die Pumpe ertragen mußte, die in ihrem Unterleib in die Haut implantiert war und ein Medikament zur Muskelentkrampfung direkt in den Blutkreislauf abgab.

„Wie fühlen Sie sich heute, Madam?" fragte sie, während sie Laura half, sich im Bett aufzusetzen.

Ihre Patientin antwortete zuerst nicht. Deshalb wartete sie und ließ ihr genügend Zeit, um mit Rosies Hilfe ihren Morgenmantel anzuziehen. „Ich würde fast alles dafür geben, wenn ich wieder richtig sehen könnte und nicht alles so verschwommen wäre", sagte Mrs. Bennett leise. „Es ist furchtbar lästig ..." Sie schwieg kurz. „Es tut mir sehr leid, daß ich gestern so eine Szene gemacht habe."

„Bitte machen Sie sich deswegen keine Gedanken", beruhigte Natalie sie. „Ihre Tochter weiß über ihren Gesundheitszustand Bescheid. Ich bin sicher, daß sie das versteht."

Laura nickte. „Ich möchte sie nur auf keinen Fall erschrecken."

Natalie empfand tiefes Mitgefühl mit der zerbrechlichen Frau. Mrs. Bennetts Tochter war gerade noch rechtzeitig nach Hause gekommen, und jetzt war die arme Frau kaum fähig, das Mädchen zu sehen, ganz zu schweigen davon, mit den furchtbar schmerzhaften Krämpfen und den immer schwächer werdenden Muskeln fertig zu werden.

Die Enttäuschung war in Lauras blasses, deprimiertes Gesicht geschrieben. Der Anfall hatte der ersten Begegnung mit ihrer Tochter ein abruptes Ende gesetzt.

Später, als die Spritze ihre lindernde Wirkung zeigte, halfen Natalie und Rosie der Hausherrin, sich zu baden und sich anzukleiden. Mrs. Bennetts Feinmotorik verschlechterte sich zusehends, und wieder einmal mußte Natalie erleben, wie grausam die MS ihre Opfer im Griff hatte.

„Katie kommt zum Brunch nach unten", erwähnte Laura. Ihre Augen strahlten ein bißchen auf. „Wenigstens haben wir den Heiligen Abend miteinander."

Natalie runzelte die Stirn. Was ging in Mrs. Bennetts Kopf vor? Sie gab sich doch noch nicht geschlagen?

So schwer es Natalie auch fiel, es richtig einzuordnen und konkret zu benennen, hatte sie doch den Eindruck, daß etwas an dem Wiedersehen des Vortages nicht ganz stimmte. Es paßte manches einfach nicht zusammen.

Zum einen war Dylan Bennett die ganze Zeit dabeigesessen. Dieser Mann beunruhigte sie über alle Maßen. Außerdem hatte Rosie sie noch auf etwas anderes hingewiesen – auf Katie Lapps Hände.

Man würde erwarten, daß die Hände einer Amischfrau von der Gartenarbeit, vom Geschirrspülen und Wäschewaschen rauh und schwielig wären. Katie Lapps Hände sahen aber ganz im Gegenteil aus wie die eines Fotomodells. Nach allem, nur nicht nach den Händen einer schwer arbeitenden amischen Frau.

„Wenn der heutige Tag vorüber ist", hörte sie Laura sagen, „ist es mir egal, was passiert. Das Krankenhaus ist gewiß eine gute Möglichkeit. Ich werde mich nicht dagegen wehren. Aber ... heute ... will ich mit Katie zusammen sein ... allein."

Rosies Augen wurden immer größer. „Sie erleben bestimmt einen wunderbaren Feiertag."

Natalie zwang sich zu einem Lächeln und nickte zustimmend. „Warten Sie nur, bis Sie sehen, was Selig als Festessen geplant hat."

„Noch mehr von diesem Kokosnuß-Vanillestrudel, hoffe ich", sagte Mrs. Bennett stockend.

Natalie lächelte. Laura dachte nicht ans Sterben, nicht wenn sie Appetit auf Nachspeisen hatte!

Sie machte auf dem Krankenblatt eine Notiz über die verabreichte Morphiumdosis und verstaute es im obersten Fach des Kleiderschrankes. Sie konnte nur hoffen, daß das Schmerzmittel nicht anfinge, die Atmung zu beeinträchtigen. Aber sie war sich des Teufelskreises sehr wohl bewußt, der in Gang gesetzt worden war.

„Woher hat denn Selig das Rezept für dieses wunderbare Dessert?" fragte Laura von ihrem Rollstuhl aus.

Sie drehte sich jetzt zu Rosie um. Natalie hatte den Eindruck, daß sich Mrs. Bennett ziemlich wohl fühlte. Im Augenblick waren keine Anzeichen von Schmerzen oder Krämpfen auszumachen.

„Das könnte Ihnen das neue Hausmädchen erzählen", sagte Rosie. „Sie war diejenige, die das Dessert zubereitet hat."

„Das neue Hausmädchen? Wie heißt sie?" fragte Laura stockend.

„Katherine", sagte Rosie.

Schmerz zog über Lauras Gesicht. Einen Augenblick lang glaubte Natalie, sie würde anfangen zu weinen. Rosie mußte das ebenfalls bemerkt haben, denn sie wechselte schnell das Thema und lenkte Lauras Aufmerksamkeit auf mehrere kleine Geschenke, die unter den beiden Weihnachtsbäumchen lagen.

Aber Natalie ging Mrs. Bennetts apathische Haltung nicht aus dem Kopf. Sie hatte gesagt, sie würde sich nicht dagegen wehren, ins Krankenhaus eingeliefert zu werden. Das paßte so überhaupt nicht zu ihrem Charakter. Das war viel zu leidenschaftslos für sie – aber auch eine häufige psychische Begleiterscheinung dieser Krankheit.

Natalie fand keine Ruhe. Die Frau hatte gerade erst ihre Tochter kennengelernt – das einzige Kind, das sie in ihrem Leben geboren hatte. Und jetzt schien sie bereit zu sein, sich kampflos geschlagen zu geben? Gewann die Krankheit die Oberhand?

* * *

Als das Geschirr und die Reste des Brunchs abgeräumt waren, setzte sich Katherine an den Tisch, um das erforderliche Bewerbungsformular auszufüllen. Geburtsdatum, Geburtsort etc. Ganz einfach. Schnell trug sie ihre Daten ein und hoffte insgeheim, daß jemand – vielleicht sogar Laura Bennett selbst – einen Blick darauf werfen würde.

Als es um ihre Unterschrift ging, stockte sie und warf einen Blick auf die oberste Zeile der Seite und stellte plötzlich fest, daß sie nur „Katherine" geschrieben hatte. Keinen Nachnamen. Keine Initialen in der Mitte.

Es wäre unehrlich, einen Namen zu erfinden. Aber sie konnte es nicht riskieren, ihre Stelle zu verlieren oder sich um die Möglichkeit zu bringen, herauszufinden, ob Laura Bennett wirklich ihre Mutter war. Also schrieb sie „Marshfield" und als Abkürzung in der Mitte ein „L" für Lapp.

Als das erledigt war, wurde sie beauftragt, im Tiffanyzimmer aufzuräumen – das Gästebett zu machen, das Badezimmer zu putzen und frische Handtücher aufzuhängen.

Als sie an die Tür klopfte, war die Frau, die sich Katie Lapp nannte, nicht in ihrem Zimmer. Höchstwahrscheinlich war sie unten bei Mrs. Bennett und unterhielt sich mit ihr – und trank eine Tasse Kaffee oder Tee. Katherine würde fragen, ob sie später das Teeservice abräumen dürfte.

Aber jetzt hatte sie Katies Zimmer ganz für sich allein. Eine günstige Gelegenheit, sich umzusehen.

12

Maria Stoltzfus blieb stehen und schnappte nach Luft. Sie lehnte sich an das Fenstersims im Wohnzimmer der Lapps und betrachtete die schweren, nassen Schneeflocken, die von dem dichten grauen Himmel fielen.

Wieviel Schnee gibt's denn noch? fragte sie sich, denn es schneite nun schon seit Tagen pausenlos. Das Wetter legte sich auf ihr Gemüt, auch wenn sie sich um nichts in der Welt deshalb beklagt hätte. Das Land brauchte im kommenden Frühling die Feuchtigkeit für die Saaten. Das wußte der Herr genau.

Sie ging vom Fenster weg und mußte an Katie denken, und wie ihr es wohl ging. Wünschte sie sich, sie könnte schreiben und Marias Brief beantworten?

Tief in ihrem Herzen wußte Maria, daß Katie wahrscheinlich schwer mit dieser Frage gerungen hatte. Ihr war klar, daß es nicht vorsichtig wäre, wenn ihre Freundin in irgendeiner Weise mit ihr korrespondieren würde – nicht einmal in Form einer Postkarte. Nicht, weil sie nicht *wollte*, sondern weil sie fürchten mußte, daß Maria in diesem Fall Schlimmes widerfahren könnte!

Bei diesem Gedanken hob sich Marias Stimmung ein wenig. Aber nicht genug, um sich zu den Frauen in der Küche zu gesellen. Sie, ihre Mutter und Großmutter waren – zusammen mit einer Reihe anderer Frauen aus der Gemeinschaft – hierher ins Haus der Lapps gekommen, um Weihnachtsplätzchen zu backen. Für Maria war es das erste Mal, seit die Meidung über ihre Freundin verhängt worden war, daß sie wieder in Katies Elternhaus war.

Sie hörte das Lachen und fröhliche Plaudern in der Küche. Mit einem kurzen Blick über die Schulter stellte sie fest, daß es bei so vielen Frauen niemandem auffiel, daß sie fehlte.

Sie fragte sich, ob Katie sich heute vielleicht ähnlich fühlte wie sie. Vielleicht erinnerte sie sich an die vielen Weihnachtsfeste, die sie in Hickory Hollow erlebt hatte, und überlegte, was in der Amisch-Gemeinschaft wohl gerade passierte; ob man an sie dachte oder nicht. Immerhin gab es so viele Menschen im Gemeindebezirk - etwas mehr als zweihundertfünfzig Leute. Welche Rolle spielte da schon ein einziges verlorenes Schaf?

Dachte Katie jemals an Bischof Johannes? Fragte sie sich jemals, ob *er* sie vermißte?

Wenn Maria auf eine so komische Frage spontan hätte antworten sollen, dann hätte sie gesagt, daß der Mann ein wenig mitgenommen aussah. Aber auf keinen Fall verzweifelt oder niedergeschlagen. Doch der traurige Blick in seinen Augen und seine Miene verrieten seine Verfassung.

Sie sehnte sie danach, den Schmerz in diesen hübschen grauen Augen zu lindern, die Last von seiner Seele zu nehmen. Johannes Beiler brauchte jemanden. Und auch seine fünf Kinder.

Aber der Gedanke, sich in eine fertige Familie zu stürzen, die auch noch so groß war, erschreckte sie ziemlich. Doch die Macht der Liebe konnte das alles ändern; das wußte sie.

Wenn nur der Bischof eine Ahnung hätte, wie oft sie an ihn dachte. Wenn er nur die gleichen Gefühle hegen würde ...

Der Bischof war ein Mann, der dazu auserwählt war, die Gemeinde zu leiten. Wie mußte eine Frau beschaffen sein, die in einem Mann Gottes Gefühle aufkommen ließ? Besonders in einem Mann, der immer noch darüber hinwegkommen mußte, daß er an seinem Hochzeitstag sitzengelassen worden war.

Trotzdem regten sich immer wieder starke Gefühle in ihrem Herzen ... umspannten sie und fanden nur ein Ende, wenn sie sich bewußt bemühte, sie zu unterbinden.

* * *

Jakob stapfte absichtlich laut mit den Füßen auf, als er in die Küche trat, und stöhnte leise vor sich hin.

„Was ist denn mit Jakob los?“ fragte seine große Schwester.

Die Beilerkinder schauten von ihren Plätzen um den langen Tisch herum auf, an dem sie saßen und Weihnachtskarten füreinander malten.

„Sieht so aus, als könne er nicht richtig gehen“, sagte der achtjährige Levi, der zweitälteste Sohn des Bischofs. „Hast du deine Zehennägel zu kurz abgeschnitten?“ fragte er seinen kleinen Bruder mit einem belustigten Schmunzeln.

„Mach dich nicht über ihn lustig“, warnte Hickory-Johannes, der älteste unter den Geschwistern. Dann fragte er Jakob: „Tut dir etwas weh?“

Jakob warf Levi aus dem Augenwinkel einen beleidigten Blick zu. Er war doch kein Baby, aber ... „Ja, mir tut ... meine große Zehe ganz arg weh.“

Nancy winkte ihm, sich neben sie auf die Holzbank zu setzen. „Laß mich einmal einen Blick auf deine Zehen werfen.“

Susie, sechs Jahre und damit zwei Jahre älter als er, fing an zu kichern.

„Konzentriere dich auf deine Arbeit“, ermahnte Nancy sie.

Jakob war sehr froh darum, daß er eine große Schwester wie Nancy hatte. Vielleicht, weil sie ihn an seine Mama erinnerte. Natürlich wußte er das nicht so genau, da er noch viel zu jung gewesen war, als sie starb, um sich an sie erinnern zu können.

Seine Füße entspannten sich, als Nancy seine schweren Schuhe aufschnürte und zuerst den linken herunterzog. „Welcher Fuß tut am meisten weh?“

Er schüttelte den Kopf. „Sie tun *beide* weh, und jetzt kann ich nicht einmal mehr richtig gehen. Ich spüre jeden einzelnen Herzschlag da unten in meinem Fuß.“ Er deutete auf seinen nackten Fuß.

Levi und Susie kicherten und hielten sich den Mund zu.

„Das ist nicht nett von euch“, tadelte Nancy die beiden. „Überlegt euch doch, wie ihr euch fühlen würdet, wenn sich jemand über *eure* Zehennägel lustig machen würde!“

Die Kinder, Hickory-Johannes eingeschlossen, brachen in tosendes Gelächter aus. Sie hätten vielleicht noch länger gelacht, wenn nicht in diesem Augenblick die Stimme ihres Vaters erklungen wäre.

„Es ist schön zu hören, daß meine Familie alles für den Heiligen Abend vorbereitet“, rief er ihnen aus der Abstellkammer zu.

Jakob hörte, wie die Arbeitsstiefel seines Vaters, einer nach dem anderen, auf den Boden fielen. „Ich hätte mir beinahe die Zehen abgeschnitten“, beklagte er sich lautstark bei seinem Vater. „Und Levi ärgert mich jetzt.“

„Petzer kommen in die Hölle“, flüsterte Levi.

Nancy legte schnell die Hände auf Jakobs Ohren. Aber zu spät. Er hatte das unheilvolle Wort gehört. Levi hatte gerade das Wort gesagt, das den „Schlimmen Ort“ bezeichnete – wo der Teufel lebte. Dieses Mal würde er nicht ungestraft davonkommen. Levi würde sich den Mund mit Seife auswaschen lassen müssen. Das geschah ihm gerade recht. Er ließ immer wieder irgendwelche Sprüche los, die ihm Schwierigkeiten mit seinem Vater einbrachten.

Erst gestern hatte Levi das Hinterteil versohlt bekommen, weil er dasselbe Wort in bezug auf Katie Lapp gesagt hatte. Daß sie an diesem glühend heißen Ort verbrennen würde, weil man die Meidung über sie verhängt hatte, und weil sie Hickory Hollow verlassen hatte.

Natürlich hatte Jakob keine Ahnung, worum es bei einer Meidung überhaupt ging. Aber da er nie eine Gelegenheit bekommen hatte, sich von der hübschen rothaarigen Frau zu verabschieden, die so gern Lieder gesummt hatte – diese lebensfrohe Frau, die seine neue Mama hätte werden sollen –, da sie einfach verschwunden war, konnte er sich vorstellen, daß Katie vielleicht tatsächlich dort hinunter gegangen war, wohin Levi gesagt hatte. Immerhin war sie an ihrem Hochzeitstag einfach davongelaufen, nicht wahr? So etwas furchtbar Schreckliches konnte doch nur eine ganz dumme Frau tun!

Die meisten von ihnen, so sagte Hickory-Johannes, *wollten* geheiratet werden. *Sie* konnten es kaum erwarten. Wie Maria Stoltzfus. Sie hatte er noch nie summen hören, aber er dachte, sie könnte für einen Mann eine gute Frau sein. Tatsache war, daß sie rund und mollig war - ein wunderbar gutes Zeichen, fand er. Außerdem hatten Nancy und Hickory-Johannes heute morgen etwas von Maria geflüstert, bevor Papa die Familie zum Gebet gerufen hatte. Nancy sagte, sie habe Marias Kusine sagen hören, daß Katies beste Freundin daran denke, mit Ingwerbrot und Sauerrahm-Schokoladenplätzchen zu ihnen zu kommen. Sie wollte ihnen Süßigkeiten für Weihnachten bringen!

Nun, wenn das wahr war, dann wollte Jakob wirklich nett zu dem Mädchen mit dem runden Gesicht sein. Sie fühlte sich vielleicht genauso schlecht wie er bei dem Gedanken, daß ihre Katie hatte hinabsteigen müssen und jetzt wahrscheinlich beim Teufel wohnen mußte.

* * *

Dylan verbrachte den Vormittag damit, den Jahresabschluß mehrerer Finanzberichte zu lesen. Mit seinem bisherigen Erfolg zufrieden, tätigte er einen spontanen Anruf bei Lauras Arzt und teilte dem Mann mit, daß Schwester Natalie vorgeschlagen habe, Vorkehrungen für eine Einweisung ins Krankenhaus zu treffen, falls dies erforderlich werden sollte.

Das Gespräch war kurz. Es wurde schnell beschlossen, daß ein Einzelzimmer zur Verfügung stünde und jederzeit auf sie wartete.

Mitten am Vormittag erhielt Dylan unerwarteten Besuch. Rosie Taylor. „Kommen Sie herein." Er winkte sie in sein Büro.

„Sind wir allein?" Sie schloß die Tür.

Dylan nickte. „Was ist los?"

„Es geht um das Weihnachtsessen. Ich überlege, wie wir es für Mrs. Bennett so angenehm wie möglich gestalten können." Sie schwieg einen Augenblick und sah ziemlich betrübt aus.

„Sprechen Sie weiter."

„Ihre Frau hat darum gebeten, daß sie und Katie allein miteinander speisen dürfen ... in ihren Privaträumen."

Er nahm einen Bleistift in die Hand und drehte ihn zwischen den Fingern. Er hatte Mühe, ein Grinsen zu unterdrücken. Die beiden kamen also hervorragend miteinander zurecht. „Kein Problem", erwiderte er. „Ist Katie jetzt bei meiner Frau?"

„Ja."

„Sehr gut. Kümmern Sie sich um alles ?"

„Sie können sich ganz auf mich verlassen." Bevor sie das Zimmer verließ, stellte sie noch eine interessante Frage. „Wo wollen Sie das Abendessen zu sich nehmen, Sir?“

Daran hatte er wirklich noch nicht gedacht. Aber allein in dem riesigen Speisezimmer zu essen, so elegant es auch war, kam für ihn nicht in Frage. Nicht am Heiligen Abend. Dieser Abend war für die Familie bestimmt, dafür, daß man mit anderen zusammen war.

Wenn seine Frau sich entschied, ihn auszuschließen ... dann konnte er auch andere Pläne treffen. Er stand auf. „Wenn meine Frau es vorzieht, *ohne* ihren Mann zu dinieren ... gut. Dann lasse ich mir das Essen nach oben bringen.“

„Hierher, ins Büro?“

„Wenn ich es mir genauer überlege, vielleicht esse ich *auswärts*“, sagte er und bedachte Rosie mit seinem charmantesten Lächeln.

Er war fast sicher, daß diese Ankündigung der richtige Köder war, mit dem er Laura fangen könnte. Rosie würde nach unten eilen und berichten, daß er gesagt habe, er wolle auswärts essen ... allein. Laura bekäme schreckliche Schuldgefühle, weil sie ihn ausschließen wollte. Immerhin würde ihr christliches Gewissen es ihr nicht erlauben, einen Mann zu übergehen, der keine Mühe gescheut hatte, um ihre geliebte Tochter zu Weihnachten nach Hause zu holen.

Sie würde es sich schon anders überlegen. Höchstwahrscheinlich würde seine Frau sogar darauf bestehen, ihn zu ihrem intimen Soiree einzuladen. Davon war er felsenfest überzeugt.

* * *

Katherine kniete auf dem Boden und überlegte hin und her, ob sie den Koffer öffnen sollte. Wagte sie es zu spionieren? Sie bekam Gewissensbisse. Es war nicht richtig, so etwas zu tun ... derartig in die Intimsphäre eines andern einzudringen. Und es war das letzte, was sie normalerweise tun würde ... unter anderen Umständen.

Aber angesichts dessen, was sie heute über Lauras Krankheit erfahren hatte – daß die Hausherrin tatsächlich bald sterben würde – konnte sie nicht widerstehen.

Garrett hatte es ihr gesagt, als sie am Morgen in der Küche gewesen waren. „Sie ist sehr krank", hatte er auf ihre Frage bezüglich Laura Bennetts Gesundheit geantwortet. „Schwester Natalie hat schon Vorkehrungen fürs Krankenhaus getroffen. So ernst ist es."

„Sie meinen ..."

„Sie könnte bald sterben, ja. Es kann sein, daß Mrs. Bennett, so traurig es ist, Neujahr nicht mehr erleben wird."

Es war sehr nett von dem Steward, ihr das zu sagen, dachte sie. Einfühlsam hatte er ihr die Nachricht überbracht, als wollte er sie, das neueste Mitglied der Belegschaft, vor der schweren Situation abschirmen.

Jetzt lag vor ihr der Koffer des amischen Mädchens. Irgendwie kam ihr die Situation fast wie vorherbestimmt vor. Langsam öffnete sie den Deckel.

Ein einziger Blick genügte, und sie entdeckte die unzüchtigste Kleidung, die sie je gesehen hatte. Die knappen Stoffteile konnte man eigentlich gar nicht als Kleidung bezeichnen. Das rote Oberteil und die Höschen waren meilenweit von jedem Nachthemd entfernt, das sie jemals angezogen hatte. Trotzdem nahm sie die seidenen Kleidungsstücke in die Hand, unfähig, sie wieder in den Koffer zurückzulegen, während ihre Augen den Inhalt nach weiteren Beweisen durchsuchten.

Als sie noch andere ganz und gar nicht amische Bekleidung entdeckte, wuchs ihr Unbehagen zusehends. Nervös legte sie alles wieder genauso zurück, wie sie es vorgefunden hatte. Dann schloß sie den Koffer und ging daran, das Zimmer sauber zu machen.

Sie hatte von amischen Jugendlichen gehört, die sich eitle Unterwäsche kauften, manchmal sogar „englische" Kleidung, wenn sie an den Wochenenden in der Stadt waren. So etwas kam aber normalerweise nur in den *„Rumspring-Jahren"* vor, in denen die strengen amischen Eltern ein Auge zudrückten und ihren jungen Leuten einen Geschmack von der modernen Welt gönnten.

Aber diese Frau, diese Katie Lapp, hatte das alles längst hinter sich. Natürlich bekäme sie erst endgültige Gewißheit, wenn sie einen Blick auf diese Frau werfen könnte, wenn sie mit eigenen Augen sehen würde, ob Katie eine Haube trug. Wenn das der Fall wäre, würde es bedeuten, daß diese Frau tatsächlich in die Amisch-Gemeinschaft hinein getauft worden war und nicht die geringste Veranlassung haben sollte, solche modischen, eitlen Dinge zu besitzen!

Katherine war bald wieder unten in der Küche und bot an, das Frühstücksgeschirr der Chefin abzuräumen. „Das Gästezimmer ist fertig", meldete sie Rosie. „Ich habe jetzt ein wenig Zeit."

„Gut, aber achten Sie darauf, daß Sie Mrs. Bennetts Gespräch mit ihrer Tochter nicht stören."

„Ich werde ganz still sein." *So still wie eine Feldmaus,* dachte sie. Ihr Herz pochte aufgeregt, während sie den Gang hinab in die Privaträume der Hausherrin eilte.

Oh, ich werde gleich meine leibliche Mutter mit eigenen Augen sehen! dachte sie. *Welch ein herrlich schönes Weihnachtsgeschenk das ist.*

Eine Stimme riß sie unsanft aus ihren Gedanken. Jemand rief: „Entschuldigung!"

Sie drehte sich um und sah Fulton, den Butler, die Stufen nach unten eilen. „Ja, Sir?"

„Haben Sie im Augenblick viel zu tun?" Was er auch brauchte, es schien äußerst dringend zu sein.

„Ich ... ich denke nicht", antwortete sie widerwillig und hoffte gleichzeitig, ihre Worte kämen nicht so stockend über ihre Lippen.

„Gut. Dann kommen Sie mit mir."

Katherine gehorchte und verwarf ihren Herzenswunsch, um Fultons Aufforderung nachzukommen. Sie folgte ihm in die Küche. In ihrem Kopf drehte sich alles.

So nahe, dachte sie. Ach, so nahe!

* * *

Daniel betete schweigend, während er ein Fax an das Standesamt des Bezirks Lancaster schickte. Als er sich entschieden hatte, die öffentlichen Einträge der Vermählungen der letzten fünfeinhalb Jahre nachzuprüfen, ließ ihm sein Gewissen keine Ruhe.

Innerhalb einer Stunde hatte er die Information, die er brauchte. Die genaue Anschrift des Hauses, in dem seine Schwester Annie jetzt mit ihrem Mann, Samuel Lapps ältestem Sohn, Elam, wohnte, hatte er. Seinen Brief, in dem er ihr mitgeteilt hatte, daß er noch lebte und nicht ertrunken war, mußte sie inzwischen bekommen haben. Mit Elam war er vor Jahren Wettrennen mit dem Einspänner gefahren, sie hatten landwirtschaftliche Auktionen besucht und oft hitzige Eckballwettkämpfe mit anderen amischen Jugendlichen ausgetragen. Und die viel zu ernsten Baseballspiele in den Pausen vor dem Schulhaus, in dem sie immer Unterricht gehabt hatten!

Elam Lapp hatte also seine Schwester geheiratet. Das sollte ihn eigentlich nicht wirklich überraschen. Katies großer Bruder hatte schon immer ein Auge auf Annie geworfen gehabt. Schon ganz früh hatte er die beiden bei Picknicks und Scheunenbautagen miteinander spielen gesehen. Später warfen sie sich beim Singen vielsagende Blicke zu.

Er schaltete den Computer aus und verwarf die angenehmen Erinnerungen an die Weihnachtszeit in Hickory Hollow.

Und an Katie.

* * *

Bis zum Mittag hatten die Frauen etliche Kilo Plätzchen gebacken. Rebekka entschuldigte sich immer wieder dafür, daß sie in Gedanken nicht ganz bei der Sache war, und daß sie das Treffen an diesem Vormittag vergessen hatte.

„Das ist verständlich", sagte Ella Mae Zook. „Du machst eine schwere, schmerzhafte Zeit durch, Rebekka."

„Das machen wir *alle*", bemerkte Maria Stoltzfus. „Jemanden zu verlieren, den man liebt, ist das Schlimmste auf der Welt."

Annie Lapp nickte ernst und knöpfte sich den Umhang zu.

Rebekka folgte ihrer Schwiegertochter zur Hintertür. „Mußt du wirklich schon gehen?"

„Ja, Elam paßt auf Daniel auf, und er kann es bestimmt kaum erwarten, daß ich ihm den Kleinen wieder abnehme." Sie schmunzelte und zwinkerte. „Du weißt ja, wie ungeschickt Elam mit Babys ist.“

Rebekka nickte. Sie hatte gesehen, wie ihr Sohn versucht hatte, das Neugeborene aufstoßen zu lassen. „Wir freuen uns darauf, euch morgen mittag zum Weihnachtsessen zu sehen.“

„Ich bringe die Nachspeise mit.“ Annie beugte sich vor, um Rebekka zum Abschied zu küssen. „Noch etwas?“

„Ich komme schon zurecht. Danke.“

„Dann ist es gut. Frohe Weihnachten, Mama.“ Annie wandte sich zum Gehen.

Rebekka schaute aus dem Küchenfenster und sah, wie Annie und die anderen Frauen zu den Einspännern gingen. Samuel und Eli waren mit den Pferden beschäftigt. Sie holten eines nach dem anderen aus der Scheune, wo die Tiere Futter und Wasser bekommen hatten.

Schließlich drehte sich Rebekka zu der *Weisen Frau* herum. „Die Situation mit meiner Tochter ist nicht nur schmerzlich“, sagte sie und gestikulierte ganz geistesabwesend mit der Hand herum. „Ich verliere fast den Verstand wegen der Meidung meiner Tochter.“

Ella Mae kam näher und legte die Arme um sie. Zum ersten Mal, seit Katie aus Hickory Hollow fortgegangen war, hatte Rebekka die Freiheit, ihren Tränen ungehindert freien Lauf zu lassen und lauthals zu schluchzen.

Als sie sich beruhigt hatte, putzte sie sich die Nase und schniefte ein wenig. Ihre Tante saß einfach ruhig da und wartete, bis Rebekka sich wieder gefaßt hatte. „Wir haben schon schönere Weihnachtsfeste gehabt“, platzte Rebekka heraus.

„Aber es wird wahrscheinlich auch noch welche geben, die schlimmer sind.“

„Ich kann mir nicht vorstellen, wie das möglich sein soll“, murmelte sie in ihr Taschentuch hinein.

„Das weiß keiner von uns. Es ist schwer, über die eigene Nasenspitze hinaus zu sehen, wenn Probleme kommen, aber auch das vergeht. Merke dir meine Worte, Rebekka. Es wird dir nicht mehr auferlegt, als du tragen kannst. Das hat der Herr gesagt.“

Sie nickte, glaubte aber kaum ein Wort. Tante Ella Mae hatte nie mit ansehen müssen, wie über ihre eigene Tochter der Bann verhängt wurde. Nie.

„Ich habe daran gedacht, daß ich zu Lydia hinüberfahren und sie besuchen könnte. Immerhin ist Weihnachten“, hörte sie sich schließlich sagen.

„Das würde ich dir nicht empfehlen, Rebekka. Außerdem bezweifle ich, daß der Bischof das gutheißen würde.“

Rebekka wollte ehrlich sein, auch wenn sie fürchten mußte, daß über sie selbst ebenfalls die Meidung verhängt würde, wenn sie nicht aufpaßte. „Nein, das tut er bestimmt nicht, aber ich will mein Mädchen gern noch einmal sehen, wenigstens ein letztes Mal. Nicht mit ihr sprechen - sie nur ansehen.“

„Ich weiß, daß du das gern möchtest. Ich könnte dich auch begleiten, wenn du meinst, daß das besser aussieht ... weniger verdächtig“, bot Ella Mae an.

„Das würdest du tun? Du würdest mit mir fahren?“

„Mir bleiben nicht mehr allzu viele Jahre auf dieser Erde. Ich glaube, ich kann dieses Risiko also auf mich nehmen ... wenn *du* es kannst.“

Rebekka und die alte Frau umarmten sich noch einmal.

Es war ausgemacht. Sie würde noch heute nachmittag den alten Melasse anspannen, die Hickory Lane hinabfahren und Lydia Miller besuchen ... und jeden, der sonst noch bei ihr im Haus war.

13

Katherine rollte einen Strudelteig aus und hörte so nebenbei die Gespräche in der Küche mit an.

„Mrs. Bennett hat einen Maler damit beauftragt, ein Porträt von ihr und ihrer Tochter anzufertigen“, erzählte Garrett Rosie. „Als Weihnachts- und Begrüßungsgeschenk. Eine ausgezeichnete Idee, finden Sie nicht?“

„Das kommt ganz darauf an. Die Hausherrin ist heute vielleicht überhaupt nicht in der Lage, Modell zu sitzen. Sie muß sich ausruhen ... sie mußte sogar ihr Gespräch mit Katie verschieben.“

„Wirklich?“ Garrett wirkte überrascht. „Aber was wird dann aus dem Porträt?“

„Das kann ich nicht sagen. Ich weiß nur, daß sie sich für den Nachmittag hingelegt hat und den Tee ausfallen läßt. Sie hofft, sich heute abend ein wenig besser zu fühlen.“

„Die arme Frau“, murmelte der Steward. „Und wir hatten alle gehofft, das Wiedersehen mit ihrer Tochter wäre genau das, was sie brauchte, damit das Blatt sich wendet.“

„Was sie *braucht*“, erklärte Rosie, „ist ein Wunder!“

Das brauche ich auch, dachte Katherine, der es ganz eng in der Brust wurde. Oh, sie mußte einfach ihre richtige Mama sehen, bevor etwas Schreckliches passierte.

Was ist, wenn sie heute nacht stirbt? Was ist, wenn ich nie die Gelegenheit bekomme, ihr zu sagen, wer ich bin? Sie verdrängte diesen schrecklichen Gedanken schnell wieder. Wie frustrierend, wie schmerzlich, daß es ihr nicht gelang, Laura Bennett kennenzulernen, die Frau, die ganz sicher ihre Mutter war.

Katherine wartete, bis die Unterhaltung über das Ölgemälde sich etwas gelegt hatte. Dann erkundigte sie sich nach ihrem Bewerbungsformular. „Hat Ihr Mann schon eine endgültige Entscheidung über meine Anstellung getroffen?“

Rosie lächelte. „Er ist gerade oben. Aber Sie dürften jeden Augenblick Ihre Zusage bekommen, denke ich.“

„Das würde mich sehr freuen“, murmelte sie. Sie nahm ihre Arbeit wieder auf und füllte den Strudelteig. Während sie mit dieser Arbeit beschäftigt war, gingen ihre Gedanken auf Reisen, und sie sah vor ihrem geistigen Auge ein kleines Mädchen, das einen Stuhl über den Küchenboden zu der Arbeitsfläche schob. Die Kleine kletterte auf den Stuhl und stand da und schaute ihrer Mama zu, die einen Strudel zubereitete. Mit großem Interesse blieb sie dort stehen, bis Rebekka fragte, ob sie ihr helfen wolle, den Teig an den Kanten festzudrücken. Natürlich wollte sie das. Und sie hatte es machen dürfen. Sie hatte es sehr gut gemacht, hatte ihre amische Mama gesagt.

Katherine schaute nach oben zu einer Reihe glänzender Kupfertöpfe, die von der massiven Abzugshaube über dem Gasofen hingen. Was tat Rebekka wohl heute? Hatte sie die Frauen zu Besuch ... backten sie Strudel und Plätzchen?

Sie wünschte, sie könnte aufhören, so viel an Hickory Hollow zu denken. *Das* hier war jetzt ihr Zuhause, dieses schöne und elegante Haus.

* * *

Fulton Taylor, ein Mann, der normalerweise nicht viele Worte machte, läutete die Glocke und bestellte seine Frau zu sich. Rosie kam schnell. Sie war etwas außer Atem.

Als sie allein waren, zeigte er ihr Katherines Bewerbungsformular. „Was hältst du davon?“

Rosie nahm ihm das Blatt aus der Hand und folgte mit den Augen seinem Finger, während er laut las. „Katherine Marshfield. Klingt ein bißchen seltsam, findest du nicht?“

„Hmm, Marshfield. Ja, das klingt wirklich ein wenig ungewohnt.“

„Wer *ist* dieses neue Hausmädchen, das wir so kurz vor Weihnachten ins Haus geholt haben?“

Rosie schüttelte den Kopf. „Ich weiß es nicht, Fulton. Aber irgend etwas an ihr ist ungewöhnlich. Sie erinnert mich an jemanden.“

„Du kannst recht haben.“ Er nickte nachdenklich. „Aber ich komme nicht darauf, an wen sie mich erinnert ...“

Rosie sprang auf. „Erst heute morgen erwähnte Schwester Natalie, wie ungewöhnlich es sei, daß der Nachname des neuen Hausmädchens fast genauso klingt wie der Mädchenname unserer Hausherrin - Mayfield.“

„Der Name ist die eine Sache. Und das Geburtsdatum ... ist die andere.“

„Wie meinst du das?“ Rosie schaute mit zusammengekniffenen Augen auf das Bewerbungsformular und berührte es fast mit der Nasenspitze. „Meine Güte, ich brauche meine Brille. Ich kann ohne sie nicht viel sehen.“

Er las ihr Katherine Marshfields Geburtsdatum vor. Dann fragte er: „Versuche, dich an Mrs. Bennetts Tagebuch zu erinnern? Hast du nicht vor einiger Zeit Eintragungen für sie gemacht?“

„Nur als sie sich ganz schlecht fühlte. Drei Mal, glaube ich.“

„Hatte sie in dem Tagebuch nicht eine Seite für wichtige Daten?“ fragte er, inzwischen ganz aufgeregt. „Ich erinnere mich, daß du etwas davon erwähntest.“

„Ja ... aber ja! Der fünfte Juni ist ein sehr wichtiges Datum in Mrs. Bennetts Tagebuch. Es fiel mir bei allen drei Eintragungen auf. Ihre Tochter wurde an diesem Tag geboren.“

Das Gesicht seiner Frau wurde ganz rot. Er sah ihr nach, wie sie zu der Schreibtischschublade eilte. Immer noch mit dem Bewerbungsschreiben in der Hand, wartete er, bis sie ihre Brille gefunden hatte.

Rosie eilte wieder an seine Seite und schaute sich das Formular genauer an. Ihre Stirn legte sich in tiefe Falten, während sie las. „Es sieht so aus ... Kann das denn sein? Katherine Marshfields Geburtsdatum fällt genau auf denselben Tag wie Katie Lapps!“

Sie schwiegen und starrten einander mit offenem Mund an.

Rosie fand als erste die Sprache wieder. „Diese amische Frau hat nicht die geringste Ähnlichkeit mit Mrs. Bennett - überhaupt keine. Das ist mir von Anfang an schon aufgefallen.“

„Beide haben rote Haare“, bemerkte er.

„Aber das Rot ihrer Haare ist grundverschieden."

Er setzte sich seufzend aufs Bett und sprach kein Wort mehr.

Rosie setzte sich neben ihn. „Irgend etwas ist hier faul. Ich werde der Sache auf den Grund gehen. Bist du dabei?"

„Es wäre vielleicht besser, wenn wir warten", schlug er ruhig vor. „Die Dinge sollten sich von selbst klären ... ohne daß wir uns einmischen."

Rosie schaute noch einmal mit zusammengekniffenen Augen auf das Bewerbungsformular. Kopfschüttelnd nahm sie die Brille ab. „Warum sollen wir die Antworten nicht etwas beschleunigen? Heute ... bevor der Maler kommt und mit dem Weihnachtsgemälde anfängt."

Er faltete das Bewerbungsformular in der Mitte zusammen und steckte es in seine weiße Livree. „Halte Augen und Ohren offen, Rosie. Aber sage zu niemandem ein Wort. Hörst du?"

Seine Frau grinste ihn an. „Ja, Sir." Sie salutierte im Spaß.

„Dann ist es gut." Und fort war er wie ein steifer Major, um die Vorbereitungen für das Abendessen zu überwachen.

* * *

Lydia Miller war ziemlich erstaunt, als Rebekka Lapp und die Tante ihrer Kusine vor ihrer Hintertür standen. „Herzlich willkommen", sagte sie und öffnete die Tür so weit, daß die beiden eintreten konnten.

„Frohe Weihnachten, Lydia!" riefen beide wie aus einem Munde.

„Auch euch frohe Weihnachten", antwortete sie und führte ihre Gäste ins Haus.

Sobald sie ihre dicken Umhänge abgelegt hatten und im Wohnzimmer saßen, bot Lydia den beiden Frauen etwas Warmes zu trinken an. „Vielleicht eine heiße Schokolade?"

„Für mich bitte Tee", sagte Ella Mae.

„Ein heißer Kakao wäre sehr gut", antwortete Rebekka.

Während Lydia sich in die Küche begab, fragte sie sich, was die beiden wohl zu ihr führte. Meine Güte, es war Heiligabend. Und bei dieser Kälte ... die Frauen hatten einem stürmischen Wind und eisigen Temperaturen getrotzt, um diese Fahrt auf sich zu nehmen.

„Es ist so lange her, seit wir das letzte Mal hier waren“, bemerkte Rebekka, als Lydia aus der Küche zurück war.

Lydia setzte sich in einen gepolsterten Sessel. „Was hat euch abgehalten, schon mal früher zu kommen?“ Plötzlich wurde sie unsicher. So direkt hätte sie es wahrscheinlich nicht formulieren sollen.

Sie bemerkte Rebekkas Seitenblick auf Ella Mae und war sich im klaren, daß Katies Mutter verstanden hatte, was sie meinte. „Oh, ich wollte dich nicht verletzen. Das war auf keinen Fall meine Absicht“, sagte Lydia schnell.

„Es ist sehr nett von dir, daß du meine Tochter bei dir aufgenommen hast.“ Die Worte kamen zögernd über Rebekkas Lippen. „Ich hätte mir kein besseres Haus wünschen können ... auch wenn ich es selbst geplant hätte.“

Lydia glaubte die Lippen ihrer Kusine zittern zu sehen. „Peter und ich ... haben das sehr gern getan. Wir helfen Katie gern aus ... jederzeit.“

Sie hätte noch mehr sagen können, viel mehr. Sie hätte fragen können, warum sie die junge Frau so grausam mieden, warum die Leute in der Gemeinde nicht einmal mit ihr sprechen durften. Aber ihre Lippen blieben verschlossen. Das ging sie nichts an. Was die Amisch in Hickory Hollow taten, war nicht ihre Angelegenheit.

Jetzt schien Rebekka unruhig zu werden. Sie schaute sich unruhig im Zimmer um. Suchte sie Katie? War das der eigentliche Grund für ihren Besuch?

Lydias Herz schmerzte bei der verzweifelten Situation, die sich vor ihr abspielte. Sollte sie etwas sagen, überlegte sie. Sollte sie ihrer armen, lieben Kusine die enttäuschende Nachricht nahebringen, daß Katie bereits nach New York abgereist war?

Als das Wasser kochte, entschuldigte sie sich und ging in die Küche. *Was* sollte sie Rebekka sagen?

Ihre Gedanken kamen einem Gebet sehr nahe. Mehr als alles in der Welt wollte sie die niedergeschlagene Frau wieder aufmuntern, die Sorgen, die Probleme von ihrem Herz nehmen. Wenn die Amisch mehrstimmige Lieder erlauben würden, wäre jetzt eine gute Gelegenheit, in einen Lobgesang einzustimmen und dem Schöpfergott für seine liebevolle Gnade über dem Leben seiner Kinder zu danken. Sie dachte an ein solches Lied und summte es leise.

Bald waren die heißen Getränke fertig. Sie nahm ihr handbemaltes Lieblingstablett – es war schön und stabil - und stellte drei Tassen darauf. „Hier ist etwas Heißes, damit ihr euch ein wenig aufwärmen könnt", sagte sie, als sie ins Wohnzimmer zurückkam.

Sie stellte die Tassen auf den Tisch und betete im stillen darum, daß der Herr ihr Weisheit und Führung schenke, während ihre amischen Verwandten den Kakao und Tee tranken. Hier, ohne daß ihre geliebte Katie auch nur in der Nähe gewesen wäre. An einem ruhigen Nachmittag am Heiligen Abend.

Rebekka fühlte, wie die Wärme durch die Keramiktasse kroch - kein Plastik, wie ihre Tassen zu Hause. Genoß Katie auch diese schönen und eleganten Dinge hier in Kusine Lydias Haus?

Während sie sich im Zimmer umschaute, wurde ihr bewußt, daß ihre ungehorsame Tochter bestimmt auf den Geschmack des „englischen" Lebensstils gekommen war. Sie sah den Teppichboden, das bequeme Sofa und die Sessel. Zu allem Überfluß auch noch einen gepolsterten Fußschemel! Und sie hatten elektrisches Licht mit einer hübschen Glaslampe, die auf einem runden Holztisch stand. Peter hatte den Tisch wahrscheinlich selbst angefertigt.

Gerahmte Familienfotos und Bilder schmückten die Wände, und, ach, diese eitlen geblümten Vorhänge an den Fenstern....

Es war nicht das erste Mal, daß sie Lydias Spitzen und die anderen Dinge sah. Beschämend, diese Mennoniten ... die sich von dem ursprünglich in der Schweiz entstandenen anabaptistischen Glauben abgespalten hatten. Bedauerlich, daß sie Jakob Ammanns Lehren aus dem 17. Jahrhundert nicht mehr befolgten und nicht „in Jesus geblieben waren". Bedauerlich auch, daß sie sich von Elektrizität und Autos das Leben kaputtmachen ließen.

Trotzdem hatte Katie in diesem mennonitischen Haus Zuflucht gefunden. Sie war hierher gekommen und hatte sich ein Zimmer gemietet; das hatte sie ihr erzählt, bevor sie das amische Bauernhaus verlassen hatte. Aber Rebekka war eine gehorsame amische Frau und hatte die strenge Meidung, die Bischof Johannes über Katie verhängt hatte, eingehalten – die strengste Meidung, von der sie jemals in dieser Gegend gehört hatte. Der einzige andere Ort, an dem es angeblich nicht erlaubt war, mit einer gemiedenen Person zu sprechen, war irgendwo weit weg in Ohio.

„Ich nehme an, ihr wollt wissen, wie es Katie ... äh Katherine geht“, sagte Lydia aus heiterem Himmel.

Da Samuel ihr verboten hatte, den Namen ihrer Tochter auszusprechen, überlegte Rebekka genau, wie sie antworten sollte. Oh, wie gern sie über ihre Tochter gesprochen hätte. Gehört hätte, wie es ihr hier ging. Sie hatte das Gefühl, als wollte etwas unbedingt aus ihr heraussprudeln, etwas, das sie tief in ihrem Inneren quälte. „Es wäre furchtbar nett, das zu erfahren, ja“, antwortete sie. „Geht es ihr gut?“

„Um die Wahrheit zu sagen, war es für Katherine sehr schwer, mit ihrem Schmerz fertig zu werden, aber die Gitarre hat ihr viel geholfen“, bemerkte Lydia. „Singen ist gut für die Seele.“

„Oh“ war alles, was Rebekka sagen konnte. Lydias Worte klangen wie eine Beleidigung in ihren Ohren. Sie hoffte, ihre Kusine würde jetzt nicht über Unterschiede in ihren Lehrmeinungen diskutieren wollen. Dafür war jetzt wirklich nicht der richtige Zeitpunkt.

Lydia sprach weiter. „Katie ist fort. Sie ist gestern abgefahren – in den Norden, um ihre leibliche Mutter zu suchen. Aber du hast dir wahrscheinlich denken können, daß das früher oder später passieren würde.“

„Ja, das habe ich.“ Sie senkte den Blick und zitterte leicht. Sie war dankbar für Ella Maes Hand, die sich auf ihre legte. Die warme und liebevolle Berührung tröstete sie, ließ sie wissen, daß jemand sie liebte. Eine weise, alte Frau liebte sie trotz dem ungehorsamen Handeln ihrer eigensinnigen Tochter.

„Ich glaube, deine Katie wird sich schon zurecht finden“, sagte Lydia und trat neben sie. „Peter und ich beten für sie. Und auch viele andere. Gott sorgt für seine Kinder.“

Rebekka nickte. Sie würde einer Mennonitin nicht verraten, daß der Herr, der himmlische Vater, auf *ihre* Gebete mehr hörte, als auf Lydias Gebete. Die Millers und ihre Freunde und Verwandten in ihrer Gemeinde hatten den Glauben ihrer Väter verlassen. Wie in aller Welt konnten sie erwarten, daß der allmächtige Gott Gebete von den Lippen unbußfertiger Seelen erhörte?

„Ich hoffe, du hast ein schönes Weihnachtsfest mit deiner Familie." Sie zwang sich, ihre Kusine anzulächeln.

Aber was sie wirklich beschäftigte, war die Frage, wie Katie die Feiertage irgendwo weit fort an einem fremden Ort verbringen würde. Natürlich sagte sie das nicht. Sie fragte nicht einmal, in welche Stadt das Mädchen fahren wollte. Es ging Lydia nichts an, wie oder was sie über ihre Tochter dachte, daß sich ihre Gedanken fast jede Minute am Tag – und in der Nacht um sie drehten.

„Kommen Elam und Annie zu Weihnachten zu euch zum Essen?" hörte sie Lydia fragen.

„Ja, sie werden morgen den ganzen Tag mit uns verbringen – und auch der kleine Daniel." Sie drehte sich zu der *Weisen Frau* um und wurde sich erst jetzt bewußt, daß Ella Mae noch kein einziges Wort gesagt hatte.

Die alte Frau stieß ein kehliges Seufzen aus und lächelte. „Am besten hoffen wir, daß das Wetter aufklart, damit jeder dahin kommen kann, wohin er will."

Rebekka bemerkte, daß der Schnee immer noch in sehr dichten Flocken vom Himmel fiel. Sie stellte ihre Tasse auf den Kaffeetisch. „Ich glaube, wir sollten uns am besten auf den Weg machen, wenn wir gut nach Hause kommen wollen."

„Laß dich wieder einmal bei uns sehen", sagte Lydia. „Und warte das nächste Mal nicht so lange, bis du mich besuchst."

Rebekka half Ella Mae aus dem Sessel hoch. Die ältere Frau stand aufrecht da, jedoch nicht ohne das eine oder andere Keuchen und Schnaufen. Rebekka wartete, während ihre Tante einen Augenblick auf der Stelle stehenblieb, zweifellos darum bemüht, das Gleichgewicht nicht zu verlieren, und bot ihr ihren Arm an. Auf keinen Fall wollte sie, daß Ella Mae stürzte und sich wieder die Hüfte brach. Nicht in ihrem fortgeschrittenen Alter. Nicht am Heiligen Abend.

„Bist du soweit?“ fragte sie die *Weise Frau.*

Ella Mae hob den Zeigefinger und schwieg einen Augenblick, bevor sie sprach. Ein seltsamer Blick lag in ihren Augen. „Der Herr segnet die, die ihn segnen - und du, Lydia Miller, hast eine junge Frau bei dir aufgenommen.“ Dann zitierte sie in ihrer heiseren, leisen Stimme aus der Bibel. „‚Was ihr aber einem der geringsten unter meinen Brüdern getan habt, das habt ihr mir getan.‘“

Dieser Vers traf Rebekka zutiefst. Wie spitze Steine in einem alten Arbeitsschuh bohrten sich die Worte in ihr Herz.

14

Rosie war die erste, der Katie Lapps Hände auffielen. Sie hatte soeben Mrs. Bennett ins Wohnzimmer geschoben. Überrascht, daß Katie sich nicht einmal umdrehte, als ihre Mutter ins Zimmer kam, ging sie zu der jungen Frau, die vor einem der kleinen Weihnachtsbäume stand. „Ihre Mutter hat sich ausgeruht und fühlt sich jetzt etwas besser."

Katie reagierte nicht. Sie hielt eines der liebevoll eingepackten Geschenke in der Hand und schien tief in Gedanken versunken zu sein.

Als Rosie einen Baumschmuck, der weit unten an einem niedrigen Zweig baumelte, wieder richtig aufhängte, warf sie einen genaueren Blick auf die Hände der jungen Frau. *Merkwürdig,* dachte sie. Sie wirken furchtbar rauh und gerötet, obwohl die Haut noch an diesem Morgen weiß und so glatt wie Seide gewesen war. Eine Hand blutete leicht - auf dem mittleren Knöchel.

„Miss Lapp?" sagte Rosie.

„Oh, äh...entschuldigen Sie. Ich muß geträumt haben." Katie wirkte aufgeschreckt. „Haben Sie etwas gesagt?"

„Ja, mir ist die kleine Verletzung an Ihrer Hand aufgefallen. Ich wollte Ihnen eine Salbe anbieten. Schwester Natalie hat bestimmt eine."

„Oh, das ist nicht schlimm", sagte Katie, deren Gesicht jetzt zeigte, daß sie wieder registrierte, was um sie herum vor sich ging. „Rauhe Hände bekommt man nun einmal, wenn man den ganzen Tag Hausarbeiten verrichtet. Das können Sie sich bestimmt vorstellen."

Rosie glaubte ihr kein Wort. Vor ein paar Stunden hatte sie noch keinen einzigen Kratzer an den Händen dieser Frau gesehen.

„Haben die Amisch denn überhaupt *keine* modernen Geräte?" fragte sie.

Katie lächelte und zeigte ihre perfekten geraden weißen Zähne. Fast zu weiß, zu perfekt. „Nichts, das zu Hause jemanden vom Hocker reißen würde."

„Wie bitte?“ fragte Rosie mit einem kurzen Blick auf Mrs. Bennett, die anscheinend damit zufrieden war, in ihrem Rollstuhl zu sitzen und ihre Tochter anzuschauen. Sie war dankbar, daß die Hausherrin zu weit weg war, um ihr Gespräch genau zu verstehen.

„Ich spreche nicht gern über mein Leben bei den Amischleuten“, sagte Katie abrupt.

Diese Antwort verblüffte Rosie. Sie senkte erneut die Stimme und sprach weiter. „Geht es Ihnen in der Amisch-Gemeinschaft gut?“

„So gut, wie man erwarten kann“, kam die Antwort. „Aber ich bin hier, um die Zeit mit meiner Mutter zu verbringen. Wenigstens im Augenblick.“

Rosie nickte. „Ja ... ja. Ihre Mutter.“ Sie drehte sich um und warf einen Blick auf die hübsche, zerbrechliche Frau in dem Rollstuhl.

Fast unbewußt begann sie, die beiden Frauen miteinander zu vergleichen - ihre Augen und ihre Haarfarbe -, während Katie durch das Zimmer auf Mrs. Bennett zuging. Unauffällig beobachtete Rosie die junge Frau, die immer noch etwas abwesend wirkte. Oder war es etwas anderes ... widerstrebte es ihr vielleicht, sich zu ihnen zu gesellen?

Je mehr sie die junge Frau beobachtete, um so mehr fragte sie sich, ob es möglich sei, daß Mrs. Bennetts Tochter vielleicht ihrem leiblichen Vater und nicht ihrer Mutter ähnlich sah.

Sie verwarf diesen Gedanken als lächerlich. Jeder konnte sehen, daß Katie Lapp nicht die Tochter ihrer Chefin war. Sie hatten nicht die geringste Ähnlichkeit miteinander. Am traurigsten von allem war, daß Mrs. Bennett die Wahrheit vielleicht nie mit eigenen Augen sehen würde. Denn ihre Augen wurden mit jedem Tag ein wenig schlechter. Außerdem hatte sie freiwillig einer Krankenhauseinweisung zugestimmt ...

Die junge Amischfrau hatte keinen Funken von Laura Bennett in sich! Nicht ihr sanftes Gemüt, nicht ihr freundliches Wesen ... nichts davon.

Rosie wollte am liebsten auf der Stelle ein Gebetstreffen einberufen und den Himmel in Bewegung setzen. Die arme Mrs. Bennett würde für die vor ihr liegenden Tage die Hilfe des Herrn brauchen

– nicht nur, um mit dem Sterben fertig zu werden, sondern auch, um mit etwas noch viel Schlimmerem fertig zu werden. Nämlich damit, daß eine Betrügerin in der Gestalt eines schlichten amischen Mädchens mitten in ihrem eigenen Haus lebte!

Aber wer sollte den Betrug aufdecken, wer sollte der Sache auf den Grund gehen? Die bittere Wahrheit würde die liebe Frau zutiefst verletzen!

* * *

Dylan bemerkte Katie sofort, als er den Eingangsbereich von Lauras Privaträumen betrat. Sie gab ein herrliches Bild ab, wie sie dort, umrahmt von den beiden Weihnachtsbäumen, stand. Das einzige, was an dem vollkommenen Bild störte, war die plumpe schwarze Schürze über ihrem langen grünen Kleid. Als *Amischgrün* hatte die Schneiderin den Stoff ganz passend beschrieben, der als dicker Ballen im Stoffgeschäft gelegen hatte.

Ihm fiel auch ihre niedergeschlagene Haltung auf ... das deprimierte Gesicht. Vermißte sie das Weihnachtsfest mit ihrem Freund?

Er wollte, daß sie aufrecht stand und sich so benahm, als fühle sie sich rundum wohl und glücklich. Eine erstklassige Körperhaltung und ein angenehmer Gesichtsausdruck spielten bei einer überzeugenden Schauspielerin eine wichtige Rolle. Immerhin wurde sie ausgezeichnet bezahlt!

„Schon fast Heiligabend, nicht wahr?" bemerkte er und legte die Hände auf die Aufschläge seines Jacketts. Die Frage war rhetorisch, hauptsächlich um Lauras willen. Vielleicht bekäme sie Schuldgefühle, weil sie ihn zu ihrer Feier nicht einbezog, und überlegte es sich doch noch anders.

Er registrierte ihre hübsche Kleidung sehr wohl. Sie war für einen Abend mit einem köstlichen Festessen und einem intimen Gespräch mit Katie, der klugen Schauspielerin, die normalerweise unter dem Namen Alyson Cairns bekannt war, perfekt gekleidet. Hatte Laura ihrem Herzen einen Ruck gegeben und wollte ihn nun doch an ihrem Tisch sehen?

Die Schauspielerin schlenderte hinüber, setzte sich ihm gegenüber auf das Sofa und schaute sich mit gelegentlichen, scheuen Blikken in dem festlich geschmückten Zimmer um. Diese unschuldige Miene zeigte sie jedoch nur, wenn entweder Rosie oder Laura sie ansprach. Das verführerische Öffnen ihrer vollen Lippen und die vielsagenden Blicke waren für ihn bestimmt. So peinlich das auch war.

Was geht ihr nur durch den Kopf? fragte er sich. Gewiß nicht die vorliegende Aufgabe – das Bild einer unschuldigen, jungen amischen Frau abzugeben ... Lauras Tochter. Er runzelte die Stirn und hoffte, sie habe nicht die Lust an ihrer Rolle verloren.

Würde die Schauspielerin, die er angeheuert hatte, nicht die handgesponnene Kleidung tragen, die er von den besten Schneiderinnen in der ganzen Stadt gekauft hatte, könnte sie für irgendeine beliebige junge Studentin gehalten werden.

Einen Augenblick lang erinnerte er sich an Laura, wie sie früher ausgesehen hatte, bevor die Krankheit sie hager gemacht und tiefe Ringe um ihre Augen gezeichnet hatte - ein Schatten der blühenden Schönheit, die sie einmal gewesen war.

Mehrere Male ertappte er Katie dabei, wie sie ihn fragend anschaute, während er sich um ein lebhaftes Gespräch mit Laura bemühte und die häufigen Störungen durch Rosie und jetzt auch Schwester Natalie, die sich zu ihnen gesellte, abwehrte.

Es fiel ihm auf, daß Laura unruhig wirkte. Hatte sie nicht die nötige Dosis an Medikamenten bekommen? Jetzt war kein guter Zeitpunkt, um eine niedrigere Dosis zu riskieren, nicht bei diesen schrecklichen Krämpfen und Zitteranfällen, die wie aus heiterem Himmel ausbrachen. Vielleicht sollte er ein Wort mit Natalie sprechen.

Er wollte gerade die Schwester mit einer Handbewegung auffordern, mit ihm auf den Flur hinauszugehen, als Rosie das Wort ergriff. „In wenigen Minuten wird die Vorspeise serviert, Sir." Sie schaute Dylan mit ihren dunklen Augen durchdringend an.

So wollen sie das also spielen, dachte er, wandte den Blick von Rosie ab und richtete ihn auf Laura.

Er wartete.

Aber ihre Augen waren auf ihren Schoß gerichtet, genauer gesagt auf ihre Hände. Trotzdem schaute er sie immer noch unverwandt an. Würde sie das Wort ergreifen – ihn noch in letzter Minute einladen? Wenn sie je eine Gelegenheit dazu gehabt hatte, dann jetzt. Sie könnte ihre unsterbliche Liebe zu dem Mann, der ihre amische Tochter nach Hause gebracht hatte, damit bekunden.

Das Warten wurde unangenehm; ärgerlich lange Momente verstrichen, in der keinerlei Reaktion erfolgte.

Dann eben nicht. Sie hatte sich ihre Grube gegraben ... sollte sie sich doch hineinlegen, dachte er ohne die geringsten Skrupel.

„Ich wünsche allen einen wunderschönen Abend." Seine Worte kamen glatt und beherrscht über seine Lippen. Er wagte es nicht, jetzt Katie anzuschauen. Weder sie noch Laura.

Seine Frau wünschte einen Abend allein mit ihrer Tochter. Er glaubte, den Grund dafür zu wissen. Zweifellos, um ihr Fragen zu stellen, um ein Verständnis für das amische Leben und seine besonderen Bräuche und Sitten zu gewinnen, um etwas von dem nachzuholen, was sie im Laufe der Jahre versäumt hatte.

Er konnte sich gerade noch ein hämisches Grinsen verkneifen. Eigentlich hatte er eine solche vertraute Szene zwischen Mutter und Tochter bereits vorhergesehen gehabt. Katie Lapp - das Fotomodell und die Schauspielerin - hatte einen solchen ruhigen Abend allein mit Laura bestens eingeübt. Er hatte diese Situation – was sie sagen sollte ... wie sie antworten sollte – mit ihr durchgeprobt.

Heute war es also soweit. Mit ihm oder ohne ihn am Tisch, stand die angebliche Tochter seiner Frau kurz davor, ein dickes Tuch über die Augen der bald verstorbenen Herrin der Bennettvilla zu breiten. Sie würde sich Lauras Gunst erschleichen und sich Katherines Geburtsrecht aneignen, das zur richtigen Zeit dann auf Dylans eigenes Konto übergehen würde.

Er konnte es kaum erwarten, einen Bericht über den Verlauf dieses Abends zu bekommen. Das Frage-und-Antwort-Spiel war bestimmt sehr unterhaltsam. Er stand auf und entschuldigte sich. Dann ging er mit einem unschuldigen Lächeln im Gesicht um den Rollstuhl herum, beugte sich vor und drückte Laura einen zärtlichen Kuß auf die Wange.

„Einen schönen Abend, mein Liebling“, säuselte er. „Ich wünsche dir einen wunderbaren Abend ... euch beiden.“

„Danke“ war alles, was sie sagte. Sie war höflich wie eh und je. Aber er wußte ohne jeden Zweifel, daß sie es nicht erwarten konnte, Katie besser kennenzulernen. Daß sie nichts dagegen hatte, wenn er jetzt endlich ging und sie allein ließ.

Gereizt ging er in sein Büro hinauf und klingelte nach dem Chauffeur. Er hatte den Ausgang des Abends vollkommen falsch eingeschätzt. Er hatte gedacht, er würde Laura besser kennen. „Fulton“, polterte er in das Haustelefon. „Theodore soll mit einem Auto vor das Haus kommen.“

„Theodore ist im Moment beschäftigt, Sir.“

„Was?“

„Ich glaube, er ist mit dem Maler unterwegs, den Mrs. Bennett beauftragt hat - einem Mr. Justin Wirth.“

„Ja, ja, ich weiß von ihm.“ Jetzt war er auch noch ungehalten über Fulton. Alles lief heute schief.

Justin Wirth. Seine kränkliche Frau war wirklich schlau.

„Soll ich Ihnen Rochester schicken, Sir?“ fragte Fulton.

„Dann eben Rochester.“ Der neue Fahrer war noch ziemlich jung. Nicht gerade seine erste Wahl.

Dylan konnte es nicht erwarten auszugehen und freute sich jetzt auf ein paar Drinks. Er konnte jetzt wirklich eine Ablenkung vertragen.

Er ließ seinen Blick über das Grundstück schweifen und beobachtete, wie der Schnee auf die Erde fiel. Die Flocken kamen jetzt dichter und schneller. Würde das Schneien denn nie nachlassen? Auch gut. Wenn sie eingeschneit würden, brauchte er mit Alyson wenigstens nicht darüber zu diskutieren, ob sie über Weihnachten bliebe oder nicht. Freund hin oder her.

Lauras „Erbin“ bliebe keine andere Wahl, als ihre vertragliche Abmachung einzuhalten. Kurz gesagt, die Rolle bis zum Ende zu spielen.

* * *

Neben dem Wunsch, Zugang zu Lauras Privaträumen zu bekommen, konnte es Katherine außerdem nicht erwarten, Katie Lapp kennenzulernen. Sie wußte aus Erfahrung, daß sie heute nacht kein Auge zu brächte, wenn sich nicht einiges aufklären würde.

Sie mußte herausfinden, ob diese Katie, die durch dieses Haus stolzierte, die typisch amische Kopfbedeckung trug. Dieser Gedanke hatte sich fast zu einer Besessenheit gesteigert, während sie den ganzen Tag in der Küche arbeitete, bei den Vorbereitungen für das Festessen half und immer einsprang, wenn Garrett oder Fulton gerade Hilfe benötigte.

Eine unerwartete Wende der Ereignisse kam früh am Abend, als Selig um Hilfe beim Ausstechen und Rollen der Hors d'oeuvres bat. „Ich brauche jemanden, der diese Platte in ein paar Minuten in Mrs. Bennetts Wohnzimmer bringt." Er schaute sie geradewegs an. „Katherine?"

Als ihr bewußt wurde, daß er mit ihr sprach, antwortete sie: „Ich? Sie wollen, daß *ich* der Hausherrin die Happen bringe?"

Selig nickte. „Das sind Hors d'oeuvres, Katherine."

„Ja ... ich weiß." Aus dem Augenwinkel sah sie eines der Hausmädchen aus der Speisekammer kommen, Rosie Taylor. Um die Lippen der Frau spielte ein verdächtiges Lächeln und ein geheimnisvoller Blick zu Selig hin.

Katherine fühlte sich so wie damals als kleines Mädchen, als der Wind das erste Mal ihren Umhang ergriffen und um ihren Kopf geweht hatte. Die Haarsträhnen waren ihr an jenem Tag ins Gesicht gefallen. Sie war *strubbelig* gewesen. Aber ihre zerzausten Haare waren ihr vollkommen egal gewesen; sie hatte eine unbändige Freude empfunden.

Jetzt fühlte sie sich genauso. Ihr Weihnachtswunsch ging trotz allem in Erfüllung. Katherine Mayfield, in ihrem Herzen ein weltliches, „englisches" Mädchen, würde ihre leibliche Mutter zu Gesicht bekommen.

Was für eine Freude!

15

Der Geruch nach frisch geschnittenen Tannenzweigen erfüllte die Luft, als sie das Silbertablett den Marmorgang entlang trug. Ihr Herz pochte so heftig, daß sie glaubte, die Rüschen ihrer Schürze würden aufgeregt auf und nieder hüpfen.

Sie hoffte, daß ihre Haare in Ordnung waren, ihr Lippenstift richtig aufgetragen. Wie viele Male hatte sie sich diesen Augenblick ausgemalt? Zu oft, um es noch zählen zu können.

Und der Traum gestern nacht, dieser unerbittliche Alptraum ... Sie mußte ihn ein halbes Dutzend Mal geträumt haben.

Immer war sie vor einer riesigen Tür gestanden, einer Tür, die ein bedrohliches Hindernis bildete . Aber sie hatte Lauras Stimme dahinter hören können, die Katherine einlud, nein, *anflehte,* hereinzukommen.

Die Tür stellte eine Blockade dar, so wirklich wie manche Blockade, vor die sie sich in ihrem Leben schon gestellt gesehen hatte. Aber dieses Bild und seine verzweifelte Botschaft hatte sie nicht losgelassen. Sie wurde durch eine Tür von ihrer richtigen Mama abgehalten – durch Geheimnisse und Lügen.

Mit einem Schaudern dachte sie daran, was ihre amischen Eltern alles unternommen hatten, um das Babykleid aus weichem Satin zu verstecken ... um das Geheimnis all die Jahre ihres Lebens zu hüten.

Jetzt ... *jetzt* stand sie vor einer Flügeltür aus Glas, mit hübschen, abgerundeten Oberlichtern. Hinter dieser Tür saßen vier Frauen vor einem knisternden Kaminfeuer, zwei von ihnen mit dem Rükken zu Katherine und unterhielten sich leise. Eine Krankenschwester und ein Hausmädchen – Rosie –, eine junge amische Frau und eine Patientin in einem Rollstuhl ...

Ein Schluchzen blieb ihr im Halse stecken. Die Frau in dem Rollstuhl – war das Laura Bennett? Wie konnte es sein, daß sie so jung und doch gleichzeitig so krank aussah?

Lauras Haare erregten als erstes ihre Aufmerksamkeit. Sie konnte sich nicht mehr davon losreißen und ertappte sich bei dem Wunsch, sie zu berühren. Wie fühlten sie sich an? Sie hatten ein kräftiges Rotbraun, und waren sehr dicht – so daß die Locken wie ein schweres Gewicht am Kopf zu hängen schienen.

Das Profil der Frau fiel ihr ebenfalls auf. Sie schaute unverwandt von der feinen Nase zu dem aristokratischen Kinn.

So viele Ähnlichkeiten ... Warum hatte das denn noch niemand bemerkt?

Katherine versuchte verzweifelt, ihre Emotionen unter Kontrolle zu bringen und hatte alle Mühe, die Tränen zurückzuhalten. Aber sie wußte, wenn sie auch nur einer einzigen Träne Raum gäbe, könnte sie nicht mehr aufhören zu weinen.

Sie holte tief Luft. Allmählich gewann sie ihre Fassung wieder. Teilweise gelang ihr das dadurch, daß sie sich von der Hausherrin abwandte und sich auf die jüngste Frau in der Gruppe konzentrierte – mit dem amischen Kleid und der ungewöhnlichen Haube – die seltsamste Aufmachung, die sie je gesehen hatte. War das die Frau, die sich Katie Lapp nannte?

Sie wollte näher hinzutreten, sehen, ob die Kleidung vielleicht Ähnlichkeit hatte mit den Kleidern, die in anderen amischen Gemeindedistrikten in Lancaster getragen wurden. Doch dann fiel ihr ein, daß sie ja die Vorspeise servieren und nicht die Fremde anstarren sollte!

Sie war voll Entzücken, weil sie Laura, wenn auch nur durch die Tür, sehen konnte. Ihre Freude vermischte sich jedoch mit Unruhe und Besorgnis. Plötzlich wurde sie durch eine leichte Bewegung aus ihren Gedanken gerissen. Die amische Frau war aus ihrem Sessel aufgestanden und eilte quer durch das Zimmer in Katherines Richtung. Die junge Frau wirkte so, als brauchte sie dringend frische Luft.

Sie drängte sich an ihr vorbei und hätte Katherine beinahe das Tablett umgestoßen. „Entschuldigung“, murmelte sie.

Katherine spähte über ihre Schulter und fragte sich, was hier vor sich ging. Hatte jemand etwas gesagt, das sie aufregte? „Geht es Ihnen nicht gut?“ fragte Katherine und drehte sich zu ihr um.

„Ich fühle mich nur ein bißchen ... äh ... oh, ich weiß nicht. Es wird zu warm da drinnen – so nahe beim Feuer."

Seltsam, dachte sie, *von den anderen Frauen beklagt sich niemand.* Im Gegenteil, als Katherine auf die drei verbliebenen Frau zurückschaute – Laura Bennett hatte eine Decke über den Knien – deutete nichts an der gemütlichen Szene darauf hin, daß eine der anderen Frauen unter der Hitze litt.

„Sind Sie *sicher,* daß es Ihnen zu warm ist?" drängte sie weiter.

Die Frau schien sich zu einem Lächeln zu zwingen. „Vielleicht ist es auch einfach die Einsamkeit."

„Einsamkeit?"

„Sie wissen schon, Heimweh nach meiner Familie. Wir Amisch stehen uns sehr nahe."

Diese Worte trafen Katherine unvorbereitet. Dieses Gefühl konnte sie sehr gut nachempfinden. Die Frau wirkte so bemitleidenswert. „Kann ich irgend etwas für Sie tun?"

„Nein, danke. Aber es wäre herrlich, wenn ich irgendwo ein Telefon fände." Ihre Augen leuchteten auf, während sie das sagte. „Das wäre wirklich sehr nett."

Katherine wurde hellhörig. Die Amisch benutzten keine Telefone, um sich zu unterhalten oder als Ersatz für einen persönlichen Besuch. Sie setzten sich in ihren Einspänner und fuhren zu ihren Freunden und Verwandten. Das wollten die Bischöfe so - das förderte die Gemeinschaft der Gemeindeglieder.

Sie wollte das gerade erklären, beherrschte sich aber in letzter Sekunde. Sie sollte lieber nicht verraten, was sie über das amische Leben wußte. Das wäre nicht unbedingt klug.

„Hier im Haus gibt es jede Menge Telefone", hörte sich Katherine statt dessen sagen.

„Oh, ich weiß. Es ist nur so ..." Offenbar frustriert, warf Katie die Hände in die Luft und stieß dabei an das Tablett. Schnell richteten die beiden Frauen es wieder gerade.

„Kommen Sie, lassen Sie mich das tragen", bot die junge Frau an. „Ich muß sowieso irgendwann wieder reingehen."

„Oh nein, das ist meine Aufgabe." Immer noch mit dem Tablett in der Hand, warf Katherine einen genaueren Blick auf das Kleid der Frau. Es war vorne *geknöpft!* Die Amisch in Lancaster benutzten Haken und Ösen, manchmal Sicherheitsnadeln, aber niemals im Leben *Knöpfe!*

Dann kam ihr, irgendwo zwischen Vermuten und Wissen, ein Blitzgedanke. Sie schaute mit zusammengekniffenen Augen auf die dichten Schneeflocken hinaus und sagte: *„Des is bidder kalt haus."*

Katie schaute sie mit vorsichtiger Miene an. „Was sagten Sie?"

„Oh, Entschuldigung, ich dachte, Sie sprechen den amischen Dialekt", erwiderte Katherine, der das Herz bis zum Hals schlug.

Katie brachte ein schwaches „Das habe ich früher auch" über die Lippen.

„Ach so?" Katherine fiel auf, daß sie gerade über sich hinaus wuchs, wie ihr Adoptivvater bei ähnlichen Gelegenheiten immer sagte.

Katie starrte sie einen langen Moment an. „Meine Familie spricht seit Jahren nicht mehr den Dialekt", spottete sie. „Wir stehen nicht mehr unter der ‚Alten Ordnung'".

„Oh? Was *sind* Sie dann?" ließ Katherine nicht locker und hätte am liebsten gefragt: *„Wer* sind Sie?"

Ohne Vorwarnung schnappte sich die junge Frau das Tablett und schritt, ohne auch nur einen Blick zurück zu werfen, in das Wohnzimmer.

Katherine stand wie versteinert da. Sie konnte nicht begreifen, was soeben passiert war. Aber eines begriff sie sehr wohl. Diese Katie Lapp war genauso wenig amisch wie der Mann im Mond!

* * *

Theodore konnte sich nicht daran erinnern, daß die Straßen je so tückisch glatt gewesen wären. An jeder Kreuzung tippte er vorsichtig auf die Bremsen, um zu verhindern, daß das Auto rutschte oder zur Seite ausbrach. Zum Glück waren die Straßen leer. Selbst die Leute, die ihre Weihnachtseinkäufe bis zur letzten Minute vor sich her geschoben hatten, schienen ihre Sachen endlich unter Dach und Fach zu haben. Ein paar waren noch hier und da auf den Gehwegen unterwegs und warteten vor den Schaufenstern auf den Bus oder ein Taxi.

Mit einem Blick auf den Tachometer stellte er fest, daß die Limousine mit zwanzig Stundenkilometern dahinkroch. Vielleicht sogar noch langsamer.

„Wir kommen auch nicht schneller voran als ein Pferd mit einem Einspänner", bemerkte er schmunzelnd zu seinem Fahrgast auf dem Rücksitz. „Sehr passend, finde ich; immerhin beherbergen wir zur Zeit eine amische Frau in der Villa."

Theodore warf dem jungen Mann durch den Rückspiegel einen kurzen Blick zu.

Justin Wirth nickte. „Das habe ich gehört." Er schwieg kurz, dann sagte er: „Es hat mich überrascht und traurig gemacht, als ich hörte, daß Mrs. Bennetts Gesundheitszustand sich so stark verschlechtert hat. Vor einigen Monaten wirkte sie noch ziemlich gesund."

„Ja, das ist furchtbar traurig. Die herzensgute Mrs. Bennett hat eine solche heimtückische Krankheit wahrlich nicht verdient."

„Daß sie ihre Tochter wiedergefunden hat, muntert sie doch gewiß auf."

„Das sollte man meinen."

„Wie gut, daß Mr. Bennett das Mädchen ausfindig machen konnte", bemerkte Mr. Wirth.

Theodore umklammerte das Lenkrad. „Mr. Bennett, sagen Sie? *Er* hat die amische Frau ausfindig gemacht?"

„Haben Sie das nicht gewußt?" kam die Antwort. „Als Mrs. Bennett mich anrief, wirkte sie sehr erfreut darüber."

„Wirklich?" Theodores Hände verkrampften sich noch mehr um das Lenkrad.

Dylan Bennett war also dafür verantwortlich, daß Katie Lapp ins Haus gekommen war. Natürlich – das ergab einen Sinn, einen *perfekten* sogar. Er dachte über die Situation nach. Dieser Mann war mehr als verschlagen. *Viel mehr!*

Warum hatte Theodore nur nicht zwei und zwei zusammengezählt?

* * *

Natalie schob ihre Patientin ins Schlafzimmer, um ihr die allabendliche Spritze zu geben. Das Abendessen würde in ein paar Minuten serviert werden. Es machte ihr Mut, daß Mrs. Bennett sich heute abend anscheinend sehr gut fühlte. Nach ihrem unerfreulichen Morgen eine ziemlich große Überraschung.

„Mr. Wirth ist eine absolute Ausnahmeerscheinung", bemerkte die Hausherrin. „Er trotzt in einer solchen Nacht dem eisigen Wetter ... und kommt so kurzfristig zu uns – und das auch noch am Heiligen Abend."

Lauras Freude war nicht zu übersehen. Ihr Gesicht hatte wieder Farbe angenommen, und Natalie bemerkte ein neues Funkeln in den braunen Augen.

„Sie können von einem großen Glück sagen, finde ich", bemerkte sie. „Das Porträt von Mutter und Tochter wird ein hübsches Geschenk für Miss Katie."

Mrs. Bennett drehte sich abrupt um. „Meinen Sie nicht, daß es sie stören könnte?"

„Daß das Porträt gemalt wird? Warum sollte sie das stören? Sie wird es lieben."

Mrs. Bennett lächelte. „Gut."

„Ihre Tochter scheint sich wohl zu fühlen."

„Ja ... es hat etwas länger gedauert, bis wir zwei miteinander warm wurden, als ich es erwartet habe. Vielleicht weil wir so viele Jahre nachzuholen haben."

Natalie hantierte vorsichtig mit der Nadel und führte sie in die deutlich sichtbare Vene ein. Mrs. Bennett zuckte zusammen. Natalie bedauerte es zum hundertsten Mal, daß sie dieser sanften Frau noch mehr Schmerzen zufügen mußte. Nie beklagte sie sich, ganz im Gegensatz zu so vielen MS-Patienten, die oft gereizt und schwierig wurden.

„Die Schmerzen sind bald vorbei", sagte sie leise.

„Ich weiß", antwortete die Patientin und blinzelte. „Ja, ich weiß."

Die Worte und der Ton in der schwachen Stimme überraschten

Natalie. Ohne zu zögern, löste sie die Bremse des Rollstuhles. „Auf uns wartet ein schönes Fest", sagte sie und zwang sich, den Frosch in ihrem Hals hinunterzuschlucken.

„Und ein Porträt, für das ich Modell sitzen muß", fügte Mrs. Bennett hinzu. Sie klang jetzt fröhlicher. „Ein Porträt mit meiner geliebten Katie."

Die Dinge zwischen Mutter und Tochter schienen sich nach der anfänglichen Distanz nun doch einzuspielen. Überraschend hatte Katies Interesse an Laura eine plötzliche Wende erfahren. Es war so auffällig, daß Natalie sich schon fragte, wodurch diese Wende wohl ausgelöst worden war.

So seltsam es klang, aber sie konnte fast auf die Minute genau den Augenblick benennen, an dem sie eingesetzt hatte. Katie war mit einem Tablett ins Wohnzimmer gekommen, auf dem die Vorspeise angerichtet war. Sie hatte zuerst ihre Mutter bedient und dabei einen Blick hinter sich geworfen und offenbar jemanden angesehen.

Als Natalie sich ihrerseits umgedreht hatte, hatte sie das neue Hausmädchen bemerkt, das wohl zu scheu gewesen war, um die Privaträume der Hausherrin zu betreten. Einen Augenblick lang hatte die junge Frau einen sehnsüchtigen Blick durch die Glastüren geworfen. Als ihre Blicke sich begegneten, war Katherine davongeeilt.

* * *

Rosie schaute dem Künstler zu, der seine Staffelei mit der Leinwand in der Ecke des Wohnzimmers aufstellte. Seine Farben und Pinsel und die anderen Sachen waren bereits auf dem Tuch, das er darunter ausgebreitet hatte, verteilt.

Welch eine interessante Wende der Ereignisse, dachte sie. *Mutter und Tochter sitzen am Heiligabend Modell für ein Gemälde.*

Mr. Bennett wäre bestimmt überrascht, wenn er zurückkam. Der Mann war es gewohnt, bei der Regelung der Angelegenheiten in der Bennettvilla seine Vorstellungen durchzusetzen – ohne auf das

Rücksicht zu nehmen, was er bestimmt als Laune seiner sterbenden Frau bezeichnen würde. Rosie hoffte von ganzem Herzen, daß Mrs. Bennetts Entscheidung, den Künstler mit dem Malen eines Gemäldes zu beauftragen, mehr Fröhlichkeit als Konflikte an den Festtagen mit sich bringen würde.

Sie verdrängte diese Gedanken aus ihrem Kopf und konzentrierte sich auf ihre Pflichten und half, die Hausherrin und die Frau namens Katie Lapp zu bedienen.

Der Tisch war in jeder Hinsicht geschmackvoll gedeckt. Im Vergleich zu dem riesigen Tisch für offizielle Anlässe im Eßzimmer klein, aber doch bezaubernd; auf einer Spitzentischdecke stand Mrs. Bennetts Lieblingsgeschirr mit einem Blumenmuster aus dem neunzehnten Jahrhundert und in der Mitte ein Gesteck, bestehend aus einem Weihnachtsstern und Stechpalmen.

Die Bediensteten liebten ihre Hausherrin alle vorbehaltlos und würden sie nie verlassen, solange sie lebte. Aber daran wollte sie nicht denken – nicht jetzt.

Ohne absichtlich zu lauschen, schnappte Rosie einzelne Gesprächsfetzen auf, während Garrett Laura und ihrem Gast üppig gefüllte und liebevoll arrangierte Platten und dazu passendes Geschirr auftrug.

„Wie war es, ohne Strom aufzuwachsen?“ fragte Mrs. Bennett ihre Tochter.

„Ach, so schlimm war es nicht“, kam die Antwort. „Wir haben uns mit Öllampen und Laternen beholfen.“

Mrs. Bennett beugte sich vor. „Hast du dich je gefragt, wie es wäre, ein Radio oder ein Fernsehgerät einzuschalten? Oder einen Computer zu bedienen oder in deinem eigenen Haus mit einem Elektroherd zu kochen? Hast du nie heimliche Wünsche dieser Art gehabt?“

„Nicht, daß ich wüßte. Aber ich habe immer gedacht, wie wunderbar es wäre, in einem solchen Haus wie diesem hier zu wohnen.“

Rosie schmunzelte leise. Diese beiden ungleichen Frauen kamen ausgezeichnet miteinander zurecht ... *jetzt.* Trotzdem fiel ihr auf, wie vage Katies Antworten klangen – Antworten, die fast jeder spontan hätte geben können.

Inmitten dieses gemütlichen Gesprächs dachte sie über das neue Hausmädchen nach – Katherine, die genau wußte, wie man einen Kokosnuß-Vanille-Strudel nach amischem Rezept herstellen konnte. Katherine, deren Haare genau die gleiche Farbe hatten wie Lauras.

Perplex verließ Rosie das Wohnzimmer und ging in das Butlerbüro. Sie mußte so bald wie möglich mit Fulton sprechen.

16

Je länger Laura für den Maler Modell saß, um so besser gefiel ihr, was auf der Leinwand zu sehen war. Justin hatte bereits begonnen, eine warme Weihnachtsatmosphäre zu schaffen. Er zeichnete zuerst Laura und ließ eine Stelle für Katie frei. „Das kommt später", erklärte er ihr, als sie sich beiläufig danach erkundigte.

Glaubte er, sie könnte sterben, bevor er das Bild fertig hätte? Eine naheliegende Vermutung. Je mehr sie darüber nachdachte, während sie so ruhig wie immer dasaß, um so sicherer wurde sie sich, daß dies der Grund dafür sein mußte, daß Justin sich so stark auf ihre Person konzentrierte.

Laura fühlte sich jetzt so munter wie den ganzen Tag noch nicht und war ganz Ohr, während Katie das Leben auf einem amischen Bauernhof schilderte. „Wir waren jeden Morgen schon um halb fünf Uhr auf den Beinen, auch sonntags. Die Kühe müssen schließlich gemolken werden."

Laura lachte mit ihr. Katie war plötzlich so gesprächig und charmant. Laura konnte sich den Unterschied zwischen der anfänglich scheuen, fast einsilbigen Katie und diesem lebendigen Geschöpf, das jetzt mit ihr am Tisch saß, kaum erklären.

„Erzähle mir von euren Gottesdiensten. Was für Lieder singt ihr? Gibt es überhaupt Musik bei euch?"

Katie legte ihre Gabel auf den Tisch und lächelte. „Wir haben in der Kirche keine Instrumentalmusik. Jemand stimmt ein Lied aus dem Gesangbuch an, und wir anderen stimmen ein."

Laura nickte und versuchte, sich einen A-capella-Chor beim Gottesdienst vorzustellen. „Singt ihr auf englisch?"

Katie schüttelte den Kopf. „Nie."

Impulsiv fragte sie: „Sagst du für mich etwas in eurem amischen Dialekt?"

Das Mädchen wurde blaß. „Oh, ich darf gegenüber Außenstehenden nicht so sprechen. Der Bischof würde das nicht gutheißen."

„Der Bischof?“

„Er stellt alle unsere Regeln auf – was wir im Umgang mit nicht-amischen Leuten tun dürfen und was nicht.“

Laura legte die Hand leicht auf ihren Unterarm. „Aber ich bin doch nicht einfach *irgendeine* ‚englische‘ Person, oder?“

Lächelnd stimmte Katie ihr zu. „Aber es ist am besten, wenn ich die Regeln nicht übertrete.“

Laura faltete die Hände auf ihrem Schoß und war begierig darauf, noch mehr über die Lehren und das religiöse Umfeld, in dem ihre Tochter aufgewachsen war, zu erfahren. Jedoch stieß sie jedes Mal, wenn sie eine Frage in diese Richtung stellte, auf heftigen Widerwillen. Katie war bei diesem Thema sichtlich unbehaglich zumute. „Gut, dann will ich dir etwas von meinem Glauben erzählen – von meinem Glauben an Jesus Christus, meinen Herrn und Erlöser.“

Katie war so höflich zuzuhören, obwohl Laura, während das Dessert aufgetragen wurden, argwöhnte, daß die Bibelstellen und ihre Lieblingsverse aus der Bibel, die sie zitierte, das Mädchen langweilten. Das merkte sie an der Art, wie Katie anfing, unruhig zu werden und den Augenkontakt zu ihr zu unterbrechen, den Laura an diesem Abend so sehr genossen hatte.

„Es gibt nur einen einzigen Grund, warum ich über geistliche Dinge sprechen will“, erklärte sie. „Ich habe sechsunddreißig lange Jahre meines Lebens ohne Christus gelebt. Kennst du das Kirchenlied ‚Amazing Grace‘? Dieses Lied beschreibt in herrlichen Worten die Liebe Gottes, aber es steckt noch so viel mehr darin. Nur weil ich dich liebe, Katie, erzähle ich dir von meinen persönlichen Erfahrungen.“ Sie holte tief Luft, und mit einem stillen Gebet um die richtigen Worte sprach sie weiter und erzählte ihr, wie sie Jesus kennengelernt hatte.

Als sie damit endete, sagte Katie: „So etwas habe ich noch nie gehört. Gottes Sohn ist auf die Erde gekommen, um ... für mich zu sterben?“

„Als ich es das erste Mal hörte, konnte ich es auch kaum glauben.“

Die junge Frau sah nachdenklich aus. „Aber ich kann doch nicht einfach meinen amischen Glauben wegwerfen“, kam die vorsichtige Antwort. „Meine Eltern ... meine *Adoptiveltern* wären zutiefst verletzt. Und meine Brüder und Schwestern ...“

Laura wurde etwas traurig. „Ich erwarte nicht, daß du so glaubst wie ich, nur weil wir einander gefunden haben. Bitte verstehe mich nicht falsch.“

Katie nickte und sprach fast in einem Flüstern. „Du weißt gar nicht, wie schwer es war, meine Familie und meine Freunde zu verlassen, um hierher zu kommen ... wenn auch nur für kurze Zeit.“

„Das verstehe ich, und ich schätze es sehr.“ Sie seufzte und lenkte das Gespräch auf Katies Adoptivfamilie. „Wie viele Geschwister hast du?“

„Fünf Schwestern und vier Brüder. Die meisten von ihnen sind schon erwachsen und aus dem Haus.“

„Deine Eltern hatten also vor ... vor der Totgeburt ... Kinder?“ Laura erinnerte sich an den ersten Moment ihrer Begegnung mit den beiden. Wie verzweifelt und betrübt das amische Ehepaar auf dem Flur des Krankenhauses von Lancaster ausgesehen hatte. Dieser Tag war so frisch in ihr Gedächtnis gekommen, als wäre er erst gestern gewesen.

Katies Miene änderte sich. Sie wirkte einen Augenblick sprachlos.

„Vielleicht hätte ich das nicht erwähnen sollen ...“

„Nein, nein, es war nur eine so schmerzliche Zeit für meine Eltern“, sagte das Mädchen mit wenig Gefühlsregung. „Ich habe es erst erfahren, als ich zehn war.“

„Ich verstehe.“ Sie fragte sich, ob sie Katie auch von dem Geld erzählt hatten, das in der Babydecke versteckt gewesen war. Das Geld und der Brief - der zeigte, wie sehr Laura als unverheiratete Mutter im Teenageralter ihr Neugeborenes geliebt hatte. Sie zögerte, dieses Thema anzusprechen. Vielleicht hatten die Adoptiveltern es für richtig gehalten, diesen Teil zu verschweigen. Was natürlich vollkommen akzeptabel war. Manchmal rührte man lieber nicht an Familiengeheimnissen.

Trotzdem fragte sie sich, wann wohl der richtige Augenblick wäre, um über die Zukunft zu sprechen, um ihrer Tochter von ihrem rechtmäßigen Erbe zu erzählen.

Katie wandte den Blick ab und bemerkte: „Schau, ist das nicht schön?"

Laura drehte sich leicht auf ihrem Stuhl um und sah, daß Justin einen Weihnachtsbaum mit kräftigen Zweigen auf den Hintergrund der Leinwand malte. „Mr. Wirth ist ein ausgezeichneter Maler - der beste. Stimmst du mir da nicht zu? Deshalb habe ich ihn auch beauftragt, dieses Porträt zu malen."

„Wie lang dauert es, bis es fertig ist?" fragte Katie.

„Der Künstler bleibt die ganze Weihnachtswoche hier. Und wenn das Projekt abgeschlossen ist, wird das Porträt mein Geschenk für dich."

Katies Augen strahlten auf. „Für *mich*?"

„Das und noch vieles mehr." War jetzt die Zeit, es ihr zu sagen?

Ein Anflug von Freude zog über Katies Gesicht. „Du bist die großzügigste Frau, die ich je kennengelernt habe ... Mutter." Ohne Vorwarnung stand das Mädchen auf und drückte Laura einen Kuß auf die Wange.

„Ich habe dich diese ganzen Jahre in meinem Herzen getragen", sagte Laura und hatte Mühe, die Tränen zurückzuhalten. „Wenn wir ganz allein sind, erzähle ich dir, was ich für dich geplant habe."

Laura konnte ihre Tochter den ganzen Abend nicht aus den Augen lassen. Wie ihr Gesicht strahlte ... und welche tiefe Liebe aus ihren Augen sprach!

Das Mädchen schien vor Freude fast zu platzen.

* * *

Rosie zog Fulton einen Augenblick zur Seite und teilte ihm ihre Besorgnis wegen des Gespräches mit, das sie zwischen Mrs. Bennett und Katie beim Abendessen mitbekommen hatte.

„Ich erkenne diese amische Frau kaum wieder", sagte sie, als sie auf die verglaste Veranda hinaustraten. „Sie ist wie ausgewechselt."

Ihr Mann hörte ihr zu, auch wenn er unruhig war, da er wieder an seine Arbeit zurück mußte. Dann senkte er die Stimme und sagte: „Mir ist *Katherine* viel mehr aufgefallen als Katie. Ich glaube, wir beide sind auf der richtigen Fährte. Das neue Hausmädchen hat doch erstaunliche Ähnlichkeiten, wenn du verstehst, was ich meine."

Rosie blickte sich nervös um, ehe sie ihm recht gab. „Ich habe eine Idee", flüsterte sie. „Was hältst du davon, wenn wir Katherine erlauben, morgen beim Servieren des Nachtisches zu helfen? Bei Mrs. Bennetts Geburtstagstorte für Jesus?"

Fulton dachte einen Augenblick über diese Idee nach. „Dieser Gedanke ist überlegenswert."

„Also, machen wir es?" fragte sie, glücklich bei dem Gedanken, daß eine Tradition, die Mrs. Bennett vor drei Jahren eingeführt hatte, vielleicht die ideale Gelegenheit sein könnte, um die neue Küchenhilfe einzuführen - um Katherine wenigstens in Mrs. Bennetts Privaträume zu bringen. Eine hervorragende Gelegenheit für die beiden Frauen, sich endlich zu begegnen. Vielleicht bekämen sie und Fulton dann Gelegenheit, ihren Verdacht zu äußern.

Fulton rieb sich das Kinn. „Weise Katherine aber unbedingt an, sich weder mit Mrs. Bennett noch mit Katie zu unterhalten, es sei denn, die Höflichkeit gebietet es, etwas zu sagen. Dann werden wir schon sehen, was geschieht."

Wie ein Schulmädchen, das einem Geheimnis auf der Spur ist, fuhr sich Rosie mit der Hand an den Hals. „Oh, ich hoffe so sehr, daß es klappt. Nichts könnte mich mehr freuen."

Ihre Wangen waren ganz gerötet wegen des gewagten Plans, als sie wieder ins Wohnzimmer zurückeilte.

* * *

Während Laura und Katie im Kerzenlicht miteinander dinierten, sammelten sich die Hausangestellten und Schwester Natalie um den langen Tisch in der Küche, einer Antiquität mit kunstvollen Schnitzereien – weitab von Mrs. Bennetts Privaträumen.

Es sollte ein schnelles Abendessen werden, aber trotzdem eins mit Genuß.

Katherine hatte noch keine Gelegenheit gehabt, alle Hausangestellten in einem Raum versammelt zu sehen. Sie wurde nicht gerade offiziell eingeführt, aber die Begrüßung kam dem sehr nahe.

Mehrere Angestellte, einschließlich Schwester Natalie und Garrett Smith, schüttelten ihr die Hand und hießen sie in der „Bennettvilla, in der einem nie langweilig wird", wie Garrett es formulierte, willkommen. Sie war sich nicht ganz sicher, aber ihr war fast so, als habe er ihr kurz zugeblinzelt.

Sie bemerkte den älteren Herrn – Theodore Williams –, der sich schweigend durch die Küche bewegte. Nach einer raschen Beurteilung schätzte sie ihn als den interessantesten Menschen im Raum ein.

Der Chauffeur war sehr ruhig und suchte sich einen freien Stuhl neben dem großen Fenster, von dem aus man einen Blick über den Garten im Osten des Hauses hatte, die jetzt ganz mit Schnee bedeckt war. Es war bereits zu dunkel, um herauszufinden, wie tief der Boden unter der weißen Schicht lag.

Mit zögernder, widerwilliger Miene setzte sich Mr. Williams. Er drehte den Kopf zum Fenster und blieb eine Weile in dieser Stellung sitzen. Sie beobachtete ihn eine geschlagene Minute oder sogar noch länger. Der Mann seufzte hörbar auf. Ein schwaches Lächeln huschte über seine Lippen, als sich ihre Blicke begegneten.

Was beunruhigt diesen Mann? fragte sie sich. Irgend etwas raubte ihm die Ruhe. Das Gewicht der ganzen Welt schien auf den Schultern dieses Mannes zu lasten.

Vor Jahren hatte ihre amische Freundin, Maria, einmal gesagt, daß man am Gesicht eines Menschen vieles ablesen könne - zum Beispiel, ob er die Wahrheit sagte, wenn er sprach, oder nicht. Aber dieser Mann sagte kein einziges Wort. Sie verstand nicht, warum es ihr so wichtig war herauszufinden, ob sie ihm trauen könne. Dafür gab es eigentlich keinen Grund, sagte sie sich und widmete sich wieder der angenehmen Aufgabe, ihre Erbsen, Karotten und gebakkenen Kartoffeln mit Butter zu bestreichen.

Das gebratene Fleisch war so zart, daß sie mit der Gabel allein mundgerechte Stücke davon abbrechen konnte. Ihr entging kein Wort von dem, was Natalie Judah, die Krankenschwester mit dem freundlichen Gesicht, über das erzählte, was sich in Mrs. Bennetts Zimmer abspielte. „Es sieht so aus, als sei zwischen Katie und ihrer Mutter das Eis gebrochen ... aber ich kann nicht sagen, was diese Veränderung ausgelöst hat."

Panik regte sich in Katherine, aber sie wagte es nicht, etwas zu sagen. Nicht jetzt. Sie mußte einfach warten und zuhören. Aber eine Sünde regte sich in ihrer Seele – die Sünde der Eifersucht. Sie wollte nicht, daß zwischen einer Betrügerin und *ihrer* Mutter das Eis brach, und sie wollte auch nicht hier sitzen und einen Bericht darüber anhören müssen!

Trotzdem blieb ihr nichts anderes übrig, als hilflos dazusitzen und zuzuhören, während Natalie weitersprach. „Ich hatte mich schon gefragt, ob zwischen den beiden je der Funke überspringen würde, nachdem es gestern so zögerlich angefangen hatte."

Katherine beobachtete einen vielsagenden Blickwechsel zwischen Rosie und ihrem Mann. Was hatte dieser sonderbare Blick zu bedeuten?

Unauffällig ertappte sie das Ehepaar, das weiter oben am Tisch saß, bei weiteren Blicken. Die Häufigkeit dieser heimlichen Blicke störte sie nicht. Sie hatte so etwas oft bei ihren amischen Eltern beobachtet. Menschen, die in Liebe miteinander verbunden waren, tauschten oft schweigende Botschaften mit den Augen aus.

Sie und ihr geliebter Daniel hatten sich ähnliche Blicke zugeworfen. Besonders während der Hausgottesdienste, wenn sie sonntagmorgens drei Stunden lang auf den harten Holzbänken saßen. Eine bittersüße Erfahrung für ein Mädchen, das kaum still sitzen konnte, und das noch dazu verliebt war. Angenehm war nur gewesen, daß die Männer getrennt von den Frauen saßen, was es Daniel ermöglicht hatte, ihr Botschaften zu vermitteln, die nur Verliebte verstehen können ...

Sich von ihren Gedanken und schönen Erinnerungen losreißend, brach sie ihr Brot und bestrich es mit Butter. Sie genoß den ersten

Bissen und dachte daran, wie schön und glatt sie heute abend den Brotlaib geschnitten hatte - mit Hilfe einer elektrischen Brotmaschine natürlich.

Natalie sprach wieder. Katherine hing an jedem ihrer Worte und warf gelegentlich einen Blick auf Mr. Williams. Warum beteiligte er sich nicht an dem Gespräch über die Hausherrin und diese amische Frau?

Natürlich könnte jemand, wenn er grob sein wollte, *ihr* dieselbe Frage stellen. Aber Katherine war ihr ganzes Leben lang eingeschärft worden, daß sie sich sozusagen, „in Luft auflösen sollte", wenn Ältere am Tisch zusammensaßen, und auch bei anderen Gelegenheiten. Sie schaute rasch in die Runde auf ihre neuen Freunde und Kollegen, sie stellte fest, daß sie eindeutig die jüngste im Raum war. Nicht nur die jüngste, sondern auch noch eine Frau.

Rebekka hatte sie gelehrt, sich der Autorität eines Mannes voll unterzuordnen – und Gott natürlich. Während sie das Weihnachtsessen im Haus ihrer leiblichen Mutter genoß, vermutete Katherine, daß sie – auch wenn sie jetzt eine erwachsene Frau war und auf eigenen Füßen stand – immer noch versuchte, tief verwurzelte Verhaltensweisen und Gewohnheiten abzulegen. Bräuche, die so sehr ein Teil ihrer selbst waren, daß sie sie nicht ohne Weiteres von sich abschütteln konnte.

Wenn sie keine bezahlte Hausangestellte gewesen wäre, hätte sie vielleicht den Mut aufgebracht, das Wort zu ergreifen und sich an dem Gespräch zu beteiligen. Besonders als es darum ging, daß Katie an diesem Abend das Zimmer so plötzlich verlassen hatte. „Und man sehe und staune, Mrs. Bennetts Tochter machte auf dem Gang kehrt und kam mit einem Tablett mit dem Hors d'oeuvre zurück", sagte Natalie. „Ich traute meinen Augen kaum!"

„Das ist ja allerhand." Theodore brach sein Schweigen und schaute auf.

Katherine saß wie angewurzelt da. Oh, sie wollte die Situation gern erklären. Sie wollte ihnen sagen - ihnen allen sagen -, daß Katie Lapp, oder wer auch immer sie sein mochte, ihr das Tablett aus den Händen gerissen hatte und damit in das Wohnzimmer gestürmt war. Daß die junge Frau kein Wort im amischen Dialekt verstanden hatte, nicht einmal eine einfache Bemerkung über das Wetter.

Sie wollte ihnen sagen, daß sie glaube, Katie Lapp sei eine Betrügerin. Sie wollte diese Enthüllung am liebsten hinausposaunen.

Aber heute abend wollte ihre Zunge sich einfach nicht lösen. Und so saß sie da und hörte sich alle möglichen Spekulationen über dies und das und jenes an, bis sie glaubte, sie müsse jeden Augenblick platzen.

Erst einige Momente darauf wurde ihr bewußt, daß Mr. Williams etwas gesagt hatte; er hatte Natalie mehr oder weniger zugestimmt, daß diese amische Frau tatsächlich etwas vollkommen Außergewöhnliches getan habe. Katherine fürchtete, daß nun ein Tadel in ihre Richtung folgen würde, und dieser wäre sogar berechtigt. Würde der alte Mann sich jetzt an sie wenden?

Immerhin war sie diejenige gewesen, der die Aufgabe übertragen gewesen war, das Tablett mit dem Hors d'oeuvre zu servieren. Erleichtert griff sie nach ihrem Glas, nippte langsam und genoß die kühle Flüssigkeit in ihrer trockenen Kehle.

Aus den Gesprächsfetzen, die sie in den letzten vierundzwanzig Stunden aufgeschnappt hatte, entnahm sie, daß Mr. Williams Mrs. Bennetts Lieblingschauffeur war. Rosie hatte sogar angedeutet, daß der Mann außerdem Mrs. Bennetts Vertrauter war. Dieses Wissen nahm sie noch mehr für den Mann ein, der offenkundig väterliche Eigenschaften besaß. Einiges an ihm erinnerte sie an Opa David, den längst verstorbenen Vater ihrer Mama.

Was weiß Mr. Williams über Laura Mayfield-Bennett? Hätte Katherine sich ihrer Stellung in diesem Haus sicherer sein können, dann hätte sie ihn vielleicht zur Seite gebeten und ihm einige Fragen gestellt.

Als das Dessert serviert wurde, konzentrierte sie ihre Aufmerksamkeit auf das Ehepaar, das sich immer noch mit vielsagenden Blicken bedachte . Ja, Rosie und Fulton Taylor schienen etwas zu wissen, das sie niemandem verrieten. Vielleicht waren sie genau die richtigen Leute, die ihr helfen konnten.

* * *

Laura fiel erst spät auf, daß Dylan von dem Dinner, das er auswärts eingenommen hatte, nicht nach Hause gekommen war. Seltsam, daß Katie diejenige war, die diesen Umstand erwähnte.

„Dylan ist in guten Händen“, beruhigte sie ihre Tochter. „Wir stellen nur die besten Kräfte an, dazu gehören auch unsere Chauffeure.“

Diese Erklärung schien zu genügen, und sie unterhielten sich weiter über andere Dinge – und kamen sich dadurch immer näher.

Rosie kam und begann, das Festtagsgeschirr abzuräumen. „Sie haben einen langen Tag hinter sich“, warnte sie und hielt auf die ihr eigene Art den Kopf schief.

„Einen langen, aber glücklichen Tag.“

„Aber morgen wartet ein neuer, langer Tag auf Sie – und die Geschenke und das Festtagsmenü.“

Laura lächelte ihre Tochter an und erwiderte: „Ich möchte jede Minute genießen, die mir mit meinem Mädchen noch bleibt.“

Um die fröhliche Stimmung nicht zu trüben, brachte sie das Gespräch nicht auf das Ausbleiben ihres Mannes. Sie sagte kein Wort davon, auch wenn ihr persönliches Hausmädchen sich scheinbar gern mit ihr unterhalten hätte.

Und vor allem mit ihrer Tochter. Rosie war so eifrig bei der Sache, daß sie sich sogar einmal versprach und Katie mit „Katherine“ anredete.

Laura erinnerte sie an den Rufnamen der jungen Frau. „Sie möchte mit ihrem amischen Namen angesprochen werden.“

„Ja, das hatte ich vergessen.“ Rosie errötete. „Bitte vergeben Sie mir, Katie.“

Die junge Frau nickte freundlich. „Das macht nichts. Man hat mich in meinem Leben schon vieles genannt.“

Nur nicht Laura Bennetts Tochter, dachte Laura, voll Dankbarkeit für diesen Tag. Und für die Liebe.

Es war schon sehr spät, als Natalie ins Zimmer kam und nach Laura sah. „Sie sehen aus, als hätten Sie einen wunderschönen Abend verbracht“, sagte die Schwester, während sie Vorbereitungen traf, Laura in ihr Schlafzimmer zu bringen.

Laura ergriff Katies Hand. „Ich würde sagen, einen der besten Abende meines Lebens.“

Katie lächelte süß. „Ich auch.“

Laura merkte, daß ihre Kehle unter den aufwallenden Gefühlen wie zugeschnürt war. „Wir werden morgen auch wieder einen wunderschönen Tag erleben. Das herrlichste Weihnachtsfest meines Lebens.“

„Ich kann es kaum erwarten“, sagte Katie und erhob sich von ihrem Sessel.

Die Frauen umarmten sich kurz. Dann schaute Laura mit ihren immer schwächer werdenden Augen ihrer geliebten Tochter nach, wie sie auf den Gang hinaustrat und in Richtung des Tiffanyzimmers verschwand.

Morgen ist der Tag, beschloß sie, *an dem ich Katie von meiner Familie erzähle – von ihren Großeltern – und vor allem von dem, was einmal ihr gehören wird … morgen, am Weihnachtstag.*

17

Dylan Bennett saß in einem tiefen Polstersessel einer Hotellobby und ließ seinen Blick über die gestrandeten Reisenden schweifen, die sich auf der Suche nach einem Zimmer in der Halle drängten. Er hatte kein Glück gehabt – und noch dazu eine sehr schlechte Zeit erwischt!

Kein Grund zur Besorgnis, sagte er sich. Seine ehrgeizige New Yorker Schauspielerin beherrschte ihre Rolle ausgezeichnet, ob er nun im Haus war oder nicht. Er lächelte und gratulierte sich zu seiner Wahl. Das Mädchen könnte es weit bringen – vielleicht eines Tages sogar bis nach Hollywood, wenn sie diese Rolle mit Bravour zu Ende spielte.

Wenn er nur endlich seine Suite bekäme – wie er es von Anfang an verlangt hatte. Aufgrund der starken Nachfrage war das Hotel bis unter das Dach voll, und die besten Zimmer waren belegt. Er hätte leicht auf das Angebot eingehen können, ein einfaches Zimmer für sich und Rochester, den ungeschickten Idioten, der das Auto in eine Schneewehe gesetzt hatte, zu nehmen. Aber unter den gegebenen Umständen zog er es vor, in der elegant eingerichteten Halle zu sitzen ... und zu rauchen. Währenddessen würde er darüber nachdenken, welche Möglichkeiten ihm zur Wahl standen: entweder zu warten, bis der Sturm vorbei wäre, oder einen Abschleppwagen zu bestellen, um den Mercedes aus dem Graben ziehen zu lassen. Er würde alles tun, nur nicht mit Rochester ein kleines Zimmer teilen!

Offenbar war kein Ende des tobenden Schneesturms, der zum Heiligen Abend eingesetzt hatte und die ganze Stadt mit einer rekordverdächtigen Schneedecke überzog, in Sicht. Keine Hoffnung, um diese Stunde auch nur den primitivsten Abschleppwagen zu bekommen. Hätte er nicht soeben von dem Hotelpagen erfahren, daß die Straßen östlich von Canandaigua unpassierbar waren – die Bundesstraße 10 war vor wenigen Minuten von der Polizei gesperrt worden –, dann hätte er ernsthaft in Erwägung gezogen, Theodore, seinen alten Chauffeur, anzurufen, um sich von ihm nach Hause fahren zu lassen.

Aber so wie es aussah, saß er fest ... nur wenige Kilometer von Zuhause. Und zu allem Überfluß waren auch noch die Telefone im ganzen Hotel besetzt. Alle. Er hätte sich ohrfeigen können, weil er sein Handy zu Hause gelassen hatte. Hier saß er nun, ein vermögender Mann ... eingeschneit, ohne Zimmer, und wartete ungeduldig, bis endlich jemand mit dem Telefonieren fertig war.

Mit einem Blick durch die Hotelhalle stellte er fest, daß Rochester bei den Telefonzellen stand. Seine momentane Aufgabe: Dylan ein Zeichen zu geben, sobald ein Telefon frei wäre. Das geschah dem jungen, unerfahrenen Chauffeur gerade recht. Dieser Mann mußte noch vieles lernen.

Er sah auf seine Uhr. Fast Mitternacht. Schlief seine Frau schon glücklich und zufrieden? Hatte sie einen netten Abend verlebt, und war sie Katie nahe genug gekommen, um ihr den großzügigen Plan für die Zukunft ihrer Tochter zu offenbaren? Da er wußte, wie wichtig Laura – angesichts ihrer religiösen Überzeugungen – Weihnachten war, vermutete er, wenn alles gut liefe, könnte morgen der große Tag sein, auf den er wartete. Warten war der Weg zum Erfolg – im Geschäfts- und auch im Privatleben – und zum Erbe.

Verärgert darüber, daß er den Feiertag womöglich von der Außenwelt abgeschnitten in diesem Hotel verbringen mußte, griff er nach dem *Wall Street Journal.* Rochester müßte ihn eben rufen, wenn das nächste Telefon frei wäre. In der Zwischenzeit würde er, um sich die Zeit zu vertreiben, einen Blick auf ein paar Aktienkurse werfen, ehe er seine Stimme verstellte, um in der Bennettvilla anzurufen und Miss Katie Lapp, die talentierte Schauspielerin, aus dem Schlaf zu reißen und am Telefon zu verlangen.

* * *

Die Uhr auf dem Kaminsims schlug zwölfmal und weckte Daniel Fischer aus dem Tiefschlaf. Er war an seinem Schreibtisch eingeschlafen. Obwohl ihn der Nacken bei dem unbequemen Winkel, in dem er seinen Kopf aufgestützt hatte, schmerzte, blieb er noch ein paar Minuten in dieser Stellung sitzen.

Es war zwar die Nacht vor Weihnachten, aber er hatte den gesamten Abend damit verbracht, einen Brief an seine Schwester aufzusetzen. Er war davon so erschöpft gewesen, daß er es nicht mehr in den ersten Stock und in sein Bett geschafft hatte. Psychisch völlig ausgelaugt, war er mit dem Kopf auf den Armen eingeschlafen.

Als er wieder in eine Art Halbschlaf sank, wurden die Bilder, die vor seinem geistigen Auge auftauchten, so real wie der Tag, an dem der Segelunfall passiert war. Es waren immer dieselben Bilder ...

Er lag mit dem Gesicht nach unten auf einer Sandbank, auf die er vom Meer gespült worden war, und erlangte allmählich wieder das Bewußtsein. Wie er hierher gekommen war, wußte er nicht, aber eines wußte er: Er lebte, obwohl er eigentlich hätte ertrinken müssen!

Die Anstrengung, ans Ufer zu schwimmen, hatte ihn seine letzte Kraft gekostet. Er glaubte, seine Arme würden nach über einer Stunde in den peitschenden Wellen ihren Dienst versagen. Er versuchte, auf dem kürzesten Weg an Land zu gelangen, obwohl er nichts sah und nicht wußte, wo er sich inmitten dieses wütenden Sturmes befand. Irgendwann erreichte er sogar den Punkt, daß er überlegte, ob er sich nicht einfach von der Wucht des Ozeans überrollen und sich vom Meer begraben lassen sollte. Er dachte daran, das tödliche Salzwasser einzuatmen und den Ozean in seine schmerzende Lunge eindringen zu lassen ... sich zu ergeben ... den Überlebenskampf aufzugeben, den Schmerz zu beenden, dem grausamen Ziehen und Stechen in seiner Brust ein endgültiges Ende zu setzen.

Aber er hatte überlebt. Durch Gottes allmächtige Hand war er noch am Leben!

Der Glockenschlag zur halben Stunde weckte ihn dreißig Minuten später erneut auf. Dieses Mal quälte er sich auf die Beine, verließ das Büro, ohne das Licht auszuschalten, und ging mit schweren Schritten zur Treppe.

Er warf einen Blick zurück auf den Brief.

Der Brief.

Diese bestürzende Nachricht würde alles verändern, würde das Leben seiner Familie in ihren Grundfesten erschüttern – möglicherweise sogar das Leben der Amisch-Gemeinschaft verändern.

Das Gestern zerschlagen, die Wahrheit offenbaren.

Mit einigen Jahren Verzögerung käme schließlich der Bann und die Meidung – der Ausschluß aus der Gemeinschaft und die lebenslange Meidung.

Seine Meidung.

Wenn er zurückkehrte, um seinen Vater um Vergebung zu bitten, weil er ihn in bezug auf seinen Unfall so sehr getäuscht hatte, und sich gleichzeitig weigerte, in die Amisch-Gemeinschaft zurückzukehren, setzte er sich selbst größter Gefahr aus. Er setzte sich dem Beschluß eines amischen Bischofs aus. Und das alles nur durch das Absenden eines Briefes.

Der Umschlag, in dem der Brief steckte, lag mitten auf dem Schreibtisch, noch ohne Unterschrift und bis jetzt noch ohne Datum. Trotzdem war er sich einer Sache sicher: *Diesen* Brief müßte er Annie schicken. Keinen der vorhergehenden Rohentwürfe fand er akzeptabel. Trotzdem fragte er sich, wie seine Schwester die Nachricht aufnehmen würde, und machte sich Sorgen, daß sie, wenn sie ihn las und herausfand, daß er noch lebte, in Ohnmacht fallen könnte ... oder noch schlimmer, die ehrlichen Worte, die er geschrieben hatte, möglicherweise nicht einmal glauben könnte.

Er hoffte, daß sie sich die Handschrift genauer ansah. An den Worten vorbeisah, an den englisch klingenden Formulierungen, die er in seinen Jahren draußen in der Welt gelernt hatte, vorbeisah und zwischen den Zeilen ihren „verstorbenen" Bruder begraben liegen sah. Den Bruder, der sie liebte und schon lange vermißte und der sich wünschte, es wäre für alle Beteiligten ganz anders ausgegangen.

Während er müde auf sein Bett sank, wußte er, wann er den Brief abschicken würde. Es war wichtig, daß Annie ihn erhielt, wenn sie sich wahrscheinlich am besten auf seine Bitte konzentrieren konnte – und über eine persönliche Begegnung nachdenken konnte. Er durfte die Sache nicht noch länger hinausschieben. Jeder Tag zählte

– in Gottes Augen und auch in seinen eigenen Augen. Zu viel Zeit war schon verstrichen, und es gab vieles, das es in Ordnung zu bringen galt. Trotzdem zögerte er, seiner Schwester das Weihnachtsfest zu verderben; er wollte sie um nichts in der Welt in diesen Tagen stören.

Der schwierigste Teil – das Verfassen des Briefes – war für ihn erledigt. Er würde warten und ihn sofort nach dem Neujahrstag abschicken.

Zufrieden mit seiner Entscheidung, schlief er ein und träumte von der geliebten Freundin seiner Jugend und den bittersüßen Jugendtagen in Hickory Hollow.

* * *

Gegen halb zwei Uhr nachts fuhr Katherine aus dem Schlaf hoch. Irgendwo im Haus klingelte ein Telefon. Schließlich hörte es auf zu läuten. Sie setzte sich in ihrem Bett auf und brauchte einen Moment, um sich zurechtzufinden.

Vor ihrer Schlafzimmertür war eine Bewegung zu hören. Sie kroch aus dem Bett und lehnte den Kopf an die Tür.

„Miss Katie", flüsterte jemand. „Können Sie herunter kommen? Sie werden am Telefon verlangt."

Neugierig öffnete Katherine einen Spaltbreit ihre Tür. Sie sah die unechte Amischfrau aus ihrem Zimmer am Ende des Ganges, weit entfernt von den Schlafräumen der Bediensteten, auftauchen.

„Wer ruft denn um *diese* Uhrzeit an?" fragte die Betrügerin verschlafen.

Es folgte ein erneutes Flüstern. Katherine war sich zwar nicht ganz sicher, aber sie glaubte, es sei der Butler, der Katie ans Telefon holte. Als der Mann sich umdrehte, sah sie statt dessen Theodore Williams. Der alte Mann schlurfte den Gang hinab zum großen Treppenhaus.

Was in aller Welt geht hier vor? dachte sie. Es war mitten in der Nacht, bei allem, was recht ist!

Sie machte ihre Tür wieder ein bißchen weiter zu und ließ nur einen winzig kleinen Spalt offen. Sie wartete, bis die Schritte des alten Chauffeurs verhallten, ehe sie die Tür wieder weiter öffnete. Gerade noch rechtzeitig, um die rotblonde Frau in leuchtend roten Hausschuhen den Gang entlangeilen und dann die Treppe hinablaufen zu sehen.

Katherine schloß ihre Tür und lief zu ihrem Schrank hinüber, in dem die wenigen Anziehsachen, die sie mitgebracht hatte, fast völlig verschwanden. Sie zog einen blauen Frotteebademantel an und schlüpfte in ihre Hausschuhe.

Ohne zu zögern, huschte sie den schwach beleuchteten Gang entlang und ging die Treppe hinunter. Um nicht als neugierig zu erscheinen, und um nicht bemerkt zu werden, setzte sie sich auf halber Höhe in der Nähe des Treppenabsatzes auf die Stufen und lauschte. Aber im Haus war alles totenstill.

Sie hielt den Atem an. Schließlich stand sie auf und schlich auf Zehenspitzen weiter die Treppe hinab und strengte ihre Ohren an.

In der Ferne – aus der Bibliothek vielleicht? – hörte sie gedämpfte Geräusche, eine Stimme.

Dank Garretts Führung an ihrem ersten Tag durch das Haus – als er sie mit den Korridoren und der Anlage vertraut gemacht hatte – kannte sie sich gut genug aus, um die riesige Bibliothek auf der gegenüberliegenden Seite zu betreten. Sie huschte unbemerkt hinein und war froh, daß ihr blauer Bademantel so dunkel war.

Bücherregale mit Hunderten von Bänden thronten über ihr, wie Windmühlen, deren Flügel in der Dunkelheit stillstanden.

Sie lauschte und hörte die Betrügerin sprechen. „Sie erwarten, daß ich diese Sache ganz allein durchziehe?“ erklang ihre scharfe Stimme. „Ich bin nur hier, weil Sie mich dafür bezahlen.“

Bezahlen?

Katherine hörte ihren eigenen Herzschlag. Sie fühlte ihn nicht nur in ihrer Brust schlagen, sondern das Blut auch in ihren Ohren pulsieren ... nein, *hämmern.*

„Ja ... ja, ich kann das Weihnachtsessen schon bewältigen, aber ich würde mich viel wohler in meiner Haut fühlen, wenn Sie in der Nähe wären ... wenigstens im Haus.“

Die Pause dauerte jetzt viel länger als vorher, als habe die Person am anderen Ende der Leitung viel zu sagen.

Wer ruft nur so spät in der Nacht an? fragte sich Katherine.

Dann vernahm sie enthüllende Worte – Worte, bei denen ihr die Haare zu Berge standen. „Aber ich kann es fast fühlen – *so* nahe stehe ich davor. Heute abend hat mir Ihre Frau in so vielen Andeutungen gesagt, daß sie eine große Überraschung für mich hat. Sie meint damit bestimmt das Geld."

Ihre Frau?

Plötzlich fiel es Katherine wie Schuppen von den Augen. Diese unechte Katie steckte mit Mr. Bennett unter einer Decke! Aber ... was meinte sie mit „dem Geld"?

Ihr Herz schlug laut und wild. Alles in ihr weigerte sich, einfach dazustehen und einem möglicherweise bösen, *greulichen* Komplott hilflos ausgeliefert zu sein. Es ging offenbar um das Vermögen der unschuldigen, todkranken Frau. Katherine huschte unbemerkt wieder hinaus und wartete in der dunkelsten Ecke des Ganges, bis die Schauspielerin ihr abscheuliches Gespräch beendet hatte.

Kein Wunder, dachte sie. Kein Wunder, daß Dylan Bennett bei ihrem ersten Anruf in der Bennettvilla eine so unangenehme Ausstrahlung auf sie gehabt hatte.

Ihre Gedanken kreisten in alle Richtungen. Solche hinterhältigen Gemeinheiten! Etwas, irgend etwas mußte unternommen werden, um die Sache wieder in Ordnung zu bringen. Sie mußte eingreifen. Aber was konnte sie sagen oder tun, um zu beweisen, daß in Wirklichkeit sie Lauras Tochter war – und nicht Katie?

Sie hatte keinen Beweis. Oder doch?

Sie erinnerte sich an die kleinen Fliedersäckchen, die sie aus Hickory Hollow mitgebracht hatte - die so viel Ähnlichkeit mit den Säckchen hatten, die sie in den Kommodenschubladen hier gefunden hatte. Würden sie genügen, um Mrs. Bennett zu überzeugen?

Wie sehr sie sich wünschte, sie könnte jetzt mit der *Weisen Frau* alles bereden. Ella Mae würde ihr gern helfen, die Situation zu entwirren, wenn nicht die Meidung über sie verhängt worden wäre.

Sie konnte New York jetzt nicht verlassen und nach Pennsylvania zurückfahren. Nein, sie mußte bleiben, wo sie war, hier im Haus ihrer Mutter und ihr Vermögen, ihr Haus oder was es auch immer war, davor bewahren, daß es in die falschen Hände fiel. Irgend etwas mußte sie unternehmen, um ein bösartiges Verbrechen im letzten Augenblick noch zu verhindern.

Etwas unternehmen ...

Unmittelbar vor ihr tauchte auf dem verdunkelten Gang eine Gestalt hinter einem Vorhang auf. Sie fragte sich, wer in aller Welt um diese Zeit auf dem Korridor herumschlich. Als der Schatten sich als ein Mann entpuppte – ein Mann mit einem entschlossenen Schritt – wurde sie sehr stark an den alten Chauffeur, Theodore Williams, erinnert.

Was tat der alte Mann hier? Lauschen?

Sie stand da, unfähig, einen Gedanken zu fassen, was sie tun könnte, um seine Aufmerksamkeit auf sich zu lenken, ohne die Betrügerin zu warnen. So wie es aussah, war sie nicht die *einzige,* die gerade Zeuge eines sehr verdächtigen Telefongespräches geworden war.

Katherine wartete, bis auf dem Gang niemand mehr da war, ehe sie wieder zur Treppe zurückeilte. Als sie die Hand auf das Treppengeländer legte, blieb sie kurz stehen und dachte an ihre kranke Mutter, die liebe, arglose Frau. Was kam da nur auf sie zu?

Sie drehte sich um und ging zum Südflügel in die Richtung von Lauras Privatzimmern.

Hellwach und ohne jede Hoffnung, daß sie wieder einschlafen könnte, wenigstens nicht heute nacht, schlich sie auf Zehenspitzen einen weiteren langen Gang hinab. Ihr Ziel war die große Glastür. Während sie durch die Dunkelheit schlich, dachte sie an das Porträt des Künstlers. Sie mußte die Leinwand unbedingt mit eigenen Augen sehen.

Katherine fiel sofort auf, daß sie genau an derselben Stelle stand, an der sie Katie Lapp, der „amischen Frau", die nicht einmal die einfachsten Worte ihres Dialekts verstanden hatte, das erste Mal begegnet war. Die Frau, die etwas Böses ausheckte, und das ausgerechnet auch noch mit Lauras *Mann!*

Schweigend huschte Katherine durch die Glastür in das Wohnzimmer. Ein hübscher Eßtisch, auf dem zwei Platzdeckchen lagen, stand an der Seite neben einem Kamin, dessen Glut kurz vor dem Erlöschen war.

Zu ihrer Rechten erblickte sie eine Staffelei, auf der eine große Leinwand, die jetzt verhängt war, aufgebaut war. Sie überlegte, ob dies das in Auftrag gegebene Kunstwerk war, von dem Rosie und Garrett gestern gesprochen hatten, und schlich zu dem Bild hinüber. Mit ruhiger Hand zog sie das Tuch zurück und warf einen Blick auf das noch unvollendete Gemälde. Sie trat zur Seite, damit durch das Fenster ein silbriger Schein auf die Leinwand fallen konnte.

Sie hielt den Atem an, als sie das Kunstwerk begutachtete. Rechts von der Mitte waren Lauras Umrisse deutlich zu erkennen. Was seltsam anmutete, war die leere Stelle direkt in der Mitte. Sollte das der Platz für Lauras Tochter sein? Wenn ja, warum hatte der Künstler sie dann nicht wenigstens skizziert?

Katherine legte den Kopf zur Seite und fragte sich, wie es wohl wäre, für ein Porträt Modell zu sitzen und an der Seite ihrer leiblichen Mutter gemalt zu werden, an der Stelle, die ihr rechtmäßig zustand!

Eine starke Wut stieg in ihr auf. Sie mußte es irgendwie bewerkstelligen, daß Mr. Wirth die *richtige* Person an diese Stelle malte: Laura Bennetts richtige Tochter – sie selbst. Sonst würde das Porträt eine Lüge werden. Genauso verlogen wie der Mann namens Dylan D. Bennett, als sie mit ihm in Lydia Millers Küche telefonierte, wie sie sich jetzt erinnerte.

Während sie über Mr. Bennetts Namen nachdachte, fragte sie sich, ob das abgekürzte D. in der Mitte nicht für „Dämon“ stand. Sie konnte sich nicht vorstellen, was für ein Mensch dieser Mann war, der plante, seine eigene Frau derartig zu verletzen - noch dazu eine hoffnungslos schwerkranke Frau. Ganz gewiß ein sehr böser, gemeiner Mann. Nicht in dem Sinne, daß er eine grausame, strenge Strafe nach einer religiösen Regel verhängte, wie Bischof Johannes es getan hatte, nicht so ein Mann. Sondern ein heimtückischer, hinterhältiger Mensch. Soviel stand für sie unerschütterlich fest.

Zitternd vor Erregung, deckte sie die Leinwand wieder zu und mußte daran denken, daß sie beschuldigt worden war, selbst so zu sein – böser als alle anderen in Hickory Hollow.

Aber jetzt nicht mehr. Sie war durch und durch ein anderer Mensch – Katherine Mayfield, die Tochter einer freundlichen, netten Frau. Sie überlegte, daß Laura Bennett aufgrund ihrer engen Beziehung zu dem allmächtigen Gott selbst irgendwie ein gerechter Mensch sein mußte. War das nicht im Grunde Katherines eigentliches Problem gewesen – daß sie immer versucht hatte, einer „Ordnung" Genüge zu leisten, ohne zu wissen, wer sie wirklich war?

Sie dachte an ihre amische Mutter. Wie sanft und ehrlich Rebekka immer gewirkt hatte. Aber wie sehr hatte sie sich in ihr getäuscht. Sie hatte entdecken müssen, daß diese Frau, die für sie immer ihre engelhafte Mutter gewesen war, in Wahrheit eine Lügnerin war und vor ihrer angeblichen Tochter ein Geheimnis gehabt hatte, das sie in einen schmerzlichen Abgrund stürzte.

Ja, Rebekka Lapp war eine wunderbare Geschichtenerzählerin gewesen, in *jeder* Hinsicht. Die Geschichte von Katherines sogenannter „Adoption" war so verheerend gewesen, daß es sie sogar aus dem Haus vertrieben hatte, in dem sie sich ihr Leben lang heimisch gefühlt hatte.

Jetzt lebte sie *hier,* sicher unter dem Dach ihrer leiblichen Mutter, und sie beschloß, alles in ihrer Macht Stehende zu tun, um dieses Komplott aufzudecken. Diese schreckliche Sache, die Dylan D. Bennett mit der betrügerischen Katie ausheckte!

Sie verließ schweigend den Salon und eilte wieder die Treppe hinauf in ihr Zimmer. Dort holte sie die duftenden Säckchen aus allen Schubladen und breitete sie auf ihrem Kissen aus. Der Lavendelduft versüßte ihr die trüben Stunden der späten Nacht und beruhigte ihre Seele.

18

Theodore schlief in dieser Nacht sehr unruhig; er warf sich in seinem Bett hin und her und stieß sogar sein Kopfkissen auf den Boden. Seine Träume waren alles andere als erfreulich; die Bilder von Bosheit und Gemeinheit, die er durchlebte, ließen sich am besten als Alpträume beschreiben.

Als er morgens aufstand, konnte ihn nichts davon abhalten, über den Gang zu Fulton und Rosie Taylors Schlafzimmer zu schleichen. Leise, aber bestimmt klopfte er an die Tür.

Mit verschlafenen Augen stand der Butler einige Sekunden später im Türrahmen. „Theodore? Ist etwas passiert?"

„Allerdings. Ich muß mit dir sprechen ... sofort."

Fulton legte die Hand auf den Türgriff und zog die Tür hinter sich zu. Nur mit seinem weißen Nachthemd bekleidet und mit nackten Füßen, trat er auf den Gang hinaus. „Was *ist* denn, Williams?"

„Wie schnell kannst du dich anziehen?"

Fulton nickte, als verstehe er die Dringlichkeit des Chauffeurs. „Gib mir drei Minuten."

Beruhigt, weil sein Freund ihn ernst nahm, fügte Theodore hinzu: „Ich warte in meinem Zimmer auf dich. Spar dir die Mühe zu klopfen." Er seufzte. „Das, was ich dir zu sagen haben, muß streng vertraulich behandelt werden."

* * *

„Ich könnte heute beim Mittagessen, wenn die Weihnachtstorte aufgetragen wird, deine Hilfe brauchen", sagte Rosie zu Katherine. „Du zündest die Kerzen an. Natürlich mußt du darauf achten, daß du weder zu Mrs. Bennett noch zu ihrer Tochter ein Wort sagst – kümmere dich nur um deine Pflichten. Verstehst du?"

Katherine kochte innerlich vor Wut, als sie hörte, wie die unechte Amischfrau als Lauras Tochter bezeichnet wurde. Aber sie konnte ihr Glück kaum glauben. Sie durfte in dem großen Eßzimmer beim Servieren des Desserts helfen! „Ich soll die Kerzen anzünden ... auf der Torte?“

„Ja, Mrs. Bennett pflegt diesen Weihnachtsbrauch nun schon seit mehreren Jahren. Sie war auch diejenige, die ihn in diesem Haus einführte.“ Rosie erklärte ihr, daß die Torte als Erinnerung an Christi Geburt gedacht war. „Sozusagen eine Geburtstagstorte.“

„Oh“ war alles, was Katherine sagen konnte. So etwas war ihr fremd. Sie hatte während ihrer Kindheit und Jugend nie eine Geburtstagstorte bekommen. Aber Lydia Miller hatte für ihre Söhne immer eine gebacken, und manchmal hatten Katherine und ihre amische Familie an der mennonitischen Feier teilgenommen, ein Stück Torte – oder auch Eis – mit Kerzen darauf genossen, die das Alter des Geburtstagskindes verrieten. Sie war also etwas vertraut damit.

Mit einem Lächeln mußte sie daran denken, daß ihre leibliche Mutter anscheinend ein kindliches Herz und eine Neigung für schöne Dinge besaß. *Genauso wie ich.*

Immerhin waren Geburtstagstorten etwas für Kinder – „englische“ Kinder. Sie war entzückt, daß Rosie sie gebeten hatte, Laura Bennett an diesem besonderen Tag zu bedienen.

Sie ging ihrer Arbeit nach und war dankbar, daß ihr nicht die Aufgabe übertragen worden war, das Tiffanyzimmer sauber zu machen, in dem die Betrügerin wohnte. Überraschend hatte Rosie heute diese Aufgabe selbst übernommen, obwohl diese eindeutig zu Mrs. Bennetts persönlichem Mädchen erklärt worden war.

* * *

Bevor Laura ihr Frühstück im Bett serviert bekam, erhielt sie einen Anruf. „Frohe Weihnachten, Liebes“, hörte sie ihn sagen.

„Das wünsche ich dir auch“, antwortete sie glücklich.

„Du hast vielleicht schon gehört, daß ich es gestern abend nicht mehr schaffte, nach Hause zu kommen.“

Sie nickte schweigend. Das Verbleiben ihres Mannes war ihr in vielen Nächten suspekt. Nichts Neues also.

Trotzdem hörte sie zu, während er weiter sprach. „Rochester und ich konnten nicht mehr aus der Stadt raus – wir waren eingeschneit. Wir mußten warten, bis die Straßen wieder frei waren. Nur wenige Minuten von zu Hause, aber trotzdem eingeschneit."

„Du steckst fest?" Auf der Stelle empfand sie Mitleid mit ihm. Immerhin war Weihnachten. „Du hast hoffentlich in einem Hotel übernachten können."

„Ja, und ich erwarte jeden Augenblick einen Abschleppdienst. Ich müßte also trotz allem bis zum Mittagessen zu Hause sein. Wenigstens haben wir die feste Absicht, bis dahin von hier fort zu kommen."

„Gut ... ich ... ich hoffe, du schaffst es rechtzeitig." Trotz ihrer immer stärker auftretenden Sprachstörungen dachte sie daran, ihm zu erzählen, wie hübsch ihr gestriger Abend mit Katie gewesen war, aber dann entschied sie sich doch anders.

„Wie fühlst du dich heute, Laura?"

Es klang ernsthaft besorgt, und sie stellte fest, daß ihr leichter ums Herz wurde und sie zu hoffen wagte, ihre Weihnachtsüberraschung könnte sogar eine Art Versöhnung zwischen ihr und ihm bewirken. „Ich glaube, es geht aufwärts mit mir. Es ist ganz erstaunlich ... wahrscheinlich hängt es mit Katie zusammen. Meine Tochter immer besser kennenzulernen, gibt mir neuen Aufschwung, ein neues Ziel in meinem Leben. Und das verdanke ich alles *dir,* Dylan."

Sie seufzte und zog die Bettdecke enger um sich. Plötzlich traten ihr Tränen in die Augen. „Ich bin dir so dankbar für das, was du für mich getan hast ... daß du Katie gefunden hast."

Sie schwieg und wartete auf eine Antwort. Zu ihrem Erstaunen schien die Leitung plötzlich tot zu sein. „Dylan ... bist du noch dran?"

„Ja ... ja", murmelte er. „Freut mich zu hören, daß es dir besser geht. Ich bin bald zu Hause." Ohne sich zu verabschieden, legte er auf und erweckte den Eindruck, es auf einmal sehr eilig zu haben.

Hatte er es *eilig*, zu ihr nach Hause zu kommen? Sie seufzte erneut und zog es vor, über Dylans Geschenk, das so pünktlich zu

Weihnachten, gekommen war, nachzusinnen. Ein wahrhaft wunderbares Weihnachtsgeschenk.

* * *

„Bitte erzähle uns eine Geschichte, Mama", bat Elam. „Eine kurze Geschichte genügt uns schon." Er saß neben seiner Frau, Annie, und stützte die Ellbogen auf den Küchentisch seiner Eltern. Seine jüngeren Brüder, Eli und Benjamin, waren noch mit ihrer Nachspeise beschäftigt und faßten ein zweites und drittes Mal eine Portion Eis nach. Das Mittagessen hatte es sehr früh gegeben, zur gewohnten Zeit, auch wenn Weihnachten war.

„Ach, meine Geschichten sind nur für die Frauen", erwiderte Rebekka und winkte, wie sie es immer tat, mit der Hand ab.

„Nein, nein", mischte sich Annie ein. „Das stimmt doch nicht. Du hast schon so manch eine Geschichte hier an diesem Tisch erzählt, Mama."

Seine Mutter sah hager und blaß aus. Die Frau mit den rosigen Wangen, die er kannte und liebte, war kaum wiederzuerkennen. Ihre haselnußbraunen Augen waren immer klar und rege gewesen; doch heute wirkten sie getrübt und ... traurig.

Wenn nur seine Schwester nicht die Meidung heraufbeschworen hätte, würde es ihr ganz anders gehen. *Das ist alles Katies Schuld.* Verärgerte und zornige Gedanken wüteten in seinem Herzen.

Benjamin ergriff das Wort. „Erzähle uns doch, wie es war, als die Pferde mit dir durchgingen. Das ist eine so schöne Geschichte."

Alle, selbst Samuel, stimmten mit ein und versuchten, Rebekkas Zunge zu lösen. Es war zu lange her, seit einer von ihnen sie leidenschaftlich eine Geschichte erzählen gehört hatte. Viel zu lang.

Elam machte sich Sorgen. Nach allem, was Annie ihm erzählt hatte, fragte er sich, ob seine Mutter nicht Gefahr lief, den Verstand zu verlieren. Trotzdem wollte er versuchen, sie dazu zu bewegen, über die Vergangenheit zu sprechen ... über *irgendeinen* Ausschnitt ihres Lebens, den sie für erzählenswert hielt.

„Es war einmal ein Mädchen namens Rebekka", begann Elam,

sie zu drängen. „Sie war draußen auf dem Kartoffelacker und pflügte für ihren Papa, als ..."

„Elam, hör sofort auf! Wage es ja nicht, mich auf diese Weise zum Erzählen zu verleiten."

Sein Gesicht errötete bei der scharfen Zurechtweisung. „Entschuldige, Mama. Ich dachte nur ..."

„Du handelst dir nur Schwierigkeiten ein, wenn du denkst. Hörst du?"

„Schon gut, Rebekka", mischte sich Samuel ein. „Unser Sohn hatte nichts Böses im Sinn."

„Papa hat recht. Ehrlich, das hatte ich nicht, Mama."

„Die Tage, in denen ich Geschichten erzählte, sind vorbei", verkündete Rebekka. „Und niemand, du nicht und auch sonst niemand in der Familie kann mich zwingen, wieder damit anzufangen."

Elam schwieg und hoffte, sie würde vielleicht noch mehr erklären und der Familie mitteilen, was so furchtbar schlimm war, daß sie keine der Geschichten mehr erzählen wollte, die ihr immer so lieb und teuer gewesen waren. Aber seine Mutter machte den Mund nicht mehr auf, und das war das Ende der Diskussion.

Eli und Ben begannen, über Jakob Stoltzfus, Marias Onkel, zu sprechen, der bereits auf dem Weg nach Indiana war. Er war noch vor den Feiertagen aufgebrochen. Während sie sich unterhielten, versank Elam in seinen Tagträumen und beobachtete Annie, die ihren kleinen Sohn liebevoll an sich drückte.

Wie aus heiterem Himmel sprang Rebekka plötzlich von ihrem Stuhl hoch und jammerte, daß sie ein Baby weinen höre. Annie warf ihrem Mann einen besorgten Blick zu. Er bemerkte auch die verwirrten Blicke der anderen. Es war, als wäre ihre Mutter soeben vor ihrer aller Augen verrückt geworden.

„Der kleine Daniel schläft tief und fest", versuchte Annie leise, sie zu beruhigen.

„Nein, es ist nicht mein Enkelsohn, den ich gehört habe", antwortete Rebekka. Sie stand mitten in der Küche, hielt den Kopf schief und lauschte. „Da ... hört ihr es denn nicht?"

Elam schüttelte den Kopf. „Warum setzt du dich nicht einfach wieder hin und ruhst dich ein wenig aus? Hier weint niemand."

Inzwischen war Samuel aufgestanden und neben sie getreten. Er legte seine Arme um seine Frau, die jetzt ganz glasige Augen hatte. „Komm, Rebekka, wir unterhalten uns ein bißchen."

„Nein, nein ... nein", kam die beängstigende Antwort. „Oben liegt ein Baby und weint. Ich höre sie, Samuel. Wirklich!" Sie schob ihren Mann von sich. Ihr glasiger Blick verzerrte ihr tränenüberströmtes Gesicht. „Meine kleine Tochter braucht mich. Hört ihr sie denn nicht? Ach, mein Baby braucht mich dringend."

Elam hatte Mühe, seine eigenen Tränen zu unterdrücken – heiße, wutentbrannte Tränen. Da sah man, was Katie ihrer geliebten Mama angetan hatte. Was sie ihnen *allen* angetan hatte.

19

Fulton fand Theodores Plan ausgezeichnet. Sie würden einfach auf die Rückkehr des Hausherrn warten. Wenn er irgendwo in der Stadt festsaß, wie er seiner Frau in seinem Telefonanruf mitgeteilt hatte, war Mr. Dylan Bennett jetzt bestimmt nervös und konnte es nicht erwarten, nach Hause zu kommen und zu sehen, wie sein heimliches Komplott lief ... und um das köstliche Festessen zu genießen.

In der Zwischenzeit hatte Rosie beschlossen, ihrerseits ein wenig Ränke zu schmieden. Immerhin war sie eine resolute Frau. Bei den letzten Vorbereitungen könnte sie der Frau, die sich „Katie Lapp" nannte, so nebenbei einige Fragen stellen.

„Sei vorsichtig, Schatz", sagte Fulton in der Intimsphäre ihres Schlafzimmers. „Ich möchte nicht, daß jemand mit meiner lieben Frau schimpft oder Streit anfängt."

„Oh, da brauchst du dir keine Sorgen zu machen. Miss Katie Lapp, wer immer sie auch sein mag, hat mir gar nichts zu sagen!" Mit diesen Worten huschte sie hinaus und den Gang hinab, um ihren Pflichten nachzugehen.

Als Fulton dem Maler begegnete, der zum Frühstück nach unten kam, begrüßte er ihn mit einem großzügigen Lob. „Ich hoffe, es stört Sie nicht, aber ich muß gestehen, daß ich heimlich gespäht habe", gestand er. „Gestern abend."

Justin Wirth lächelte, und seine blauen Augen sprühten. „Es ist nicht immer möglich, ein Projekt so lange geheim zu halten, bis es fertig ist. Das habe ich schon festgestellt."

„Besonders an Weihnachten?"

„Leider die anstrengendste Zeit." Der junge, gut aussehende Mann war sehr freundlich.

„Arbeiten Sie so gut weiter", ermunterte Fulton ihn mit einem vielsagenden Augenzwinkern und entschuldigte sich. Er hatte mit seinen Aufgaben an diesem Tag – dem Geburtstag des Herrn – alle Hände voll zu tun. Dem allmächtigen Gott beim „Hausputz" zu helfen – wenigstens ein bißchen. Er und seine Frau Rosie wollten das, was in diesem Haus im argen lag, wieder ins rechte Lot zu rücken.

* * *

Maria Stoltzfus gedachte ihre selbst gebackenen Süßigkeiten abzugeben, *bevor* die Familie des Bischofs sich zum Weihnachtsessen an den Tisch setzte. Sie hatte gehört, daß das Essen für zwölf Uhr dreißig angesetzt war. Später, als in vielen anderen Bauernhäusern in Hickory Hollow das Festessen eingenommen wurde.

Irgendwie suchte sie nach einer Ausrede, um ihren Überraschungsbesuch zu machen und ihren Eltern und ihrer Großmutter zu sagen, sie sei in wenigen Augenblicken zurück. Selbstverständlich wußten alle, was sie im Sinn hatte, aber das konnte eigentlich nicht schaden. Fast jeder in Hickory Hollow empfand starkes Mitleid mit Johannes Beiler und seinen fünf mutterlosen Kindern. Wehe ihr, wenn sie nicht hülfe, dem einzigen verwitweten Bischof in der ganzen Gegend eine kleine Weihnachtsfreude zu bereiten.

Also wählte Maria, während sie versuchte, nicht an ihre beste Freundin und alles, was Katie getan hatte, um den Bischof nicht heiraten zu müssen, zu denken, eine ansehnliche Menge Ingwerplätzchen und Sauerrahmkekse mit Schokolade aus, packte sie sorgfältig ein und fuhr damit in der Kutsche ihres Vaters zum Haus des Bischofs.

Der kleine Jakob öffnete ihr die Haustür. „Hallo", sagte er und ließ sie mit großen Augen eintreten. „Frohe Weihnachten."

„Dir auch frohe Weihnachten, Jakob." Sie stand im Wohnzimmer. Plötzlich befiel sie eine starke Unbeholfenheit. Mit ihrem Korb voll Plätzchen in der Hand, lächelte sie zu dem hübschen Jungen mit dem weizenblonden Haar und den himmelblauen Augen hinunter.

„Hast du etwas für mich gebacken?"

„Ja, für dich und deine Geschwister."

„Auch für Papa?"

Sie nickte.

„Mein Vater braucht nämlich eine gute Köchin, weißt du. Er muß unbedingt bald eine neue Mama für uns finden."

„So?" Die Worte des Kindes überraschten sie.

„Ja, denn seit Katie in du-weißt-schon-wohin hinabgefahren ist, warten wir darauf, daß der Herr uns eine andere Frau schickt. Bis jetzt haben wir noch keine gesehen, die so hübsch ist wie deine Freundin."

„Jakob!" Bischof Johannes kam ins Zimmer gestürmt, um seinen redseligen Sohn zu packen und ihn in die Küche zu tragen.

Sie schnappte einige Zurechtweisungen auf, war aber froh, daß der kleine Kerl keine zu großen Schwierigkeiten bekam; immerhin war er erst vier.

Kurze Zeit später überreichte sie Bischof Johannes ihren Korb mit Leckereien und sagte: „Frohe Weihnachten euch allen."

„Es ist sehr nett von dir, uns einen Besuch abzustatten, Maria. Herzlichen Dank." Die Stimme des Bischofs klang weicher, gefühlvoller als in seinen Sonntagspredigten, ähnlich sanft wie ein Windhauch im Sommer. Sie wünschte sich sehr, sie könnte bleiben und die Zärtlichkeit dieser Stimme weiterhin genießen.

* * *

„Katie Lapp zu überführen, ist unsere geringste Sorge", flüsterte Theodore Rosie auf dem Gang zu. „Aber was sagen wir Mrs. Bennett?"

„Ich möchte der armen Frau in ihrem Elend wirklich nicht noch mehr Leid zufügen", sagte sie und schob sich eine ergrauende Haarsträhne aus dem Gesicht. „Aber nach den Worten der Krankenschwester scheint sich Mrs. Bennetts Gesundheitszustand zu bessern, seit sie und die junge Frau angefangen haben, sich zu verstehen. Selbst *ich* kann die Fortschritte sehen, die sie macht. Das ist genau das, worauf sie hinaus wollen. Die Betrügerin aus dem Haus zu treiben, ist vielleicht im Augenblick gar keine so weise Entscheidung."

Theodore lehnte sich an das Treppengeländer und dachte nach.

„Uns bleibt wahrscheinlich nicht viel Zeit, Einzelheiten auszuarbeiten – das heißt, wenn wir vorhaben, die Amischfrau noch heute morgen zur Rede zu stellen. Oder?“

„Darum geht es ja gerade – sie ist keine Amisch“, setzte Rosie ihn mit triumphierender Miene in Kenntnis. „Sie ist eine Schauspielerin oder ein Fotomodell aus New York City. Können Sie sich das vorstellen?“

Theodore kratzte sich am Kopf. „Sie haben sich einige Freiheiten mit Mr. Bennetts Unterlagen erlaubt, nehme ich an.“

Rosie nickte mit überführter Miene. „Fulton und ich stießen zufällig auf eine Akte mit dem Titel „Katie Lapp“ - und, na ja...wir konnten einfach nicht widerstehen und haben einen Blick hinein - geworfen.“

„Dieser skrupellose Schurke“, flüsterte er.

Rosie wandte sich zum Gehen. „Am besten warten wir mit einer Entscheidung, bis ich mich mit Natalie unterhalten habe. Sie wird wissen, was das beste für Mrs. Bennett ist.“

Mit sinkendem Mut ging Theodore den Gang hinab in die Küche. Sie hätten eine Chance gehabt, solange Mr. Bennett aus dem Haus war. Sie hätten die amische Frau gleich nach dem Frühstück zwingen können, ihre Sachen zu packen und das Haus zu verlassen. Eine Verzögerung würde nur unnötige Spannungen unter dem Hauspersonal während der Feiertage hervorrufen.

An diesem Morgen ging das Gerücht im Haus um, daß Mr. Bennett und Rochester irgendwo in der Stadt festsaßen – nachdem Rochester ihre beste Limousine in eine Schneewehe gesetzt hatte.

Er unterdrückte ein schadenfrohes Lachen und dankte seinem Glück. Es hätte genauso leicht sein können, daß *er* mit diesem Schurken, Dylan Bennett, die ganze Nacht festgesessen wäre.

Es war höchste Zeit. Er eilte an seine Arbeit.

* * *

Es kam ihr fast wie von der Vorsehung bestimmt vor. Katherine war hinausgegangen, um die Teppiche aus dem Butlerbüro auszuklopfen, als sie auf Theodore Williams stieß. Er pfiff bei der Arbeit, während er den Schnee von den Stufen hinter dem Haus und dem Gehweg zur Seite schaufelte.

Als er sie bemerkte, hielt er in seiner Arbeit inne und sprach sie an. „Ein herrlicher Weihnachtsmorgen, nicht wahr?"

„Ja, gut, daß der schlimmste Sturm vorüber ist." Sie schüttelte die kleinen Teppiche ein wenig länger als nötig aus und fragte sich, ob der alte Mann wieder zu seiner Arbeit zurückkehren würde.

Sie war angenehm überrascht, als er zu einem richtigen Gespräch ansetzte. „Es ist höchste Zeit, daß wir uns besser kennenlernen, Sie und ich. Ja ..." Er murmelte etwas bei sich. Dann rückte er mit der Sprache heraus. „Ich glaube, ich muß mich bei Ihnen entschuldigen, Katherine."

„Wofür denn?"

Er warf ihr dieses schwache, väterliche Lächeln zu, das sie schon kannte. „Dafür, daß ich Sie nicht angemessen in der Bennettvilla begrüßt habe."

„Danke." Das war wirklich sehr nett von ihm, auch wenn sie keinen Grund sah, warum er so etwas sagte. Einen Augenblick dachte sie wieder an ihren Opa David. Mr. Williams' Worte klangen genauso ruhig und mutmachend wie die des Vaters ihrer amischen Mama.

Der Mann schob seine Mantelärmel mit seinen Handschuhen mühsam nach oben und warf einen Blick auf seine Armbanduhr. „Ich räume lieber weiter den Schnee weg. Ehe wir uns versehen, ist Mittag. Frohe Feiertage wünsche ich Ihnen", sagte er, als entlasse er sie mit diesen Worten.

„Frohe Weihnachten, Mr. Williams."

Er schmunzelte. „Bitte, nennen Sie mich Theodore."

Sie sagte nichts auf dieses Angebot hin, sondern lächelte den Mann nur an. Sein Tonfall, der Blick, mit dem er sie ansah, – einfach alles – machte sie nervöser, als sie es sich eingestehen wollte.

* * *

Daniel Fischer betrachtete es als große Ehre, in das Haus seines Chefs und dessen Frau zum Essen eingeladen zu werden. Owen und Eve Hess waren seine besten Freunde in New Jersey. Es gab keine netteren Mennoniten weit und breit. Er betrachtete es als Segen vom Herrn, daß er mit so gottesfürchtigen und liebevollen Menschen zusammenarbeiten konnte.

Owen hatte ihn in seiner Firma aufgenommen, was von Anfang an schon ein Geschenk des Himmels gewesen war. Nicht viele etablierte Architekten boten einem Bauernjungen, der zum Technischen Zeichner umgesattelt hatte, frisch aus der Schule eine Stelle an. Ja, Owen war in all diesen Jahren nett zu ihm gewesen und hatte Daniel geholfen, eine immer größere Klientel aufzubauen. Aber so großzügig Owen auch war, hatte Daniel ihm trotzdem nie von seiner amischen Vergangenheit erzählt, und von dem Segelunfall, der sein ganzes Leben umgekrempelt hatte.

Da er beabsichtigte, nach Neujahr ein paar Tage frei zu machen, hatte er zuvor schon einige Überstunden gemacht. Und der gute Mann hatte großzügig eingewilligt. „Du hast keinen einzigen Tag gefehlt, seit du bei mir arbeitest", hatte Owen betont.

Alles war also für einen Besuch in Hickory Hollow geregelt. Nur ein Problem konnte er nicht lösen: Wie sollte Owen ihn, wenn es notwendig war, erreichen, während er dort war? Er hatte mehrere Möglichkeiten durchgespielt, wie er ihm sagen könnte, wohin er fuhr. Daß er alte Freunde ... seine einzige Schwester besuchen wollte...

Was könnte er sagen, ohne seine Vergangenheit preiszugeben? Er wußte nicht genau, wie er diese Situation handhaben sollte. Vielleicht war es an der Zeit, das lang gehütete Geheimnis zu enthüllen. Nicht, daß er sich seines Erbes schämte, nicht im geringsten.

Aber die Sache *war* nun einmal kompliziert. Es sah von außen anders aus, als es in Wirklichkeit war. Nichts an diesem Tag vor fünf Jahren ließ sich so einfach beschreiben; nichts an seiner spontanen Entscheidung war so einfach zu erklären ...

Der Sturm war aus heiterem Himmel aufgezogen. Sonst wäre er am Ufer geblieben – sonst hätte er sich nicht einmal ein Segelboot gemietet. Der Sturm hatte das Boot erbarmungslos gepackt und ihn über Bord geworfen. Ab diesem Augenblick ging alles drunter und drüber.

Er war eigentlich nur nach Atlantic City gefahren, um Gelegenheit zu haben, in aller Ruhe nachzudenken. Um sich über seine Zukunft in der Gemeinde in Hickory Hollow Gedanken zu machen. Und auch wenn es schon hin und wieder einmal vorkam, daß ein getaufter amischer Mann einen mennonitischen Lastwagenfahrer dafür bezahlte, daß er ihn mit seinem Wagen zu einem Geburtstagsausflug ans Meer brachte, war ihm doch etwas unwohl zumute gewesen, diesen Tag allein zu verbringen.

Zu seinem Glück hatte der Fahrer ihn schon von Geburt an gekannt; es war Peter Millers Schwager, ein gottesfürchtiger Mennonit, der nur wenige Kilometer von Hickory Hollow entfernt wohnte. Sie unterhielten sich sehr gut - praktisch auf dem ganzen Weg zur Küste. Hauptsächlich über Fragen des christlichen Glaubens, besonders über die Punkte in der amischen Kirche, die Daniel Schwierigkeiten bereiteten.

Es war nichts Ungewöhnliches, daß Mennoniten in ihren weltlichen Autos oder Lastwagen Amischleute mitnahmen. Zum richtigen Preis, versteht sich. Daniel hatte teuer bezahlt, aber nicht so sehr in bezug auf die Cents pro Kilometer. *Sein* Preis hatte im Verlust kostbarer Beziehungen bestanden: Beziehungen zu seiner Familie und Verwandtschaft – zu Gemeindemitgliedern, die er sein ganzes Leben lang gekannt und geliebt hatte. Ein einziger Bericht von der Küstenwache hatte genügt.

Sein früheres Leben, seine Zukunft mit Katie bestanden nicht mehr ...

Während er sich eine goldene Krawattennadel ansteckte, fragte er sich, was Samuel Lapps einzige Tochter wohl von ihm halten würde, wenn sie ihn jetzt in dieser Kleidung sehen könnte. „Weltlich wie die Engländer", würde Katie sagen. Ein ernüchternder Gedanke, zweifellos.

Würde er denn nie aufhören, an das Mädchen zu denken, das er zurückgelassen hatte?

Draußen warf die Mittagssonne glitzernde Edelsteine auf den meterhohen Schnee. Als Daniel das Haus verließ, leuchteten aus den Fenstern fast alle Lichter. Ohne einen Gedanken auf die riesige Stromrechnung zu verwenden, die auf ihn zukommen würde, fuhr er mit seinem Auto durch die vereisten Straßen. Sein Herz war so schwer wie der frisch gefallene Neuschnee.

20

Große, schlanke Kerzen flackerten auf dem Eßtisch, als Daniel im Haus der Familie Hess eintraf. Der Schnee funkelte und glitzerte, und Owens Frau hatte den Tisch festlich mit schönen Kerzen und Weihnachtsschmuck gedeckt.

Daniel und sein Chef setzten sich in die weichen Sessel im Wohnzimmer und unterhielten sich gemütlich. Sie gaben sich alle Mühe, nicht über die Arbeit zu sprechen, während Eve in der Küche das Essen zubereitete. „Es tut dir bestimmt gut, wenn du dir bald ein paar Tage frei nimmst", bemerkte Owen.

„Ich freue mich darauf. Ich möchte Verwandte in Pennsylvania besuchen."

„Wo genau in Pennsylvania?"

„Im Bezirk Lancaster. Hast du je von einem Ort namens Hickory Hollow gehört?" Daniel mußte schlucken. Allein schon den Namen seines Geburtsortes auszusprechen, erzeugte gemischte Gefühle in ihm – sowohl eine starke Anspannung als auch Freude.

„Ich kann mich nicht erinnern, daß ich je davon gehört hätte. Muß ein kleines Dorf sein."

„Das stimmt." Daniel schwieg.

„Welche Verwandten von dir leben dort?" kam die neugierige Frage.

„Genau genommen lebt dort meine ganze Familie. Meine Eltern und Brüder – alle schon verheiratet. Und Annie, meine Schwester. Sie ist inzwischen auch eine verheiratete Frau, habe ich gehört."

„Wenn du etwas gesagt hättest, hätte ich dir für die Hochzeit doch frei gegeben", sagte Owen lächelnd. „Dafür hätte ich doch Verständnis gehabt."

Daniel beugte sich vor und merkte, daß sein Nacken sich immer stärker verspannte. „Es ist über fünf Jahre her, seit ich sie alle gesehen habe." Dieser Gedanke weckte eine neue Traurigkeit in ihm. „Es wird Zeit für einen Besuch."

„Das würde ich aber auch sagen." Owens Gesicht wurde ernst. Er verschränkte die Arme vor seiner Brust. „Ich finde, du hast in letzter Zeit zu viele Überstunden gemacht."

Daniel seufzte und ergab sich in das Unausweichliche. „Wahrscheinlich ... hatte ich gute Gründe, so viel zu arbeiten." Und er begann, Stück für Stück seine geheime Vergangenheit zu offenbaren.

Als er mit seinem Lebenslauf zu Ende war, setzte er sich zurück und atmete tief durch. Er hatte absichtlich ein paar, ihm heilige, Einzelheiten weggelassen. Er konnte sich nicht überwinden, alles in Worte zu fassen – die Wunden waren noch immer nicht verheilt. Er konnte den Grund, warum er die Amisch-Gemeinschaft – und auch Katie – hatte glauben lassen, er sei bei dem Segelunfall gestorben, nicht einfach so locker erzählen.

Owen setzte sich auf und sprach den Wunsch aus zu beten. „Bitten wir den Herrn darum, vor dir herzugehen und dir die Türen zu öffnen, damit du mit deinem Vater sprechen kannst. Wir wollen dafür beten, daß Gott das Herz deiner Gemeinde ... deiner Familie auf dein Kommen vorbereitet."

Owen hatte kein Wort über Katie fallen lassen. Daniels Freund war nicht der Typ, der jemanden in Verlegenheit bringen wollte.

* * *

„Habe ich noch die Zeit, einen Anruf zu erledigen?" fragte die Betrügerin, als sie und Katherine sich, nur wenige Schritte von der Bibliothek entfernt, auf dem Gang begegneten. Die Frau wirkte ausgeschlafen und frisch, stellte Katherine fest, nachdem sie selbst in der letzten Nacht stundenlang wach gelegen war.

Sie zuckte mit den Achseln. „Das Essen wird jeden Augenblick serviert, aber bitte."

„Dann warten Sie hier auf mich?" Die Frau klang viel zu fordernd, und bevor Katherine antworten konnte, eilte Katie Lapp in das riesige Zimmer, in dem viele, viele Bücher und ein einziges Telefon standen.

Ohne das geringste Interesse, noch ein widerliches Telefongespräch mit anzuhören, blieb Katherine stehen und wartete auf dem Gang, während die junge Frau ihren Anruf erledigte.

Zum Glück dauerte das Telefonat nicht länger als ein paar Minuten. Katie eilte mit strahlenden Augen aus der Bibliothek. „Ich habe doch nichts versäumt, oder?“

„Nein, gar nichts.“

„Das ist gut. Ich mußte unbedingt mit meinem Freund sprechen. Er ist todunglücklich, weil ich zu Weihnachten nicht zu Hause bin.“

Katherine beschloß, die Gelegenheit beim Schopf zu packen. „Oh? Wo ist denn Ihr Zuhause?“

„In Pennsylvania.“

„Wirklich? Ich komme auch von dort.“

Das Lächeln verschwand auf der Stelle. „Die Welt ist klein“, murmelte die Schauspielerin, und Katherine glaubte, ein Stöhnen zu hören.

„Allerdings.“ Unbewußt hob sie die Hand, um ihre Haube zurechtzurücken. Eine alte Angewohnheit, eine Reflexbewegung, die ihr in ihren amischen Jahren in Fleisch und Blut übergegangen war. Aber statt einer amischen berührte ihre Hand nur die gerüschte Hausmädchenhaube, die modische Kopfbedeckung, die ihre neue Tätigkeit kennzeichnete.

* * *

Es war schwerer, seine Frau zu beruhigen, als Samuel Lapp für möglich gehalten hatte. Rebekka stand kurz davor, hysterisch zu werden.

„Ich *sagte*, es tut mir leid, daß das Baby geweint hat und daß ich allen das Essen verdorben habe. Ich *wußte*, daß ich sie nicht ganz allein hätte oben schlafen lassen sollen“, schluchzte sie im Wohnzimmer.

Samuel hatte keine Ahnung, was er tun oder sagen sollte, damit seine Frau sich wieder beruhigte. Sie hatte bei Tisch eine so unerfreuliche Szene veranstaltet. Annie, das liebe Mädchen, mußte jetzt die Küche ganz allein sauber machen.

Elam, Eli und Benjamin hatten zu seiner großen Erleichterung das Haus verlassen. Er saß jetzt da und sah sich vor ein großes Dilemma gestellt: Wie konnte er Rebekka nur helfen, sich wieder zu fangen?

Er nahm ihre beiden Hände in die seinen. „Oben ist kein Baby, Rebekka, ehrlich nicht. Im Augenblick haben wir nur ein einziges Baby im Haus. Den kleinen Daniel, und schau her ..." Er führte seine schluchzende Frau zur Tür, und sie spähten in die Küche. „Er schläft tief und fest in der Wiege, die Elam ihm gebaut hat."

Die Augen seiner Frau waren dunkel, ungewöhnlich dunkel. Ihr verstörter Blick beunruhigte ihn. Er dachte daran, kurz zum Bischof hinüberzufahren, um mit ihm darüber zu sprechen. Doch als er es sich genauer überlegte, beschloß er, Johannes Beilers Weihnachtsfest mit seinen Kindern nicht zu stören. Außerdem wollte er auch nicht preisgeben, daß etwas nicht in Ordnung war.

Rebekka weinte jetzt leise. „Ich will mein kleines Mädchen wieder haben. Ohne meine Katie kann ich keinen Tag länger leben."

Er nahm seine schluchzende Frau in die Arme und hielt sie fest. Er wollte sie jetzt nicht zurechtweisen. Sie hatte den Namen ihrer mit der Meidung belegten Tochter ausgesprochen, aber nicht aus bewußtem Ungehorsam. Es war nicht zu übersehen, daß Rebekka im Moment nicht ganz zurechnungsfähig war.

„Ich werde sehen, was sich machen läßt", sagte er auf der Suche nach etwas, das ihren Schmerz lindern könnte. „Wir werden weiterhin für ihre Seele beten."

Das war die einzige Möglichkeit, zu ihr durchzudringen. Das Weinen hörte auf, und seine Frau trat von ihm zurück. Ein Lächeln zog über das tränenüberströmte Gesicht. „Du *wirst* mir helfen, sie nach Hause zu holen, nicht wahr, Samuel? Du wirst helfen, daß ich unser kleines Mädchen zurück bekomme?"

Er beugte sich vor und küßte ihr nasses Gesicht. „Ich vermisse sie auch, Rebekka ... ehrlich." Er wischte seiner geliebten Frau zärtlich die Tränen aus dem Gesicht und fragte sich, ob sie je wieder so werden würde wie früher.

* * *

Dylan trat durch die Haustür und roch den appetitlichen Duft der gebratenen Ente. „Herrlich", flüsterte er, ohne eine Bemerkung darüber zu verlieren, daß Fulton nicht auf seinem Posten war.

Er behielt seinen Mantel und Schal an, bis er in seinem Büro im oberen Stockwerk war, wo er beides auszog und über das Ledersofa legte. *Wie gut, wieder zu Hause zu sein,* dachte er und fragte sich, ob er sofort die Schauspielerin aufsuchen sollte.

Schnell holte er seine Akten hervor – die heimliche Kopie von Lauras Testament. Er war zufrieden. Alles war an Ort und Stelle, so wie es sich gehörte.

Ein lautes Klopfen erklang an seiner Tür. Er fuhr aufgeschreckt hoch. „Wer ist da?" rief er.

„Fulton, Sir."

„Einen Augenblick." Dylan sammelte die Papiere wieder ein und legte sie in die Schublade. Dann ging er um seinen Schreibtisch herum, setzte sich und faltete die Hände vor sich. „Herein."

Die Tür ging auf, und der Butler trat ein. „Das Weihnachtsmenü wird in zehn Minuten serviert, Sir."

„Im Eßzimmer?"

Fulton nickte langsam. Nach einer kurzen Pause fuhr er fort. „Mrs. Bennett und ihre Tochter haben vor, Ihnen dort Gesellschaft zu leisten."

„Ah ... gut." Er hatte bereits vermutet, daß sie das Weihnachtsmenü zu dritt einnehmen würden. „Endlich alle zusammen", bemerkte er.

„Allerdings." Fulton stand da und wartete darauf, gehen zu dürfen. Seine Augen sahen ihn kalt und unnachgiebig an. „Ist das alles, Sir?"

„Eines noch. Wie kommen Mutter und Tochter miteinander zurecht? Was würden Sie sagen?"

„Ausgezeichnet" kam die steife Antwort.

„Verstehe. Und wie sieht es mit Mrs. Bennetts Gesundheitszustand aus?"

„Sir?“

„Kann ich davon ausgehen, daß meine Frau genügend Medikamente bekommen hat, damit wir das Mittagessen ungestört genießen können?“

„Diese Frage kann Schwester Natalie besser beantworten als ich, Sir.“

Er rieb sich das Kinn und warf dem groß gewachsenen Mann einen geringschätzigen Blick zu. „Verstehe, aber wie schätzen Sie die Verfassung meiner Frau ein?“

Offenbar verärgert, zuckte Fulton mit den Achseln. „Ich würde sagen, es geht ihr sehr gut, Sir. Sie freut sich, daß sie den Geburtstag des Herrn feiern kann.“

Dylan kochte innerlich. Warum mußte dieser Mann den Herrn ins Spiel bringen?

„Aber was ist mit ihrer Krankheit? Geht es ihr besser?“ drängte er weiter.

Ein breites Lächeln zog über das Gesicht des Butlers. „Ich bete darum, daß Mrs. Bennett mit Gottes Hilfe uns alle überlebt.“

Dylan unterdrückte nur mühsam eine Bemerkung und ließ den Butler ohne weitere Fragen gehen.

* * *

Katherine hielt eine Streichholzschachtel in der Hand und blickte einen langen Augenblick den Gang hinab. Mr. Bennett war zu Hause. Sie konnte seine tiefe Stimme hören, gemischt mit der von Katie Lapp und Rosie, die höchstwahrscheinlich Mrs. Bennett beim Essen zur Hand ging.

Angst ergriff sie und drohte ihre Entschlossenheit ins Wanken zu bringen.

Das ist es, worauf du gewartet hast. Jetzt ist dein Augenblick gekommen.

Aber sie war nicht in der Lage, die Chance zu ergreifen. Sie konnte ihr Selbstvertrauen nicht zurückgewinnen. Sie dachte an die Duftsäckchen, eine Verbindung zwischen ihr und der Hausherrin, an die Farbe und Dichte ihrer Haare ... alles, was ihr Mut machen und neue Zuversicht geben sollte.

Bei dem Gedanken an das Gemälde stieg ihr Blutdruck. Sie würde Himmel und Erde in Bewegung setzen, um dafür zu sorgen, daß diese betrügerische Katie nie, *niemals* auf diesem Porträt von Mutter und Tochter auftauchte!

Als Selig mit einer zweistöckigen Torte auf einer silbernen Platte durch die Doppeltüren aus der Küche trat, war sie bereit, ihm in das luxuriöse Eßzimmer zu folgen.

In dem Zimmer saß Rosie links neben Laura und half ihr beim Essen. Dieser Anblick schmerzte Katherine zutiefst. Sie mußte den Blick von der Frau abwenden. Aber das zwang sie, entweder Mr. Bennett oder Katie Lapp anzusehen. Keinen von beiden hielt sie eines Blickes für würdig.

Mit einer eleganten Bewegung stellte Selig die kunstvoll verzierte Torte in die Mitte des langen Tisches zwischen die zwei Kerzenleuchter - direkt vor die Betrügerin. Mr. Bennett und Laura saßen jeweils an den Tischenden. Katherine war überrascht, daß beide mitsangen, als Rosie ein Lied anstimmte.

Das war ihr Stichwort, die Kerzen anzuzünden. Sie machte einige Schritte auf den Tisch zu, beugte sich vor und entzündete das erste Streichholz. Sie zwang sich, nicht zu zittern. Nicht das leiseste Mißgeschick sollte ihr passieren.

* * *

Daniel riß seinen Blick von der Kerzenflamme los, die vor seinem Teller auf dem Tisch im Haus der Familie Hess stand. Wie er sich danach sehnte, seine geliebte Freundin wiederzusehen. Und wenn es auch nur für einen kurzen Augenblick wäre.

Wenn er Annie besuchte, würde er seine Schwester bitten, ihr von Katies Hochzeit zu erzählen. Aber erst nachdem sie besprochen hätten, wie sie auf ihren Vater zugehen könnten, damit Daniel ihn um Vergebung bitten könnte.

Trotzdem fragte er sich, ob er es wie ein Mann tragen könnte, wenn die Zeit käme, die Wahrheit zu hören? Würde er den Schmerz ertragen?

Wenn er es nur arrangieren könnte, aus der Ferne einen heimlichen Blick auf Katie zu werfen. Von der Scheune aus vielleicht? Wenn sie die Wäsche der ganzen Woche auf der Veranda aufhängte vielleicht. Sie dürfte nie erfahren ...

„Kann ich einem von euch noch einen Kaffee bringen?" fragte Eve, als sie die Kerzen ausblies und den Dimmer betätigte.

„Für mich nicht, danke." Daniel beobachtete den Rauch, der zu dem bescheidenen Kronleuchter an der Decke aufstieg. „Es hat ganz köstlich geschmeckt, Eve. Danke, daß ihr mich zum Essen eingeladen habt. Das hat mich wirklich sehr gefreut."

„Oh, das haben wir gern getan. Jederzeit wieder." Sie lächelte ihn an und drehte sich um, um in die Küche zu gehen.

„Wir tun das wirklich gern. Das weißt du hoffentlich." Owen wischte sich den Mund mit der Serviette ab. „Jetzt zu der jungen Frau, die du erwähnt hast. Wie wird Miss Katie die Nachricht aufnehmen, daß du wieder lebst?"

Daniel wünschte, sein Freund hätte diese Frage nicht erwähnt. „Es ist wirklich schwer zu sagen, aber ich habe nicht die Absicht, noch dort zu sein, wenn die Amisch von meiner Beichte erfahren. Katie eingeschlossen."

„Du willst also Hickory Hollow wieder verlassen, ohne sie zu sehen?"

Dieser Gedanken machte ihn fast krank. Bis jetzt war er der Frage, wie er genau vorgehen wollte, noch ausgewichen.

„Es ist besser für sie, wenn sie es von Annie erfährt. Meine Schwester ist die Frau ihres ältesten Bruders."

„Ah ... ihr seid also sozusagen miteinander verwandt", warf Owen ein.

Daran hatte Daniel noch nicht gedacht. Er hatte nicht daran denken wollen. Die Beziehung zwischen ihnen war auch ohne diese Heirat eng genug. Seine und Katies Vergangenheit mußte nicht in eine Verwandtschaftsbeziehung verwoben werden, um sie wieder aufzunehmen.

Wie dem auch war, es war grausam, sich ein solches Wiedersehen zu erträumen. Er würde sich nicht selbst quälen, wollte der Hoffnung keinen Raum geben, daß er Katie zurückhaben könnte. Nein, Elams kleine Schwester war bestimmt schon längst verheiratet.

21

Wie sich herausstellte, hatte Laura es nicht geschafft, ihrer Tochter von ihren Großeltern zu erzählen – den ursprünglichen Eigentümern der Villa. Sie hatte geplant, Katie an diesem Morgen von ihrem Testament zu erzählen. Das hielt sie für einen weisen Schritt, denn wer konnte schon sagen, wozu Dylan fähig wäre, um das Erbe der jungen Frau nach Lauras Tod in seine Hände zu bekommen?

Doch ein schmerzlicher Krampf in Knöchel und Wade waren nach dem Frühstück aufgetreten, und zu ihrer großen Enttäuschung hatte Schwester Natalie den Arzt rufen müssen. Dieser wiederum hatte eine Stunde Physiotherapie angeordnet. So quälend diese auch war, die Prozedur hatte ihre Muskeln doch wieder etwas lockerer gemacht und die Verkrampfung ein wenig gelöst. Aber dadurch war sie um ihre Zeit mit Katie gebracht worden.

Jetzt saß sie in ihrem schönen Eßzimmer und fragte sich, wann sich der passende Zeitpunkt ergeben würde. Während sie die Zitronentorte genossen, versuchte sie, Katie aus der Reserve zu lokken und sie dazu zu bewegen, mehr über ihr Leben bei den Amisch zu erzählen.

„Vielleicht möchte sie lieber nicht vor allen Leuten darüber sprechen, Liebes“, mischte sich Dylan ein.

Aus der Ecke des Raumes registrierte sie verschwommen, daß Justin Wirth sich umdrehte und neugierig in ihre Richtung schaute. „Also, ich finde den schlichten amischen Lebensstil faszinierend“, bemerkte der Künstler.

Laura hätte beinahe vergessen, daß der Mann überhaupt im Raum war, so leise und unauffällig arbeitete er. „Ja“, sagte sie leise. Das Wort blieb ihr fast im Halse stecken. Das Schlucken bereitete ihr immer mehr Mühe. Mit jedem Tag, der verging, wurde es schwerer.

„Woher kommen Sie?“ fragte Justin Katie.

„Aus Lancaster in Pennsylvania. Ungefähr fünf Stunden südlich von hier.“

„Schöne Gegend“, bemerkte er.

Laura unternahm einen neuerlichen Versuch, sich am Gespräch zu beteiligen. „Ja ... es war schön, als ... als ich vor vielen ... vielen Jahren dort war." Sie war nicht bereit, über ihre *erst kurz zurückliegende* Fahrt nach Pennsylvania zu sprechen. Außerdem kostete es sie heute viel Mühe, überhaupt etwas über ihre Lippen zu bringen. Eine große Frustration ging mit dieser störenden Sprachbehinderung einher. Bis jetzt hatte sie immer problemlos und gut verständlich sprechen können. Es war ihr sehr peinlich.

Am demütigendsten empfand sie es, vor den Augen ihres Mannes und ihrer Tochter gefüttert werden zu müssen. Trotzdem würde sie die Hoffnung nicht aufgeben. Nicht, solange sie nicht mit Katie unter vier Augen gesprochen hätte. Dann, und erst dann würde sie der Krankheit erlauben, ihren schrecklichen Verlauf zu nehmen.

* * *

Benjamin Lapp hatte in letzter Zeit viel Zeit mit dem Pony der Familie, genauer gesagt mit dem Pony seiner gebannten Schwester, verbracht. Es war nur komisch, daß er das Tier nicht dazu bewegen konnte zu kommen, wenn er nach ihm rief. Es schien seinen Namen nicht mehr zu kennen – Tobias. Dabei war das immerhin der Name, den Katie ihm gegeben hatte, lange, bevor sie *verhudelt* wurde und dem Bischof wegen einer Gitarre und einigen lächerlichen Liedern, die sie unbedingt hatte singen hatte wollen, ungehorsam wurde.

Aber um ehrlich zu sein, konnte er Tobias auch nicht dazu bewegen, mehr zu fressen. Das schöne Tier war schlichtweg taub geworden. Ben hatte seinem Vater und Eli davon berichtet, aber festgestellt, daß sie ihm nicht einmal richtig zugehört hatten. Außer Ben scherte sich anscheinend niemand einen Deut darum, das arme Tier zum Fressen und Trinken anzuhalten.

Heute hatte er beschlossen, etwas Neues auszuprobieren. Etwas Süßes, direkt vom Küchentisch. Ein Plätzchen mit extra Zuckerguß darüber.

Er hielt Tobias den Leckerbissen unter die Nase, ließ ihn daran schnuppern, zerdrückte ihn dann und warf ihn in den Futtertrog.

„So, iß jetzt deine Nachspeise mit ein wenig Heu." Er streichelte dem Pony die Mähne. „Katie ist nicht mehr da, um dich zu verwöhnen. Aber ich. So, würdest du jetzt bitte essen?"

Er hörte hinter sich Arbeitsschuhe über den Boden stapfen. Als er sich umdrehte, sah er die finstere Miene seines Vaters, der ihn auf der Stelle mit einer wütenden Zurechtweisung bedachte. „Benjamin, habe ich nicht schon vor Wochen gesagt, daß der Name deiner gebannten Schwester in unserem Haus nicht mehr erwähnt werden darf? Das gilt auch für die Scheune. Deine Schwester steht unter dem Bann. Hast du das so schnell vergessen?"

„Nein, Vater."

„Und was soll das? Warum sprichst du mit diesem Pony über diese ... diese ..." Sein Vater sackte zusammen. Er sank mitten auf dem Lehmboden auf die Knie.

„Papa? Was ist los mit dir?" Er lief zu seinem Vater.

Weinend stützte Samuel seinen Ellbogen auf ein Knie und barg sein Gesicht in seiner großen, schwieligen Hand. „Deine Mama verliert noch den Verstand, Ben ... Ich kann doch nicht einfach daneben stehen und ... und zusehen. Sie ist nicht mehr sie selbst."

„Ach, Papa, das wird schon wieder", brachte Ben über die Lippen. „Der Bischof hatte schon recht, als er über meine Schwester die Meidung verhängte ... nicht wahr?"

Samuel schüttelte den Kopf und stöhnte, als litte er unter schrecklichen Qualen, dann platzte eine ganze Flut Verwünschungen aus ihm heraus, und er erging sich in bitteren Flüchen.

Tobias verstand ihn anscheinend und begann, laut zu wiehern und den Kopf zu schütteln. Aber Ben konnte sich nicht überwinden, wie sein Vater zu weinen oder einen Wutausbruch wie der eigensinnige Tobias zu haben. Er fühlte sich zwar hin und her gerissen, aber trotzdem gut.

* * *

Als es an der Zeit war, das feine Dessertgeschirr abzuräumen, kehrte Katherine mit Garrett ins Eßzimmer zurück. Sie nahm Lauras

Teller und Gabel, die Rosie ihr reichte, und hielt in ihren Bewegungen inne, als sie einen Blick zu der Leinwand hinüber warf. Mr. Wirth fing an, ein amisches Kleid zu skizzieren, das Kleid der Betrügerin wahrscheinlich.

Sie wollte hinübereilen und ihn aufklären, daß nicht einmal die Kleidung der falschen Tochter einer der Ordnungen in Lancaster entsprach. *Nichts* an dieser Frau war ehrlich oder anständig.

Gerade, als sie daran dachte, Rosies Anweisung zu mißachten und während des Abräumens doch mit dem Künstler zu sprechen, rutschte die Gabel von dem Teller in ihrer Hand. Verlegen bückte sie sich, um sie wieder aufzuheben. Bei der ruckartigen Bewegung rutschte ihr die Haube vom Kopf. Katherines Haare fielen in weichen Wellen über ihre Schultern.

Justin Wirth drehte sich um und schaute sie an. Er nickte ihr höflich zu, doch dann starrte er ihre Haare an. Ihre Blicke begegneten sich für einen langen, langen Augenblick. Schließlich wandte er sich wieder seinem Gemälde zu und warf dann einen Blick auf „Katie," die mit Laura plauderte.

„Katherine", forderte Rosie sie auf. „Sie können das Geschirr in die Küche tragen."

„Ja, Madam", antwortete sie und hielt sich mit einer Hand die Haare aus dem Gesicht. Sie floh in die Küche, wo sie ihren Knoten wieder hochsteckte und schnell die Haube aufsetzte. Dann eilte sie ins Eßzimmer zurück.

Als sie wieder da war, um die Kristallkelche zu holen, wußte sie, daß sie es nicht wagen durfte, in die Richtung des Malers zu blikken. Diese forschenden blauen Augen ... ach ,wie sie Katherine verfolgten ... und ihr keine Ruhe ließen, denn sie erinnerten sie an Daniels Augen.

„Wie feiern die Amischleute Weihnachten?" fragte Mr. Bennett.

Einen Augenblick verblüfft, da sie dachte, der Mann habe *sie* angesprochen, öffnete Katherine den Mund und wollte schon antworten. Zum Glück realisierte sie im letzten Augenblick, daß sie keine Amisch mehr war. Gerade noch rechtzeitig, um eine pathetische, ungenaue Schilderung darüber zu hören, wie die Amischleute angeblich mit Sägen in den Wald liefen, Bäume absägten, sie in ihre Häuser schleppten und mit selbst gebastelten Dingen schmückten. Über dieses lächerliche Schauspiel mußte sie beinahe hell auflachen. Etwas an der Art, wie der Betrügerin ihre Lügen so leicht über die Zunge gingen, verriet Katherine, daß die ganze Sache sehr gut eingeübt worden war.

„Entschuldigung, aber das stimmt nicht“, platzte Katherine heraus. „Die Amisch feiern Weihnachten nicht mit geschmückten Bäumen.“

Rosie und Garrett starrten sie an, aber sie konnte nicht an sich halten. Sie mußte die Dinge erklären, wie sie wirklich waren.

„Woher wollen *Sie* das wissen?“ beschuldigte die falsche Katie sie.

„Ich weiß es“, war alles, was Katherine sagte, während sie die Schauspielerin in ihrem amischen Kostüm herausfordernd anschaute.

Mr. Bennett stand plötzlich auf. „Wer *ist* diese Frau?“ wollte er wissen.

Katherine fuhr innerlich zusammen. Himmel! Sie hatte aus einem Impuls heraus gesprochen. Nie hätte sie ihren Gefühlen freien Lauf lassen dürfen. Jetzt war sie geliefert.

Rosie unternahm einen Versuch, die Sache zu bereinigen. „Das ist unser neues Hausmädchen, Sir. Fulton hat sie vor zwei Tagen eingestellt.“

„Hat diese Frau auch einen Namen?“ fragte er knurrig.

Sie fing sich schnell. „Katherine, Sir.“

Sein Gesicht lief puterrot an. „Kann ich Sie einen Augenblick draußen sprechen?“ Er nickte mit dem Kopf zur Tür.

„Entschuldigen Sie mich“, sagte sie an Laura und Rosie gewandt. Aber sie richtete den Blick auf den Boden, als sie Katie Lapp sah, die selbstzufrieden auf ihrem Stuhl saß.

* * *

„So ... Katherine heißen Sie also?“ Er senkte absichtlich die Stimme und hoffte, damit eine frostige Wirkung zu erzielen.

„Jawohl, Mr. Bennett.“ Sie machte einen Knicks.

„Wie lauten die Regeln für Dienstboten bei Tisch?" sprach er streng, von ihrer eigensinnigen, aber gleichzeitig erfrischenden Naivität fasziniert.

„Sprich nur, wenn du gefragt wirst über den Tisch oder das Essen", zitierte Katherine.

„Sehr gut. Sie haben die Regeln des Hauses gebrochen, und das an einem ihrer ersten Tage in dieser Stellung! Kein guter Anfang!"

Würde sie zusammenbrechen? Ihn um Gnade anflehen? fragte er sich.

„Es tut mir leid, Sir. Ich werde mich das nächste Mal besser bemühen" kam die schwache, leise Stimme. Fast wie die Stimme eines Kindes, wenn es zu seinen Eltern spricht.

Er mußte ein Lachen unterdrücken. Um im Eßzimmer nicht gehört zu werden, ging er mit ihr den Gang entlang und entfernte sich immer weiter von der Weihnachtsgesellschaft. „Dafür werden wir sorgen, nicht wahr?"

„Nein, Sir ... ich meine, ja, Sir", stammelte die junge Frau.

Sie konnte nicht viel älter sein als sein New Yorker Fotomodell. Er betrachtete sie von Kopf bis Fuß und war überrascht, daß sie ihn immer noch unschuldig anschaute. Seine Augen blieben erneut an ihrem Gesicht hängen.

Diese Frau...was hatte sie an sich? Sie war ganz anders als die kokette, ja verführerische Alyson Cairns, die er hierher gebracht hatte, um seiner sterbenden Frau etwas vorzuspielen.

„Ich hätte nichts über die Amisch sagen sollen, Sir."

Es klang, als bettelte sie ... als flehte sie ihn an, sie nicht weiter zu schelten. Erstaunlich!

Er fügte hinzu: „Sie werden auf die Probe gestellt."

„Probe?"

Es war offensichtlich, daß die Frau keine Ahnung hatte, was er mit diesem Wort meinte. Er grinste. „Wo kommen Sie denn her?"

„Aus Hickory Hollow, Sir."

„Verstehe." Er ließ sich von ihrem unschuldigen Auftreten nicht ins Bockshorn jagen. Was hatte es ... mit diesem Blick auf sich?

„Hickory Hollow ist eine amische Gemeinde, Sir", sprach sie weiter. „Ich weiß alles über das amische Leben, weil ich nach der ‚Alten Ordnung' aufgewachsen bin."

Er merkte, wie sich seine Augen zu prüfenden Schlitzen zusammenkniffen „Wie sagten Sie, ist Ihr Name?"

„Katherine, Sir ... aus Hickory Hollow, Pennsylvania. Ich habe Sie vor nicht allzu langer Zeit angerufen. Erinnern Sie sich?"

Und er hatte gedacht, sie sei nur eine ungebildete Unschuld vom Lande! Wie hatte er sich nur so täuschen können?

„Packen Sie auf der Stelle Ihre Sachen", zischte er mit einem schnellen Blick über seine Schulter.

„Ich bin die richtige Tochter Ihrer Frau", entgegnete sie ihm mit erstaunlicher Ruhe. „Sie dürfen mich nicht zwingen zu gehen, Mr. Dylan D. Bennett. Ich habe einen weiten Weg hinter mir!"

„Wie wollen Sie das beweisen?"

„Ich habe ihre Haare." Katherine riß sich ihre Haube vom Kopf. Die rotbraunen Haare fielen ihr erneut ins Gesicht. Dann drehte sie ihm ihr Profil zu. „Und ihr Kinn. Sehen Sie?"

„Sie haben nichts, Sie betrügerische, kleine, dahergelaufene Vagabundin!" Er hielt sie zurück, als sie versuchte, an ihm vorbeizulaufen. „Ich lasse Sie einsperren", drohte er. „Sie setzen *nie* wieder einen Fuß in dieses Haus!"

Unter Aufbietung seiner ganzen Kraft drückte er seine Hand auf ihren zierlichen Mund und zerrte sie zur Treppe.

Die Bewegung auf dem Gang beunruhigte Laura. Sie schaute Rosie fragend an und wartete auf eine Erklärung. „Dylan wirkte sehr erregt."

Aber das Hausmädchen konnte nur mit den Achseln zucken. „Ich weiß auch nicht mehr, als daß Mr. Bennett sich offenbar über irgend etwas aufgeregt hat."

Selbst Justin hatte seinen Pinsel zur Seite gelegt und spähte durch den Türrahmen. Ein solcher Aufstand. Warum nur?

Laura vermutete, daß es etwas Ungewöhnliches war, das Dylan so in Rage versetzt hatte. Möglicherweise die ungehörige Bemerkung des neuen Mädchens. Woher wußte sie etwas über amische Weihnachtsbräuche?

Unter der Anspannung der besorgniserregenden Fragen bekam sie einen neuen Anfall. Dieses Mal schoß der Schmerz über ihr Gesicht und war von einem Zittern in ihrer Kehle begleitet. Als sie versuchte, zu sprechen, aufzuschreien, kamen nur kehlige Laute über ihre Lippen.

Natalie wurde gerufen, und noch bevor sie sich entschuldigen konnte, schob sie Laura eilig aus dem Eßzimmer.

Weihnachten ... oh, ihr Herz sehnte sich nach ihrer Tochter, die allein am Tisch sitzen geblieben war.

Sie betete im stillen, daß der Herr aus ihrem plötzlichen Abgang etwas Gutes machen möge. Vielleicht konnte sich Justin jetzt auf Katie konzentrieren, darauf, sie auf dem Porträt abzubilden.

* * *

Es war spät am Nachmittag, als Katherine mit dem Taxi in einem Motel ankam und sich dort ein Zimmer nahm. Sie hörte lang genug auf zu weinen, um dem Hotelportier die Miete für zwei Tage zu bezahlen. Was sie danach tun würde, wußte sie nicht. Eine Stelle zu finden, würde einer früheren Amischfrau, die kochen, den Haushalt führen und auf Kinder aufpassen konnte, nicht schwer fallen ...

Aber einen Job zu finden, war das letzte, was sie im Augenblick interessierte.

Sie wischte sich die Tränen ab und ging daran, ihre Tasche auszupacken. Als letztes räumte sie ihre Gitarre weg. Während sie in dem kleinen, stickigen Raum am Tisch saß und daran denken mußte, daß sie von diesem bösen Mann, Lauras Ehemann, aus dem Haus geworfen ... und bedroht worden war, ballte sie erneut die Fäuste! Sie dachte an ihren kurzen Aufenthalt in der Bennettvilla und bedauerte es, daß sie keine Zeit oder Gelegenheit gehabt hatte, sich von den anderen Angestellten zu verabschieden. Trotz der kurzen Zeit waren sie Freunde geworden.

Sie dachte an Rosie und Fulton, wie sie sie gemeinsam sozusagen unter ihre Fittiche genommen hatten. Und an Mr. Williams - sie glaubte wirklich, daß der alte Mann angefangen hatte, sich für sie zu erwärmen.

Alle waren so nett gewesen. Alle, außer dem Hausherrn. *Er* hatte sich wie der Teufel persönlich aufgeführt, und sie war sich ganz und gar nicht sicher, ob er das nicht vielleicht war.

Als sie fertig ausgepackt hatte, fiel ihr auf, daß sie ihre Duftsäckchen in den Kommodenschubladen vergessen hatte. Auch ihre eigenen.

Der Gedanke, daß sie ihre selbstgemachten Dinge verloren hatte, löste einen neuen Weinkrampf bei ihr aus. Aber in der Traurigkeit - dem Selbstmitleid - wußte sie plötzlich die überraschende Antwort auf Mr. Bennetts anschuldigende Frage.

Wie wollen Sie das beweisen? hatte er sie angebrüllt.

Plötzlich wußte sie es ... begriff sie, was sie als Beweismittel brauchte. So sicher, wie sie Laura Bennetts Tochter war, wußte sie es. Aber ... wie würde sie es anstellen, es zu bekommen? Wen kannte sie in Hickory Hollow mit einem Telefon?

Lydia Miller natürlich! Zum ersten Mal seit Stunden lächelte Katherine. Sie lächelte so sehr, daß ein leichtes Grübchen über ihre Wange zog; sie erblickte es in dem großen Spiegel über dem Frisiertisch.

Es *gab* einen Beweis. Einen Beweis, den Mr. Bennett nie in Frage stellen könnte. Diesem durch und durch verdorbenen Mann würde es noch die Sprache verschlagen.

Aber ... wie sollte sie an das Babykleid aus Satin kommen?

Teil drei

Der Herr ist mein Licht und mein Heil.
Vor wem sollte ich mich fürchten?

Psalm 27,1

22

Lydia Miller ging durch das Wohnzimmer und sammelte zwischen Spielsachen und Spielen – Weihnachtsgeschenke für ihre kleinen Enkelkinder – zerknülltes Geschenkpapier auf. Sie war ehrlich überrascht, als Edna sie aus der Küche ans Telefon rief. „Es ist ein Ferngespräch", sagte ihre Schwiegertochter und legte die Hand auf den Hörer. „Ich glaube, es ist Katherine."

„Katie Lapp?"

Edna nickte. Lydia schob ihre losen Haarsträhnen unter ihre Kopfbedeckung zurück, bevor sie den Telefonhörer nahm. „Hallo?"

„Kusine Lydia ... ich bin es, Katherine. Ich rufe aus New York an."

„Frohe Weihnachten. Wie schön, deine Stimme zu hören."

Es entstand eine kurze Pause. „Lydia, äh, ich wollte dich fragen ... ich brauche deine Hilfe."

„Geht es dir gut?"

„Mir geht es gut, wirklich. Aber ich wollte dich fragen, ob du nicht zu meiner Mama fahren kannst. Es wäre ganz wichtig für mich, daß du mit ihr sprichst. Noch heute."

Lydia fragte sich, was an einem Weihnachtsnachmittag so wichtig sein konnte. Aber als sie die Einzelheiten geschildert bekam, war sie gern bereit, Katherines Bitte nachzukommen. „Ich werde sehen, was ich tun kann", versprach sie.

„Denke bitte daran, Mama nicht zu überrumpeln. Du bist doch vorsichtig und gehst sanft mit ihr um, Kusine Lydia?"

„Aber, natürlich werde ich das." Sie seufzte und fragte sich, ob sie erwähnen sollte, daß Katies Mutter und Ella Mae Zook zu einem Besuch bei ihr gewesen waren.

Im Glauben und in der Hoffnung, diese Information würde helfen, die Lage zu bessern und nicht zu verschlimmern, erzählte Lydia Katherine von dem unerwarteten Besuch.

„Mama ... und die Weise Frau, wirklich? Sie haben dich besucht?"

„Ich war auch überrascht."

„Wie ... wie geht es Mama?"

Lydia schaute die Kerzen auf dem Baum an. „Ich würde sagen, sie macht sich sehr große Sorgen. Sie leidet und vermißt dich sehr."

„Das stimmt gewiß", kam die leise Antwort.

Es folgte eine unsichere Pause.

„So ... du willst also, daß ich dein altes Babykleid von ihr hole?"

„Ja. Aber sag meiner Mutter bitte, daß du es nur *borgen* willst. Du wirst dann schon sehen, was sie dazu sagt."

„Ich werde nicht lügen, Katherine. Du kennst mich gut genug, um so etwas nicht von mir zu verlangen." Sie dachte bei sich, ob die Welt sich schon so sehr auf die Tochter ihrer Kusine abgefärbt habe, daß sie sie zum Lügen animieren wollte.

„Das ist keine Lüge", beharrte Katherine. „Sie bekommt es zurück ... so bald wie möglich."

Lydia setzte sich auf den Holzstuhl, der an der Wand stand, während Katherine weitersprach. „Sobald du es hast, mußt du es mir schicken ... mit Eilpost." Sie nannte ihr die Adresse des Motels.

„Wohnst du nicht im Haus deiner leiblichen Mutter?"

„Jetzt nicht mehr. Es ist eine sehr lange Geschichte, und ich hoffe, ich kann sie dir eines Tages erzählen, aber ... dieses Ferngespräch ist nicht billig."

„Ich verstehe, aber der Gedanke, daß du irgendwo in einem Motel sitzt, und das ausgerechnet an Weihnachten, macht mich traurig. Gott segne dich. Rebekka würde sich die größten Sorgen machen, wenn sie das wüßte."

„Das darf sie auf keinen Fall erfahren! Bitte erzähle Mama kein Wort davon. Mir geht es hier gut, Kusine Lydia, ehrlich. Wenn ich das Babykleid bekomme, löst sich alles. Wenn du die Quittung für das Päckchen aufhebst, zahle ich dir die Portokosten. Bitte ... die Sache ist sehr wichtig für mich."

Lydia konnte die Sehnsucht in der Stimme der jungen Frau hören. „Ich versuche es, Katherine. Aber es wird wahrscheinlich nicht einfach werden. Man erzählt sich, daß es deiner Mama nicht gut geht."

„Mama ist krank?"

„Sie ist nicht sie selbst, um es vorsichtig auszudrücken."

„Oh nein!"

„Es war ein schwerer Schlag für sie, ihre Tochter erst durch den Beschluß eines Bischofs zu verlieren und dann an eine eitle, weltliche Frau."

„Aber du irrst dich. Meine leibliche Mutter ist alles andere als eitel. Sie ist eine gute, ehrliche Frau. Und ich glaube, sie soll betrogen werden, möglicherweise geht es dabei um viel Geld. Vielleicht sogar um ihr ganzes Vermögen."

Besorgt versprach Lydia, alles ihr Mögliche zu versuchen, um das Babykleid nach New York zu schicken, so schnell sie könnte.

Nichts an dem Besuch im Haus der Lapps war einfach. Es fing schon damit an, daß Samuel sie beinahe nicht ins Haus gelassen hätte. „Rebekka hat sich gerade hingelegt", entschuldigte er sich.

„Oh, ich kann später wiederkommen", erwiderte sie.

Als sie das sagte, öffnete er die Tür ein bißchen weiter, stand aber immer noch da und entschuldigte sich dafür, daß Rebekka nicht in der Verfassung sei, nach unten zu kommen und ihr Gesellschaft zu leisten.

Unbewußt konzentrierte Lydia ihren Blick auf seine braunen Hosenträger. Katies Flehen am Telefon lag ihr noch in den Ohren. Das arme, einsame Mädchen rechnete mit ihr. Etwas in ihr – eine überraschend starke Entschlossenheit – wollte Lydia noch nicht so schnell aufgeben lassen. Wenigstens nicht, ohne es nachdrücklicher zu versuchen.

„Vielleicht könnte ich hinaufgehen. Dann müßte sie sich nicht anziehen ... es sei denn, sie schläft."

Samuel schüttelte den Kopf. „Nein, nein, sie schläft nicht, aber sie hat heute einen schrecklichen Tag gehabt." Eine lange Pause folgte. „Es ist unser erstes Weihnachtsfest ohne ... ohne das Mädchen. Du kannst dir vielleicht vorstellen ..."

Nein, sie konnte es sich *nicht* vorstellen. Ihre Kinder waren zwar alle erwachsen und aus dem Haus, aber daß einer von ihnen wegen einer uralten lächerlichen Meidungsvorschrift die Gemeinde verlassen mußte, nein, das konnte sie sich nicht vorstellen!

Sie bemerkte die eingefallenen Augen ihres Gegenüber. Ein Blick in sein verzweifeltes Gesicht genügte, und Lydia konnte die Spuren von tiefer Trauer sehen. Er litt ebenfalls sehr unter dem Verlust.

„Es tut mir so leid ... ich wünschte, Peter und ich hätten Katie mehr helfen können.“ Gewissensbisse plagten sie, weil sie Samuel und Rebekkas abtrünniger Tochter ihr Haus geöffnet hatten.

„Ihr habt getan, was ihr konntet“, erwiderte Samuel. Mit diesen Worten winkte er sie ins Haus, nahm ihr den Mantel ab und führte sie die Treppe hinauf.

Als Lydia ihre Kusine erblickte, hätte sie am liebsten geweint. Rebekka lag zusammengerollt auf dem Bett, als leide sie schreckliche Schmerzen. Sie lag auf der Seite und umklammerte mit beiden Händen das rosafarbene Babykleid.

Was sie zu Tränen rührte war, daß die Amischfrau ihre Lippen bewegte, als spräche sie mit einem kleinen Kind; aber kein Ton kam über ihre Lippen. Nur Samuels schweres, besorgtes Atmen war im Raum zu hören.

Lydia kramte in ihrer Handtasche nach einem Taschentuch. Was ist da passiert? fragte sie sich. Wie hatte ihre Kusine von ihrem ziemlich distanzierten Verhalten noch am Tag zuvor *so* weit abkommen können? Hatte die strenge Meidung ihrer Tochter die Frau um den Verstand gebracht?

Lydia sah sofort, daß es keinen Sinn hätte, Rebekka darauf anzusprechen, daß sie das geliebte Kleid hergeben solle. Nicht heute. Nicht, wenn sie sich daran klammerte, als wäre es ihre letzte Verbindung zu Katie.

Selbst wenn sie die Absicht, mit der sie gekommen war, weiter verfolgte und sie, wie Katherine vorgeschlagen hatte, bat, es ihr eine Weile zu *borgen,* selbst dann würde ihre Bitte abgelehnt oder falsch verstanden werden. Nein, ihre einzige Verbindung zu Katie wegzugeben - ein Symbol, das vielleicht sogar die verwirrte Frau abhielt, ganz den Verstand zu verlieren - kam gar nicht in Frage.

Wie lang sie da stand, wußte Lydia nicht genau. Aber als sie sich umdrehte und Samuel zuflüsterte, daß sie wohl am besten wieder ginge, bewegte sich Rebekka.

Bestürzt eilte sie an die Seite der kranken Frau. „Rebekka ... ich bin es, deine Kusine Lydia. Kann ich etwas für dich tun?"

Auf den glasigen Blick war Lydia nicht gefaßt. Sie erschrak. „Du brauchst nicht zu sprechen, Rebekka. Aber vielleicht nickst du mit dem Kopf?" Sie haßte es so zu sprechen, als rede sie mit einer anderen Frau als mit ihrer eigenen Kusine, durch deren Adern dasselbe Blut floß wie durch ihre. Mit einer Frau, zu der sie überhaupt keinen Bezug hatte. „Hast du Schmerzen?" Sie mußte es wissen.

Jetzt legte Katies Mama die Hand auf ihre Brust und versuchte, sich aufzusetzen.

„Hast du *körperliche* Schmerzen, Rebekka?"

Ihre Kusine starrte sie verständnislos an.

„Kannst du mich hören?" unternahm sie einen neuen Versuch.

Unerwartet nickte Rebekka. „Ich muß aufstehen ... ich muß mich um Katie kümmern. Hörst *du* nicht mein Baby weinen?"

Diese Frage war so bestürzend, daß Lydia merkte, sie würde Katherines Bitte nicht erfüllen können. Vielleicht konnte jemand anderes, jemand, der selbst in der Amisch-Gemeinschaft lebte, das Babykleid den Fingern dieser Mutter, deren Herz gebrochen war, entreißen.

Wer wäre bereit, Katie zu helfen? An wen in Hickory Hollow könnte sich Lydia wenden?

* * *

Maria konnte ihre Begegnung mit dem Bischof nicht vergessen. Wie sanft und seltsam leise seine Stimme geklungen hatte. Sie hatte ihn noch nie so sprechen hören. Nicht beim Predigen, gewiß auch nicht beim Scheunenbau und auch nirgendwo sonst.

Sie fragte sich, ob seine Stimme wegen ihr so sanft geworden war. Um sie wissen zu lassen, daß derselbe Mann, der Marias liebste Freundin mit dem Bann belegt hatte, auch noch eine andere Seite hatte? Eine nette und sanfte Seite.

Diese Frage beschäftigte sie, während sie ihrer Mutter half, den Obstsalat und das Mittagessen vorzubereiten. Sie wagte es nicht, mit ihr oder Oma Ruth über ihre Gedanken zu sprechen, auch wenn sie seit ihrer Rückkehr von Johannes Beilers Haus an nichts anderes mehr dachte.

Oh, sie hoffte, daß ihre Sauerrahmkekse ihm auf der Zunge zergangen waren – und auch auf der seiner Kinder. *Der Weg zum Herzen eines Mannes geht durch den Magen,* sagte ihre Mutter immer. Im Spaß natürlich. Aber sie hatte oft erlebt, wie die Kochkünste ihrer Mutter bei ihrem Vater wahre Wunder gewirkt hatten.

Sie dachte an die nächste Köstlichkeit, die sie für den Bischof und seine mutterlosen Kinder kochen könnte. Sie würde nicht sehr lange damit warten. Am nächsten Sonntag wollte sie eine weitere Überraschung parat haben, bei der Johannes Beiler hoffentlich das Wasser im Munde zusammenlief.

Und ... sie würde gut zuhören; und den Klang seiner Stimme bei der Predigt mit seinen fast romantischen Worten an diesem herrlichen Weihnachtstag vergleichen.

* * *

Rebekka strengte sich an, den Schleier, der über ihrem Denken lag, von sich abzuschütteln. Bleiern ... benommen. Sie hatte den Eindruck, durch graues Zellophanpapier zu schauen. *Alles* fühlte sich so an.

Sie wehrte sich gegen ein bedrohliches Gefühl, das sie, wenn sie es zuließe, wenn sie dem Drängen der alles verschlingenden Dunkelheit nachgäbe, ganz und gar in den Abgrund reißen würde. Sie fürchtete, daß sie davon vollkommen aufgefressen werden könnte und nie wieder gesund werden würde.

Ein unbestimmtes Gefühl sagte ihr, daß jemand im Zimmer stand. Noch jemand außer Samuel. Aber sie konnte nicht erraten, wer es war.

Während ihrer Versuche zu denken ... *zu denken* ... erklang wieder das Weinen. Das herzzerreißende Weinen eines neugeborenen Säuglings. *Ihres* Säuglings.

Panik zerrte an ihr und zog sie tiefer ... immer tiefer in das Weinen hinein, in einen Tunnel, auf einen langen, schmalen Korridor. Das verzweifelte Weinen eines hilflosen Kindes – ihres geliebten Kindes, das nichts zu essen bekam.

Das Weinen hallte in ihren Ohren wider und erfüllte den weißen kalten Gang. Rebekka schloß die Augen und versuchte, das herzzerreißende Geräusch zu überhören. Im Tunnel waren zwei Menschen – zwei Frauen. Eine davon war ein junges Mädchen mit einem schlafenden Baby auf dem Arm, die andere war die Mutter des Mädchens.

„Ich möchte Ihnen mein Baby geben", sagte das Mädchen mit den roten Haaren.

Eifrig streckte Rebekka die Hände aus, um den schönen Säugling in Empfang zu nehmen. Ihre Arme fühlten das leichte Gewicht des winzigen Kindes, und sie bot ihm eine warme Flasche an. Aber die zierlichen, rosigen Lippen wollten nicht saugen.

Das Baby weinte noch lauter...

Was sollte sie tun, wenn sie das Kind nie beruhigen könnte, nie die Mutter sein könnte, die das Baby brauchte?

Aber als sie die Augen aufschlug und sich danach sehnte, das geliebte kleine Bündel zu sehen, oh, sich von ganzem Herzen wünschte, ihr Kind zu sehen – war Katie fort.

Rebekka richtete sich in ihrem Bett auf und lauschte. Sie strengte ihre Ohren an, aber sie hörte nichts. Sie eilte den Gang entlang in ein anderes Schlafzimmer. Das Haus war ruhig. Totenstill.

Seufzend setzte sie sich auf Katies Bett und hielt das Babykleid aus Satin in den Händen. Als sie es geküßt hatte, legte sie es in ihr Versteck zurück.

Erst jetzt wurde ihr bewußt, daß das Weinen des Babys aufgehört hatte.

* * *

Maria war sichtlich überrascht, als nach dem Abendessen ein großes, schönes Auto in die Auffahrt zu ihrem Haus einbog. „Wer ist denn das?" fragte sie ihre Mutter.

Sie spähten aus dem Fenster und sahen eine Frau zur Hintertür eilen. „Sie sieht aus wie Rebekkas mennonitische Kusine", flüsterte Rachel.

„Ja, du hast recht."

Als es an der Tür klopfte, eilte Maria hin und ließ ihre Nachbarin ins Haus.

„Ich kann nicht lang bleiben", sagte Lydia und behielt den Mantel an, während Maria einen Stuhl für sie heranzog. „Ich komme gleich zur Sache."

Maria hörte genau zu, als Lydia einen Telefonanruf schilderte. Einen Anruf von Katie. „Sie rief heute nachmittag an. Sie braucht das Babykleid, das ihre Mama die ganzen Jahre aufgehoben hat. Es ist aus Satin ... rosa, und auf der Rückseite ist der Name Katherine Mayfield eingestickt."

Vollkommen verständnislos, was Lydia Miller von ihr oder von ihrer Mama wollen könnte, hörte Maria ihr schweigend zu.

„Rebekka hängt sehr an dem Kleid. Ich weiß nicht, wie ich es beschreiben soll. Sie klammert sich an das Babykleid ihrer Tochter, als hänge ihr Leben davon ab, als wäre es das einzige, was ihr von dem Mädchen geblieben ist."

„Wozu braucht Katie denn das Kleid?" fragte Maria, die mehr denn je wünschte, sie könnte ihrer Freundin helfen.

„Das hat sie nicht genau erklärt", antwortete Lydia. „Aber ich denke, es hat mit ihrer leiblichen Mutter in New York zu tun. Jedenfalls soll ich es ihr so bald wie möglich dorthin schicken."

Marias Herz pochte eifrig. Aus freien Stücken bot sie spontan an: „Ich fahre zu den Lapps und hole das Kleid für Katie."

Lydias Gesicht strahlte auf. „Wirklich? Du fährst zu den Lapps hinüber und sprichst mit Rebekka?"

„Ich weiß, daß sie sehr leidet", erzählte Maria Lydia. „Wir *alle* machen uns große Sorgen um ihren Geisteszustand. Aber ich habe eine Idee wegen des Kleides."

„Oh, ich bin so froh, daß ich zu dir gekommen bin", sagte Lydia. „Ich hätte Katie schon beinahe angerufen und ihr gesagt, daß ich es leider nicht schaffe."

„Gleich morgen früh werde ich Katies Mama einen Besuch abstatten.“ Sie konnte es nicht genau benennen, konnte es niemandem erklären, selbst wenn sie es gewollt hätte, aber aus irgendeinem Grund konnte es Maria kaum erwarten, zu Rebekka zu fahren.

23

Am Morgen nach Weihnachten stellte Laura fest, daß sie wieder besser sprechen konnte. Ihre Sprache war fast wieder normal. Sie war sogar so zuversichtlich, Rosie zu sagen, daß ihre Tochter zu einem späten Brunch nach unten kommen könnte.

„Sind Sie sicher?“ fragte Rosie besorgt nach.

„Ich *muß* Katie bald sehen. Es ist sehr wichtig.“

„Wie Sie wünschen.“ Mit diesen Worten war Rosie verschwunden.

Während sie auf die beiden wartete, ging Laura in Gedanken noch einmal die Worte durch, mit denen sie Katie von ihrem Erbe erzählen wollte. Zuvor jedoch mußte sie noch ein paar Fragen klären. Dinge, die ihr in all den Jahren, die sie von ihrem kleinen Mädchen getrennt gewesen war, keine Ruhe gelassen hatten. Ihr war bewußt, daß solche Fragen für ihre Tochter vielleicht von keinem großen Nutzen wären. Dennoch brannten sie ihr auf der Seele, und da ihr Leben sich immer rascher dem Ende zuneigte, sollte heute – an diesem Morgen – der Moment sein, an dem sie Katie ihr Herz vollkommen auftun wollte. Sie mußte Katies Antworten hören, dem Mädchen genug Raum lassen, die fehlenden Puzzleteile ins Bild einzufügen.

Nachdem sie ein leichtes Frühstück mit frischem Obst und Tee zu sich genommen hatten, waren Laura und ihre Tochter endlich allein.

„Seit Jahren beschäftigen mich etliche Fragen über deine Kindheit und Jugend“, begann Laura

„Das ist verständlich“, erwiderte Katie lächelnd. „Was möchtest du wissen, Mutter?“

Laura schaute das Feuer an, das im Kamin knisterte, und überlegte, wie sie vorgehen sollte. „Nun, ich frage mich schon immer, wie du von deiner Adoption erfahren hast ... was deine Familie dir vielleicht ... über mich erzählt hat.“

Katie nickte und zupfte an einem ihrer lilafarbenen Ärmel. „Ich weiß schon immer, daß ich adoptiert wurde. „Meine Eltern sprachen ganz offen darüber."

„Oh, dann *wurdest* du also irgendwann offiziell adoptiert?"

„Ich wurde sofort adoptiert, soweit ich informiert bin. Noch als Säugling."

„Und die Geburtsurkunde - wurde eine Urkunde ausgestellt, in der deine Eltern als deine gesetzlichen Adoptiveltern bezeichnet sind?" Ihr Herz klopfte schwer.

„Sie sagten mir immer, es sei so, als wäre ich als ihr Kind zur Welt gekommen. Aber, nein, sie sagten nie, wer meine echte Mama ist, vielleicht, weil sie es nicht genau wußten."

„Obwohl sie nie Kontakt zu mir aufgenommen haben und keine Versuche unternommen haben, mich ausfindig zu machen", drängte Laura weiter und betete im stillen darum, daß ihre Stimme nicht versagen würde, „sagst du also, daß du nach allen rechtlichen Aspekten *ihr* Kind bist?"

Katie schwieg. Sie schüttelte plötzlich den Kopf, stand auf und ging zum Fenster. „Ich weiß es nicht, Mutter. Ich glaube, ich habe irgendwelche Dokumente gesehen, als ich noch sehr klein war, aber ich kann mich nicht genau daran erinnern. Vielleicht wurde ich auch nie adoptiert. Vielleicht bin ich immer noch deine Tochter ... vor dem Gesetz meine ich."

„Aber wenn du dir nicht vollkommen sicher bist ..." Laura schwieg und machte sich verzweifelt Sorgen, daß ihre wunderbare Überraschung Gefahr lief, sich ins Nichts aufzulösen.

„Ich denke, das dürfte kein Problem sein", sagte Katie. „Denn was immer du im Sinn hast wegen ... nun, wenn du stirbst, so bin ich sicher, daß sich das klären läßt."

Laura starrte die junge Frau, von der sie nur die Umrisse vor dem Fenster sah, verblüfft an. Was sagte sie da? Hatte sie eine Ahnung von dem geänderten Testament? Wie konnte das sein?

Theodore war der letzte Mensch gewesen, der eine Kopie ihres Testaments gesehen hatte. Sie vertraute ihrem Freund und Chauffeur vorbehaltlos. *Seine* Integrität stand außer Zweifel.

Eine Flut von Fragen kam ihr in den Sinn, aber sie wollte ihrer

Tochter dabei ins Gesicht schauen. Die Anstrengung für Lauras Augen – daß sie gegen das Licht, das durch das Fenster ins Zimmer fiel, schauen mußte – bereitete ihr Kopfschmerzen. „Komm, setz dich zu mir, Katie. Mein Augenlicht wird immer schlechter."

Ihre Tochter kam schnell. „Es tut mir leid, Mutter. Ich hoffe, du hältst mich nicht für grob oder unsensibel. Es ist einfach so lange her, seit ..."

„Ich weiß, Liebes. Ich weiß." Sie seufzte. „Du mußt mir vergeben, daß ich so neugierig bin, aber seit du hierhergekommen bist, beschäftigt mich noch eine andere Frage. Weißt du, ich habe erst vor kurzem einer älteren Amischfrau in Hickory Hollow einen Brief gegeben, als ich in Lancaster war ... und dich suchte."

„Oh?"

„Ich wüßte gern, ob du Gelegenheit hattest, ihn zu lesen, und wenn ja, ob vielleicht mein Brief der Grund war, warum mein Mann dich fand und hierher brachte."

„Ein Brief? Nein, ich glaube nicht. Alles passierte so schnell."

„*Was* passierte so schnell, Katie? Wie kam es, daß du als mein Weihnachtsgeschenk nach Canandaigua kamst?"

Katie atmete tief durch, sagte aber lange kein Wort.

„Es ist sehr wichtig für mich. Ich muß wissen, wie du mich gefunden hast", beharrte Laura.

Katie stand wieder auf. Dieses Mal trat sie auf den Kamin zu und blieb, den Rücken Laura zugewandt, davor stehen. „Ich wurde nicht gefunden ... nicht so, wie du vielleicht annimmst."

Laura wartete begierig, mehr zu hören, und zwang sich, aufrecht zu sitzen, statt sich an ihrem Rollstuhl anzulehnen. „Hatte ein Privatdetektiv die Hände im Spiel? Hat mein Mann jemanden beauftragt, dich zu suchen?"

„Oh, man könnte schon sagen, daß Ihr Mann jemanden beauftragt hat. Das stimmt schon. Aber nein, keinen Privatdetektiv."

Verwirrt starrte Laura auf Katies Rücken, während sie verzweifelt versuchte, sie mit ihrem schwachen Augenlicht zu erkennen. Was wollte das Mädchen ihr nur sagen?

Laura hatte das Gefühl, ihr Atem könne ihre Lungen nicht mit soviel Luft versorgen, wie sie es brauchte. Mühsam nach Luft ringend, überlegte sie, die Schwester zu rufen.

Als sie fast sicher war, das Gespräch habe einen Stillstand erreicht, drehte ihr Katie plötzlich das Gesicht zu. Ihre Tochter wirkte zögernd und vorsichtig – ihr Atem ging stockend. „Niemand hat mich in Hickory Hollow entdeckt, oder woher auch immer Sie glauben, daß ich käme, Mrs. Bennett." Katie zog die züchtige Kopfbedekkung von ihrem Kopf, löste zwei Haarnadeln und schüttelte ihre rotblonden Haare aus. „Ich bin *nicht* Ihre Tochter, Mrs. Bennett. Aber bitte glauben Sie mir, daß es nicht meine Idee war, Ihnen das vorzuspielen!"

Diese schockierende Wahrheit versetzte Laura einen Stich.

„Es tut mir so leid, so furchtbar leid, daß ich eingewilligt habe, hierherzukommen", sagte die Frau schluchzend, bevor sie aus dem Zimmer rannte.

Mit dem emotionalen Schmerz setzte eine starke Atemnot ein, und es folgten die schlimmsten Krampfanfälle, die Laura seit Wochen erlitten hatte.

* * *

An den Weihnachtsfeiertagen waren in Hickory Hollow immer viele Leute zu Besuchen unterwegs. Der heutige Tag bildete keine Ausnahme. Während Maria ihr Pferd über die schneebedeckte Straße lenkte, begegnete sie einer ganzen Karawane von Einspännern, die in die entgegengesetzte Richtung unterwegs waren. Rebekka Lapp war wahrscheinlich nicht allzu überrascht, wenn sie zusätzlichen Besuch bekam. Maria hoffte, ihr Besuch könnte ihrer gebannten Freundin irgendwie helfen.

Ein warmer Luftstoß aus der Lappküche begrüßte sie, als Samuel sie an der Tür begrüßte und ins Haus einlud. Ein Blick in das Zimmer nebenan verriet ihr, daß Rebekka auf den Beinen war.

Gut, dachte sie. Wenn Katies Mama angezogen war und in der Küche hantierte, dürfte ihr Gespräch viel besser verlaufen, als wenn Rebekka im Bett läge.

Wie sich herausstellte, sollte sie sich mit dieser Annahme irren. Sie irrte sich gewaltig. „Wie kann man nur auf die Idee kommen, einem hilflosen Baby sein Kleid wegzunehmen?“ kam die erste hitzige Absage.

„Aber Katie braucht das Kleid“, sagte Maria leise. „Ich soll Sie in Katies Namen darum bitten. Ich gebe das Babykleid Ihrer Tochter.“

„Ich habe keine Tochter!“

Maria bekam eine Gänsehaut und wünschte sich fast, sie wäre nie gekommen.

„Meine Tochter ist vor über zweiundzwanzig Jahren gestorben. Es war eine Totgeburt. Tot...“

„Das tut mir leid, Rebekka. Ehrlich.“ Sie stand von ihrem Stuhl auf. Dann drehte sie sich um, schaute der geliebten Mutter ihrer Freundin ins Gesicht und sprach die unverrückbare Wahrheit aus. „Aber Katie Lapp ist nicht tot. Sie ist mit der Meidung belegt worden.“

„Der Bischof hat sie umgebracht. Johannes Beiler hat sie auf dem Gewissen...er ist schuld daran, daß meine Katie fort ist. *Er allein.*“

Maria verließ das Zimmer und ging wieder in die Küche. An der Tür begegnete sie Samuel. „Ich glaube, ein Gespräch mit der *Weisen Frau* könnte ihr guttun.“

„Ja, das könnte nicht schaden“, sagte Samuel und strich sich über seinen langen Bart. „Bischof Johannes kann ihr im Augenblick nicht helfen.“

„Ich frage Ella Mae, ob sie später kommen kann. Ich bringe sie selbst in meinem Wagen hierher.“

„Danke, Maria. Wir warten.“

Die fünf Minuten mit Rebekka hatten sie zutiefst erschüttert. Fünf Minuten ... sie hatte Mitleid mit Samuel. Er mußte vierundzwanzig Stunden am Tag mit Rebekka leben. Der arme, gute Mann.

So wie die Geschichtenerzählerin jetzt redete, könnte man meinen, sie habe es aufgegeben, an den Herrn zu glauben. Maria bekam fast selbst den Wunsch, mit dem Glauben Schluß zu machen.

* * *

Als Rosie Justin bat, sehen zu dürfen, wie weit das Gemälde gediehen war, versagte er ihr diese Bitte. „Von jetzt an müssen Mrs. Bennett und auch alle anderen warten, bis das Gemälde feierlich enthüllt wird", sagte er zu ihr. „Etwas, auf das man sich im Neuen Jahr freuen kann." Der Mann grinste und war offensichtlich sehr mit sich zufrieden.

Sie ließ den Künstler mit seiner Leinwand stehen und eilte in die Küche zurück. Dort überlegte sie, wer ihm von den neuesten Ereignissen berichten sollte. Es war gewiß nicht *ihre* Aufgabe. Laura müßte ihm die Nachricht von der unerwarteten Abreise der Betrügerin mitteilen. Laura ... oder Mr. Bennett selbst.

Sie hoffte nur, die Zeit, die er darauf verwandt hatte, ein so kunstvolles Porträt zu malen, wäre nicht vergeblich gewesen. Immerhin wäre es doch auch hübsch, ein Bild von ihrer netten, freundlichen Hausherrin zu haben - von der Frau, die den christlichen Glauben in dieses Haus gebracht hatte. Sie hatte die Liebe des himmlischen Vaters sowohl Rosie als auch ihrem Mann nahegebracht.

Sie konnte sich das Porträt in der Bibliothek oder im Wohnzimmer gut vorstellen. Und wenn Mr. Wirth der kreative Künstler war, für den sie ihn hielt, fiele es ihm bestimmt nicht schwer, das Ölgemälde zu verändern und Mrs. Bennett allein in den Mittelpunkt zu stellen.

Als die Vormittagspflichten verteilt waren, sinnierte sie über die Frau nach, die sich Katie Lapp genannt hatte. Die Schauspielerin war ziemlich abrupt abgereist - ähnlich wie Katherine, allerdings mit einem entscheidenden Unterschied: Mr. Bennett hatte die Frau in einer der Limousinen persönlich zum Flughafen gefahren. *Gut, daß wir sie los sind!* dachte Rosie.

Aber wenn sie ehrlich war, mußte sie zugeben, daß sie sehr enttäuscht darüber war, daß *Katherine* fort war. Sie und Fulton hatten den Eindruck gehabt, daß sie bei der verantwortungsbewußten, stillen jungen Frau auf einer heißen Spur wären. Und wie sie kochen konnte! Sie konnte köstliche amische Desserts zubereiten. Sie hatten sogar mit dem Gedanken geliebäugelt, daß *sie* Mrs. Bennetts Tochter sein könnte.

Aber obwohl sie Gelegenheit dazu bekommen hatte, hatte es zwischen dem früheren Hausmädchen und Laura Bennett nicht gefunkt. Außerdem hätte Katherine doch bestimmt ein Wort gesagt, wenn ihre Vermutung richtig gewesen wäre. Sie hätte ihre wahre Identität preisgegeben.

Aber warum *war* Katherine fortgegangen? War die Erklärung, die Mr. Bennett ihnen gegeben hatte, plausibel? Daß in ihrer Familie ein Todesfall eingetreten sei und sie schnell nach Hause hatte fahren müssen?

Wer so unerwartet gestorben war, wußte Rosie nicht. Aber sie wünschte, es wäre genug Zeit für einen herzlichen Abschied gewesen.

Und diese sogenannte Katie Lapp ... was für ein hinterhältiges Spiel! Gut, daß die Intrigantin fort war!

Aber die liebe Mrs. Bennett kam nur schwer darüber hinweg. Sie erlitt einen Krampfanfall nach dem anderen. Die Belastung dieses Tages und das Geständnis der Betrügerin forderten ihren schmerzlichen Tribut. Rosie fürchtete um Lauras Leben und um die Zukunft der Villa und ging auf die Knie und betete.

* * *

Ihr Gesicht sah grau und wachsartig aus. Ihre Lippen waren blaß, auch wenn sie sich nur verschwommen im Spiegel erkennen konnte. Sie hatte Atemnot, die traurige Enthüllung dieses Morgens nagte bei jedem Atemzug an ihr.

Natalie hatte versucht, sie zu überreden, ins Krankenhaus zu gehen. „Dort wird es Ihnen viel besser gehen."

Aber sie hatte sich in den Kopf gesetzt, erst das Haus zu verlassen, „wenn Dylan zurückkommt, denn ich muß noch ein letztes Mal mit ihm sprechen."

„Dann müssen Sie sich aber unbedingt hinlegen, Mrs. Bennett", drängte Natalie. „Ich stütze Sie mit Kissen ab."

Sie lehnte den Vorschlag der Krankenschwester ab und betrachtete weiterhin, so gut sie dies konnte, ihren Körper. Sie senkte den Kopf und schaute die Haut unter ihren Fingernägeln an – dunkel. Ihre Hände – kalt und klamm.

Natalie begann, den Rollstuhl näher zum Bett zu schieben, weg von dem Spiegel über dem Ankleidetisch. „Sie müssen sich jetzt ausruhen, Mrs. Bennett. Das ist sehr wichtig."

„Nichts ist jetzt noch wichtig. Nichts außer, daß ich meinen Mann noch einmal sehen muß."

Die Krankenschwester fing nun an, sie zu behandeln, als wäre sie ein Kind. Sie legte Laura gegen ihren Willen ins Bett. Wie sie das verabscheute und sich dagegen wehrte und gegen die jugendlichen Hände schlug.

Dann waren plötzlich noch einige Menschen da und standen um sie herum, Menschen, die ihr ihren Willen aufzwangen. Sie schrie auf und erregte sich dabei so, daß sie beinahe das Bewußtsein verloren hätte.

Trotz ihres Wehrens gab ihr die gemeine Krankenschwester eine weitere Spritze ... nein, plötzlich waren so viele über ihr. Sie zwangen ihren wehrlosen, schmerzenden Körper auf das Bett. Sie drückten sie nieder, nieder ...

Doch dann, binnen weniger Sekunden, kam der Frieden. Die Ruhe nach dem Sturm.

Später dankte sie Natalie und entschuldigte sich für ihr unvernünftiges Benehmen. „Sie brauchen sich nicht zu entschuldigen, Mrs. Bennett. Ich verstehe, daß Ihre Attacken Ihnen große Not bereiten."

Sie schwieg einen Augenblick, dann fragte sie flüsternd: „Am Ende ... werde ich am Ende die Kontrolle ganz verlieren?"

Schwester Natalie verzog die Lippen. „An so etwas dürfen Sie nicht denken. Konzentrieren Sie sich auf das Leben, Mrs. Bennett. Wir ... *ich* möchte, daß Sie weiterleben."

Laura fand Trost in Natalies Hand, die auf ihrer schweißgebadeten Stirn lag. Die liebevolle Berührung machte die Geschehnisse des Tages tatsächlich etwas erträglicher.

24

Am nächsten Tag saß Katherine allein in ihrem Motelzimmer und versuchte, sich mit der Fernbedienung für das Fernsehgerät zurechtzufinden. „Warum braucht Lydia nur so lange?“ fragte sie sich laut. „Mama klammert sich doch nicht an das Babykleid, wenn sie weiß, daß ich es brauche. Ich *weiß,* daß sie das nicht tun würde.“

Sie gab den Versuch mit dem Fernsehgerät auf – es war sowieso ein Werkzeug des Teufels – und nahm die Zeitung zur Hand und las die Seite mit den Stellenangeboten. Aber während ihre Augen über die Anzeigen wanderten, drehten sich ihre Gedanken immer noch um ihre letzten Minuten in der Bennettvilla.

Was für ein gemeiner Mann – dieser Dylan Bennett! Sie hatte schreckliche Angst um ihre leibliche Mutter. Diese nette und sensible Frau mußte die letzten Tage ihres Lebens mit einem solchen Menschen verbringen.

Wenn sie an das kunstvolle Ölgemälde dachte, stieg Zornesröte in ihre Wangen. Die *andere* Katie würde neben Laura Bennett auf dem Bild erscheinen! Dieser Gedanke machte sie wütend, und sie wollte, sie hätte ihrer Mutter laut ins Gesicht gesagt, wer sie war. Statt diesem gemeinen Mr. Bennett!

Selbst jetzt, während sie in diesem winzig kleinen Motelzimmer saß, in das durch jede Ritze und jeden Spalt Zigarettenrauch drang, wollte sie etwas unternehmen, um die Situation zu ändern – ob mit dem kleinen Satinkleid oder ohne das Kleid. Aber an diesem Ungeheuer, Dylan Bennett, würde sie nie vorbeikommen. Sie war klug genug, es nicht zu versuchen. Das könnte sie ins Gefängnis bringen ... oder noch schlimmer.

Sie müßte auf das Päckchen von Lydia Miller warten, wo immer es auch steckte. Mit dem Babykleid - das Laura mit eigenen Händen genäht hatte - mit einem *solchen* Beweis in der Hand könnte sie diesen gemeinen Mann einfach links liegen lassen. Und niemand und nichts würde sie aufhalten können!

* * *

Nach dem Mittagessen rief Natalie den Arzt an und berichtete ihm von Mrs. Bennetts ständigen Anfällen und von ihrer Atemnot.

Er empfahl ebenfalls die Einweisung ins Krankenhaus. Aber ihre Patientin wirkte vollkommen verwirrt und beharrte darauf, daß sie warten müsse, bis ihr Mann vom Flughafen zurückgekommen sei. Dylan habe etwas Wichtiges in der Stadt zu erledigen.

Natalie fragte sich, wie lang sie noch warten könnte, bis sie selbst den nötigen Anruf tätigen müßte - und *für* die kranke Frau entscheiden müßte, daß sie mit dem Krankenwagen ins Krankenhaus gebracht würde. Höchstens noch ein paar Stunden.

Mrs. Bennett redete weiterhin unzusammenhängende Dinge und benahm sich gelegentlich sogar, vollkommen ihrem Charakter widersprechend, den Menschen, die sie umsorgten, gegenüber gereizt und aggressiv. Aber Natalie reagierte nur mit großer Freundlichkeit darauf und pflegte ihre todgeweihte Patientin mit Hingabe.

Doch als der Erstickungsanfall auftrat, wurde Natalie aktiv. Laura hatte mit einem Strohhalm kalten Saft getrunken, als sie plötzlich anfing, zu husten und nach Luft zu ringen. Binnen weniger Sekunden hatte sich ihre blasse Haut blau gefärbt.

Natalie wußte nur zu gut, wie gefährlich diese Situation war, und sobald das Husten sich etwas gelegt hatte, hörte sie mit einem Stethoskop Lauras Lunge und Herztöne ab. Eindeutige Anzeichen einer Lungenentzündung - eine tödliche Komplikation, die sie befürchtet hatte.

Bis zum Spätnachmittag hatte Laura Fieber. Die besorgte Natalie wußte, daß die Frau intravenöse Medikamente brauchte, und da ihr das Schlucken solche Schwierigkeiten bereitete, war auch eine Magensonde nötig.

Natalie beschloß, Mrs. Bennett kein Wort davon zu sagen. Statt dessen nahm sie Rosie zur Seite. „Ich brauche Ihre Hilfe, und auch Garretts und Seligs Unterstützung, wenn der Krankenwagen kommt."

„Muß Mrs. Bennett denn wirklich auf diese Weise von uns gehen?“ murmelte das Hausmädchen mit leiser Stimme. „Ich hatte gehofft, es würde nicht so weit kommen.“

„Ich auch.“ Fest entschlossen, sachlich zu bleiben, tat Natalie ihr Möglichstes, um nicht zu weinen.

„Wie lang wird es noch dauern, bis ...?“ Rosie schüttelte den Kopf und brachte es nicht fertig, die Frage auszusprechen.

„Stunden, vielleicht noch ein paar Tage ... wenn sie Glück hat.“

Rosie schneuzte sich. „Sie ist bereit zu gehen. Sie weiß, wohin sie nach diesem Leben geht.“

„Ich behaupte nicht, Mrs. Bennetts Glauben zu teilen“, sagte Natalie. „Aber wenn es einen Himmel gibt, dann wird es schöner werden, wenn sie dort ist.“

„In dieser *Villa* ist es durch sie schöner geworden“, bemerkte Rosie mit funkelnden Augen. „Aber im Himmel ist es immer herrlich, weil *Jesus* dort ist.“

Natalie schwieg. Das Hausmädchen konnte über die Ewigkeit sagen, was sie wollte. Natalie wußte nur, daß sie ihre Patientin vermissen würde, und ja, sie hoffte ehrlich, daß es einen Himmel gäbe, um einer wunderbaren Christin namens Laura willen.

***

Das Heulen einer Sirene drang an Lauras Ohren. Bevor sie protestieren konnte, fühlte sie, wie ihr Körper hochgehoben und auf eine fahrbare Trage gelegt wurde.

Sie ahnte, daß man sie fortbrachte - an einen Ort, wohin sie nicht wollte. Diese grausamen Menschen in Weiß. Diese Menschen, die nach Belieben atmen konnten, ohne Schmerzen zu haben. Ohne sich Sorgen zu machen, daß ihr nächster Atemzug ihr letzter sein könnte. Denn obwohl sie sich alle Mühe gab, bekam sie keine Luft.

Wo blieb nur Dylan? Warum war er nicht mit ihren Flugtickets zurückgekommen? Ihre Pläne wären jetzt hinfällig. Alle ihre Hoffnungen und Träume für die Zukunft zerbarsten ...

***

Maria spannte das beste Pferd ihres Vaters an und fuhr mit der Kutsche zu Ella Maes Haus. Aber Mattie, Ella Maes Tochter, kam an die Tür des Großvaterhauses, des kleinen Anbaus für betagte Angehörige, das an das Haupthaus angeschlossen war.

„Oh, hallo. Ich hatte eigentlich Ihre Mutter erwartet", sagte Maria und trat einen Schritt von der Tür zurück.

„Sie liegt mit Grippe im Bett."

Maria verließ der Mut. Sie dachte daran, trotzdem mit Ella Mae zu sprechen, kam aber zu dem Schluß, daß es keinen Sinn hatte, das Risiko einzugehen, selbst angesteckt zu werden, wenn die *Weise Frau* heute sowieso nicht in der Lage war, ihr weiterzuhelfen.

„Es tut mir leid, das zu hören. Können Sie ihr sagen, daß ich vorbeigeschaut habe?"

Mattie lächelte. „Man könnte fast glauben, meine Mama kommt hier in der Gemeinde gleich nach dem Bischof. Natürlich sage ich ihr, daß du da warst."

Maria wandte sich zum Gehen und hoffte, Ella Mae würde nicht allzulang ans Bett gefesselt sein. Denn sie wußte, wenn Katies Großtante ihr nicht weiterhelfen könnte – und zwar bald –, gäbe es niemanden, der dazu imstande wäre.

Niemand wußte so gut, wie man Menschen weiterhelfen oder ihnen einen Rat geben konnte, wie die *Weise Frau.* Man hätte glauben können, sie habe eine direkte Verbindung zum Herrn.

Es war wirklich seltsam. Wenn sie es sich recht überlegte, dann hielt einem Ella Mae Zook nie eine Predigt, wenn man sie wegen eines Problems um Rat fragte. Nein, manchmal - eigentlich meistens – zitierte sie ruhig einen Psalm oder einen Vers aus dem Buch der Sprüche. Oder sie saß einfach da und hörte zu. Sie sagte einem nicht einmal, was man tun oder lassen sollte. Aber wenn man von ihrem kleinen Haus wegging, hatte man fast immer eine Lösung. Man fühlte sich nach dem Besuch besser.

Während sie über das alles nachdachte, erkannte Maria, daß die *Weise Frau* sehr viel Ähnlichkeit mit ihr selbst hatte – sie wollte tun, was richtig war, aber trotzdem nie den anderen verletzen. Und noch etwas hatte sie durch ihre Besuche bei Ella Mae gelernt – gegen jemanden einen Groll zu hegen war nie gut. Das erfüllte nur das Herz mit Finsternis und ließ keinen Platz mehr für die Liebe.

„Aber einige von uns sind einfach nie mit dem zufrieden, was der Allmächtige ihnen schickt, nicht wahr?" hatte die *Weise Frau* einige Tage, bevor Katies Hochzeit mit dem Bischof hätte sein sollen, zu Maria gesagt.

Maria hatte ihr zugestimmt. Einige in der Amisch-Gemeinschaft – Leute wie sie selbst – wünschten sich immer mehr als das, was sie hatten. Besonders wenn es um den Wunsch nach einem Ehemann und einer guten, liebevollen Ehe ging.

Trotzdem würde sie den Bischof nicht aufgeben. Sie würde den Mann nicht aufgeben, der trotz der strengen Meidung, die er über ihre Freundin Katie verhängt hatte, ihr Herz ausfüllte.

Sie eilte nach Hause und erzählte ihrer Mutter, daß Ella Mae krank sei, und hoffte, die alte Frau würde den Grippevirus in Rekordzeit besiegen. Hmm. Vielleicht könnte sie ein bißchen nachhelfen, daß die Krankheit schneller ausheilte.

Was würde die *Weise Frau* wohl dazu sagen, wenn sie morgen mit einem Glas frisch gekochter Pflaumen zu ihr käme?

25

Über eine Woche war ohne eine Nachricht aus Hickory Hollow vergangen. Katherine war nervös und aufgeregt. Mit wachsender Panik überlegte sie, was sie als nächstes tun sollte. Sie hatte eine Teilzeitstelle als Kellnerin in einem Restaurant gefunden und spielte in den frühen Morgenstunden eine melancholische Melodie nach der anderen auf ihrer Gitarre. Alle Lieder waren in traurigem Moll. Sie hielt jede Melodie auf einem Notenblatt fest, genau wie Dan es ihr gezeigt hatte.

Nach Einbruch der Dunkelheit setzte sie sich immer in ein Taxi und wies den Taxifahrer an, langsam an der Bennettvilla vorbeizufahren. Ihre Augen waren auf zwei große Fenster konzentriert - Lauras Schlafzimmer. Wenn Licht aus den Fenstern strahlte, standen die Chancen gut, daß ihre Mutter noch am Leben war.

Außer ihren nächtlichen Ausflügen wählte sie mehrmals die Nummer der Bennettvilla und versuchte mit verstellter Stimme, etwas über ihre Mutter zu erfahren. Aber sie wurde nie zu Rosie oder Natalie durchgestellt. Die Stimme am Telefon war anders als die, die sie bei ihrem ersten Anruf vor über zwei Wochen gehört hatte.

Ihr blieb nur noch wenig Zeit. Vielleicht war es sowieso schon zu spät.

Wenn sie ehrlich war, hätte sie erwartet, daß Lydia Miller, die doch eine so verantwortungsbewußte Frau war, inzwischen das kleine Satinkleid hätte beschaffen können.

Katherine hatte keine Ahnung, was die Sache so verzögerte, aber sie konnte nicht noch länger einfach ruhig dasitzen und warten.

Lydia antwortete nach dem ersten Klingeln. Sie wirkte erleichtert, als sie Katherines Stimme am anderen Ende der Leitung hörte. „Ich habe schon ein paar Mal daran gedacht, dich anzurufen", erklärte ihre Kusine.

„Oh? Gibt es Probleme?"

„Es tut mir wirklich leid, aber ich hatte kein Glück. Und man kann nicht sagen, daß ich ... *wir* es nicht wirklich versucht hätten."

Dann erzählte sie, daß auch Maria Stoltzfus zu Rebekka gefahren war. „Deine Mama hängt sehr an dem Babykleid. Niemand, nicht einmal Samuel, kann sie überreden, es dir zu leihen."

„Auch Papa nicht?" Sie konnte es kaum glauben. „Mein Vater weiß also, daß ich dich angerufen habe."

„Ja. Und er ist nicht der einzige. Einige andere wissen es inzwischen ebenfalls." Katherine hörte zu, während Lydia ihr ihre letzte Hoffnung nannte. „Aber Ella Mae, deine Großtante, hat seit Tagen eine Grippe."

Mit dem Gefühl, daß die ganze Idee ein verlorenes Unterfangen sei, seufzte Katherine ins Telefon. „Ich hätte wahrscheinlich vorher über die ganze Sache beten sollen."

Die Stimme am anderen Ende schwieg einen Augenblick. „Peter und ich beten, Katie. Wir beten für *dich*."

Katherine wollte sie schon verbessern und sie daran erinnern, daß sie nicht mehr Katie war, unterließ es aber. „Wenn du schon mit Gott über mich sprichst, dann kannst du ihm noch etwas anderes sagen. Es geht um Laura Bennett, meine leibliche Mutter. Sie ist furchtbar krank. Ich bin mir zwar nicht ganz sicher, aber es könnte sein, daß sie das Opfer eines bösen Komplottes ist. Ich kann jetzt nicht ins Detail gehen, aber in dem Haus fanden einige furchtbare, abstoßende Dinge statt, als ich dort war."

„Du bist jetzt nicht mehr bei ihr?"

„Nein. Aber sobald Ella Mae wieder gesund ist und mein altes Babykleid holt, eile ich zu Laura zurück. Dann werde ich beweisen, daß ich Katherine Mayfield bin – ich marschiere einfach hinein und an ihrem grauenhaften Mann vorbei und sehe sie wieder. Oh, ich will sie kennenlernen, Lydia. Ich möchte mit ihr sprechen können, bevor sie stirbt."

„Gut, dann schicke ich dir also das Kleid, sobald ich es in Händen habe", versprach Lydia.

Katherine wollte Lydia glauben, denn alles, was ihr jetzt noch blieb, war Hoffnung. Hoffnung ... und die kühnen englischen Gebete der mennonitischen Kusine ihrer Mama. Ohne sie hätte sie sich vielleicht wirklich allein gefühlt.

* * *

Daniel eilte in die Kirche, in der Owen und Eve im Vorraum auf ihn warteten. „Langsam, du hast noch Zeit", schmunzelte Eve.

Er warf einen Blick auf seine Armbanduhr. „Ich wollte nur einen guten Platz für das Konzert bekommen."

Die drei setzten sich in eine Kirchenbank in der Nähe des Mittelganges. Das Abendkonzert versprach sowohl Vokal- als auch Instrumentalmusik.

Bei der ersten Darbietung – von einer Solistin, die von sanften Gitarrenklängen begleitet wurde – dachte er an Katie. Diese Musik, diese harmonische Musik, erfüllte ihn mit Freude ... und auch Traurigkeit. Sorgen und Zweifel quälten ihn, während er in der mennonitischen Kirche saß und ohne jede Frage wußte, wie gut seine geliebte Freundin zu ihm gepaßt hatte – aber er hatte sie schon damals nicht beeinflussen und gegen die „Alte Ordnung" einnehmen wollen. Trotzdem *erinnerte* er sich, wenn er zurückdachte, daß er etwas hatte durchsickern lassen. Etwas von den Fragen, die ihm bis zu diesem Tag keine Ruhe ließen.

Er wünschte, er könnte sich bei Katie entschuldigen, ihr und auch ihrem Vater seine Schuld bekennen. Aber er würde nie etwas tun, das ihre Gegenwart ... oder ihre Zukunft bedrohen könnte. Es hätte keinen Sinn, zu all seinen Fehlern aus der Vergangenheit noch einen weiteren hinzuzufügen.

Das fröhliche Lied, das vorgetragen wurde, motivierte ihn und gab ihm Mut für die vor ihm liegende Aufgabe. Seine Schwester mußte inzwischen seinen Brief erhalten haben. Morgen würde er einen zweiten Brief schreiben und Annie bitten, amische Kleidung mitzubringen, damit er seinem Vater gegenübertreten könnte.

Wie er sich danach sehnte, seinem Vater von seiner neu gefundenen Freude als Christ zu erzählen; und auch seiner Mutter. Aber er vermutete, daß Jakob Fischer, aus Angst vor den Konsequenzen, gezwungen wäre, ihn dem Bischof zu melden, sobald Daniel ihm erklärte, daß er gerettet worden sei und sich den Mennoniten angeschlossen habe. Die Ironie bei der ganzen Sache – und das neuerliche Leid, das sein Geständnis sicher verursachen würde – hatte ihn bis jetzt davon abgehalten, zu seinem Vater zu gehen.

Während er jetzt der Musik lauschte – besonders der Gitarre im Hintergrund –, kehrte Frieden in seine Seele ein. Morgen würde er seinen Plan in die Tat umsetzen und Annie einen zweiten Brief schreiben. So könnte ihm wenigstens nicht vorgeworfen werden, daß er Hickory Hollow das Weihnachtsfest verdorben hätte.

Komme, was da wolle, seine Schwester – seine ganze Familie – würde ihn bald sehen. Lebend und gesund ... von Angesicht zu Angesicht.

* * *

„Rebekka, es ist jemand für dich da", rief Samuel und führte Maria und Ella Mae ins Wohnzimmer.

In der Hoffnung, daß *dieser* Besuch den gewünschten Erfolg bringen würde, folgte Maria der *Weisen Frau* durch die Küche.

„Hallo, Rebekka", sagte Ella Mae und berührte ihre Hand mit ihren knöchrigen Fingern. „Ich habe dich vermißt."

Rebekka begann, ganz seltsam mit dem Kopf zu nicken. Marias Magen zog sich zusammen, als sie Katies Mutter so sah. Sie war so ganz anders als die fröhliche Rebekka Lapp, die sie immer gekannt hatte. Ganz anders als alle anderen, die sie in Hickory Hollow kannte.

„Ich hoffe, daß du mir dieses kleine Babykleid zeigst, das du für Katie gemacht hast", begann die *Weise Frau* mit ihrer gewohnten heiseren Stimme. „Vielleicht könnten wir es deinem Baby heute anprobieren."

Maria fiel fast die Kinnlade nach unten. Was in aller Welt sagte Ella Mae da? War es *das,* woran Rebekka in diesen Tagen dachte?

„Ich kann es nicht mehr finden", sagte Rebekka verwirrt. „Ich habe es überall gesucht, aber ich kann es nicht finden."

„Ich helfe dir suchen. Komm, suchen wir es gemeinsam", sagte Ella Mae und ergriff Rebekkas Hand und ging mit ihr durch das Haus. Sie sahen aus wie zwei kleine Kinder, die Verstecken spielten.

Während Ella Mae anfing, eine Geschichte zu erzählen, eine, die sie einer Gruppe von Frauen hätte erzählen können, so wie Rebekka es oft getan hatte, saß Maria da und unterhielt sich mit Benjamin.

„Hast du schon jemals gehört, daß ein Tier sich weigert, auf seinen eigenen Namen zu hören?“ fragte Ben sie.

„Du sprichst von Satin Boy?“

„Wir nennen ihn wieder Tobias.“

„Ach ... vielleicht ist das der Grund, warum er nicht reagiert“, sagte sie. „Du weißt, daß ... nun ... das könnte der Grund sein, warum er nicht auf dich hört. Versuche, ihn bei dem Namen zu rufen, den *sie* ihm gegeben hat.“

Benjamin schüttelte den Kopf und grinste leise. „Himmel, was für ein Durcheinander dieses Mädchen angerichtet hat ... selbst die Tiere wissen nicht mehr, was vorne und hinten ist.“

Sie ließ ihn weiter von dem Pony erzählen. Als er eine Weile schwieg, begann sie zögernd: „Ich wüßte gern, was du über eine Sache denkst, Benjamin.“

„Was ich über was denke?“ Seine dichten blonden Haare lagen platt auf seiner fettigen Kopfhaut und zeigten einen Ring um seinen Kopf, wo sein Winterhut gesessen war.

„Ich denke daran, mit dem Bischof zu sprechen.“

„Worüber?“

„Oh, ich möchte ihm nur ein paar Frage stellen ... über die Meidung. Glaubst du, er könnte über mich auch die Meidung verhängen, nur weil ich darüber spreche?“

Benjamin lachte. „Das bezweifle ich. Denn jeder denkt, daß du vielleicht seine Frau werden könntest, Maria.“

Sie schluckte schwer und versuchte, ihre Verlegenheit durch ein lautes Husten zu verbergen. „Der Bischof ... und ich? Heiraten?“

„Warum nicht?“ fragte er. „Glaubst du nicht, daß ihr ein gutes Paar abgeben würdet?“

Insgeheim jubelte sie. Aber natürlich würde sie diese Gedanken für sich behalten, tief in ihrem Herzen, wo niemand erraten könnte, welche Gefühle sie für Bischof Johannes Beiler hegte. Wenigstens dachte sie das.

Als Ella Mae die Treppe herabkam, war sie allein. „Rebekka hat sich hingelegt." Sie deutete nach oben. „Wir sollten wahrscheinlich am besten wieder gehen."

Maria sprang auf und holte ihre Mäntel. „Haben Sie es bekommen?" flüsterte sie, während sie der *Weisen Frau* in ihren Umhang half.

„Bleibt der Bischof ... standhaft?" lautete Ella Maes Gegenfrage mit einem verschmitzten Lächeln. Dann holte die alte Frau etwas Glänzendes, Rosafarbenes aus ihrem Korb.

„Ist *es* das? Ist das das Babykleid, das ... äh ... *ihre* richtige Mama für sie gemacht hat?" Maria konnte sich nicht überwinden, Katies Namen laut auszusprechen, aber sie konnte ihn denken!

Ella Mae schaute Maria ernst in die Augen. „Eines darfst du nie vergessen, liebes Mädchen. Die *richtige* Mama liegt da oben."

Obwohl sie es während ihrer Heimfahrt mehrmals versuchte, konnte Maria der *Weisen Frau* nicht entlocken, wie sie das Babykleid in ihre Hände gebracht hatte. Ja, sie versuchte es von vielen verschiedenen Seiten, auch wenn sie das Gefühl hatte, daß es ganz und gar nicht richtig war, jemanden dazu zu bewegen, etwas gegen seinen Willen zu erzählen.

Als sie bei Peter und Lydia Miller ankamen, interessierte es sie jedoch nicht mehr sonderlich, *wie* Katies Babykleid in Ella Maes Näh- und Stickkorb gelandet war. Hauptsache war, daß Katie es am Montag hätte, denn heute war Samstag.

„Sie bekommt es noch am Vormittag", versicherte Lydia ihr, nachdem sie die Verandastufen vor dem Haus hinaufgelaufen und das Kleid abgegeben hatte.

„Ich hoffe, daß es sie glücklich macht", sagte Maria, ohne ihre Worte sarkastisch zu meinen, auch wenn sie so verstanden werden konnten.

„Oh, ich denke sie wird bestimmt glücklich darüber sein", sagte Lydia mit einem breiten, freudigen Grinsen, das Maria nicht erwartet hätte.

Dann verschwand das Lächeln wieder, und Lydia faltete die Hände wie im Gebet. „Du mußt den Herrn bitten, daß er deine Freundin beschützt. Sie ist ganz allein irgendwo in einem Motelzimmer. Aber ... ich weiß, daß das nicht ihre größte Sorge ist ...“

Natürlich wußte Maria, was Lydia mit dieser Bemerkung meinte. Die beiden Frauen flüsterten vertraulich miteinander, bis es an der Zeit war, daß Maria die *Weise Frau* zu ihrem warmen Feuer und einem dampfenden, heißen Tee nach Hause fahren mußte.

26

Am Montag, den fünften Januar, erhielt Katherine vormittags ein Eilpäckchen. Mit laut pochendem Herzen betrachtete sie das Päckchen, das der Mann ihr gebracht hatte, und erkannte sofort Lydias Handschrift.

Sie riß es auf und fand das rosafarbene Babykleid, das in dünnes Seidenpapier eingewickelt war. „Oh“, flüsterte sie und drückte das kleine Kleidungsstück an sich. Sie erinnerte sich mit solcher Deutlichkeit an das erste Mal, als sie diesen glänzenden Stoff zu Gesicht bekommen hatte, als wäre es erst gestern gewesen.

Sie saß schweigend da und bemühte sich, ihre Tränen zurückzuhalten, um das kleine Kleid nicht zu beschmutzen. Dann kam ihr in den Sinn, daß sie, bevor sie Hickory Hollow verlassen hatte, einmal einen kleinen Fleck darauf entdeckt hatte. Da sie vermutete, daß er von einer Träne ihrer Mutter herrührte, suchte sie ihn. Als sie ihn fand, mußte sie weinen.

Nachdem sie sich wieder beruhigt hatte, bestellte sie sich ein Taxi. Sie starrte den Namen an, der in das Kleid eingestickt war, und fuhr mit den Fingern darüber. Sie fühlte die Stickstiche, die auch nach so vielen Jahren immer noch deutlich zu spüren waren. Sie wickelte das Kleid wieder ein, steckte es in ihre Tasche und wartete auf das Taxi – für die kurze Fahrt zum Haus ihrer Mutter. Während sie wartete, betete sie in ihrem deutschen Dialekt, daß der Herr, der Vater im Himmel, Laura Bennett am Leben erhalten möge, wenigstens noch für ein paar Stunden. Und daß er sie vor Dylan Bennetts Zorn beschützen möge.

Katherine bat den Taxifahrer, sie an der Ostseite der Villa aussteigen zu lassen, gleich neben dem Dienstboteneingang. Auf diesem Weg könnte sie an jedem vorbeihuschen, der versuchen wollte, sie aufzuhalten – oder sie zu verhaften. So stark war ihr Wunsch, ihre Mutter zu sehen, die Frau, für die es am wichtigsten war, die Wahrheit zu hören.

Kühn schlich Katherine durch die Haustür, schaute sich um, ob jemand in der Nähe sei, dann versteckte sie sich in dem ersten Zimmer, das sie erreichte – in einer großen Abstellkammer. Hier blieb sie kurz stehen und lauschte, ob sie etwas hörte. Vielleicht Garrett oder Selig. Irgend jemanden.

Als sie sich überzeugt hatte, daß der Gang leer war, öffnete sie die Tür, schlich leise hinaus und weiter zum südlichen Flügel – zu den Privaträumen ihrer Mutter.

Wieder stand sie neben der großen Doppeltür und spähte um die Ecke, um einen Blick in das Wohnzimmer zu werfen. Seltsam, dachte sie. Niemand war da. Nicht einmal Natalie Judah, die Krankenschwester.

Plötzlich krank vor Sorge, eilte sie an dem Sofa und den bequemen Sesseln vor dem Kamin vorbei. Vorbei an dem Sofatisch aus Kirschholz, auf dem die Miniaturweihnachtsbäume gestanden waren und den Raum mit Fröhlichkeit erfüllt hatten.

Jetzt stand sie im Schlafzimmer ihrer Mutter. Das Herz schlug ihr bis zum Hals. Das Bett war abgezogen, kein Laken war darüber gespannt.

„Rosie?“ rief sie. „Schwester Judah?“

Es kam keine Antwort. Also rief sie lauter.

Immer noch keine Antwort. Selbst Mr. Bennetts Anwesenheit wäre ihr in diesem Augenblick recht gewesen. Aber niemand war zu sehen.

Von einem lähmenden Entsetzen ergriffen, sank Katherine neben dem leeren Bett auf die Knie und begann, auf englisch zu Gott zu flehen; sie vergaß die ihr vertrauten deutschen Gebete und betete zum ersten Mal in ihrem Leben so, wie sie es bei den Millers gehört hatte.

„Oh, lieber Herr Jesus. Bitte, laß meine Mutter nicht tot sein ...“

Sie hörte Schritte hinter sich und drehte sich um. Theodore Williams kam ins Zimmer.

„Katherine?“ rief er überrascht.

„Oh, Mr. Williams, wo ist meine Mutter?“

Das Gesicht des alten Mannes wurde bleich. Er murmelte etwas Unverständliches.

„Meine Mutter ... Laura ... ist sie schon gestorben?“

Sie hatte solche Angst vor seiner Antwort, daß sie ihn nicht anzuschauen wagte, sondern den Blick auf das Päckchen in ihrer Hand senkte. Als ihr bewußt wurde, welches schöne Geschenk sie darin hatte, mußte sie noch mehr weinen. Sie weinte so herzzerreißend, daß Mr. Williams neben sie trat und ihr sein Taschentuch anbot.

* * *

Samuel hatte alle Hände voll zu tun, sich um seine Frau zu kümmern.

Während er neben ihr saß, leise auf sie einredete und mit ansehen mußte, wie sie sich in ihrem Bett krümmte, fragte er sich, ob er denn ganz bei Sinnen gewesen sei, als er Ella Mae erlaubt hatte, ihr das Kleid wegzunehmen, das ihr so viel bedeutete.

Jetzt konnte seine geliebte Frau von nichts anderem mehr sprechen als von Katies Babykleid. Aber sie hatte es nicht mehr. Ohne das weltliche Kleid, das sie festhalten, streicheln und mit dem sie flüstern konnte, schien ihre Welt ganz aus den Fugen zu sein.

Er wußte beim besten Willen nicht, wie er damit umgehen sollte. Das einzige, was ihm einfiel, war, den Bischof ins Haus zu bestellen. Vielleicht würde Johannes Beiler, wenn er sehen könnte, was er Rebekka mit seinen wichtigtuerischen Bestimmungen angetan hatte, merken, wie falsch seine unnachgiebige Haltung gewesen war. Diese gnadenlosen Regeln der „Alten Ordnung“!

Aber noch während er diese trotzigen Gedanken hegte, meldeten sich Schuldgefühle. Dennoch fragte er sich, ob es der Gemeinschaft nicht sogar gut tun würde zu erfahren, was die Meidung ihrer Tochter Samuel Lapps Frau angetan hatte.

* * *

Theodore wollte sich persönlich darum kümmern, Katherine – jetzt *Miss* Katherine – sicher ins Krankenhaus zu fahren. „Mrs. Bennetts Leben hängt an einem seidenen Faden“, berichtete er ihr, während sie zu der Limousine gingen. „Die Ärzte geben ihr nicht mehr viel Zeit."

Die junge Frau wischte sich die Tränen ab und bestand – bei allem was recht war! – darauf, auf dem Beifahrersitz neben ihm zu sitzen. Als sie Platz genommen hatte, zeigte sie ihm das kunstvoll genähte Babykleid.

„Dieses Kleid habe ich an dem Tag angehabt, als Laura mich weggab", sagte sie. „Sehen Sie den Namen, der hinten eingestickt ist?"

Er warf einen Blick auf das Kleid und sah die winzigen Stiche, die den Namen *Katherine Mayfield* schrieben.

„Es sieht so aus, als sei unsere Hausherrin auch schon als junges Mädchen sehr kreativ gewesen", bemerkte er. Dann rückte er mit der Nachricht heraus, die für die junge Frau sehr wichtig war. „Nicht lange, nachdem Sie uns verlassen haben, hat Ihre Mutter die Wahrheit über diese Frau herausgefunden, die sich als amisch ausgab. Katie Lapp, oder wer auch immer sie war, hat die Stadt verlassen...und Mr. Bennett auch."

Katherine runzelte die Stirn. „Er ist fort? Seit wann?"

„Schon seit Tagen. Niemand hat seitdem etwas von ihm gehört."

„Aber ich verstehe das nicht", sagte Katherine. „Wollte er denn nicht hier bleiben und warten ... bis ..." Sie kämpfte mit den Tränen.

Das arme Mädchen. Wie sollte er es ihr sagen? Er holte tief Luft und begann: „Es gibt deutliche Hinweise dafür, daß der Mann...mit einem seiner Geschäftspartner und auch mit dem New Yorker Fotomodell, das zur Schauspielerin mutierte, unter einer Decke steckte. Offenbar hatten sie geplant, Ihre Mutter um die Villa zu betrügen ... und möglicherweise noch um mehr."

„Wie abscheulich." Katherine wickelte das Babykleid wieder in das Seidenpapier.

„Ja. Wir versuchen immer noch, die einzelnen Vorfälle zusammenzusetzen. Zum Glück fällt die Villa nach Mrs. Bennetts Tod nicht in die falschen Hände."

„Wie meinen Sie das?"

Ihm wurde bewußt, daß er schon mehr gesagt hatte, als er wollte. „Ich glaube, es ist Mrs. Bennetts Sache, über ihre Angelegenheiten zu sprechen ... zum richtigen Zeitpunkt."

Das war alles, was er sagte.

* * *

Da sie Laura Bennetts einzige lebende Angehörige war und dies der Stationsschwester nur zu sagen brauchte – ohne das Babykleid oder sonst etwas vorzeigen zu müssen –, sagte man Katherine, daß sie ihre Mutter pro Stunde immer fünfzehn Minuten sehen könne.

Der erste Besuch war sehr schmerzlich. Katherine schlich auf Zehenspitzen in das private Krankenzimmer und hielt den Atem an, als sie vor sich eine Frau liegen sah, die an viele Schläuche angeschlossen war. Sauerstoffschläuche in der Nase und intravenöse Medikamente, die sie über die Venen am Arm bekam, erklärte eine der Krankenschwestern ihr freundlich.

Katherine umklammerte ihr Päckchen und zwang sich, nicht in Ohnmacht zu fallen. Dieser Anblick erschreckte sie unwahrscheinlich. Sie wurde so schwach, daß sie sich hinsetzen mußte.

Sie setzte sich auf einen Stuhl neben das Bett und schaute die Frau an, die sie vor fast dreiundzwanzig Jahren zur Welt gebracht hatte.

Einmal zuckten Lauras Augenlider, und Katherine stand langsam auf. Aber sie trat ein Stück zurück, da sie hoffte, ihre Mutter könnte sie dann besser sehen. Die Krankenschwester hatte ihr erklärt, daß Lauras Augenlicht durch die Krankheit schwer in Mitleidenschaft gezogen worden sei.

„Mutter? Ich bin es, Katherine. Nein, du träumst nicht. Ich bin wirklich hier."

Lauras Augen schlossen sich schnell wieder. Katherine konnte ihr daraus keinen Vorwurf machen. Ihrer geliebten Mutter war übel mitgespielt worden.

Sie suchte sich vorsichtig einen Weg durch die Schläuche an die Seite des Bettes. Während sie hier stand und geduldig darauf wartete, daß Laura ihr eine zweite Chance gäbe, zog sie das Babykleid aus der Tasche.

Als ihre Mutter nach einer Weile immer noch keine Reaktion zeigte, beugte sich Katherine vor und schob das kleine Kleid unter Lauras rechte Hand, so daß ihre Fingerspitzen leicht darauf zu liegen kamen.

„Das ist das Kleid, das du deinem kleinen Baby genäht hast“, flüsterte sie. „Meine amische Mama – Rebekka Lapp – hat es die ganzen Jahre aufgehoben. Auf der Rückseite ist eine hübsche Stickarbeit in den Saum eingearbeitet. Erinnerst du dich daran, daß du meinen Namen dort eingestickt hast?“

Sie hörte auf zu sprechen und wartete. Was sie sah, brach ihr das Herz – und begann es gleichzeitig zu heilen.

Große Tränen rollten über beide Seiten des blassen Gesichtes. „Katherine“, hörte sie ihre Mutter flüstern. „Oh, Katherine. Endlich bist du da.“

Sie wollte der geliebten Frau nicht weh tun und auch keinen der Schläuche, die in ihren Körper führten, herausreißen. Aber sie wollte ihr so gern nahe sein, sie umarmen – nicht fest – nur einfach einen Körperteil von ihr umarmen.

Zwei zarte Hände kamen zusammen und ergriffen langsam das Babykleid. Katherine beugte sich vor und küßte die Hand, die ihr am nächsten war, und ließ ihren Tränen freien Lauf.

„Ich habe dich mein ganzes Leben lang vermißt“, brachte sie mühsam über die Lippen. „Ich war nie wirklich amisch, nicht mit Fleisch und Blut.“ Dann wählte sie, um ihre Mutter nicht über Gebühr anzustrengen, einiges aus ihrem Leben aus und erzählte ihr davon. Dinge wie ihre Sehnsucht nach schöner Musik und eleganter, hübscher Kleidung, Schmuck und verschiedenen Haarfrisuren. Sie erzählte von dem Brief, den Laura Rebekka, Katherines Adoptivmutter, geschrieben hatte, und daß er verbrannte, bevor sie ihn zu Gesicht bekam. Wie sie in Hickory Hollow gelebt hatte und sich dabei immer gefragt hatte, was sie wohl in der Welt außerhalb des amischen Dorfes versäumte.

Bevor die Schwester kam und sie daran erinnerte, daß fünfzehn

Minuten vorbei seien, erzählte Katherine ihrer Mutter von dem Jungen mit den himmelblauen Augen, ihrer einzigen großen Liebe, Daniel Fischer.

„Was ... für ein wunderbarer Junge“, sagte ihre Mutter. „Ich wollte, er würde noch leben.“ „Wir alle ... alle in der Amisch-Gemeinschaft ... trauerten um ihn. Das war die schwerste Zeit in unser aller Leben.“ Sie sagte das, ohne ihre Gefühle für Daniel zu verbergen, so ungezwungen und frei fühlte sie sich bei dieser Frau, *dieser* Mutter. Und sie hoffte, ihre Adoptivmutter könnte ihr das vergeben. Eines Tages.

27

Zwei Tage später trug Laura eine starke Brille, damit sie Katherine deutlicher sehen konnte. Die neuen Augengläser gaben ihr einen enormen Auftrieb, sie fühlte sich richtig beflügelt, ein ganz ungewöhnliches Gefühl. Ihr ging es viel besser als die Tage vorher.

Etwas Ähnliches hatte sie erlebt, als sie dieser gemeinen Betrügerin das erste Mal begegnet war. Sie hatte gehört, daß solche Erlebnisse manchmal eine Besserung auslösten. Sie konnte nur hoffen, daß diese Besserung länger andauern würde, daß sie diese Krankheit doch noch besiegen würde.

Aber sie war klug genug, um zu wissen, daß sie ihr Vertrauen nicht allein auf eine körperliche Besserung setzen durfte, denn ihre psychische Verfassung hatte sich am meisten gebessert. Ihre Tochter war nach Hause gekommen. Das Mädchen hatte Himmel und Erde in Bewegung gesetzt, wie sie es formulierte, um sie zu finden. Und was sie ihr alles erzählen wollte. Fünfzehn Minuten da und dort über den Tag verteilt waren einfach zu wenig dafür.

Als Natalie Judah – die nicht mehr für ihre Pflege verantwortlich war – zu einem kurzen Besuch kam, flehte Laura sie an, sich dafür einzusetzen, daß die Krankenhausbestimmungen in ihrem Fall etwas gelockert würden.

„Das würde ich gern für Sie tun, Mrs. Bennett, aber ich glaube, dieser Versuch bleibt ohne Erfolg", erwiderte die Krankenschwester.

„Bitte, probieren Sie es doch; vielleicht hört jemand auf Sie", flehte Katherine. Während Natalie weg war, um zu sehen, was sich machen ließe, erzählte Lauras Tochter, was ihre Freundin Maria Stoltzfus immer gesagt hatte, als sie in Hickory Hollow miteinander aufwuchsen. „Wenn man nicht fragt, bekommt man auch nichts."

Als Laura sie bat, diesen Satz in ihrem deutschen Dialekt zu wiederholen, lachte Katherine und tat ihr den Gefallen. Sie bediente sich des breitesten Amisch, das Laura je gehört hatte. Aber es machte ihr Spaß. Sie genoß jede Minute mit ihrer geliebten Katherine.

Es dauerte nicht lang, bis Natalie mit einem triumphierenden Lächeln zurückkehrte. „Wahrscheinlich hätte ich mich schon viel früher für Sie einsetzen müssen. Das Krankenhaus hat eingewilligt, Ihnen eine unbegrenzte Besuchszeit zu erlauben. Aber nur, wenn Mrs. Bennett bereit ist, sich immer wieder auszuruhen."

Dank ihrer neuen Brille konnte Laura voll Freude sehen, daß Katherine genauso entzückt darüber war wie sie selbst.

* * *

Die Fahrt nach Lancaster dauerte viel länger, als Daniel sie in Erinnerung hatte, auch ohne Pferd und Einspänner. Aber es kam ihm vielleicht nur wegen der vielen Kindheitserinnerungen auf dem Weg so lang vor, besonders als er auf den Highway 340 einbog.

Je näher er der Hickory Lane kam, um so mehr verlangsamte er sein Tempo, um die hügelige Landschaft, die riesengroßen Bäume, die Sonnenstrahlen auf den schneebedeckten weißen Feldern in sich aufzunehmen. Selbst mitten im Winter war dieser Teil Pennsylvanias wunderschön. Und die Erinnerungen ... wie sie alle wieder lebendig wurden.

Er widerstand dem Drang, zu dem roten Sandsteinhaus der Lapps zu fahren, und bog in eine schmale Straße ein, die zum Weavers Creek führte.

Hier hatten er und Katie miteinander auf einem Felsen gesessen und ein Liebeslied geschrieben. Der Bach war an ihnen vorbeigeplätschert, und Dan hatte versucht, ihr von seinen Zweifeln an der amischen Kirche zu erzählen. Er hatte es wirklich versucht, aber das einzige, was er überhaupt sagte, war, egal, was geschah, egal, ob er mit dem Bann belegt würde, er würde seine Katie trotzdem immer lieben.

Wenn seine Erinnerung ihn nicht täuschte, hatte er an diesem Tag nichts anderes *getan,* als ihr seine Liebe zu erklären und sie zu küssen. Wieder und immer wieder. Bis sie sich seinen Armen entwunden hatte und ihn zu einem Spaziergang zu der Brücke und dem Bach entlang aufforderte.

Dort hatte er auf einem Felsen mitten in dem Bachbett ein zusammengefaltetes Notenpapier und einen Bleistift aus seiner Hemdtasche gezogen und Katie zum ersten Mal gezeigt, wie man eine Melodie in Noten festhält.

Die Musik ... Wie sehr er sich immer danach gesehnt hatte, sie mit seiner Gemeinde und Katie zu teilen, die selbst so voll Melodien und hübscher Lyrik steckte.

Aber die „Ordnung" verbot es.

Im Laufe der Jahre hatten ihn Gebet und Fasten seinem Herrn immer näher gebracht. Und die Musik und die Gottesdienste hatten seine wunde Seele wie ein Balsam geheilt.

Er fragte sich, wie Katie jemals ohne die Musik hatte überleben können, denn er bezweifelte es, ob jemand in seine ungehorsamen Fußstapfen getreten sei. Wer hätte ihr die Liebe zur Musik, die ein so intensives Band zwischen ihnen beiden gewesen war, auch geben können? Immerhin war die Musik nach den Maßstäben der amischen Kirche Sünde. Und um Katies willen hoffte er, sie hätte dieses besondere Interesse nicht weiter verfolgt, besonders dann nicht, wenn sie mit den Leuten von Hickory Hollow in einer guten Gemeinschaft leben wollte.

Mit einem Blick auf seine Armbanduhr stellte er fest, daß die verabredete Stunde kurz bevorstand. In seinem zweiten Brief an Annie hatte er sie gebeten, sich am alten Schulhaus mit ihm zu treffen, da er wußte, daß es bis vier Uhr nachmittags leerstehen würde. Es war der ideale Ort für ihn, die amischen Kleider anzuziehen. Er hoffte, sie würde ihn nicht enttäuschen.

Annie war pünktlich. Als sie mit ihrem Einspänner in die Schulstraße fuhr, wartete er noch ein bißchen in seinem Auto, bevor er ausstieg.

Sie erblickten einander fast im selben Augenblick. Beide liefen los und fielen sich, lachend und weinend, in die Arme. „Daniel!" schluchzte seine Schwester. „Ich kann es immer noch nicht glauben, daß du es wirklich bist." Sie trat zurück und schaute ihn von Kopf bis Fuß an. „Du bist so groß, ach du bist ein richtig erwachsener Mann geworden."

Er hob sie hoch und wirbelte sie durch die Luft. „Ich habe dich vermißt, Annie!“ rief er in die eisige Winterluft hinein.

Sie hielten sich an den Händen, liefen miteinander zu dem amischen Schulhaus und gingen hinein. „Ich wußte beim besten Willen nicht, was ich davon halten sollte, als ich deinen ersten Brief bekam“, begann Annie. „Zuerst dachte ich, es sei ein ganz übler Scherz. Aber es dauerte nicht lang, dann bekam ich die Gewißheit, daß du es wirklich bist.“ Ihre Stimme wurde leiser. „Ich las ihn immer wieder. Irgendwann *wußte* ich es einfach.“

Sie hatte so viele Fragen, daß ihr ganz schwindlig wurde. Aber mehr als alles andere wollte sie wissen, was vor fünf Jahren wirklich in Atlantic City passiert war.

Er holte tief Luft, dann begann er zu erzählen. Dabei betete er im stillen, daß sie ihn verstehen würde, und hoffte, sie könnte ihm verzeihen.

„Ich bin an meinem Geburtstag davongelaufen, weil ich wütend auf Papa war.“ „Es begann als harmloser Ausflug – als Segelausflug ganz allein.“

„Du ganz allein?“

Daniel ging es langsam an und ließ ihr Zeit, alles zu verarbeiten. „Ich brauchte Zeit ... um darüber nachzudenken, wohin mein Leben steuerte. So vieles von dem, was ich über den Glauben und Gott wußte, war mir von unseren Eltern – und ihren Eltern vor ihnen weitergegeben worden. Ich weiß, daß du das vielleicht nur schwer verstehen kannst, aber ich brauchte etwas *Schriftliches,* etwas, das ich mit eigenen Augen lesen konnte. Und zum anderen wollte ich Sicherheit haben, ob ich gerettet bin, und so ... habe ich heimlich die Bibel gelesen und vieles auswendig gelernt.“

„Wirklich?“ Das Leuchten verschwand aus ihren Augen.

„Ich wollte dich schonen, Annie. Ich wollte dich und den Rest der Familie davor bewahren, mich für einen schlimmen Sünder zu halten.“ Er erzählte ihr nicht, daß er aus demselben Grund auch Katie Lapp nicht so viel gesagt hatte.

Er setzte seine Schilderung fort und erzählte von dem unerwarteten Sturm. „Ein schwerer Sturm ... ich wurde über Bord gespült.

Ich wäre beinahe ertrunken und konnte mich nur wie durch ein Wunder ans Ufer retten."

Daniel erzählte die Wahrheit, die ganze Wahrheit. Er hatte schließlich einen Glauben erfahren, der ihm festen Boden unter den Füßen gegeben hatte – keinen Glauben, der auf Überlieferungen oder von Menschen aufgestellten Regeln aufgebaut war. Für ihn, so erzählte er Annie, war inzwischen die „Ordnung" längst durch das Wort Gottes abgelöst worden. Viele lange Stunden mit persönlichem Bibelstudium und Gemeinschaft mit anderen Christen hatten ihn überzeugt und sein Vertrauen und seinen Glauben an den allmächtigen Gott gestärkt.

„Ach, ich weiß nicht, was ich dazu sagen soll." Annies Stimme war fast nur ein Flüstern.

„Ich erwarte nicht, daß du mich verstehst, Annie, oder daß du mir vergibst – keines von beidem." Er zuckte traurig mit den Achseln. „Ich war ein dummer neunzehnjähriger Junge und furchtbar unreif. Aber ich bin nach Hause gekommen, weil ich um Vergebung bitten will."

„Wenn du Papa gegenübertreten willst, wirst du das hier brauchen." Sie reichte ihm eine Tasche mit Kleidung. „Und vergiß den nicht." Sie drückte ihm noch einen schwarzen Winterhut aus Filz in die Hand.

„Danke, Annie. Ich bin dir für deine Hilfe sehr dankbar."

„Ach, mein Mann hat viele Hüte, weißt du." Dann erzählte sie ihm von ihrer Ehe mit Elam Lapp.

Der Name Lapp rührte einen empfindlichen Nerv bei ihm an. Beim besten Willen würde er es nicht ertragen konnen, wenn Annie etwas über Samuels Tochter erzählen würde ... über Katie.

Der riesige Kloß in seinem Hals machte es ihm schwer zu sprechen. Er räusperte sich. „Ich hoffe, ich sehe dich noch einmal, bevor ich wieder wegfahre."

„Du willst wieder wegfahren?" Sie riß entsetzt die Augen auf. „Aber du bist doch gerade erst gekommen."

„Ich bin jetzt Mennonit", erklärte er ihr.

„Warum bist du dann zurückgekommen?"

„Um meine Fehler zu bekennen, um mit dem Herrn und meinem Vater ins Reine zu kommen. Ich hatte damals einen Geist der Rebellion. Ich muß unserem Vater sagen, daß es mir wirklich leid tut."

Annie wirkte erstaunt. Sie sah aus, als könnte sie ihren Ohren nicht trauen. „Aber weißt du denn nicht, daß du mit dem Bann belegt wirst, wenn du wieder weggehst?"

„Ich bin gekommen, um es wie ein Mann zu tragen ... endlich."

Sie brach in Tränen aus. „Oh, wir haben den strengsten Bischof, den es auf der ganzen Welt geben kann!"

„Wen denn?"

„Johannes Beiler. Erinnerst du dich an ihn?"

„Aber er war schon *immer* streng."

Annie schüttelte den Kopf. „Nicht so ... wie in letzter Zeit." Sie begann wieder zu weinen. „Oh, ich wünschte, dir könnte die Meidung erspart bleiben, Daniel."

Er trat auf sie zu und legte liebevoll die Arme um seine Schwester. Sie schluchzte bitter. Als er schon fürchtete, sie würde überhaupt nicht mehr aufhören, schaute sie mit nassen Augen zu ihm auf. „Siehst du das denn nicht ein? Ich werde dich zweimal verlieren. Es wird sein, wie wenn du *wieder* tot wärst. Oh, Daniel, kannst du denn nicht bleiben? Kannst du nicht Elam ein bißchen auf unserem Hof helfen ... und bei uns wohnen? Geh bitte nicht wieder fort. Bitte nicht."

Ihr Flehen zerriß ihm beinahe das Herz.

„Wir haben einen kleinen Sohn", sagte Annie plötzlich, als würde er dadurch seine Meinung ändern. „Wir haben ihn Daniel genannt ... nach *dir*."

Er atmete tief ein und berührte das Kinn seiner Schwester. Doch ihm wurde klar, während er hier an dem Schulpult stand, wo er das ABC gelernt hatte, daß er bald in Elam Lapps Sachen schlüpfen müßte, wenn er zu seinem Vater hinüber fahren wollte, da er sonst nichts von alledem, was er sich vorgenommen hatte, in die Tat umsetzen würde. Das machte ihn sehr traurig.

„Wenn du wieder wegfährst, kommst du dann wenigstens und

sagst Lebewohl?“ flehte ihn Annie an. Sie erklärte ihm, wie er zu ihr und Elam käme.

„Ja, ich werde kommen“, sagte er. „Dieses Mal werde ich nicht weggehen, ohne zu sagen: ‚Gott sei mit dir, Schwester.‘“

* * *

Es war furchtbar egoistisch gewesen, Daniel nicht von Katie Lapps Meidung zu erzählen, ihm nicht zu sagen, daß seine frühere Freundin jetzt irgendwo in New York war und ihre leibliche Mutter suchte. Schwere Schuldgefühle quälten Annie, während sie nach Hause fuhr.

Sie konnte fast vorhersagen, wie Daniel reagieren würde, wenn sie ihrem Bruder von Katie erzählt *hätte;* wenn er wüßte, daß seine frühere Freundin nicht mehr hier in Hickory Hollow lebte. Und selbst wenn ihr Vater Daniel ein wenig zur Vernunft bringen könnte, nachdem er bei ihm Abbitte geleistet hatte, unterschätzte sie trotzdem nicht die starke Macht der Liebe – einer Liebe, die so süß, so stark war, daß sie, wenn sie ehrlich war, die beiden die ganzen Jahre darum beneidet hatte. Oh, sie hatte nicht die *Sünde* des Neides begangen. Nein, es war eher wie die Verwunderung im Herzen eines Kindes am Weihnachtsmorgen gewesen. So ein Gefühl hatte sie empfunden, wenn sie die beiden miteinander gesehen hatte.

Natürlich würde Bischof Johannes nicht so denken, aber das war ihr im Moment gleichgültig. Was für sie zählte, war die große Hoffnung, Daniel könnte in die Amisch-Gemeinschaft zurückkehren. Wenigstens im Augenblick konnte sie nichts Besseres tun, als ihm dieses kleine Geheimnis vorzuenthalten. In erster Linie Daniel zuliebe, aber auch um ihretwillen.

28

Katherine war sprachlos, als sie die Neuigkeit hörte.

„Du wirst ... Eigentümerin der Villa, Liebling ... wenn ich nicht mehr da bin", sagte Laura Bennett, nach Luft schnappend.

Kopfschüttelnd konnte Katherine nur antworten: „Lieber bleibe ich arm und du am Leben, Mutter ..."

„Trotzdem wird das, was heute mein ist ... bald dein sein."

Mit wachsendem Entsetzen mußte Katherine mit ansehen, daß die Lungenentzündung ihrer Mutter das Leben immer schwerer machte. Sie sprachen nicht mehr über das Erbe. Sie mußte Lauras Geschichte hören - wie es kam, daß sie beschlossen hatte, ihr Neugeborenes einem amischen Ehepaar zu überlassen. Trotzdem war sie, als dieses Thema später zur Sprache kam, sehr, sehr vorsichtig bei der Formulierung ihrer Frage. Es war viel zu schmerzhaft – für sie beide.

Während Katherine am Krankenhausbett saß, stellte sie erstaunt fest, wieviel Ähnlichkeit sie doch miteinander hatten. Die Farbe und Beschaffenheit ihrer Haare, selbst ihre Nasen glichen sich ... auch das kühne, entschlossene Kinn.

Als ihre Mutter ihren Blick bemerkte, sagte sie. „Ich fürchte, ich sehe ... nicht besonders gut aus", brachte sie mit einem trockenen Lächeln mühsam über die Lippen. „Meine Haare ... so dünn jetzt ... wahrscheinlich die Medikamente."

Katherine nahm ihre zarte Hand, die so zerbrechlich wie der Flügel eines Vogels war. „Haben die Jungen dich je aufgezogen, weil du rote Haare hattest?" fragte sie in der Hoffnung, das Gespräch in eine angenehmere Richtung zu lenken.

„Dein ... Vater hat das manchmal getan ... dein *leiblicher* Vater."

Diese Bemerkung traf sie unvorbereitet. Sie hatte nie daran gedacht, daß ein anderer Mann - ein anderer als Samuel Lapp - Vater war. Seltsam, wie sie sich in der Nähe ihrer leiblichen Mutter auf der Stelle so wohl fühlen konnte, ohne einen Gedanken auf den jungen Mann – ihren Vater – zu verwenden, der Laura als Jugendlicher geliebt hatte und sie dann schwanger und mit gebrochenem Herzen sitzengelassen hatte.

In das Gespräch kehrte eine Pause ein, als die Schwester hereinkam, um zu sehen, ob der intravenöse Zugang und der Beatmungsschlauch in Ordnung seien. Sobald sie wieder allein waren, begann Katherine, wieder Fragen zu stellen. Fragen, die sie beschäftigten, seit sie das erste Mal das Babykleid zu Gesicht bekommen hatte.

„Warum hast du Satin für das Kleid verwendet?“ wollte sie wissen.

„Vielleicht, weil ... weil ich es immer gern berührt habe ... weil Satin so schön glatt und geschmeidig ist.“

Sie hatte noch mehr solcher Fragen – ihr Lieblingsessen, ob Laura auch gern Süßigkeiten mochte ... Dann fragte sie, wie es gekommen war, daß ihre Mutter am Tag ihrer Geburt zufällig in Lancaster gewesen war.

Plötzlich wurde Laura totenbleich, und ihr Gesicht verzog sich vor Schmerzen. „Oh“, stöhnte ihre Mutter. „Schnell ... die Schwester!“

Katherine lief zur Tür, um Hilfe zu holen. „Meine Mutter hat furchtbare Schmerzen. Bitte helfen Sie ihr!“

Mehrere Krankenschwestern eilten ins Zimmer. Eine von ihnen forderte Katherine höflich auf, den Raum zu verlassen.

Hatten ihre nicht endenwollenden Fragen die Krankheit ihrer Mutter beschleunigt? Waren sie eine unnötige Belastung? stellte sich Katherine die quälende Frage. Warum hatte sie sich nicht damit zufrieden geben können, an Lauras Bett zu sitzen und ihrer Mutter zuzuhören, wenn sie selbst sprechen wollte.

Warum muß ich nur so vorlaut und so neugierig sein?

Während sie vor der Tür des Krankenzimmers stand, betete sie, daß der gute Herr Jesus, der Retter der Welt, Lydia Millers und Lauras Retter, ihr die Schmerzen wegnähme und ihr den Kampf um Leben und Tod erleichtern würde, wenn dieser Anfall ihren Tod herbeiführen sollte.

Bei der Erinnerung an die letzten Stunden tiefer, persönlicher Gespräche empfand Katherine eine große Dankbarkeit. Ihre leibliche

Mutter hinterließ ihrer einzigen Tochter nicht nur ein großes Vermögen, sondern auch einen starken Glauben. Laura hatte Katherine ihre Beziehung zu Jesus Christus erklärt – in leuchtenden Worten von bedingungsloser Liebe und Geborgenheit gesprochen – Dinge, die Katherine noch nie zuvor gehört hatte.

Die Vorstellung, daß Gottes Sohn für *sie* – so starrsinnig und ungehorsam wie sie manchmal war – auf die Erde gekommen und gestorben war, brachte Katherine zum Nachdenken. Sie dachte über ihren Platz in „Gottes Reich" nach, wie Laura es formuliert hatte.

Während sie auf dem Gang wartete und nicht von der Tür ihrer Mutter wich, erinnerte sie sich an die herrlichen Augenblicke, in denen sie über geistliche Dinge gesprochen hatten. Während sie darüber nachdachte, begann sie zu begreifen, wie unwichtig es war, *wer* sie war – das scheinbar größte Problem in ihrem Leben – sondern *wem* sie gehörte.

Ihre leibliche Mutter hatte alles – Reichtum, die modernsten Kleider, das beste Essen, sogar goldene Kämme für ihre langen rotbraunen Haare. Sie besaß Spiegel in Hülle und Fülle und die besten Möbel, die man sich mit Geld kaufen konnte, aber das ist nicht genug, hatte Laura ihr erzählt. Laura Mayfield-Bennett hatte etwas gebraucht – jemanden Größeres in ihrem Leben. Jemanden, der nie davonlaufen und sie sitzenlassen oder betrügen würde. Den Herrn Jesus.

Tränen traten Katherine in die Augen, und sie fragte sich plötzlich, ob es *das* war, was Daniel ihr vor fünf Jahren zu erklären versucht hatte. Konnte es sein, daß Dan ebenfalls Lauras Herrn kennengelernt hatte? Ihn wirklich *gekannt hatte* ... bevor er starb?

* * *

Daniel klopfte an die Hintertür seines Elternhauses. Wahrscheinlich war es ein Fehler gewesen, Annie nicht zu bitten, seine Eltern vorzuwarnen. Was sollte er tun, wenn seine Eltern es nicht verkrafteten, den „Geist" ihres toten Sohnes zu sehen?

Er stand weit genug vom Türrahmen weg, damit sie ihn von Kopf bis Fuß sehen konnten, und nicht nur sein Gesicht durch die Sturmtür.

Einen kurzen Augenblick war er froh, daß seine Mutter an der Tür erschien, aber er mußte verzweifelt mit ansehen, wie das Blut aus ihren Wangen wich.

„Jakob!“ hörte er sie rufen.

„Oh, Mama, fall nicht in Ohnmacht!“ Schnell öffnete Daniel die Tür und stützte sie, bis sein Vater kam, um ihm zu helfen – diesem Fremden mit den Anfängen eines Bartes und einem geliehenen amischen Hut. Aber Daniel hob nicht den Kopf. Sein Vater konnte sein Gesicht nicht sehen.

„Aber, Elam“, sagte Daniels Vater. „Was hast du denn deiner Schwiegermutter getan?“

Inzwischen stand Daniel im Flur und half seiner Mutter in die Küche, wo sie auf den großen, alten Schaukelstuhl aus Nußbaumholz sank. Er machte sich erneut Vorwürfe, weil er sein Vorhaben nicht besser geplant und die Einzelheiten vorbereitet hatte. Nach all den Jahren, von denen er einige an einer Fachschule verbracht hatte, hätte er eigentlich mehr Verstand haben müssen, als bei seinen Eltern einfach so mit der Tür ins Haus zu fallen!

Er hörte sich eine Entschuldigung stottern. „Ich bin nicht Elam, Vater. Es ist ... ich bin dein Sohn, Daniel.“

„Wer? Was sagst du da?“ rief seine Mutter und starrte ihn lange und durchdringend an.

Sein Vater ergriff nach einer Schrecksekunde seine beiden Handgelenke und quetschte sie wie ein Schraubstock. „Aber du bist doch tot! Wir dachten, du wärst vor Jahren gestorben ... im Meer ertrunken!“

Er hinderte seinen Vater nicht, seinen aufgestauten Gefühlen Luft zu machen, und wartete, bis sein Zorn sich etwas gelegt hatte. „Wie konntest du einfach verschwinden und uns glauben lassen, du wärst tot?“ schrie ihn der alte Mann an. „Weißt du, wie furchtbar deine Mama getrauert hat und deinen Tod beweint hat, bis sie keine Tränen mehr hatte?“

Daniel stand mitten in der Küche und regte sich keinen Millimeter von der Stelle, obwohl sein Vater inzwischen seine Arme losgelassen hatte. Während Daniel versuchte, seine eigenen aufgewühlten Gefühle unter Kontrolle zu halten, beobachtete er, wie sein Vater wie ein aufgeregter Löwe hin- und herging. Immer wieder warf ihm der grauhaarige Mann einen aufgebrachten Blick zu. Aus seinen blutunterlaufenen Augen sprach gerechte Entrüstung.

Daniel hatte als Kind eingebleut bekommen, daß die Augen seines Vaters fast heilig seien, daß sie Gefühle wie Wut, Mißfallen und Mißbilligung ausstrahlen konnten – ohne jedoch zu sündigen.

Um ehrlich zu sein, fühlte sich Daniel in die Zeit zurückversetzt, in seine Jugendjahre, als sein Vater ihm immer wieder „Strafpredigten" gehalten hatte.

Schließlich ergriff er, der immer noch wie ein Angeklagter bei einer Gerichtsverhandlung dastand, das Wort. „Ich bin nach Hause gekommen, um dich um Vergebung zu bitten, Vater. Ich will zwischen dir und mir Frieden schließen."

Jakobs Ärger war jetzt verraucht. Er zog sich einen Stuhl heran und setzte sich neben seine Frau. „Der Herr ist allmächtig und gerecht", sagte der Mann, nicht streng, sondern mit tiefer Überzeugung. „Willkommen zu Hause, mein Sohn."

Dann nahm Daniel seinen Hut ab, kniete vor seinem Vater nieder und betete im stillen um Gnade und Vergebung. „Ich komme mit den Sünden, die ich begangen habe, zu dir", begann er mit gefalteten Händen. „Sünden, die ich gegen *dich* begangen habe, Vater. Und ich bin hier, um dich um Vergebung zu bitten."

* * *

„Kannst du mir jemals ... vergeben?" bat Laura, der das Sprechen große Mühe bereitete. Eine erstickend schwere Last lag auf ihrer Brust. „Ich wünschte, ich hätte ... dich ... als mein Kind behalten, Katherine. Ich wünschte ..."

Sie konnte nicht zu Ende sprechen, weil sie nicht genug Luft bekam.

Sie lag hilflos da, an eine surrende Maschine angeschlossen, und sehnte sich danach, Katherines Antwort zu hören. Sie wartete auf die Worte, die sie befreien konnten, diese wertvollen Worte, die die Leere in ihrer Vergangenheit ausfüllen würden, die schmerzerfüllten Jahre, die sie ohne ihr Kind verbracht hatte.

„Bitte, Mutter, mach dir keine Sorgen ... weil du dich entschieden hast, mich von Samuel und Rebekka großziehen zu lassen." Ihre geliebte Tochter stand unerwartet auf und beugte sich vor, um ihr ins Ohr zu flüstern. „Ich liebe dich. Ich liebe dich trotz der ganzen Vergangenheit."

* * *

„Die Vergangenheit ist unter dem Blut Jesu", sprach Daniel weiter. „Der Herr, der himmlische Vater, hat mich nach Hause gebracht, damit ich vor dir knie und meine Schuld bekenne und Buße tue, Vater", sagte er. Er benutzte absichtlich die amische Ausdrucksweise, die seine Eltern am besten verstanden.

Jetzt ergriff er die Hand seiner Mutter. „Vergibst du mir auch, Mama? Kannst du verstehen, daß ich nicht vorsätzlich meinen Tod vorgetäuscht habe, wie es den Anschein gehabt haben muß?"

Er ließ ihnen beiden keine Gelegenheit zu einer Antwort, sondern sprach weiter. Er erzählte ihnen, was an jenem Tag passiert war, als er beinahe ertrunken wäre und sich mit letzter Kraft ans Ufer hatte retten können. Er erzählte ihnen von dem Boot der Küstenwache, das er vom Riff aus gesehen hatte, wie es auf der Suche nach ihm das stürmische Gewässer durchkämmt hatte. Er bekannte sein unreifes Verhalten, seine Rebellion, seinen jugendlichen Trotz. Und er erzählte ihnen, wie er dort auf der Sandbank beschlossen hatte, daß es für die Amisch-Gemeinschaft, für seine Familie – für alle, die ihn liebten – am besten, am tröstlichsten sein würde, wenn sie ihn für tot hielten.

„Aber dadurch, daß ich die Wahrheit verschwieg, habe ich euch getäuscht. Ich ließ euch alle in dem Glauben, ich sei ertrunken. Ich ließ zu, daß ihr um mich getrauert habt, obwohl ich am Leben war. Ich habe es in der Hoffnung getan, euch die Meidung zu ersparen ... es euch zu ersparen, mich mit dem Bann belegen zu müssen."

Er schwieg einen Augenblick. Seine Eltern ließen ihn nicht aus den Augen. „Könnt ihr das verstehen? Ich wollte euch schonen ... ich wollte es euch ersparen, daß ihr eurem Sohn den Rücken zukehren müßt und mich so behandeln müßt, als wäre ich tot. Aber ich weiß jetzt, daß das falsch von mir war, Vater. Es war das schlimmste, was ich hatte tun können."

Seine Eltern hörten mit ernstem, ausdruckslosem Gesicht zu. Daniel stand auf und zog einen Holzhocker unter dem Küchentisch hervor. Mit einem tiefen Seufzen setzte er sich und schaute sie an. Seine Hände waren feucht, sein Mund war trocken.

Aber vor dem allmächtigen Gott war sein Herz jetzt endlich rein. Wenigstens in *seinen* Augen hatte Daniel Fischer Vergebung gefunden.

* * *

Katherine hielt die bläuliche Hand ihrer Mutter und atmete unbewußt selbst ganz schwer, als die geliebte Frau ständig um Luft rang. Lauras Gesicht war jetzt aschgrau, und die Todesblässe ängstigte Katherine.

„Stirb nicht, Mutter", weinte sie. „Ich habe dich doch gerade erst gefunden. Bitte, laß mich jetzt nicht allein."

Während sie mit ansehen mußte, wie ihre Mutter um jeden Atemzug rang, hatte sie das Gefühl, diese Krise selbst nicht zu überleben und mit der vornehmen Engländerin zu sterben, die ihre leibliche Mutter war.

Sie war noch nie zuvor Zeuge gewesen, wie ein Mensch starb; sie wehrte sich auch jetzt dagegen. Aber sie würde die Frau nicht allein lassen, der sie ihr Leben verdankte.

„Meine liebe Katherine ..."

„Ich bin hier neben dir, Mutter."

„Kennst du ... meinen ... Jesus?" Sie rang wieder nach Luft. Katherine fühlte sich fast schuldig, weil ihre Mutter so viel Luft brauchte, um mit ihr zu reden.

Was konnte sie sagen? Sie würde sie nicht anlügen. Laura Mayfield-

Bennett lag im Sterben und bereitete sich darauf vor, ihrem Schöpfer gegenüberzutreten.

„Gottes Sohn kennt *mich*", brachte sie über die Lippen und hoffte, sie könnte ihren eigenen Worten glauben. „Er kennt mich, und er hat uns zusammengeführt ... gerade noch rechtzeitig."

„Ja. Er kennt ... dich, Kind."

Ohne Übergang hörte Laura auf zu atmen. Katherine begann zu weinen.

* * *

„Warum kommt mein toter Sohn jetzt nach Hause und bekennt uns diese Dinge?" fragte Jakob Fischer. „Was hat sich geändert?"

Daniel atmete tief durch und betete um Mut. „So vieles hat sich geändert. Mehr als du ahnen kannst, Papa. Ich bin jetzt ein erwachsener Mann, der selbst denken kann, der Gottes Wort verstehen kann. Ich habe keine Angst mehr davor, meinen Glauben zu bekennen und ihn mit dem Glauben der Amisch zu vergleichen. Und ich kann jetzt dem Willen meines himmlischen Vaters gehorchen und der Sohn sein, der ich dir vor Jahren hätte sein sollen."

„Was willst du uns damit sagen, Daniel?"

Er drehte sich um und schaute in verwirrte Gesichter. „Ich bin zu euch gekommen, um meine Sünden zu bekennen ... aber ich kann nicht in die amische Gemeinschaft zurückkehren. Und das tut mir aufrichtig leid."

„Jetzt läßt du uns also keine andere Wahl, als dich mit dem Bann zu belegen", sagte Jakob mit finsterer Miene. „Bischof Johannes muß das gemeldet werden."

„Mein Leben ist in Gottes Händen." Daniel stand auf, da er wußte, wenn er länger bliebe, könnte die Begegnung, die mit einer Beichte begonnen hatte, sehr leicht in einer hitzigen Debatte enden. Einer einseitigen.

„Ich liebe euch, Papa ... Mama." Er beugte sich vor, um das Gesicht seiner Mutter zu küssen. „Ich wünschte, wir könnten Gottes Rettungsplan mit denselben Augen sehen. Es wäre so schön, Gottes gute Nachricht als Familie zu teilen, miteinander das Brot des Lebens zu brechen."

Zu seiner großen Überraschung schlug sein Vater in die dargereichte Hand ein und versuchte nicht, seinen Abschiedsworten zu widersprechen.

29

Es war ein langer Tag, auch wenn Katherine es keine Sekunde bereute, daß sie Laura in ihrer Sterbestunde begleitet hatte. Dabeizusitzen, während ihre Mutter verschied und für immer von ihren Schmerzen befreit wurde, war eine kostbare Erfahrung für ihr weiteres Leben.

Aber in diesem ersten Augenblick, als es so ausgesehen hatte, als würde Laura nicht mehr atmen, hatte sie sich getäuscht. Mehrere Male hatte ihre schöne Mutter das Bewußtsein verloren und für kurze Zeit wiedererlangt, obwohl sich ihr Brustkorb kaum noch hob und senkte, bis endgültig das Ende kam.

Laura hatte eine letzte Anstrengung zu sprechen unternommen. Im Rückblick war Katherine dankbar dafür. „Suche ... mein ... Tagebuch."

„Du hast Tagebuch geschrieben?"

„Während ich ... mit dir ... schwanger war."

Katherine wollte gern mehr darüber hören, aber sie saß ruhig da und hielt die Hand ihrer Mutter. Die Kälte von Lauras Hand ließ sie wissen, daß der Himmel nahe war. Schrittweise und ganz langsam wurde die zierliche Hand leblos ... und kalt.

Lauras letzte Gedanken drehten sich um ihre Tochter. *Während ich mit dir schwanger war,* hatte sie fast unhörbar geflüstert.

Noch lange, nachdem Lauras Seele ihre irdische Hülle verlassen hatte, saß Katherine immer noch am Bett. Sie stellte sich vor, daß ihre Mutter jetzt geliebte Menschen begrüßte, die vor ihr verstorben waren. Auch Daniel vielleicht. Als sie sich daran erinnerte, wie er gewesen war, konnte sie sich gut vorstellen, daß ihr geliebter Freund einer der ersten in der Reihe sein würde, die Laura Mayfield-Bennett begrüßten, sobald sie die Perlentore durchschritt und in das himmlische Jerusalem einzog.

* * *

Daniel hatte beschlossen, daß er sich in das Leben seiner früheren Freundin nicht einmischen würde. Er mußte auch seine eigenen Gefühle schützen. Dadurch, daß er einfach nicht nach ihr fragte, konnte er beides erreichen. Wenn er nicht noch zu seiner Schwester gefahren wäre, um sich von ihr zu verabschieden, hätte er nichts von Katies Schicksal erfahren.

Annie ließ die Bombe platzen, als er kaum ihr Haus betreten und ihr erklärt hatte, daß er bald nach New Jersey zurückfahren müsse.

„Ach, mußt du denn wirklich wieder fahren?" Tränen glänzten in den Augenwinkeln seiner Schwester. „Kannst du denn nicht bleiben, Daniel?"

Er ergriff ihre Hände. „Es wird jetzt nicht mehr lange dauern, bis die Amisch-Gemeinschaft mich mit der Meidung belegt. Wir werden kaum mehr Gelegenheit haben, zusammen zu sein."

„Wahrscheinlich dürfen wir dann nicht einmal mehr miteinander sprechen." Sie runzelte die Stirn und schüttelte mit schmerzerfüllter Miene den Kopf. Genauso wie es bei ... Katie war." Sie flüsterte den Namen.

„Katie Lapp? *Meine* Katie?" Seine Augen schauten sie fragend an und flehten um eine Erklärung.

„Ach, sie mußte die grausamste Meidung ertragen, die man sich vorstellen kann."

„Was war denn passiert? Wie kam es, daß *sie* gebannt wurde?"

„Das ist eine lange Geschichte. Es begann alles mit einem Babykleid aus Satin, das Rebekka in einer Truhe auf ihrem Dachboden versteckt gehabt hatte."

Die Geschichte war schockierend, aber er hörte aufmerksam zu, als seine Schwester ihm schilderte, wie seine Jugendfreundin bei ihrer Hochzeit davongelaufen war, mit der Meidung belegt wurde und Hickory Hollow verlassen hatte, um ihre leibliche Mutter zu suchen, die sie nie kennengelernt hatte.

Als Annie zu Ende erzählt hatte, weinte er in ihren Armen – nicht aus Schmerz wegen Katies Meidung. Nein, die Tränen, die er vergoß, waren Freudentränen ... egoistische Freudentränen.

* * *

Ella Mae Zook stand auf der Veranda und schüttelte ihren Küchenteppich aus, als ein englischer Wagen auf den Weg zu ihrem Haus einbog. Das Auto verlangsamte das Tempo. Sie betrachtete das moderne eitle Gefährt mit zusammengekniffenen Augen und legte die Hand wegen der Nachmittagssonne gegen ihre Stirn.

Als ein junger Amischmann aus dem Auto stieg, schaute sie ihn sich genauer an – er sah auffallend gut aus. Aber als sie die himmelblauen Augen erblickte, hätte sie beinahe ihre falschen Zähne verloren.

„Was sagt man dazu?“ rief sie in den Januarhimmel hinauf zu Gott und zu jedem, der es sonst noch hören wollte. Dann begann die *Weise Frau* lauthals zu lachen.

* * *

Maria sah und hörte nichts von dem, was um sie herum vorging. Am Sonntagmorgen, nachdem die Lieder aus dem *Ausbund* gesungen waren, hatte sie nur Augen und Ohren für Bischof Johannes. Sie lauschte seinen Worten und wollte herausfinden, ob seine sanfte Stimme – die Stimme, die sie an Weihnachten so fasziniert hatte – auch bei seinen Predigten so klang.

Dann geschah es. Mitten in einem Satz über Stolz und der Aussage, daß „man um jeden Preis davor fliehen“ müsse, schaute er in ihre Richtung und ließ seine Augen länger als üblich auf ihr ruhen. Sie wollte das nicht als Wunschdenken abtun. Als sein Blick während der restlichen Predigt immer wieder kurz auf ihr ruhte, fragte sie sich, wie sie ihn später, beim gemeinsamen Essen, ansprechen könnte.

Falls sie eine Gelegenheit bekäme, mit ihm zu sprechen, würde sie sagen, daß er, da er ja auf diese Erde gestellt worden war, um Menschenseelen zu retten, es sich doch einmal bitte überlegen sollte, ob er auch Rebekka Lapp helfen könne, den Verstand nicht noch ganz zu verlieren.

Oh, sie würde es ihm ganz sanft sagen, so liebenswürdig, wie sie nur konnte. Wenn der Bischof – irgendwo tief drinnen in seiner Seele – der Mann war, für den sie ihn hielt, wenn er wirklich Gottes auserwählter Mann für die Amisch-Gemeinschaft war, der, wenn er wollte, seine Stimme verändern konnte, dann könnte es doch gut sein, daß er über ihre Bitte nachdachte. Und es sich tatsächlich überlegte, Katies strenge Meidung etwas abzumildern, wenigstens soweit, daß sie mit dem ungehorsamen Mädchen sprechen durften. Daß sie die Stimmen benutzen konnten, die Gott ihnen gegeben hatte, um die Liebe des Herrn, des himmlischen Vaters zu bezeugen und sie vielleicht sogar in den Schoß der Gemeinde zurückzuholen.

Es war nur ein Gedanke. Vielleicht überhaupt nicht *das Richtige.* Aber wenn der Bischof während der Predigt schon stumme Botschaften mit seinen Augen vermittelte, konnte sie doch gewiß hoffen.

* * *

Als Katherine zwei Treppen hinaufgestiegen war, mußte sie erst einmal verschnaufen. Sie wurde an Lauras mühsames Ringen nach Atem in ihren letzten Lebensstunden erinnert. Sie war bereit gewesen, als der Ruf vom Himmel kam und sie in die Ewigkeit holte.

Das Tagebuch zu finden, das ihre Mutter auf ihrem Sterbebett erwähnt hatte, stellte sich als große Aufgabe heraus. Jeden Tag suchte Katherine die Villa ab - mit Theodores und Garretts Hilfe sogar den Dachboden. Aber vergeblich.

Um ihre Pflichten nicht zu vernachlässigen, beschloß sie, sich mit allen Bediensteten des Hauses zu treffen. Ihre neue Rolle als Herrin des Hauses fiel ihr nicht leicht, vielleicht weil sie bereit war, die Größe und Wärme der oberen Zimmer mit den anderen zu teilen - mit Lauras und jetzt ihren treuen Angestellten. Aus diesem Grund forderte sie sie auf, sich im Haus Räume auszusuchen. Sie sollten die verschiedenen Gästesuiten bewohnen und sogar Dylan Bennetts früheren Bürobereich, der jetzt leer stand.

So kam es, daß Fulton und Rosie, Theodore und die anderen

damit beschäftigt waren, innerhalb des Hauses umzuziehen, als Justin Wirth mehrere Tage nach Lauras Beerdigung zu Besuch kam. „Ich dachte, Sie würden mich vielleicht gern zur Enthüllung von Mrs. Bennetts Gemälde begleiten.“ Sein Lächeln war aufrichtig und herzlich.

Zu ihrem Erstaunen fiel ihr auf, daß sie das Ölgemälde völlig vergessen hatte. Irgend jemand – vielleicht Rosie – hatte erwähnt, daß der Künstler das Porträt wahrscheinlich verwahrt hatte, da niemand von ihnen daran interessiert sei, es im Haus aufzuhängen. Nicht mit dem Gesicht der Betrügerin neben ihrer geliebten verstorbenen Laura.

„Wie ist es? Begleiten Sie mich am Freitagabend in die Kunstgalerie?“

Katherine wußte nicht, wie sie mit einer solchen Einladung umgehen sollte. Es war lange her, seit ein junger Mann sie gebeten hatte, mit ihm auszugehen. Sie erinnerte sich an eine der letzten Singstunden, bei der sie mit ihrem geliebten Freund gewesen war. Aber das lag jetzt Jahre zurück.

Bei dem erwartungsvollen Lächeln in Justin Wirths gutaussehendem Gesicht fiel es ihr nicht leicht, nein zu sagen. Trotzdem mußte sie wieder an Daniel denken. Würde sie ihrer Liebe zu ihm nicht untreu, wenn sie mit diesem Mann ausging?

Mr. Wirth stand groß und mit zuversichtlichem Gesichtsausdruck vor ihr. Sie schwiegen beide einen Augenblick. Als ihre Blicke sich begegneten wie am Weihnachtstag im Eßzimmer, nachdem Katherine die Kerzen auf der Geburtstagstorte für das Christuskind angezündet hatte, hatte sie plötzlich das Gefühl, Schmetterlinge im Bauch zu haben. Ein seltsames, aber angenehmes Gefühl, ein Gefühl, das sie fast vergessen hatte.

Sie nickte und erwiderte Mr. Wirths Lächeln. Wenn sie ehrlich war, war sie neugierig zu sehen, wie er das Porträt vielleicht abgeändert hatte, um ihre Mutter mehr hervorzuheben. „Ich würde gern mitkommen, Mr. Wirth. Wirklich sehr gern“, antwortete sie schließlich. Plötzlich wurde ihr bewußt, daß sie beinahe in ihren amischen Dialekt zurückgefallen wäre. Sie schwieg kurz und paßte ihre Worte ihrer neuen Stellung als Hausherrin der Mayfieldvilla, wie sie jetzt wieder hieß, an. „Es wäre mir ein Vergnügen.“

Sie war sehr mit sich zufrieden, daß sie die glatten Formulierungen der vornehmen Gesellschaft so schnell lernte. Sie hatte so viel von Laura gelernt und war zuversichtlich, daß sie, wenn sie noch ein paar Tage mit Theodore und Rosie verbrachte, wahrscheinlich bald mit Würde und Anstand ein perfektes Englisch sprechen könnte.

Es konnte nicht mehr lange dauern, bis sie etwas richtig Englisches tun oder sagen würde. Sie nahm es sich fest vor - um ihrer leiblichen Mutter willen. Sie würde immer mehr Katherine Mayfield werden. Das stand für sie unumstößlich fest.

Der attraktive Mann nickte erfreut. „Bitte, Miss Mayfield, nennen Sie mich Justin.“

„Danke, das will ich gern tun.“ Als sie die aufrichtige Wärme in seinen blauen Augen bemerkte, mußte sie unerwartet an Daniel denken. Sie hoffte, es würde ihn nicht stören, wenn sie sich schön ankleidete und mit diesem netten, jungen Künstler ausging. Das hieß, falls Daniel zufällig vom Paradies auf sie herabblickte.

30

„Was für ein schönes Satinkleid, Miss Katherine!"

Katherine stand vor dem großen Spiegel und führte Rosie das lange Kleid vor. „Eines Tages schlich ich mich in eine kleine Boutique in Lancaster und nahm mir fest vor, daß ich irgendwann einmal ein solches Kleid tragen würde ... in der Öffentlichkeit." Sie betrachtete lächelnd ihr Spiegelbild. „Und schauen Sie mich jetzt an!"

Rosie verrichtete die letzten Handgriffe an der Schärpe um Katherines Taille. „Ich würde sagen, Sie sehen einfach hinreißend aus, Liebes."

„Oh, danke, Rosie." Dann drehte sie sich um und wirbelte im Kreis herum, wie sie es vor Monaten auf dem Dachboden ihrer amischen Mutter getan hatte, als sie das kleine Babykleid aus Satin gefunden hatte.

Bei der Erinnerung an das Kleid ging sie zu der Kommode hinüber. Ihr war ein bißchen schwindelig, aber gleichzeitig war sie aufgeregt wie ein kleines Schulmädchen. „Ich frage mich, ob Justin mir ein Bild von *diesem* Kleid malen könnte." Sie hielt das winzige Babykleid hoch. Das Kleidungsstück, das viel Herzeleid ausgelöst, aber auch so viel Freude gebracht hatte.

„Das könnte schon sein, aber ich glaube, daß er sich lieber von lebenden Modellen inspirieren läßt." Rosie schaute sie von Kopf bis Fuß an und grinste über das ganze Gesicht. „Inspirierend sind Sie heute abend wirklich, Miss Katherine. Jetzt sollten Sie sich aber lieber ins Wohnzimmer begeben."

„Ist es schon so spät?"

Mit einem Blick auf ihre Armbanduhr nickte Rosie. „Der Abend wartet auf Sie ... Miss *Marsh*field." Sie lachten beide über den seltsamen erfundenen Namen.

Als Justin in seinem eleganten Smoking kam, um sie abzuholen, leuchtete mehr als nur Bewunderung aus seinen Augen. Wenigstens für einen kurzen Augenblick glaubte Katherine noch etwas *mehr,* etwas Schönes für sie beide darin zu sehen. Zu ihrer Überraschung stellte sie fest, daß das klamme Gefühl in ihrem Herzen sich zu verflüchtigen begann – diese schmerzliche Taubheit, die seit der Meidung nie ganz von ihr gewichen war.

Als sie in Justins gemieteter Limousine in der Kunstgalerie ankamen, war Katherine vor Aufregung ganz außer Atem. Ein Türhüter in Uniform half ihr durch einen mit einer Markise überdachten Eingang ins Foyer. Die elegante Umgebung faszinierte sie. Unter ihren Füßen lag ein dicker, flauschiger Teppich in der Farbe reifer Pflaumen. Kunstvolle Gemälde, die alle geschickt beleuchtet wurden, überzogen auf beiden Seiten des langen Ganges die Wände. Üppige Grünpflanzen und blühende Frühlingsblumen – Tulpen, Hyazinthen, Narzissen – die mit ihrem starken Duft den Lenz ahnen ließen.

Ihre Hand in Justins Armbeuge, schwebte Katherine an seiner Seite zur Hauptgalerie, wo die Enthüllung des Gemäldes stattfinden sollte. Welch einen Menschenandrang es hier gab. Wichtig aussehende Menschen mit wichtig klingenden Titeln.

„Guten Abend, Herr Bürgermeister Bedsoe“, sagte Justin in seiner tiefen, samtigen Stimme. „Darf ich Ihnen Miss Katherine Mayfield vorstellen?“

Sie murmelte lächelnd: „Guten Tag, Herr Bürgermeister. Schön, Sie kennenzulernen.“

Der Bürgermeister war ein kräftiger Mann mit silbrigem Haar und einem geschwungenen Schnurrbart. Aber er wirkte aufrichtig erfreut, als er ihr die Hand reichte und dann mit dem Kopf zu der auffallenden Blondine in seiner Gesellschaft wies. „Meine Frau, Mrs. Bedsoe.“

Katherine konnte sich des Gedankens nicht erwehren, daß die Frau, deren seidige Haare kokett um ihr Gesicht hüpften, so jung aussah, als wäre sie seine Tochter. Als ihr kühler Blick Katherine von Kopf bis Fuß streifte und dann an ihrer linken Wange hängen blieb, wurde sie ganz unsicher. *Hoffentlich habe ich nicht zu viel Rouge aufgetragen,* überlegte sie unruhig. *Aber Rosie hätte mir das doch sicher gesagt.*

Es blieb jedoch keine Zeit für Spekulationen, denn Justin stellte sie bereits einem anderen Ehepaar vor, und Katherine hörte sich in ihrer neuen, „englischen" Stimme einige gut eingeübte Worte sagen. Mit Justin an der Seite, dessen Hand beschützend auf ihrem Ellbogen lag, fühlte sie sich bald ungezwungener. Sie lernte seine Freunde kennen – einige von ihnen waren von den Bürgern der Stadt gewählte Stadträte; andere waren Künstler, die Canandaigua zu ihrem Zuhause gemacht hatten.

Wenn sie ehrlich war, mußte sie zugeben, daß sie erleichtert war, als sie schließlich an den vielen Gratulanten vorbei in den großen Ausstellungssaal traten, in dem die Enthüllung des Gemäldes stattfinden sollte. Außerdem war sie über den herrlichen Platz, den Justin ihr in einer Reihe weicher, gepolsterter Stühle ganz vorne freigehalten hatte, überaus glücklich.

Während sie Platz nahm, fiel ihr auf der Stelle der verhängte Gegenstand auf, der vor ihr auf einer Staffelei stand. Zwei Strahler lenkten die Aufmerksamkeit der Gäste auf den pechschwarzen Samtvorhang.

Einen Augenblick lang überflutete Katherine eine Welle von Angst und Unruhe. Was würde sie empfinden, wenn an den Kordeln mit den goldenen Quasten gezogen wurde und das Porträt zutage kam? Wie würde sie auf das Gesicht ihrer Mutter auf der Leinwand reagieren? Würden ihr Tränen in die Augen treten? Die Enthüllung des Gemäldes kam so bald nach der Beerdigung.

Sie tröstete sich mit der Erinnerung daran, daß ihre Mutter jetzt in Gottes Herrlichkeit war ... dort hatte sie gewiß keine Schmerzen mehr. Außerdem hatte sie Laura nicht so lange gekannt, wie die meisten Töchter ihre Mutter kennen. Ihre Trauer wäre vielleicht nicht so schmerzlich, hoffte sie. Trotzdem war Justin dafür bekannt, daß er Menschen auf der Leinwand „zum Leben erwachen ließ".

Sobald das Streichensemble sein Musikstück beendet hatte, trat er vor. Katherine hielt den Atem an und wappnete sich gegen alle etwaigen Gefühle, die sich bei der Enthüllung seines Kunstwerkes regen würden.

Aber sie war *nicht* gewappnet genug: Auf der großen Leinwand waren *zwei* Frauen abgebildet. Zwei Frauen mit rotbraunen Haaren. Laura Mayfield-Bennett und Katherine, ihre einzige, richtige Tochter.

Sie atmete tief durch und wollte am liebsten vor Freude lauthals lachen. Aber sie benahm sich wie eine Dame. Sie saß ruhig da und klatschte Beifall für das Werk, während sie fieberhaft überlegte, woher der Künstler gewußt hatte, daß er sie an die Seite ihrer Mutter hatte malen müssen - und nicht die Betrügerin, Miss Alyson Cairns, die New Yorker Schauspielerin in der Rolle von Katie Lapp!

Später, als sie sich unter die anderen um das große Büffet mischten, fragte sie Justin danach. „Ist dir die Ähnlichkeit zwischen meiner Mutter und mir aufgefallen?"

Er mußte schmunzeln. „Nicht viele Menschen haben das Privileg, die reichen Farben des Herbstes das ganze Jahr hindurch tragen zu können."

Sie wußte, daß er von ihren Haaren sprach und war sehr erfreut, daß er sie nicht als „rot" bezeichnet hatte.

Als sie nach dem Kinn und der Nase fragte, sagte er: „Es gibt wichtigere Merkmale als das Aussehen, wenn es um Verwandtschaft geht. Selbst wenn ich es nicht gesehen hätte, hätte ich dich neben Laura gemalt."

„Wirklich? Warum?"

Seine Augen leuchteten vielsagend. „Weil du und Laura Mayfield-Bennett dieselbe Herzenshaltung habt, Katherine."

Auf der Heimfahrt erzählten sich die neue Herrin der kürzlich wieder umbenannten Mayfieldvilla und ihr Freund, der mit Auszeichnungen gewürdigte Künstler aus Canandaigua, Geschichten aus ihrer Kindheit und plauderten über ihre Interessen. Während der Fahrt entdeckten sie Dinge, die sie gemeinsam hatten, so viele, daß es schwer war, den Abend zu beenden.

„Hättest du Lust, noch einen Kaffee zu trinken?" fragte Justin.

Katherine stimmte erfreut zu, mit ihm in ein Café zu gehen. Sie hätte nie geahnt, daß sie und Justin sich so sehr zueinander hingezogen fühlen würden. Oder daß der Abend mit so vielen Überraschungen aufwarten würde, besonders was das Porträt anbelangte.

Viel später, als der Fahrer der Limousine an einer roten Ampel anhielt, fiel ihr ein groß gewachsener Mann auf, der vor ihnen die Straße überquerte. Einen kurzen Moment warf er einen Blick auf ihr auffälliges Auto. In diesem Augenblick sah sie sein Gesicht. Sie starrte ihn fasziniert an.

Dieser Mann – hatte sie ihn schon einmal gesehen? In Lancaster ... vielleicht auf dem Markt?

Je mehr sie darüber nachdachte, um so mehr vermutete sie, daß der unrasierte Bart wahrscheinlich der Grund für ihre Neugier war. Vielleicht war er Mitglied einer Gruppe von Mennoniten der „Alten Ordnung". Jedenfalls war er kein Amisch, denn er trug einen eleganten, mit Pelz besetzten Mantel und Lederhandschuhe.

Als die Ampel auf Grün schaltete, drehte sie sich um und sah dem jungen Mann nach, der zu einer Straßenlaterne ging und etwas aus seiner Manteltasche herauszog. Es sah fast wie ein Stadtplan aus, so wie er das Papier auseinanderfaltete. Sie erinnerte sich daran, wie sie sich ebenfalls furchtbar verloren gefühlt hatte ... nicht inmitten einer neuen Stadt, sondern in ihrer eigenen Gemeinde.

Sie war sich aber nicht ganz sicher, woher sie ihn kannte. Es spielte eigentlich auch keine Rolle. Sie und Justin waren unterwegs zu einer Tasse Kaffee und einem guten Gespräch. Ihre Zukunft als Katherine Mayfield war strahlender als jeder Stern, der in dieser Nacht vom Himmel leuchtete. Heller als die weißen Deckenlichter in Kusine Lydias Küche oder die Kristallkronleuchter in dem eleganten Eßzimmer, das jetzt ihr gehörte.

Ein Vers aus dem Buch Prediger kam ihr in den Sinn, den sie viele Male aus dem Mund der *Weisen Frau* gehört hatte. *Das Licht ist wirklich süß,* dachte sie.

Katherine hatte das Gefühl, diesen Satz endlich zu verstehen. Zum allerersten Mal.

Epilog

Es war lange nach Mitternacht, als ich vor dem Frisiertisch meiner Mutter saß. Nur das Mondlicht leistete mir Gesellschaft.

Ich mußte an den aufregenden Abend denken, den ich gerade erlebt hatte. Welch ein gebildeter Mann doch mein neuer Freund war. Und er war so furchtbar „englisch", dabei aber sehr einfühlsam.

„Das muß mein Künstlergemüt sein", hatte er gescherzt, als wir in einer gemütlichen Ecke in dem Restaurant unseren Kaffee tranken.

Was auch immer ein „Künstlergemüt" war, ich wußte es nicht genau. Aber eines wußte ich mit Sicherheit: Ich mochte Justin Wirth. Obwohl wir nur einen einzigen Abend miteinander verbracht hatten, hatte ich das wunderbar herrliche Gefühl, daß er mich auch mochte.

Sein Gesicht tauchte jetzt vor mir auf, während ich auf die Fensterscheibe schaute, wo sich der Schnee mit meiner Erinnerung an seine Gesichtszüge vermischte. Völlig unerwartet begann ich, den Künstler mit meinem verstorbenen amischen Freund zu vergleichen. Ehe ich mich versah, gingen vor meinem geistigen Auge die beiden gutaussehenden Gesichter ineinander über.

Justin schien mich anzulächeln. Ich legte die Arme um mich und dachte *oh, welch eine herrliche Nacht!* Dann verblaßte sein Gesicht, und Daniels wurde immer deutlicher und verdrängte Justins fröhliche Miene gänzlich.

Mit Bestürzung nahm ich wahr, wie das Leuchten in den blauen Augen verschwand. So furchtbar traurig sah Daniel aus, während er mich jetzt anschaute. Mein Herz sehnte sich nach meinem Freund aus der Jugendzeit. In diesem Augenblick fragte ich mich, ob geliebte Menschen, die gestorben sind, sehen *können,* was wir hier unten auf Erden tun.

Bestimmt würde er mich verstehen. Bestimmt wußte er, daß ich ihn in all diesen Jahren geliebt habe, ihn allein. Daß ich ihm treu gewesen bin – ja, und daß ich einsam und mit gebrochenem Herzen um ihn getrauert habe.

„Oh, Daniel", flüsterte ich, fast wie ein Gebet. „Bitte ... kannst du mir vergeben? Kannst du deiner Katie vergeben?"

Ich war selbst überrascht, als ich meinen früheren Namen aussprach – das erste Mal seit ich Hickory Hollow verlassen hatte. Ich wischte mir die Tränen aus den Augen. „Bitte, Liebling, kannst du denn nicht deine Traurigkeit loslassen und ... mein Herz ansehen? *Meine Freude* spüren?"

Schweigend und mit großer Willensanstrengung verbannte ich dieses Bild aus meinen Gedanken und hoffte, daß ich diese Nacht gut schlafen konnte. In diesem Augenblick dachte ich an meine amische Mama und fragte mich, ob Rebekkas schöne Augen – diese haselnußbraunen Augen – mich ebenfalls mit Traurigkeit ansehen würden, wenn sie von dem „englischen" Leben wüßte, das ich jetzt führte.

Katherine Mayfield, Besitzerin der Mayfieldvilla.

Ich stand auf und bemerkte, während ich in das Schlafzimmer ging, daß Rosie die Decke von Lauras Bett – das jetzt mein Bett war – zurückgeschlagen hatte. Dieses Zimmer, in dem meine Mutter so viel gelitten hatte, in dem sie für mich gebetet und verzweifelt gehofft hatte, daß ich zu ihr käme, bevor sie zu Jesus heimginge, das *alles* gehörte jetzt mir. Alles um mich herum, überall, wohin ich schaute. Der Gedanke, daß meine liebe Mutter, die so viel gebetet hatte, mir dieses wunderbare Haus vermacht hatte, überwältigte mich!

Ein Gefühl der Unwürdigkeit befiel mich, aber gleichzeitig auch Vorfreude, beides in einem empfindlichen Bündel verpackt. Wie ich Laura vermißte; wie ich wünschte, sie hätte in ihrem geliebten Elternhaus alt werden können. Ich hätte sie so gern besser kennenlernen wollen, ihr Leben, ihre Träume mit ihr teilen wollen. Und ich wünschte, ich könnte ihr Tagebuch finden, das sie geschrieben hatte, während ich unter ihrem Herzen heranwuchs...vor so vielen Jahren.

„Wenn nur Laura noch hier wäre", sagte ich in die Dunkelheit hinein. Oh, ich war sicher, daß sie mir durch die Fragen meiner Zukunft hindurch den richtigen Weg hätte weisen können; denn ich hatte keine Ahnung, was die Zukunft für mich bereithielt.

Aber ich hatte mich immer nach einem solchen „englischen" Lebensstil gesehnt. Und ein Teil von mir konnte es kaum erwarten, jede Einzelheit davon zu erforschen.

Von Beverly Lewis ist auch Band 1 der Geschichte von Katie Lapp erschienen:

Was auch geschehen mag

ISBN 3-86122-382-1
Bestell-Nr. 330 382
230 Seiten, fester Einband

In der ruhigen Amisch-Gemeinde Hickory Hollow im US-Bundesstaat Pennsylvania ist die Zeit stehengeblieben. In dieser Umgebung gedeihen liebgewonnene Traditionen und ein tiefer Glaube. Aber die Idylle wird unsanft zerstört, als ein lange gehütetes Geheimnis ans Licht kommt.

Durch Zufall entdeckt die junge Katie Lapp auf dem Dachboden ihrer Eltern in einer alten Truhe ein Säuglingskleid aus Satin. Sofort ist ihr klar: Dieses Kleid will eine Geschichte erzählen. Am Abend vor ihrer Heirat mit dem verwitweten Bischof Johannes erfährt sie aus dem Mund ihrer Eltern die bestürzende Wahrheit. Katie ist auf die verheerende Entwurzelung nicht vorbereitet, die dieses Geständnis für ihr Leben bedeutet. Sie fühlt sich verraten und muß mitansehen, wie ihr Leben als junge Amisch in seine Einzelteile zerfällt.

Wird sie den Mut aufbringen, Gott ihr Leben ganz anzuvertrauen, damit sie einer hoffnungsvollen Zukunft entgegengehen kann?

Ein mitreißendes Geschehen in reizvollem Millieu.